Schriftenreihe

TOURISTIK

Interdisziplinäre Beiträge
zur Tourismuswissenschaft

Band 2

ISSN 2192-7243

Verlag Dr. Kovač

Anna Klein

Lifestyles of Health and Sustainability: Gestaltung touristischer Angebote unter Berücksichtigung der LOHAS

Verlag Dr. Kovač

Hamburg
2014

VERLAG DR. KOVAČ GMBH
FACHVERLAG FÜR WISSENSCHAFTLICHE LITERATUR

Leverkusenstr. 13 · 22761 Hamburg · Tel. 040 - 39 88 80-0 · Fax 040 - 39 88 80-55

E-Mail info@verlagdrkovac.de · Internet www.verlagdrkovac.de

D 100

Bibliografische Information der Deutschen Nationalbibliothek
Die Deutsche Nationalbibliothek verzeichnet diese Publikation
in der Deutschen Nationalbibliografie;
detaillierte bibliografische Daten sind im Internet
über http://dnb.d-nb.de abrufbar.

ISSN: 2192-7243
ISBN: 978-3-8300-7802-9

Zugl.: Dissertation, Universität Hohenheim, 2013

© VERLAG DR. KOVAČ GmbH, Hamburg 2014

Umschlagillustration: Katzenbaer / openclipart.org; OCHA / Flaticon.com; Freepik /
Flaticon.com; Designmodo / Flaticon.com; Icomoon / Flaticon.com

Printed in Germany
Alle Rechte vorbehalten. Nachdruck, fotomechanische Wiedergabe, Aufnahme in Online-
Dienste und Internet sowie Vervielfältigung auf Datenträgern wie CD-ROM etc. nur nach
schriftlicher Zustimmung des Verlages.

Gedruckt auf holz-, chlor- und säurefreiem, alterungsbeständigem Papier. Archivbeständig
nach ANSI 3948 und ISO 9706.

Für Andreas

Kurzverzeichnis

Danksagung XIII
Abbildungsverzeichnis XV
Tabellenverzeichnis XIX
Anhangsverzeichnis XXIII
Abkürzungsverzeichnis XXV

I BEZUGSRAHMEN DER ARBEIT 1
1 Einleitung 1
2 Vorgehensweise und Methoden 5

II WISSENSCHAFTLICHE GRUNDLAGEN 15
3 Nachhaltiger Konsum 15
4 Lifestyles of Health and Sustainability 49
5 Nachhaltiger Tourismus 87

III THEORETISCHER RAHMEN 123
6 Moral- und normenbezogene Theorien des
   Konsumentenverhaltens 123
7 Die ökonomische Verhaltenstheorie 139

IV EMPIRISCHE UNTERSUCHUNG 151
8 Instrument zur Identifizierung der LOHAS 151
9 Untersuchung von Reisepräferenzen der LOHAS 241

V ABSCHLUSSBETRACHTUNG 289
10 Wissenschaftliche Aussagen 289
11 Praxisbezogene Implikationen 301
Anhang 307
Literaturverzeichnis XXVII

Inhaltsverzeichnis

Danksagung XIII
Abbildungsverzeichnis XV
Tabellenverzeichnis XIX
Anhangsverzeichnis XXIII
Abkürzungsverzeichnis XXV

I BEZUGSRAHMEN DER ARBEIT 1
1 Einleitung 1
   1.1 Ausgangssituation und Problemstellung 1
   1.2 Zielsetzung und Forschungsfragen der Arbeit 3
2 Vorgehensweise und Methoden 5
   2.1 Methoden und Samplingverfahren 5
   2.2 Aufbau der Arbeit 11

II WISSENSCHAFTLICHE GRUNDLAGEN 15
3 Nachhaltiger Konsum 15
   3.1 Grundlagen des Konsums 15
      3.1.1 Entstehung des modernen Konsums 15
      3.1.2 Funktionen, Bedeutung und Motive 17
      3.1.3 Konsumkritik 22
   3.2 Das Konzept der Nachhaltigkeit und der nachhaltigen Entwicklung .. 25
   3.3 Grundlagen des Konzeptes des nachhaltigen Konsums 31
      3.3.1 Begriffserklärungen 31
      3.3.2 Handlungsstrategien 34
      3.3.3 Formen des nachhaltigen Konsumverhaltens 36
      3.3.4 Hemmnisse bei der Verbreitung 38
   3.4 Ansätze zur Bewertung des nachhaltigen Konsums 41
      3.4.1 Nachhaltigkeitsindikatoren 41
      3.4.2 Nachhaltigkeitsberichterstattung 43
      3.4.3 Produktkennzeichnungen 44

4 Lifestyles of Health and Sustainability 49
   4.1 Lebensstilbegriff und -untersuchungen 49
      4.1.1 Einführung 49
      4.1.2 Lebensstile in der Soziologie 51
      4.1.3 Lebensstile in der Marktforschung 53
      4.1.4 Lebensstile und Konsum 53

4.2 Das Konzept der Lebensstile in der Nachhaltigkeitsdebatte 54
    4.2.1 Nachhaltigkeitsbezogene Lebensstilforschung 54
    4.2.2 Nachhaltigkeit als Stilisierungs- und Distinktionsmerkmal eines Lebensstils 57
4.3 LOHAS: das Gesicht des nachhaltigen Konsums 63
    4.3.1 Einführung 63
    4.3.2 Identifizierung der Lifestyles of Health and Sustainability 65
    4.3.3 Typologie und Anteil in der Bevölkerung 74
    4.3.4 Darstellung der wichtigsten LOHAS-Internetportale 77
4.4 Bedeutung der LOHAS für das Konzept der nachhaltigen Entwicklung 82
    4.4.1 LOHAS-Märkte 82
    4.4.2 LOHAS im Kontext des Leitbildes der nachhaltigen Entwicklung 85

5 Nachhaltiger Tourismus 87
5.1 Grundlagen des Konzeptes des nachhaltigen Tourismus 87
    5.1.1 Tourismus und Nachhaltigkeit 87
    5.1.2 Abgrenzung von verwandten Konzepten 90
    5.1.3 Nachhaltiger Tourismus: Begriffserklärung 92
    5.1.4 Dimensionen des nachhaltigen Tourismus 93
5.2 Nachhaltigkeitsaspekte entlang der touristischen Leistungskette aus der Sicht eines Konsumenten 96
    5.2.1 Vorbereitung 98
    5.2.2 An- und Abreise 103
    5.2.3 Reiseziel 110
    5.2.4 Mobilität und Aktivitäten vor Ort 112
    5.2.5 Unterkunft und Verpflegung 114
5.3 Reiseverhalten und -präferenzen eines nachhaltigkeitsbewussten Konsumenten in der Forschung 118

III THEORETISCHER RAHMEN 123

6 Moral- und normenbezogene Theorien des Konsumentenverhaltens 123
6.1 Begriffserklärungen 123
    6.1.1 Werte 124
    6.1.2 Einstellungen 128
    6.1.3 Normen 130
6.2 Modelle zur Erklärung des nachhaltigen Konsumentenverhaltens .. 131

    6.2.1 Ecological Value Theory und New Ecological Paradigm 131
    6.2.2 Norm-Aktivations-Modell von Schwartz 133
    6.2.3 Value-Belief-Norm Theory von Stern 134

7 Die ökonomische Verhaltenstheorie 139
  7.1 Konsumverhalten als Resultat von Rational Choice 139
    7.1.1 Einleitung 139
    7.1.2 Grundannahmen 141
    7.1.3 Moralisches Handeln und Niedrigkostensituationen 142
  7.2 Verfahren zur Messung von Präferenzen 145
    7.2.1 Präferenzen in der neuen ökonomischen Verhaltenstheorie
          und in der Konsumforschung 145
    7.2.2 Methode des Maximum Difference Scalings 148

IV EMPIRISCHE UNTERSUCHUNG 151

8 Instrument zur Identifizierung der LOHAS 151
  8.1 Entwicklung der vorläufigen Version des Instruments 151
    8.1.1 Einleitung 151
    8.1.2 Definition der LOHAS auf Basis der Literatur 154
    8.1.3 Entwicklung des ersten Moduls des Fragebogens 156
    8.1.4 Pretest 175
    8.1.5 Befragung der Stichprobe der Portalnutzer 176
    8.1.6 Statistische Vorauswertung der Stichprobe der Portalnutzer . 182
  8.2 Prüfung der Funktionalität des Instruments 207
    8.2.1 Befragung der Vergleichsstichprobe 207
    8.2.2 Zuordnung der Probanden zu den Gruppen der LOHAS und
          Nicht-LOHAS mithilfe der Clusterananalyse 210
    8.2.3 Identifizierung der diskriminierenden Variablen mithilfe der
          logistischen Regression 214
  8.3 Diskussion des Vorgehens 222
  8.4 Charakteristika der LOHAS-Stichprobe 225

9 Untersuchung von Reisepräferenzen der LOHAS 241
  9.1 Konzeption und Datenerhebung 241
    9.1.1 Einleitung 241
    9.1.2 Entwicklung des zweiten, dritten und vierten Moduls des
          Fragebogens 242
    9.1.3 Entwicklung von Hypothesen 249
    9.1.4 Datenerhebung 252
  9.2 Analyse der Ergebnisse 254

9.2.1 Datenaufbereitung 254
9.2.2 Reiseverhalten in den Jahren 2010/2011 255
9.2.3 Nachhaltiger Tourismus 274
9.2.4 Entscheidungskriterien bei der Suche nach einer Unterkunft. 283

V ABSCHLUSSBETRACHTUNG 289

10 Wissenschaftliche Aussagen 289
    10.1 Beitrag zur Nachhaltigkeitsforschung 289
        10.1.1 Einordnung der Erkenntnisse in den Kontext der
                Nachhaltigkeitsforschung 289
        10.1.2 Empfehlungen für weiterführende Forschungen 295
    10.2 Beitrag zur Tourismusforschung 295
        10.2.1 Einordnung der Ergebnisse in den
                tourismuswissenschaftlichen Kontext 295
        10.2.2 Empfehlungen für weiterführende Forschungen 299

11 Praxisbezogene Implikationen 301
    11.1 Konsequenzen für die Marketing- und Marktforschungsbranche 301
        11.1.1 Feedback und Kritik der Teilnehmer 302
    11.2 Konsequenzen für die Tourismusbranche 303

Anhang 307
Literaturverzeichnis XXVII

Danksagung

Am Anfang des großen Projektes „Doktorarbeit" kann man sich kaum vorstellen, es irgendwann in die Abschlussphase zu bringen und im allerletzten Schritt eine Danksagung zu schreiben. Die Frage an *wen* ist schnell beantwortet. Was sich deutlich schwieriger gestaltet, ist die Frage *wie* – wie bedankt man sich bei denen, ohne die diese Arbeit gar nicht möglich wäre? Das hier ist ein Versuch...

Zuerst möchte ich mich bei meinem Doktorvater Prof. Dr. Werner F. Schulz für seine Unterstützung bedanken. Er hat mir nicht nur mit seinen fachlichen Hinweisen geholfen, sondern auch in den schwierigen Phasen – die bei einem solchen Projekt unvermeidlich sind – motiviert und neuen Mut gegeben. Mein Dank gilt ebenfalls meinem zweiten Betreuer Prof. Dr. Hartmut Rein, der meine wissenschaftliche und berufliche Karriere bereits seit Jahren begleitet und als Mentor zur Seite steht.

Mein ganz großer Dank gilt meiner Freundin Kerstin de Wall, die Ihre freien Abende und Wochenenden gewidmet hat, um der Arbeit den letzten sprachlichen Schliff zu geben und mich bei der Kunst des Formatierens unterstützt hat.

Ganz herzlich bedanken möchte ich mich bei meiner Freundin Prof. Dr. Sonja Kretzschmar, die mir wichtige Einblicke in die Welt der Wissenschaft gewährt hat und mich immer wieder aufgemuntert hat. Eine ganz große seelische Unterstützung habe ich ebenfalls von meiner Freundin Anna Pajda-Zawada erhalten, bei der ich mich ebenso bedanken möchte.

Bei der Durchführung der empirischen Untersuchung konnte ich mich auf vielseitige Hilfe stützen – meine Arbeitskollegin Katharina Meifert lieferte wertvolle fachliche Hinweise zur Konzeption des touristischen Teils der Umfrage, Dr. Ralf Zacharias und Ulrike Niemann vom Marktforschungsunternehmen MAIX in Aachen unterstützen mich bei der Konzeption und Durchführung der MaxDiff-Befragung und meine Freunde Frank Boës und Dietmar Lang halfen bei den kniffligen Fragen der Programmierung. Bei ihnen sowie bei vielen weiteren Freunden, die am Pretest der Umfrage bzw. der Umfrage selber teilgenommen haben, möchte ich mich bedanken.

Und nicht zuletzt ein ganz, ganz großer Dank an meinen Ehemann Andreas Klein, ohne den diese Arbeit gar nicht entstanden wäre. Durch sein Fachwissen und seinen unerschütterlichen Glauben in meine Fähigkeiten trägt er im Wesentlichen dazu bei, dass ich das Projekt „Doktorarbeit" nicht nur eingeleitet, sondern auch zum Ende gebracht habe. Ich danke Dir dafür.

Abbildungsverzeichnis

Abb. 1: Forschungsfragen der Arbeit 4
Abb. 2: Stichprobenumfang in einzelnen Phasen der Untersuchung 9
Abb. 3: Gliederung der Arbeit 11
Abb. 4: Aufbau und Bezugsrahmen der Arbeit 14
Abb. 5: Nachhaltigkeit als Gerechtigkeitsgebot 27
Abb. 6: Drei-Säulen-Modell der Nachhaltigkeit 30
Abb. 7: Systematische Kategorisierung der Formen des nachhaltigen Konsumverhaltens 38
Abb. 8: Beispiele für innovative Ansätze im Bereich der Produktkennzeichnungen: barcoo und wegreen 46
Abb. 9: Kategorisierung von nachhaltigkeitsbezogenen Lebensstiltypologien 56
Abb. 10: Unterschiedliche Nachhaltigkeitsgrade von LOHAS und Ökoaktivisten der ersten Stunde 62
Abb. 11: Stellenwert des Umwelt-/Nachhaltigkeitsthemas in Deutschland 63
Abb. 12: Schematische Darstellung der Dimensionen und Merkmale der LOHAS ... 74
Abb. 13: Utopia City: ein Stadtführer für strategischen Konsum 79
Abb. 14: 7. KarmaKonsum Konferenz 81
Abb. 15: Erste deutsche LOHAS-Online-Plattform lohas.de 82
Abb. 16: Angebot der Frankfurter Sparkasse (1822 direkt) für nachhaltige Geldanlagen 85
Abb. 17: Magische Fünfeck-Pyramide einer nachhaltigen touristischen Entwicklung 95
Abb. 18: Touristische Leistungskette 97
Abb. 19: Grafische Beispiele für die Anwendung des Logos CSR-Tourism-certified 100
Abb. 20: Das Logo des forum anders reisen e.V. 101
Abb. 21: Viabono – eine Umweltdachmarke im Tourismusbereich 103
Abb. 22: CO_2-Emissionen unterschiedlicher Verkehrsträger in Gramm pro Personenkilometer 104
Abb. 23: Touristischer Fußabdruck einer zweiwöchigen Flugreise nach Mexico (München – Cancun) und an die Ostsee (Düsseldorf – Rügen) 104
Abb. 24: Vergleich der Berechnung der Treibhausgasemissionen bei TUIfly.com und atmosfair.de 109
Abb. 25: Werbeauftritt von Fahrtziel Natur 111
Abb. 26: Wertekreis von Schwartz 126
Abb. 27: Zusammenhang zwischen Einstellungen und Verhalten: Dreiperspektiven-theorie von Trommsdorff 129
Abb. 28: Das Norm-Aktivations-Modell von Schwartz 134
Abb. 29: Schematische Darstellung der Value-Belief-Norm Theory 137
Abb. 30: Idealtypen von moralisch handelnden Individuen 143
Abb. 31: Einzelne Schritte zur Erstellung und praktischen Anwendung eines Instruments zur Identifizierung der LOHAS 153
Abb. 32: Definition der LOHAS 155
Abb. 33: Schematische Darstellung der beiden Ebenen der Value-Belief-Norm Theory 157
Abb. 34: Erster Entwurf des Modells zur Identifizierung der LOHAS 173
Abb. 35: Kommunikationskanäle zur Gewinnung der Umfrageteilnehmer 178

Abb. 36:	Vorgehensweise bei der Überprüfung der zentralen Gütekriterien Validität und Reliabilität	183
Abb. 37:	Screeplot der Koeffizienten mit der zugehörigen Clusterzahl	211
Abb. 38:	Formel zur Berechung des t-Wertes	211
Abb. 39:	Formel zur Berechnung des F-Wertes	212
Abb. 40:	Formel der logistischen Regressionsfunktion	215
Abb. 41:	Regressionsgleichung zur Berechnung der Wahrscheinlichkeit der Zugehörigkeit zu der Bewegung der LOHAS	225
Abb. 42:	Geschlechterverteilung der LOHAS-Stichprobe im Vergleich zum deutschlandweiten Durchschnitt	227
Abb. 43:	Altersverteilung der LOHAS-Stichprobe im Vergleich zum deutschlandweiten Durchschnitt	229
Abb. 44:	Haushaltsnettoeinkommen der Teilnehmer der LOHAS-Stichprobe	231
Abb. 45:	Gemeinden nach Einwohnergrößenklassen: Verteilung der LOHAS-Stichprobe im Vergleich zum deutschlandweiten Durchschnitt	233
Abb. 46:	Top-Fünf Wohnorte der LOHAS-Stichprobe im Vergleich zum deutschen Durchschnitt	234
Abb. 47:	Zustimmungswerte der LOHAS-Stichprobe für die Items des Faktors „nachhaltiger Konsum"	236
Abb. 48:	Gesellschaftliches Engagement der Teilnehmer der LOHAS-Stichprobe im Vergleich zum deutschen Durchschnitt	237
Abb. 49:	Zustimmungswerte der Teilnehmer der LOHAS-Stichprobe für die Items des Faktors „Bereitschaft, Opfer zu bringen"	238
Abb. 50:	Zustimmungswerte der Teilnehmer der LOHAS-Stichprobe für die Items des Faktors „Verantwortungszuschreibung und Wirksamkeitserwartung"	239
Abb. 51:	Konsumverhalten der LOHAS-Stichprobe im Vergleich zum deutschen Durchschnitt	240
Abb. 52:	Reisehäufigkeit der Teilnehmer der LOHAS- und der Nicht-LOHAS-Stichprobe in den Jahren 2010/2011	256
Abb. 53:	Reisenanzahl der Teilnehmer der LOHAS- und Nicht-LOHAS-Stichprobe in den Jahren 2010/2011	257
Abb. 54:	Reisen der Teilnehmer der LOHAS- und Nicht-LOHAS-Stichprobe in Deutschland, im europäischen Ausland und außerhalb von Europa	258
Abb. 55:	Top 5 Reiseziele der Teilnehmer der LOHAS- und Nicht-LOHAS-Stichprobe	259
Abb. 56:	Reisen in benachbarte Länder: Vergleich zwischen der LOHAS- und Nicht-LOHAS-Stichprobe	259
Abb. 57:	Reisen ins europäische Ausland: Vergleich zwischen der LOHAS- und Nicht-LOHAS-Stichprobe	260
Abb. 58:	Reisedauer der Urlaubsreisen der Teilnehmer der LOHAS- und Nicht-LOHAS-Stichprobe je nach Zielgebiet	262
Abb. 59:	Organisation der Urlaubsreisen von den Teilnehmern der LOHAS- und Nicht-LOHAS-Stichprobe	264
Abb. 60:	Die wichtigsten Verkehrsmittel bei der Anreise zum Urlaubsort der Teilnehmer der LOHAS- und Nicht-LOHAS-Stichprobe	265
Abb. 61:	Nutzung von umweltfreundlichen Verkehrsmitteln bei Anreise zum Urlaubsort von den Teilnehmern der LOHAS- und Nicht-LOHAS-Stichprobe	266

Abb. 62: Die wichtigsten Verkehrsmittel am Urlaubsort der Teilnehmer der LOHAS- und Nicht-LOHAS-Stichprobe ... 268
Abb. 63: Die wichtigsten Unterkunftsarten von Teilnehmern der LOHAS- und Nicht-LOHAS-Stichprobe ... 270
Abb. 64: Bevorzugte Reisearten der Teilnehmer der LOHAS- und Nicht-LOHAS-Stichprobe ... 273
Abb. 65: Kenntnisse der Gütesiegel des nachhaltigen Tourismus unter den Teilnehmern der LOHAS- und Nicht-LOHAS-Stichprobe ... 274
Abb. 66: Buchung von nachhaltigen Reiseangeboten durch die Teilnehmer der LOHAS- und Nicht-LOHAS-Stichprobe ... 276
Abb. 67: Buchung bei nachhaltigen Reiseveranstaltern durch die Teilnehmer der LOHAS- und Nicht-LOHAS-Stichprobe ... 277
Abb. 68: Informationsgrad über das Thema des nachhaltigen Tourismus durch die Teilnehmer der LOHAS- und Nicht-LOHAS-Stichprobe ... 278
Abb. 69: Suche nach nachhaltigen Tourismusangeboten bei den Teilnehmern der LOHAS- und Nicht-LOHAS-Stichprobe ... 280
Abb. 70: Besitz einer BahnCard bei den Teilnehmern der LOHAS- und Nicht-LOHAS-Stichprobe ... 281
Abb. 71: Akzeptanz für Klimagase-Kompensation durch die Teilnehmer der LOHAS- und Nicht-LOHAS-Stichprobe ... 282
Abb. 72: Wichtigkeit der Eigenschaften bei der Wahl einer Unterkunft während einer Urlaubsreise für die Respondenten der LOHAS-Stichprobe ... 284
Abb. 73: Wichtigkeit der Eigenschaften bei der Wahl einer Unterkunft während einer Urlaubsreise im Vergleich der LOHAS- und Nicht-LOHAS-Stichprobe ... 286
Abb. 74: Identifizierung von Lifestyles of Health and Sustainability: wichtigste Einflussgrößen ... 294

Tabellenverzeichnis

Tab. 1: Güterarten nach Kriterien der Rivalität der Nutzung und Ausschlussmöglichkeit ... 21
Tab. 2: Vergleich der Lifestyles of Health and Sustainability mit den alternativen Lebensstilen der 1960/70/80er-Jahre und den nachhaltigen Lebensstilen der 1990er-Jahre ... 61
Tab. 3: Übersicht der LOHAS-Anteile in der deutschen Bevölkerung in ausgewählten Untersuchungen ... 76
Tab. 4: Anzahl der Nutzer der Portale utopia.de, karmakonsum.de, lohas.de ... 78
Tab. 5: Nachhaltigkeitsaspekte einer Unterkunft aus der Sicht eines Konsumenten ... 117
Tab. 6: Wertekategorien und -typen von Schwartz ... 127
Tab. 7: Wichtigste Unterschiede zwischen der Conjoint-Analyse und der MaxDiff-Methode ... 150
Tab. 8: Vergleich des Modells von Stern et al. (1999) und der Merkmale der LOHAS ... 158
Tab. 9: Die Werte-Items und deren Zuordnung zu einzelnen LOHAS-Dimensionen und Wertekategorien ... 161
Tab. 10: Items der New Ecological Paradigm Scale ... 163
Tab. 11: Items des Konstrukts Verantwortungszuschreibung (AR) ... 164
Tab. 12: Items des Konstrukts Wirksamkeitserwartung ... 165
Tab. 13: Items des Konstrukts Vereinbarkeit von Konsum und Nachhaltigkeit ... 166
Tab. 14: Items des Konstrukts personale Norm ... 167
Tab. 15: Items zur Darstellung des gesellschaftlichen Engagements ... 168
Tab. 16: Items des Konstrukts Bereitschaft, Opfer zu bringen ... 169
Tab. 17: Items des Konstrukts Konsumverhalten ... 170
Tab. 18: Operationalisierung der Elemente des ersten Entwurfs des Modells zur Identifizierung der LOHAS ... 174
Tab. 19: Items der New Ecological Paradigm Scale: veränderte Reihenfolge und Nummerierung nach dem Pretest ... 176
Tab. 20: Variablen mit den meisten (5 % und mehr) fehlenden Werten ... 179
Tab. 21: Zusammensetzung der Teilnehmerzahlen ... 182
Tab. 22: Überprüfung der zentralen Gütekriterien – Untersuchungsstufe A: Kriterien zur Eignung der Ausgangsdaten für die exploratorische Faktorenanalyse ... 185
Tab. 23: Überprüfung der zentralen Gütekriterien – Untersuchungsstufe A: Ergebnisse der exploratorischen Faktorenanalyse auf der Ebene der Dimensionen ... 187
Tab. 24: Überprüfung der zentralen Gütekriterien – Untersuchungsstufe B.1: Prüfung der Reliabilität der einzelnen Faktoren ... 189
Tab. 25: Überprüfung der zentralen Gütekriterien – Untersuchungsstufe B.2: Ergebnisse der exploratorischen Faktorenanalyse auf der Ebene der Faktoren .. 191
Tab. 26: Überprüfung der zentralen Gütekriterien – Untersuchungsstufe B.3: Ergebnisse der konfirmatorischen Faktorenanalyse auf der Ebene der einzelnen Faktoren .. 193
Tab. 27: Überprüfung der zentralen Gütekriterien – Untersuchungsstufe C.1: Ergebnisse der exploratorischen Faktorenanalyse auf der Ebene der Dimensionen ... 195
Tab. 28: Überprüfung der zentralen Gütekriterien – Untersuchungsstufe C.2: Ergebnisse der konfirmatorischen Faktorenanalyse auf der Ebene der Dimensionen ... 197

Tab. 29: Überprüfung der zentralen Gütekriterien – Untersuchungsstufe D.1: Ergebnisse der exploratorischen Faktorenanalyse des gesamten Messmodells 198
Tab. 30: Überprüfung der zentralen Gütekriterien – Untersuchungsstufe D.2: Ergebnisse der konfirmatorischen Faktorenanalyse des gesamten Messmodells 200
Tab. 31: Überprüfung der zentralen Gütekriterien – Untersuchungsstufe D.3: Ergebnisse der exploratorischen und konfirmatorischen Faktorenanalyse der Dimensionen des gesamten Messmodells 202
Tab. 32: Die nach der Prüfung der Gütekriterien verbliebenen Items zur Identifizierung der LOHAS 204
Tab. 33: Variablen mit den meisten (5 % und mehr) fehlenden Werten 208
Tab. 34: Zusammensetzung der Teilnehmerzahlen 209
Tab. 35: Verteilung der Cluster in den beiden Stichproben 212
Tab. 36: Voraussetzungen der logistischen Regression an das Datenmaterial 216
Tab. 37: Zusammensetzung der Gesamtstichprobe nach der Ausreißerdiagnostik 218
Tab. 38: Kriterien zur Prüfung der Gütemaße zur Beurteilung des Modellfits der logistischen Regression 218
Tab. 39: Logistische Regression: Ergebnisse der Wald-Statistik 220
Tab. 40: Logistische Regression: Wichtigkeit der einzelnen Faktoren auf die Zugehörigkeit zu der LOHAS-Gruppe anhand der Effekt-Koeffizienten 221
Tab. 41: Gütemaße des Modells der logistischen Regression bei unterschiedlicher Anzahl der Faktoren 221
Tab. 42: Koeffizienten der logistischen Regression im endgültigen Modell zur Identifizierung der LOHAS 222
Tab. 43: Items des Konstrukts nachhaltiger Konsum 223
Tab. 44: Items zur Beschreibung des gesellschaftliches Engagement 223
Tab. 45: Items des Faktors Bereitschaft, Opfer zu bringen 224
Tab. 46: Items des Faktors Verantwortungszuschreibung und Wirksamkeitserwartung 224
Tab. 47: Geschlecht der Portalnutzer von karmakonsum.de und utopia.de: Vergleich der Verteilung in der LOHAS-Stichprobe mit allen Nutzern des jeweiligen Portals 228
Tab. 48: Ausgewählte Altersklassen der KarmaKonsum-Nutzer in der LOHAS-Stichprobe im Vergleich zu allen Nutzern des Portals karmakonsum.de 229
Tab. 49: Höchster allgemeiner Bildungsabschluss der LOHAS-Stichprobe im Vergleich zum deutschlandweiten Durchschnitt 230
Tab. 50: Monatliches Haushaltsnettoeinkommen der LOHAS-Stichprobe im Vergleich zum deutschlandweiten Durchschnitt 231
Tab. 51: Haushaltsgröße der Befragten der LOHAS-Stichprobe im Vergleich zu Deutschland 232
Tab. 52: Die in der Untersuchung berücksichtigten Attribute einer Unterkunft 245
Tab. 53: Items des Fragebogens zur Untersuchung des Reiseverhaltens und der Reisepräferenzen der LOHAS 246
Tab. 54: Wissenschaftliche Hypothesen der Arbeit 249
Tab. 55: Verteilung der demografischen Merkmale in der LOHAS- und Nicht-LOHAS-Stichprobe 253
Tab. 56: Variablen mit den fehlenden Werten 254

Tab. 57: Vergleich der Reiseziele einer zufällig ausgewählten Urlaubsreise mit allen Reisezielen der LOHAS- und Nicht-LOHAS-Stichprobe in den Jahren 2010/2011 261

Tab. 58: Reisedauer der Urlaubsreisen der von LOHAS- und Nicht-LOHAS-Stichprobe je nach Zielgebiet: Gruppenstatistiken 263

Tab. 59: Nutzung der Verkehrsmittel bei der Anreise zum Urlaubsort von den Teilnehmern der LOHAS- und Nicht-LOHAS-Stichprobe 265

Tab. 60: Nutzung von Verkehrsmitteln am Urlaubsort der Teilnehmer der LOHAS- und Nicht-LOHAS-Stichprobe 269

Tab. 61: Nutzung unterschiedlicher Unterkunftsarten von Teilnehmern der LOHAS- und Nicht-LOHAS-Stichprobe 270

Tab. 62: Wichtigkeit der Eigenschaften bei der Wahl einer Unterkunft während einer Urlaubsreise im Vergleich der LOHAS- und Nicht-LOHAS-Stichprobe: Gruppenstatistiken 287

Anhangsverzeichnis

Anhang 1 Übersicht ausgewählter Indikatorensysteme und -indizes in Bezug auf Nachhaltigkeit ... 307
Anhang 2 Ausgewählte soziologische Lebensstilkonzepte ... 308
Anhang 3 Übersicht der ausgewählten Lebensstilansätze in der Markt- und Konsumforschung ... 309
Anhang 4 Wichtigste Untersuchungen der nachhaltigkeitsbezogenen Typologien im Konsumbereich ... 310
Anhang 5 Übersicht der LOHAS-Publikationen ... 312
Anhang 6 Items zur Identifizierung der LOHAS in ausgewählten Untersuchungen ... 314
Anhang 7 Übersicht ausgewählter Operationalisierungsansätze des nachhaltigen Tourismus ... 317
Anhang 8 Nachhaltigkeit und Reisen – zusammenfassende Übersicht der Untersuchungen ... 319
Anhang 9 Online-Fragebogen ... 321
Anhang 10 Prüfung der Gütekriterien – Untersuchungsstufe A: Untersuchung der Normalverteilung ... 333
Anhang 11 Prüfung der Gütekriterien – Untersuchungsstufe A: exploratorische Faktorenanalyse auf der Ebene der Dimensionen ... 340
Anhang 12 Prüfung der Gütekriterien – Untersuchungsstufe B.1: Reliabilitätsanalyse ... 343
Anhang 13 Prüfung der Gütekriterien – Untersuchungsstufe B.2: exploratorische Faktorenanalyse auf der Ebene der Faktoren ... 347
Anhang 14 Prüfung der Gütekriterien – Untersuchungsstufe B.3: konfirmatorische Faktorenanalyse auf der Ebene der einzelnen Faktoren ... 350
Anhang 15 Prüfung der Gütekriterien – Untersuchungsstufe C.1: exploratorische Faktorenanalyse auf der Ebene der Dimensionen ... 352
Anhang 16 Prüfung der Gütekriterien – Untersuchungsstufe C.2: konfirmatorische Faktorenanalyse auf der Ebene der Dimensionen ... 354
Anhang 17 Prüfung der Gütekriterien – Untersuchungsstufe D.1: exploratorische Faktorenanalyse des gesamten Modells ... 356
Anhang 18 Prüfung der Gütekriterien – Untersuchungsstufe D.2: konfirmatorische Faktorenanalyse des gesamten Modells ... 358
Anhang 19 Prüfung der Gütekriterien – Untersuchungsstufe D.3: exploratorische und konfirmatorische Faktorenanalyse der Dimensionen des gesamten Messmodells ... 360
Anhang 20 Mittelwerte und Standardabweichung der ermittelten Cluster ... 361
Anhang 21 Prüfung der Signifikanz der Unterschiede zwischen den ermittelten Clustern .. 362
Anhang 22 F- und t-Werte der ermittelten Cluster ... 363
Anhang 23 Berechnung der Kriterien zur Prüfung der Gütemaße zur Beurteilung des Modellfits der logistischen Regression ... 364
Anhang 24 Häufigkeitsverteilung der Antworten auf die Items des Faktors „nachhaltiger Konsum" ... 365
Anhang 25 Häufigkeitsverteilung der Antworten auf die Items des Faktors „Bereitschaft, Opfer zu bringen" ... 366

Anhang 26 Häufigkeitsverteilung der Antworten auf die Items des Faktors „Verantwortungszuschreibung und Wirksamkeitserwartung" 366
Anhang 27 Häufigkeitsverteilung der Antworten auf die ausgewählten Items des Konsumverhaltens 367
Anhang 28 Umkodierung der offenen Antworten 368
Anhang 29 Ergebnisse der Prüfung der wissenschaftlichen Hypothesen: zusammenfassende Darstellung 369
Anhang 30 Das Feedback und Kritik der Teilnehmer allgemein und in Bezug auf das erste Modul des Fragebogens 376
Anhang 31 Das Feedback und Kritik der Teilnehmer in Bezug auf touristische Aspekte des Fragebogens 379

Abkürzungsverzeichnis

AC	Bewusstsein von Handlungskonsequenzen (awareness of consequences)
AGFI	Adjusted-Goodness-of-Fit-Index
AR	Verantwortungszuschreibung (ascription of responsibility)
BIP	Bruttoinlandsprodukt
BMU	Bundesministerium für Umwelt, Naturschutz und Reaktorsicherheit
BUND	Bund für Umwelt und Naturschutz Deutschland
CAWI	Computer Assisted Web Interviewing
CBT	Community based Tourism
CMD	Clean Development Mechanism
CPR	Common pool ressources
CRR	Center for Responsibility Research
CSR	Corporate Social Responsibility
DBU	Deutsche Bundesstiftung Umwelt
DEV	Durchschnittlich erfasste Varianz
EPI	Ethical Purchasing Index
FLK	Fornell/Larcker Kriterium
GFI	Goodness-of-Fit-Index
GFN	Global Footprint Network
GRI	Global Reporting Initiative
GSTC	Global Sustainable Tourism Council
HB-Methode	Hierarchical Bayes-Methode
IPCC	Intergovernmental Panel on Climate Change
IUCN	International Union for the Conservation of Nature
JI	Joint Implementation
KFA	Konfirmatorische Faktorenanalyse
KMO-Kriterium	Kaiser-Meyer-Olkin-Kriterium
LOHAS	Lifestyles of Health and Sustainability
MaxDiff	Maximum Difference Scaling
MPC	Method of Paired Comparisons
n	Stichprobenumfang
NABU	Naturschutzbund Deutschland e.V.
NEP-Skala	New Ecological Paradigm Scale
NK	Nachhaltiger Konsum
NMI	Natural Marketing Institute
OECD	Organisation für wirtschaftliche Zusammenarbeit und Entwicklung
PPT	Pro-poor Tourism
PVQ	Portraits Value Questionnaire
RFI	Radiative Forcing Index
RVS	Rokeach Value Survey
SBI	Sustainable Business Institute
SD	Standardabweichung
SRMR	Standarized Root Mean Square Residual

SVS	Schwartz Value Survey
TdW	Typologie der Wünsche/
TIES	Internationale Ökotourismus Gesellschaft
UBA	Umweltbundesamt
ULS	Unweighted Least Squares
UN	Vereinte Nationen
UNCED	Konferenz der Vereinten Nationen für Umwelt und Entwicklung
UNCSD	Kommission der Vereinten Nationen für Nachhaltige Entwicklung
UNEP	Umweltprogramm der Vereinten Nationen
UNWCED	Weltkommission für Umwelt und Entwicklung der Vereinten Nationen
UNWTO	Welttourismusorganisation
VA	VerbraucherAnalyse
VBN-Theorie	Value-Belief-Norm Theory
VCD	Verkehrsclub Deutschland e.V.
vzbv	Verbraucherzentrale Bundesverband e.V.
WCS	World Conservation Strategy

I BEZUGSRAHMEN DER ARBEIT

1 Einleitung

> *„Mir sind eine Milliarde Lohas lieber als eine Million Umweltaktivisten der ersten Stunde."*
> *(Werner F. Schulz in Monika Holthoff-Stenger 2008, S. 122)*

Im folgenden Kapitel werden zuerst der Hintergründe der Entstehung der vorliegenden Arbeit kurz erläutert. Danach folgt eine Darstellung der Arbeitsziele sowie der Forschungsfragen.

1.1 Ausgangssituation und Problemstellung

„Fair & öko: Wird LOHAS zum Reisetrend?" (Chaldek 2008), „LOHAS. Eine Zielgruppe mit hohen Ansprüchen" (Oberhofer 2011), „Umweltfreundliche Produkte und Marken stehen bei Hotelauswahl hoch im Kurs" (Thurm 2008), „Lohas Einkaufsführer bietet ökologische Reisen" (Parwan 2007) – diese kleine Auswahl der Zeitungsüberschriften der letzen Jahre deutet an, dass das Leitbild der nachhaltigen Entwicklung seinen Weg in die Reisepräferenzen der Konsumenten gefunden hat. Sie wirft aber auch einige Fragen und Probleme auf, deren Lösung im Vordergrund der vorliegenden Arbeit steht. Die wichtigsten lauten: Welche Reisepräferenzen haben die LOHAS und was, bzw. wer, sind sie eigentlich?

„Lifestyles of Health and Sustainability" (LOHAS) haben seit ihrer Beschreibung durch das Psychologenpaar Paul Ray und Sherry Ruth Anderson" (2000) eine bemerkenswerte Karriere in der Marketing- und Marktforschungsbranche gemacht. In zahlreichen Studien und Forschungsvorhaben wurde der Versuch unternommen, LOHAS qualitativ zu charakterisieren bzw. nach demografischen Merkmalen zu beschreiben und zu quantifizieren. Der Begriff LOHAS wurde dabei zum einen als Bezeichnung *eines* auf Nachhaltigkeit und Gesundheit ausgerichteten Lebensstils genutzt – was im deutschen Sprachgebrauch in der Nutzung des Akronyms in Singularform (LOHA) seinen Ausdruck fand – und zum anderen als ein Sammelbegriff für eine *Bevölkerungsgruppe*, die nachhaltige Lebens- bzw. Konsumstile pflegt. Die Uneinigkeit herrschte ebenfalls hinsichtlich des Kriterienkatalogs, der bei der Identifizierung der LOHAS verwendet werden könnte. Zwar gilt es als unstritig, dass nicht die demografischen, sondern psychografischen Merkmale wie Werte,

Einstellungen, Überzeugungen und Persönlichkeitsmerkmale entscheidend bei der Erkennung von LOHAS sind. Allerdings zeichnen sich die LOHAS-Studien durch eine sehr unterschiedliche Tiefe von untersuchten Merkmalen aus. Darüber hinaus weisen die meisten Publikationen einen praxisbezogenen Charakter auf und lassen theoretisch abgesicherte Annahmen vermissen bzw. veröffentlichen diese aufgrund des Wettbewerbs nicht.

Das Bedarfsfeld **Tourismus** (als Bestandteil des Bedarfsfelds Mobilität), das neben Bauen/Wohnen und Ernährung zu den Bedarfsfeldern mit höchster ökologischer Relevanz gehört (vgl. Lorek, Spangenberg und Felten 1999, S. 45), wird in den LOHAS-Untersuchungen nur ansatzweise berücksichtigt. Empirische Untersuchungen von Reisestilen in Bezug auf Umwelt bzw. Nachhaltigkeitsaspekte sind wenig vorhanden und der Frage nach den **Reisepräferenzen** der Konsumenten, die bewusst einen nachhaltigen Lebensstil pflegen, wurde dabei nur ungenügend nachgegangen. Dabei ist ein nachhaltiges Reiseverhalten – auch bei Menschen, die sich einem nachhaltigen Lebensstil verpflichtet fühlen, – nicht selbstverständlich. Es wird mittlerweile als bewiesen angenommen, dass Einstellungen bzw. geäußerte Handlungsabsichten nicht unbedingt zu einem entsprechenden Verhalten führen (vgl. u. a. Fishbein und Ajzen 1975, S. 335 ff). Die Affinität der LOHAS zu Bio-Lebensmitteln[1] und Fair-Trade-Kleidung muss nicht immer mit einem nachhaltigen Reiseverhalten einhergehen. Ein umweltbewusstes Verhalten in einer bestimmten Situation bedeutet nicht automatisch ein durchgängiges nachhaltiges Konsumverhalten (vgl. Schemel et al. 2001, S. 25 f).

Die vorliegende Arbeit folgt der Argumentation von Lange (2005, S. 10) bzw. Reusswig (1994, S. 128 f), die die größte Chance für die Verwendung von Lebensstilen in Bezug auf Umweltfragen dann sehen, wenn an bestehenden Orientierungen und an einer Verkopplung dieser Orientierungen mit anderen, ebenfalls akzeptierten, Elementen angesetzt wird. Sie knüpft ebenfalls an die im Rahmen des INVENT-Projektes (vgl. Götz 2009) entwickelten Strategie der Optimierung der Reiseangebote unter der Rücksichtsname der jeweiligen Zielgruppe an.

---

[1] In der vorliegenden Arbeit wird zur Vereinfachung der Begriff Bio-Lebensmittel für Produkte verwendet, die nach den Richtlinien des ökologischen Landbaus produziert und verarbeitet werden (zur synonymen Verwendung der beiden Begriffe vgl. Bundesministerium für Ernährung, Landwirtschaft und Verbraucherschutz (Hrsg) o.J.).

1.2 Zielsetzung und Forschungsfragen der Arbeit

Aus der dargestellten Ausgangssituation ergeben sich zwei Forschungsziele. Das erste Ziel ist die **Erstellung eines Instruments zur Identifizierung der LOHAS** und damit die Behebung des Mangels an theoretisch abgesicherter und öffentlich zugänglicher Methodik. Dabei werden LOHAS nicht als *ein* Lebensstil, sondern eine Bevölkerungsgruppe von *unterschiedlichen* Lebensstilen verstanden, die die Werte **Nachhaltigkeit** und **Gesundheit** in den Mittelpunkt stellt. Als synonym wird dabei der Begriff *nachhaltigkeitsbewusste Konsumenten* verwendet. Das zweite Ziel ist eine **Untersuchung der Reisepräferenzen der LOHAS**, wobei die Präferenzen sowohl aus der Sichtweise der ökonomischen Verhaltenstheorie als auch aus dem Blickwinkel der Konsumforschung betrachtet werden. Die ökonomische Verhaltenstheorie definiert Präferenzen als „die Wünsche und Ziele des Individuums, das die Entscheidung trifft" (Kuckartz 1998, S. 54). Diese sind von Kenntnissen, Einstellungen und Wertmustern abhängig, die im Laufe des Sozialisationsprozesses erworben wurden (vgl. Krol 1992, S. 21) und werden durch das Verhalten manifestiert (vgl. Samuelson 1983, S. 91). Demzufolge werden anhand der Beobachtung des Reiseverhaltens Rückschlüsse hinsichtlich der bevorzugten Reiseziele, -intensität, -dauer und -art, Verkehrsmittel, Organisationsformen und Unterkunftsarten gezogen. In der Konsumforschung wiederum werden die Präferenzen als Güterpräferenzen charakterisiert, also „subjektive Vorziehenswürdigkeit einer Alternative gegenüber anderen Produktalternativen zu einem bestimmten Zeitpunkt" (Helm und Steiner 2008, S. 27). Hier wird das Verfahren der Maximum Difference Scaling (MaxDiff) eingesetzt, um die Präferenzen hinsichtlich der Eigenschaften einer Unterkunft während einer Urlaubsreise zu untersuchen. Der Schwerpunkt liegt dabei bei der Analyse des Stellenwertes der Nachhaltigkeitsaspekte einer Unterkunft im Vergleich zu anderen „allgemeinen" Aspekten.

Im Hinblick auf die Untersuchung von Reisepräferenzen der LOHAS steht der Vergleich mit den Nicht-LOHAS im Mittelpunkt. Um sicherzustellen, dass die Unterschiede bei den Reisepräferenzen nicht auf die demografischen Merkmale, sondern auf die vertretenen Werte, Einstellungen, Überzeugungen, Persönlichkeitsmerkmale und das daraus resultierende Konsumverhalten zurückzuführen sind, wird die Gruppe der Nicht-LOHAS nach Geschlecht, Alter, Bildung, Einkommen und Anzahl der Kinder unter 14 Jahren quotiert gesampelt.

Aus den oben dargestellten Forschungszielen ergibt sich die zentrale Forschungsfrage dieser Arbeit:
Unterscheiden sich die Reisepräferenzen der LOHAS von denen der Nicht-LOHAS bei einer vergleichbaren Ausprägung der demografischen Merkmale?

Diese Frage zieht weitere Leitfragen mit sich: Wie können LOHAS identifiziert werden, welche Reisepräferenzen haben sie im Vergleich zu Nicht-LOHAS und welche wissenschaftlichen Aussagen und praxisbezogenen Implikationen ergeben sich aus der empirischen Untersuchung?
Die folgende Abb. 1 beinhaltet eine Darstellung der Forschungsfragen der vorliegenden Arbeit.

Abb. 1: Forschungsfragen der Arbeit

Zentrale Forschungsfrage:
Unterscheiden sich die Reisepräferenzen der LOHAS von denen der Nicht-LOHAS bei einer vergleichbaren Ausprägung der demografischen Merkmale?

1. Fragenkomplex
Forschungsleitfrage: Wie können LOHAS identifiziert werden?
1.1. Welche Dimensionen und Merkmale der LOHAS können aus der Literatur abgeleitet werden?
1.2. Wie werden LOHAS definiert?
1.3. Welche Variablen spielen für die Identifizierung der LOHAS die wichtigste Rolle?
1.4. Welches Verfahren kann für die Identifizierung der LOHAS angewandt werden?

3. Fragenkomplex
Forschungsleitfrage: Welche wissenschaftlichen Aussagen und praxisbezogenen Implikationen folgen aus den Ergebnissen der empirischen Untersuchung?
3.1. Welche wissenschaftlichen Aussagen im Bereich der Nachhaltigkeits- und Tourismusforschung können getroffen werden?
3.2. Welche Konsequenzen für die Marketing-/Marktforschung- und Tourismusbranche ergeben sich?

2. Fragenkomplex
Forschungsleitfrage: Welche Reisepräferenzen haben LOHAS im Vergleich zu Nicht-LOHAS bei einer vergleichbaren Ausprägung der demografischen Merkmale?
2.1. Wie gestaltet sich das Reiseverhalten der LOHAS im Vergleich zu Nicht-LOHAS?
2.2. Welche Nachhaltigkeitsaspekte findet man im Reiseverhalten der LOHAS im Vergleich zu Nicht-LOHAS wieder?
2.3. Wie groß ist das Wissen der LOHAS über Angebote und Möglichkeiten des nachhaltigen Tourismus im Vergleich zu Nicht-LOHAS?
2.4. Zeichnen sich LOHAS dadurch aus, dass stärkere Präferenzen für Nachhaltigkeitsaspekte einer Unterkunft gesetzt werden, als es bei Nicht-LOHAS der Fall ist?

Quelle: Eigene Darstellung

2 Vorgehensweise und Methoden

„Jeder Konsument trägt globale Verantwortung"
[im Original fett]
(Klaus Töpfer in Bernhard Pötter 2006, S. 7)

Das folgende Kapitel beschäftigt sich mit den in der vorliegenden Publikation angewandten Forschungsmethoden und der Zusammensetzung der Stichprobe. Darüber hinaus werden die Gliederung und der Bezugsrahmen der Arbeit schematisch dargestellt.

2.1 Methoden und Samplingverfahren

Methodik

Die Erarbeitung der **wissenschaftlichen Grundlagen** und **des theoretischen Rahmens** erfolgte auf der Grundlage der Auswertung der wichtigsten Publikationen in den Forschungsfeldern „Nachhaltiger Konsum", „Lifestyles of Health and Sustainability" und „Nachhaltiger Tourismus" (Kapitel 3 bis 7). Die Konzeption der **Empfehlungen in Bezug auf wissenschaftliche Aussagen und praxisbezogene Implikationen** (Kapitel 10 und 11) erfolgte auf der Basis der sachlich logischen Folgerungen.

Die **empirische Untersuchung** (Kapitel 8 und 9) wurde als quantitative Online-Primärerhebung (Computer Assisted Web Interviewing (CAWI)) mithilfe eines standardisierten Fragebogens durchgeführt. Dieser bestand aus vier Modulen, bei deren Evaluation unterschiedliche quantitative Methoden der empirischen Sozialforschung angewandt wurden.

Das erste Modul des Fragebogens, der zur Identifizierung der Probanden als LOHAS bzw. Nicht-LOHAS konzipiert wurde, beinhaltete ein Set von Fragen zu Werten, Einstellungen, personalen Normen und Konsumverhalten. Diese wurden auf der Basis der im Kapitel 4 ausgearbeiteten Dimensionen der LOHAS sowie der moral- und normenbezogenen Theorien zur Erklärung des Konsumentenverhaltens (Kapitel 6) entwickelt. Hier wurde zuerst unter Berücksichtigung der Stichprobe der Portalnutzer die vorläufige Version des Instruments entwickelt. Dafür wurde die statistische Vorauswertung vorgenommen, mit dem Ziel der **Prüfung der Hauptgütekriterien** (Objektivität, Reliabilität und Validität) der empirischen Untersuchung sowie der Itemanalyse. Die Überprüfung der Reliabilität und Validität der Erhebung wurde in Anlehnung an

die Empfehlungen von Homburg und Giering (1996) durchgeführt. Die dafür notwendigen Untersuchungsschritte umfassten Verfahren wie exploratorische und konfirmatorische Faktorenanalyse sowie die Prüfung der Cronbachs α und der Item to Total-Korrelationen, die auf den Ebenen der einzelnen Faktoren, Dimensionen und des gesamten Modells angewandt wurden.
Die Erstellung der finalen Version des Instruments erfolgte unter Einbeziehung der Vergleichsstichprobe. Die dafür eingesetzten Methoden umfassten eine Clusteranalyse und eine logistische Regression. Die **Clusteranalyse** ist ein Verfahren der multivariaten Statistik, das in der Lebensstilforschung angewendet wird, um eine Zusammenfassung von Untersuchungsobjekten mit möglichst homogenen Merkmalen zu Gruppen (Clustern) vorzunehmen (vgl. Backhaus et al. 2011, S. 397). Die **logistische Regression** ist ein strukturenprüfendes Verfahren, das zur Feststellung, welche Variablen zur Unterscheidung zwischen Gruppen geeignet sind sowie zur Bestimmung der Eintrittswahrscheinlichkeit eines Ereignisses, eingesetzt wird (vgl. ebd., S. 250).

Das zweite und dritte Modul des Fragebogens beinhaltete Fragen zum Reiseverhalten und zu verschiedenen Aspekten des nachhaltigen Tourismus. Hier wurden **Signifikanztests** zur Verifizierung bzw. Falsifizierung der vorher aufgestellten Hypothesen durchgeführt. Bei der Prüfung der Hypothesen kamen der Chi-Quadrat-Test und der Z-Test zum Vergleich von Anteilswerten zur Anwendung. Darüber hinaus wurde der t-Test eingesetzt – ein Verfahren, dass zur Prüfung von Mittelwertunterschieden von zwei unabhängigen Gruppen konstruiert wurde (vgl. Bortz und Döring 2006, S. 25). Getestet wurde zum Signifikanzniveau von $\alpha = 5\,\%$, bei der Teststärke wurde das Niveau von $1-\beta = 80\,\%$ als Grenzwert betrachtet.

Das vierte Modul des Fragebogens wurde als eine **Maximum Difference Scaling**-Umfrage (MaxDiff) konzipiert, die zur Erforschung von Präferenzen bei der Wahl einer Unterkunft eingesetzt wurde. MaxDiff ist eine relativ neue Methode zur Untersuchung von Präferenzen bzw. Ermittlung der Wichtigkeit unterschiedlicher Eigenschaften. In der Umfrage wurden die Respondenten gebeten, aus einem Itemset (fünf Items) die wichtigsten und die unwichtigsten Eigenschaften bei der Entscheidung für eine Unterkunft während einer Urlaubsreise zu wählen. Bei der Auswertung wurde unter Anwendung der Hierarchical Bayes-Methode (HB-Methode) die Wichtigkeit der einzelnen Eigenschaften für jeden Teilnehmer errechnet. Die Prüfung der entsprechenden Hypothesen erfolgte erneut mithilfe von Signifikanztests.

Die ersten drei Module des Fragebogens wurden mit der Befragungssoftware EFS Survey des Unternehmens Questback erstellt. Die Programmierung des vierten Moduls sowie die Berechnung der Wichtigkeit der Eigenschaften für die einzelnen Teilnehmer erfolgte durch das Marktforschungsinstitut MAIX Market Research & Consulting GmbH in Aachen unter Anwendung der Sawtooth Software. Die Auswertung der Daten wurde mithilfe der Statistiksoftware SPSS durchgeführt.

Samplingverfahren

Die Untersuchung fokussiert auf zwei Grundgesamtheiten. Die erste Grundgesamtheit umfasst die Mitglieder der Bewegung der Lifestyles of Health and Sustainability. Die zweite Grundgesamtheit bezieht sich auf die Bevölkerungsmitglieder, die sich in ihren psychografischen Merkmalen von den LOHAS unterscheiden, dabei aber die gleichen demografischen Merkmale aufweisen und damit als Vergleichsgruppe betrachtet werden können. Beide Grundgesamtheiten beziehen sich auf in Deutschland dauerhaft wohnende Personen.

Eine Vollerhebung, d. h. die Befragung von allen Teilnehmern der beiden Grundgesamtheiten war aufgrund von Zeit- und Kostengründen nicht möglich, so dass zwei Stichproben (samples) gezogen wurden. Demzufolge bestand die **erste Stichprobe** aus Nutzern der wichtigsten LOHAS-Portale in Deutschland (im weiteren Text als Stichprobe der Portalnutzer bezeichnet): karmakonsum.de, lohas.de und utopia.de. Die Samplingstrategie der **ersten Stichprobe** kann nach der Systematik von Kumar (2011, S. 207) als gezieltes (purposive) Sampling extremer Fälle eingeordnet werden. Diese Vorgehensweise beinhaltet eine gezielte Wahl von Gruppen/Personen, bei denen eine hohe Konzentration von Individuen mit starker Ausprägung von entsprechenden Merkmalen zu vermuten ist. Bei der Festlegung der **zweiten Stichprobe** (Vergleichsstichprobe) wurde darauf abgezielt, möglichst unterschiedliche Teilnehmer zu gewinnen. Dies erfolgte vor allem durch die Multiplikatoren Freunde, Familie und Bekannte sowie mittels der sozialen Netzwerke wie Facebook, XING und StudiVZ. Ein kleiner Teil der Teilnehmer wurde auf die Umfrage durch eine persönliche Ansprache der Verfasserin in den Räumen der Bibliothek der Technischen Universität München und der Bayerischen Staatsbibliothek aufmerksam gemacht.

Der Stichprobenumfang variierte je nach Phase der Untersuchung:
- Die Entwicklung der vorläufigen Version des Instruments zur Identifizierung der LOHAS erfolgte mit der Stichprobe der Portalnutzer mit 277 Teilnehmern;
- Die Prüfung der Funktionalität des Instruments und die anschließende Erstellung der finalen Version wurde unter Einbeziehung der Vergleichsstichprobe mit 754 Teilnehmern durchgeführt. Damit betrug die Gesamtstichprobe 1031 Teilnehmer.
- Im Rahmen der Clusteranalyse wurde die Gesamtstichprobe in zwei Gruppen geteilt – die Gruppe der LOHAS und die Gruppe der Nicht-LOHAS. Erwartungsgemäß wurden die meisten (238 von 277, also rund 86 %) Teilnehmer aus der Stichprobe der Portalnutzer der LOHAS-Gruppe zugewiesen. Von der Vergleichsstichprobe fanden sich rund 29 % der Befragten (219 von 754) in der LOHAS-Gruppe;
- Durch die Ausreißerdiagnostik, die vor der Berechnung der logistischen Regressionsgleichung durchgeführt wurde, verringerte sich die Gesamtstichprobe um 16 Probanden. Damit umfasste sie 1015 Teilnehmer, davon 444 in der LOHAS- und 571 in der Nicht-LOHAS-Gruppe;
- Bei der Untersuchung der Reisepräferenzen wurde die Entscheidung getroffen, aus der Gruppe der LOHAS nur die Teilnehmer der Stichprobe der Portalnutzer und aus der Gruppe der Nicht-LOHAS nur die Teilnehmer der Vergleichsstichprobe zu berücksichtigen. Um die Vergleichbarkeit der Ausprägung der demografischen Merkmale wie Geschlecht, Alter, Bildung, Einkommen und Kinder unter 14 Jahren im Haushalt in beiden Gruppen sicherzustellen, wurden die Teilnehmer aus der Gruppe der Nicht-LOHAS zufällig nach dem Quotenverfahren (vgl. Atteslander 2008, S. 259) gezogen. Die somit gewählte Stichprobe umfasste insgesamt 470 Teilnehmer, die jeweils zur Hälfte aus der Gruppe der LOHAS bzw. Nicht-LOHAS kamen.
- Im danach folgenden Schritt wurde der Stichprobenumfang um zwei Teilnehmer mit auffälligem Antwortverhalten verringert. Dementsprechend umfasste die Untersuchung der Reisepräferenzen 468 Teilnehmer (jeweils 234).

In der folgenden Abb. 2 wird der Stichprobenumfang in unterschiedlichen Phasen der Untersuchung schematisch dargestellt.

Abb. 2: Stichprobenumfang in einzelnen Phasen der Untersuchung

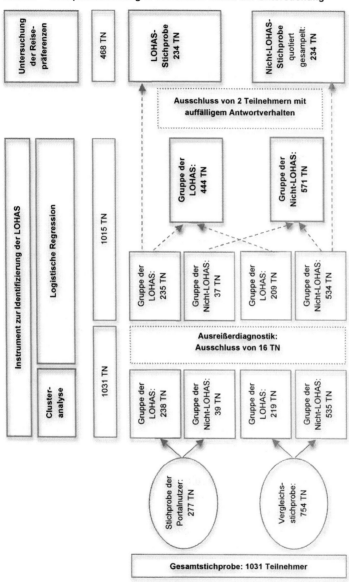

Quelle: Eigene Darstellung; TN: Teilnehmer

Die Entscheidung für die Durchführung der Untersuchung als **Online-Umfrage** (CAWI) unter Anwendung der oben dargestellten Samplingmethoden wurde nach einer Abwägung ihrer Vorteile und Nachteile getroffen. Als Vorteile einer Online-Umfrage sind folgende Faktoren zu betrachten (vgl. Seitz und Meyer 2006, S. 134 f):

- Autoaktivierung (die Teilnahme an der Befragung findet freiwillig und aus eigenem Antrieb statt) und damit verbundene leichte Gewinnung von Probanden,
- schnelle Datenverfügbarkeit und Auswertung, Minimierung des Zeitaufwands für die Dateneingabe,
- Zeit- und Ortsunabhängigkeit der Befragung,
- Möglichkeit der Einsicht von Zwischenergebnissen bereits während der Erhebung,
- geringe Kosten der Durchführung,
- Sicherung der Durchführungsobjektivität durch die Vermeidung der Interaktion zwischen Probanden und dem Untersucher,
- Verringerung der Quote von falsch bzw. unvollständig ausgefüllten Fragebögen sowie Vorbeugung einer Mehrfachteilnahme durch die entsprechende Programmierung.

Die Durchführung der Untersuchung als Online-Umfrage und nicht mithilfe einer traditionellen „paper-and-pencil"-Methode birgt per definitionem keine speziellen Nachteile, wie eine Meta-Studie von Gosling et al. (2004) gezeigt hat. Als nachteilig ist allerdings die passive Auswahl der Stichprobe durch die Selbstselektion der Teilnehmer zu betrachten, die eine fehlende Repräsentativität der Untersuchung zu Folge hat. Diese könnte nur bei der Ziehung einer Zufallsstichprobe gewährleistet werden – einem Sampling-Verfahren, das aufgrund hoher Kosten nur selten in den sozialwissenschaftlichen Untersuchungen angewandt wird (vgl. Groot und Steg 2007, S. 329). Die fehlende Repräsentativität der Untersuchung wird aus zwei Gründen als wenig problematisch betrachtet. Zum einen strebt die Erhebung keine Aussagen über die Verteilungsparameter wie z. B. Anteil der LOHAS an der Bevölkerung an. Zum anderen kann durch das Quotenverfahren gesichert werden, dass die festgestellten Unterschiede im Reiseverhalten bzw. bei Reisepräferenzen auf die Zugehörigkeit zu der gesellschaftlichen Bewegung der LOHAS und nicht auf die demografischen Merkmale der Teilnehmer zurückzuführen sind.

2.2 Aufbau der Arbeit

Die vorliegende Arbeit gliedert sich in fünf Teile: Bezugsrahmen der Arbeit (I), wissenschaftliche Grundlagen (II), theoretischer Rahmen (III), empirische Untersuchung (IV) sowie Abschlussbetrachtung (V). Diese werden zuerst schematisch dargestellt und anschließend detailliert erläutert.

Abb. 3: Gliederung der Arbeit

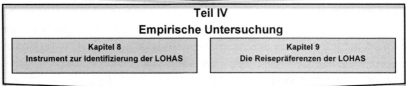
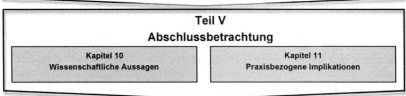

Quelle: Eigene Darstellung

Im **Teil I (Bezugsrahmen der Arbeit)** werden in der Einleitung die Ausgangssituation und Problemstellung der Arbeit sowie die Zielsetzung und Forschungsfragen dargestellt (Kapitel 1). Danach folgt die Erörterung der angewandten Methoden, des Samplingverfahrens und des Aufbaus der Arbeit (Kapitel 2).

Im **Teil II (wissenschaftliche Grundlagen)** werden die zentralen Forschungsfelder erläutert: „Nachhaltiger Konsum", „Lifestyles of Health and Sustainability" und „Nachhaltiger Tourismus".
Als Erstes wird im Kapitel 3 das Forschungsfeld **Nachhaltiger Konsum** skizziert. Ausgehend von den Grundlagen des Konsums und des Konzepts der Nachhaltigkeit bzw. der nachhaltigen Entwicklung werden die Handlungsstrategien, Formen des nachhaltigen Konsumverhaltens und Hemmnisse bei seiner Verbreitung präsentiert. Abschließend folgt die Charakterisierung der Ansätze zur Bewertung des nachhaltigen Konsums.
Das Forschungsfeld **Lifestyles of Health and Sustainability** steht im Mittelpunkt des Kapitels 4. Hier wird zuerst das Konzept der Lebensstile dargelegt, vor allem in Bezug auf die Nachhaltigkeitsdebatte und als Stilisierungs- und Distinktionsmerkmal. Es folgt die Darstellung der LOHAS als *der* Gruppe, die den gesellschaftlichen Strömungen zu mehr Nachhaltigkeit ein Gesicht gegeben hat (vgl. Thomas Perry in Rauner 2008).
Im Kapitel 5 wird das Forschungsfeld **Nachhaltiger Tourismus** erläutert. Nach der Vorstellung der Grundlagen des Konzeptes werden die Nachhaltigkeitsaspekte entlang der touristischen Leistungskette aus der Sicht eines Konsumenten skizziert. Diesen folgt die Präsentation der Forschungsergebnisse in Bezug auf Reiseverhalten und -präferenzen eines nachhaltigkeitsbewussten Konsumenten.

Im **Teil III (theoretischer Rahmen)** wird mit **moral- und normenbezogenen Theorien zur Erklärung des Konsumentenverhaltens** – und hier insbesondere der Value-Belief-Norm Theory von Stern et al. (1999) (Kapitel 6) – sowie der **ökonomischen Verhaltenstheorie** (Kapitel 7) der theoretische Rahmen für die empirische Untersuchung aufgestellt.

Der Teil IV (empirische Untersuchung) widmet sich den Forschungszielen der Arbeit und besteht dementsprechend aus zwei Komponenten: Entwicklung eines Instruments zur Identifizierung der LOHAS im Kapitel 8 und Untersuchung ihrer Reisepräferenzen im Kapitel 9.

Die Entwicklung des **Instruments zur Identifizierung der LOHAS** im Kapitel 8 erfolgt in zwei Phasen. In der **ersten Phase** wird nach der Befragung der Stichprobe der Portalnutzer die vorläufige Version des Instruments zur Identifizierung der LOHAS entwickelt. In der **zweiten Phase** wird das Instrument unter Einbeziehung der Vergleichsstichprobe auf seine Funktionalität geprüft und das finale Instrument festgelegt.

Die praktische Anwendung des Instruments zur **Untersuchung der Reisepräferenzen von LOHAS** steht im Mittelpunkt des Kapitels 9. Der Konzeptions- und Datenerhebungsteil umfasst die Erstellung des zweiten, dritten und vierten Moduls des Fragebogens, die Entwicklung der Hypothesen sowie die Erläuterung zur Aufstellung der Stichprobe. Der Analyseteil beinhaltet die Präsentation der Ergebnisse der einzelnen Teile des Fragebogens der Befragung, die mithilfe der Signifikanztests ausgewertet werden.

Im **Teil V (Abschlussbetrachtung)** werden im Kapitel 10, das sich **wissenschaftlichen Aussagen** widmet, die wichtigsten Erkenntnisse der Untersuchung hinsichtlich einzelner Konstrukte des Modells und ihrer Eignung als Kriterium zur Identifizierung der LOHAS dargestellt (Beitrag zur Nachhaltigkeitsforschung). Darüber hinaus wird der Bezug zwischen den Ergebnissen der vorliegenden Arbeit hinsichtlich des Reiseverhaltens bzw. der Reisepräferenzen von nachhaltigkeitsbewussten Konsumenten und bisherigen Forschungserkenntnissen hergestellt (Beitrag zur Tourismusforschung). Des Weiteren werden die bestehenden Forschungsdefizite in beiden Forschungsfeldern diskutiert.

Im Kapitel 11 werden die **praxisbezogenen Implikationen** erörtert. Diese beziehen sich zum einen auf die Empfehlungen für die Marketing- und Marktforschungsbranche und zum anderen auf die LOHAS-orientierte touristische Produktpolitik.

Die folgende Abbildung gibt eine zusammenfassende Darstellung der wichtigsten Elemente der vorliegenden Arbeit wieder: die Ausgangssituation, die Problemstellung, das Forschungsziel, die zentrale Forschungsfrage und weitere untergeordnete Forschungsfragen in drei Fragekomplexen, den Aufbau und die Methodik.

Abb. 4: Aufbau und Bezugsrahmen der Arbeit

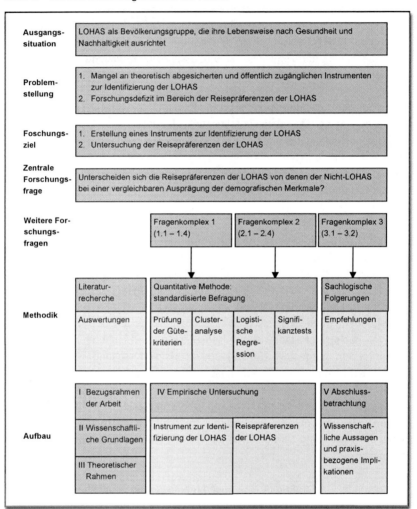

Quelle: Eigene Darstellung

II WISSENSCHAFTLICHE GRUNDLAGEN

Vor dem Hintergrund der im vorherigen Kapitel erläuterten Problemstellung gehören „Nachhaltiger Konsum", „Lifestyles of Health and Sustainability" und „Nachhaltiger Tourismus" zu den Forschungsfeldern, deren Verständnis von zentraler Bedeutung für die vorliegende Arbeit ist. Demzufolge wird in den folgenden Kapiteln 3 bis 5 der aktuelle Stand der wissenschaftlichen Diskussion hinsichtlich der Grundlagen der genannten Konzepte und ihrer wichtigsten Aspekte dargestellt.

3 Nachhaltiger Konsum

> „Sustainable consumption is not a luxury concept for the rich to worry about. It is a necessity for all."
> (National Consumer Council und Sustainable Development Commission (Hrsg.) 2006, S. 4)

Im folgenden Kapitel 3 werden zuerst die Grundlagen des Konsums skizziert – mit einer historischen Darstellung der Entstehung seiner modernen Form angefangen, über die Funktionen, Bedeutung und Motive bis hin zu Konsumkritik. Danach wird das Konzept der Nachhaltigkeit bzw. der nachhaltigen Entwicklung dargestellt, gefolgt von einer Erläuterung des Konzeptes des nachhaltigen Konsums. Hier stehen im Mittelpunkt die Handlungsstrategien, Formen des nachhaltigen Konsumentenverhaltens sowie Hemmnisse bei seiner Verbreitung. Zuletzt wird auf die Ansätze zur Bewertung des nachhaltigen Konsums eingegangen.

3.1 Grundlagen des Konsums

3.1.1 Entstehung des modernen Konsums

Die moderne Ausprägung des Konsums nimmt ihren Anfang im England des 18. Jahrhunderts. Bis dahin war die primäre Funktion des Konsums eine Existenzsicherung – gekauft wurden nur die nötigsten Waren und Güter, die nicht selber erzeugt werden konnten (vgl. Schneider 2000, S. 9). Durch das Zusammenwirken von mehreren Faktoren kam es zu enormen Veränderungen, die das Leben der Gesellschaften bis zum heutigen Zeitpunkt maßgebend prägen und die in die Geschichte als industrielle Revolution und Konsumrevolution eingegangen sind. Zu den entscheidenden Elementen gehörten der stark expandierende Handel, der wachsende Wohlstand größerer Teile der Bevölkerung und deren wachsende Ansprüche sowie der Rückgang der Arbeitszeit zugunsten der Freizeit (vgl. Jäckel und Kochhan 2000, S. 82 ff; Schneider 2000, S. 10 f). Eine große Rolle haben ebenfalls neue Produktionsmethoden gespielt. Die bisherige Handarbeit in kleinen Werkstätten wurde immer mehr durch große Fabriken ersetzt, die imstande waren, durch Aufteilung der Produktionsprozesse in mehrere, wiederholende Schritte, Massenproduktion am Fließband durchzuführen (vgl. Spangenberg 2004, S. 34) und so die Produkte zu erschwinglichen Preisen anzubieten.[2] Gleichzeitig fanden enorme gesellschaftliche Veränderungen statt, die zum großen Teil mit den Veränderungen im Konsumverhalten verbunden waren. Die bisherige Gesellschaftsordnung mit der Standeszugehörigkeit, die mit der Geburt und danach lebenslang für den Kauf von Gütern bestimmend war, hatte nach und nach an Bedeutung verloren. Die bis dahin nur für die reichen Oberschichten zugänglichen Güter konnten plötzlich von einem breiten Teil der Gesellschaft käuflich erworben werden (vgl. McKendrick 1982, S. 1). Eine Standesgesellschaft wurde durch eine Klassengesellschaft ersetzt, in der nicht mehr die Herkunft, sondern der Besitz von materiellen Gütern bestimmend für die Zugehörigkeit zu einer sozialen Gruppe war.

Es gibt unterschiedliche Auffassungen darüber, was die Ursache und was die Wirkung der oben beschriebenen Prozesse war: soll die industrielle Revolution einzig als die Folge der Veränderungen im Produktionsbereich und als Beitrag zu Änderungen im Konsumverhalten betrachtet werden oder waren gesellschaftliche Veränderungen im Konsumverhalten mitentscheidend für die Entstehung der industriellen Revolution (vgl. Schneider 2000, S. 11)? Unumstritten ist, dass im 18. Jahrhundert eine verstärkte Nachfrage nach Waren und Dienstleistungen zu beobachten war und die ersten Anzeichen für einen Massenkonsum registriert werden konnten. Die Grundlage war das von Henry Ford nach dem Ersten Weltkrieg eingeführte Prinzip der Ankurbelung der Nachfrage durch hohe Löhne der eigenen Arbeiter, das unter der Bezeichnung „fordistischer Vertrag" in die Geschichte einging (vgl. Spangenberg 2004, S. 34). Zur Verstärkung des Massenkonsums hat ebenfalls das Marketing beigetragen (vgl. Schneider 2000, S. 10), das quasi als Begleiterscheinung entstanden ist und sich mit der Zeit zu einer neuen marktorientierten Unternehmensperspektive entwickelt hat. Eine große Rolle spielte auch der Prozess der Nachahmung des Konsums der höheren Schichten, der von Veblen ([1899]

---

[2] Dieses Prinzip der Prozesssteuerung von Arbeitsabläufen wird nach seinem Erfinder, dem Amerikaner Frederik Winslow Taylor, Taylorismus genannt (vgl. Hebeisen 1999, S. 7).

1997) in seiner „Theorie der feinen Leute" beschrieben wurde – einem der ersten Werke, die sich mit Konsum und seinen Auswirkungen auf die Gesellschaft beschäftigt haben. In seiner Darstellung der arbeitenden und müßigen Klasse wird ein Konzept des demonstrativen Konsums dargestellt, der zum Prestigegewinn genutzt wird. Eine Zurschaustellung des Reichtums sichert nach Veblen den Respekt und stärkt die Selbstsicherheit. Allerdings kann durch den ständigen Vergleich mit der Umgebung nie ein dauerhafter Zustand der Befriedigung durch den Besitz bestimmter Güter erreicht werden – notwendig sind weitere Bestrebungen zur Vergrößerung des Abstandes „zwischen dem eigenen und dem durchschnittlichen Vermögen" (ebd., S. 48). Der dauerhafte Prozess der Imitation und Differenzierung, der durch die ständige Suche der oberen Schichten nach neuen Statusobjekten entsteht und mit seiner Wechselwirkung zu einer Konsumspirale beiträgt, wird als Triple-Down-Effekt bezeichnet. Der Begriff geht auf Veblens Zeitgenossen, den deutschen Soziologen Georg Simmel zurück, der ihn ursprünglich zur Darstellung der Nachahmungseffekte in der Mode verwendet hat (vgl. Schnierer 1999, S. 150 f).

3.1.2 Funktionen, Bedeutung und Motive

Nach Schneider (2000, S. 11) wird in dieser Arbeit der Konsum als „sämtliche Aktivitäten von Einzelpersonen oder privaten Haushalten verstanden, die auf die Entnahme von Gütern oder Dienstleistungen aus dem Markt gerichtet sind". Diese schließen mehrere Phasen mit ein – angefangen mit dem Eintreten des Bedürfnisses, über die Wahl und Gewichtung der Kriterien für die Kaufentscheidung, Informationssuche und Entscheidungsfindung sowie die eigentliche Nutzung bzw. den Verbrauch von Gütern bis hin zur Entsorgung und der Weichenstellung für künftigen Bedarf (vgl. ebd., S. 11 f; Wiswede 2000, S. 24). Generell werden unter dem Begriff Konsum sowohl materielle, käuflich erworbene Güter verstanden, als auch immaterielle Güter sowie solche, die durch eine ehrenamtliche oder gemeinnützige unbezahlte Arbeit entstanden sind (vgl. Grunwald und Kopfmüller 2006, S. 115).

Beim Konsum eines Produktes bzw. einer Dienstleistung kann nach Vershofen (1959, S. 89), der als Begründer der Nutzentheorie gilt (vgl. Meffert 1999, S. 138), zwischen dem **Grundnutzen und Zusatznutzen** unterschieden werden. Der Grund- bzw. Zwecknutzen ist mit den stofflich-technischen Eigenschaften des Produktes verbunden, der Zusatznutzen basiert dagegen auf den seelisch-geistigen Merkmalen. Bei der zuletzt genannten Nutzenart wird eine weitere Unterscheidung zwischen dem Geltungs- und dem Erbauungsnutzen vorgenommen. Der Geltungsnutzen, der auch als sozialer Nutzen genannt wird (vgl. Scherhorn et al. 1990, S. 35), kann durch die Erhöhung der eigenen Position in der Gesellschaft mithilfe eines Produktes entstehen. Der Erbauungsnutzen kommt durch die Erschaffung von Sachen (Schaffensfreude) bzw. aus der Bewertung von Gütern zustande (vgl. Vershofen 1959, S. 89).

In einer Konsumgesellschaft spielt der Zusatznutzen des Öfteren eine viel bedeutendere Rolle als der Grundnutzen (vgl. Scherhorn 2000, S. 292), der nur noch augenscheinlich auf der ersten Stelle beim Vorgang des Konsumierens steht. In der Realität sind in den heutigen modernen Gesellschaften die Grundbedürfnisse, die sich in der Maslowschen Bedürfnispyramide (Maslow 1943, S. 372 ff) ganz unten befinden, zum größten Teil befriedigt, und die tatsächliche Rolle des Konsums besteht darin, die Bedürfnisse nach Sicherheit, Zugehörigkeit, Anerkennung, Selbstverwirklichung, Kreativität und Spiritualität zu erfüllen. „Güter sind Güter + Bedeutung" – dieses längst in der Konsumforschung bekannte Phänomen wird von Priddat (2000, S. 137) als Duplextheorie der Güter erfasst: der Gebrauchswert vieler Waren liegt nicht mehr in deren praktischen Funktionen, sondern hat sich auf deren imaginär-symbolische Werte verlagert (vgl. Heubach 1992, S. 177). In diesem Zusammenhang spricht Heubach (1992, S. 178) von der heraldischen Funktion der industriellen Produkte: ähnlich wie einst die Wappen oder andere heraldische Embleme geht es bei der Wahl und dem Kauf bestimmter Produkte um „die anschauliche Artikulation eines Selbstverständnisses einerseits und um eine demonstrative Identitätsbestimmung andererseits". Jackson (2005a, S. 30) formuliert es folgendermaßen:

> „material commodities are important to us, not just for what they do, but for what they signify (about us and about our lives, loves, desires, successes, and failings) both to others and to ourselves. Material commodities are not just artefacts. Nor do they offer purely functional benefits."

Die symbolhafte Bedeutung des Konsums kann nach Scholl[3] (2009, S. 143 ff) nach verschiedenen Aspekten differenziert werden – die Konsumobjekte können als Symbole der Kontrolle, der Erinnerung, des Übergangs und Mittel symbolischer Selbstergänzung (intrapersonale Symbolbedeutung) sowie

---

[3] Scholl (2009, S. 130 f) unterscheidet dabei zwischen dem dauerhaften Eigentum und temporären Besitz und bezieht sich bei seiner Darstellung auf das Eigentum eines Konsumobjektes.

Symbole des sozialen Status und der Gruppenzugehörigkeit (interpersonale Symbolbedeutung) agieren. Scherhorn (1994, S. 69 ff) nennt folgende Symbolgehalte, die für das Kaufen von Konsumgütern wesentlich sind:
- Belohnung: Zuwendung und Trost
- Größe: Anerkennung und Zugehörigkeit zu einer exklusiven Gruppe
- Selbständigkeit: Möglichkeit eines selbständigen Entscheidens, Freiraum und Freiheit
- Fülle: Ausgleich für erlittene Entbehrungen und Benachteiligungen; Überfluss und intensives Leben
- Sicherheit: Schutz gegen Mangel und Enttäuschung

Die Bedeutung des Konsums speist sich größtenteils aus seiner Einbettung in den sozialen Kontext (vgl. Brand 2002c, S. 12). Schneider (2000, S. 12) sieht Konsum als „soziales Handeln mit umfassenden gesellschaftlichen und individuellen Funktionen": einerseits sichert der Konsum das Wachstum der Gesellschaft, andererseits ist er bedeutend bei der Identitätssicherung und -gewinnung. Wiswede (2000, S. 25) unterscheidet zwischen zwei Perspektiven der sozialen Bedeutung des Konsums: seine soziale Formung und seine soziale Ausrichtung. Die erste Perspektive resultiert aus der Prägung des Konsums durch Sozialisationsprozesse und soziokulturelle Strukturbedingungen, die zweite Perspektive ist mit der Orientierung des Konsums an anderen Personen oder Gruppen verbunden.

Nach Kraemer (2002, S. 59) können drei wichtige **Funktionen des Konsums** genannt werden: Formung des eigenen Selbst, Demonstration der Zugehörigkeit und Abgrenzung von anderen Gruppen. Durch die schier unendlichen Auswahlmöglichkeiten verschiedenster Güter kann jeder seinen persönlichen Warenkorb zusammenstellen, der seine Persönlichkeit, sein „Ich" am besten wiedergibt. Der Warenkorb kann aber auch die Zugehörigkeit zu bzw. Abhebung von einer bestimmten Gruppe, einer Gesellschaftsklasse, eines Milieus oder einer Clique manifestieren, also als Symbol des sozialen Status agieren. Diese Rolle stand im Laufe des 20. Jahrhunderts im Fokus zahlreicher soziologischer und sozialpsychologischer Arbeiten sowie Arbeiten im Bereich der Marktforschung (vgl. u. a. Bourdieu [1979] 1987; Baudrillard [1970] 1998; Dichter 1961; Martineau 1959). Zu den Standardwerken in diesem Bereich gehört die Arbeit von Bourdieu ([1979] 1987), der die Theorie von Veblen ([1899] 1997) über die Nachahmung der oberen Schichten und das Konzept des demonstrativen Konsums siebzig Jahre später an die moderne Zeit angepasst hat. Jackson (2005a, S. 27) spricht in diesem Zusammenhang von „display consumption", also vom Konsum, der zwar in erster Linie, abgeleitet von der Evolutionspsychologie, auf die Attraktivität für das andere Geschlecht zielt („sexual display"), aber auch gleichzeitig eine wichtige Rolle bei der Sicherung einer sozialen Position in der gesellschaftlichen Hierarchie spielt.

Ein wichtiger Begriff, der im Zusammenhang mit dem demonstrativen Konsum genannt werden muss, ist der Begriff der **„positional goods"**, der vom Frank Hirsch (1977) in seinem Buch „Die sozialen Grenzen des Wachstums" geprägt wurde. Er definierte die „positional goods" als solche Güter bzw. Dienstleistungen, deren Konsumerlebnis abhängig von der Höhe der Nachfrage ist (vgl. ebd., S. 29). Hier sind zum einen die Güter wie einsame Strände oder Autobahnen zu nennen – je weniger Leute sie nutzen, desto begehrter sind sie. Hirsch (1977, S. 5) hat dafür eine sehr bildhafte Beschreibung eines Menschengedränges genutzt: „If everyone stands on tiptoe, no one sees better." Zum anderen sind es Güter wie Karten für ein exklusives Konzert, antike Gegenstände, Immobilien in einer 1A-Lage oder eine Reservierung in einem angesagten Restaurant – deren hoher Stellenwert und damit hohe Nachfrage resultiert aus ihrer eingeschränkten Verfügbarkeit. Bei zu großem Interesse an einem bestimmten Gut kann es zu physischen (physical crowding), aber auch sozialen Verdrängungseffekten (social crowding) kommen (vgl. ebd., S. 30). Ein Beispiel für die „positional goods", die zu sozialen Verdrängungseffekten führen können, ist Bildung. Ihr Ziel ist Sicherung von besseren Chancen für eine Karriere bzw. einen höheren sozialen Status. Sollten aber alle eine höhere Bildung anstreben, dann ist sie kein Unterscheidungsmerkmal mehr, und man wird quasi gezwungen, den anderen in ihrem Bestreben nach besserer Bildung zu folgen, damit man nicht benachteiligt wird (vgl. ebd., S. 3).

Eine weitere Möglichkeit, Güter zu klassifizieren, besteht unter Anwendung von zwei Kriterien: Rivalität der Nutzung und Ausschlussmöglichkeit. Hier wird zwischen vier verschiedenen Güterarten unterschieden, die in der folgenden Matrix dargestellt werden:

Tab. 1: Güterarten nach Kriterien der Rivalität der Nutzung und Ausschlussmöglichkeit

	Keine Rivalität im Konsum	Rivalität im Konsum
Fehlende Möglichkeit zum Ausschluss	Öffentliches/kollektives Gut *Luft, Wahlbeteiligung*	Allmende-Gut *Fischbestände, Rohstoffe*
Möglicher Ausschluss vom Konsum	Club-Gut *Kinos, Golfanlagen*	Privates Gut *Lebensmittel, Bekleidung*

Quelle: Engelkamp und Sell (2011, S. 466), leicht verändert

Für den Bereich des nachhaltigen Konsums sind die Güterarten von besonderem Interesse, auf die das Prinzip der Nichtausschliessbarkeit angewandt werden kann. Eine Gruppe bilden hier sogenannte **öffentliche Güter** (des Öfteren als Kollektivgüter genannt; Englisch: public goods), bei welchen der Konsum durch einen Nutzer die anderen Konsumenten nicht beeinträchtigt, wie z. B. Luft oder Wahlbeteiligung. Die zweite Gruppe wird von sogenannten **Allmende-Gütern** (Englisch: Common pool ressources (CPR)) gebildet, d. h. Gütern bei welchen die Konsumenten in Rivalität zueinander stehen, wie z. B. Fischbestände oder Rohstoffe.

Die vielfältigen Funktionen des Konsums und seine Bedeutung spiegeln sich in zahlreichen Faktoren einer Konsumentscheidung wieder. Eine wichtige Rolle spielen dabei **intrinsische und extrensische Motive**. Nach Spangenberg (2004, S. 46) zählen zu den intrinsischen Motiven kognitive Möglichkeiten, psychologische Faktoren, spontane Emotionen, persönliche Interessen und Moral- bzw. ethische Normen. Die extensischen Motive beinhalten sozioökonomische Aspekte wie das verfügbare Einkommen und die verfügbare Zeit sowie soziale Aspekte wie Selbstwertschätzung, Mode und sozialen Druck. Sind die extrensischen Motive wichtig dafür, welche Konsumoptionen überhaupt in Frage kommen, spielen die intrinsischen Motive eine entscheidende Rolle bei der Wahl der verfügbaren Optionen (vgl. ebd.). Welche Motive einer Kaufentscheidung letztendlich zugrunde lagen, ist oft auf den ersten Blick nicht ersichtlich, da die Gründe im Unterbewusstsein liegen:

> „die rationalen Motive, welche der Verbraucher bewußt hat und auf Befragen für sein Verhalten auch angeben kann, sind nicht seine eigentlichen und wahren Motive, sondern sie sind *Schein-Motive* [Hervorhebung im Original], ‚Beweg-‚Gründe' des Verhaltens, sie sind nur Argumente, ‚Vorder-Gründe', die nur die Oberfläche des Seelenlebens bewegen." (Scherke 1964, S. 26)

Bei der Betrachtung eines Kaufprozesses darf nicht vergessen werden, dass viele Kaufentscheidungen ein Teil einer alltäglichen Routine sind, die meistens vom Konsumenten nicht in Frage gestellt und oft im „Vorbeigehen" getroffen werden bzw. sowohl für den Konsumenten selber als auch für seine Umwelt fast unsichtbar sind. Jackson (2005a, S. 28 f) nennt sie „ordinary consumption", was als alltäglicher Konsum übersetzt werden kann und stellt sie dem „conspicuous consumption", also dem demonstrativen Konsum gegenüber. Anzumerken dabei ist, dass der alltägliche Konsum oft mit anderen, größeren Konsumentscheidungen zusammenhängt, die wohl ein Ausdruck eines demonstrativen Konsums sind, wie die Entscheidung wo und wie wir wohnen (zu Miete/Eigentum, in/außerhalb der Stadt, eine Wohnung/ein Haus) oder wie wir uns fortbewegen (ein kleines/großes Auto, öffentliche Verkehrsmittel, Fahrrad, zu Fuß) (vgl. ebd.).

3.1.3 Konsumkritik

Der unübersehbare Einfluss des Konsums auf die Gesellschaft und das Individuum haben relativ früh zu einer Debatte über die Ambivalenz des Konsums geführt. Gasteiger (2010, S. 13) spricht von einer Besonderheit der Paradigmata der Konsumforschung, die jeweils über eine positive und eine negative Seite verfügt. In Berufung auf Umberto Eco teilt er die Autoren in die „Integrierten", die positiv zum Konsum stehen, und die „Apokalyptiker", die den Konsum kritisieren (ebd.). Insbesondere in den Wirtschaftswissenschaften wird die Sicherung des materiellen Wohlstands der Menschen, die weit über die reine Existenzsicherung hinausgeht, positiv hervorgehoben. In der Verbraucherforschung, aber auch in den Sozialwissenschaften wird dagegen eine umfangreiche und vielfältige Konsumkritik geäußert. Im Folgenden werden die wichtigsten Kritikpunkte der einzelnen Betrachtungsebenen dargestellt.

Die **Kritik der gesellschaftlichen Strukturen** wurde bereits in den Anfängen der Entstehung des Massenkonsums geäußert und ist ursprünglich als Ablehnung der beginnenden Moderne entstanden (vgl. Lenz 2007, S. 41). Hier sind vor allem die Arbeiten von Simmel (u. a. [1900] 2009) zu erwähnen, der zur Jahrhundertwende auf die negativen Konsequenzen der Moderne, wie die Lösung von Traditionen und sozialen Bindungen oder wechselnde Rollenanforderungen hinwies. Die Wachstumsjahre der Nachkriegszeit wurden vom Begriff der „Überflussgesellschaft" geprägt, der auf das Buch „Gesellschaft im Überfluss" von Galbraith ([1959] 1973) zurückzuführen ist. In seiner vielbeachteten Analyse der Konsumgesellschaft hat Galbraith das Überangebot an Waren bei gleichzeitigem Mangel an Investitionen im öffentlichen Bereich kritisiert und schon damals vor den Folgen eines unkontrollierten Wirtschaftswachstums für die Umwelt gewarnt. Hervorzuheben ist ebenfalls die bereits im Kontext der „positional goods" genannte Arbeit von Hirsch „Die sozialen Grenzen des Wachstums" (1977), die sich mit den sozialen Aspekten des privaten Konsums beschäftigt und das bisherige Verständnis für das Wirtschaftswachstum als eine Sackgasse dargestellt hat.

Zu einem bedeutenden Kritikbereich gehört die Anprangerung des **Zwangscharakters des Konsums** – hier sind nach Schneider (2000, S. 15) insbesondere die Kritische Theorie und der französische Strukturalismus zu erwähnen. Der Konsument wird dabei als passives und von der Wirtschaft manipuliertes Wesen beschrieben, dem „falsche Bedürfnisse" suggeriert werden und der in einem Zwang zum Konsumieren lebt (vgl. Schneider ebd., S. 15 f). Gasteiger (2010, S. 68ff) nennt in seiner Darstellung der Konsumforschungsgeschichte in den Jahren 1945-1989 zwei Zeitspannen, die sich durch eine starke Kritik des manipulativen Charakters des Konsums auszeichneten: die Jahre 1955-1965 mit dem Bild des psycho-sozialen Konsumenten und die Jahre 1965-1970 mit dem Bild des beherrschten Konsumenten. Der damals noch jungen Motiv- und Konsumforschung wurde vorgeworfen, die verborgenen Fantasien und Träume des Konsumenten zu erspähen und für die Absatzförderung auszunutzen (vgl. ebd., S. 123; 162 f). Zu nennen ist hier unter anderem die Frankfurter Schule, die vor dem Hintergrund der internationalen Studentenbewegung und der Ereignisse der 1968er-Jahre ein Bild der totalitären Ordnung durch die Mechanismen des Konsums zeichnete (vgl. ebd., S. 164 ff).

Die Kritik gilt ebenfalls der bereits angesprochenen **symbolhaften Bedeutung des Konsums**, die eine Gefahr der Gleichsetzung der Konsumgüter mit den ihnen zugesprochenen Symbolen birgt. Der Konsum dient dann nicht der Identitätssicherung, sondern der Identitätsgewinnung. Die Suche nach dem Sinn des Lebens und die Definition der eigenen Persönlichkeit wird durch den Konsum von bestimmten Gütern ersetzt – ganz entgegen der grundsätzlich richtigen Behauptung von Spangenberg (2004, S. 46): „products do not create identity, but they are indispensable tools to express it." Deren Eigenschaft als „Projektionsfläche" (ebd.) für Werte, Überzeugungen und Träume kann dazu führen, dass die Güter selber an deren Stelle treten. Dabei kann man von der kompensatorischen Funktion des Konsums sprechen, die nicht prinzipiell negativ beurteilt werden soll, allerdings beim Fehlen alternativer Kompensationsmöglichkeiten als pathologisch zu betrachten ist (vgl. Stihler 2000, S. 179). Die Kompensationsfunktion des Konsums kann unter anderem auf die Veränderungen in der Arbeitswelt zurückgeführt werden: Hat man sich früher als Arbeitgeber mit der eigenen Arbeit und den hergestellten Produkten identifiziert, ist es heutzutage der Konsum, der zur Identifikation und Bildung des eigenen Stils genutzt wird (vgl. o.V. 2002a, S. 217f). Nach Stihler (2000, S. 180 ff) können folgende spezielle Ausdrucksformen kompensatorischen Konsums genannt werden: Kaufsucht, Gütergebundenheit sowie Erlebnisorientierung und Sensation-seeking.

In den letzten Jahrzehnten sind weitere ungewollte Nebenfolgen des Massenkonsums wie das wachsende **soziale Ungleichgewicht** zwischen den Industrie- und Entwicklungsländern, **Umweltverschmutzung** und steigende **Abhängigkeit von fossilen Energieträgern** in den Mittelpunkt der öffentlichen Wahrnehmung gerückt. Rund 80 % der privaten Konsumausgaben sind dem reichsten Fünftel der Bevölkerung in den Industriestaaten zuzurechnen (vgl. Grunwald und Kopfmüller 2006, S. 116). Gleichzeitig werden von dem ärmsten Fünftel der Menschheit nur 1-2 % der Konsumausgaben getätigt (vgl. ebd.). Der bedenkenlose Umgang mit den natürlichen Ressourcen hat zu gewaltigen Veränderungen der Umwelt geführt. Die Produktion von Kühlschränken und weiteren Haushaltsgeräten mit FCKW hat bedeutend zur Zerstörung der Ozonschicht und damit zur Steigerung der Hautkrebsraten beigetragen. Der rücksichtslose Abbau der Bodenschätze in vielen Industrieländern, unter anderem auch in Deutschland, hat zu „Mondlandschaften" und starker Verschmutzung der Luft, Vergiftung der Gewässer und Waldsterben geführt. Erst allmählich hat sich das Bewusstsein entwickelt, dass die Übernahme der Konsummuster der westlichen Industrieländer durch die Entwicklungsländer bei gleichzeitigem globalen Wirtschaftwachstum zu unabsehbaren ökologischen und sozialen Folgen führen könnte (vgl. Jackson 2009, S. 487). Demzufolge hat sich der Fokus der Konsumforschung in den letzten Jahren auf seine ökologischen Aspekte konzentriert. Eine besondere Rolle spielt dabei die Frage nach nachhaltigen Konsummustern bzw. nachhaltigen Lebensstilen und den Wegen zu ihrer Herbeiführung. Dies unterscheidet die gegenwärtige Konsumdebatte von den Diskussionen der vergangenen Jahrzehnte – im Mittelpunkt des Interesses steht die Neugestaltung des Konsums und nicht mehr seine generelle Kritik (vgl. o.V. 2002b, S. 11). Es ließe sich auch mit Bilharz (2009, S. 56) einwenden, dass die Förderung eines nachhaltigen Konsums als Versuch verstanden werden kann, „Konsum als solchen zu ‚rehabilitieren'".

3.2 Das Konzept der Nachhaltigkeit und der nachhaltigen Entwicklung

Die Nachhaltigkeitsdebatte wurde von dem Anfang der 1970er-Jahre veröffentlichten **Bericht des Club of Rome „Die Grenzen des Wachstums"** (Meadows 1972) ausgelöst. Der Bericht, in dem die Autoren die Verfügbarkeit der wichtigsten Ressourcen berechnet haben, malte ein düsteres Bild der Menschheit, die bei Einhaltung der bisherigen Lebensweise in kurzer Zeit an ihre Grenzen kommen würde. Er hat zu einer heftigen und bis heute anhaltenden Diskussion in den Gesellschaften der Industrieländer geführt und den Glauben an Wachstum und Konsum als Grundlagen des Wohlstands erschüttert. Er war aber auch wegbereitend für das Konzept der nachhaltigen Entwicklung, das fünfzehn Jahre später, im Jahr 1987 in dem sog. **Brundtland-Bericht** der Weltkommission für Umwelt und Entwicklung der Vereinten Nationen (UNWCED) das erste Mal[4] einer breiten Öffentlichkeit präsentiert wurde. Der Bericht definierte nachhaltige Entwicklung[5] („sustainable development") als „Entwicklung, die die Bedürfnisse der Gegenwart befriedigt, ohne zu riskieren, daß künftige Generationen ihre eigenen Bedürfnisse nicht befriedigen können" (Weltkommission für Umwelt und Entwicklung (Hrsg.) 1987, S. 46). Das deutsche Wort „nachhaltig", das mit „sustainable" gleichgesetzt wird, wurde ursprünglich in der Forstwirtschaft seit dem 18. Jahrhundert genutzt und bedeutete, dass man nicht mehr abholzen durfte als nachwachsen konnte.

Das regulative Leitbild der nachhaltigen Entwicklung hat spätestens seit der **Konferenz der Vereinten Nationen für Umwelt und Entwicklung** (UNCED) in **Rio de Janeiro** im Juni 1992 den Einzug in das öffentliche Bewusstsein gehalten. Damals konnten sich die Vertreter von 178 Ländern auf einen gemeinsamen Aktionsplan für die drängenden Fragen des 21. Jahrhunderts, die **Agenda 21** (Vereinte Nationen (Hrsg.) 1992), einigen und haben somit eine Grundlage für die Operationalisierung dieses Leitbildes auf den nationalen, regionalen und lokalen Ebenen gelegt.

---

[4] Der Begriff „sustainable development" wurde das erste Mal bereits 1980 in der World Conservation Strategy (WCS) genutzt, die von der International Union for the Conservation of Nature (IUCN) in Zusammenarbeit mit weiteren Organisationen der Vereinten Nationen (UN) erarbeitet wurde (vgl. Enquete-Kommission 1993, S. 21).
[5] In der deutschen Version des Berichts wurde allerdings der Begriff „dauerhafte Entwicklung" genutzt (vgl. Weltkommission für Umwelt und Entwicklung 1987, S. 46).

Für das Verstehen des Konzeptes der Nachhaltigkeit ist der Begriff des **Umweltkapitals** von Bedeutung. In dem Konzept des Umweltkapitals (auch Naturkapital genannt) wird die Umwelt als eine Kapitalart betrachtet, die neben dem produzierten Kapital (wie Maschinen, Gebäude etc.) und dem Humankapital (z. B. das gesamte menschliche Wissen, die Kenntnisse, die Kultur) den Produktionsfaktor Kapital bildet (vgl. Ahlheim 2002, S. 2 f). Das Umweltkapital stellt als Quelle von Gütern und Dienstleistungen, aber auch durch die Aufnahme der Rückstände aus Produktion und Konsum einen essentiellen Bestandteil der Wirtschaft dar. Der ständige Austausch zwischen der menschlichen Ökonomie und dem Umweltkapitalstock bzw. die Sicherung des Gleichgewichts zwischen den beiden Systemen ist entscheidend für das Überleben der Menschheit (vgl. ebd., S. 3). Bei einer zu schnellen Ausbeutung des natürlichen Kapitalstocks bzw. bei einer Entlassung zu großen Mengen an Abfall und Abwärme in das Ökosystem kann es zu einem Kollaps des gesamten Systems kommen (vgl. ebd., S. 4 f). Das Konzept des Umweltkapitals bzw. die Substituierbarkeit verschiedener Kapitalarten stehen im Vordergrund der Diskussion um die Definition der Nachhaltigkeit. Die Bandbreite reicht dabei von einer sehr schwachen, schwachen, strengen und sehr strengen bis hin zur absurd strengen Nachhaltigkeit, abhängig davon zu welchem Grad die verschiedenen Kapitalarten als ersetzbar betrachtet werden (vgl. ebd., S. 8 f).

Dem Konzept der Nachhaltigkeit, in dem die Berücksichtigung von Bedürfnissen der gegenwärtigen und zukünftigen Generationen gefordert wird, liegt der Anspruch der Gerechtigkeit zugrunde. Es handelt sich dabei sowohl um die **intragenerationale** (Konflikte zwischen Arm und Reich, Industrie- und Entwicklungsländern sowie Geschlechtern) als auch **intergenerationale Gerechtigkeit**[6] (Konflikte zwischen jetzigen und kommenden Generationen) (vgl. Belz und Bilharz 2008, S. 24 f; Spangenberg 2003, S. 23 f; Umweltbundesamt 2002, S. 17 ff). Nach Grunwald und Kopfmüller (2006, S. 29 f) bedingt die Lösung der gegenwärtigen Probleme die Sicherung der zukünftigen Entwicklung, so dass die Gerechtigkeit gegenüber heute lebenden Menschen und gegenüber der zukünftigen Generationen „als zwei Seiten der gleichen Medaille anzusehen" (ebd., S. 30) sind. In der folgenden Abbildung wird der Anspruch der Gerechtigkeit als Grundlage des Nachhaltigkeitskonzeptes grafisch dargestellt.

---

[6] Kopfmüller et al. (2001, S. 130 f) sprechen in diesem Zusammenhang von der intra- und intergenerativen Gerechtigkeit. Grunwald und Kopfmüller (2006, S. 27 ff) benutzen die Begriffe Verteilungsgerechtigkeit und Zukunftsverantwortung.

Abb. 5: Nachhaltigkeit als Gerechtigkeitsgebot

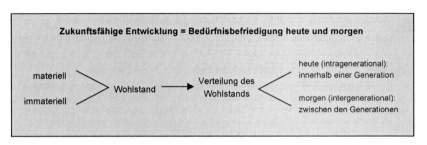

Quelle: Spangenberg (2003, S. 23), leicht verändert

Der Anspruch der Gerechtigkeit birgt allerdings eines der größten Probleme bei der Umsetzung des Nachhaltigkeitskonzepts: die notwendigen Veränderungen der bisherigen Lebensweise und des bisherigen Verhaltens müssten aus altruistischen Motiven, also aus Rücksicht auf uns unbekannte zukünftige Generationen bzw. auf uns unbekannte Mitbürger in anderen Ländern folgen (vgl. Rosenberger 2001, S. 439). Mit anderen Worten: „Opfer zu bringen, für jemanden, den man gar nicht kennt und den man niemals kennen lernen wird, ist eine Aufgabe, die nicht jeder einsieht." (Ahlheim 2002, S. 6) In Bezug auf intergenerationale Gerechtigkeit wird daher für eine sukzessive Verantwortung plädiert, also das Prinzip der Verantwortungsübernahme für die jeweils nächste Generation, so dass die Zeitspanne, für die die Verantwortung übernommen wird, für den Einzelnen noch greifbar ist (vgl. Grunwald und Kopfmüller 2006, S. 28).

Die bis jetzt verwendeten Begriffe Nachhaltigkeit und nachhaltige Entwicklung stehen in einem direkten Verhältnis zueinander: als das Ziel (die Nachhaltigkeit) und der Weg dahin (die nachhaltige Entwicklung) (vgl. Bilharz 2009, S. 43) bzw. als ein Zustand (vgl. Hansen und Schrader 2001, S. 25) und ein Prozess zum Erreichen dieses Zustandes. Die in dem Brundtland-Bericht formulierte Definition der nachhaltigen Entwicklung lässt allerdings eine große Vielfalt an Interpretations- und Auslegungsmöglichkeiten zu (vgl. Piorkowsky 2001, S. 51; Weber 2001, S. 64), wie es auch am Beispiel der Definition der Nachhaltigkeit bezogen auf die Ersetzbarkeit verschiedener Kapitalarten sichtbar wurde. Dabei herrscht eine weitgehende Einigung hinsichtlich der Dimensionen der nachhaltigen Entwicklung. In den meisten Publikationen werden die **ökologische, soziale und ökonomische Dimension** genannt, die gelegentlich um die Dimensionen Kultur (vgl. Hansen 2001, S. 162; Rosenberger 2001,

S. 441) und Technologie (vgl. World Resources Institute (Hrsg.) 1992, S. 4) ergänzt bzw. in Zusammenhang mit den institutionellen Rahmenbedingungen (vgl. Belz und Bilharz 2008, S. 24; Spangenberg 2003, S. 37; 41 f) gesetzt werden. Bei Schulz und Kreeb (2002, S. 160 f) werden die Dimensionen Umwelt, Ökonomie und Soziales als Globalziele betrachtet, die in den drei definitorischen Ebenen des Begriffs der Nachhaltigkeit verankert sind:

> „1. *Operative Ebene*: die Globalziele (...) sind in Einklang zu bringen. 2. *Strategische Ebene*: Die Globalziele sind nicht nur gegenwärtig, sondern auch zukünftig in Einklang zu bringen. 3. *Normative Ebene*: Bekenntnis von Staat und Gesellschaft für permanente Verantwortung für Mensch und natürliche Umwelt." [Hervorhebung im Original]

Die Umsetzung des Konzeptes der nachhaltigen Entwicklung erfordert die Konkretisierung der einzelnen Dimensionen, was sich allerdings in der Realität als äußerst schwierig gestaltet. Als Beispiel hierfür kann das unterschiedliche Verständnis der ökonomischen Dimension genannt werden, die als Befriedigung vorhandener Konsumbedürfnisse, aber auch als Finanzierbarkeit von ökologisch und sozial verträglichen Konsumangeboten definiert werden kann (vgl. Hansen und Schrader 2001, S. 24). Damit verbunden sind die Probleme bei der Zuordnung der sozialen Grundgüter einer bestimmten Nachhaltigkeitsdimension, hier ist z. B. das Gut „Arbeit" zu nennen, das je nach Auslegung, allen drei Komponenten zugewiesen werden kann (vgl. Kopfmüller et al. 2001, S. 119). Als erster Ansatz zur Operationalisierung der ökologischen Dimension gelten sog. „principles of sustainable development" (auf Deutsch: System ökologischer Managementregeln), die ursprünglich von Pearce und Turner (1990) bzw. Daly (1990) ausgearbeitet und seitdem von unterschiedlichen Autoren bearbeitet und ergänzt wurden (u. a. Enquete-Kommission (Hrsg.) 1998, S. 25):

> „1. Always use renewable resources in such a way that the harvest rate (the rate of use) is not greater than the natural regeneration rate.
> 2. Always keep waste flows to the environment at or below the assimilative capacity of the environment." (Pearce und Turner 1990, S. 44)

Die Übersetzung der allgemeinen Regeln in operative Ziele und Maßnahmen ist jedoch nach wie vor mit großen Schwierigkeiten verbunden. Die Probleme hängen einerseits damit zusammen, dass die Vorstellungen, was eine nachhaltige Entwicklung ist, zum Teil auseinander gehen. Spangenberg (2003, S. 43) argumentiert, dass es

> „nicht *die* [Hervorhebung im Original] nachhaltige Entwicklung [gibt: Anmerkung der Verfasserin], sondern eine Vielzahl von Optionen, aus denen in der Praxis gemäß der vorherrschenden, kulturabhängigen und zeitlich wandelbaren Prioritäten eine Auswahl getroffen werden muss."

Andererseits ist die Festlegung von quantitativen und objektiven Kriterien nur zum Teil möglich, oft müssen qualitative Kriterien angewendet werden, wobei die Gefahr besteht, dass sie durch subjektive Wertung verzerrt werden. Dieser Umstand führt dazu, dass ebenfalls die Frage nach der Gewichtung der einzelnen Dimensionen nicht eindeutig ausfällt. Hier kann zwischen Ein-Säulen- und Mehr-Säulen-Konzepten sowie einem integrativen Ansatz unterschieden werden.

Bei den **Ein-Säulen-Konzepten** gilt der Vorrang der ökologischen Dimension (vgl. u. a. National Consumer Council und Sustainable Development Commission (Hrsg.) 2006, S. 5; Umweltbundesamt 2002, S. 2; Piorkowsky 2001, S. 53; Umweltbundesamt 1997, S. 6; 9; BUND und Misereor (Hrsg.) 1996, S. 26). Ihre Anhänger argumentieren unter anderem mit den Schwierigkeiten bei der Konkretisierung der ökonomischen und sozialen Komponenten (vgl. Weber 2001, S. 65). Des Weiteren wird hervorgehoben, dass die sozialen und ökonomischen Prozesse den Naturgesetzen folgen müssen (vgl. Piorkowsky 2001, S. 53). Im Report des englischen Sustainable Consumption Roundtable (National Consumer Council und Sustainable Development Commission (Hrsg.) 2006, S. 1) heißt es: „living within ecological limits is the non-negotiable basis for our social and economic development". Das Umweltbundesamt (2002, S. 2) beschreibt in seiner Studie die überragende Bedeutung der ökologischen Dimension folgendermaßen:

> „Alles Wirtschaften und damit auch die Wohlfahrt im klassischen Sinne stehen unter dem Vorbehalt der ökologischen Tragfähigkeit. Denn nur innerhalb des Spielraumes, den die Natur als Lebensgrundlage bereitstellt, ist Entwicklung und damit auch Wohlfahrt dauerhaft möglich. Die Tragekapazität des Naturhaushalts muss daher als letzte, unüberwindliche Schranke für alle menschlichen Aktivitäten akzeptiert werden."

Bei den **Mehr-Säulen-Konzepten** werden alle Dimensionen als gleichberechtigt und gleichwertig betrachtet (vgl. u. a. Grunwald 2002, S. 433; Spangenberg 2003, S. 38; Querschnittsgruppe Arbeit und Ökologie 2000, S. 21; Enquete-Kommission (Hrsg.) 1998, S. 18). Hansen und Schrader (2001, S. 22 f) argumentieren dafür in einer bildhaften Weise:

> „Wer in materieller Armut lebt, wird sich kaum um die Ökologie sorgen; bei dauerhafter Schädigung der natürlichen Ressourcen ist jedoch auch keine positive ökonomische Entwicklung mehr denkbar, die wiederum Voraussetzung sozialer Fortschritte wäre."

Abb. 6: Drei-Säulen-Modell der Nachhaltigkeit

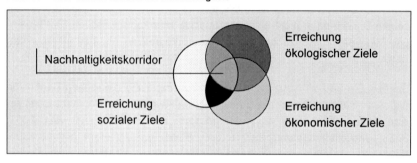

Quelle: Querschnittsgruppe Arbeit und Ökologie (2000, S. 21)

Die angestrebte Gleichwertigkeit der Dimensionen bleibt allerdings vorerst ein Wunschdenken seiner Befürworter. Sie rufen zwar zu mehr Beachtung der Ökonomie und des Sozialen (vgl. Kraemer 2002, S. 61; Spangenberg 2003, S. 39) auf, gestehen jedoch ein, dass eine gleichzeitige Berücksichtigung aller Dimensionen manchmal fast unmöglich ist. Hansen und Schrader (2001, S. 24) nennen hierfür ein Beispiel von Unternehmen, die auf aufwendige Investitionen in umweltfreundliche Technologien verzichten und dies mit sozialen und ökonomischen Verpflichtungen gegenüber der Belegschaft begründen. Belz und Bilharz (2005, S. 3) bezeichnen in diesem Zusammenhang die Beziehungen zwischen ökonomischen, ökologischen und sozialen Zielen als „konfliktär".

Die oben genannten Konflikte haben in den letzen Jahren zur Entstehung von sog. **integrativen Nachhaltigkeitskonzepten** geführt (vgl. Grunwald und Kopfmüller 2006, S. 53 ff). Diese beruhen auf dem bereits erwähnten Prinzip der Gerechtigkeit, das dimensionenübergreifend ist. Als Beispiel hierfür kann das integrative Nachhaltigkeitskonzept der Helmholtz-Gemeinschaft genannt werden, in dem drei konstitutive Elemente nachhaltiger Entwicklung bestimmt wurden: intra- und intergenerative Gerechtigkeit, die globale Orientierung und der anthropozentrische Ansatz (vgl. Kopfmüller et al. 2001, S. 117 f). Sie werden in generelle Ziele nachhaltiger Entwicklung übersetzt: Sicherung der menschlichen Existenz, Erhaltung des gesellschaftlichen Produktivpotentials sowie Bewahrung der Entwicklungs- und Handlungsmöglichkeiten (vgl. Grunwald 2002, S. 434).

3.3 Grundlagen des Konzeptes des nachhaltigen Konsums

3.3.1 Begriffserklärungen

Der Definition der Nachhaltigkeit im Brundlandt-Bericht folgend, ist Konsum dann nachhaltig, „wenn er zur Bedürfnisbefriedigung der heute lebenden Menschen beiträgt, ohne die Bedürfnisbefriedigungsmöglichkeiten zukünftiger Generationen zu gefährden" [im Original kursiv] (Hansen und Schrader 2001, S. 22). Eine weitere Definition, die den Bezug zum Konzept der nachhaltigen Entwicklung herstellt, findet sich bei Weber (2001, S. 66), der vorschlägt, die „Konsummuster als nachhaltig zu bezeichnen, die so verallgemeinerbar sind, dass die bei ihrer Verallgemeinerung resultierenden Konsum- und Produktionsprozesse die Managementregeln für nachhaltiges Wirtschaften nicht verletzen" [im Original kursiv]. Die Definition von Bilharz (2009, S. 53) bezieht sich auf die Nachhaltigkeitsdimensionen und besagt, dass „es beim nachhaltigen Konsum darum [geht: Anmerkung der Verfasserin], Konsumhandlungen umzusetzen, die ökologisch, sozial und ökonomisch vernünftig sind". Einen Versuch der Konkretisierung des abstrakten Begriffes „nachhaltiger Konsum" stellt die alltagsnahe Definition des österreichischen Bundesministeriums für Verkehr, Innovation und Technologie dar, die im Rahmen der Programmlinie „Fabrik der Zukunft" entwickelt wurde und die folgende Merkmale des nachhaltigen Konsums hervorhebt: Umweltverträglichkeit, soziale Gerechtigkeit, ökonomische Leistbarkeit, Anknüpfung an vorhandene, sozial und kulturell unterschiedliche Konsumbedürfnisse und -wünsche, Suche nach Konsumalternativen, soziale Attraktivität und leichte Integrierbarkeit in den Konsumalltag (vgl. Heiler et al. 2008, S. 41).

Wie in der obigen Darstellung schon teilweise angedeutet, fehlt es an einem Konsens hinsichtlich der Definition des nachhaltigen Konsums. Bei einer näheren Betrachtung lassen sich jedoch einige Gemeinsamkeiten feststellen:
- Einbeziehung der sozialen, ökologischen und ökonomischen Dimensionen
- das Prinzip der Gerechtigkeit
- Verbesserung der Lebensqualität durch den nachhaltigen Konsum
- Berücksichtigung aller Konsumphasen

Insbesondere bei dem letztgenannten Aspekt ist hervorzuheben, dass mit der Verschiebung des Fokus von der Produktion/Industrie auf die Nutzung/Konsumenten ebenfalls die Betrachtung der einzelnen Konsumphasen revidiert wurde. Gefordert wird die Einbeziehung aller Konsumphasen, wobei die Kauf- und Nutzungsphase in den Mittelpunkt gerückt ist (vgl. Hansen und Schrader 2001, S. 27). Die Kaufphase bietet dem Konsumenten die Möglichkeit, sich für eine nachhaltige Alternative zu entscheiden, die Nutzungsphase ist – wie aus den empirischen Untersuchungen der letzten Jahre hervorgeht – für einen erheblichen Teil der Umweltbelastung verantwortlich (vgl. Grießhammer 2001, S. 107). Schoenheit (2004, S. 3 f) spricht in diesem Zusammenhang von einer ganzheitlichen Betrachtung der nachhaltigen Produktqualität – ein solches Produkt trägt zur Bedürfnisbefriedigung privater Haushalte zu vertretbaren Kosten und zur Lösung bestehender ökologischer und sozialer Probleme bei, ist umweltverträglich in Produktion, Nutzung und Entsorgung und wurde unter fairen Bedingungen hergestellt und vertrieben.

Bei der Kommunikation und Vermittlung des Begriffs nachhaltiger Konsum in der Bevölkerung kann sich eine bereichsspezifische Konkretisierung als hilfreich erweisen (vgl. Sehrer 2004, S. 187). Es handelt sich dabei um die sogenannten **Bedarfsfelder**, die anhand der Analyse ihres Einflusses auf den Umweltverbrauch differenziert werden können. Die Klassifizierung variiert in der Literatur zum Teil, viele Autoren lehnen sich an die Untersuchung des Wuppertal Instituts für Klima Umwelt und Energie (Lorek, Spangenberg und Felten 1999) an. Dort werden folgende Bedarfsfelder des Haushaltskonsums genannt: Bauen und Wohnen, Ernährung, Mobilität, Freizeit, Kleidung, Hygiene, Gesundheit und Bildung, wobei die ersten drei Felder als prioritär eingestuft werden (ebd., S. 45). Tourismus wird hier nicht explizit erwähnt, in einigen weiteren Untersuchungen wird er, zum Teil in Verbindung mit Freizeit, als separates Bedarfsfeld betrachtet (u. a. Heiler et al. 2008, S. 6; National Consumer Council und Sustainable Development Commission (Hrsg.) 2006, S. 2). In der vorliegenden Arbeit wird Tourismus zusammen mit Freizeit als Bestandteil des Bedarfsfeldes Mobilität aufgefasst.

Als weiterer wichtiger Begriff sind die sogenannten **Handlungsfelder** zu nennen, die in den meisten Untersuchungen zum nachhaltigen Konsum von den Bedarfsfeldern abgeleitet und an das Untersuchungsziel entsprechend angepasst werden. Hier kann beispielsweise die Unterscheidung nach Verhaltensbereichen Einkaufen und Verpacken, Wegstrecken und Verkehr, Heizen, Wasser und Energie (vgl. Rhein 2006, S. 90) oder nach den Themenblöcken Müll und Recycling, Einkaufen und Konsum, Energie- und Wassersparen im Haushalt, Auto und Verkehr (vgl. Preisendörfer 1999, S. 60 ff) genannt werden.

Belz und Bilharz (2008, S. 27 f) unterscheiden zwei Stufen nachhaltigen Konsums: nachhaltiger Konsum im weiteren Sinne als erste Stufe und nachhaltiger Konsum im engeren Sinne als zweite Stufe. Unter dem **nachhaltigen Konsum im weiteren Sinne** werden Konsumhandlungen verstanden, „welche die mit Produktion und Konsum einhergehenden sozial-ökologischen Probleme im Vergleich zu konventionellem Konsum verringern, ohne den individuellen Nettonutzen 'über Gebühr' zu senken" (ebd., S. 27). Als Beispiele können Kauf von Bio- oder fair gehandelten Produkten, Wohnen in einem Passivhaus oder Nutzung von energiesparenden Lampen genannt werden. Diese Handlungen betreffen allerdings nur relative Verbesserungen des Status quo, die aber – sollten sie von jedem Menschen übernommen worden sein – nicht zwangsläufig zum „Zustand der Nachhaltigkeit" führen würden. Dies ist beim **nachhaltigen Konsum im engeren Sinne** der Fall, welcher einen Konsum meint, „der (theoretisch) inter- und intragenerational verallgemeinerbar für alle Menschen ist, ohne das Ziel der Nachhaltigkeit zu gefährden" (ebd., S. 28).

Der Begriff nachhaltiger Konsum steht in einer Reihe mit weiteren verwandten Bezeichnungen, die des Öfteren als synonym betrachtet werden. Schoenheit (2007, S. 215) skizziert die Versuche, „ein vom erwarteten Standard abweichendes Konsumentenverhalten begrifflich [..] zu kennzeichnen" als einen semantischen Prozess vom qualitativen, über ökologischen und sozialen bis hin zum nachhaltigen Konsum. Eine Überschneidung besteht zu dem Terminus **„politischer Konsum"**. Seine Definition findet man bei Micheletti (2004, S. xiv), die das zielgerichtete Konsumverhalten zur Veränderung der institutionellen bzw. wirtschaftlichen Rahmenbedingungen betont:

> „we define it as consumer choice of producers and products with the goal of changing objectionable institutional or market practices. It is based on attitudes and values regarding issues of justice, fairness, or non-economic issues that concern personal and family well-being and ethical or political assessment of business and government practice."

Stolle und Hooghe (2004, S. 280 f) heben die Merkmale „awareness", „regularity" und „motivation" als Kriterien des politischen Konsums hervor. Nicht jeder Käufer eines Nahrungsmittels in Bio-Qualität bzw. nicht jeder Nicht-Käufer von Atomstrom ist ein politischer Konsument – dafür muss er seine Entscheidung bewusst, regelmäßig und aus einer bestimmten Motivation heraus treffen. Demzufolge kann ein politischer Konsum als eine besondere Form des nachhaltigen Konsums betrachtet werden, als seine „nach außen gewendete [..] Variante" (Schoenheit 2007, S. 219). Ein politischer Konsum muss aber nicht zwangsläufig ein nachhaltiger Konsum sein – es gibt politische Anliegen der Konsumenten, die nicht mit dem Konzept der nachhaltigen Entwicklung übereinstimmen (vgl. Lamla 2005, S. 8). Als wichtigste Instrumente des politischen Konsums werden Buykotte und Boykotte betrachtet, also ein bewusster Kauf oder Nicht-Kauf von bestimmten Produkten oder von Produkten eines bestimmten Unternehmens. Als bekanntestes Beispiel eines Boykotts kann die Aktion von Greenpeace gegen Shell-Tankstellen 1995 genannt werden[7], die als Geburtsstunde des politischen Konsums betrachtet wird.[8] Ein modernes Beispiel eines Buykotts[9] ist ein sog. Carottmob, bei dem die Verbraucher gezielt in einem kurzen Zeitraum in einem Geschäft einkaufen, dessen Besitzer sich vorab verpflichtet hat, einen bestimmten Prozentsatz des damit erzielten Umsatzes für Energiesparmaßnahmen zu verwenden.

Sowohl der Begriff nachhaltiger Konsum als auch politischer Konsum werden üblicherweise mit den Ausdrücken „verantwortlicher", „ethischer", „moralischer" oder „strategischer" Konsum gleichgesetzt. Auch wenn es sich dabei um verwandte Begriffe handelt, beziehen sie sich nur auf bestimmte Ausschnitte der beiden Konzepte und können daher nur bedingt als gleichbedeutend verstanden werden.

3.3.2 Handlungsstrategien

Die Konzentration der Debatte zum nachhaltigen Konsum auf die Förderung der nachhaltigen Konsummuster hat zur Entstehung zahlreicher Strategien geführt, unter denen insbesondere folgende Ansätze genannt werden können: das Wachstumsparadigma, die Effizienz-Konsistenz-Suffizienz-Strategien und Strategien zur Reduzierung der mit dem Konsum verbundenen Probleme.

Das **Wachstumsparadigma** hinterfragt die jetzigen Wirtschaftsstrukturen, die den Konsum als eine Voraussetzung des Wachstums und die Entwicklung des Bruttoinlandsprodukts (BIP) als den wichtigsten Wirtschaftsindikator betrach-

---

[7] Aufgrund der Medienkampagne von Greenpeace, die das von dem Shell Konzern beabsichtigte Versenken des schwimmenden Öltanks Brent Spar im Atlantik öffentlich gemacht hat, haben sich zahlreiche Verbraucher in vielen Ostseeanreinerstaaten, u. a. in Deutschland zum Boykott der Shell-Tankstellen entschieden. Das hat dazu geführt, dass die Firma Shell sich der Macht der Konsumenten gebeugt und auf die See-Entsorgung verzichtet hat. Im Nachhinein hat es sich herausgestellt, dass Greenpeace tlw. mit falschen Informationen an die Öffentlichkeit getreten ist. Eine kritische Darstellung der Kampagne findet man bei bfp Analyse (2000).
[8] Der politische Konsum ist allerdings ein Phänomen, das bereits viel früher beobachtet werden konnte. Schoenheit (2007, S. 215) nennt als Beispiele den Boykott von jüdischen Geschäften als Unterstützung für den Naziterror oder den „Montgomery Bus Boycott" vom 1955 als Kampf um die Bürgerrechte der farbigen US-Bewohner.
[9] Der erste Carrotmob fand 2008 in San Francisco statt (vgl. Caplan 2009).

ten und weitgehend das Wirtschaftswachstum mit Wohlstand gleichsetzen. Die Ursprünge dieser Annahmen gehen auf den bereits im Kapitel 3.1 erwähnten „fordistischen Vertrag" zurück, der allerdings unter Umständen zu einem Konsum führen kann, der nicht nur über die Bedürfnisse, sondern auch über die Verhältnisse hinausgeht, was in eine wachsende Verschuldung der privaten Haushalte mündet (vgl. Scherhorn 2000, S. 292). Die Folgen solcher Entwicklungen sind seit einigen Jahren zu beobachten, als ein durch niedrige Zinsen staatlich unterstützter Konsum der US-amerikanischen Verbraucher – in dem Fall der kreditfinanzierte Kauf von Häusern – zu einer der größten Finanz- und Wirtschaftskrisen in der modernen Geschichte geführt hat. Darüber hinaus wirkt sich die Hervorhebung des Konsums und des Wachstums zum gesellschaftlichen Prinzip auf die Vernachlässigung der immateriellen Güter und auf die überproportional steigenden sozialen Kosten aus (vgl. ebd., S. 285). Gegen die Betrachtung des Wirtschaftswachstums als Garant des Wohlstands sprechen zahlreiche empirische Studien bzw. Publikationen, die einen Zusammenhang zwischen dem BIP-Wachstum eines Landes und dem Wohlergehen seiner Bewohner in Frage stellen (u. a. Freedman 1978, S. 136 f). Scherhorn (1994, S. 214) nennt in diesem Zusammenhang den Begriff der Wachstumsillusion: die Produktion und der Konsum zusätzlicher Güter sind nur zu überproportional steigenden, sozialen Kosten zu haben. Jackson (2005a, S. 23) fasst diesbezügliche Kritik mit dem Ausdruck „Konsum als soziale Pathologie" zusammen. Als Folge dieser Kritik wird ein Konzept des qualitativen bzw. nachhaltigen Wachstums gefordert, der durch die Entkopplung der Wirtschaftsleistung vom Umweltverbrauch, durch Produkt- und Prozessinnovationen bzw. strukturelle Veränderungen durch mehr Dienstleistungen oder durch Wechsel von verbrauchsintensiveren zu weniger intensiven Branchen (etwa im Bildungs- oder Pflegebereich) realisiert werden kann (vgl. Grunwald und Kopfmüller 2006, S. 75). Gefordert wird die Abkehr vom BIP als *dem* Fortschrittsindikator und die Etablierung eines neuen Messinstruments, das besser mit dem Konzept der Nachhaltigkeit in Einklang gebracht werden kann (vgl. u. a. Deutscher Bundestag (Hrsg.) 2011).

Ein weiterer Ansatz greift auf drei grundlegende Möglichkeiten zur Förderung des nachhaltigen Konsums zurück: Effizienz, Konsistenz und Suffizienz. Die **Effizienz-Strategie** zielt auf Verringerung des Stoff- und Energieeinsatzes bei der Herstellung von Produkten bzw. Bereithaltung von Dienstleistungen, die **Konsistenz-Strategie** (auch Kreislaufwirtschaft genannt) setzt auf Qualität und die ökologische Angepasstheit der Material- und Stoffströme und die **Suffizienz-Strategie** beruht auf dem Konsumverzicht bzw. der Konsumeinschränkung (vgl. Gillwald 1996, S. 87 f). Einzeln betrachtet, birgt jede von diesen Strategien bestimmte Probleme bzw. Gefahren. Der technologische Fortschritt verbunden mit geringerem Material- und Energieeinsatz kann durch erhöhten Konsum konterkariert werden[10], die Substitution bzw. Wiedergewinnung von einigen Stoffen ist nur zu einem bestimmten Anteil möglich und der Konsumverzicht („less is more") wird sich nur bei einem Teil der Bevölkerung realisieren lassen. Daraus folgt, dass nur die Anwendung aller drei Strategien zum Erfolg führen kann, wobei die Effizienz- und Konsistenzstrategien als weniger konfliktträchtig betrachtet werden (vgl. Brand 2002a, S. 225).

Ein anderer Ansatz geht auf die Möglichkeiten zur **Reduzierung der Probleme, die mit dem Konsum verbunden sind**, ein. Es wird zwischen zwei Strategietypen unterschieden: bessere Gestaltung der existierenden Konsummuster durch Verbesserung der vorhandenen bzw. Schaffung von neuen Produkten und Veränderung der Konsummuster (vgl. Grunwald und Kopfmüller 2006, S. 118). Die letztgenannte Möglichkeit setzt auf einen Wertewandel der Gesellschaft und versucht, mit dem Abbau von Hemmnissen nachhaltiger Konsummuster nachhaltige Lebensstile zu unterstützen (vgl. Institut für angewandte Verbraucherforschung (IFAV) e.V. (Hrsg.) 2000, S. 10). In diesem Zusammenhang ist auch die Forderung nach einem „anderen" Konsum zu nennen. Die Gleichsetzung des nachhaltigen Konsums mit weniger Konsum bzw. Konsumverzicht greift zu kurz – ein Kauf von vielen gebrauchten Kleidungsstücken ist nachhaltiger als von wenigen neuen. Der Konsum von Dienstleistungen wie z. B. der Kauf von mp3-Songs oder Versicherungen verursacht nur eine geringe Umweltbelastung. Es kommt also nicht darauf an wie viel, sondern was bzw. wie konsumiert wird:

> „The issue of sustainability is not about simply consuming *less* [Hervorhebung im Original] (metaphorically putting ourselves on a diet), but of rates of flow, transport costs, length of curation, types of cycling, recycling, and reuse, alternative sources and tradeoffs, all problems that are complex and cannot be reduced to the idea that ‚consuming less is better for the planet'." (Wilk 2004, S. 19)

3.3.3 Formen des nachhaltigen Konsumverhaltens

Ein Konsument, der nachhaltig konsumieren will, steht vor einer ganzen Reihe Herausforderungen. Sein Handeln kann unterschiedlich ausfallen, je nachdem in welchem **Handlungsfeld** er agiert. Im jeweiligen Handlungsfeld sind wiederum unterschiedliche **Verhaltensweisen** möglich – vom Kauf von nachhalti-

---

[10] Sog. „Rebound Effekt".

gen Produkten über Konsumvermeidung bis hin zum Recycling. Ein Versuch ihrer Kategorisierung findet man bei Balderjahn (1986, S. 21), der zwischen fünf Typen umweltbewusster Verhaltensweisen von Konsumenten unterscheidet. Basierend auf diesem Ansatz soll nachfolgend eine systematische Kategorisierung der Formen des nachhaltigen Konsumverhaltens vorgenommen werden.

Zuerst wird zwischen fünf Verhaltensweisen des nachhaltigen Konsums unterschieden. Der Verbraucher kann auf Konsum verzichten bzw. ihn einschränken (VERZICHT), energieeffizientere bzw. ressourcenleichtere Konsumalternativen nutzen (KONSUMALTERNATIVE), nachhaltige(re) Produkte/ Dienstleistungen kaufen (KAUF), aktiv gegen nichtnachhaltige Unternehmen durch Boykott ihrer Produkte bzw. Beschwerden vorgehen (PROTESTVERHALTEN) und/oder den Abfall trennen (RECYCLING). Auf der zweiten Ebene werden die einzelnen Handlungsfelder betrachtet, wo eine Einteilung in die Felder Bauen/Wohnen, Energie, Ernährung, Kleidung, Mobilität (inkl. Tourismus und Freizeit), Hygiene/Gesundheit und Geldanlagen vorgenommen wird. Entsprechend der obigen Darstellung lässt sich jede Form des nachhaltigen Konsums mit den zuvor genannten Kategorien beschreiben, beispielsweise der Bezug von Ökostrom als Kauf von einer nachhaltige(re)n Dienstleistung im Handlungsfeld Energie oder der Kauf in Second-Hand-Läden als Nutzung von Konsumalternativen im Handlungsfeld Kleidung.

In der folgenden Abbildung wird die systematische Kategorisierung der Formen des nachhaltigen Konsumverhaltens grafisch dargestellt.

Abb. 7: Systematische Kategorisierung der Formen des nachhaltigen Konsumverhaltens

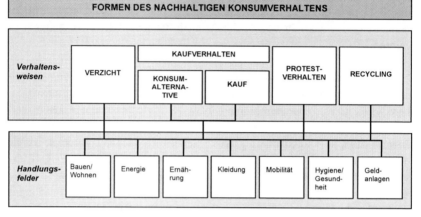

Quelle: Eigene Darstellung

3.3.4 Hemmnisse bei der Verbreitung

Seit der Verabschiedung der Agenda 21 und der Entstehung zahlreicher Konzepte und Ansätze zur Förderung nachhaltiger Konsummuster können weiterhin konzeptionelle Schwierigkeiten einerseits und Probleme bei der Akzeptanz durch die Bevölkerung andererseits festgestellt werden (vgl. o.V. 2002b, S. 14). Die Gründe dafür sind vielschichtig. Zum Teil liegt es an der **direkten Ableitung** des Konzepts des nachhaltigen Konsums **aus dem Konzept der Nachhaltigkeit** bzw. der nachhaltigen Entwicklung, die viele Fragen und Interpretationsmöglichkeiten offen lässt. Der normative Charakter des Konzeptes führt zwangsläufig zu seiner Unschärfe und auch dazu, dass durch eine Definition nur grobe Leitlinien vorgegeben werden können (vgl. Brand 2002c, S. 10). Die Probleme fangen bereits bei einer generellen Frage an: wann ist ein Konsum nachhaltig? Das Fehlen einer eindeutigen Definition führt zu bereits im Kapitel 3.2 genannten **Problemen bei der Operationalisierung der einzelnen Dimensionen**. Als Hilfestellung kann dabei ein Set von Kriterien herangezogen werden, über die in der Literatur zum größten Teil Konsens herrscht: Sparsamkeit, Regionalorientierung, gemeinsame Nutzung, Langlebigkeit (vgl. BUND und Misereor (Hrsg.) 1996, S. 218) und Orientierung an ökologisch und sozial verträglich hergestellten Gütern. Die Einhaltung dieser Kriterien führt trotzdem nicht zwangsläufig zu einem nachhaltigen Konsum, was unter anderem an der in vielen Konzepten **angestrebten Gleichwertigkeit der Dimensionen** liegt. Diese stellt einen bewussten Konsumenten vor Konflikte, die oft nur zu Lasten einer der Dimensionen gelöst werden können. Kleinhückelkotten (2005, S. 66) nennt in diesem Zusammenhang als Beispiel die Entscheidung zwischen fair gehandelten und regionalen Produkten oder zwischen ökologischen Produkten außerhalb der Region und Produkten aus der Umgebung. Spangenberg (2003, S. 123) geht sogar soweit, zu behaupten, dass es nachhaltigen Konsum per se gar nicht geben kann.

Als problematisch gilt ebenfalls die **Vermittlung der Begriffe** „nachhaltiger Konsum" und „nachhaltige Entwicklung" in der Bevölkerung. Beide sind eher sperrige Bezeichnungen, die vor allem den interessierten Fachleuten bekannt sind. Rosenberger (2001, S. 442) spricht in diesem Zusammenhang von Missverständnis und Streit, die mit der Wortmarke „nachhaltiger Konsum" verbunden sind und postuliert, sie vor allem als Arbeitstitel zu verwenden.

Die Ergebnisse der Umfragen des Bundesministeriums für Umwelt, Naturschutz und Reaktorsicherheit (BMU) und des Umweltbundesamtes (UBA) über das Umweltbewusstsein der Deutschen zeigen allerdings hierzu eine positive Tendenz. Waren es 2004 lediglich 22 % der Befragten, die angegeben haben, den Begriff der nachhaltigen Entwicklung schon mal gehört zu haben, wurde 2010 die gleiche Frage bereits von 43 % der Respondenten bejaht (vgl. Bundesministerium für Umwelt, Naturschutz und Reaktorsicherheit (BMU) und Umweltbundesamt (UBA) (Hrsg.) 2010, S. 40[11]). Die Autoren der Studien vermuten die zunehmenden Aktivitäten der Unternehmen im Bereich des Corporate Social Responsibility (CSR) und die politischen Maßnahmen der Regierung wie die Einrichtung eines Nachhaltigkeitsrates bzw. Verabschiedung einer nationalen Nachhaltigkeitsstrategie als die Ursachen für den steigenden Bekanntheitsgrads des Begriffs der nachhaltigen Entwicklung (vgl. ebd.).

Bei den Hemmnissen nachhaltigen Konsums spielen bestehende Strukturen eine wichtige Rolle – sowohl die wirtschaftlichen als auch die infrastrukturellen. Die **Wirtschaftsstrukturen** schaffen falsche Impulse durch die Konzentration auf Wirtschaftswachstum als Voraussetzung des Wohlstands (vgl. Kapitel 3.3.2) und fehlende Internalisierung der externen Kosten. Der Preis, mit dem

---

[11] In der aktuellen Studie des Bundesministeriums für Umwelt, Naturschutz und Reaktorsicherheit (BMU) und des Umweltbundesamtes (UBA) (2013) wurde die Frage nach der Bekanntheit des Begriffs „nachhaltige Entwicklung" nicht gestellt.

die einzelnen Produkte bzw. Dienstleistungen versehen werden, spiegelt meistens nur einen Teil der tatsächlichen Kosten wider, die bei ihrer Produktion anfallen. Die Umweltkosten (z. B. zerstörte Landschaften, Knappheit der Ressourcen) oder soziale Kosten (Ausbeutung der Bevölkerung, Kinderarbeit etc.) tauchen auf der Kassenrechnung des Einzelnen zunächst gar nicht auf, werden jedoch von der ganzen Gesellschaft zum späteren Zeitpunkt z. B. in Form von Gesundheitsschäden oder Altlastensanierung bezahlt. Die wirtschaftlichen Anreize werden also oft so gesetzt, dass für einen individuell-rationalen Konsumenten (vgl. ökonomische Verhaltenstheorie im Kapitel 7) kein Anreiz besteht, sich umweltgerecht zu verhalten. Zusätzlich macht die **Infrastruktur**, die zum größten Teil durch frühere Generationen meistens ohne Berücksichtigung der ökologischen und sozialen Aspekte geschaffen wurde, ein nachhaltiges Konsumverhalten ganz unmöglich oder lässt es nur unter schwierigen Bedingungen zu (vgl. Burgess 2003, S. 81). Als Beispiele sind hier energie*in*effiziente Wohnungen zu nennen oder die in den letzten Jahrzehnten geforderte Trennung von Wohnen und Arbeit, wodurch lange Transportwege entstehen (vgl. ebd.). Spangenberg (2003, S. 125) fasst den Versuch, trotz der ungünstigen Rahmenbedingungen nachhaltig zu konsumieren, als „die Kunst des ‚richtigen' Verhaltens in ‚falschen' Strukturen" zusammen.

Vor dem Hintergrund der Barrieren beim Kauf nachhaltiger Produkte und Dienstleistungen ist das **ökologisch-soziale Dilemma** beim Konsum der Allmende-Güter (vgl. Kapitel 3.1.2) zu nennen. Hier besteht ein Widerspruch zwischen dem Interesse der Gesellschaft und des einzelnen Konsumenten[12]. Ein nachhaltiges Konsumverhalten setzt dabei ein Vertrauen in das Mitmachen aller Konsumenten voraus („Wir ziehen alle an einem Strang"). Ein nicht nachhaltiges Konsumverhalten kann im Umkehrschluss durch das Misstrauen („Ich bin nicht der Blöde, von dem die anderen profitieren") und das Bewusstsein für den geringen Beitrag der eigenen Handlung („Das bringt doch nichts") gerechtfertigt werden. Dieses Phänomen, auch als Tragödie der Allmendegüter bekannt, ist an vielen Umweltproblemen schuld und führt dazu, dass durch das Verfolgen der Interessen des Einzelnen das Gemeinwohl und damit letztend-

---

[12] Als Beispiel für das ökologisch-soziale Dilemma kann nach Ahlheim (2002, S. 17 f) die Autonutzung in den Städten genannt werden. Es liegt im Interesse aller Stadtbewohner, den Autoverkehr möglichst gering zu halten, um die Luftqualität nicht zu beeinträchtigen. Das entspricht jedoch nicht dem Interesse des einzelnen Autofahrers – der Einfluss seines Autos auf die Luftqualität ist zu gering, als dass es aus seiner Perspektive rational wäre, aufs Auto zu verzichten.

lich das Wohl jedes Einzelnen geschädigt wird (vgl. Ahlheim 2002, S. 18). Die Untersuchungen zeigen dabei, dass die eigene Bereitschaft, für die Umwelt Opfer zu tragen, über- und die Bereitschaft der Anderen unterschätzt wird (vgl. Diekmann und Preisendörfer 1992, S. 245).

3.4 Ansätze zur Bewertung des nachhaltigen Konsums

Unter dem Begriff „Ansätze zur Bewertung des nachhaltigen Konsums" werden unterschiedliche Instrumente erfasst, die als Hilfestellung bei der Operationalisierung des nachhaltigen Konsums herangezogen werden können. Hier wird zwischen drei Gruppen unterschieden: Nachhaltigkeitsindikatoren, Nachhaltigkeitsberichterstattung und Produktkennzeichnungen. Die Ansätze der ersten Gruppe dienen einer Bestandsaufnahme bzw. dem Vergleich der Ist-Situation mit der Vergangenheit bzw. der angestrebten Zukunft und sind in erster Linie ein Messinstrument der Politik und der Wissenschaft, mit dem sie an die Öffentlichkeit treten können. In der zweiten und dritten Gruppe werden dagegen Instrumente der Wirtschaft zusammengefasst, mit deren Hilfe sie ihre Nachhaltigkeitsaktivitäten – auf der Ebene des Unternehmens bzw. eines Produktes – dokumentieren können.

3.4.1 Nachhaltigkeitsindikatoren

Dank Nachhaltigkeitsindikatoren kann festgestellt werden, inwieweit wir uns dem Ziel der nachhaltigen Entwicklung annähern bzw. davon entfernen (vgl. Grunwald und Kopfmüller 2006, S. 166) – mit anderen Worten: wie groß die Verbesserungen dem Status quo gegenüber sind (vgl. Belz und Bilharz 2008, S. 29). Beim Statistischen Bundesamt und Bundesministerium für Umwelt, Naturschutz und Reaktorsicherheit (1999, S. 6) findet man folgende Definition: „Nachhaltigkeitsindikatoren sind Indikatoren, mit denen der Zustand und die Trendentwicklung zur Erreichung des Ziels der nachhaltigen Entwicklung beschrieben wird." Indikatoren können zu einem Indikatorensystem bzw. zu einem Indikatorenindex gebündelt werden und auf verschiedenen räumlichen Ebenen (global, national, regional oder lokal) erhoben werden. Mittlerweile existieren zahlreiche Indikatorensysteme bzw. -indizes, die entweder den nachhaltigen Konsum in den Mittelpunkt der Betrachtung stellen oder ihn als einen der Nachhaltigkeitsaspekte abbilden. Eine umfassende Darstellung aller relevanten Indikatorensysteme würde den Rahmen dieser Arbeit sprengen, eine Auswahl der wichtigsten Indikatoren-Sets in vergleichender tabellarischer Form befindet sich im Anhang 1.

Unter den zahlreichen Nachhaltigkeitsindikatorensystemen und -indizes ist insbesondere der sog. **„ökologische Fußabdruck"** hervorzuheben – ein Nachhaltigkeitsindikator, der hauptsächlich bei der Erfassung der zweiten Stufe des nachhaltigen Konsums als Hilfestellung berücksichtigt werden kann. Das Konzept des ökologischen Fußabdrucks wurde Anfang der 1990er-Jahre von Wackernagel und Rees (1997) ausgearbeitet, die es als Werkzeug zur Bilanzierung des Naturverbrauchs durch den Menschen verstanden haben. In den letzten 20 Jahren wurde das Konzept methodisch mehrfach weiterentwickelt, hier ist insbesondere die 2003 entstandene internationale Nichtregierungsorganisation Global Footprint Network (GFN) zu nennen, die sich zur Aufgabe gemacht hat, die Akzeptanz des ökologischen Fußabdrucks zu erhöhen und ihn zu einem weltweit angewendeten Indikator zu machen. GFN (2012) definiert den ökologischen Fußabdruck folgendermaßen:

> „This accounting system tracks, on the demand side (Footprint), how much land and water area a human population uses to provide all it takes from nature. This includes the areas for producing the resource it consumes, the space for accommodating its buildings and roads, and the ecosystems for absorbing its waste emissions such as carbon dioxide."

Bei der Messung des ökologischen Fußabdrucks werden als eine gemeinsame Maßeinheit sog. „Globale Hektar" genutzt, die die Fläche der biologisch produktiven mit der Fläche der verfügbaren Land- und Wasserfläche messen. Dabei geht es um die Fläche, die für die Produktion von Ressourcen für Konsumgüter bzw. Aufnahme des produzierten Mülls benötigt wird (vgl. Global Footprint Network 2011). Die Gegenüberstellung vom Umweltkapital und dem menschlichen Verbrauch hilft dabei auf eine anschauliche Weise, die Grenzen einer Nutzung der Erde aufzuzeigen. Das Konzept geht von einer starken Nachhaltigkeit aus, d. h. dass das Umweltkapital nur sehr eingeschränkt durch menschengemachtes Kapital substituiert werden kann (vgl. Giljum et al. 2007, S. 8). Der Indikator kann genutzt werden, um den ökologischen Fußabdruck der ganzen Erde, der einzelnen Länder, Gemeinden, Unternehmen oder Personen zu berechnen und zu vergleichen. Dank der einfachen und verständlichen Darstellung der komplexen Zusammenhänge zwischen Produktion und Konsum, der Vergleichbarkeit einzelner Länder bzw. Bezugseinheiten und der internationalen Verfügbarkeit der Vergleichsdaten kann der ökologische Fußabdruck unterstützend bei der Förderung des nachhaltigen Konsums wirken, z. B. als Instrument der Umweltbildung und -kommunikation.

Trotz der Entstehung von zahlreichen Nachhaltigkeitsindikatoren, -systemen und -indizes in den letzten Jahren fehlt es weiterhin an einer verlässlichen

Vorgehensweise für die Messung des nachhaltigen Konsums. Die Studie des Wuppertal Instituts (Baedeker et al. 2005, S. 55), die vorhandene Konzepte zur Messung des nachhaltigen Konsums untersucht hat, ist zu der Schlussfolgerung gekommen, dass es bis jetzt keines der bestehenden Systeme schafft, die Mehrdimensionalität des nachhaltigen Konsums abzubilden. Das zeigt sich auch in der Praxis – in der Politik hat sich noch kein System durchgesetzt, dass einem breiteren Publikum bekannt wäre und dem Konsumenten fehlt nach wie vor ein übergreifendes alltagstaugliches Instrument, das ihn bei seinen Konsumentscheidungen unterstützen würde. Dies ist unter anderem auf die **widersprüchlichen Anforderungen**, die von einem solchen System erfüllt werden müssen, zurückzuführen. Eine möglichst genaue und detaillierte Abbildung der Wirklichkeit führt zu Schwierigkeiten bei der Erhebung der Daten und der Kommunikation an die breite Öffentlichkeit; eine vereinfachte Analyse, die für den „normalen" Konsumenten verständlich aufbereitet werden kann, bildet nicht die komplexen Zusammenhänge vollständig ab.

3.4.2 Nachhaltigkeitsberichterstattung

Als eines von den Instrumenten der Corporate Social Responsibility – der „Verantwortung von Unternehmen für ihre Auswirkungen auf die Gesellschaft" (Europäische Kommission (Hrsg.) 2011, S. 7) – stellen die Nachhaltigkeitsberichte ein relativ neues Phänomen dar. Sie sind in den 1990er-Jahren als Weiterentwicklung von Umweltberichten entstanden und werden als Ergänzung bzw. Erweiterung der traditionellen Berichterstattung von Unternehmen verfasst. In Deutschland besteht seit Ende 2004 eine gesetzliche Verpflichtung[13] zur Berücksichtigung von Leistungsindikatoren einer nachhaltigen Entwicklung wie Umweltschutz- und Arbeitnehmerbelange in der betrieblichen Berichterstattung. Sie bezieht sich allerdings nur auf die wesentlichen, den Geschäftserfolg beeinflussende Themen bzw. Kennzahlen, so dass in aller Regel die Nachhaltigkeitsberichte als eine freiwillige Leistung der Unternehmen zu betrachten sind.

Ein weltweit gültiger Standard zur Erfassung von Nachhaltigkeitsberichten existiert nicht. Fédération des Experts-comptables Européens – Federation of European Accountants (FEE) (2011, S. 7) listet in ihrem Bericht fünf verschie-

---

[13] Ende 2004 trat das Bilanzrechtsreformgesetz (Deutscher Bundestag 2004) in Kraft, das als Umsetzung der EU-Modernisierungsrichtlinie von 2003 (Europäische Union 2003) verabschiedet wurde.

dene Leitlinien auf, unter welchen die Global Reporting Initiative (GRI) als die am weitesten verbreitet zu betrachten ist. Die GRI-Leitlinie ist als ein Dreistufenmodell konzipiert – je nach Umfang der veröffentlichten Angaben wird zwischen einer A-, B- oder C-Anwendungsebene unterschieden. Diese Abstufung soll helfen, auf die Bedürfnisse unterschiedlicher Gruppen – Anfänger, Fortgeschrittene und erfahrene Berichtersteller – eingehen zu können (vgl. Global Reporting Initiative (Hrsg.) 2006, S. 1). Die Leitlinie beinhaltet 83 Kennzahlen, die in folgende sechs Themenfelder gegliedert sind: Ökonomie, Umwelt, Arbeitsbedingungen, Menschenrechte, Gesellschaft und Produktverantwortung (vgl. Global Reporting Initiative (Hrsg.) 2011, S. 25 ff). In jedes dieser Themenfelder fließen unter anderem Informationen über die Managementsysteme innerhalb des Unternehmens. Hierzu gehören beispielsweise die Managementsysteme zum Umweltschutz (EMAS[14], ISO 14001), zur Arbeitssicherung und Gesundheit (OHSAS) und zur Beschaffung unter Beachtung von Menschenrechtsaspekten (SA 8000) (vgl. Jasch 2012, S. 505). Bis Ende 2012 haben 4.870 Organisationen, davon 182 aus Deutschland, die von GRI entwickelten Kriterien zur Erfassung von Nachhaltigkeitsberichten genutzt (vgl. Global Reporting Initiative (Hrsg.) o.J.).

Im Zusammenhang mit der Berichterstattung soll die Norm ISO 26000 zur gesellschaftlichen Verantwortung erwähnt werden, die in den Jahren 2005-2010 in einem aufwendigen Multistakeholder-Dialog erarbeitet wurde. Anders als sonstige ISO-Normen ist ISO 26000 nicht zertifizierungsfähig. Sie enthält keine Leistungskennzahlen, sondern wurde als ein Leitfaden konzipiert, in dem wesentliche Grundsätze, Kernthemen und Implementierungsstrategien gesellschaftlicher Verantwortung definiert sind. Wie dem Namen „ISO 26000 – Social Responsibility" (ohne den Zusatz „Corporate") entnommen werden kann, richtet sie sich an Organisationen aller Art und nicht nur an Unternehmen (vgl. The International Organization for Standardization (Hrsg.) o.J.).

3.4.3 Produktkennzeichnungen

Nach Eberle (2001, S. 44) sind die Produktkennzeichnungen „ein Instrument der Produktinformation. Sie dienen dazu, die Eigenschaften von Produkten für den Adressaten möglichst ‚auf einen Blick' kenntlich zu machen." Als Instru-

---

[14] EMAS ist die Kurzbezeichnung für das „Gemeinschaftssystem für das Umweltmanagement und die Umweltbetriebsprüfung" (auf Englisch: „**E**co **M**anagement and **A**udit Scheme").

ment zur Bewertung des nachhaltigen Konsums werden Produktkennzeichnungen angewendet, die sich auf die ökologischen und/oder sozialen/ethischen Aspekte konzentrieren. Im allgemeinen Sprachgebrauch existieren dafür zahlreiche Begriffe, die synonym verwendet werden, wie z. B. Umweltzeichen, Ökolabels und Qualitäts- oder Gütesiegel. Diese geben den ersten Eindruck über die Vielfalt der unterschiedlichen Produktkennzeichnungen im Nachhaltigkeitsbereich wieder, die seit der Entstehung vom Blauen Engel im Jahr 1978, des weltweit ersten Umweltzeichens, ins Leben gerufen wurden. Die Internetseite label-online.de (Die VERBRAUCHER INITIATIVE e.V. (Bundesverband) (Hrsg.) o.J.) listet rund 450 verschiedene Label[15] und unternehmensbezogene Management-Systeme mit ökologischer, sozialer oder gesundheitlicher Relevanz für Konsumenten auf. Auf eine Darstellung der einzelnen Label wird in dieser Arbeit verzichtet, eine aktuelle Übersicht findet man auf der bereits erwähnten Internetseite label-online.de, bei dem Rat für Nachhaltige Entwicklung (2012), bei Horne (2009, S. 176 ff) und bei Teufel[16] (2009, S. 107 ff). Eine Bewertung der Produktkennzeichnungen wurde regelmäßig von Scholl (2004; 1999; 1996) vorgenommen.

Die meisten Label beziehen sich auf die ökologischen Kriterien. Soziale Aspekte, Gesundheits-, Nutzen-, Qualitäts- und Kostenaspekte finden deutlich weniger Beachtung (vgl. Teufel et al. 2009, S. 11). In der Agenda 21 (Vereinte Nationen (Hrsg.) 1992, S. 20 f) wurden lediglich die Umweltzeichen als Maßnahme „zur Förderung der Veränderung nicht nachhaltiger Konsumgewohnheiten" erwähnt, die Enquête-Kommission (2002, S. 175 f) hebt dafür neben den ökologischen auch soziale und ethische Kriterien bei Siegeln hervor. In diesem Zusammenhang sind die Arbeiten von Teufel et al. (2009), Baedeker et al. (2005) und Eberle (2001) hervorzuheben, die sich mit der Konzeption eines Nachhaltigkeitszeichens beschäftigt und auf mangelnde Kennzeichnung nachhaltiger Produkte hingewiesen haben. Als eine pragmatische Zwischenlösung bei der Nachfrage nach nachhaltigen Produkten kann die Kennzeichnung von Produkten mit mehreren Labeln mit verschiedenen Schwerpunkten, z. B. Bio-Siegel und Fairtrade-Label betrachtet werden. Eine Hilfe leisten ebenfalls Produkt-Rankings wie EcoTopTen (2013) und ÖKO-TEST (ÖKO-TEST Verlag GmbH (Hrsg.) 2013) oder Ratgeber wie der Nachhaltige Warenkorb (Rat für

---

[15] In dieser Arbeit werden die Begriffe Produktkennzeichnung und Label als synonym betrachtet.
[16] Label im Bereich der Lebensmittel, Spielwaren und Geldanlagen.

Nachhaltige Entwicklung (Hrsg.) 2012), der Einkaufsratgeber ECO-World (Lietsch 2013) oder der Lohas Guide (LOHAS Lifestyle (Hrsg.) o.J.b). Darüber hinaus gibt es einige innovative Ansätze, die von neuen Technologien Gebrauch machen und meistens von kleinen Start-up-Unternehmen erarbeitet wurden. Als Beispiele hierfür können die Suchmaschine WeGreen (o.J.) mit einer Nachhaltigkeitsampel, die sich selbst als „Die Transparenzmaschine für mehr Nachhaltigkeit" bezeichnet oder barcoo (checkitmobile GmbH (Hrsg.) 2011) – eine Applikation für Smartphones, die als Barcode-Scanner eingesetzt werden kann und einen Zugriff auf nachhaltigkeitsbezogene Informationen zu einem Produkt bietet – genannt werden.

Abb. 8: Beispiele für innovative Ansätze im Bereich der Produktkennzeichnungen: barcoo und wegreen

Quelle: iTunes (o.J.); WeGreen UG (o.J.)

Gallastegui (2002, S. 316 f) nennt zwei Ziele des Öko-Labelings: Bereitstellung der Informationen für Konsumenten über die Auswirkungen ihres Konsums auf die Umwelt und dadurch die Beeinflussung des Wandels Richtung nachhaltiger Konsummuster sowie Anregung der Produzenten, der Regierung und weiterer Akteure zur Erhöhung der Umweltstandards der Produkte und Dienstleistungen. Schulz und Kreeb (2002, S. 159) heben bei dem zuerst genannten Ziel die Vereinfachung der komplexen Sachverhalte hervor, die durch Nutzung von Zeichen oder Symbolen möglich ist. Die wichtige Rolle der Produktkennzeichnung bei der Förderung des nachhaltigen Konsums ergibt sich vor allem aus der fehlenden Möglichkeit des Konsumenten, bestimmte Produkteigenschaften vor oder nach dem Kauf überprüfen zu können. Labeling, insbesondere durch unabhängige Institutionen, verleiht dem Produkt eine erhöhte Glaubwürdigkeit und trägt zur Markttransparenz bei. Darüber hinaus kann es als Entscheidungshilfe bei der Beurteilung der Produktqualität eingesetzt werden. Die Bedeutung der Label wird allerdings durch die wachsende Anzahl der Kennzeichen aus dem In- und Ausland bei gleichzeitig unklaren Vergabekriterien geschmälert – statt der Marktransparenz und -kompetenz droht den Konsumenten und Unternehmen Unübersichtlichkeit und Steigerung der Kosten für die Informationsbeschaffung (vgl. Enquete-Kommission (Hrsg.) 2002, S. 167 f). Die Studie des Bundesverbands für Umweltberatung (Scholl 2004, 1999, 1996), die seit 1996 regelmäßig durchgeführt wurde, kommt zur Schlussfolgerung, dass die Zunahme neuer Zeichen sich verlangsamt hat, und ein Trend zur Vereinheitlichung, Schaffung von Dachmarken und steigender Transparenz bei der Siegelvergabe registriert werden kann (vgl. Scholl 2004, S. 5). Ein positives Zeichen auf dem Weg zu weniger, dafür verlässlicherer Label ist der hohe Bekanntheitsgrad und die Akzeptanz des gesetzlichen Bio-Siegels nach EG-Öko-Verordnung, mit dem bis Ende November 2010 über 60.000 Produkte ausgezeichnet wurden (vgl. Geschäftsstelle Bundesprogramm Ökologischer Landbau in der Bundesanstalt für Landwirtschaft und Ernährung (BLE) 2011, S. 2). Rund 87 % der Verbraucher ist das Siegel bekannt (vgl. Konzept & Analyse AG (Hrsg.) 2008). Ein Versuch, die Erzeugnisse aus dem ökologischen Landbau EU-weit einheitlich zu kennzeichnen, stellt das sogenannte „Euro-Blatt"-Logo dar, das Mitte 2010 eingeführt wurde und seit dem 1. Juli 2012 voll gültig ist. Laut der Eurobarometer-Umfrage zur europäischen Einstellung zu Lebensmittelsicherheit und -qualität ist das Logo nach zwei Jahren nach seiner Einführung rund einem Viertel (24 %) der EU-Bürger bekannt (vgl. Europäische Kommission (Hrsg.) 2012).

4 Lifestyles of Health and Sustainability

> *„Die Sehnsucht der LOHAS nach Gesundheit UND Genuss, Verantwortung UND Vergnügen, Individualität UND Gemeinsinn wird unsere Lebensentwürfe heute und in der Zukunft nachhaltig verändern."*
> *(Anja Kirig und Eike Wenzel 2009, S. 25)*

Die Darstellung von LOHAS – *der* Gruppe, die den gesellschaftlichen Strömungen zu mehr Nachhaltigkeit ein Gesicht gegeben hat (vgl. Thomas Perry in Rauner 2008) – steht im Mittelpunkt dieses Kapitels. Dafür wird zuerst auf das Konzept der Lebensstile in der Soziologie und in der Marktforschung sowie auf die Unterschiede zwischen einem Lebens- und einem Konsumstil eingegangen. Ein weiteres Unterkapitel widmet sich den Lebensstilen in der Nachhaltigkeitsdebatte und wird durch Ausführungen zum nachhaltigen Lebensstil als Stilisierungs- und Distinktionsmerkmal ergänzt. Damit kann zum Hauptthema dieses Kapitels übergeleitet werden – den Lifestyles of Health and Sustainability. Ihre Darstellung beinhaltet eine Definition und Ableitung aus der Literatur der konstituierenden Merkmale, die Typologie und den Anteil an der Bevölkerung sowie eine Erläuterung ihrer Bedeutung für das Konzept der nachhaltigen Entwicklung.

4.1 Lebensstilbegriff und -untersuchungen

4.1.1 Einführung

Definitorische Abgrenzung

Bei der Klassifizierung gesellschaftlicher Strukturen werden viele, zum Teil miteinander verwandte Begriffe genutzt, die sich auf unterschiedliche soziale Lebensaspekte beziehen. Auf den Begriff der Lebensstile wird noch im Folgenden näher eingegangen, hier sollten die weiteren damit verbundenen Bezeichnungen definitorisch dargestellt werden.

In den Anfängen der Nachhaltigkeitsdebatte wurden die Begriffe Lebensstil und **Lebensweise** oft synonym betrachtet – man ging von *dem* Lebensstil der Erste Welt-Länder aus, der durch einen neuen, alternativen Lebensstil ersetzt werden soll. Die Erkenntnis, dass es unterschiedliche Lebensstile innerhalb einer Gesellschaft gibt, hat zur Trennung der beiden Begriffe geführt. Man spricht von *den* unterschiedlichen Lebensstilen und einer Lebensweise, die Letztere wird als „das dominante Muster aus Produktion, Konsumption, politischer Regulation und kultureller Definition einer ganzen Gesellschaft" [im Original zum Teil kursiv] (Reusswig 1994, S. 37) verstanden. Der Begriff einer Lebensweise ist also im Gegensatz zu Lebensstilen nicht auf Individuen, sondern auf die Gesellschaft als Ganzes bezogen und ermöglicht es, einen globalen Vergleich einzelner Nationen vorzunehmen. Im Nachhaltigkeitsbereich kann dafür der Indikator des ökologischen Fußabdrucks (vgl. Kapitel 3.4.1) herangezogen werden.

Weitere wichtige in diesem Kontext genannte Termini sind Lebensform, Lebensführung, Lebenslage, Subkulturen und soziale Milieus. Die **Lebensform** kann im Allgemeinen als *Struktur des alltäglichen Zusammenlebens* beschrieben werden, wie z. B. ein Single Haushalt oder eine Familie mit Kindern. Die **Lebensführung** wird nach Hunecke (2000, S. 82) als „eine typische Form der Alltagsgestaltung, die sich an bestimmten Werten und Normen ausrichtet und meist auf eine zukunftsbezogene Perspektive verweist", definiert. Der Begriff der **Lebenslage** bzw. der **sozialen Lage/Klasse** umfasst die Statusmerkmale wie Beruf, Einkommen und Bildung, ergänzt um weitere Kriterien wie Geschlecht, Alter, Generation und Familienstand (vgl. Scholl und Hage 2004, S. 6 f). Eine **Subkultur** kann nach Kroeber-Riel und Weinberg (2003, S. 562) als eine Bevölkerungsgruppierung „mit eigenen und abgrenzbaren Verhaltensweisen" aufgefasst werden. Die Bezeichnung **soziales Milieu** bezieht sich auf eine Gruppe von Personen, die sich durch einen ähnlichen Lebensstil auszeichnet – nach Flaig, Meyer und Ueltzhöffer (1993, S. 24) „Lebensstilgemeinschaften". Diaz-Bone (2004, S. 2) definiert ein Milieu als „soziale Gruppe, die in Fragen der Lebensentwürfe und gelebten Lebensformen, der angestrebten Vergnügungen, der politischen Grundhaltungen, der Freizeitformen und Konsumweisen sowie weiterer Aspekte des Alltagslebens ein hohes Maß an Einheitlichkeit aufweist".

Entstehung des Lebensstilkonzeptes

Die Ursprünge der Lebensstilforschung gehen auf die sozialwissenschaftlichen Arbeiten von Max Weber, Georg Simmel und Thorstein Veblen aus der zweiten Hälfte des 19. und Anfang des 20. Jahrhunderts zurück. Seine jetzige Bedeutung erlangte das Lebensstilkonzept aber erst im Zuge der umfassenden gesellschaftlichen Veränderungsprozesse der Nachkriegsjahre[17], die dazu geführt haben, dass die bis dahin verwendeten traditionellen Schicht- und Klassenmodelle in Frage gestellt und dann endgültig verdrängt wurden. Als moderner Wegbereiter wird Pierre Bourdieu betrachtet, der mit seinem Hauptwerk „Die feinen Unterschiede. Kritik der gesellschaftlichen Urteilskraft" ([1979] 1987) und dem Konzept des Habitus (bestehend aus klassenspezifischen Denk-, Wahrnehmungs- und Beurteilungsschemata), einen der ersten Lebensstil-Ansätze dargelegt hat. Sein Verdienst war es, eine weitere Dimension in die Ordnung der Lebensstilgruppen einzubringen und so den Weg für den mehrdimensionalen Ansatz der Lebensstilforschung zu bereiten (vgl. Diaz-Bone 2004, S. 3). Als erster Bereich, in dem das Konzept der Lebensstile praktisch angewandt wurde, gilt die Politikforschung mit der Untersuchung zum politischen Bewusstsein der Studenten in der zweiten Hälfte der 1970er-Jahre (vgl. Flaig, Meyer und Ueltzhöffer 1993, S. 53). Dieser folgten zahlreiche Untersuchungen der Lebensstile und der sozialen Milieus in der Marktforschung, später erlangte das Konzept auch in der Soziologie eine große Bedeutung. Hier war es Hradil (1987), der als erster die Erklärungskraft von Schichtmodellen in Frage gestellt und die Multidimensionalität der Lebensstilmodelle hervorgehoben hat (vgl. Spellerberg 1996, S. 13).

4.1.2 Lebensstile in der Soziologie

Eine Übersicht der wichtigsten soziologischen Lebensstilansätze zeigt ein sehr differenziertes Bild. Zwar hat das Lebensstilkonzept seit dem Anfang der 1980er-Jahre eine bemerkenswerte Karriere in den Sozialwissenschaften gemacht, diese fußt jedoch mehr auf anwendungsorientierter Auftragsforschung und weniger auf abgesicherten theoretischen Grundlagen. Um es mit Richter (2006, S. 31) zu sagen: „Der Begriff ‚Lebensstil' ist eher ein Produkt empirischer Operationalisierung als Resultat theoretischer Reflexionen." Eine bildhafte Beschreibung, was unter einem Lebensstil verstanden werden kann, findet sich bei Spellerberg (1996, S. 59): „Im Prinzip soll das ganze Leben in ein Konzept einfließen: Haushaltskontext, Interaktionsverhalten, Werte, Ziele, Me-

---

[17] Reusswig (1994, S. 44 ff) nennt folgende sozialstrukturelle und soziokulturelle Veränderungen der Nachkriegsgesellschaft: Bildungsexpansion, Pluralisierung der Familien- und Lebensformen sowie der individuellen Lebensläufe, Frauenerwerbstätigkeit, neue soziale Bewegungen, Enttraditionalisierung und Liberalisierung der moralischen Vorstellungen, Differenzierung der Alltagskultur und -ästhetik, Wachstum des privaten Wohlstands einerseits und Entstehung der neuen Armut andererseits sowie zunehmende Bedeutung des Wohlfahrtsstaates.

diennutzung sowie Freizeit- und Konsumverhalten." Zu gemeinsamen Merkmalen der meisten Ansätze gehören nach Reusswig (1994, S. 41 f) der tiefgehende Charakter der Lebensstile („keine Oberflächenphänomene"), Funktion der Distinktion zwischen verschiedenen Gruppen („Vielfalt verschiedener Lebensstile" [im Original kursiv] als Anzeichen der Moderne) und „Bezug zur inneren und äußeren Natur" [im Original kursiv] (Lebensstile als Verknüpfung der „stofflich-energetische[n]" und der „sozial-symbolische[n] Seite des individuellen Lebens in der Gesellschaft"). Müller (1989, S. 56 f) dagegen betont Ganzheitlichkeit, Freiwilligkeit, Charakter/Eigenart sowie Verteilung der Stilisierungschancen und der Stilisierungsneigung als formale Merkmale der Lebensstilkonzeption. Eine interessante Darstellung der analytischen Dimensionen von Lebensstilen findet sich bei Georg (1998, S. 92 f), der zwischen drei Ebenen unterscheidet: der sozialen Lage, der Ebene der subjektiven Sinnstrukturen (Funktion der Identitätsstiftung und Distinktion) und der Ebene der manifesten expressiv-ästhetischen Stilisierung.

Trotz dieser Gemeinsamkeiten gibt es nach wie vor keine allgemeingültige Definition von Lebensstilen und genauso wenig ein Standardverfahren zu ihrer Erfassung. Je nach Autor wird von Lebensstilen als Muster der Organisation von expressiv-ästhetischen Wahlprozessen (vgl. ebd., S. 92), Struktur/Form eines habitualisierten Kontextes der Lebensorganisation (vgl. Lüdtke 1989, S. 40 f), strukturierten Mustern der Lebensführung (vgl. Müller 1992, S. 376) oder sozialem Handeln (vgl. Richter 2006, S. 117), bzw. von sozialen Milieus als Kommunikationsgemeinschaften (vgl. Schulze 1990, S. 410) gesprochen. Den unterschiedlichen Definitionen bzw. der Fragestellung der jeweiligen Studie folgend werden verschiedene Dimensionen zur Operationalisierung eines Lebensstils angewendet, die aber trotzdem zu einer ähnlichen Typologie führen können (vgl. ebd., S. 421). Hier wird zwischen aktiven (konstituierenden) und passiven (deskriptiven) Variablen unterschieden – die aktiven Variablen sind die Basis für die Klassifizierung der Lebensstile, die passiven Variablen fließen in die Beschreibung der einzelnen Lebensstiltypen mit ein. Je nach Konzept werden die Merkmale der sozialen Lage, wie Bildung oder Alter lediglich als eine passive Variable in die Verbindung zu den aktiven Variablen gesetzt (z. B. bei Lüdtke 1989, S. 45 f) oder als konstituierende Merkmale eines Lebensstils aufgefasst (z. B. bei Schulze 1990, S. 415 ff). Eine tabellarische Darstellung von ausgewählten soziologischen Lebensstilkonzepten und dabei verwendeten Dimensionen befindet sich im Anhang 2.

4.1.3 Lebensstile in der Marktforschung

Im Standardwerk der Konsumforschung von Kroeber-Riel und Weinberg (2003, S. 559) wird ein Lebensstil „als ein komplexes Verhaltensmuster [aufgefasst: Anmerkung der Verfasserin], das für eine Gruppe von Menschen typisch ist und sowohl psychische – emotionale und kognitive – als auch beobachtbare Verhaltensweisen umfasst". Diese relativ fokussierte Sicht entspricht der Betrachtung des Lebensstils in der Konsum- und Marktforschung als Instrument des Marketings zur Marktsegmentierung und hier insbesondere zur Bestimmung eines erfolgreichen Marketing-Mixes. Im Vordergrund steht dabei die symbolische Funktion des Konsums und damit die Untersuchung von Konsumgütern und „ihrer identitätsstiftenden Funktion" sowie der verschiedenen Konsumstile „als ‚Attribute von Lebensstilen'" (Schubert 2000, S. 64). Dadurch können mit dem Lebensstilkonzept zwei Ziele erreicht werden: „Erklärung und Prognose des Konsumentenverhaltens; [..] Zielgruppenfindung, -beschreibung und -ansprache" [im Original zum Teil kursiv] (Reusswig 1994, S. 84). Als problematisch ist dabei die Tatsache zu betrachten, dass die meisten Untersuchungen einer reinen Auftragsforschung zugerechnet werden können und in den meisten Fällen keine weiterreichenden Informationen zu der verwendeten Methodik zur Verfügung stellen. Sie sind auch überwiegend als empirische Modelle ohne theoretischen Hintergrund konzipiert (vgl. Scholl und Hage 2004, S. 12).

Zu den bekanntesten Lebensstilansätzen innerhalb der kommerziellen Marktforschung gehört das Sinus-Modell des Heidelberger Sinus Instituts, das Anfang der 1980er-Jahre entwickelt und seitdem mehrmals überarbeitet wurde (vgl. Sinus-Institut (Hrsg.) o.J.). Die neueste Version des Modells für Deutschland wurde 2010 veröffentlich und umfasst zehn sogenannte Sinus-Milieus, die mithilfe der Dimensionen soziale Lage und Grundorientierung gebildet werden. Eine Darstellung des Sinus-Modells und weiteren ausgewählten Lebensstilkonzepten in der Markt- und Konsumforschung befindet sich im Anhang 3.

4.1.4 Lebensstile und Konsum

Konsum bildet neben den Freizeitmustern einen der wichtigsten Teilbereiche eines Lebensstils. Dank seiner symbolischen Funktion (vgl. Kapitel 3.1.2) ist er ein geeignetes Instrument zur aktiven Inszenierung, Identifizierung und Stilisierung eines Lebensstils, mit anderen Worten: zur Gewinnung der Identität „durch die symbolische Bedeutung bestimmter Muster des (Nicht)Kaufs, Ge-

und Verbrauchs von Konsumgütern und Dienstleistungen" (Brand 2002a, S. 228). Lüdtke (2004, S. 103) sieht Lebensstile als Rahmen von Konsumentscheidungen und nennt drei Perspektiven der Zusammenhänge zwischen Lebensstil und Konsum. In der **subjektiven Perspektive** wird der Lebensstil als „kognitiver Speicher von normativen Orientierungsmustern [..] und Handlungsroutinen" (Lüdtke 2000, S. 120) betrachtet und damit als Grundlage für die Vorbereitung von Konsumentscheidungen, d. h. Suche, Vergleich, Bewertung und Alternativenauswahl. In der **objektiven Perspektive** wird der Lebensstil als „ein relativ stabiles Muster von Aktivitäten, Artefakten und Interaktionen" (ebd., S. 122) aufgefasst, der als eine Interaktion zwischen den Variablen des AIO-Ansatzes (vgl. Übersicht der ausgewählten Lebensstilansätze in der Markt- und Konsumforschung im Anhang 3) und dem Konsumverhalten operationalisiert wird. Die entscheidende Rolle spielt dabei weniger das tatsächliche Kaufverhalten, als vielmehr das Verwendungs- und Nutzungsverhalten (vgl. Wiswede 2000, S. 51). Die **kommunikativ-interaktive Perspektive** hebt die Kommunikationsfunktion des Konsums hervor: mithilfe der „Austauschmedien" (Lüdtke 2000, S. 124) kann eine Zugehörigkeit zu bzw. Distinktion von einer Lebensstilgruppe erfolgen. Als Beispiele können hier der Einkauf von Nahrungsmitteln in Bio-Qualität oder Fairtrade-Produkten genannt werden, die als Symbole für Umweltbewusstsein bzw. Gerechtigkeitsprinzip agieren und mit denen sich ein bewusster Konsument als solcher zu erkennen gibt.

Trotz der zentralen Rolle des Konsums bei der Bildung eines Lebensstils wäre es falsch, einen Lebensstil mit einem Konsumstil gleichzusetzen. Diese oft in der Konsum- und Marktforschung bzw. der Freizeitsoziologie verwendete Annahme (vgl. Hörning und Michailow 1990, S. 503) greift zu kurz – ein Konsumstil kann lediglich als „eine Teilklasse des Lebensstils" [im Original zum Teil kursiv] (Wiswede 2000, S. 51) aufgefasst werden.

4.2 Das Konzept der Lebensstile in der Nachhaltigkeitsdebatte

4.2.1 Nachhaltigkeitsbezogene Lebensstilforschung

Das Konzept der Lebensstile fand in der sozial-ökologischen Forschung erst seit dem Anfang der 1990er-Jahre Anwendung (vgl. Schuster 2003, S. 97). Dessen Berücksichtigung kann als der Wechsel von der engeren Umweltbewusstseins- und Verhaltensforschungsperspektive zu der weiteren Gesellschafts- bzw. Nachhaltigkeitsperspektive gedeutet werden (vgl. ebd., S. 98). Reusswig (1994, S. 128) sieht dabei den Vorteil, dass man die soziale und ökologische Dimension miteinander verbinden, die Lebensweise der modernen Gesellschaft gruppenspezifisch beschreiben, die Krisenlagen „alltagsweltlich und akteursspezifisch" [im Original zum Teil kursiv] rekonstruieren, die Hemmnisse in der Verbreitung der nachhaltigen Lebensweisen erfassen und darauf basierend zielgruppenspezifische Strategien entwickeln konnte. Darüber hinaus ermöglicht der Lebensstilansatz die Diskrepanz zwischen dem Umweltbewusstsein und -verhalten zu erklären bzw. bei einer entsprechenden lebensstilbezogenen Kommunikation zu verringern.

Die nachhaltigkeitsbezogene Lebensstilforschung scheint dabei mit den gleichen Problemen wie die allgemeine Lebensstilforschung zu kämpfen zu haben. Unter der mittlerweile fast unüberschaubaren Anzahl von Untersuchungen kann keine einheitliche Vorgehensweise identifiziert werden – weder bei der Definition der Lebensstile noch bei den verwendeten Operationalisierungsmethoden. Angestrebt wird eine pragmatische Herangehensweise meistens ohne Anwendung von theoretisch fundierten Grundlagen[18]. Dabei verfolgtes Ziel ist meistens die Erstellung einer nachhaltigkeitsbezogenen Typologie und damit Gewinnung von Erkenntnissen für Nachhaltigkeitsmarketing. Es gilt nämlich als Konsens der lebensstilbezogenen Umweltforschung die Erkenntnis, dass es *den* nachhaltigen Lebensstil nicht gibt und nicht geben kann und dass die Potenziale bei der Nutzung von bestehenden ökologischen Orientierungen der unterschiedlichen Lebensstile liegen.

Eine Übersicht der wichtigsten Untersuchungen zu nachhaltigkeitsbezogenen Lebensstiltypologien zeigt, das neben der Unterscheidung zwischen ganzheitlichen (holistischen) und bereichsbezogenen Ansätzen eine **Kategorisierung** abhängig von der Betrachtung der **Nachhaltigkeit** als **eine zentrale** bzw. als **eine von vielen Variablen** vorgenommen werden kann. Im ersten Fall werden allgemeine bzw. bereichsbezogene Lebensstiltypologien bestimmt und dann in Bezug zu Nachhaltigkeitsaspekten gesetzt (z. B. Darstellung der Ansprechbarkeit des jeweiligen Sinus-Milieu auf soziale/ökologische Fragestellungen oder Errechnung der Umweltauswirkungen der verschiedenen Mobilitätsstile). Im zweiten Fall werden allgemeine bzw. bereichsbezogene Nachhaltigkeitstypologien (z. B. das Konzept der Umweltmentalitäten oder eine Sondierungsstudie zu Umweltbewusstsein und Umweltverhalten im Konsumbereich) mit

---

[18] Als Ausnahmen sind hier unter anderem die Arbeiten von Hunecke (2000), Littig (1995) und Herker (1993) zu nennen.

Lebensstilmerkmalen als passiven Variablen ermittelt – bei dieser Typologiebildung spielen die Nachhaltigkeitsaspekte eine entscheidende Rolle. Es ist dabei hervorzuheben, dass der Fokus der bisherigen Untersuchungen eindeutig auf der ökologischen Dimension lag, die soziale und ökonomische Dimension wurde bis jetzt nur ungenügend berücksichtigt.[19]

In der folgenden Abbildung werden unterschiedliche Kategorien der nachhaltigkeitsbezogenen Lebensstiltypologien dargestellt.

Abb. 9: Kategorisierung von nachhaltigkeitsbezogenen Lebensstiltypologien

Nachhaltigkeitsbezogene Lebensstiltypologien			
A: Ganzheitliche (holistische) Typologien		B: Bereichsbezogene Typologien	
A.1: Lebensstiltypologie mit Berücksichtigung der Nachhaltigkeitsaspekte	A.2: Nachhaltigkeitstypologie	B.1: Bereichsbezogene Lebensstiltypologie mit Berücksichtigung der Nachhaltigkeitsaspekte	B.2: Bereichsbezogene Nachhaltigkeitstypologie
Nachhaltigkeit als eine der Variablen	Nachhaltigkeit als zentrale Variable	Nachhaltigkeit als eine der Variablen	Nachhaltigkeit als zentrale Variable
Allgemeine Typologie ⇩ Nachhaltigkeit	Allgemeine Typologie ⇩ Nachhaltigkeit	Bereichsbezogene Typologie ⇩ Nachhaltigkeit	Bereichsbezogene Typologie ⇩ Nachhaltigkeit
z. B.: Richter (2006); Schulze (1990); Sinus-Milieus (Sinus-Institut o.J.) u. a.			
		Konsum, Mobilität, Energie, Freizeit/Reisen/Naturschutz u. a.	

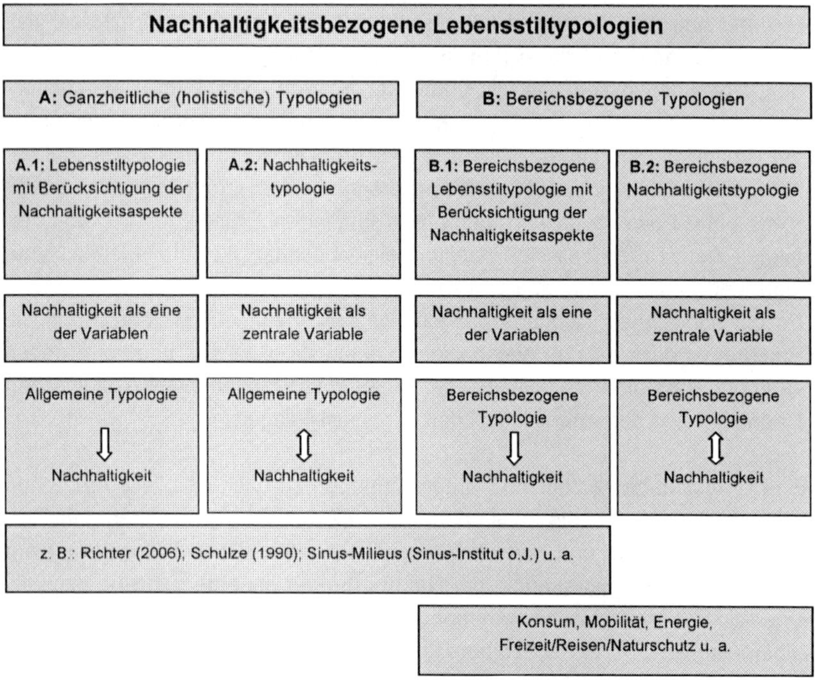

Quelle: Eigene Darstellung

Eine tabellarische Übersicht der wichtigsten Untersuchungen zu nachhaltigkeitsbezogenen Lebensstiltypologien im Konsumbereich, die vor dem Hinter-

---

[19] In der weiteren Darstellung wird trotzdem allgemein die Rede von Nachhaltigkeitsaspekten bzw. -typologien sein, auch wenn dabei nur die einzelnen Nachhaltigkeitsaspekte wie z. B. Umweltbewusstsein, Umweltverhalten, Naturschutz oder Energiesparen untersucht werden.

grund der in der Arbeit verfolgten Forschungsziele vom besonderen Interesse sind, befindet sich aufgrund der Ausführlichkeit im Anhang 4.

4.2.2 Nachhaltigkeit als Stilisierungs- und Distinktionsmerkmal eines Lebensstils

Auch wenn es mittlerweile als empirisch bewiesen gilt, dass es *den* nachhaltigen Lebensstil nicht gibt, bedeutet es nicht, dass man nicht von weniger und mehr nachhaltigeren Lebensstilen sprechen kann und dass Nachhaltigkeitsaspekte keine identitätsstiftende bzw. distinktive Merkmale eines Lebensstils sein können. Dabei werden zwei Aspekte angesprochen, die nicht zwangsläufig miteinander korrelieren müssen: die Nachhaltigkeitsbilanz eines Lebensstils und Nachhaltigkeit als Stilisierungs- und Distinktionsmerkmal. Der nachhaltige Lebensstil einer Bauerin in Äthiopien resultiert keinesfalls aus einer ökologisch bzw. sozial reflektierten Lebens- und Alltagsgestaltung sondern aus der puren Not; der umweltbewusste Lebensstil eines Ökoaktivisten in Deutschland weist aber dagegen einen mehrfach höheren ökologischen Fußabdruck aus. Bleibt man bei dem Aspekt der identitätsstiftenden bzw. distinktiven Rolle der Nachhaltigkeitsaspekte, sollten unterschiedliche Distinktionspotenziale hervorgehoben werden. Das Umgehen mit Nachhaltigkeitsthemen[20] kann auf moralisierende, radikal-ökologische, hedonistische oder ästhetische Bedeutungen zurückgeführt werden (vgl. Rhein 2006, S. 15). Diese haben sich im Laufe der letzten Jahrzehnte deutlich gewandelt und damit auch die Menschen, die versuchen, ihren Lebensstil nach Nachhaltigkeitsprinzipien auszurichten. Die Auseinandersetzung der westlichen Gesellschaften mit den Zusammenhängen zwischen Lebensstil/Konsum und Nachhaltigkeit kann dabei in drei Phasen geteilt werden: die erste Phase der alternativen Lebensstile der 1960er-, 70er- und 80er-Jahre, die zweite Phase der nachhaltigen Lebensstile der 1990er-Jahre (vgl. Brand 2002b, S. 183; Rink 2002, S. 13) und die dritte Phase der von der Klimawandeldebatte geprägten Lifestyles of Health and Sustainability seit der Mitte der 2000er-Jahre.

---

[20] Wie bereits angesprochen, haben sich die bisherigen Untersuchungen auf die ökologische Dimension konzentriert. Rhein (2006, S. 1) spricht von „Umgehen mit Umwelt", das sie als „die Wahrnehmung und Bewertung von Natur, Umwelt und Umweltproblemen, das umweltrelevante Handeln, das entsprechende Wissen oder entsprechende Haltungen und Einstellungen" definiert. Um dem Konzept der nachhaltigen Entwicklung gerecht zu werden, wird in der vorliegenden Arbeit durchgehend von Nachhaltigkeit gesprochen.

In der **ersten Phase** waren es die neuen sozialen Bewegungen, die sich in Folge des Wertewandels der Nachkriegsgesellschaft formiert haben und zur Änderung des westlichen Lebensstils[21] und der westlichen Konsummuster, mit anderen Worten zum „anders leben" (Brand 2002b, S. 183) aufriefen. Die kritische Haltung der „**Ökoaktivisten der ersten Stunde**" zeichnete sich durch einen moralisch begründeten Appell zum Konsumverzicht sowie eine generelle „Konsumfeindlichkeit" aus und rückte somit die bisherige Konsumkritik (vgl. Kapitel 3.1.3) in eine neue Richtung. Ein nachhaltiger Lebensstil bedeutete, wie man der Untersuchung der Universität Hohenheim von 1990 entnehmen kann: Verzicht „auf Qualität, Schnelligkeit, Bequemlichkeit und sonstige Annehmlichkeiten" (Scherhorn et al. 1990, S. 37). Der Konsum bzw. der Konsumverzicht wurde als politische Botschaft und Protest gegen das existierende System verstanden. In dieser Zeit sind zahlreiche alternative Lebensgemeinschaften entstanden, die einen einfachen, an Grundbedürfnissen orientierten Lebensstil propagierten. Mehrere Ratgeber mit Tipps für die Verbraucher wurden veröffentlicht und die ersten Bioläden geöffnet. Damals ist auch der Begriff „**qualitativer Konsum**" entstanden, der von den Verbraucherverbänden geprägt wurde und der sich „auf Zusammenhänge zwischen den angebotenen Produkten und den sozialen und ökologischen Umständen ihrer Herstellung" (Institut für angewandte Verbraucherforschung (IFAV) e.V. (Hrsg.) 2000, S. 10) bezog.

Das steigende Verständnis der Menschen für ökologische und soziale Aspekte hat den amerikanischen Politologen Ronald Inglehart zur Formulierung seiner Wertewandelthese veranlasst, die von einem Übergang von materialistischen zu postmaterialistischen Werten in den westlichen Gesellschaften ausging. Mittlerweile gilt seine These als widerlegt – der von ihm postulierte Wertewandel konnte zwar in den nachkommenden Jahrzehnten beobachtet werden, fand aber seinen Ausdruck nicht im linearen Übergang zu postmaterialistischen Werten, sondern in der **Pluralisierung, Entnormativierung und Individualisierung der Wertemuster** (vgl. Reusswig 1994, S. 28; Herbert und Hippler 1991, S. XXIII). Die Folgen sind inkonsistente, patchworkartige und heterogene Lebensstile, die selten ein durchgängiges Wertemuster auswei-

---

[21] Hiermit ist die Lebensweise der westlich-kapitalistischen Länder gemeint.

sen.[22] Dies betrifft ebenfalls die Nachhaltigkeitsthemen, die infolge der seit den 1960er-Jahren ansetzenden Ökologisierung der ganzen Gesellschaft in allen Milieus bzw. allen Lebensstilen – in unterschiedlicher Ausprägung – einen festen Platz gefunden haben. Reusswig (1994, S. 120) spricht in diesem Zusammenhang von „Pluralisierung der Alltagsökologie in modernen Gesellschaften".

Diese kam spätestens in der **zweiten Phase** zum Vorschein, als sich in den 1990er-Jahren die Umweltbewegung aus dem moralischen Kontext herausgelöst hatte und die Ausrichtung eines Lebensstils nach Nachhaltigkeitsprinzipien nicht mehr eine Domäne von einer „Randgruppe ökologischer Fundamentalisten" (Billig 1995, S. 99) blieb, sondern weite Teile der Bevölkerung erfasste. Um breiteren Zuspruch zu finden, wurde die Ökologie quasi gezwungen, Allianzen mit Luxus und Wohlstand einzugehen (vgl. Rink 2002, S. 11). Das Asketische und Alternative hat den Platz für mehr Bequemlichkeit und Genuss frei gemacht, mit anderen Worten – der Aufruf zum „anders leben" wurde durch eine Forderung zum „nachhaltig leben" ersetzt (vgl. Brand 2002b, S. 183). Die 1999 von Reusswig durchgeführte Analyse der milieuspezifischen Befunde der sozialwissenschaftlichen Umweltforschung zeigte, dass sich neben dem alternativen Milieu – dem „Lebensstilkern der Umweltbewegung" (Reusswig 1999, S. 57) – auch in Teilen des hedonistischen und des aufstiegsorientierten Milieus hohe Zustimmungswerte für die Ziele der Umweltbewegung fanden.

Seit Mitte der 2000er-Jahre deutet sich in Deutschland sowie den USA- und europaweit ein neuer qualitativer Wandel an, der hier als **dritte Phase** der seit den 1960er-Jahren anhaltenden Prozesse betrachtet wird. Sie wurde durch die Debatte zum Klimawandel ausgelöst, die in der öffentlichen Wahrnehmung mit zwei Ereignissen in Verbindung gebracht wird: dem Film „An inconvenient truth" von Al Gore 2006 mit emotionaler Darstellung der drohenden Folgen der Erderwärmung und der Veröffentlichung des Vierten Sachstandsberichts des Intergovernmental Panel on Climate Change (IPCC) von 2007 mit eindeutigen wissenschaftlichen Befunden zum Klimawandel. Zum steigenden Bewusstsein

---

[22] In der Konsequenz muss sich die Lebensstilforschung mit einer eingeschränkten Prognosekraft ihrer Typologie abfinden (vgl. Lüdtke 2000, S. 126 f) – die Grenzen zwischen einzelnen Lebensstilen sind oft fließend und idealtypische Vertreter rar gesät. Als Versuch, dieser Unzulänglichkeit gerecht zu werden, ist zum Beispiel das Sinus-Modell mit sich überlappenden Milieus oder das Semiometrie-Modell von TNS Infratest mit Wertefeldern, die miteinander kombiniert werden können, zu betrachten (vgl. Anhang 3).

der Konsumenten haben ebenfalls zahlreiche Lebensmittel- und Produktionsskandale beigetragen, die seit dem Anfang der 2000er-Jahre regelmäßig öffentlich wurden. Sie haben das Vertrauen der Konsumenten in die „konventionelle Wirtschaft" erschüttert und ihnen zu einem neuen Bewusstsein ihrer Macht verholfen.

In den Mittelpunkt der öffentlichen Wahrnehmung rückte der kritische Konsument, „der hinterfragt, Sinn und Inhalt fordert und mit gutem Gewissen konsumieren möchte" [im Original fett] (GfK Marktforschung (Hrsg.) 2008, S. 1). Der Einkauf wurde zum politischen Konsum – nicht durch Verzicht, sondern durch den „Kaufakt als Stimmzettel" (Beck 2010). Die Umfragen zeigen ein Bild eines Verbrauchers, der klimabewusst ist (vgl. GfK Marktforschung (Hrsg.) 2007) und selbst etwas für den Klimaschutz tun will (vgl. Infratest dimap (Hrsg.) 2007, S. 8), Bio-Produkte als gut für seine Gesundheit und Wohlbefinden hält und deswegen bereit ist, dafür etwas mehr Geld zu bezahlen (vgl. Trendbüro GmbH (Hrsg.) 2007, S. 49; 63) sowie den Aspekt „Umwelt- und Sozialverträglichkeit" beim Kauf von Textilprodukten als wichtig erachtet (vgl. GfK Marktforschung (Hrsg.) 2008, S. 1). Neu im Vergleich zu den 1990er-Jahren ist die fortschreitende Ästhetisierung des Konsums – die Ökologie geht eine weitere Allianz ein, diesmal mit dem Design, die unter dem Stichwort „Green Glamour" den Einzug in die Architektur, Umwelt, Technik oder Mode findet (vgl. Matzig 2006, S. 11). Damit verbunden ist der Glaube an technischen Fortschritt, der ermöglichen soll, ein selbstbestimmtes, mobiles, genussvolles und trotzdem nachhaltiges Leben zu führen. Die 2007 erschienene Studie des Zukunftsinstituts in Kelkheim (Kirig, Rauch und Wenzel 2007) prägte in Deutschland den Begriff **LOHAS** als Bezeichnung der neuen Bewegung. Diese steht im Fokus des folgenden Kapitels 4.3.

Die obige Darstellung macht deutlich, dass sich das Verständnis der Nachhaltigkeit als Stilisierungs- und Distinktionsmerkmal gewandelt hat. Ein nachhaltiges Konsumieren wurde im Laufe der Jahrzehnte mit unterschiedlichen Bedeutungen und Motiven aufgeladen, die nach Grimm (2008) wie folgt plakativ zusammengefasst werden können: „Ich kaufe, also bin ich ein Schwein" als Motto der 1960/70/80er-Jahre, „Ich kaufe, also bin ich" als Leitmotiv der 1990er-Jahre und „Ich kaufe. Also bin ich der Bestimmer" als das heutige Motto[23]. Ein Vergleich der Bedeutungen und Motive, die einem nachhaltigen Konsum zugesprochen wurden, kann der folgenden Tabelle entnommen werden.

Tab. 2: Vergleich der Lifestyles of Health and Sustainability mit den alternativen Lebensstilen der 1960/70/80er-Jahre und den nachhaltigen Lebensstilen der 1990er-Jahre

Alternative Lebensstile (1960/70/80er-Jahre)	Nachhaltige Lebensstile (1990er-Jahre)	Lifestyles of Health and Sustainability (2000er-Jahre)
Konsumkritik und -verzicht	Wohlstand light, „grüner Luxus"	Lifestyle
Nicht-Haben	Erleben	Sein und Erleben
asketisch	hedonistisch	sinnlich-ästhetisch
ernst	Spaßorientierung	Leichtigkeit, Optimismus
politisch aufgeladen, fundamentalistisch	entideologisiert, pragmatisch	egozentrisch, Kaufakt als Stimmzettel
Einbettung in Protestkultur	Einbettung in institutionelle Programme	Einbettung in soziale Netzwerke
(abschreckende) Utopien	(positiv besetzte) Leitbilder	Klimaschutz als oberste Aufgabe
Homogenisierung und Nivellierung	Differenzierung und Pluralisierung	Sowohl-als-auch-Mentalität
persönliches Beispiel, Mobilisierung	Marketing, Beratung, Werbung	Marken, Unternehmen, CSR
abgrenzend, avantgardistisch	offen, populär	Massenmarkt
alternativ sein	nachhaltiger leben und nachhaltig erleben	nachhaltig konsumieren

Quelle: Eigene Darstellung in Anlehnung an GfK (2008, S. 1), Trendbüro GmbH (2007, S. 27) und Rink (2002, S. 13)

Der Vergleich der drei Phasen manifestiert einen gesellschaftlichen Wandel und das Ankommen der Nachhaltigkeitsthemen in der Mitte der Gesellschaft. Die Lebensstile der zweiten und dritten Phase erscheinen dabei als *eine* Variante mit unterschiedlicher Intensität der Wahrnehmung der Nachhaltigkeitsaspekte und die der ersten und dritten Phase als zwei konträre Lebensentwürfe. Die unterschiedlichen Anforderungen der beiden „Extremphasen" in Bezug

---

[23] Bei Grimm (2008) werden die 1980er-Jahre als Umbruchzeit dargestellt, die sowohl der ersten (alternative Lebensstile) als auch der zweiten Phase (nachhaltige Lebensstile) zugerechnet werden können. In der vorliegenden Arbeit werden die 1980er-Jahre, in Anlehnung an Rink (2002, S. 13), der zweiten Phase zugeordnet.

auf Nachhaltigkeit lassen sich unter der Anwendung der Nachhaltigkeitsdefinition von Ahlheim (vgl. Kapitel 3.2) wie folgt darstellen:

Abb. 10: Unterschiedliche Nachhaltigkeitsgrade von LOHAS und Ökoaktivisten der ersten Stunde

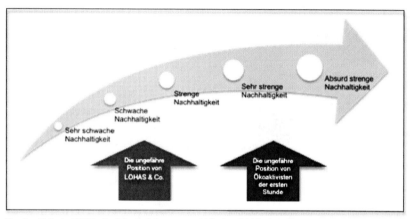

Quelle: Schulz (2008, S. 4) in Anlehnung an Ahlheim (2002, S. 8 ff)

Die Bedeutung der ökologischen und sozialen Aspekte in Deutschland kann mit bestimmten Ereignissen in Zusammenhang gebracht werden, die selber als der Auslöser oder aber auch als die Folge des wachsenden Bewusstseins der Bevölkerung zu verstehen sind, wie die Studenten- und Bürgerrechtsbewegungen 1968, die Konferenz der Vereinten Nationen für Umwelt und Enwicklung (UNCED) in Rio de Janeiro 1992, der Weltgipfel für nachhaltige Entwicklung der Vereinten Nationen in Johannesburg 2002 oder der bereits genannte IPCC-Bericht 2006. Die folgende Abbildung stellt in Anlehnung an Schulz (2008, S. 3) die Entwicklung des Stellenwertes des Umwelt-/Nachhaltigkeitsthemas in Deutschland grafisch dar.

Abb. 11: Stellenwert des Umwelt-/Nachhaltigkeitsthemas in Deutschland

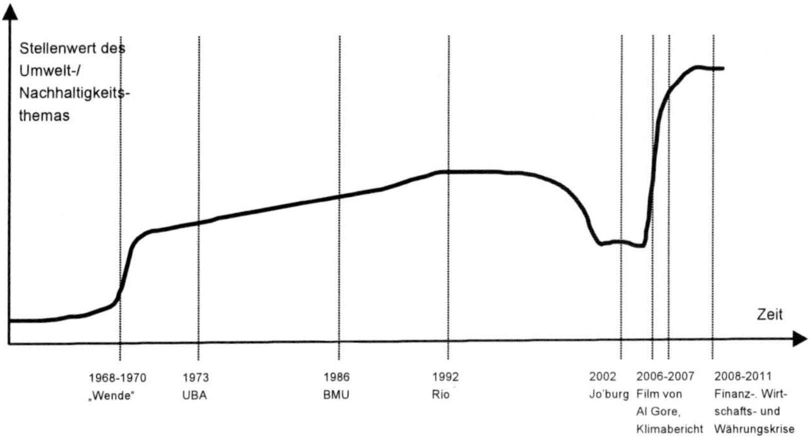

1968-1970	1973	1986	1992	2002	2006-2007	2008-2011
„Wende"	UBA	BMU	Rio	Jo'burg	Film von Al Gore, Klimabericht	Finanz-. Wirtschafts- und Währungskrise

Quelle: Schulz (2008, S. 3); leicht verändert und ergänzt

4.3 LOHAS: das Gesicht des nachhaltigen Konsums

4.3.1 Einführung

Als „Entdecker" der LOHAS gelten die amerikanischen Psychologen Paul Ray und Sherry Ruth Anderson, die nach dreizehnjähriger empirischer Forschung der Meinung waren, einem Bewusstseinwandel auf der Spur zu sein. Basierend auf Befragungen von über 100.000 Amerikanern, hunderten von Fokusgruppen und rund 60 Tiefeninterviews beschreiben sie in ihrem im Jahr 2000 erschienenen Buch **„The Cultural Creatives"** eine neue Bevölkerungsgruppe, die sich Schritt für Schritt anschickt, unauffällig und ohne sich als eine gemeinsame Bewegung zu begreifen, das kulturelle Leben Amerikas neu zu formen. Prägend für die Bezeichnung der neu entdeckten Gruppe der „Kulturell Kreativen" als „Lifestyles of Health and Sustainability" war eine amerikanische Studie der Natural Business Communications Inc. und der Lifestyle Media Company GAIAM, in der fünf Marktsegmente der LOHAS identifiziert wurden (vgl. Ray und Anderson 2000, S. 329; 361). Dieser folgten zahlreiche Untersuchungen[24] weltweit, die bestätigen konnten, dass es sich hierbei nicht um ein rein amerikanisches Phänomen handelt, sondern um eine Bewegung, die in unterschiedlicher Ausprägung in weiten Teilen Europas und Ostasiens, Nordamerikas sowie Australiens und Neuseelands zu finden ist.

In Deutschland wurde die Diskussion über die neuen Lebensstile durch eine bereits im Kapitel 4.2.2 erwähnte Studie des **Zukunftsinstituts** in Kelkheim (Kirig, Rauch und Wenzel 2007) geprägt. In den darauf folgenden Studien und Forschungsvorhaben wurde versucht, die LOHAS qualitativ zu charakterisieren (u. a. Müller-Friemauth, Klein-Reesink und Harrach (Hrsg.) 2009; A.C. Nielsen GmbH und KarmaKonsum (Hrsg.) 2008; Häusler und Kerns 2008) bzw. nach demographischen Merkmalen zu beschreiben und zu quantifizieren (u. a. Allianz Deutschland AG (Hrsg.) 2008; Schmidt, Littek und Nickl 2007; Schommer, Harms und Gottschlich 2007). Dabei sind insbesondere die **Studien von KarmaKonsum** (Müller-Friemauth, Klein-Reesink und Harrach (Hrsg.) 2009; A.C. Nielsen GmbH und KarmaKonsum (Hrsg.) 2008) hervorzuheben – laut eigener Beschreibung des „führende[n] Thinktank[s] und d[er] führende[n] Beratungsgesellschaft zum Thema LOHAS und Green Lifestyle in Deutschland" (ebd., S. 54) und eines der Unternehmen, die in den letzten Jahren rund um das Thema LOHAS entstanden sind. Dazu zählen vor allem LOHAS-Internetportale, unter denen neben dem Webblog karmakonsum.de vor allem die Nachhaltigkeits- und Communitynetzwerke utopia.de und lohas.de zu erwähnen sind (eine detaillierte Vorstellung der wichtigsten LOHAS-Internetportale befindet sich im Kapitel 4.3.4). Darüber hinaus sind zahlreiche kommerzielle Bücher erschienen, die den kritischen Konsum thematisieren, unter anderem „Shopping hilft die Welt verbessern" von Fred Grimm (2006), der mittlerweile als Klassiker unter den „grünen Konsumratgebern" gilt oder „Die Einkaufsrevolution: Konsumenten entdecken ihre Macht" von Tanja Busse (2006).

Eine Suche nach wissenschaftlichen Publikationen zu dem Begriff „LOHAS" fördert nur sehr wenige Beiträge zu Tage (u. a. Glöckner, Balderjahn und Pey-

---

[24] Dazu gehören u. a.: „Living LOHAS Report" von Mobium Group in Australien (o.J.), „Consumer who Cares and The Sustainability Priorities Monitor" von Nielsen Media Research und Nick Jones & Associates Ltd in Neuseeland (2008) sowie LOHAS Reports vom NMI Natural Marketing Institute für Kanada, Asien und Europa (o.J.). Die meisten Reports richten sich allerdings an Firmenkunden und können nur gegen entsprechend hohes Entgelt bezogen werden.

er 2010; Bilharz und Belz 2008; Kreeb, Motzer und Schulz 2008; Schulz 2008). Als hilfreich können neuere Studien betrachtet werden, die ein umwelt- und sozialbewusstes Konsumverhalten in Bezug auf psychografische Merkmale wie Werte und Einstellungen untersuchen. Hier kann auf eine ganze Reihe von Publikationen zurückgegriffen werden (u. a. Pepper, Jackson und Uzzell 2009; Groot und Steg 2008; Kaenzig und Wüstenhagen 2008; Groot und Steg 2007; Cleveland, Kalamas und Laroche 2005; Corbett 2005; Gilg, Barr und Ford 2005; Shaw et al. 2005; Kollmuss und Agyeman 2002; Nordlund und Garvill 2002; Laroche, Bergeron und Barbaro-Forleo 2001).

Im folgenden Kapitel wird eine Analyse von bestehenden LOHAS-Publikationen[25] vorgenommen. Dabei wird insbesondere auf die vorhandenen Definitionen der Lifestyles of Health and Sustainability und die bisherige Vorgehensweise zu deren Identifizierung eingegangen. Darauf basierend wird ein Versuch unternommen, allgemeingültige Merkmale und Dimensionen auszuarbeiten, auf deren Basis im späteren Verlauf der Arbeit konkrete Items zur Identifizierung der LOHAS entwickelt werden können. Darüber hinaus wird die Typologie der Lifestyles of Health and Sustainability und deren Anteil in der Bevölkerung dargestellt.

Zwar sind LOHAS als ein weltweites Phänomen zu betrachten, jedoch ist die Berücksichtigung von nationalen Besonderheiten bei der Untersuchung von Lebensstilen von großer Bedeutung[26]. Daher umfasst die Analyse der Publikationen lediglich Untersuchungen der Lifestyles of Health and Sustainability in Deutschland, mit Ausnahme der Studie von Ray und Anderson (2000).

4.3.2 Identifizierung der Lifestyles of Health and Sustainability

Definition

Trotz regem Interesse der Medien und der Wirtschaft bleiben die Lifestyles of Health and Sustainability weiterhin ein Marketing-Phänomen. Ähnlich wie zum Zeitpunkt der Wende der Begriff der „zivilen Gesellschaft" scheint auch der

---

[25] Eine Übersicht der analysierten Publikationen befindet sich im Anhang 5.
[26] Als Begründung können hier die Untersuchungen von Milieus und Lebensstilen in Deutschland genannt werden (Preisendörfer 1999; Spellerberg 1996), die noch einige Jahre nach der Wende separat für West- und Ostdeutschland durchgeführt wurden, solange bis von einer Angleichung der Lebensstile ausgegangen werden konnte.

Begriff der LOHAS nicht wegen seiner „definitorische[n] Klarheit" eine Karriere gemacht zu haben, sondern weil er zu den Bezeichnungen gehört, „die sich als Projektionsfläche für Vorstellungen eignen, die wegen ihrer internen Undeutlichkeit und der Vielfalt ihrer zeitgeschichtlichen Bezüge noch nicht unmittelbar artikulierbar sind" (Dubiel 1994, S. 49). Dementsprechend schwierig gestaltet sich die Frage nach einer Definition der LOHAS. Bei Ray und Anderson (2000, S. 4) werden die „Kulturell Kreativen" als eine neue amerikanische **Subkultur** beschrieben, eine neue **Wertegemeinschaft**, die in langjähriger Forschung neben den etablierten Gruppen der Modernen und der Traditionellen identifiziert werden konnte. Die Autoren heben dabei folgende Merkmale hervor:

> „serious ecological and planetary perspectives, emphasis on relationships and women's point of view, commitment to spirituality and psychological development, disaffection with the large institutions of modern life including both left and right in politics, and rejection of materialism and status display." (ebd.)

Im Marketingbereich werden LOHAS des Öfteren als eine neue, kaufkräftige **Zielgruppe** aufgefasst, die mit entsprechenden Marketingmaßnahmen erreicht werden kann (vgl. u. a. Oberhofer 2011; VerbraucherAnalyse (Hrsg.) 2009; Schmidt, Littek und Nickl 2007). Des Weiteren werden sie als eine bestimmte **Konsumentenschicht bzw. ein Konsumstil** betrachtet. Dieses Verständnis der LOHAS findet sich unter anderem in der Studie von A.C. Nielsen GmbH und KarmaKonsum (2008, S. 6), in der sie als „eine neue, ökologisch denkende und handelnde Konsumentenschicht, die Veränderungsprozesse für Wirtschaft und Gesellschaft einleiten" definiert werden. In der deutschen LOHAS-Debatte werden oft die Begriffe nachhaltiger, moralischer oder grüner Konsument als ein Synonym für LOHAS verwendet (u. a. Ranalli, Reitbauer und Ziegler 2009, S. 10; Bilharz und Belz 2008, S. 6; GfK Marktforschung (Hrsg.) 2008). Das Unternehmen Ernst & Young (Schommer, Harms und Gottschlich 2007, S. 16) spricht in seiner Studie von einem „verantwortlich konsumierende[n] Verbraucher [der: Anmerkung der Verfasserin] neben biologischen zunehmend auch ethische und soziale Aspekte in seine Kaufentscheidung mit ein[bezieht: Anmerkung der Verfasserin]". Ähnlich formuliert es das Center for Responsibility Research (CRR) (Ahaus, Heidbrink und Schmidt 2009, S. 4), wenn es vom verantwortlichen Konsument spricht, der „nicht nur seine eigene Bedürfnisbefriedigung oder sein ‚gutes Gewissen' im Auge [hat: Anmerkung der Verfasserin], sondern [..] darüber hinaus die Konsequenzen für das gesellschaftliche Gemeinwohl" berücksichtigt. In den englischsprachigen Untersuchungen findet man Bezeichnungen wie „consumer who cares" (Jones 2008, S. 4), „Solution Seekers" (Moxie Design Group (Hrsg.) o.J., S. 4), „green consumers" (Laroche, Bergeron und Barbaro-Forleo 2001, S. 504). Aus den USA kommt der Begriff Scuppie – „Socially Conscious Upwardly-mobile Person" – der einen Menschen bezeichnet, der aus höheren Einkommensklassen kommt, Frieden, Glück und Geld als die wichtigsten Werte in ihrem Leben betrachtet, aber dabei versucht, Umwelt und Gesellschaft im Auge zu behalten (Failla o.J.). Eine weitere, ebenfalls aus Amerika kommende Bezeichnung ist der „Values-Driven Consumer" bzw. der „Conscious Consumer" (Aburdene 2005, S. 91).

Die differierende Auffassung der Lifestyles of Health and Sustainability spiegelt sich ebenfalls in der unterschiedlichen Anwendung des Begriffs LOHAS wider. Zum einen wird er als Bezeichnung *eines* auf Nachhaltigkeit und Gesundheit ausgerichteten Lebensstils genutzt – was im deutschen Sprachgebrauch in der Nutzung des Akronyms in Singularform (LOHA) seinen Ausdruck findet – und zum anderen als ein Sammelbegriff für eine *Bevölkerungsgruppe*, die nachhaltige Lebens- bzw. Konsumstile pflegt. In der vorliegenden Arbeit werden LOHAS nicht als *ein* Lebensstil, sondern als eine Bevölkerungsgruppe mit *unterschiedlichen* Lebensstilen verstanden, die die Werte **Nachhaltigkeit** und **Gesundheit** in den Mittelpunkt stellt. Als Synonym dazu wird der Begriff „nachhaltigkeitsbewusste Konsumenten" verwendet.

Vorgehensweise

Die Analyse der bestehenden Publikationen zeigt, dass es zum einen keine universelle Vorgehensweise zur Identifizierung der LOHAS gibt und zum anderen Hintergrundinformationen über angewandte Methoden nur eingeschränkt vorliegen. Darüber hinaus weisen die meisten Publikationen einen praxisbezogenen Charakter auf und lassen theoretisch abgesicherte Annahmen vermissen bzw. veröffentlichen diese aufgrund des Wettbewerbs nicht.

In allen analysierten Untersuchungen werden quantitative Forschungsmethoden zur Identifizierung der LOHAS angewandt, wobei sich die Studien von Ray und Anderson (2000), vom Zukunftsinstitut (Kirig und Wenzel 2009; Kirig, Rauch und Wenzel 2007) und von KarmaKonsum (Müller-Friemauth, Klein-Reesink und Harrach (Hrsg.) 2009; A.C. Nielsen GmbH und KarmaKonsum (Hrsg.) 2008) zusätzlich auf qualitative Forschung stützen. Die Tiefe der dabei untersuchten Merkmale ist sehr unterschiedlich. Sie reicht von vier Items in der Burda Studie (Schmidt, Littek und Nickl 2007, S. 4) bis hin zur 70 Items in der Untersuchung von Ray und Anderson (2000, S. 350), wobei nur ein Teil der gestellten Fragen öffentlich zugänglich ist[27]. Zum Teil unterschiedlich ist ebenfalls die Auswahl der Dimensionen, in denen einzelne Merkmale gebündelt wurden. Deren Analyse zeigt: Auch wenn es keinen allgemeingültigen Kriterienkatalog zur Identifizierung der LOHAS gibt, werden vor allem psychografische Merkmale als gemeinsame Klammer betrachtet, also die von den LOHAS vertretenen Werte, Einstellungen, Überzeugungen und Persönlichkeitsmerkmale. Diese werden in Verbindung mit dem Konsumverhalten gesetzt. Die demografischen Faktoren spielen dabei nur eine untergeordnete Rolle. Zwar zeigen die Ergebnisse der analysierten Untersuchungen, dass die LOHAS eher weiblich, besser gebildet, höher verdienend und älter sind als der Durchschnitt der Bevölkerung, aber letztendlich sind sie in allen Bildungsschichten, Einkommens- und Altersklassen sowie geschlechterübergreifend zu finden: „They are simply not homogeneous demographically." (ebd., S. 22) Diese Erkenntnisse decken sich mit den Ergebnissen der wissenschaftlichen Untersuchungen der umwelt- und sozialbewussten Konsumenten, die den psychografischen Merkmalen eine höhere Erklärungskraft als den demografischen Faktoren zusprechen (vgl. Laroche, Bergeron und Barbaro-Forleo 2001, S. 505).

Merkmale und Dimensionen

Im Folgenden wird auf der Basis der analysierten Publikationen ein Versuch unternommen, *psychografische Merkmale* zu identifizieren, die in der Literatur als wichtig bei der Identifizierung der LOHAS betrachtet werden (im Text kursiv hervorgehoben) und sie zu übergreifenden Dimensionen zusammenzuführen. Die Zuordnung der Merkmale zu den Dimensionen ist allerdings nicht als endgültig bzw. trennscharf zu betrachten – die einzelnen Merkmale könnten – je nach Perspektive – mehreren Dimensionen zugewiesen werden.

Als **erste Dimension**, die bereits im Begriff der LOHAS verankert ist, konnte das stark ausgeprägte **Bewusstsein für die eigene Gesundheit** identifiziert werden, das in vielen Untersuchungen explizit als eine LOHAS-Dimension genannt (vgl. Müller-Friemauth, Klein-Reesink und Harrach (Hrsg.) 2009, S. 30; Spiegel-Verlag (Hrsg.) 2009, S. 21; VerbraucherAnalyse (Hrsg.) 2009; Kirig, Rauch und Wenzel 2007, S. 27 ff) bzw. durch Items wie gesunde Ernahrung, Wellness/Wohlbefinden oder Sport/Aktivitaten abgefragt wird (vgl. Schober

---

[27] Eine Liste der verfügbaren Items aus den einzelnen Studien befindet sich im Anhang 6.

Information Group Deutschland GmbH (Hrsg.) 2011, S. 5; A.C. Nielsen GmbH und KarmaKonsum (Hrsg.) 2008, S. 9; Schmidt, Littek und Nickl 2007, S. 4). Bei Ray und Anderson (2000, S. 37) wird die Gesundheit vor allem in Bezug auf die *ganzheitliche Betrachtung von Körper, Geist und Seele* dargestellt. Eine ähnliche Sichtweise findet man beim Zukunftsinstitut, wo das Gesundheitsverständnis der LOHAS nicht mit Abwesenheit von Krankheiten, sondern mit Selbstkompetenz (vgl. Kirig und Wenzel 2009, S. 65) bzw. einem Zustand der proaktiven Herstellung von Balance und Wohlbefinden (vgl. ebd., S. 67) gleichgesetzt wird. Daraus folgt ein starkes Interesse an körperlicher Bewegung sowie natürlicher Heilkunde: „Cultural Creatives are much more likely to be both users and providers of alternative health care than are other two subcultures." (Ray und Anderson 2000, S. 330) Dieses ist zum Teil mit einer tiefen Spiritualität verbunden, die sich eher auf die *Suche nach innerer Harmonie* und *Sinn des Lebens* als auf einen religiösen Glauben bezieht (vgl. ebd., S. 4; 193).

Eine **weitere**, ebenfalls im Begriff der LOHAS verankerte **Dimension** der **Nachhaltigkeit** wurde in allen analysierten Untersuchungen berücksichtigt – entweder direkt als eine explizite Dimension (vgl. Müller-Friemauth, Klein-Reesink und Harrach (Hrsg.) 2009, S. 30; VerbraucherAnalyse (Hrsg.) 2009) oder unter den Bezeichnungen „ecology/ecological sustainability" (Ray und Anderson 2000, S. 11; 158), „ökologisches Bewusstsein" (Schober Information Group Deutschland GmbH (Hrsg.) 2010, S. 5), „Umweltbewusstsein" und „gesellschaftliches Engagement" (Spiegel-Verlag (Hrsg.) 2009, S. 21) sowie „Umweltbewusstsein" und „soziale Verantwortung" (A.C. Nielsen GmbH und KarmaKonsum (Hrsg.) 2008, S. 9).

Bezugnehmend auf die drei Säulen des Nachhaltigkeitskonzeptes (vgl. Kapitel 3.2) können alle drei Aspekte – der soziale, der ökonomische und der ökologische Aspekt – als stilbildend für die LOHAS betrachtet werden. Das Interesse für **soziale Belange** ist zu vergleichen mit den Aspekten, die vom Zukunftsinstitut (Kirig und Wenzel 2009, S. 163) als „Die Feminisierung unserer Lebenswelt" und von Ray und Anderson (2000, S. 12) als „the importance of woman" benannt werden, – also mit dem hohen Stellenwert der Themen wie *Gleichberechtigung, Gleichheit oder Gerechtigkeit*, die in der Öffentlichkeit oft eher als Frauenwerte wahrgenommen werden. Der **ökonomische Aspekt** bezieht sich vor allem auf die Wahrnehmung der eigenen Macht bei der Gestaltung des Marktes: „LOHAS wissen um die wirtschaftlichen Zusammenhänge in globalen Märkten und entscheiden beim Kaufakt bewusst, welche Unternehmen sie fördern wollen. Ökologie und Ökonomie sind für sie keine Widersprüche." (A.C. Nielsen GmbH und KarmaKonsum (Hrsg.) 2008, S. 7).[28] Der **ökologische Aspekt** bezieht sich vor allem auf eine *starke pro-ökologische Wertehaltung*, die *Sorge um den Zustand der globalen Umwelt und das Streben nach Gleichgewicht der Natur*. Ray und Anderson (2000, S. 160) betonen die konsequente Sicht der Kulturell Kreativen auf ökologische Themen, die sie unter anderem mit der Skala der sog. "Ecology Movement Position" gemessen haben. Diese beinhaltet unter anderem Items zur ökologischen Krise, zum Gleichgewicht der Natur oder zur Stellung des Menschen in der Natur, womit sie starke Parallelen zum New Ecological Paradigm Scale von Dunlap et al. (2000, S. 433) (vgl. Kapitel 6.2.1) aufweist.

Die ersten beiden Dimensionen stehen in engem Zusammenhang mit der **dritten Dimension** – dem **stark ausgeprägten Verantwortungsbewusstsein**. In den Untersuchungen von KarmaKonsum wird es explizit als Kerncharakteristika der LOHAS (vgl. Müller-Friemauth, Klein-Reesink und Harrach (Hrsg.) 2009, S. 31) bzw. als eine von 11 Dimensionen (vgl. A.C. Nielsen GmbH und KarmaKonsum (Hrsg.) 2008, S. 9) genannt, das Zukunftsinstitut (Kirig und Wenzel 2009, S. 26) spricht von „einem gesteigerten *Verantwortungsgefühl für die Welt draußen*: Familie, Freunde, Stadtteil, Gesellschaft, Umwelt" [Hervorhebung der Verfasserin]. Damit verbunden ist die gesteigerte *Hilfsbereitschaft* der LOHAS, deren *gesellschaftliches Engagement* (vgl. Ray und Anderson 2000, S. 10) und *Akzeptanz für umweltfreundliche Politik* (vgl. ebd., S. xiv). Das Verantwortungsbewusstsein resultiert aus dem ganzheitlichen, holistischen Denken, das für die Lifestyles of Health and Sustainability charakteristisch ist (vgl. Kirig und Wenzel 2009, S. 118; A.C. Nielsen GmbH und KarmaKonsum (Hrsg.) 2008, S. 6 f). LOHAS nehmen die globalen Zusammenhänge wahr und haben es verstanden, die einzelnen Informationen zu einer größeren Einheit zusammenzufügen, um so ein vollständiges Abbild der Realität – „the big picture" (Ray und Anderson 2000, S. 11) zu bekommen.

Als **vierte Dimension** ist **das wertebasierte Konsumverständnis** zu betrachten, das in allen analysierten Untersuchungen berücksichtigt wird, vor allem in Bezug auf *Mehrpreisbereitschaft* und Wichtigkeit von bestimmten Nachhaltigkeitsaspekten wie CO_2-Bilanz, fairer Handel, Bio-Qualität, artge-

---

[28] Die Auswirkungen dieser Haltung werden in der weiteren Dimension „wertebasiertes Konsumverständnis" dargestellt.

rechte Tierhaltung oder ganz allgemein Umweltverträglichkeit in Bezug auf Wahl von Produkten/Dienstleistungen. Darüber hinaus wird die Betrachtung des bewussten, „richtigen" Konsums als eine Möglichkeit hervorgehoben, um etwas zu erreichen bzw. zu verändern *(Konsum als Gestaltungsmittel)*. Diesen Aspekt bringt das Webblog KarmaKonsum mit dem Motto „Do good with your money" (A.C. Nielsen GmbH und KarmaKonsum (Hrsg.) 2008, S. 54) auf den Punkt.

LOHAS werden als gut informierte Konsumenten, die ihre Konsumentscheidungen bewusst treffen, charakterisiert:

> „CCs [Cultural Creatives: Anmerkung der Verfasserin] are the kind of people who buy and use Consumer Reports on most consumer durable goods, like appliances, cars, and consumer electronics. For the most part, they are the careful, well-informed shoppers who do not buy on impulse. They are likely to research a purchase first and are practically the only consumers who regularly read labels." [im Original zum Teil kursiv] (Ray und Anderson 2000, S. 35)

Dieses Verhalten folgt aus der Betrachtung des Konsums als der Möglichkeit, eigene Werte und Überzeugungen zum Ausdruck zu bringen. Die Duplextheorie der Güter (vgl. Kapitel 3.1.2) findet hier in einer ganz speziellen Form statt – die Güter werden moralisch durch entsprechende Bedeutungen markiert, die ihnen durch LOHAS zugesprochen werden. Gefragt werden Produkte oder Leistungen, die mit den bis jetzt genannten Werten im Einklang stehen. Damit verbunden sind die hohen Ansprüche an die gekauften Produkte, die nicht nur über entsprechende Qualität, sondern auch gutes Aussehen und ausgefallenes Design und damit über eine bestimmte Ästhetik verfügen sowie unter Berücksichtigung sozialer, ethischer und ökologischer Kriterien hergestellt werden sollten. LOHAS zeichnen sich auch durch große Neugier an neuen Produkten aus und an der Lust, etwas Ungewohntes auszuprobieren, zu experimentieren (vgl. ebd., S. 37). Sie lehnen aber gleichzeitig Manipulationsversuche, Unechtheit und vereinfachte Sicht der Welt ab und erwarten Authentizität, die sie als Übereinstimmung des Handelns mit eigenen Überzeugungen oder Äußerungen verstehen (vgl. ebd., S. 8). Somit wird dem sog. Greenwashing, also dem Versuch, das Unternehmen bzw. seine Produkte unbegründeterweise als nachhaltig (green) zu vermarkten, eine Absage erteilt.

Als **fünfte und letzte Dimension** ist die explizit artikulierte **Vereinbarkeit von Genuss und Lebensfreude mit hohen ethischen Ansprüchen** zu nennen, die in Anlehnung an die Erkenntnisse aus den Publikationen von KarmaKonsum und Zukunftsinstitut herausgearbeitet wurde. In den Studien vom Zukunftsinstitut wird sie als „Die Philosophie des „Sowohl-als-auch" (Kirig und

Wenzel 2009, S. 12) bzw. „Der hybride Lifestyle" (Kirig, Rauch und Wenzel 2007, S. 33) bezeichnet. Bei KarmaKonsum (Müller-Friemauth, Klein-Reesink und Harrach (Hrsg.) 2009, S. 31) wird die „explizit artikulierte Vereinbarkeit von Umweltbewusstsein und Genussorientierung als anti-asketischer Lebensstil" als eine der Kern-Charakteristika der LOHAS genannt, womit zwei wichtige Aspekte dieser Dimension angesprochen werden. Der erste Aspekt bezieht sich auf den Versuch der LOHAS, scheinbar widersprüchliche Werte und Einstellungen miteinander zu vereinen und in Gleichgewicht zu bringen, wie zum Beispiel *Konsum und Nachhaltigkeit* oder die Liebe zur Natur und hohe Affinität zu neuen Technologien. Als weiteres Beispiel gelten die Werte Verantwortung und Genuss, die im Wertesystem der LOHAS keinen Widerspruch darstellen, sondern miteinander in Einklang gebracht werden, was bei Kirig und Wenzel unter dem Begriff „eine neue Ethik" zusammengefasst wird:

> „Unser Buch zeichnet die Konturen einer neuen Genusskultur und einer neuen Lebenskunst. Und diese Lebenskunst der LOHAS beinhaltet auch eine neue Ethik. [...] Wir brauchen keine moralischen und religiösen Leitplanken mehr für unser Leben. Doch am Ende der Gewissheiten beginnt die Verantwortung. Verantwortung für uns selbst, für unsere Innenwelt, aber vor allem für unsere Mitwelt und für unsere Umwelt." (Kirig und Wenzel 2009, S. 26)

Einen wissenschaftlichen Erklärungsansatz für das *faustische Konsumentenverhalten* findet man in dem sozioökonomischen „Ich + Wir Paradigma" (vgl. Schoenheit 2007, S. 222 f). Demzufolge verfügen die Menschen über zwei Handlungsmotive: ein moralisches Motiv, das aus der Verpflichtung gegenüber der Gemeinschaft resultiert (die Wir-Dimension) und ein eigennütziges Motiv (die Ich-Dimension) (vgl. Etzioni 1997, S. 32 ff), die zu bestimmten Widersprüchen und Konflikten führen können:

> „there is a continuing conflict and tension between powerful self-interest and the pleasure principle on the one hand and powerful moral commitments on the other, and that socio economists would benefit if they would take as their starting hypothesis that people are conflicted. Socio-economists should try to understand their inconsistencies, their tendency to zig-zag, by their being subject to these two competing super-utilities." (Etzioni 1998, S. 547)

Der zweite Aspekt dieser Dimension bezieht sich auf einen hohen Stellenwert, der dem *Genuss und der Lebensfreude* zugesprochen wird. LOHAS sind Wohlfühlmenschen, die Verzicht und Askese ablehnen, ganz nach dem Motto „ohne Einschränkung konsumieren und sich dabei sogar besser fühlen" (Ranalli, Reitbauer und Ziegler 2009, S. 8). Sie wollen das Leben genießen, orientieren sich allerdings in ihrem Verständnis vom Luxus nicht an den gängigen Statussymbolen „schneller, höher, weiter", sondern an dem Anspruch, ihr Leben selbst gestalten zu können, mehr Lebensqualität und mehr Zeit zu haben sowie Produkte zu kaufen, die genau auf ihre Bedürfnisse zugeschnitten sind (vgl. Kirig, Rauch und Wenzel 2007, S. 27). Im Vordergrund steht also das „Sein" und nicht das „Haben" (vgl. A.C. Nielsen GmbH und KarmaKonsum (Hrsg.) 2008, S. 7).

Die beiden Aspekte dieser Dimension – das Vereinen von widersprüchlichen Werten und der Lebensgenuss – werden nicht nur als kennzeichnend für die LOHAS betrachtet, sondern auch als ein Differenzierungsmerkmal zu den „Ökoaktivisten der ersten Stunde", die einen asketischen, konsumfeindlichen Lebensstil propagiert haben sowie zu den Lebensstilen der 1980er- und 1990er-Jahre, die den Spaß und Massenkonsum in den Vordergrund gestellt haben (vgl. Kirig und Wenzel 2009, S. 93).

Den bisherigen Erläuterungen folgend, werden in der untenstehenden Abbildung die LOHAS-Dimensionen mit den einzelnen Merkmalen und damit die Antwort auf die Forschungsfrage 1.1 (vgl. Abb. 1), dargestellt. Durch die gestrichelte Linie soll verdeutlicht werden, dass einzelne Merkmale Schnittmengen mit anderen als den zugeordneten Dimensionen aufweisen können.

Abb. 12: Schematische Darstellung der Dimensionen und Merkmale der LOHAS

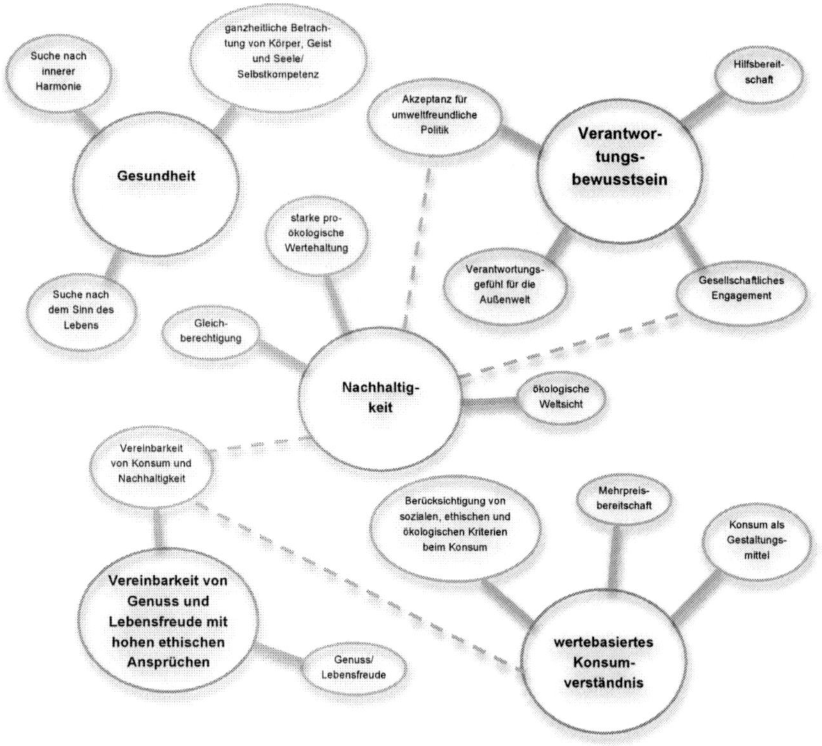

[Schematische Darstellung mit den Hauptdimensionen: Gesundheit (mit Suche nach innerer Harmonie, ganzheitliche Betrachtung von Körper, Geist und Seele/Selbstkompetenz, Akzeptanz für umweltfreundliche Politik, Suche nach dem Sinn des Lebens, Gleichberechtigung); Verantwortungsbewusstsein (mit Hilfsbereitschaft, starke pro-ökologische Wertehaltung, Verantwortungsgefühl für die Außenwelt, Gesellschaftliches Engagement); Nachhaltigkeit (mit ökologische Weltsicht, Vereinbarkeit von Konsum und Nachhaltigkeit); wertebasiertes Konsumverständnis (mit Berücksichtigung von sozialen, ethischen und ökologischen Kriterien beim Konsum, Mehrpreisbereitschaft, Konsum als Gestaltungsmittel, Genuss/Lebensfreude); Vereinbarkeit von Genuss und Lebensfreude mit hohen ethischen Ansprüchen]

Quelle: Eigene Darstellung

4.3.3 Typologie und Anteil in der Bevölkerung

Die bisherigen Untersuchungen der Lifestyles of Health and Sustainability zeigen, dass nicht alle der im vorherigen Kapitel genannten Merkmale in gleich starker Ausprägung bei allen LOHAS zu finden sind. Demzufolge findet man bei Ray und Anderson (2000, S. 14 f) eine Unterscheidung von Core Group (48 %) und Green Cultural Creatives (52 %), die bei Glöckner, Balderjahn und Peyer (2010, S. 37) als die „Intensiven" bzw. „Gemäßigten" LOHAS erfasst werden. Die Core Group ist als der aktivere, besser gebildete und weiblichere Teil der LOHAS zu betrachten, der höheren Wert auf Spiritualität, persönliche Entwicklung und aktives Handeln für soziale Gerechtigkeit und Nachhaltigkeit legt. Die Green Cultural Creatives sind dagegen weltlicher und extrovertierter und orientieren sich in ihrer Meinung an der Core Group. In der Studie von

KarmaKonsum in Zusammenarbeit mit Sinus Sociovision (Müller-Friemauth, Klein-Reesink und Harrach (Hrsg.) 2009, S. 32 ff) wird eine Unterteilung in fünf spezifische LOHAS-Mentalitäten (Mind Sets) vorgenommen: der verantwortungsbewusste Familienmensch (Nachhaltigkeit, Verantwortung), der Connaisseur (Design, Genuss), die Weltenbürgerin (Technik, Community), der Statusorientierte (Individualität, Gesundheit) und die wertkonservative Moralistin (Regeln, Normen). Allen Typen sind die Kern-Merkmale der LOHAS gemein, sie unterscheiden sich jedoch hinsichtlich der Ausprägung der einzelnen Werte. Die sonstige Unterscheidung bezieht sich vor allem auf die Intensität der Übereinstimmung mit den LOHAS-Werten, so dass die Rede von einem Kern- (33,3 %) und einem Randsegment (66,7 %) (vgl. ebd., S. 19), den „reifen" LOHAS (54,4 %) und den Community LOHAS (45,6 %) (vgl. A.C. Nielsen GmbH und KarmaKonsum (Hrsg.) 2008, S. 9) oder der Kernziel-Gruppe LOHAS (42,2 %) und der Basis-Zielgruppe LOHAS (57,8 %) (vgl. Verbraucher-Analyse (Hrsg.) 2009, S. 2)[29] ist[30].

Der in den Untersuchungen geschätzte Anteil der LOHAS an der Gesamtbevölkerung in Deutschland ab 14 Jahre reicht je nach Ansatz zwischen 5,6 % bis sogar 44 %, wobei ein Anteil von 20-25 % als realistisch angesehen werden kann. In ähnlicher Größenordnung liegen die Ergebnisse der Untersuchungen für weitere westliche Länder. Für Europa und Amerika geht die Studie von NMI für das Jahr 2007 von jeweils einem 18 %-igen LOHAS-Anteil[31] der erwachsenen Bevölkerung aus (vgl. Porter Novelli (PN) und Natural Marketing Institute (NMI) (Hrsg.) 2007 zitiert nach: Schulz 2008, S. 15 f). Ray und Anderson (o.J.) schätzten für das Jahr 2008 den LOHAS-Anteil in den USA auf 34,9 % (80 Mio. erwachsene Amerikaner). Für Australien wird ein Anteil von rund 25 % (vgl. Paterson 2008, S. 28) und für Neuseeland von rund 26 % (vgl. Moxie Design Group (Hrsg.) o.J.) angesetzt. In der folgenden Tabelle

---

[29] Die VerbraucherAnalyse (2009, S. 2) teilt die Befragten in drei Gruppen ein: die Kernziel-Gruppe LOHAS, die Basis-Zielgruppe LOHAS und die weite Zielgruppe LOHAS. Bei der Einbeziehung der zuletzt genannten Gruppe würde der LOHAS-Anteil in der deutschen Bevölkerung bei rund 60 % liegen, was als unglaubhaft angesehen wird.
[30] Die Prozentwerte der einzelnen Gruppen wurden von einem Anteil an der Gesamtbevölkerung in einen Anteil innerhalb der LOHAS umgerechnet.
[31] Der Anteil der LOHAS in den USA wurde anhand folgender Informationen umgerechnet: Anzahl der erwachsenen LOHAS in den USA: 40 Mio. (vgl. Porter Novelli (PN) und Natural Marketing Institute (NMI) 2007 zitiert nach: Schulz 2008, S. 15), Anzahl der erwachsenen Bevölkerung in den USA: 227 Mio. (vgl. U.S. Census Bureau 2010).

werden die Schätzungen der LOHAS-Anteile in Deutschland in ausgewählten Untersuchungen dargestellt.

Tab. 3: Übersicht der LOHAS-Anteile in der deutschen Bevölkerung in ausgewählten Untersuchungen

Autor/Herausgeber	LOHAS-Anteil in %[32]
Otto (GmbH & Co KG) (2011, S. 25)[33]	34,0
Typologie der Wünsche 2011 und 2009 (Institut für Medien- und Konsumentenforschung IMUK GmbH & Co. KG (Hrsg.) 2011; Institut für Medien- und Konsumentenforschung IMUK GmbH & Co. KG (Hrsg.) 2009 zitiert nach: Spiegel-Verlag (2011, S. 11); Spiegel-Verlag (2009, S. 16)	15,1 (2011) 19,5 (2009)
GfK (Adlwarth 2010, S. 7)	24,7 (2009) 23,8 (2008) 22,0 (2007)
Schober Information Group Deutschland GmbH (2010, S. 5)	20,0
KarmaKonsum und Sinus Sociovision (Müller-Friemauth, Klein-Reesink und Harrach (Hrsg.) 2009, S. 19)	30,0
VerbraucherAnalyse (2009)	24,6
A.C. Nielsen GmbH und Karma Konsum (2008, S. 9)	28,3
Meinungsforschungsinstitut Ipsos im Auftrag der Allianz Deutschland AG (Allianz Deutschland AG (Hrsg.) 2008, S. 18)	44,0
Porter Novelli (PN) und Natural Marketing Institute (NMI) (2007) zitiert nach: Schulz (2008, S. 16)	17,0
Touchpoint GmbH (2008)	19,3
Ernst & Young (Schommer, Harms und Gottschlich 2007, S. 38)	10, 20 bzw. 30
Typologie der Wünsche 2006/2007 (Institut für Medien- und Konsumentenforschung IMUK GmbH & Co. KG (Hrsg.) 2007) zitiert nach: Hubert Burda Media Research & Development (Schmidt, Littek und Nickl 2007, S. 4)	5,6

Quelle: Eigene Darstellung

---

[32] Grundgesamtheit: deutsche Bevölkerung ab 14 Jahren, Ausnahmen bei folgenden Studien: Porter Novelli (PN) und Natural Marketing Institute (NMI) (2007) zitiert nach: Schulz (2008, S. 16) – ab 18 Jahren; Otto (GmbH & Co KG) (2011, S. 46): 14-74 Jahre; Ernst & Young (Schommer, Harms und Gottschlich 2007, S. 38) – Marktanteile der Bioprodukte; A.C. Nielsen GmbH und Karma Konsum (2008, S. 8) und GfK (Adlwarth 2010, S. 8) – Haushalte als Basis der Analyse; keine Angaben bei Schober Information Group Deutschland GmbH (2010).

[33] Als LOHAS wird der Konsumtyp „der informierte Aktive" interpretiert.

4.3.4 Darstellung der wichtigsten LOHAS-Internetportale

Bei der Wahl eines Außenkriteriums, mit dessen Hilfe Personen mit starker Ausprägung der LOHAS-Merkmale gefunden werden können, bietet sich die Zugehörigkeit zu einem Internetportal an, welches die Themen Nachhaltigkeit bzw. nachhaltiger Konsum in den Mittelpunkt stellt. Gesucht wird dabei nach Portalen, die sich nicht nur als Informationsquelle, sondern auch als eine Netzwerk- bzw. Austauschplattform betrachten, so dass sie über einen konkret definierten Nutzerkreis verfügen (registrierte User bzw. Newsletter-Empfänger), die kontaktiert werden können.

Für die Wahl der entsprechenden Portale wurde eine gezielte Internetsuche mit den Stichworten „LOHAS und Portal" bzw. „nachhaltiger Konsum und Portal" ausgewertet[34]. Darüber hinaus wurden die Informationen in den Presseartikel bzw. Publikationen über nachhaltigkeitsbewusste Konsumenten und deren Medienverhalten herangezogen (u. a. Bundesministerium für Umwelt, Naturschutz und Reaktorsicherheit (BMU) und Umweltbundesamt (UBA) (Hrsg.) 2010, S. 54; Hoffhaus und Lubjuhn 2009, S. 8 f; 34; stratum GmbH (Hrsg.) 2009, S. 4; 24; Mert, Klade und Seebacher 2008, S. 48 f; 54 f: 80; Unfried 2008; Unfried 2007). Dabei konnten die Internetseiten karmakonsum.de, utopia.de und lohas.de als die wichtigsten bzw. bekanntesten LOHAS-Portale identifiziert werden. Die mit Abstand meisten Mitglieder weist das Portal utopia.de mit rund 75.000 registrierten Nutzern (vgl. Utopia AG (Hrsg.) 2012c) aus, die Portale lohas.de und karmakonsum.de kommen auf jeweils 5.000-6.000[35] bzw. 4.300[36] Nutzer. Als weitere Orientierung für die Nutzerzahlen kann zusätzlich die Anzahl der „Gefällt mir"-Angaben bei Facebook sowie die Anzahl der Follower bei Twitter betrachtet werden. Dabei sollte allerdings beachtet werden, dass es einerseits eine unbekannte Anzahl an Personen gibt, die beiden bzw. allen drei Portalen angehören, andererseits kann – insbesondere bei Utopia, als der größten und schnell gewachsenen Community – von einer hohen Anzahl nicht aktiver Nutzer ausgegangen werden (vgl. Utopia AG (Hrsg.) 2009).

---

[34] In der Auswertung wurden die offiziellen Informationsangebote der Verbände bzw. öffentlichen Verwaltungen nicht berücksichtigt.
[35] lohas.de: Anzahl der Newsletter-Empfänger bei wöchentlichen Versand (vgl. Klein 28.06.2012).
[36] KarmaKonsum: Anzahl der Newsletter-Empfänger bei wöchentlichem Versand (vgl. KarmaKonsum 2011, S. 7).

In der untenstehenden Tabelle werden die Nutzerzahlen der drei Internetseiten dargestellt, gefolgt von einer kurzen Darstellung des jeweiligen Portals.

Tab. 4: Anzahl der Nutzer der Portale utopia.de, karmakonsum.de, lohas.de

Anzahl der Nutzer	utopia.de	karmakonsum.de	lohas.de
registrierte Portalnutzer/Newsletter-Empfänger	75.000	4.300	5.000 – 6.000
Facebook Likes	10.766	4.623	634
Twitter-Follower	7.267	2.943	4.029

Quelle: KarmaKonsum (Hrsg.) (2013a); KarmaKonsum (Hrsg.) (2013b); LOHAS Lifestyle (Hrsg.) (2013a); LOHAS Lifestyle (Hrsg.) (2013c); Utopia AG (Hrsg.) (2013a); Utopia AG (Hrsg.) (2013b); Klein (28.06.2012); Utopia AG (Hrsg.) (2012c); KarmaKonsum (Hrsg.) (2011, S. 7)

www.utopia.de

Die Onlineplattform utopia.de entstand 2007 als Privatinitiative von Claudia Langer – einer ehemaligen Werberin –, die für Ihre Idee weitere umweltengagierte, vor allem in der Medienbranche tätige Gründer gewinnen konnte (vgl. Utopia AG (Hrsg.) 2010, S. 1; 3). Das Portal wird offiziell von der Utopia AG betrieben, darüber hinaus wurde 2008 die Utopia Stiftung ins Leben gerufen, die mit ihren Non-Profit-Aktivitäten „den gesellschaftlichen Wandel in Richtung Nachhaltigkeit [..] beschleunigen" soll (Utopia AG (Hrsg.) o.J.c). Dem Kuratorium der Stiftung gehören unter anderem die Fernsehmoderatorin Sandra Maischberger oder Vertreter der Wissenschaft wie Prof. Dr. Lucia Reisch von Copenhagen Business School sowie Prof. Gerhard Scherhorn und Prof. Dr. Peter Hennicke vom Wuppertal Institut für Klima, Umwelt und Energie an (vgl. ebd.).

Utopia begreift sich als eine Kommunikationsplattform für Konsumenten und Unternehmen, die gleichermaßen ein Ziel verfolgen: die Welt durch ihr Verhalten zu verändern. Somit versteht sie ihre Rolle als Vermittler zwischen den nachhaltigkeitsbewussten Konsumenten und nachhaltigagierenden Unternehmen. Im Mittelpunkt steht dabei der strategische Konsum, d. h. ein Konsum, der bewusst zur Erreichung der Nachhaltigkeitsziele eingesetzt wird.

Die Plattform von Utopia ist modular aufgebaut und in fünf Hauptbereiche aufgeteilt. Der erste Bereich umfasst das **Magazin** mit redaktionellen Beiträgen zu aktuellen Nachhaltigkeitsthemen bzw. Ratschlägen zum Einkauf von bestimmten Produkten. Auf die neuesten Artikel wird im Utopia-Newsletter verwiesen, der einmal in der Woche an alle Utopia-Community-Mitglieder verschickt wird. Der zweite Bereich beinhaltet den **Produktguide** mit Informationen zu empfehlenswerten, nachhaltigen Produkten in verschiedenen Handlungsfeldern. Diese werden von der Utopia-Redaktion eingestellt und durch die Community-Mitglieder bewertet. Dazu gehört ebenfalls Utopia City – ein von der Deutschen Bundesstiftung Umwelt geförderter „Stadtführer für strategischen Konsum" (Utopia AG (Hrsg.) o.J.b), in dem die Community-Mitglieder nach Adressen für nachhaltigen bzw. strategischen Konsum in ihrer Stadt suchen können.

Abb. 13: **Utopia City: ein Stadtführer für strategischen Konsum**

Quelle: Utopia AG (o.J.b)

Der dritte Bereich umfasst verschiedene Möglichkeiten, als Utopia-Nutzer die eigene **Meinung** zum Ausdruck zu bringen – durch die Teilnahme an Umfragen oder bei Produkttests bzw. durch den Dialog mit Unternehmen. Der vierte Bereich ist die **Community** der Utopisten – also der Mitglieder von Utopia. Dieses soziale Netzwerk dient vordergründlich einem Dialog zwischen den Mitgliedern bzw. der Community und der Utopia-Redaktion. Hier haben die Nutzer die Möglichkeit, Fragen an die Gleichgesinnte zu stellen, sich untereinander bzw. innerhalb einer der insgesamt rund 500 Gruppen (vgl. Utopia AG (Hrsg.) o.J.d) auszutauschen oder über einen Blog zu kommunizieren (als weitere Austauschmöglichkeit wird die Facebook-Seite von Utopia und Twitter genutzt). Der fünfte Bereich umfasst spezielle **Aktionen** der Utopia wie beispielsweise T-Shirt Design Wettbewerb, Stromsparwochen oder ein grünes Hochschulranking (vgl. Utopia AG (Hrsg.) o.J.a).

www.karmakonsum.de

Das Internetportal karmakonsum.de wird seit Anfang 2007 von Christoph Harrach als ein „LOHAS Trendportal im Weblog-Format" betrieben (KarmaKonsum (Hrsg.) 2010, S. 2). Dabei bildet die Internetseite mit dazugehörigen LOHAS-Publikationen einen der insgesamt drei Geschäftsbereiche des Unternehmens KarmaKonsum. Neben der KarmaKonsum Publikationen sind hier ebenfalls KarmaKonsum Networking, das für die Organisation von der KarmaKonsum Konferenz – eines jährlichen LOHAS Branchentreffens – zuständig ist sowie KarmaKonsum Consulting, das Dienstleistungen im Bereich des Marketings und der Kommunikation anbietet, zu nennen.

Im Vergleich zu utopia.de liegt hier der Fokus auf einer anderen Zielgruppe. Sind es bei utopia.de „normale" Konsumenten, die ihr privates Leben nach Nachhaltigkeitsprinzipien ausrichten wollen, wendet sich karmakonsum.de überwiegend an „berufliche LOHAS", d. h. Leute, die sich – meistens aus persönlicher Überzeugung – professionell mit Nachhaltigkeitsthemen beschäftigen. Damit verbunden ist ein divergenter Aufbau von karmakonsum.de, das zum größten Teil aus Blog-Nachrichten besteht. Diese umfassen vor allem Informationen über neueste LOHAS-Publikationen, -Initiativen, -Branchentreffen bzw. -Ansätze, über die die Nutzer mithilfe eines Newsletters aufmerksam gemacht werden. Der Austauschaspekt spielt ebenfalls eine wichtige Rolle, wird aber nicht über eine Community-Funktion des Portals realisiert, sondern über Kommentare zu einzelnen Blogeinträgen. Dem Netzwerkgedanken dient die seit 2007 in Frankfurt am Main jährlich stattfindende KarmaKonsum Konferenz, die von den Organisatoren als ein Treffen der Entscheider und Vordenker bzw. „Kongress und Networking-Veranstaltung für **verantwortungsvolles Wirtschaften** und **nachhaltige und gesunde Lebensstile** (LOHAS)" [Hervorhebung im Original] (KarmaKonsum (Hrsg.) o.J.) bezeichnet wird.

Abb. 14: 7. KarmaKonsum Konferenz

Quelle: KarmaKonsum (o.J.)

www.lohas.de

Das Portal lohas.de wurde 2006 als erste private Initiative einer Online LOHAS-Internetplattform in Deutschland gestartet (vgl. Hoffhaus und Lubjuhn 2009, S. 6). Die Seite wendet sich, ähnlich wie karmakonsum.de, vor allem an Leute, die sich beruflich mit Nachhaltigkeitsthemen beschäftigen: „Wir wollen spezialisierten Gruppen der **Wirtschaft** mit Informationen, Präsentationen, Veranstaltungen und einem Beraterpool dazu verhelfen, ihre Produkte und Dienstleistungen den neuen Bedürfnissen der Menschen anzupassen." [Hervorhebung im Original] (LOHAS Lifestyle (Hrsg.) o.J.a) Somit stehen Informationen zu aktuellen Studien, Veranstaltungen und Umfragen im Mittelpunkt der Plattform.

Abb. 15: Erste deutsche LOHAS-Online-Plattform lohas.de

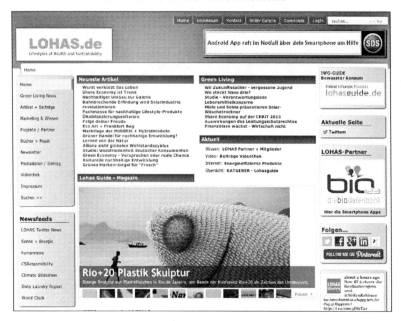

Quelle: Lohas Lifestyle (2013b)

Ergänzend zum Portal lohas.de existiert die Seite lohasguide.de, die als eine nachhaltige Produkt- und Adressdatenbank mit über 1.000 Produkten (vgl. LOHAS Lifestyle (Hrsg.) o.J.b) konzipiert ist.

4.4 Bedeutung der LOHAS für das Konzept der nachhaltigen Entwicklung

4.4.1 LOHAS-Märkte

Das starke Interesse der Medien und der Wirtschaft an dem Phänomen der LOHAS resultiert aus den sichtbaren Veränderungen auf den Konsummärkten in den letzten Jahren. Das steigende Bewusstsein der Kunden für die ökologischen, sozialen und ethischen Aspekte des Konsums hat sowohl in Deutschland als auch weltweit zu steigenden Umsätzen der LOHAS-Marktsegmente, zu Verschiebungen der Marktanteile und zur Entstehung neuer Geschäftsformen geführt. Die NMI-Studie (Natural Marketing Institute (Hrsg.) 2007, S. 1 f) hat für das Jahr 2005 die Umsätze der LOHAS-Märkte in den USA, unter denen Gesundheit, Tourismus, alternative Energieversorgung und Mobilität, nachhaltiges Wohnen und Natur-Lebensstil berücksichtigt wurden, auf rund 209 Mrd. US-Dollar geschätzt. Dazu können weitere 215 Mrd. US-Dollar gerechnet werden, die im Bereich der ethischen/ökologischen Investments erzielt wurden. Für Deutschland haben Kreeb, Motzer und Schulz (2008, S. 312) auf Basis der Konsumausgaben privater Haushalte 2007 das rechnerische Marktpotenzial der LOHAS-Konsumenten auf über 390 Mrd. EUR geschätzt.

Es stellt sich allerdings die Frage, inwieweit die seit Ende 2008 andauernde Finanz-, Wirtschafts- und Währungskrise die neue Sensibilität der Kunden für die ökologischen, sozialen und ethischen Aspekte der Produkte bereits beeinflusst hat und noch beeinflussen wird. Es fällt zwar auf, dass die meisten Studien und Umfragen zu den LOHAS in den Jahren 2007-2008 gemacht wurden, also auf der Höhe der Klimawandeldebatte, die noch nicht durch Medienmeldungen über Subprime Krise, Lehman-Brothers-Insolvenz und drohende Zahlungsunfähigkeit zahlreicher europäischer Länder überschattet wurde. Das Bild, das sich nach einer ersten Übersicht der letzten Umfrageergebnisse ergibt, lässt allerdings zuerst keine gravierenden Veränderungen erkennen. Die Repräsentativerhebung des Bundesministeriums für Umwelt, Naturschutz und Reaktorsicherheit (BMU) und des Umweltbundesamtes (UBA) (2013, S. 12) zeigt, dass die Bedeutung der Nachhaltigkeit in der Haushaltsorganisation, gemessen an Anteilen der Befragten, die Ökostrom beziehen, Geld in erneuerbare Energien anlegen bzw. finanzielle Kompensationen für selbstverursachte Klimagase leisten, im Vergleich zu 2010 stark angestiegen ist. Die Betrachtung der Ergebnisse der Ökobarometer (Bundesministerium für Ernährung, Landwirtschaft und Verbraucherschutz (Hrsg.) 2012, S. 14; 2008, S. 11) zeigt, dass der Anteil der Konsumenten, die häufig bzw. ausschließlich Biolebensmittel kaufen, von 17 % im Jahr 2008 auf 21 % Anfang 2012 gestiegen ist. Gesunken dagegen ist die Anzahl der Personen, die nie Biowaren kaufen – von 29 % in 2008 auf 23 % Anfang 2012. Eine Betrachtung der Entwicklung der Marktanteile der Nachhaltigkeitsindustrie bestätigt dieses Ergebnis. Die Umsätze der **Bio-Lebensmittelbranche** in Deutschland betrugen 2011 rund 6,6 Mrd. EUR – eine Steigerung um 13,6 % im Vergleich zu 2008 (vgl. BÖLW Bund Ökologische Lebensmittelwirtschaft e.V. (Hrsg.) 2012, S. 17; 2011, S. 18). Noch stärker stiegen die Umsätze mit **Fairtrade-zertifizierten Produkten**, die in Deutschland 2008 bei rund 213 Mio. EUR lagen (vgl. TransFair e.V. und RugMark (Hrsg.) 2009, S. 10), um in 2011 auf ca. 400 Mio. EUR (vgl. TransFair e.V. (Hrsg.) 2012, S. 5) zu wachsen – eine Steigerung von 88 % gegenüber 2008. Ein Umsatzwachstum hat ebenfalls die **Naturkosmetik-**

branche zu verzeichnen – in 2011 lagen die Umsätze bei rund 815 Mio. EUR (vgl. naturkosmetikverlag e.dambacher UG (haftungsbeschränkt) (Hrsg.) 2012, S. 7), was deutschlandweit ein Umsatzplus von 21 % im Vergleich zu 2008 bedeutete (vgl. naturkosmetikverlag e.dambacher UG (haftungsbeschränkt) (Hrsg.) 2009, S. 7). Deutlich an Bedeutung haben Produkte **aus Biobaumwolle** (Kleidung, Haushalt- und Körperpflege) gewonnen, deren Umsätze um mehr als das Zweifache von weltweit rund 3 Mrd. US-Dollar in 2008 auf 6,8 Mrd. US-Dollar in 2011 gestiegen sind (vgl. TextileExchange (Hrsg.) 2012, S. 22). Ein ähnliches Bild ergibt sich bei der Betrachtung des Marktes für **erneuerbare Energien**: in 2011 haben bereits 11,7 % der Haushalte in Deutschland Ökostrom bezogen – ein Plus von 7 Prozentpunkten im Vergleich zu 2008 (vgl. Bundesnetzagentur und Bundeskartellamt (Hrsg.) 2012, S. 145). Zu den Wachstumsmärkten gehören ebenfalls **Investitionen in nachhaltige Geldanlagen** – zum 31.12.2011 wurden rund 30 Mrd. EUR in 357 nachhaltige Publikumsfonds in Deutschland, Österreich und der Schweiz investiert (vgl. Flotow 2012), was einen Anstieg des Investmentvolumens von ca. 43 % im Vergleich zu 2008 (vgl. Sustainable Business Institute (SBI) (Hrsg.) 2009) bedeutet.

Die steigenden Umsätze gehen mit geänderten Verkaufswegen einher. Waren es ursprünglich vor allem Reformhäuser und Biohöfe, die Nahrungsmittel in Bio-Qualität und Fairtrade-zertifizierte Produkte angeboten haben, werden sie heutzutage über alle Vertriebswege verkauft: im konventionellen Vollsortimenthandel, bei Discountern und in Bio-Fachgeschäften (Fach- und Supermärkten). Insbesondere die letztgenannten sind im Wachstum begriffen – alleine in den Jahren 2009-2011 sind deutschlandweit 189 neue Filialen entstanden (vgl. BIO-Markt.Info (Hrsg.) 2012). Aber nicht nur Nahrungsmittel in Bio-Qualität und Fairtrade-Produkte sind im konventionellen Einzelhandel angekommen. Kleidung aus Biobaumwolle wird seit einigen Jahren von großen Textilkonzernen wie Mango, H&M oder C&A angeboten und grüne Geldanlagen können bei der Sparkasse getätigt werden. Nachhaltige Produkte sind keine Randerscheinung mehr, sondern bewegen sich in die Richtung des Massenmarktes.

Abb. 16: Angebot der Frankfurter Sparkasse (1822 direkt) für nachhaltige Geldanlagen

Quelle: 1822direkt (2011)

4.4.2 LOHAS im Kontext des Leitbildes der nachhaltigen Entwicklung

Die Frage, inwieweit die Lifestyles of Health and Sustainability zum Ziel der nachhaltigen Entwicklung beitragen können, wurde Gegenstand einer regen Diskussion in den Print- und Online-Medien der letzten Jahre. Die Kritik gilt dem Ansatz der LOHAS, durch das eigene Konsumverhalten etwas bewegen zu wollen, mit der Begründung, dass ein Konsum per se nicht nachhaltig sein kann und dass man durch Einkaufen zum Erhalt der bestehenden, falschen Wirtschaftsstrukturen beiträgt (vgl. Hartmann o.J.). Andere Autoren betrachten das LOHAS-Phänomen als eine „Gewissenspflege" für Wohlhabende, mit dem Argument, dass nur Besserverdienende sich den Kauf von Nahrungsmitteln in Bio-Qualität und Fairtrade-Produkten leisten könnten (vgl. Werner-Lobo 2009).

Hervorgehoben wird ein insgesamt ressourcenverbrauchender Lebensstil der LOHAS, der durch großzügige Wohnverhältnisse und hohe Mobilität, insbesondere häufige Flugfernreisen zustande komme und nicht durch ein punktuelles nachhaltiges Verhalten kompensiert werden könne (vgl. Gössling 2009). Ein nicht besonders positives Bild der grünen Konsumenten ergibt sich ebenfalls aus der durch die Deutsche Bundesstiftung Umwelt (DBU) geförderten Studie von Stratum, in der LOHAS als konservative, unpolitische und ichbezogene Langeweiler beschrieben werden, die nicht bereit sind, ihr Leben tatsächlich nach Nachhaltigkeitsprinzipien auszurichten:

> „LOHAS-People sind keine Übermenschen. Ihr Alltags-Handeln ist von Pragmatismus geprägt. Und in diesem Denken wiegen individuelle Kosten hoch – oft höher als die Absicht, der Umwelt zu nützen. Der Geist könnte also williger sein, aber auch das Fleisch ist schwach und bequem. Große Verhaltensmodifikationen sind nicht LOHAS-Sache. Traumziel ist Win-Win: Individuelle Benefits und wenig Aufwand – bei möglichst hohem Umweltnutzen." [im Original letzter Satz fett hervorgehoben] (Häusler und Kerns 2008, S. 26)

Die hier in Kürze dargestellte Kritik resultiert zum großen Teil aus überzogenen Erwartungen, die mit der LOHAS-Bewegung zusammenhingen. Für kurze Zeit schien es, als ob die Lifestyles of Health and Sustainability *die* Antwort auf die Anforderungen des Nachhaltigkeitskonzeptes wären. Dabei besteht der Beitrag der LOHAS zur nachhaltigen Entwicklung in den strukturellen Veränderungen, die durch ihre Lebensstile herbeigeführt werden können (vgl. Gössling 2009). Die Herangehensweise der LOHAS ist mehr als die der Ökoaktivisten der ersten Stunde dafür geeignet, die Nachhaltigkeitsthemen von der Nische in den Mainstream zu rücken und so den „Weg zu mehr Nachhaltigkeit in kleinen Schritten" (Schulz 2008, S. 25) zu ebnen. Das Bewusstsein für ökologische, soziale und ethische Aspekte des Konsums kann dabei hilfreich sein, die politischen Rahmenbedingungen zu verändern. Die verstärkte Nachfrage nach nachhaltigen Produkten und Dienstleistungen schafft, wie oben bereits dargestellt, schon jetzt ganz neue Impulse auf den Märkten. So können Produkte entwickelt werden, die durch einen starken Innovationsgrad über einen extrem niedrigen Ressourcenverbrauch bei vollwertigem Grund- und Zusatznutzen verfügen und damit nachhaltig nicht nur im engeren, sondern auch im weiteren Sinne sind (vgl. Bilharz und Belz 2008, S. 9).

5 Nachhaltiger Tourismus

> *„All tourism should be more sustainable"*
> *(United Nations Environment Programme und World*
> *Tourism Organization UNWTO (Hrsg.) 2005, S. 2)*

Für die Untersuchung von Reisepräferenzen der LOHAS sind die Kenntnisse des Konzeptes des nachhaltigen Tourismus von entscheidender Bedeutung. Demnach werden im folgenden Kapitel zuerst die Grundlagen des nachhaltigen Tourismus dargestellt, mit einer besonderen Berücksichtigung der Themenfelder Tourismus und Nachhaltigkeit, einer Begriffserklärung und einer Abgrenzung von verwandten Konzepten sowie der Erläuterung einzelner Dimensionen. Danach werden die Nachhaltigkeitsaspekte entlang der touristischen Leistungskette aus Sicht eines Konsumenten skizziert. Diesen folgt die Präsentation der bisherigen Forschungsergebnisse in Bezug auf Reiseverhalten und -präferenzen eines nachhaltigkeitsbewussten Konsumenten.

5.1 Grundlagen des Konzeptes des nachhaltigen Tourismus

5.1.1 Tourismus und Nachhaltigkeit

Das Bedarfsfeld Tourismus gehört zu den Bereichen, die als entscheidend für das Erreichen des Ziels der nachhaltigen Entwicklung betrachtet werden (vgl. Engels und Job-Hoben 2009, S. 14). Seine überragende Bedeutung kommt in allen drei Dimensionen – der ökonomischen, sozialen und ökologischen – zur Geltung und in allen drei kann sowohl auf positive als auch negative Aspekte hingewiesen werden. Der Tourismus hat sich seit der ersten organisierten Reise von Thomas Cook 1841 in einem enormen Tempo zu einem der weltweit wichtigsten Wirtschaftszweige entwickelt. Die Anzahl der Reisenden ist von rund 25 Mio. in 1950 auf 940 Mio. in 2010 gestiegen (vgl. World Tourism Organisation UNWTO (Hrsg.) 2011, S. 3; 2006). Im gleichen Jahr fanden durch den Tourismus rund 9 % der weltweit Beschäftigten einen Arbeitsplatz (vgl. World Travel & Tourism Council WTTC (Hrsg.) o.J.)[37]. Sie haben gleichzeitig zu ca. 9 % zu dem Bruttoinlandsprodukt beigetragen (vgl. ebd.)[38]. Eine wichtige Rolle spielt der Tourismus insbesondere in den Entwicklungsländern,

---

[37] Anteil der insgesamt Beschäftigten (inkl. indirekte und induzierte Effekte).
[38] Gesamter Beitrag (inkl. indirekte und induzierte Effekte).

wo er des Öfteren zu einer der Haupteinkommensquellen der Bevölkerung gehört. Als positiv sind ebenfalls die Aspekte wie Finanzierung des Naturschutzes durch die Einnahmen aus dem Ökotourismus, Völkerverständigung, kultureller Austausch, Erweiterung des persönlichen Horizonts und nicht zuletzt der Erholungsaspekt, der im Vordergrund der meisten Reisen steht, hervorzuheben. Diesen positiven Seiten des Tourismus können allerdings zahlreiche negative Aspekte, in erster Linie im Umweltbereich, gegenüber gestellt werden. Hier ist insbesondere der hohe Energieverbrauch, der vor allem unter dem Gesichtspunkt des Klimawandels betrachtet wird, kritisch hervorzuheben. Der Tourismus ist für rund 5 % der globalen CO_2-Emissionen verantwortlich, die wiederum zu 75 % im Transportbereich (An- und Abreise, Mobilität vor Ort) entstehen (vgl. World Tourism Organization UNWTO und United Nations Environment Programme (Hrsg.) 2008, S. 144). Des Weiteren können der Flächenverbrauch, die Beeinträchtigung der Biodiversität, räumliche und zeitlich auftretende Konzentration des Abfallaufkommens, Wasserverbrauch[39] und Gewässerbelastung sowie Lärmbelastung genannt werden (vgl. Schmied et al. 2002, S. 23 ff). Im wirtschaftlichen bzw. sozial-kulturellen Bereich ist vor allem die Tatsache hervorzuheben, dass touristische Beschäftigungsverhältnisse häufig von schlechten Arbeitsbedingungen, niedrigen Löhnen und geringer Sozialabsicherung gekennzeichnet sind (vgl. LaCombe und Monshausen 2011, S. 14).

Wie aus der obigen Darstellung ersichtlich, stehen der Tourismus und die nachhaltige Entwicklung in einem *besonderen Verhältnis* (vgl. United Nations Environment Programme und World Tourism Organization UNWTO (Hrsg.) 2005, S. 9) zueinander. Der Tourismus kann bedeutend dabei helfen, das Konzept der nachhaltigen Entwicklung umzusetzen, stellt aber auch gleichzeitig eine gewichtige Barriere auf dem Weg dahin dar. Dies hängt mit der besonderen Eigenschaft des Tourismus zusammen, die ihn von den meisten Wirtschaftszweigen unterscheidet: Der Konsum von touristischen Produkten findet nicht vor Ort beim Konsumenten (also dem Touristen), sondern beim Produzenten (der touristischen Region, der Gaststätte, dem Hotel etc.) statt, das touristische Produkt entsteht erst im Augenblick des Konsumierens. Das Umweltprogramm der Vereinten Nationen (UNEP) und die Welttourismusorganisation (UNWTO) (ebd., S. 9 f) nennen drei Aspekte, die das Verhältnis zwischen Tourismus und nachhaltiger Entwicklung kennzeichnen:

---

[39] Der erhöhte Wasserverbrauch kann vor allem in semiariden und ariden Reisegebieten zu ökologischen und ökonomischen Problemen führen (vgl. Schmied et al. 2002, S. 33).

- *die Wechselwirkung:* das touristische Produkt ist eine Dienstleistung, deren Kern die Entdeckung von neuen Orten ist und damit eine starke Interaktion zwischen den Besuchern und den Gastgebern voraussetzt;
- *das Bewusstsein:* durch den Tourismus werden sowohl den Touristen als auch den Bewohnern der besuchten Länder/Regionen die Umweltprobleme und die nationalen bzw. kulturellen Unterschiede stärker bewusst;
- *die Abhängigkeit:* die Tourismusbranche ist auf eine intakte und saubere Umwelt, attraktive Landschaften, authentische Traditionen und eine einheimische Bevölkerung, die positiv und freundlich den Touristen gegenüber steht, angewiesen.

Dieses besondere Verhältnis zwischen dem Tourismus und der nachhaltigen Entwicklung resultiert vor allem aus dem ambivalenten Verhältnis zwischen dem Tourismus und der Umwelt bzw. den Menschen. Einerseits sind die intakte Natur, ursprüngliche Landschaften sowie authentische Menschenbegegnungen eine der wichtigsten Grundlagen dieser Wirtschaftsbranche. Andererseits werden sie durch steigende touristische Ströme zuweilen bedroht oder mindestens stark verändert. In diesem Zusammenhang sprechen Engels und Job-Hoben (2009, S. 11) vom Tourismus als gleichzeitig Betroffenen und Verursacher und Müller (2007, S. 7) „von der Zerstörung des Tourismus durch den Tourismus". Als zusätzliche Erklärung für dieses ambivalente Verhältnis kann die besondere Rolle der Allmendegüter im Tourismus herangezogen werden. Die Nutzung der Ozeane und Fließgewässer, der Berge, Strände und der Tierwelt steht entweder im Hintergrund (Background Tourism Elements) (vgl. Jafari 1982, S. 4) oder sogar im Fokus der meisten touristischen Aktivitäten (vgl. Holden 2005, S. 805). Das Phänomen der Allmendegüter (vgl. Kapitel 3.1.2) kommt bei der Nutzung der touristischen Produkte besonderst stark zum Vorschein. Gründe dafür sind unter anderem die schwierige Unterscheidung zwischen negativen Auswirkungen des Tourismus und anderen nichttouristischen Aktivitäten wie Landwirtschaft oder Industrie, inkrementelle und kumulative Verschlechterung der Umweltqualität sowie Volatilität der touristischen Nachfrage (vgl. ebd.; Briassoulis 2002, S. 1073). Dadurch sind die direkten Zusammenhänge zwischen Ursache und Wirkung nicht sofort sichtbar und die Gefahr des Trittbrettfahrens steigt.

Das Konzept des nachhaltigen Tourismus hat den Eingang in die institutionelle Nachhaltigkeitsdebatte erst durch die World Conference on Sustainable Tourism 1995 in Lanzarote gefunden. In der drei Jahre davor verabschiedeten Agenda 21 wurde der nachhaltige Tourismus nicht explizit thematisiert, sondern nur schlagwortartig erwähnt, etwa in Zusammenhang mit der Förderung einkommenschaffender Tätigkeiten in Bezug auf integrierte Entwicklung von Wassereinzugsgebieten (vgl. Vereinte Nationen (Hrsg.) 1992, S. 127). In der Charta for Sustainable Tourism (The World Conference on Sustainable Tourism (Hrsg.) 1995), die im Anschluss an die Konferenz in Lanzarote verabschiedet wurde, und die sich an Regierungen und Vereinte Nationen wendete, wurde dagegen versucht, die Ziele und Prinzipien des nachhaltigen Tourismus zu formulieren. Seitdem folgten zahlreiche Deklarationen und Dokumente, die sich auf der institutionellen Ebene mit dem Konzept des nachhaltigen Tourismus beschäftigen. Als Beispiele können hier genannt werden:

- die Berliner Erklärung im Rahmen der International Conference of Environment Ministers on Biodiversity and Tourism 1997; u. a. Forderung der Nutzung von ökonomischen Instrumenten wie Auszeichnungen, Zertifikate oder Umweltgütesiegel (Internationale Umweltminister-Konferenz "Biologische Vielfalt und Tourismus" (Hrsg.) 1997)
- Agenda 21 for the Travel & Tourism Industry; Übersetzung der Agenda 21 in ein Aktionsprogramm für Reisen und Tourismus (World Travel & Tourism Council WTTC (Hrsg.) 1996)
- Global Code of Ethics for Tourism der 13. WTO General Assembly 1999; Tourismus als Beitrag zur nachhaltigen Entwicklung (United Nations und World Tourism Organisation UNWTO (Hrsg.) 2001)
- Richtlinien zur Entwicklung von Nachhaltigem Tourismus in sensiblen Gebieten im Rahmen der Konvention zur Biologischen Vielfalt 2004; konkrete Maßnahmenvorschläge für die nachhaltige Entwicklung touristischer Infrastruktur (Secretariat of the Convention on Biological Diversity (Hrsg.) 2004).

5.1.2 Abgrenzung von verwandten Konzepten

Die ersten Versuche, das „Spannungsverhältnis" (Engels und Job-Hoben 2009, S. 14) zwischen dem Tourismus und Umwelt/Mensch zu lösen, gehen auf die 1970er-Jahre und die damals geführten Tourismuskritikdebatten zurück. Im deutschsprachigen Raum hat als Erster der Schweizer Tourismusforscher Krippendorf auf die negativen Aspekte des Massentourismus, insbesondere im Alpenraum, hingewiesen und für einen umwelt- und sozialverträglichen Tourismus plädiert (vgl. Baumgartner 2008, S. 10). Der von ihm angestoßenen Kritik folgend ist das Konzept des „sanften Tourismus" entstanden, das ursprünglich vom Zukunftsforscher Jungk als Gegenentwurf zum „Harten Reisen" des Massentourismus dargestellt wurde und als Vorstufe zur Diskussion des nachhaltigen Tourismus betrachtet werden kann (vgl. ebd., S. 10 f). Schon damals beinhaltete das Konzept die wichtigen Grundzüge des nachhaltigen Tourismus wie eine umwelt- und sozialverträgliche Urlaubsgestaltung, lokale Partizipation und langfristige Wirtschaftlichkeit, konnte sich aber aufgrund der ideologischen Ausrichtung und Verkennung der ökonomischen Interessen der Tourismusakteure nur in Teilbereichen durchsetzen (vgl. Strasdas 2001, S. 86) und blieb letztendlich fast vollständig auf den deutschsprachigen Raum begrenzt (vgl. Strasdas 2009, S. 30).

Ein weiterer wichtiger Ansatz ist das Konzept des **Ökotourismus** (Ecotourism), das bereits in den 1960er-Jahren entstanden ist und in den 1990er-Jahren zu einem der am schnellsten wachsenden Segmente der Tourismuswirtschaft gehörte (vgl. Björk 2007, S. 24). Es handelt sich dabei um eine Form des Tourismus, bei der das Erleben der Natur, aber auch gleichzeitig der Naturschutz und der durch den Tourismus entstehende Nutzen für die lokale Bevölkerung im Vordergrund stehen, wie aus der Definition der Internationalen Ökotourismus Gesellschaft (TIES) (The International Ecotourism Society (TIES) (Hrsg.) 1990) ersichtlich wird: "responsible travel to natural areas that conserves the environment and improves the well-being of local people".

Auf dem Weg zur Diskussion über nachhaltigen Tourismus sind in den 1980er-Jahren neben dem „sanften Tourismus" und dem Ökotourismus zahlreiche weitere Konzepte bzw. Ideen entstanden, die sich als alternative Tourismusformen zu dem Massentourismus positionieren wollten, die aber höchstens als Nischenkonzepte Anwendung fanden. Hier können unter anderem Begriffe wie „anders reisen" (Freyer 2011, S. 529), „Qualitativer Fremdenverkehr" (Fischer 1985, S. 180), „intelligenter Tourismus" (Arbeitskreis für Freizeit und Tourismus an der Universität Innsbruck 1988, S. 11) oder „Tourismus mit Einsicht" (Freyer 2011, S. 533) genannt werden. Sie alle haben versucht, die in der Tourismusdiskussion angebrachte Kritik gegenüber dem Massentourismus mit unterschiedlichen Schwerpunkten umzusetzen, waren aber bei Weitem nicht so komplex und umfassend wie das Konzept des nachhaltigen Tourismus. Darüber hinaus gibt es weitere neuere Formen des nachhaltigen Tourismus wie der Gemeindebasierte Tourismus (Community based Tourism – CBT), Pro-poor Tourism (PPT), Fairer Handel im Tourismus und Klimabewusstes Reisen (vgl. Strasdas 2008, S. 19 ff).

Im historischen Vergleich unterschiedlicher Ansätze, die als Antwort auf die Kritik gegenüber dem Massentourismus entstanden sind, kann das Konzept des nachhaltigen Tourismus als vorläufiger „Gewinner" betrachtet werden.

Durch seinen Anspruch, alle Tourismusformen zu umfassen, wird er zu einer Art „Dachmarke" bzw. Oberkategorie für alle alternativen Tourismusformen (vgl. Strasdas 2009, S. 27), die des Öfteren fälschlicherweise als synonym mit dem nachhaltigen Tourismus betrachtet werden.

5.1.3 Nachhaltiger Tourismus: Begriffserklärung

Eine Übersicht der zahlreichen Definitionen des nachhaltigen Tourismus zeigt eine direkte Übertragung der dem Konzept der Nachhaltigkeit zugrunde liegenden Prinzipien wie angestrebte Einbeziehung der unterschiedlichen Nachhaltigkeitsdimensionen, Generationengerechtigkeit oder globale Perspektive auf den Tourismusbereich. In der Definition der UNWTO (United Nations Environment Programme und World Tourism Organization UNWTO (Hrsg.) 2005, S. 11) wird es wie folgt formuliert:

> "**Sustainable tourism development guidelines and management practices are applicable to all forms of tourism in all types of destinations**, including mass tourism and the various niche tourism segments. Sustainability principles refer to the environmental, economic and socio-cultural aspects of tourism development, and a suitable balance must be established between these three dimensions to guarantee its long-term sustainability." [Hervorhebung im Original]

Die Definition der UNWTO (wenn auch in Bezug auf ihre unterschiedliche Bestandteile bzw. Versionen) gehört zwar zu den oft zitierten Formulierungen (u. a. Wehrli et al. 2011, S. 62; Priskin 2009, S. 8; Nusser 2007, S. 20), sie ist aber bei Weitem nicht die Einzige. Ganz im Gegenteil – eine allgemeingültige Definition fehlt und in der touristischen Nachhaltigkeitsdebatte wird weiterhin über das Konzept und die Definition der Nachhaltigkeit im Tourismus diskutiert. Manche Autoren nehmen eine Unterscheidung zwischen den nachhaltigen Tourismusformen und nachhaltiger touristischer Entwicklung (sustainable tourism development) vor (vgl. u. a. Müller 2007, S. 28), bzw. definieren den nachhaltigen Tourismus eher als die finale Phase der nachhaltigen Tourismusentwicklung[40] (vgl. Björk 2007, S. 35). Noch weiter gehen die Konzepte, die die Nachhaltigkeit im Tourismus eher als ein wünschenswertes Ziel bzw. eine Inspiration und nicht als ein tatsächlich erreichbares Objekt betrachten (vgl. Middleton und Hawkins 1998, S. 247) und daher den Begriff „nachhaltigerer Tourismus" (Naturfreunde Internationale (NFI) (Hrsg.) 2011, S. 4) bzw. „sustainable development of tourism" verwenden: „Moreover, sustainable tour-

---

[40] Eine ähnliche Unterscheidung wird in der generellen Nachhaltigkeitsdebatte zwischen der Nachhaltigkeit und der nachhaltigen Entwicklung vorgenommen (vgl. Kapitel 3.2).

ism should not be taken to imply a finite state of tourism. In fact, it is often argued that tourism may never be totally sustainable—sustainable development of tourism is a continuous process of improvement." (United Nations Environment Programme und World Tourism Organization UNWTO (Hrsg.) 2005, S. 12)

Im Vordergrund der Diskussion über die Definition des nachhaltigen Tourismus steht das unterschiedliche Verständnis für das Konzept der Nachhaltigkeit und den Grad der Substituierbarkeit verschiedener Kapitalarten (vgl. Kapitel 3.2). Demnach gibt es eine weite Bandbreite an Interpretationen, die zwischen einem sehr schwachen (weaker, lighter green) und einem sehr starken nachhaltigen Tourismus (stronger, darker green) liegen (u. a. Hunter 2002, S. 10; Diamantis und Westlake 2001, S. 34). Nach Hunter (2002, S. 10) konzentriert sich der schwache nachhaltige Tourismus auf Wachstum im Tourismussektor und Erhaltung der Umweltqualität in den Destinationen, um die Existenz bestehender sowie die Entwicklung neuer touristischer Produkte zu sichern. Im Mittelpunkt stehen also touristische Produkte, die ökologische Dimension wird dann berücksichtigt, wenn es möglich bzw. ökonomisch sinnvoll ist. Beim starken nachhaltigen Tourismus liegt der Schwerpunkt auf der Notwendigkeit der Umweltvorsorge, der aktiven Tourismusentwicklungsplanung und dem systematischen Monitoring der natürlichen Ressourcen. Im Vordergrund steht also der Schutz der Umwelt und nicht die Tourismusentwicklung (ebd.).

5.1.4 Dimensionen des nachhaltigen Tourismus

Beim Versuch, die allgemeine Definition des nachhaltigen Tourismus zu konkretisieren, stützen sich die meisten Ansätze auf die aus dem Nachhaltigkeitskonzept bekannten Dimensionen. Zur Anwendung kommen vor allem die ökologische, soziale und ökonomische Dimension, bei einigen Autoren wird ebenfalls die institutionelle Dimension berücksichtigt (vgl. u. a. Baumgartner 2008, S. 30). Auffällig ist eine stärkere Berücksichtigung der kulturellen Dimension – entweder in Verbindung mit Sozialem oder als eine separate Kategorie – als dies in anderen Bedarfsfeldern der Fall ist. Diese wichtige Rolle resultiert aus den Grundmotiven des Tourismus (Besuch neuer Orte und Entdeckung neuer Kulturen), so dass die kulturelle Vielfalt der bereisten Regionen als eine der Hauptbedingungen des nachhaltigen Tourismus vorausgesetzt wird. Bei der ökologischen Dimension wird in den meisten Ansätzen der Erhalt von intakten Naturräumen und der Schutz der Biodiversität, bei der ökonomischen Dimension der Beitrag des Tourismus zur wirtschaftlichen Stärkung der Region und bei der sozialen Dimension die Gästezufriedenheit einerseits und hohe Lebensqualität der einheimischen Bevölkerung andererseits hervorgehoben[41]. Allerdings gilt hier, ähnlich wie bereits bei der Definition des nachhaltigen Tourismus: eine allgemeingültige Bestimmung einzelner Dimensionen gibt es nicht. Der dadurch verbliebene Raum für Interpretationen kann zu Aussagen führen, wie diese von Freyer (2011, S. 532), der in Bezug auf sanften Tourismus „Nutzung einheimischer Fluggesellschaften" als Beispiel für Grundsätze des ökologisch-sozial-ökonomisch verträglichen Tourismusverhaltens auf der Nachfragerseite nennt.

Eine anschauliche Darstellung der einzelnen Dimensionen des nachhaltigen Tourismus bildet die „magische Fünfeck-Pyramide", die nach Müller (1993, S. 13, zitiert nach: Müller 2007, S. 28) im „Zentrum einer nachhaltigen touristischen Entwicklung steht". Sie wird als Zielsystem verstanden, das aus folgenden Eckpunkten besteht:

- „Materieller Wohlstand: Einkommen, Wertschöpfung, Abbau von Disparitäten etc.
- Subjektives Wohlbefinden: Eigenständigkeit, Freiheit, Selbstverwirklichung, kulturelle Identität, Anpassungsfähigkeit etc.
- Gästezufriedenheit: optimale Befriedigung der vielfältigen Gästeerwartungen etc.
- Natur- und Ressourcenschutz: Biodiversität, Ressourcenschutz, landschaftliche Vielfalt etc.
- Kulturelle Vielfalt: kulturelles Schaffen, Pflege einheimischer Kultur, Kulturgüterschutz, Gastfreundlichkeit etc." (Müller 1993, S. 13, zitiert nach: Müller 2007, S. 28)

---

[41] Eine vergleichende Übersicht von ausgewählten Operationalisierungsansätzen befindet sich aufgrund der Ausführlichkeit im Anhang 7.

Abb. 17: Magische Fünfeck-Pyramide einer nachhaltigen touristischen Entwicklung

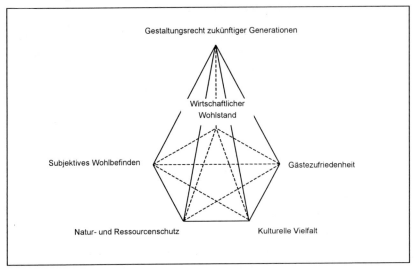

Quelle: Müller (1993, S. 13), zitiert nach: Müller (2007, S. 29)

Der Global Sustainable Tourism Council (GSTC) hat in einem Partizipationsprozess einen detaillierten Kriterienkatalog (Global Sustainable Tourism Criteria) entwickelt, der als kleinster gemeinsamer Nenner auf dem Weg zum nachhaltigen Tourismus zu betrachten ist. Der Katalog, der separat für Hotels/Reiseveranstalter und Destinationen entwickelt wurde, umfasst mehrere Kriterien, die in vier Themenblöcke aufgeteilt sind:

- „Sustainable management
- Socioeconomic impacts
- Cultural impacts
- Environmental impacts" (vgl. Global Sustainable Tourism Council (Hrsg.) o.J.).

Unterstützend bei der Erarbeitung von entsprechenden Instrumenten zur Umsetzung des nachhaltigen Tourismus können die zwölf Entwicklungsziele herangezogen werden, die von der UNWTO und UNEP (2005, S. 18 f) in Bezug auf ökonomische, soziale und ökologische Auswirkungen des Tourismus festgelegt worden sind. Es sind folgende Ziele: ökonomische Realisierbarkeit, lokaler Wohlstand, Qualität der Beschäftigungsverhältnisse, soziale Gleichheit, Besucherzufriedenheit, lokale Kontrolle, das Wohl der Gemeinde, kulturelle Vielfalt, physische Integrität, Biodiversität, Ressourceneffizienz und Minimalisierung der Umweltschäden.

5.2 Nachhaltigkeitsaspekte entlang der touristischen Leistungskette aus der Sicht eines Konsumenten

Eine Bewertung von Nachhaltigkeitsaspekten aus der Sicht eines Konsumenten wurde bis zum heutigen Zeitpunkt in der Literatur nur vereinzelt betrachtet. Die meisten Ansätze konzentrieren sich auf die Anbieterseite und beinhalten Indikatorensysteme zur Beurteilung der Nachhaltigkeit von Unternehmen und Destinationen (vgl. Baumgartner 2008, S. 79; Jain 2006, S. 306). Als Beispiele für eine konsumentenorientierte Betrachtung sind folgende Operationalisierungen zur Bewertung von touristischen Produkten und Dienstleistungen zu nennen:

- die touristische Nachhaltigkeitsbilanz (sog. Reisestern) des Arbeitskreises Freizeit- und Fremdenverkehrsgeographie (vgl. Becker, Job und Witzel 1996, S. 142),
- das Ökoprofil für Anbieter der Naturfreunde Internationale (o.J.),
- der touristische Klima-Fußabdruck von WWF Deutschland (2009, S. 9 ff) sowie der darauf basierende Reisekompass von WWF Deutschland, Verkehrsclub Deutschland e.V. (VCD) und Der VERBRAUCHER INITIATIVE e.V. (o.J., S. 24 ff),
- die internationale Studie der Hochschule Luzern mit der Untersuchung von Attributen eines nachhaltigen Reiseprodukts aus der Sicht eines Touristen (Wehrli et al. 2011, S. 13 ff).

Unter den oben genannten Beispielen ist der WWF-Ansatz als besonders anschaulich und für die praktische Anwendung durch einen nachhaltigkeitsbewussten Konsumenten geeignet hervorzuheben. Die ökologischen, ökonomischen und sozialen Auswirkungen einer Reise werden hier entlang der touristischen Leistungskette betrachtet, die aus folgenden Bausteinen besteht: Vorbereitung, An- und Abreise, Reiseziel, Unterkunft, Verpflegung, Mobilität vor Ort, Aktivitäten und Nachbereitung. Ein Konsument kann durch das Ausfüllen eines Fragebogens („Der Reisekompass") überprüfen, wie nachhaltig seine Reise ist. In dem Fragebogen sind die Bausteine der touristischen Leistungskette durch bestimmte Attribute beschrieben. Jedes Attribut ist mit einer Punktezahl versehen, die in der Gesamtsumme den Nachhaltigkeitsgrad einer Reise (bewusste, annehmbare, bedenkliche oder sehr bedenkliche Reise) ergeben (vgl. WWF Deutschland, Verkehrsclub Deutschland e.V. (VCD) und Die VERBRAUCHER INITIATIVE e.V. (Hrsg.) o.J., S. 26). Darüber hinaus hat

WWF den touristischen Klima-Fußabdruck von typischen Reisen[42] der deutschen Touristen anhand der Emissionen der Kohlendioxid-Äquivalente entlang der touristischen Leistungskette berechnet und Hinweise zur Verringerung des touristischen Klima-Fußabdrucks der jeweiligen Reise verfasst (vgl. WWF Deutschland (Hrsg.) 2009, S. 10 ff).

Abb. 18: Touristische Leistungskette

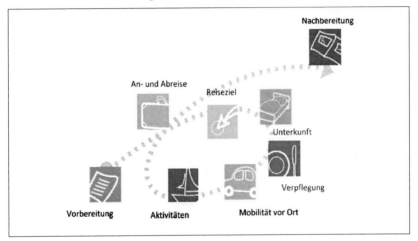

Quelle: WWF Deutschland (o.J., S. 4 f)

Im Folgenden werden die Möglichkeiten eines Konsumenten, eine Reise nachhaltig zu gestalten, erläutert. Die Darstellung orientiert sich an dem Reisekompass von WWF, d. h. die Nachhaltigkeitsaspekte einer Reise werden entlang der touristischen Leistungskette aus der Sicht eines Konsumenten vorgestellt. Der Baustein „Nachbereitung" wird dabei nicht berücksichtigt, da er sich vor allem auf die Maßnahmen der touristischen Akteure wie Berücksichtigung der Umweltaspekte bei der Befragung der Gäste oder Finanzierung von sozialen bzw. ökologischen Projekte aus den Tourismusmaßnahmen bezieht (vgl. ebd., S. 9). Die Bausteine Unterkunft und Verpflegung werden als ein Leistungsbaustein erläutert.

---

[42] Als typische Urlaubsreisen wurden Strandurlaub auf Mallorca, Kulturreise nach Südtirol, Fernreise nach Mexico, Familienurlaub an der Ostsee, Herbstreise in Obersdorf, Skifahren in Vorarlberg, Mittelmeerkreuzfahrt und Urlaub zu Hause dargestellt (vgl. WWF Deutschland 2009, S. 10 ff).

5.2.1 Vorbereitung

In der Vorbereitungsphase werden mithilfe unterschiedlicher Informationsquellen die wichtigsten Entscheidungen hinsichtlich des Reiseziels, des Reisezeitpunkts, der Reiseverkehrsmittel und -dauer, der Organisationsform und Unterkunftsart getroffen. Im Folgenden werden die Möglichkeiten einer nachhaltigen Reisegestaltung aus der Sicht eines Konsumenten bei der Reisehäufigkeit, Wahl der Organisationsform sowie der Informationsquellen dargestellt, die weiteren Teilentscheidungen werden bei den entsprechenden Bausteinen der touristischen Leistungskette erläutert.

Als ein wichtiger Reiseverhaltensaspekt ist die **Reisehäufigkeit** zu betrachten. Laut der Reiseanalyse RA 2011 (Aderhold 2011, S. C) machen rund 76 % der deutschsprachigen Bevölkerung mindestens eine Urlaubsreise im Jahr.[43] Als **Informationsquellen** werden dabei vor allem folgende Möglichkeiten genutzt: Gespräche mit Freunden/Bekannten (70 %), Auskunft im Reisebüro (59 %), Prospekte/Kataloge von Reiseveranstaltern (41 %), Internet (39 %) und Reiseführer (Bücher) (24 %) (vgl. Forschungsgemeinschaft für Urlaub und Reisen e.V. (Hrsg.) 2009). Die Rolle des Internets wird immer wichtiger, vor allem bei der Gruppe der „Onliner"[44], für die es bereits jetzt mit 83 % die wichtigste Informationsquelle bei der Urlaubsplanung ist (vgl. ebd.). Somit kann das Internet ebenfalls als eine wichtige Informationsquelle auf der Suche nach Möglichkeiten einer nachhaltigen Reisegestaltung betrachtet werden.

Die bisherigen Untersuchungen zeigen allerdings, dass das Konzept des nachhaltigen Tourismus nur einem geringen Anteil der Bevölkerung bekannt ist (vgl. u. a. Group Marketing TUI Travel International Consumer Research (Hrsg.) 2010, S. 20). Darüber hinaus wird es von vielen Reisenden als schwierig empfunden, Informationen über nachhaltige Reisen zu finden (vgl. ebd., S. 23).

Die Forschungsgemeinschaft für Urlaub und Reisen e.V. (Aderhold 2011, S. 68 f) unterscheidet bei der **Organisationsform** zwischen organisierten Reisen (als Pauschalreise bzw. Baustein-/Modulreise gebucht zu einem Gesamt-

---

[43] Als Urlaubsreise wird hier eine Reise mit mind. 5 Tagen Dauer verstanden (vgl. Aderhold 2011, S. 2).
[44] Urlaubs- und Kurzurlaubsreisende im Alter von 16 bis 64 Jahren, die das Internet zumindest gelegentlich nutzen (vgl. Forschungsgemeinschaft für Urlaub und Reisen e.V. 2009, S. 1).

preis), der Buchung von einzelnen Teilleistungen und Individualreisen ohne vorherige Buchung. Dabei ist der Anteil der über Reiseveranstalter/Reisebüros organisierten Reisen fast genauso hoch (42 %) wie der individuell geplanten Reisen mit einer Buchung einzelner Teilleistungen (43 %) (vgl. ebd., S. 70). Nur ein geringer Anteil der Touristen (15 %) nimmt keine vorherige Buchung vor. Tendenziell werden die modular gebauten Reisen, vom Trendforscher Melchers (vgl. Aschenbeck und Hildebrandt 2011, S. 16) als *Verkauf von gefühlter Individualität* bzw. *Illusion der selbst geplanten Reise* bezeichnet, an Bedeutung gewinnen. Zunehmen werden ebenfalls selbständig teilorganisierte Reisen. Zurückgehen werden dafür die traditionellen, vordergründig veranstalter- und reisebüroorganisierten Urlaubsformen (vgl. Aderhold 2011, S. 69).

Sowohl bei der Buchung von organisierten Reisen als auch bei individuell geplanten Reisen mit Kauf von einzelnen Teilleistungen können verschiedene Ansätze zur Bewertung ihrer Nachhaltigkeit herangezogen werden. Hier sind vor allem die Nachhaltigkeitsberichterstattung und Produktkennzeichnungen (vgl. Darstellung im Kapitel 3.4) zu nennen, deren Einsatz im Tourismusbereich im Folgenden erläutert wird.

Die Corporate Social Responsibility im Allgemeinen und damit auch die **Nachhaltigkeitsberichterstattung** im Besonderen spielen im Tourismusbereich im Vergleich mit anderen Branchen erstmal eine eher untergeordnete Rolle: „Umfassende CSR-Strategien sind bisher die Ausnahme, aussagekräftige CSR-Berichte Mangelware, stattdessen werden einzelne ad hoc-Aktionen für gute Taten sowie Sozial- und Umweltprojekte bereits als CSR-Maßnahmen kommuniziert." (Ermlich 2009, S. 4) Als einer der wenigen ganzheitlichen Ansätze kann dabei das Siegel CSR-Tourism-certified genannt werden – eine offizielle Auszeichnung für Nachhaltigkeit und Unternehmensverantwortung im Tourismus[45]. Die Voraussetzungen für die Erlangung eines Zertifikats sind die Veröffentlichung eines standarisierten Nachhaltigkeitsberichts (Berichtsprüfung), Erfüllung von Mindestwerten der Kernindikatoren (Nachhaltigkeitsleistung) sowie betriebliche Verankerung von Elementen eines CSR-Managements (Systemprüfung) (vgl. TourCert (Hrsg.) o.J.c). Damit wird die Nachhaltigkeitsleistung des gesamten Unternehmens und nicht nur einzelner Reiseangebote bescheinigt. Als Vergabestelle agiert TourCert – eine gemeinnützige Gesell-

---

[45] Das Siegel CSR-Tourism-certified ist kompatibel mit der ISO 26000 (Social Responsibility), Global Sustainable Tourism Criteria und den Berichtsstandards der Global Reporting Initiative (vgl. TourCert 2012, S. 1).

schaft (GbR) für Zertifizierung im Tourismus. Sie wurde 2009 durch den Evangelischen Entwicklungsdienst Tourism Watch in Bonn, KATE-Kontaktstelle für Umwelt & Entwicklung in Stuttgart, Naturfreunde Internationale in Wien und Hochschule für Nachhaltige Entwicklung Eberswalde gegründet (vgl. Giraldo 2009, S. 5; TourCert (Hrsg.) o.J.a). Seit der Einführung des Zertifikats im gleichen Jahr wurden bereits 64 Reiseveranstalter, acht Reisebüros und drei Hotels aus Deutschland, Frankreich, Finnland, Griechenland, Niederlande, Österreich, Portugal, Schweden und der Schweiz zertifiziert (Stand: März 2013) (vgl. TourCert (Hrsg.) 2013a; 2013b; 2013c; 2013d). Das Logo CSR TOURISM wird von den Anbietern auf deren Internetseiten und in den Marketingunterlagen verwendet und kann von den Konsumenten als Entscheidungshilfe bei der Gestaltung einer nachhaltigen Reise genutzt werden.

Abb. 19: Grafische Beispiele für die Anwendung des Logos CSR-Tourism-certified

Quelle: tourCert (o.J.b); Accept Reisen (o.J.); Kuoni Reisen (o.J.)

Als weiteres Beispiel für CSR-Ansätze im Tourismusbereich ist forum anders reisen e.V. zu nennen – ein Zusammenschluss von nachhaltig agierenden Reiseveranstaltern. Seine Mitglieder sind verpflichtet, einen umfassenden Kriterienkatalog für umwelt- und sozialverträgliches Reisen einzuhalten. Die Kriterien beziehen sich sowohl auf ökonomische, ökologische und soziale Dimensionen einer Reise und die Verantwortung gegenüber den Reisenden als auch auf die Verankerung der Nachhaltigkeitsprinzipien in den betrieblichen Abläufen[46]. Gegründet 1998 mit zwölf Mitgliedern, konnte der Verband bis Ende 2012 seine Mitgliederzahl auf 128 steigern (vgl. forum anders reisen e.V. (Hrsg.) 2012a, S. 1), gehört aber mit einem Umsatzanteil am deutschen Reiseveranstaltermarkt von weniger als einem Prozent (vgl. Ute Linsbauer in fo-

---

[46] Dazu gehört die Teilnahme an dem CSR-Zertifizierungsprozess und damit auch die Veröffentlichung eines CSR-Berichts. Der Verband forum anders reisen e.V. war auch an der Entwicklung der Berichtsstandards des CSR-Tourism-certified Siegels beteiligt.

rum anders reisen e.V. (Hrsg.) 2012b, S. 1) weiterhin zu einer Nische. Dies kann mit der bis jetzt eher geringen expliziten Nachfrage nach umweltverträglichen Reisen in Verbindung gebracht werden. In der Untersuchung der Forschungsgemeinschaft Urlaub und Reisen und des WWF Deutschland von 2009 haben lediglich 5 % der Befragten angegeben, ihren Urlaub bei Reiseveranstaltern zu buchen, die umweltverträgliche Reisen im Programm haben; nur 8 % der Respondenten buchen Reisen, die bestimmte Umweltstandards berücksichtigen (vgl. FUR - Forschungsgemeinschaft Urlaub und Reisen (Hrsg.) 2009 zitiert nach: WWF Deutschland (Hrsg.) 2009, S. 7).

Abb. 20: Das Logo des forum anders reisen e.v.

forumandersreisen

Quelle: forum anders reisen (o.J.a)

Eine weitere Orientierungshilfe für nachhaltigkeitsbewusste Konsumenten stellen **Produktkennzeichnungen** im Tourismusbereich dar. Eine weltweite Studie von ECOTRANS im Auftrag der Welttourismusorganisation (ECEAT und ECOTRANS (Hrsg.) 2004, S. 13), die 2004 Öko-Labels, Auszeichnungen und freiwillige Initiativen im Bereich des nachhaltigen Tourismus untersucht hat, kommt auf mehr als 50 Umweltzertifikate und Wettbewerbe in Europa in fast allen touristischen Segmenten, die meisten davon im Beherbergungsbereich. Die Vielfalt der unterschiedlichen Siegel entspricht allerdings nicht ihrer Marktdurchdringung. Mit Ausnahme eines der ersten touristischen Siegels für Strände und Sportboothäfen „Blaue Flagge", das sich erfolgreich auf dem Markt etablieren konnte, werden nur die wenigsten Angebote bzw. Dienstleistungen mit einem Label ausgezeichnet (vgl. ebd.). Als problematisch können ebenfalls die fehlende Transparenz der Vergabekriterien (vgl. Christine Plüss in Sohmer 2007, S. 31) und die unzureichenden Kontrollen von deren Einhaltung (vgl. ebd.) sowie die Konzentration auf ökologische Aspekte betrachtet werden. Diese Probleme führen dazu, dass Kennzeichnungen von nachhaltigen Produkten im Tourismus teilweise eher zur Verwirrung des Konsumenten als zu seiner Orientierung bei der Reiseentscheidung beitragen (vgl. Freyer 2011, S. 518). Die meisten Konsumenten kennen die touristischen Umweltzeichen nicht und erachten sie auch nicht als besonders wichtig bei ihrer Reiseentscheidung – in der Untersuchung der Forschungsgemeinschaft für Urlaub und Reisen haben nur 7 % der Befragten angegeben, bei ihrer Reiseentscheidung Qualitätszeichen zu nutzen (vgl. Lohmann 2006, S. 19). Laut ECO-

TRANS (ECEAT und ECOTRANS (Hrsg.) 2004, S. 14) sind touristische Umweltzeichen bei nur 3-19 % der deutschen Verbraucher bekannt, lediglich das längst etablierte Siegel „Blaue Flagge" kommt auf einen Bekanntheitsgrad von 34 % (vgl. Lohmann 2006, S. 17). Die Kennzeichnung besonders umweltfreundlicher Angebote in den Katalogen der Reiseveranstalter und leicht zugängliche Informationen über alle Reiseangebote in Europa mit geprüfter Umweltqualität (Ecolabels) befinden sich mit 18,7 % bzw. 14,2 % an letzten Stellen hinsichtlich der Wichtigkeit von Umweltaspekten der zukünftigen Urlaubsreisen (vgl. Hamele 2002, S. 1).

Unter den zahlreichen Kennzeichnungen von nachhaltigen Produkten im Tourismus[47] ist insbesondere die Dachmarke Viabono hervorzuheben. Sie wurde 2001 auf die Initiative des BMU gegründet (vgl. Viabono GmbH (Hrsg.) 2012), mit dem Ziel der Schaffung einer einheitlichen, für den Verbraucher wieder erkennbaren Marke im Tourismusbereich. Viabono ist als eine segmentübergreifende Marke konzipiert, allerdings mit unterschiedlichen Kriterien für jedes Segment: Reiseveranstalter, Hotels, Ferienwohnungen und Pensionen, Jugendunterkünfte, Campingplätze, Gastronomie und Kanuanbieter (vgl. Viabono GmbH (Hrsg.) o.J.c). Bereits nach wenigen Jahren konnte die Marke laut Reiseanalyse 2006 auf einen Bekanntheitsgrad von 7 % kommen (vgl. Lohmann 2006, S. 17), es liegen allerdings keine aktuellen Untersuchungen vor (vgl. Horst 2011a)[48].

---

[47] Eine ausführliche Darstellung von Kennzeichnungen von nachhaltigen Produkten im Tourismusbereich findet man bei Font et al. (2001) bzw. auf der Internetseite www.label-online.de.

[48] In einer qualitativen Mystery-Erhebung bei 100 Reisebüros in vier deutschen Großstädten (Bonn, Bremen, Dresden und Stuttgart), die 2008 vom Bundesamt für Naturschutz betreut wurde, konnte die Frage nach der Bekanntheit von Viabono nur in fünf der 100 Reisebüros positiv beantwortet werden (vgl. Carius 2008, S. 15).

Abb. 21: Viabono – eine Umweltdachmarke im Tourismusbereich

Quelle: Viabono GmbH (o.J.b)

5.2.2 An- und Abreise

Die Wahl der Transportmittel für die An- und Abreise gehört zu den relevantesten Entscheidungen für die Nachhaltigkeitsbilanz einer Reise. Je nach Verkehrsträger fällt die Emission von Schadstoffen (Kohlendioxid, Stickstoffdioxide und Partikel) sehr unterschiedlich aus, wobei die erzielten Werte pro Verkehrsaufwand (Personenkilometer) ebenfalls stark vom Auslastungsgrad abhängig sind. Aus der folgenden Grafik[49] wird ersichtlich, dass im Vergleich der verschiedenen Verkehrsmittel das Flugzeug mit Abstand die höchsten CO_2-Emissionen verursacht.

---

[49] Bei der Berechnung wurden folgende Annahmen zur durchschnittlichen Auslastung getroffen: PKW – 1,5 Personen/PKW, Reisebus – 60 %, Eisenbahn-Fernverkehr – 44 %, Flugzeug – 73 %, Linienbus – 21 %, Metro/Tram – 20 %, Eisenbahn-Nahverkehr – 21 %. Berücksichtigt wurden ebenfalls die indirekten Emissionen, die bei der Erzeugung der Energieträger (Strom, Kerosin, Benzin, Diesel) anfallen. Bezugsjahr: 2005 (vgl. Kolodziej 2009, S. 30).

Abb. 22: CO$_2$-Emissionen unterschiedlicher Verkehrsträger in Gramm pro Personenkilometer

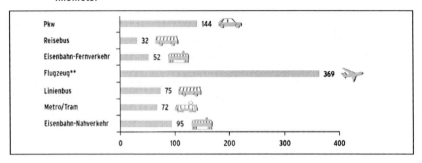

Quelle: Kolodziej (2009, S. 31)

Demzufolge weist eine Fernflugreise einen um ein Vielfaches höheren ökologischen Fußabdruck als eine Bahninlandsreise aus (vgl. WWF Deutschland (Hrsg.) 2009, S. 12 f), der auch nicht durch eine nachhaltige Gestaltung weiterer Merkmale einer Reise wie Unterkunft oder Aktivitäten vor Ort ausgeglichen werden kann. Folgende Abbildung zeigt einen Vergleich der CO$_2$-Äquivalent-Emissionen[50] einer Fernflug- und einer Bahninlandsreise.

Abb. 23: Touristischer Fußabdruck einer zweiwöchigen Flugreise nach Mexico (München – Cancun) und an die Ostsee (Düsseldorf – Rügen)

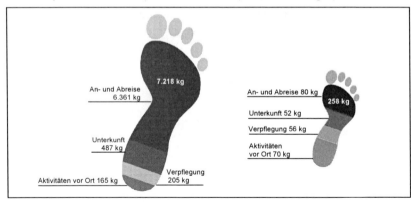

Quelle: WWF Deutschland (2009, S. 12 f)

---

[50] In die Berechnung sind nicht nur CO$_2$-Emissionen, sondern auch weitere Treibhausgase eingeflossen, wie Methan (CH$_4$) und Lachgas (N$_2$O), deren Ausstoß in die sogenannten CO$_2$-Äquivalente umgerechnet wurde (vgl. WWF Deutschland 2009, S. 9).

Ein nachhaltigkeitsbewusster Konsument hat dementsprechend die Wahl zwischen umweltfreundlichen Verkehrsmitteln wie Bahn/Bus oder einer Anreise mit einem Pkw/Flugzeug. Die Entwicklung der Nutzung unterschiedlicher Verkehrsmittel bei Reisen zeigt allerdings einen stagnierenden Anteil des Bustourismus und einen kontinuierlichen Rückgang der Bahn als Urlaubstransportmittel zugunsten des PKWs und vor allem des Flugzeugs. Laut der Reiseanalyse 2011 (Aderhold 2011, S. 66)[51] gehörte ein Auto mit 48 %, gefolgt vom Flugzeug mit 37 % zu den wichtigsten Verkehrsmitteln einer Reise, Bus und Bahn wurden mit niedrigen 8 % bzw. 5 % von viel weniger Reisenden in Anspruch genommen.

Seit einigen Jahren können die nachhaltigkeitsbewussten Konsumenten in Deutschland die während einer An- und Abreise entstehenden Treibhausgasemissionen **kompensieren**, d. h. einen freiwilligen, streckenabhängigen Beitrag für die Realisierung von Klimaschutzprojekten errichten. Die dadurch „ersparten" Emissionen entsprechen dem durch die An- und Abreise entstandenen Treibhausgausausstoß. Die Entstehung der Idee, durch Kompensationsmaßnahmen zum Klimaschutz beizutragen, geht auf das Kyoto-Protokoll zurück, in dem flexible Mechanismen wie Joint Implementation (JI)[52] und Clean Development Mechanism (CDM)[53] zur Erreichung der im Protokoll festgelegten Zielwerte verabschiedet wurden (vgl. Gössling et al. 2007, S. 226). Sie basieren auf der Annahme, dass Klimawandel global zu betrachten ist und Schadstoffemissionen an einem Ort durch Einsparungen an einer anderen Stelle ausgeglichen werden können. Dabei hat sich neben dem Handel mit Zertifikaten auf der staatlichen Ebene ein Handel auf dem freiwilligen Markt (Voluntary Market) zu einem wichtigen Geschäftsfeld entwickelt.

---

[51] In der Reiseanalyse wird allerdings nicht zwischen den Verkehrsmitteln bei der An- und Abreise und Mobilität vor Ort unterschieden. Man kann jedoch davon ausgehen, dass die An- und Abreise für den Großteil der durch ein Reiseverkehrsmittel entstehenden Treibhausgasabgase verantwortlich ist (vgl. ebd., S. 10 ff).

[52] Joint Implementation (JI): Eine Maßnahme, die im Artikel 6 des Kyoto Protokolls genannt wird, bei der eine gemeinsame Durchführung von Kompensationsprojekten durch die Industrieländer (Annex I des Protokolls) möglich ist (vgl. Gössling et al. 2007, S. 247). Sie wurde vor allem im Hinblick auf die osteuropäischen Staaten verabschiedet, die dadurch eine Möglichkeit bekommen, ihre Infrastruktur und Technologien zu modernisieren.

[53] Clean Development Mechanism (CDM): Eine Maßnahme, die im Artikel 12 des Kyoto Protokolls genannt wird, bei der ein Industrieland (Annex I des Protokolls) Projekte in einem Entwicklungsland durchführt. Somit werden die Entwicklungsländer bei dem Ziel der nachhaltigen Entwicklung unterstützt und die Industrieländer können die dort eingesparten Emissionen auf das eigene Emissionsbudget anrechnen (vgl. ebd.).

Die Kompensation der während der An- und Abreise entstehenden Treibhausgasemissionen kann entweder separat über eine Kompensationsagentur oder direkt bei der Buchung einer Reise bzw. einzelner Teilleistungen bei einem Reiseveranstalter, bei Online-Reiseportalen und Fluggesellschaften erfolgen. Laut der Studie des Verbraucherzentrale Bundesverbandes e.V., erarbeit vom Institut für Tourismus- und Bäderforschung in Nordeuropa GmbH (Schmücker et al. 2010, S. 4) bieten in Deutschland acht Kompensationsagenturen, vier Reise-Online-Portale und elf Fluggesellschaften Kompensationszahlungen für ihre Kunden an. Es konnten keine Untersuchungen gefunden werden, die sich explizit mit der Verwendung der Kompensationsmöglichkeiten durch die Reiseveranstalter beschäftigt haben. Eine Übersicht der Pressemeldungen der letzten Jahre zeigt allerdings das wachsende Angebot, vor allem unter den kleineren und mittleren Anbietern. Hier sind insbesondere die Unternehmen des Verbands forum anders reisen e.V. zu nennen, die zum Teil den Beitrag für die Flugemissionen bereits im Preis integriert haben bzw. den Beitrag anteilig übernehmen (vgl. Linsbauer 2011)[54]. Ein weiteres Beispiel sind Viabono-zertifizierte Anbieter, die für die Anreise ihrer Gäste mit der Bahn klimaneutrale Bahntickets anbieten und in Bezug auf die Kompensation der CO_2-Emissionen ihrer Hotels mit der Kompensationsagentur Co2ol zusammenarbeiten (vgl. Horst 2011b). Seit 2008 bietet TUI seinen Kunden die Möglichkeit, freiwillig einen Kompensationsbeitrag zu errichten (vgl. TUI Deutschland GmbH (Hrsg.) 2008). Unter weiteren mittelgroßen und großen Veranstaltern sind Studiosus (bei allen Bus-, Bahn- und Schiffsfahrten werden CO_2-Emissionen kompensiert) (vgl. Studiosus Reisen München GmbH (Hrsg.) o.J.), Hapag-Lloyd Kreuzfahrten (vgl. Hapag-Lloyd Kreuzfahrten (Hrsg.) o.J.) und Thomas Cook (vgl. Hildebrandt 2008) zu erwähnen.

Die Qualität der bestehenden Kompensationsanbieter kann sich erheblich voneinander unterscheiden, wobei vordergründig die Kriterien wie Emissionsberechnung, Qualität der ausgleichenden Klimaschutzprojekte sowie Kundenkommunikation und Verbraucherfreundlichkeit eine Rolle spielen. Als führender Anbieter in Deutschland kann die gemeinnützige Gesellschaft atmosfair genannt werden, die 2003 aus einer gemeinsamen Initiative des Verbandes forum anders reisen e.V. und der Umwelt- und Entwicklungsorganisation Germanwatch sowie mit der Unterstützung des Bundesumweltministeriums ent-

---

[54] Die Mitglieder des forum anders reisen e.V. arbeiten dabei selbstverständlich mit der von ihr mitgegründeten Kompensationsagentur atmosfair zusammen.

standen ist (vgl. atmosfair GmbH (Hrsg.) o.J.). Das Unternehmen atmosfair belegt regelmäßig die ersten Plätze in Rankings der Kompensationsanbieter (u. a. die Studie der Hochschule für nachhaltige Entwicklung Eberswalde (Strasdas, Gössling und Dickhut 2010, S. 57) und die Untersuchung des Instituts für Tourismus- und Bäderforschung in Nordeuropa GmbH (Schmücker et al. 2010, S. 8), beide im Auftrag des Verbraucherzentrale Bundesverbandes e.V. (vzbv). Als positiv werden folgende Faktoren bewertet:

- eine realitätsnahe Berechnung des Ausstoßes der Treibhausgase durch die Berücksichtigung der relevanten Faktoren wie
    - Effizienz des Flugzeugs
    - Auslastung
    - höhere Klimawirkung von Treibhausgasen in großer Höhe als in der Bodennähe – ein sog. RFI-Faktor (RFI: Radiative Forcing Index);
- ausschließliche Unterstützung von Projekten, die nach dem GoldStandard zertifiziert sind – einem sehr anspruchsvollen Zertifizierungsstandard für Kompensationsprojekte, der 2003 von WWF entwickelt wurde und sich unter anderem durch eine ausführliche Überprüfung der Nachhaltigkeitsfaktoren der durchgeführten Kompensationsprojekte auszeichnet (vgl. The Gold Standard Foundation o.J.);
- ein ausführliches Informationsangebot über Ursachen und Folgen des Klimawandels (vgl. Strasdas, Gössling und Dickhut 2010, S. 33).

Die Untersuchungen der Akzeptanz bzw. Nutzung der Kompensationsmöglichkeiten durch Konsumenten in Deutschland sind rar gesät und fast vollständig auf die Kompensation der Flüge eingeschränkt. Sie kommen zu unterschiedlichen Ergebnissen, die aber alle auf einen niedrigen Nutzungsgrad hindeuten. Laut der Einschätzung von atmosfair kompensieren weniger als 1 % der Reisenden ihre Flüge (vgl. Gräf 2011). Die Vorstudie der Hochschule für nachhaltige Entwicklung Eberswalde (Lütters und Strasdas 2010, S. 4), in der bestehende Literatur zur Kompensation ausgewertet wurde, kommt auf einen Anteil der kompensierten Flugreisen durch Reisende von 3 bis 5 %. In der darauf folgenden repräsentativen Befragung haben 7,5 % der Respondenten die Frage nach einer Kompensationszahlung positiv beantwortet[55] (vgl. ebd., S. 15). Die meisten der befragten Konsumenten haben dabei Kompensationsaktivitäten im Handlungsfeld Mobilität wie Flugreise, Autofahren und Urlaubsreise genannt (vgl. ebd., S. 9). In der gleichen Studie haben 46 % der Re-

---

[55] Frage: „Haben Sie schon einmal die von Ihnen verursachten Treibhausgase durch eine Kompensationszahlung ausgeglichen?".

spondenten eine generelle Bereitschaft für eine Kompensationszahlung gezeigt. In der Umweltbewusstseinsstudie des Bundesministeriums für Umwelt, Naturschutz und Reaktorsicherheit (BMU) und des Umweltbundesamtes (UBA) (2013, S. 43) haben 9 % der Befragten angegeben, finanzielle Kompensationen für die selbstverursachten Klimagase, z. B. im Verkehr, zu leisten[56].

Die Gründe für die geringe Verbreitung der Nutzung der Kompensationsmöglichkeiten durch die Konsumenten sind vielfältig. Einerseits werden sie des Öfteren für modernen „Ablasshandel" gehalten (vgl. u. a. Kilimann 2011; Fichtner 2007), andererseits herrscht häufig Unsicherheit über die Verwendung von eingezahlten Beiträgen und Unklarheit hinsichtlich der Kosten der Kompensation vor (vgl. Lütters und Strasdas 2010, S. 7). Vor allem die zuletzt genannten Faktoren können auf die unübersichtliche Vorgehensweise der in Deutschland agierenden Kompensationsanbieter zurückgeführt werden. Je nach Unternehmen wird der Konsument zur Zahlung unterschiedlicher Beiträge für den gleichen Flug aufgefordert. Insbesondere bei den Fluggesellschaften werden niedrigere Beträge berechnet, was mit der fehlenden Berücksichtigung des RFI-Faktors zusammenhängt (vgl. Schmücker et al. 2010, S. 2). Dies wird bei dem im Folgenden gezeigten Beispiel eines Hin- und Rück-Flugs von München nach Mallorca deutlich, der bei TUIfly.com mit 380 kg CO_2-Äquivalenten und 6 EUR Spendenbetrag und bei atmosfair.de mit 540 kg CO_2-Äquivalenten und 13 EUR Spendenbetrag angesetzt wurde. Unterstützend bei der Nutzung der Kompensationsmöglichkeiten könnte ebenfalls eine bessere Einbindung in den Buchungsvorgang wirken. Diese ist beispielsweise bei den Online-Reiseportalen nur eingeschränkt vorhanden (vgl. ebd., S. 3).

---

[56] Frage: Ich leiste finanzielle Kompensationen (Ausgleichszahlungen) für die selbstverursachten Klimagase, z. B. im Verkehr.

Abb. 24: Vergleich der Berechnung der Treibhausgasemissionen bei TUIfly.com und atmosfair.de

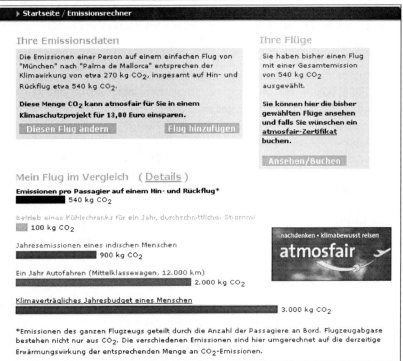

Quelle: atmosfair GmbH (2011); TUIfly Vermarktungs GmbH (2011)

5.2.3 Reiseziel

Die Wahl des Reiseziels ist in den meisten Fällen bestimmend für die weiteren Teilentscheidungen, vor allem für die Auswahl der An- und Abreiseverkehrsmittel, aber auch Organisationsform, Unterkunft oder Aktivitäten vor Ort (vgl. Aderhold 2011, S. 37; Götz und Seltmann 2005, S. 34). Bei ihrer Betrachtung wird meistens die ökologische Dimension der Nachhaltigkeit in den Vordergrund gestellt (vgl. u. a. Wolters 1998, S. 20). Aus dieser Sicht sind Urlaubsziele, die mit umweltfreundlichen Verkehrsmitteln einfach zu erreichen sind, also **Inlandsreisen und Reisen in die benachbarten Länder**, als bevorzugt zu betrachten. Besonders kritisch werden dagegen Fernreiseziele ins außereuropäische Ausland aufgefasst, die üblicherweise mit einem Flug verbunden sind. Einige Autoren heben die soziale und ökonomische Dimension hervor und weisen auf den wichtigen ökonomischen Beitrag des Tourismus als „Garant für Wachstum und Entwicklung", insbesondere in den Entwicklungsländern, hin (vgl. u. a. Iwand 2001, S. 318).

Der Einblick in das Reiseverhalten der deutschen Touristen zeigt, dass seit den 1960er-Jahren die Mehrheit der Deutschen ihren Urlaub bevorzugt im Ausland verbringt und dass seit der Mitte der 1990er-Jahre der Anteil der Auslandsreisen bei rund 70 % liegt (vgl. Aderhold 2011, S. 45). Die Reisen ins außereuropäische Ausland haben dabei immer mehr an Bedeutung gewonnen – in den Jahren 1993-2010 ist deren Anteil von 9,9 % auf 17,3 % gestiegen (vgl. ebd., S. 48). Zu den traditionellen Reisezielen im Ausland gehören Spanien, Italien, Österreich, Frankreich und Griechenland; Länder wie Türkei, Kroatien und Polen haben in den letzten Jahren an Beliebtheit gewonnen (vgl. ebd., S. 48 f). Die Wahl des Reiseziels wird vor allem durch Faktoren wie Wetter/Klima, Preis und gute Erreichbarkeit bestimmt (vgl. Wehrli et al. 2011, S. 25), die Nachhaltigkeitsaspekte spielen bei den meisten Konsumenten eine untergeordnete Rolle (vgl. GfK Gruppe (Hrsg.) 2011; Wehrli et al. 2011, S. 25).

Bei der Wahl des Reiseziels ist ein angemessenes Verhältnis zwischen der Reisedauer und dem Reiseziel sehr wichtig. Als eine Faustregel können die Grenzen genutzt werden, die vom forum anders reisen e.V. (o.J.b) im Kriterienkatalog der Verbandsmitglieder festgelegt wurden:
- keine Flüge in Zielgebiete unter einer Entfernung von 700 km;
- Zielgebiete über 700 km bis 2.000 km: eine Aufenthaltsdauer von mindestens 8 Tagen;
- Flugreisen über 2.000 km: Aufenthalt mindestens 14 Tage.

Ein Beispiel für ein touristisches Produkt, bei dem der Besuch von Reisezielen in Deutschland und im benachbarten Ausland, die mit umweltfreundlichen Verkehrsmitteln erreicht werden können, im Vordergrund stehen, ist das Angebot der Deutschen Bahn „Fahrtziel Natur". In Kooperation mit den Umweltverbänden Bund für Umwelt und Naturschutz Deutschland e.V. (BUND), Naturschutzbund Deutschland e.V. (NABU) und Verkehrsclub Deutschland e.V. (VCD) wird ein Besuch von mittlerweile 21 Großschutzgebieten (Nationalparks, Biosphärenreservate und Naturparks) in Deutschland, Österreich und der Schweiz beworben (vgl. DB Mobility Logistics AG (Hrsg.) o.J.a). Die Angebote bestehen aus einzelnen Bausteinen, die von Touristen flexibel zusammengestellt werden können:

- An- und Abreise mit der Bahn, die bei der Buchung eines Pauschalangebotes von Ameropa durch Kauf von Ökostrom CO_2 neutral erfolgt,
- nachhaltige Mobilitätskonzepte vor Ort (Bahnhof-Shuttle, Nationalpark-Wanderbusse, Bergbahn); tlw. kostenlose Nutzung,
- Übernachtung: Auswahl von Partner-Hotels, die zum Teil Ermäßigung bei der Bahnanreise anbieten,
- Aktivitäten vor Ort: Zusammenstellung von unterschiedlichen Wanderungen, die mit öffentlichen Verkehrsmitteln erreicht werden können. (vgl. DB Mobility Logistics AG (Hrsg.) 2012)

Das Internetportal der Kooperation (www.fahrtziel-natur.de) verzeichnet ca. 70.000 Zugriffe monatlich (vgl. Bürglen 2009, S. 12). Die Untersuchung von Infratest im Jahr 2007 hat der Kooperation Fahrtziel Natur einen Bekanntheitsgrad von 7 % bescheinigt (vgl. ebd., S. 9).

Abb. 25: Werbeauftritt von Fahrtziel Natur

Quelle: DB Mobility Logistics AG (o.J.b)

5.2.4 Mobilität und Aktivitäten vor Ort

Mobilität vor Ort

Laut der INVENT-Studie (Götz und Seltmann 2005, S. 31) gehört die Fortbewegung zu Fuß zu den wichtigsten Fortbewegungsarten vor Ort (85,7 %)[57], gefolgt vom Auto (50,8 %), ÖPNV (20,9 %), Reisebus (17,8 %), Fahrrad (17,6 %) und Taxi (14,9 %). Die Studie nennt insgesamt 12 unterschiedliche Verkehrsmittel vor Ort, diese können in Anlehnung an die Studie der Planersocietät (2004, S. 8) zu Mobilität in Freizeit und Tourismusregionen in folgende Bereiche aufgeteilt werden:

- Fußverkehr
- Radverkehr
- öffentlicher Verkehr
- moderner motorisierter Individualverkehr (z. B. mit Elektro- bzw. Hybridantrieb)
- traditioneller motorisierter Individualverkehr (mit Benzin- bzw. Dieselantrieb)
- Inlandsflüge

Vor dem Hintergrund der Schadstoffemissionen unterschiedlicher Verkehrsträger (vgl. u. a. Kolodziej 2009, S. 31) sind es die ersten vier Bereiche, die als bevorzugt zu betrachten sind. Dabei muss beachtet werden, dass die Mobilität vor Ort und die Auswahl der Verkehrsmittel für die An- und Abreise des Öfteren in einem engen Zusammenhang stehen, wobei dieser ganz stark von der Reisedistanz abhängig ist. Bei den Reisen in nahegelegene Destinationen führt das Fehlen von attraktiven Mobilitätskonzepten in der Zielregion fast zwangsläufig zur Nutzung des eigenen PKWs für die An- und Abreise und demzufolge auch für die Fahrten vor Ort[58]. Das betrifft vor allem den Urlaub im ländlichen Gebiet und in der Nebensaison, wo das eigene Auto meistens die einzige Möglichkeit ist, die Flexibilität vor Ort zu sichern (vgl. Schmied und Götz 2006, S. 62). Das Vorhandensein von ansprechenden Mobilitätsangeboten vor Ort, die aber auch „mit möglichst geringem Aufwand in Erfahrung ge-

---

[57] Anzahl der Respondenten, die die genannten Fortbewegungsmittel am Urlaubsort häufig und manchmal genutzt haben.
[58] Laut der Reiseanalyse 2011 werden für die Inlandsreisen und Reisen in die benachbarten Länder das Auto, aber auch der Bus und die Bahn überdurchschnittlich oft genutzt (vgl. Aderhold 2011, S. 66 f).

bracht werden" können, kann nicht nur zu einer nachhaltigen Mobilität vor Ort, sondern auch zur Nutzung von umweltschonenden Verkehrsmitteln für die Anreise beitragen (vgl. Planersocietät (Hrsg.) 2004, S. 6). Bei weiteren Reisedistanzen wie Reisen an das Mittelmeer und vor allem bei Fernreisen, die zum größten Teil mit einem Flugzeug durchgeführt werden[59], kann davon ausgegangen werden, dass die Wahl der Verkehrsmittel für die Mobilität vor Ort unabhängig von der An- und Abreisemittel getroffen wird. Hier gilt aber ebenfalls das Vorhandensein von Mobilitätsangeboten vor Ort als entscheidendes Kriterium für die Nutzung umweltschonender Alternativen in den Zielregionen.

Aktivitäten vor Ort

Aus der Nachhaltigkeitssicht können jene Aktivitäten als bevorzugt betrachtet werden, die mit niedrigen Schadstoffemissionen (ökologische Dimension) verbunden sind, die lokale Bevölkerung an den Tourismuseinkünften teilnehmen lassen (ökonomische Dimension) und dem Touristen das Land bzw. die Region und seine/ihre Kultur und Bevölkerung näher bringen (sozial-kulturelle Dimension). Eine Aufnahme aller Aktivitäten sowie ihre eindeutige Klassifizierung als „nachhaltig" bzw. „nicht-nachhaltig" ist als schwierig zu betrachten, da die gleichen Aktivitäten auf unterschiedliche Art und Weise durchgeführt werden können und die Bewertung ihrer Nachhaltigkeit von den Bedingungen vor Ort abhängig ist – gegen Golf spielen in einer wasserreichen Region ist weniger einzuwenden als bei der gleichen Aktivität in einer Wüste. Zudem machen die Aktivitäten vor Ort nur einen geringen Anteil der gesamten Schadstoffemissionen einer Reise aus (vgl. Schmied et al. 2002, S. 21). Die Auflistung der im Rahmen des INVENT-Projektes (Götz und Seltmann 2005, S. 23) abgefragten Aktivitäten zeigt lediglich zwei von 55 unterschiedlichen Aktivitäten (Mietwagenausflüge[60] und Motorsport), die aufgrund von Schadstoffemissionen als nicht-nachhaltig bezeichnet werden könnten. Im Allgemeinen können die Aktivitäten des Ökotourismus, wie Naturschönheiten erleben oder Natur-/Nationalparks besuchen, und kulturelle Aktivitäten wie Museumsbesuch oder Sightseeing als nachhaltig betrachtet werden – vorausgesetzt, sie finden unter der Berücksichtigung des Naturschutzes und der Interessen der lokalen Bevölkerung statt und werden ressourcenschonend durchgeführt.

---

[59] Bei Fernreisen spielen die Kreuzfahrten eine zunehmende, wenn auch immer noch insgesamt geringe Rolle. Bei diesen muss die Mobilität vor Ort separat betrachtet werden.
[60] Man kann davon ausgehen, dass zu dem Zeitpunkt der Erhebung die Nutzung von Mietfahrzeugen mit alternativem Antrieb in einem zu vernachlässigenden Bereich lag.

Zu den mit Aktivitäten einer Reise verwandten Aspekten gehören die Urlaubsmotive, Reiseart und -formen. Diese vier Aspekte werden in der Reiseanalyse als „qualitative Dimensionen der Nachfrage" (Aderhold 2011, S. 85) bezeichnet und werden mit jeweils 19, 29, 14 bzw. 29 Items abgefragt:

> „Diese 4 Dimensionen ergeben jede für sich und vor allem, wenn man sie zusammen auswertet, die Möglichkeit, den Urlaubsreisenden selbst und die von ihm unternommenen Reisen auf eine Art und Weise zu charakterisieren, die weit über die ‚reisetechnische' Beschreibung (Reiseziel, Organisation, Verkehrsmittel, Unterkunft etc.) hinausgeht und eine Antwort auf die Frage gibt, welche Art von Reise der Urlauber unternommen hat und was ihn bewegt, diese Art von Reisen zu unternehmen." (ebd.)

5.2.5 Unterkunft und Verpflegung

Die Wahl der Unterkunft gehört, nach der Bestimmung des Verkehrsmittels für die An- und Abreise, zu einer der folgenreichsten Entscheidungen hinsichtlich der Nachhaltigkeitsbilanz der gesamten Reise. Dabei können die Unterschiede zwischen einzelnen Unterkünften extrem variieren – abhängig nicht nur von der Art der Beherbergung, sondern der vom einzelnen Betrieb angebotenen Services und vorgenommenen Maßnahmen im Nachhaltigkeitsbereich. Die Untersuchung vom ECOTRANS e.V. (Hamele und Eckardt 2006, S. 10) zeigt deutlich, dass Hotels pro Gast und Übernachtung einen deutlich höheren Energieverbrauch als Campingplätze und Garni Hotels ausweisen. Eine Annahme, dass mehr Komfort zwangsläufig mit mehr Energiebedarf verbunden ist, würde allerdings zu kurz greifen. Der Vergleich von Hotels mit unterschiedlichem Service- und Ausstattungsniveau (2, 3, 4 und 5 Sterne) zeigt, dass mit dem steigenden Serviceangebot der Verbrauch von Energie pro Übernachtung teilweise sogar sinken kann. Dies wird in der Studie auf das bessere Know-How der hochpreisigen Hotels hinsichtlich Optimierung des Energieverbrauchs bzw. mit deren höherer Auslastung zurückgeführt (vgl. ebd., S. 10 f).

Die Betrachtung der bestehenden Angebote für **nachhaltige Unterkünfte** zeigt ein differenziertes Bild. Auf der einen Seite kann unter Berücksichtigung der jetzigen Kennzahlen von einer geringen Marktdurchdringung ausgegangen werden. In Europa sind es beispielsweise weniger als 1 % der Unterkünfte, die über eine Zertifizierung mit einem Nachhaltigkeitslabel verfügen (vgl. ECEAT und ECOTRANS (Hrsg.) 2004, S. 13). Eine Untersuchung der gesellschaftlichen Unternehmensverantwortung von internationalen Hotelgruppen kommt zu einer Schlussfolgerung, dass eine konsequente Umsetzung der konzernweiten CSR-Richtlinien in den einzelnen Hotels fehlt und dass das CSR-Verständnis der Hotelketten sich auf Umweltaspekte wie Wasser-, Abfall- und Energieeinsparung konzentriert und sozial-ökonomische Aspekte dagegen vernachlässigt (vgl. Font 2011, S. 4; 10). Die Studie, die von europäischen Verbraucherschutz-Verbänden finanziert und von der Leeds Metropolitan University durchgeführt wurde, bewertet lediglich das CSR-Engagement von Accor als gut und betrachtet andere Hotelunternehmen wie Hilton, Iberostar, Marriot oder Starwood Hotels eher kritisch (vgl. ebd., S. 8 f). Auf der anderen Seite gibt es einzelne Beispiele, die für eine langsame Veränderung des Marktes in Richtung mehr Nachhaltigkeit sprechen könnten. In neuentstehenden Betrieben wird des Öfteren durch Bündelung von mehreren Maßnahmen wie Nutzung von regenerativen Energien in Kombination mit einer energieeffizienten Bauweise (z. B. Passivhaus-Standard) versucht, einen klimaneutralen Betrieb zu sichern. Hier können stellvertretend zwei Hotels hervorgehoben werden:

- das 2009 eröffnete Boutiquehotel Stadthalle Wien – laut Eigenwerbung „das weltweit 1. Null-Energie-Bilanz-Hotel im innerstädtischen Raum" (ABSOLUT! PR & Consulting (Hrsg.) 2010) und
- das als GreenBuilding zertifizierte Hotel „Campo dei Fiori", das in München seit Ende 2011 Gäste empfängt (Derag Livinghotels AG + Co. KG (Hrsg.) o.J.).

Als weiteres Beispiel ist die Kette BIO-Hotels zu nennen, die nachhaltiges Wirtschaften in den Mittelpunkt ihres unternehmerischen Handelns gestellt hat. In den BIO-Hotels werden grundsätzlich Bio-Produkte, wenn möglich aus regionaler Erzeugung, eingesetzt (vgl. Die BIO-Hotels - Verein für Angebotsentwicklung & Marketing (Hrsg.) o.J.b); für Richtlinienfragen und den Bereich Öffentlichkeitsarbeit/Marketing wurde eine Zusammenarbeit mit dem Bioland-Verband eingegangen (vgl. Die BIO-Hotels - Verein für Angebotsentwicklung & Marketing (Hrsg.) o.J.a). Seit der Gründung 2001 konnte der Verein „Die BIO-Hotels" die Anzahl der Mitglieder von 12 auf 78 im Januar 2013 erhöhen (vgl. Moritz 2013).

Die wissenschaftliche Literatur zum nachhaltigen Tourismus beschäftigt sich nur eingeschränkt explizit mit dem Beherbergungsbereich (vgl. Bohdanowicz 2005, S. 189). Außer der Darstellung der allgemeinen Bedeutung der Nachhaltigkeit für die Branche (vgl. u. a. Bader 2005) beziehen sich die einzelnen Publikationen auf ausgewählte Aspekte, wie Image von Green Hotels (vgl. Lee et al. 2010), Preisbereitschaft (vgl. Kim und Han 2010), Einflussfaktoren auf das Umweltverhalten der Marketing-Managers in Hotels (vgl. Dief und Font 2010) oder Unterschiede zwischen inhabergeführten Hotels und Kettenhotels in Bezug auf Umweltbewusstsein der Hotelmanager (vgl. Bohdanowicz 2005). Es konnten keine wissenschaftlichen Publikationen gefunden werden, die eine systematische Kategorisierung von Nachhaltigkeitsaspekten einer Unterkunft aus der Sicht eines Konsumenten beinhalten würden. Demzufolge wird, ausgehend von dem Konzept des nachhaltigen Tourismus und anhand von praktischen Beispielen in der Branche, eine Liste mit Attributen einer Unterkunft, auf die ein nachhaltigkeitsbewusster Konsument achten könnte, erarbeitet. Als Hilfestellung werden dabei die Richtlinien für die Vergabe von touristischen Produktkennzeichnungen in Deutschland (Viabono), Österreich (das Österreichische Umweltzeichen) und der Schweiz (das Steinbock-Label) genutzt, die durch touristische Akteure wie Tourismusverbände oder Tourismus-Marketing-Organisationen erarbeitet wurden. Des Weiteren werden die Empfehlungen von Verbraucher- und Umweltorganisationen wie WWF Deutschland, Verkehrsclub Deutschland e.V. (VCD) und Die VERBRAUCHER INITIATIVE e.V. (o.J.), Die VERBRAUCHER INITIATIVE e.V. (o.J.) und Naturfreunde Internationale (NFI) (o.J.) berücksichtigt.

Die Kriterien von Viabono GMBH (o.J.a; o.J.d) und dem Österreichischem Umweltzeichen (Bundesministerium für Land und Forstwirtschaft, Umwelt und Wasserwirtschaft und VKI, Verein für Konsumenteninformation (Hrsg.) 2010) sind nach einzelnen Betriebsfeldern wie Abfall, Energie und Klima, Wasser und Mobilität kategorisiert, wobei das Österreichische Umweltzeichen sich lediglich auf die ökologischen Aspekte bezieht. Die Kriterien des Steinbock-Labels (oe-plus (Hrsg.) 2005) sind dagegen in die drei Nachhaltigkeitsdimensionen Ökonomie, Ökologie und Soziales aufgeteilt, die um die zwei weiteren Dimensionen regionale Verankerung und Nachhaltigkeits-Management ergänzt wurden. Für die Kategorisierung von Nachhaltigkeitsaspekten einer Unterkunft aus der Sicht eines Konsumenten wird zum großen Teil die Aufteilung von Viabono[61] übernommen[62] und durch einige weitere Aspekte der anderen Label ergänzt. Bei zahlreichen Kriterien werden solche übernommen, die dem Konsumenten normalerweise kommuniziert bzw. von ihm wahrgenommen werden können; sie werden durch die Empfehlungen der oben genannten Verbraucher- und Umweltorganisationen erweitert. Die folgende Tabelle beinhaltet die durch dieses Vorgehen erstellte Kriterienliste.

---

[61] Als Grundlage wird der Kriterienkatalog für Ferienwohnungen und Privatzimmer (Viabono GmbH o.J.a) angewendet, der umfangreicher ist als der neuerarbeitete Katalog für Hotels.
[62] Der Kriterienkatalog von Viabono ist übersichtlicher gestaltet als das vom Österreichischen Umweltzeichen und bezieht sich nicht nur auf ökologische Aspekte. Die detaillierten Kriterien des Steinbock-Labels werden nicht veröffentlicht (vgl. Spiller 2011).

Tab. 5: Nachhaltigkeitsaspekte einer Unterkunft aus der Sicht eines Konsumenten

Abfall
Abfallvermeidung (u. a. Verzicht auf Einweg-/Portionsverpackungen für Lebensmittel und Badutensilien); Mülltrennung; Nutzung von Recyclingpapier
Energie und Klima
Nutzung von regenerativen Energien; Bezug von Öko-Strom; Energiesparende Maßnahmen wie Energiesparlampen, intelligente Heizung und Klimaanlage; Gebäude im Passiv- bzw. Niedrigenergie-Haus-Standard; die Möglichkeit einer CO_2-Ausgleichszahlung durch die Gäste; Handtücher- und Bettwäschewechsel auf Gästewunsch (und nicht täglich)
Wasser
umweltfreundliche Reinigung der Räume und Wäsche; ein sparsamer Umgang mit Wasser
Mobilität
eigener Transfer vom Bahnhof; Bereitstellung von Fahrrädern; spezielle Angebote bei der Anreise mit öffentlichen Verkehrsmitteln; Mietwagen mit alternativem Antrieb (z. B. Elektro- oder Hybridautos)
Lage
Erreichbarkeit mit öffentlichen Verkehrsmitteln; Lage außerhalb von Schutzgebieten
Natur und Landschaft
naturnahe Gestaltung der Außenanlagen
Architektur
umweltverträgliche Inneneinrichtung und Mobiliarausstattung; ökologische Bauweise; helle, mit natürlichem Licht beleuchtete Räume; orts- und landschaftsangepasste Bauweise
Regionale Wirtschaftskreisläufe
Beschäftigung von lokalen Arbeitskräften; faire Arbeitsbedingungen; gerechte Löhne; Verwendung von regionalen Materialien/Produkten; Unterstützung von sozialen bzw. Umweltprojekten vor Ort
Verpflegung
biologische Küche mit regionalen und saisonalen Gerichten
Management
zertifiziertes Umweltmanagementsystem; Zusammenarbeit mit Umwelt-Initiativen; Kennzeichnung mit einem Nachhaltigkeitslabel
Information
Hinweise auf Ausflugsziele im Ort/in der Region, die zu Fuß, mit dem Fahrrad oder mit dem ÖPNV erreichbar sind; Informationen zum öffentlichen Verkehr; Infomaterial zu kulturellen Besonderheiten der Region

Quelle: Eigene Darstellung anhand von Bundesministerium für Land und Forstwirtschaft, Umwelt und Wasserwirtschaft (2010); oe-plus (2005); Die VERBRAUCHER INITIATIVE e.V. (o.J.); Naturfreunde Internationale (NFI) (o.J.); Viabono GmbH (o.J.a); WWF Deutschland, Verkehrsclub Deutschland e.V. (VCD) und Die VERBRAUCHER INITIATIVE e.V. (o.J.)

Neben der Betrachtung der Nachhaltigkeitsaspekte einer Unterkunft stellt sich die Frage, welche Faktoren generell bei der Wahl einer Unterkunft eine Rolle spielen. Diese Überlegung steht im Mittelpunkt zahlreicher Publikationen (u. a. Shanahan und Hyman 2007; Vieregge et al. 2007; Shanahan 2003; Lockyer 2002; Mccleary, Weaver und Hutchinson 1993; Weaver und Oh 1993; Ananth et al. 1992; Wind et al. 1989; Lewis 1984), eine kritische Analyse von weiteren Studien findet sich bei Jones und Chen (2011) bzw. Dolnicar und Otter (2003). Die Betrachtung der oben genannten Studien zeigt, dass in den meisten Untersuchungen die Beurteilung der Wichtigkeit der Unterkunftsattribute mithilfe einer Likert-Skala (5, 7 oder 9) erfolgte; nur in wenigen Untersuchungen wurden die Respondenten aufgefordert, die wichtigsten Attribute zu benennen (offene Frage) bzw. sie im Rahmen einer Conjoint-Analyse zu bewerten. Die Anzahl der berücksichtigten Attribute variiert deutlich und reicht zwischen 9 bis 166 Items, allerdings deuten die Ergebnisse der eigenen experimentellen Studie von Jones und Chen (2011) darauf hin, dass die Wahl einer Unterkunft letztendlich anhand von einigen wenigen Faktoren getroffen wird. Deutliche Unterschiede ergeben sich ebenfalls in der Rangfolge der Wichtigkeit von einzelnen Attributen. Als Hilfestellung kann hier das von Dolnicar und Otter (2003) erstellte Ranking von zehn wichtigsten Attributen in den ausgewerteten 21 Studien herangezogen werden, das aus folgenden Items besteht (in absteigender Rangfolge): convenient location, service quality, reputation, friendliness of staff, price, room, cleanliness, value for money, hotel cleanliness, security, room standard, swimming pool, comfort of bed, parking facilities, room size. Die Nachhaltigkeitsaspekte einer Unterkunft sind weder in dem von Dolnicar und Otter erstellten Ranking noch unter den sonstigen Attributen in den analysierten Untersuchungen zu finden.

5.3 Reiseverhalten und -präferenzen eines nachhaltigkeitsbewussten Konsumenten in der Forschung

Für die Beschreibung des Reiseverhaltens und der Reisepräferenzen der nachhaltigkeitsbewussten Konsumenten wurden Studien ausgewertet, die sich explizit mit dem **Reiseverhalten und -präferenzen der LOHAS** beschäftigen (vgl. Klade et al. 2010; Schober Information Group Deutschland GmbH (Hrsg.) 2010; Kirig, Rauch und Wenzel 2007; Ray und Anderson 2000). Eine wichtige Rolle spielten ebenfalls Untersuchungen, die einen **Zusammenhang zwischen einem nachhaltigkeitsbewussten Lebensstil bzw. Konsumverhalten und Reiseverhalten** näher betrachten (vgl. Dolnicar 2010; Adlwarth 2009b; Rheem 2009; Dolnicar und Leisch 2008; Nusser 2007; Miller 2003). Aufschlussreich waren ebenfalls **Untersuchungen der unterschiedlichen Reisestile**, bei welchen die Nachhaltigkeitsaspekte einer Reise im Vordergrund standen (vgl. Wehrli et al. 2011; Götz und Seltmann 2005; Kösterke und Laßberg 2005).

Die analysierten Untersuchungen zeichnen sich durch eine sehr heterogene Vorgehensweise bzw. Methodik aus und beleuchten meistens nur einzelne Aspekte des Reiseverhaltens bzw. der Reisepräferenzen. Trotz ihrer Heterogenität fördern sie teilweise ähnliche Ergebnisse zu Tage, die eine – wenn auch unvollständige – Darstellung eines nachhaltigkeitsbewussten Konsumenten ermöglichen. Dabei wird das Ziel verfolgt, die Unterschiede in den Erkenntnissen der Untersuchungen und die bestehenden Forschungslücken zu identifizieren, so dass Anhaltspunkte für die Gestaltung der beabsichtigten Untersuchung der Reisepräferenzen der LOHAS ausgearbeitet werden können. Die Erarbeitung der Ergebnisse orientiert sich an den im vorigen Kapitel erläuterten Bausteinen der touristischen Leistungskette. Eine zusammenfassende Tabelle der analysierten Publikationen befindet sich im Anhang 8.

Die nachhaltigkeitsbewussten Konsumenten sind **Vielreiser** (vgl. Klade et al. 2010; Nusser 2007, S. 77; Götz und Seltmann 2005, S. 65) und machen dabei überdurchschnittlich viele Kurzurlaube (vgl. Klade et al. 2010; Schober Information Group Deutschland GmbH (Hrsg.) 2010, S. 9; Götz und Seltmann 2005, S. 89). Sie bevorzugen **individuelle Organisationsformen**, die ihnen eine selbstbestimmte Gestaltung der Reiseroute und des Aufenthalts vor Ort ermöglichen (vgl. Klade et al. 2010). Dementsprechend buchen sie überdurchschnittlich oft einzelne Teilleistungen wie Ticket/Fahrschein oder Unterkunft und zeigen weniger Interesse für preiswerte Pauschalangebote, All-inclusive-Reisen (vgl. Klade et al. 2010; Adlwarth 2009b, S. 7; Götz und Seltmann 2005, S. 32; 72; 85 f; Ray und Anderson 2000, S. 37) oder Kreuzschifffahrten (vgl. Ray und Anderson 2000, S. 37). Sie sind auch eher bereit als der Rest der Bevölkerung, Zusatzkosten für soziale und ökologische Aspekte einer Reise zu bezahlen (vgl. Adlwarth 2009b, S. 4; Nusser 2007, S. 99 ff; Schmied und Götz 2006, S. 63). In der GfK-Studie (Adlwarth 2009b, S. 4) wurde die Bereitschaft auf 8 % Zusatzkosten beziffert, wobei sie sich vor allem auf soziale/humanitäre Aspekte am Urlaubsort und ökologische Aspekte im Hotel/Urlaubsort und weniger auf Zertifikate für verantwortungsvolles Handeln der Reiseveranstalter bezieht.

Die vorliegenden Untersuchungen liefern nur eingeschränkt Hinweise auf den Vorgang der **Reiseplanung und -entscheidung** der nachhaltigkeitsbewussten Konsumenten. Es kann angenommen werden, dass das Internet eine wichtige Informationsquelle bei der Planung und Buchung von Reisen ist (vgl. Klade et al. 2010; Götz und Seltmann 2005, S. 88). Es fehlen eindeutige Informationen zu dem Vergleich mit anderen Informationsquellen wie Mundpropaganda, Reisebüros, Reiseführer und Prospekte. Die Untersuchungen liefern ebenfalls widersprüchliche Informationen hinsichtlich der expliziten Nachfrage nach nachhaltigen Tourismusangeboten, Nutzung der Nachhaltigkeitslabel und Wissen über Möglichkeiten und Angeboten des nachhaltigen Tourismus (vgl. Wehrli et al. 2011, S. 35; Klade et al. 2010; Nusser 2007, S. 99 ff; Epler Wood und Corvetto 2003, S. 22 f).

Hinsichtlich der **Auswahl der Verkehrsmittel bei der An- und Abreise** gehen die Untersuchungen der IFZ Graz (Klade et al. 2010), GfK (Adlwarth 2009b, S. 5) und Nusser (2007, S. 82) von einer verstärkten Nutzung der öffentlichen Verkehrsmittel wie Bahn oder Bus; die Ergebnisse der INVENT-Studie (Schmied und Götz 2006, S. 26; 79 ff) zeigen einen eher durchschnittlichen Gebrauch von ÖPNV (außer der Nutzung des Zuges bei der Anreise zum Flughafen, die überdurchschnittlich hoch ist), allerdings eine unterdurchschnittlich häufige Wahl des Flugzeugs und eine überdurchschnittliche Nutzung des Autos. Im Widerspruch dazu steht die Annahme von Kreilkamp (2010, S. 13), der von einer verstärkten Flugnutzung durch die LOHAS ausgeht. Hinsichtlich der **Wahl der Verkehrsmittel vor Ort** konnten nur in der Studie des Zukunftsinstituts (Kirig, Rauch und Wenzel 2007, S. 76) Hinweise auf eine verstärkte Nachfrage der LOHAS nach verbrauchsreduzierten Autos bzw. Autos mit alternativem Antrieb gefunden werden.

Die meisten Publikationen, die Aussagen zur freiwilligen **Kompensation von Schadstoffemissionen** treffen, gehen von einer Ablehnung dieser Maßnahme durch die LOHAS aus (vgl. Bundesministerium für Umwelt, Naturschutz und Reaktorsicherheit (BMU)und Umweltbundesamt (UBA) (Hrsg.) 2010, S. 38; Klade et al. 2010; Adlwarth 2009b, S. 8). Die Umweltbewusstseinsstudie des Bundesministeriums für Umwelt, Naturschutz und Reaktorsicherheit (BMU) und des Umweltbundesamtes (UBA) (2010, S. 38), in der dem sozialökologischen Milieu eine unterdurchschnittlich häufige Kompensation bescheinigt wird, führt die Ablehnung dieser Form des Klimaschutzes auf deren Betrachtung als eine Art „Ablasshandel" zurück, der mit den „Integritäts- und Konsequenzvorstellungen" dieses Milieus nicht übereinstimmt. Zu einer anderen Schlussfolgerung kommt dagegen die Studie des Zukunftsinstituts (Kirig, Rauch und Wenzel 2007, S. 75), in der die Kompensationszahlungen als eine

Lösung der LOHAS zum Entkommen aus dem ethischen Dilemma zwischen einer Fernreise und dem Erhalt der intakten Umwelt dargestellt werden.

Bei der Wahl des **Reiseziels** kann eine Zurückhaltung hinsichtlich preiswerter Strandziele in Südeuropa wie Spanien, Griechenland oder Türkei festgestellt werden, der Vorzug wird den Zielen in Westeuropa gegeben (vgl. Adlwarth 2009b, S. 6; Götz und Seltmann 2005, S. 66 f). In Bezug auf Urlaub in Deutschland und Fernreisen liegen keine einheitlichen Erkenntnisse vor (vgl. Schober Information Group Deutschland GmbH (Hrsg.) 2010, S. 9; Nusser 2007, S. 79; Götz und Seltmann 2005, S. 65 ff). Es fehlen ebenfalls Informationen über die Reisedauer im Verhältnis zum Reiseziel.

Hinsichtlich der **Aktivitäten vor Ort** ergibt sich folgendes Bild: im Vordergrund einer Reise von nachhaltigkeitsbewussten Konsumenten steht das Natur- und Kulturerleben (vgl. u. a. Klade et al. 2010). Zu den beliebten Beschäftigungen im Urlaub gehören demzufolge naturnahe Aktivitäten wie Wandern, Fahrradfahren oder Schwimmen, verbunden mit dem Entdecken der regionalen Kultur, dem Kontakt mit der lokalen Bevölkerung und dem Ausprobieren von landestypischem Essen mit Produkten aus der Region. Ray und Anderson (2000, S. 37) nennen u. a. Abenteuer-Urlaub, Bildungsreise und spirituelle Reise als typische Reisearten der LOHAS. Die Studie der IFZ Graz (Klade et al. 2010) listet allerdings Urlaube zur spirituellen Weiterentwicklung unter Angeboten, die für LOHAS unwichtig sind bzw. bei ihnen „nicht gut ankommen". Widersprüchlich gestalten sich ebenfalls die Angaben hinsichtlich des Städteurlaubs: in der INVENT-Studie (Götz und Seltmann 2005, S. 71) wird ein unterdurchschnittliches und in der GfK-Untersuchung (Adlwarth 2009b, S. 7) ein überdurchschnittliches Interesse für Städteurlaub konstatiert; die Studie der IFZ Graz (Klade et al. 2010) geht dagegen von einem eher durchschnittlichen Interesse aus: „Städtereisen, Kulturevents (z. B. Museumsbesuche, Konzerte), gute Einkaufsmöglichkeiten am Urlaubsort sowie ein vielfältiges Freizeitangebot werden zwar nicht abgelehnt, stehen aber auch nicht im Vordergrund."

Bei der Wahl der **Unterkunft** werden eher Ferienwohnungen und Campingplätze als Hotels nachgefragt (vgl. Adlwarth 2009b, S. 7; Dolnicar und Leisch 2008, S. 389; Götz und Seltmann 2005, S. 76), was dem Bedürfnis nach selbstbestimmter Gestaltung entsprechen könnte. Die Erkenntnisse hinsichtlich der Bedeutung der Nachhaltigkeitsaspekte einer Unterkunft liegen nur eingeschränkt vor. In der GfK-Studie (Adlwarth 2009a, S. 13), die die Wichtigkeit der Umweltaspekte eines Hotels für CSR interessierte Haushalte untersucht hat, wurde von den Befragten der Wechsel der Handtücher nur auf Gastwunsch an erster Stelle genannt (49 %), es folgten die Energiesparmaßnahmen (43 %), keine Einwegverpackungen beim Frühstück (40 %), Nutzung von regenerativen Energien (37 %), keine Einwegverpackungen im Bad (29 %) und Verpflegung mit Produkten in Bio-Qualität (25 %). Die veröffentlichten Ergebnisse liefern allerdings keine Vergleichszahlen mit den nicht-CSR interessierten Haushalten. Widersprüchliche Ergebnisse liegen hinsichtlich der Erwartungen an den Komfort der Unterkünfte vor. In der Studie der IFZ Graz (Klade et al. 2010) wird gehobener Komfort der Unterkunft und Unterkünfte mit Öko-Standards als nicht besonders wichtig für LOHAS genannt. Die Untersuchung des Zukunftsinstituts (Kirig, Rauch und Wenzel 2007, S. 76) betont dagegen die hohen Ansprüche sowohl hinsichtlich Komfort als auch Umweltstandard der Unterkünfte. Beide Studien (Klade et al. 2010; Kirig, Rauch und Wenzel 2007, S. 76) gehen von einem hohen Stellenwert der Verpflegung in Bio-Qualität aus, in der Untersuchung der IFZ Graz (Klade et al. 2010) wird darüber hinaus das Probieren von regionalen Produkten und kulinarischen Spezialitäten der jeweiligen Region hervorgehoben.

Aus der obigen Darstellung wird ersichtlich, dass der Wissensstand über das Reiseverhalten und die Reisepräferenzen der nachhaltigkeitsbewussten Konsumenten noch viele Lücken bzw. Widersprüche ausweist. Hier sind insbesondere die Bausteine An- und Abreise/Mobilität vor Ort sowie Unterkunft hervorzuheben.

III THEORETISCHER RAHMEN

Im Kontext der Forschungsfragen dieser Arbeit sind die theoretischen Konstrukte von Bedeutung, die versuchen, das Konsumentenverhalten – und hier insbesondere das *nachhaltige* Konsumentenverhalten – zu erklären und abzubilden. Eine erste Übersicht der vorhandenen Theorien zeigt eine Fülle an Untersuchungen und Erklärungsversuchen aus unterschiedlichen Wissenschaftsbereichen und mit differentem Komplexitätsgrad (vgl. u. a. eine Darstellung von Jackson 2005b sowie Kollmuss und Agyeman 2002), wobei sie vor allem auf Umweltaspekte fokussieren und die weiteren Nachhaltigkeitsdimensionen vernachlässigen bzw. nicht explizit erwähnen. Für die Identifizierung der LOHAS, die als eine Wertegemeinschaft betrachtet werden, sind insbesondere die Theorien, die im Vordergrund das moralische und normative Handeln stellen, von Interesse. Des Weiteren werden die Ansätze der ökonomischen Verhaltenstheorie, die Konsumentscheidungen auf individuelle Kosten-Nutzen-Erwägungen zurückführen, als relevant für die Untersuchung der Reisepräferenzen von LOHAS betrachtet.

6 Moral- und normenbezogene Theorien des Konsumentenverhaltens

> *„Moral and normative considerations are inherent in any discussion of environmentally-significant consumer behaviour."* (Tim Jackson 2005b, S. viii)

Im folgenden Kapitel werden zuerst die im Kontext der Theorien zum nachhaltigen Konsumentenverhalten relevanten Begriffe definitorisch erläutert. Danach folgt eine Darstellung der ausgewählten Theorien des Konsumentenverhaltens, die das moralische und normative Handeln in den Vordergrund stellen.

6.1 Begriffserklärungen

> „an understanding of man's beliefs, attitudes, and values will not come about unless we are willing to distinguish these concepts from one another and to employ them in distinctively different ways" (Rokeach 1968, S. ix).

Diese bereits 1968 von Rokeach festgestellte Notwendigkeit der Unterscheidung zwischen unterschiedlichen psychografischen Variablen des Konsumentenverhaltens gilt nach wie vor. Im Folgenden wird auf die einzelnen Konstrukte, insbesondere deren Gemeinsamkeiten und Unterschiede näher eingegangen.

6.1.1 Werte

Werte (auf engl. values) gehören zu den Begriffen, die in vielen Wissenschaftsdisziplinen mit teilweise unterschiedlicher Bedeutung verwendet werden. In der Sozialpsychologie und in der Konsumforschung werden die Werte vorrangig mit den Zielen bzw. Motiven in Verbindung gebracht. Und so werden Werte von Kroeber-Riel und Weinberg (2003, S. 559) als „Vorstellungen vom Wünschenswerten, von grundlegenden Zielvorstellungen, die eine Vielzahl von Motiven und Einstellungen und in Abhängigkeit davon eine Vielzahl von beobachtbaren Verhaltensweisen bestimmen" verstanden. Schwartz (1994, S. 21) definiert Werte als „desirable transsituational goals, varying in importance, that serve as guiding principles in the life of a person or other social entity". Die Definition von Schwartz beinhaltet einen Hinweis auf verschiedene Betrachtungsebenen von Werten. Demnach kann zwischen gesellschaftlichen und individuellen Werten unterschieden werden (vgl. Schuppe 1988, S. 16). Die zuletzt genannten, auch als Wertehaltungen bezeichnet, stehen bei der Erfassung eines Lebensstils und Erklärung des Konsumverhaltens im Vordergrund (vgl. Petras und Bazil 2008, S. 13). Als weitere, mit dem Begriff der Werte verbundene Bezeichnungen sind die Termini Wertorientierung und Wertsystem zu nennen. Eine Wertorientierung wird als „die Orientierung eines Individuums in Richtung auf einen subjektiven, internalisierten Wert, der nicht mehr nur erstrebenwert erscheint, sondern tatsächlich erstrebt wird" (Hiesel 1976, S. 54), definiert. Unter einem Wertesystem wird „eine abgrenzbare Einheit mehrerer aufeinander bezogenen Werte" (Schuppe 1988, S. 23) verstanden.

Trommsdorff (2009, S. 174) hebt den komplexen Charakter der Werte hervor, den er auf der Ebene der Objekte (Bezug zu vielen Einstellungen), der Normen (Verbindung zu Belohnung und Bestrafung) und der Gesellschaft (Verbindung des Einzelnen mit seiner Umwelt) sieht. Daraus kann die Eignung der Werte zur Vorhersage von Verhaltensmustern bzw. von Stilen (aber nicht von einer konkreten Kaufentscheidung) abgeleitet werden (vgl. ebd., S. 175).

In Bezug auf Werte spielt die Frage nach ihrer Kategorisierung bzw. Messung eine wichtige Rolle. Es gibt allerdings keine allgemeingültige Vorgehensweise, die in der Wissenschaft als *der* Standard zur Kategorisierung von Werten anerkannt wäre (vgl. ebd.). Unter vielen Ansätzen sind vor allem die Arbeiten von Rokeach (u. a. 1973; 1968) zu erwähnen – einem Vorreiter auf dem Gebiet der Werteforschung. Rokeach (1968, S. 160) differenzierte zwischen terminalen und instrumentellen Werten, also zwischen angestrebten Lebensformen bzw. Zielen und möglichen Verhaltensweisen zu ihrer Erreichung. In dem nach ihm genannten System zur Klassifizierung von Werten (RVS: Rokeach Value Survey) wurden jeweils 18 terminale und instrumentelle Werte erfasst, die von Probanden in eine Rangfolge gebracht werden sollten (vgl. Rokeach 1973, S. 27 ff). Trotz der späteren Kritik, u. a. an der Willkür der ausgewählten Werte, sind seine Arbeiten als wichtiger Beitrag zur Werteforschung und als Basis für viele weitere Ansätze zu betrachten. Hier sind vor allem die internationalen Arbeiten von Schwartz (u. a. 1994, S. 22 ff), zu nennen, der ein System von zehn Wertetypen erarbeitet hat, von denen alle auf drei universelle Motive zurückgeführt werden können: persönliche Bedürfnisse als biologischer Organismus („Organismus"), Anforderungen, die mit sozialer Interaktion verbunden sind („Interaktion") und ein reibungsloses Funktionieren bzw. Überleben von Gruppen („Gruppe"). Sie werden als ein Kontinuum von verwandten Motiven, die in einem Kreis abgebildet werden können, verstanden. Die Unterscheidung zwischen einzelnen Wertetypen ist demnach eher fließend; je ähnlicher sich die Werte sind, desto näher liegen sie im Kreis. Es kann dabei eine Teilung in vier Hauptkategorien (siehe folgende Abbildung) vorgenommen werden, die zwei gegensätzliche Wertepaare bilden. Das erste Wertepaar wird durch die *Selbstbestimmungs- und Traditionswerte* (im Original: *Openness for Change, Conservation*) gebildet und bezieht sich somit einerseits auf die Werte, die Unabhängigkeit ausdrücken (Stimulation, Selbstbestimmung), und andererseits auf die konservativen Werte (Konformität, Tradition, Sicherheit). Das zweite Wertepaar bilden *universalistische und egozentrische Werte* (im Original: *Self-Transcedence, Self-Enhancement*), die auf der einen Seite aus Werten bestehen, die auf das Gemeinwohl bezogen sind (Universalismus, Prosozialität), und auf der anderen Seite aus ich-bezogenen Werten (Leistung, Macht). Der Wertetyp Hedonismus kann sowohl den Selbstbestimmungs- als auch egozentrischen Werten zugerechnet werden.

Abb. 26: Wertekreis von Schwartz

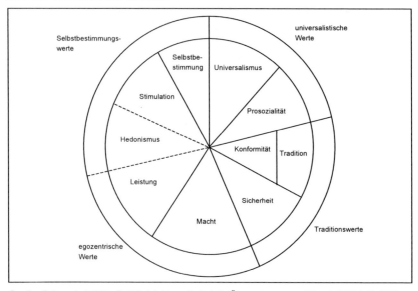

Quelle: Schwartz (1994, S. 24), leicht verändert, in Übersetzung von Strack (2004, S. 176)

Die Wertetheorie von Schwartz wurde mithilfe der sog. Schwartz Value Survey (SVS) in einer groß angelegten internationalen Studie empirisch geprüft (vgl. Schwartz 1994, S. 25 ff). Die in 44 Ländern durchgeführte Umfrage beinhaltete 52 Werte, die einer der vier Kategorien entsprachen sowie vier weitere spirituelle Werte, deren Existenz von Schwartz angenommen wurde. Die Studie konnte den stabilen Charakter der zehn Wertetypen im internationalen Vergleich bestätigen, allerdings wurden bei zehn Werten kulturelle Unterschiede ihrer Bedeutung festgestellt. Dies betraf unter anderem alle Spiritualitätswerte, so dass sie nicht als ein separater Typ in den Wertekreis aufgenommen wurden. Die Untersuchung konnte keinen Beweis für die von Rokeach (1968, S. 160) postulierte Unterscheidung zwischen terminalen und instrumentellen Werten finden.

In der folgenden Tabelle werden die von Schwartz (1994, S. 22) erarbeiteten Wertekategorien und -typen mit den dazugehörigen Einzelwerten und dahinter stehenden Motiven dargestellt; die Einzelwerte bzw. Wertetypen, bei deren Bedeutung kulturelle Unterschiede vorliegen, wurden kursiv hervorgehoben.

Tab. 6: Wertekategorien und -typen von Schwartz

Wertekategorie und -typ	Einzelwerte	Motiv
EGOZENTRISCHE WERTE		
MACHT	soziale Macht, Autorität, Reichtum, mein öffentliches Ansehen wahren, *soziale Anerkennung*	Interaktion Gruppe
LEISTUNG	erfolgreich, fähig, ehrgeizig, einflussreich, *intelligent*	Interaktion Gruppe
EGOZENTRISCHE/STIMULATIONSWERTE		
HEDONISMUS	Vergnügen, das Leben genießen, *sich verwöhnen*	Organismus
STIMULATIONSWERTE		
STIMULATION	wagemutig, ein abwechslungsreiches Leben, ein aufregendes Leben	Organismus
SELBSTBESTIMMUNG	Kreativität, Freiheit, unabhängig, neugierig, eigene Ziele auswählen, *Selbstrespekt*[63]	Organismus Interaktion
UNIVERSALISTISCHE WERTE		
UNIVERSALISMUS	tolerant, Weisheit, soziale Gerechtigkeit, Gleichheit, eine Welt in Frieden, eine Welt voll Schönheit, Einheit mit der Natur, die Umwelt schützen	Gruppe Organismus
PROSOZIALITÄT	hilfsbereit, ehrlich, vergebend, treu, verantwortungsbewusst, *wahre Freundschaft, reife Liebe*	Organismus Interaktion Gruppe
SPIRITUALITÄT	*innere Harmonie, ein geistiges Leben, Sinn im Leben*	keine Zuordnung
TRADITIONSWERTE		
TRADITION	fromm, meine Stellung im Leben akzeptieren, demütig, Achtung vor der Tradition, gemäßigt	Gruppe
KONFORMITÄT	Höflichkeit, Gehorsam, Selbstdisziplin, ehrerbietig gegenüber Eltern und älteren Menschen	Interaktion Gruppe
SICHERHEIT	familiäre Sicherheit, nationale Sicherheit, soziale Ordnung, sauber, niemanden etwas schuldig bleiben, *Gefühl der Zugehörigkeit, Gesundheit*	Organismus Interaktion Gruppe

Quelle: Eigene Darstellung auf der Grundlage von Glöckner-Rist (2010), Schmidt et al. (2007, S. 262) und Schwartz (1994, S. 22)

Zwar wurde die Eignung des SVS als Instrument zur Messung der von Schwartz erarbeiteten Werte mehrfach empirisch bewiesen, sie galt jedoch als ein „intellektuell sehr anspruchsvolle[s] Instrument", das „das Verständnis und die vergleichende Bewertung von 57 abstrakten Werten" vorausgesetzt hat (Schmidt et al. 2007, S. 261 f). Dieses Problem sollte durch die Entwicklung

---

[63] Dieser Wert kann ebenfalls dem Werttyp Macht zugeordnet werden.

des sog. Portraits Value Questionnaire (PVQ) behoben werden. Das neue Instrument umfasst kurze verbale Portraits von Zielen, Erwartungen oder Wünschen einer Person; die Befragten sollten nicht wie beim SVS die Wichtigkeit aller Werte als Leitprinzip in ihrem Leben bewerten, sondern ankreuzen, wie groß für sie die Ähnlichkeit mit der beschriebenen Person sei (vgl. ebd., S. 263). Durch indirekte Messung der Werte soll die Wahrscheinlichkeit gesteigert werden, dass sich die Urteile nur auf die werterelevanten Aspekte konzentrieren sowie die Verständlichkeit des Instruments erhöht werden (vgl. ebd., S. 263 f). Darüber hinaus konnte durch die Reduzierung des PVQ von 56 Werten auf 40 Portraits die Durchführungszeit des PVQ gekürzt werden.

6.1.2 Einstellungen

Einstellungen (auf engl. attitudes) können als „Bewertungen von Dingen, Menschen oder ganzen sozialen Gruppen" (Visschers et al. 2009, S. 36) definiert werden. Bezeichnend für Einstellungen ist, dass sie immer in Bezug zu einem Objekt geäußert werden – als eine positive, negative oder neutrale Einstellung.

Der Begriff der Einstellungen gehört zu den Bezeichnungen, die mit dem Wertebegriff die meisten Ähnlichkeiten vorweisen können (vgl. Schuppe 1988, S. 25). Dies wird aus der Definition der Werte von Trommsdorff (2009, S. 175) deutlich, in der ein Wert als „ein konsistentes System von Einstellungen (eine ‚Über-Einstellung') mit normativer Verbindlichkeit" bezeichnet wird. Demzufolge sind Einstellungen im Vergleich zu Werten als eine niedrigere Kategorie zu betrachten, die weniger dominant und weniger stabil, dafür aber konkreter ist (vgl. Schuppe 1988, S. 25). Als weitere verwandte Begriffe sind *Meinungen* (sprachlich formulierte Einstellungen; auf engl. opinions), *Überzeugungen* (kognitive Grundlage von Einstellungen; auf engl. beliefs) und *Präferenzen* (auf engl. preferences; weitere Informationen zu Präferenzen vgl. Kapitel 7.2.1) zu nennen (vgl. Trommsdorff 2009, S. 146).

Einstellungen werden, je nach Sichtweise, als ein- oder mehrdimensionale Konstrukte betrachtet. Die mehrdimensionale Konzeptualisierung bezieht sich auf ein Dreikomponentenmodell, das ursprünglich von Rosenberg und Hovland (1960, S. 3) erarbeitet wurde und in dem angenommen wird, dass eine Einstellung eine affektive (evaluative), eine kognitive und eine behaviorale Komponente hat. Trommsdorff (2009, S. 151) betont eine kausale Struktur des Modells, zählt aber die Verhaltensintentionen nicht zu dem Konstrukt der Einstellungen. In seiner postulierten *Dreiperspektiventheorie* wird eine Einstellung affektiv und kognitiv bedingt, beeinflusst direkt die Verhaltensintentionen und indirekt das Verhalten. Somit werden die drei Komponenten als drei Perspektiven und nicht als unabhängige Faktoren (wie bei einigen Autoren) interpretiert.

Abb. 27: Zusammenhang zwischen Einstellungen und Verhalten: Dreiperspektiventheorie von Trommsdorff

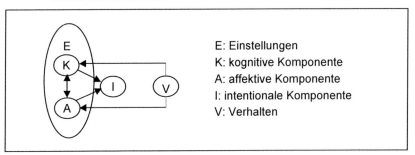

Quelle: Trommsdorff (2009, S. 151)

In diesem Zusammenhang soll auf den Begriff des Umweltbewusstseins (auf engl. environmental concern) kurz eingegangen werden. Diese bei der Untersuchung des nachhaltigen Konsums oft verwendete Bezeichnung wird von vielen Autoren sehr unterschiedlich ausgelegt, was mit dem Fehlen einer allgemeingültigen Definition sowie mit einer unterschiedlich breiten Auslegung des Begriffs Einstellungen (ein- oder mehrdimensional) zusammenhängt. Diese Beliebigkeit des Begriffs wird von Preisendörfer (1999, S. 42 f) wie folgt beschrieben: „Der Begriff des Umweltbewußtseins hat sich im deutschen Sprachraum zu einer Art ‚Sammelvariable' für ökologische Bewußtseinsgehalte und ökologische Orientierungen entwickelt". Dabei kann grob zwischen zwei Betrachtungsweisen unterschieden werden: eine breite, mehrdimensionale Erfassung des Umweltbewusstseins und ein engeres Verständnis des Begriffs[64]. Zu der ersten Gruppe zählen Studien, in denen die Umwelteinstellungen als eine von vielen Dimensionen des Umweltbewusstseins erfasst werden (vgl. u. a. Bundesministerium für Umwelt, Naturschutz und Reaktorsicherheit (BMU) und Umweltbundesamt (UBA) (Hrsg.) 2010; Schahn und Holzer 1990; Fietkau

---

[64] Es gibt allerdings auch Arbeiten, die keiner der beiden Kategorien zugerechnet werden können, beispielsweise das Modell des umweltgerechten Verhaltens von Grob (1991, S. 33), in dem das Umweltbewusstsein von den Komponenten Wissen und Wahrnehmung des Umweltzustandes zusammengesetzt und als einer von vier Einstellungskonstrukten betrachtet wird.

und Kessel (Hrsg.) 1981, S. 6). An dieser Stelle ist insbesondere die Studienreihe „Umweltbewusstsein in Deutschland" hervorzuheben, die vom BMU und UBA seit 1996 in einem Zweijahreszyklus durchgeführt wird. In der Studie wird zwischen drei Hauptdimensionen des Umweltbewusstseins unterschieden: dem Umweltwissen, den Umwelteinstellungen und dem Umweltverhalten (vgl. Grunenberg und Kuckartz 2003, S. 27). Die zweite Gruppe setzt das Umweltbewusstsein mit dem Konstrukt der Einstellungen bzw. Überzeugungen gleich (u. a. Dunlap et al. 2000, S. 427 f; Preisendörfer 1999, S. 44; Diekmann und Preisendörfer 1992, S. 230), wobei sich hier wiederum weitere Unterschiede aus der ein- bzw. mehrdimensionalen Betrachtung der Einstellungen ergeben.

6.1.3 Normen

Eine Norm kann als ein Gefühl der moralischen Verpflichtung (vgl. Schwartz 1977, S. 231) bzw. eine geäußerte Erwartung (vgl. Opp 1983, S. 4) verstanden werden. Adelt (1990, S. 167) hebt den „„janusköpfigen' Charakter von Normen" hervor – einerseits dienen sie der Druckausübung und Kontrolle von Individuen oder Gruppen, andererseits haben sie eine Orientierungsfunktion. Schwartz (1977, S. 231) unterscheidet zwischen personalen und sozialen Normen und stellt die zuerst genannten, die er als Selbsterwartung der Individuen definiert, in den Mittelpunkt seines Norm-Aktivations-Modells (siehe weiter im Kapitel 6.2.2):

> „What distinguishes personal norms from social norms is that the sanctions attached to personal norms are tied to the self-concept. Anticipation of or actual conformity to a self-expectation results in pride, enhanced self-esteem, security, or other favorable self-evaluations; violation or its anticipation produce guilt, self-deprecation, loss of self-esteem, or other negative self-evaluations."

Zwischen Normen und Werten bestehen viele Gemeinsamkeiten, wobei eine Norm nur *einen* Aspekt der Werte – den Verbindlichkeitsaspekt – darstellt (vgl. Trommsdorff 2009, S. 186). Somit sind Werte als eine höhere und abstraktere Kategorie zu verstehen, die zur Entstehung von bestimmten Normen in konkreten Situationen führen können.

6.2 Modelle zur Erklärung des nachhaltigen Konsumentenverhaltens

6.2.1 Ecological Value Theory und New Ecological Paradigm

Als das früheste und einfachste Modell unter den Theorien, die Moral und Normen als wichtigste Determinanten eines nachhaltigen Verhaltens betrachten, wird bei Jackson (2005b, S. 52) die **Ecological Value Theory** genannt. Es handelt sich dabei nicht um eine Theorie, deren Ursprung einem einzigen Autor zugeordnet werden kann, sondern eher um verschiedene Studien, die seit den 1970er-Jahren veröffentlich wurden und die von der Annahme ausgehen, dass zwischen einer bestimmten Wertorientierung und einem umweltbewussten Verhalten ein direkter Zusammenhang besteht. Hier sind vor allem die Arbeiten von Stern und seinen Kollegen (u. a. Stern et al. 1995; Stern, Dietz und Kalof 1993) zu nennen, die in ihren Studien von der Existenz von drei Wertorientierungen ausgegangen sind, die die Bildung von Umwelteinstellungen und -verhalten beeinflussen können: die egozentrische, die sozialaltruistische und die biozentrische Wertorientierung. Die zuletzt genannte stellt nicht das Wohlbefinden der eigenen Person – wie die egozentrische – oder der Mitmenschen – wie die sozial-altruistische Wertorientierung –, sondern das Wohlbefinden von Tieren und der Umwelt in den Mittelpunkt. Zum damaligen Zeitpunkt konnten Stern et al. (1995) keine empirischen Beweise für die Unterscheidung zwischen der altruistischen und der biozentrischen Wertorientierung finden und haben sie zu einer generellen biozentrisch-altruistischen Wertekategorie zusammengefasst, die den universalistischen Werten bei Schwartz (1994) entspricht: „The biospheric value orientation that appears in the literature on environmentalism cannot yet be differentiated from a more generalized self-transcendent value cluster in the general population." (Stern et al. 1995, S. 1630) Nichtsdestotrotz konnten sie einen signifikanten Zusammenhang zwischen einer biozentrisch-altruistischen (positiv gerichtet) bzw. egozentrischen (negativ gerichtet) Wertorientierung und Bereitschaft zum umweltfreundlichen Verhalten zeigen (vgl. ebd., S. 1624). Der Studie von Stern et al. (1995) folgten zahlreiche weitere Untersuchungen, die weitere empirische Beweise für den Zusammenhang zwischen der biozentrisch-altruistischen bzw. der egozentrischen Wertorientierung und einem nachhaltigkeitsbewussten Verhalten erbracht haben (u. a. Hansla 2011; Pepper, Jackson und Uzzell 2009; Groot und Steg 2007; Gilg, Barr und Ford 2005; Bardi und Schwartz 2003; Nordlund und Garvill 2002; Thøgersen und Ölander 2002).

Das Postulat der Existenz der biozentrischen Wertehaltung geht mit den zu beobachtenden Veränderungen in den westlichen Gesellschaften einher, die unter anderem von Dunlap und van Liere (1978) beschrieben wurden. Neben dem bis dahin geltenden dominierenden Weltbild – dem Dominant Social Paradigm – haben sie den Anstieg der Akzeptanz für eine neue ökologische Weltsicht – das **New Environmental Paradigm** – diagnostiziert. Der Glaube an Reichtum, Wissenschaft und Technologien sowie die Zustimmung für die Laissez-faire-Politik und Einschränkung der Rolle des Staates auf das Notwendigste wurde – mindestens bei einem Teil der Bevölkerung – durch den Respekt vor natürlichen Grenzen, Streben nach Gleichgewicht und Integrität der Natur ersetzt (vgl. ebenfalls die Darstellung der Phasen der Auseinandersetzung der westlichen Gesellschaften mit den Zusammenhängen zwischen Lebensstil/Konsum und Nachhaltigkeit im Kapitel 4.2.2). Zur Erfassung der neuen Weltsicht haben die beiden Autoren eine Skala erarbeitet, die in ihrer ersten Version aus zwölf Items bestand, mit deren Hilfe Einstellungen in Bezug auf drei Primärfaktoren gemessen werden konnten: Grenzen des Wachstums (limits to growth), Anti-Anthropozentrismus (antianthropocentrism) und Gleichgewicht der Natur (balance of nature) (vgl. ebd., S. 11 f). Im Laufe der Zeit wurden einige Modifikationen vorgenommen, um die neuen Erkenntnisse aus zahlreichen empirischen Studien unter der Anwendung der NEP in die Bildung der Items einfließen zu lassen. Die aktuelle Version von 2000 mit dem Namen **New Ecological**[65] **Paradigm Scale** (NEP-Skala) besteht aus 15 Items, die zusätzlich zu den bereits drei bestehenden Primärfaktoren zwei weitere Bereiche abbilden: Ablehnung der Ausnahmestellung der Menschheit (rejection of exemptionalism) und die Überzeugung der Existenz einer ökologischen Krise (possibility of an ecocrisis) (vgl. Dunlap et al. 2000, S. 432). Von den 15 Items wurden acht Fragen so formuliert, dass ihre Zustimmung eine pro-ökologische Weltsicht indiziert. Bei sonstigen sieben Fragen wird ein pro-ökologisches Weltbild durch eine Nichtübereinstimmung abgebildet.

Die NEP-Skala gehört mittlerweile zu den Standardskalen zur Erfassung von Umwelteinstellungen und findet meistens Anwendung bei der Untersuchung der gesamten Bevölkerung, wird aber auch zur Erforschung von spezifischen Gruppen wie Landwirten oder ethnischen Minderheiten eingesetzt (vgl. ebd.,

---

[65] Die Autoren der Skala haben sich für den Begriff „ecological" entschieden, da er – ihrer Ansicht nach – allgemeiner, breiter und systemischer aufgefasst ist als der Begriff „environmental" und somit besser die Probleme der modernen Welt widerspiegelt (vgl. Dunlap et al. 2000, S. 432).

S. 428). Nicht eindeutig wurde bis jetzt die Frage nach der Ein- bzw. Mehrdimensionalität von NEP beantwortet. Der ursprünglich von den Autoren angenommene eindimensionale Charakter der Skala konnte zwar in vielen Untersuchungen bestätigt werden. Deren Ergebnisse stehen allerdings im Widerspruch zu einer ganzen Reihe von anderen Studien, die genau das Gegenteil bewiesen haben (vgl. ebd., S. 430 f).

6.2.2 Norm-Aktivations-Modell von Schwartz

Als weiteres wichtiges Modell, das zu den am meisten verwendeten theoretischen Konstrukten zur Erklärung des nachhaltigen Konsumentenverhaltens gehört, ist das **Norm-Aktivations-Modell von Schwartz** (vgl. Schwartz und Howard 1984, S. 237; Schwartz 1977; Schwartz 1968a; Schwartz 1968b) zu nennen, das ursprünglich zur Untersuchung des moralischen Verhaltens, und hier insbesondere des Altruismus, entwickelt wurde. Das Modell beruht auf der Annahme, dass zu den wichtigen Determinanten des altruistischen Verhaltens die personalen Normen gehören (vgl. Schwartz 1977, S. 227). Zu deren Aktivierung führen mehrere kognitive Prozesse: die Problemwahrnehmung (awareness of need), Wirksamkeitserwartungen (efficacy), Fähigkeiten zum Eingreifen (ability), das Bewusstsein von Handlungskonsequenzen (awareness of consequences (AC)) sowie die Verantwortungszuschreibung (ascription of responsibility (AR)) (vgl. Harland, Staats und Wilke 2007, S. 324; Schwartz und Howard 1984, S. 237; Schwartz 1977, S. 242 ff; Schwartz 1968b). Je nach Stärke der Ausprägung der genannten Variablen wirkt sich die personale Norm unterschiedlich stark auf das Verhalten aus. Die Eignung der Theorie von Schwartz für die Erklärung und Prognose eines nachhaltigen Konsumentenverhaltens, das als eine besondere Form des Altruismus betrachtet wird (vgl. Stern, Dietz und Kalof 1993, S. 325), wurde bis jetzt in zahlreichen Untersuchungen unter Beweis gestellt[66]. Die meisten Studien berücksichtigten allerdings nur die beiden letzten Konstrukte (AC und AR) und die personale Norm als Variablen des Modells, die sonstigen Elemente fanden kaum Beachtung. In der folgenden Abbildung wird das Norm-Aktivations-Modell von Schwartz in seiner reduzierten Version dargestellt.

---

[66] Einige Beispiele an Studien werden bei Jackson (2005b, S. 56) und Hunecke (2000, S. 52 ff) genannt.

Abb. 28: Das Norm-Aktivations-Modell von Schwartz

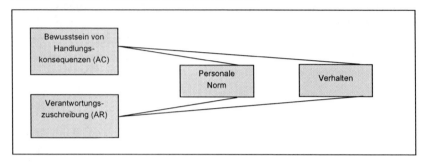

Quelle: Jackson (2005b, S. 55)

6.2.3 Value-Belief-Norm Theory von Stern

Die Erkenntnisse des Norm-Aktivations-Modells von Schwartz und der Ecological Value Theory mit dem New Ecological Paradigm wurden von Stern und Kollegen aufgegriffen, in zahlreichen Untersuchungen (u. a. Stern et al. 1995; Stern, Dietz und Kalof 1993) weiterentwickelt und abschließend in der **Value-Belief-Norm Theory** (VBN-Theorie) (vgl. Stern et al. 1999) zu einem eigenständigen Model vereint. Die Theorie liefert Grundlagen für die Identifikation der Anhänger von sozialen Bewegungen, ohne allerdings den Begriff – auf Englisch „social movements" – zu erläutern. Bevor näher auf die Value-Belief-Norm Theory von Stern eingegangen wird, soll an dieser Stelle eine Definition der sozialen Bewegung erfolgen. Diese wird von Kolb (2002, S. 10) wie folgt beschrieben:

> „Eine soziale Bewegung ist ein Netzwerk bestehend aus Organisationen und Individuen, das auf Basis einer geteilten kollektiven Identität mit Hilfe von überwiegend nicht-institutionalisierten Taktiken versucht, sozialen, politischen, ökonomischen oder kulturellen Wandel herbeizuführen, sich ihm zu widersetzen oder ihn rückgängig zu machen." [im Original kursiv]

Stern et al. (1999, S. 82) unterscheiden zwischen aktiven (movement activists) und passiven (movement supporters) Unterstützern. Im Mittelpunkt ihrer Theorie stehen die passiven Unterstützer, die wie folgt definiert werden: „those who are sympathetic to the movement and who are willing to take some action and bear some costs in order to support the movement" (ebd.). Dabei werden drei

Formen der passiven Unterstützung (support of movement goals)[67] von sozialen Bewegungen genannt (vgl. ebd., S. 82; 85 f; 96):
- gesellschaftliches Engagement (*environmental citizenship*): aktive Teilnahme am gesellschaftlichen Leben in einem eingeschränkten Umfang (z. B. Schreiben von Leserbriefen, Mitgliedschaft bzw. finanzielle Unterstützung von Umweltorganisationen, Lesen entsprechender Literatur, Teilnahme an Wahlen, Unterschreiben von Petitionen)
- Bereitschaft, Opfer zu bringen (*willingness to sacrifice*): Unterstützung und Akzeptanz von politischen Maßnahmen zur Erreichung der Ziele der Bewegung, die mit individuellen Nachteilen verbunden sein können (z. B. Ökosteuer oder Dosenpfand, Gesetze zur Sicherung der Rechte von Minderheiten)
- umweltfreundliches Konsumverhalten (*consumer behavior*): z. B. sparsamer Umgang mit Energie oder Kauf von umweltfreundlichen Produkten

Die VBN-Theorie beruht auf der Annahme, dass die Unterstützung von sozialen Bewegungen in der Kombination von Werten, Überzeugungen und personalen Normen begründet liegt (vgl. ebd., S. 83). Demzufolge wird sie als eine Kausalkette von folgenden Variablen verstanden, die in einer empirischen Studie (ebd.) (im Folgenden kurz „Studie" genannt) überprüft wurden:
- *Werte (values):* das Modell stützt sich auf den Annahmen der Ecological Value Theorie und geht grundsätzlich von drei Wertorientierungen aus: egozentrischer (self-interest), altruistischer (altruism toward other human) und biozentrischer (altruism towards other species and the biosphere). In der Studie wurden vier Wertekategorien berücksichtigt, die durch 26 Items abgefragt wurden: Altruismus und Self-interest sowie Traditions- und Selbstbestimmungswerte (Conservation, Openness to Change). Alle vier Dimensionen wurden der Wertekategorisierung von Schwartz (1992, S. 6 f) entnommen, wobei die ersten zwei Kategorien bei Schwartz als Universalistische (Self-Transcedence) und Egozentrische (Self-Enhancement) Werte zu finden sind.
- Unter *Einstellungen*[68] werden folgende Konstrukte berücksichtigt:

---

[67] Als weitere Form der Unterstützung von sozialen Bewegungen wird eine Teilnahme an Demonstrationen bzw. Protesten erachtet, die allerdings eher als eine aktive Form der Unterstützung einzustufen ist.

[68] Der Begriff Einstellungen wurde anstelle des von Stern (2000, S. 412) verwendeten Begriffs „Überzeugungen" (beliefs) gewählt, um eine im deutschen Sprachgebrauch mehr verwendete und allgemeinere Bezeichnung anzuwenden. Mehr zum Unterschied zwischen den Begriffen „Einstellungen" und „Überzeugungen" vgl. Kapitel 6.1.2.

- *New Ecological Paradigm Scale*: Stern et al. betrachten die NEP-Skala als Instrument zur Messung des Bewusstseins von generellen Konsequenzen der Umweltprobleme, im Gegensatz zum Norm-Aktivations-Modell von Schwartz, dass eher zur Messung des Bewusstseins von problemspezifischen Konsequenzen geeignet sei. In der Studie wurden fünf Items von der NEP-Skala von 1992 angewendet.
- *Bewusstsein von Handlungskonsequenzen (awareness of consequences)*: Diese Variable wurde in der Studie mit neun Items abgebildet, wobei jeweils drei Items zur Messung des Bewusstseins von Handlungskonsequenzen für die eigene Person/Familie (egozentrisch), für das Land (altruistisch) sowie für die Tier- und Pflanzenwelt (biozentrisch) verwendet wurden.
- *Verantwortungszuschreibung (ascription of responsibility)*: Dieses Konstrukt umfasst neben dem Gefühl der Verantwortung für den Umweltschutz auch das Gefühl der wahrgenommenen Möglichkeit zur Reduktion der Gefahr (perceived ability to reduce threat) (vgl. Stern 2000, S. 412). Dieses Konstrukt wurde allerdings in der Studie nicht gemessen.
- *Personale Norm im Umweltbereich (proenvironmental personal norm)*: Diese Variable wurde in der Studie mit neun Items abgebildet, wobei jeweils drei Items zur Messung der moralischen Verpflichtung der eigenen Person, der Regierung und der Wirtschaft verwendet wurden.
- *Unterstützung der Ziele der Bewegung (movement support)*: hier wurde die bereits dargestellte Unterscheidung zwischen Umweltaktivismus, gesellschaftlichem Engagement, Bereitschaft, Opfer zu bringen und Konsumverhalten vorgenommen. Der Umweltaktivismus wird als eine aktive Form der Unterstützung betrachtet, die sonstigen drei als passive. In der Studie zeigte der Umweltaktivismus, gemessen durch ein Item zur Teilnahme an Demonstrationen und Protesten, nur geringe Korrelationen mit anderen Formen der Unterstützung und wurde von nur wenigen Respondenten angekreuzt.

Der kausale Charakter des Modells wird mithilfe der folgenden Abbildung dargestellt, wobei anzumerken ist, dass die einzelnen Variablen nicht nur auf die nächstliegende, sondern auch auf weitere Variablen im Modell direkt einwirken (vgl. ebd., S. 413).

Abb. 29: Schematische Darstellung der Value-Belief-Norm Theory

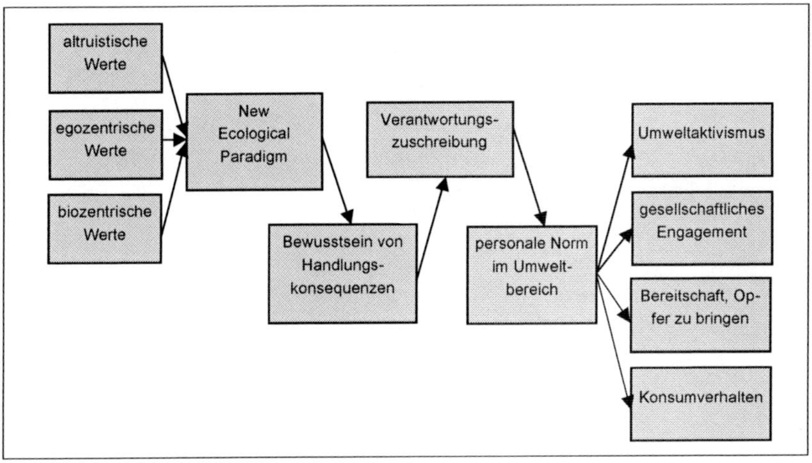

```
altruistische Werte ─┐
                     │
egozentrische Werte ─┼─→ New Ecological Paradigm ─→ Verantwortungszuschreibung ─→ Umweltaktivismus
                     │                                         │                    ↗ gesellschaftliches Engagement
biozentrische Werte ─┘                                         ↓                   → Bereitschaft, Opfer zu bringen
                                    Bewusstsein von         personale Norm         → Konsumverhalten
                                    Handlungskonsequenzen   im Umweltbereich
```

Quelle: Stern et al. (1999, S. 84) (leicht verändert)

Der Vergleich der VBN-Theorie mit drei weiteren Theorien (Indikatoren von vier kulturellen Orientierungen, postmaterialistische Werte und Glauben an Heiligkeit der Natur) zeigte, dass sie am stärksten zur Erklärung von unterschiedlichen Verhaltensweisen im Umweltbereich beitragen kann (vgl. ebd., S. 90). Darüber hinaus liegt eine ganze Reihe von Studien, die aufbauend auf der VBN-Theorie das Umweltverhalten im Bereich der Mobilität (vgl. Gärling et al. 2003; Nordlund und Garvill 2003), der Energie (vgl. Groot und Steg 2008; Steg, Dreijerink und Abrahamse 2005; Clark, Kotchen und Moore 2003), der Biodiversität (vgl. Menzel 2007) bzw. in Bezug auf mehrere Verhaltensbereiche (vgl. Oreg und Katz-Gerro 2006; Nordlund und Garvill 2002) untersucht haben.

7 Die ökonomische Verhaltenstheorie

> „Rationalverhalten bedeutet keineswegs, dass Individuen jede einzelne Entscheidung unter vollständiger Information über alle verfügbaren Handlungsalternativen einschließlich ihrer bewussten, nur am materiellen Vorteil orientierter Bewertung treffen, wie nicht selten unterstellt wird."
>
> (Gerd-Jan Krol 2008, S. 21)

Die im englischsprachigen Raum als Rational Choice Theory und im Deutschen als ökonomische Verhaltenstheorie bekannten Modelle umfassen nicht *eine*, sondern eine ganze Reihe von Theorien, die sich auf die Wahl von Alternativen durch Individuen mithilfe einer Entscheidungsregel beziehen (vgl. Diekmann 1996, S. 91). Es handelt sich dabei nicht, wie die Bezeichnung „ökonomische" fälschlicherweise suggerieren würde, um rein wirtschaftswissenschaftliche Ansätze, sondern um Methoden der So-zialwissenschaften zur Erklärung des menschlichen Verhaltens (vgl. Krol 1992, S. 19). Sie haben sich seit den ersten Ansätzen von einer neoklassischen zu einer neuen ökonomischen Verhaltenstheorie (vgl. u. a. Kirchgässner 2008; Krol 2008; Belz 2001; Kirchgässner 2000; Diekmann 1996[69]) und später einer Neuen Institutionenökonomik (vgl. Richter und Furubotn 2003) weiterentwickelt. In dieser Arbeit wird der Erklärungsansatz für das nachhaltige Konsumentenverhalten nach der neuen ökonomischen Verhaltenstheorie angewandt, die durch Berücksichtigung von weiteren Nutzenargumenten abseits der rein materiellen Präferenzen sowie durch Aufhebung der Annahme von vollständiger Rationalität als realitätsnaher betrachtet wird.

7.1 Konsumverhalten als Resultat von Rational Choice

7.1.1 Einleitung

Die neue ökonomische Verhaltenstheorie beschäftigt sich mit den Handlungen der Individuen, die eine Grundlage zur Erklärung und Prognose des Verhaltens von Kollektiven darstellen. Diese Vorgehensweise – das Handeln von

---

[69] In diesem Sinne wird auch die Unterscheidung von Diekmann (1996, S. 103) zwischen dem Homo-oeconomicus-Modell im engeren Sinne und dem Homo ökologicus-Modell, als einem um weiche Nutzenargumente wie Umweltbewusstsein erweiterten Modell, interpretiert.

Gruppen wird auf das Handeln von Individuen zurückgeführt – wird als **methodologischer Individualismus** bezeichnet (vgl. Krol 2008, S. 19). Wichtig dabei ist, dass Kollektive nicht als eigenständige Einheiten begriffen werden, die eigene Präferenzen haben und selbständig handeln können, sondern als von den in ihnen agierenden Individuen abhängige Aggregaten (vgl. Kirchgässner 2008, S. 23).

Im Modell der neuen ökonomischen Verhaltenstheorie wird das Konsumentenverhalten vordergründig auf individuelle Kosten-Nutzen-Erwägungen zurückgeführt. Dabei wird davon ausgegangen, dass die Konsumentscheidungen als rationale Auswahl zwischen vorhandenen Alternativen getroffen werden (vgl. Kirchgässner 1991, S. 2). Die Wahl wird durch zwei Elemente beeinflusst: die Restriktionen und die Präferenzen (vgl. Krol 2008, S. 19). Als **Restriktionen** werden „die Beschränkungen des Handlungsspielraums, denen sich das Individuum gegenübersieht" (Kuckartz 1998, S. 54) definiert. Dazu gehören z. B. das Einkommen, die Preise der einzelnen Güter oder Dienstleistungen, die rechtlichen Rahmenbedingungen oder die erwarteten Reaktionen der Mitmenschen (vgl. Kirchgässner 2008, S. 13). Unter **Präferenzen** werden „die Wünsche und Ziele des Individuums, das die Entscheidung trifft" (Kuckartz 1998, S. 54) verstanden, mit der Annahme ihres weitgehend konsistenten und stabilen Charakters (vgl. ebd., S. 55). Sie sind von den Kenntnissen, Einstellungen und Wertmustern abhängig, die im Laufe des Sozialisationsprozesses erworben wurden (vgl. Krol 2008, S. 20) und können nur schwer (vgl. Krol 1992, S. 21), meistens indirekt (vgl. Pommerehne 1987, S. 10), erfasst werden.

Die Präferenzen und die Restriktionen bestimmen den Handlungsspielraum des Individuums, unter der Annahme, dass nur ein Teil der Handlungsmöglichkeiten und der möglichen Konsequenzen bekannt ist. Unter der Berücksichtigung dieser beiden Elemente werden die Vorteile (Nutzen) und die Nachteile (Kosten) der vorhandenen Alternativen gegeneinander abgewogen und die Alternative gewählt, die den **höchsten Nettonutzen** verspricht (vgl. Belz 2001, S. 67). Wichtig dabei ist die Unterscheidung zwischen der Nutzen- und der Gewinnmaximierung – die die Entscheidung beeinflussenden Kriterien müssen nicht zwangsläufig materieller Natur sein (vgl. Kirchgässner 2008, S. 15 f). Diese Erkenntnis unterscheidet die neue ökonomische Verhaltenstheorie von ihrer neoklassischen Auslegung, die dem Konsumenten ausschließlich eine materielle Orientierung unterstellt hat (vgl. ebd., S. 75). Der moderne Homo oeconomicus richtet sich zwar, genauso wie der Neoklassische, nach seinen Präferenzen, diese können allerdings beliebige Eigenschaften von Gütern umfassen, wie z. B. ästhetische Qualitäten, Symbol des sozialen Status, aber auch soziale und ökologische Aspekte (damit finden die Erkenntnisse der Konsumforschung zur symbolhaften Bedeutung des Konsums (vgl. Kapitel 3.1.2) ihren Eingang in die neue ökonomische Verhaltenstheorie). Eine wichtige Rolle können ebenfalls soziale bzw. moralische Normen spielen, deren Einhaltung zwar nicht gesetzlich, wohl aber gesellschaftlich kontrolliert wird und die somit als eine Art zusätzlicher Restriktionen gedeutet werden können. Deren Wirkung hängt davon ab, wie stark die Kontrolle auf der einen Seite und wie hoch die Kosten der Einhaltung auf der anderen Seite sind (vgl. Krol, Karpe und Zoerner 2005, S. 57).

7.1.2 Grundannahmen

Die neue ökonomische Verhaltenstheorie stützt sich auf zwei wichtige Annahmen: die Rationalität der Entscheidung und ihre Eigenständigkeit mit den damit verbundenen Opportunitätskosten (vgl. Kirchgässner 2008, S. 16; Krol 2008, S. 21).

Bei der Annahme der **Rationalität** wird betont, dass es sich um die eingeschränkte Rationalität handelt, die aus der Unvollständigkeit der verfügbaren Informationen und deren ungleicher Verteilung resultiert (vgl. Kirchgässner 2008, S. 67 f). Der moderne Homo oeconomicus sucht eher nach einer „akzeptablen" als nach einer „optimalen" Alternative und wägt dabei die Kosten der Zeitaufwendung für die Informationssuche sowie die Kosten der falschen bzw. nicht optimalen Entscheidung gegeneinander ab. Damit unterscheidet er sich von dem neoklassischen Verständnis des rationalen Konsumenten, der alle verfügbaren Alternativen kannte und immer eine optimale Einschätzung der Situation vorgenommen hat (vgl. ebd., S. 17).

Die **Eigenständigkeit** wird als das Handeln gemäß eigener Präferenzen (und nicht Präferenzen Anderer) verstanden (vgl. ebd., S. 16). Die Interessen der Mitmenschen werden nur selten mitberücksichtigt, im Normalfall wird vom „Eigennutzaxiom"[70] ausgegangen: „Das Individuum handelt (nur) entsprechend seinen eigenen Interessen" (ebd.). Dass dieses Handeln nicht immer ein opti-

---

[70] Der Eigennutz soll dabei nicht mit der gebräuchlichen Verwendung des Adjektivs „egoistisch" (Englisch: selfishness) gleichgesetzt werden, sondern eher mit „eigeninteressiert" (Englisch: self-interest) (vgl. Kirchgässner 2008, S. 45).

males Ergebnis für den Handelnden bringt, kann am Beispiel des bekannten Gefangenendilemmas beobachtet werden, bei dem durch ein kooperatives Verhalten ein besserer Zustand erreicht wird als durch ein rational eigeninteressiertes Handeln (eine ausführliche Darstellung des Gefangenendilemmas vgl. Kirchgässner 2008, S. 49 ff).

Die **Opportunitätskosten** (Alternativkosten) sind Kosten des Verzichts auf nicht gewählte Alternativen, die zwangsläufig bei einer Entscheidung anfallen müssen. Sie entstehen unabhängig davon, ob vor der Entscheidung alle zur Verfügung stehenden Alternativen bekannt waren (vgl. Krol 2008, S. 21). Beispielsweise entstehen die Opportunitätskosten beim Kauf von Lebensmitteln in Bio-Qualität in einem Bio-Hof im Vergleich zum Kauf von konventionellen Lebensmitteln in einem Supermarkt in Form vom Verzicht auf eine größere Auswahl von billigeren Produkten mit oft längerem Haltbarkeitsdatum; bei Nutzung der Bahn anstatt eines Autos zur Anreise zum Urlaub können die Opportunitätskosten mit der geringeren Flexibilität und mit Schwierigkeiten beim Transport von größerem Gepäck gleichgesetzt werden.

7.1.3 Moralisches Handeln und Niedrigkostensituationen

Im Gegenzug zur neoklassischen ökonomischen Verhaltenstheorie lässt ihre moderne Variante **das moralische Handeln** als ein potentiell mögliches, trotz des Eigennutzaxioms auftretetendes Verhalten ausdrücklich zu (vgl. Kirchgässner 2008, S. 177 f). Dieses wird als „eine ‚in sich gute' Handlung um ihrer selbst willen und nicht zum Erreichen eines bestimmten Zwecks" definiert und mit einem altruistischen Verhalten gleichgesetzt (vgl. Kirchgässner 2000, S. 42). Sie kann insbesondere bei der Herstellung von öffentlichen Gütern wie saubere Luft oder Wahlbeteiligung (vgl. Kapitel 3.1.2) beobachtet werden, wo nach dem Eigennutzaxiom das „Trittbrettfahren", d. h. keine Beteiligung an der Herstellung solcher Güter, den Regelfall darstellen müsste (vgl. Kirchgässner 2008, S. 55). Ohne die Annahme eines moralischen Verhaltens wären beispielsweise die steigenden Absatzzahlen von fair gehandelten Produkten (vgl. Kapitel 4.4.1) auf den Konsumbereich bezogen nicht zu erklären. Die Gründe für das moralische Verhalten können aus der Sicht der neuen ökonomischen Verhaltenstheorie auf zwei Motive zurückgeführt werden:

- Entstehung eines psychologischen Nutzens (vgl. Kirchgässner 2000, S. 43),

- Internalisierung der gesellschaftlichen bzw. sozialen Normen, deren Beachtung die Entstehung von psychischen Kosten verhindern soll (vgl. Kirchgässner 2008, S. 57).

Kirchgässner (2008, S. 173) unterscheidet zwischen vier verschiedenen Idealtypen bei moralisch handelnden Individuen, je nach Höhe der Kosten für den Einzelnen, der Anzahl von notwendigen Beiträgen und der Tatsache, ob das öffentliche Gut hergestellt wird:
- der moralische Durchschnittsmensch: er gehört zu vielen Freiwilligen, die einen geringen Beitrag leisten, damit das Gut hergestellt wird;
- der Held: er gehört zu einigen wenigen, die einen großen Beitrag leisten, damit das Gut hergestellt wird;
- der Idealist: er leistet als einer von wenigen einen kleinen Beitrag, obwohl er weiß, dass das Gut nicht hergestellt wird;
- der Fanatiker: er leistet als einer von wenigen einen großen Beitrag, obwohl er weiß, dass das Gut nicht hergestellt wird.

In der folgenden Abbildung werden die einzelnen Idealtypen schematisch dargestellt.

Abb. 30: Idealtypen von moralisch handelnden Individuen

	hohe Kosten für den Einzelnen
Der Fanatiker	**Der Held**
Das Gut wird nicht hergestellt.	Das Gut wird hergestellt.
Der Idealist	**Der moralische Durchschnittsmensch**
	geringe Kosten für den Einzelnen

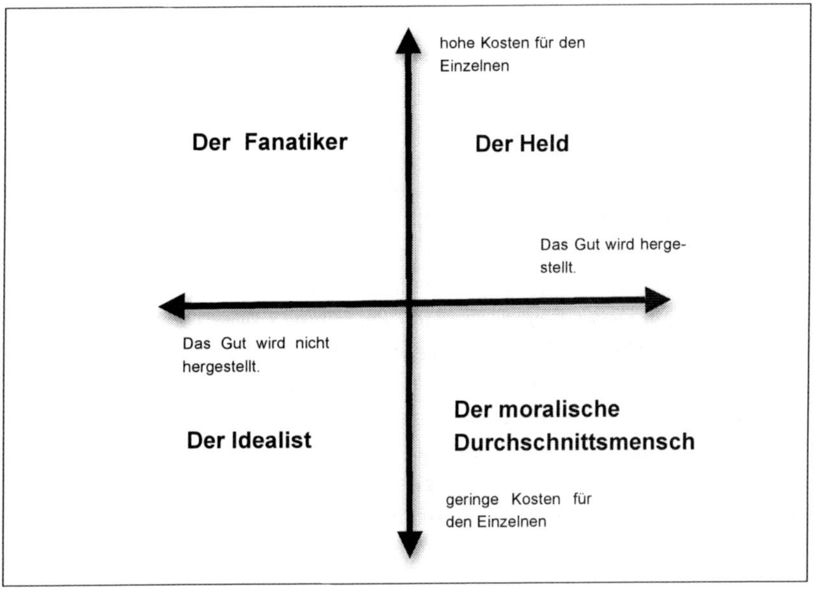

Quelle: Eigene Darstellung anhand von Kirchgässner (2008, S. 173)

An dieser Stelle soll der Unterschied zwischen dem moralischen und dem **klugen Verhalten** erläutert werden. Das zuletzt genannte wird als Handeln definiert, „welches (wie moralisches Handeln) den Interessen anderer dient und möglicherweise den kurzfristigen eigenen Interessen widerspricht, aber mit Blick auf das langfristige Eigeninteresse gerechtfertigt werden kann" (ebd., S. 175). Bei der genaueren Betrachtung vom vermeintlich moralischen Verhalten kann festgestellt werden, dass es sich dabei in der Realität oft um ein kluges Verhalten handelt. Insbesondere im Konsumbereich finden sich dafür zahlreiche Beispiele, wie der Kauf von umweltfreundlichen Produkten oder Nahrungsmitteln in Bio-Qualität. Diese werden durch Vermeidung vom übermäßigen Einsatz von Antibiotika und chemischen Konservierungsstoffen für gesünder als konventionell hergestellte Produkte gehalten, so dass bei deren Kauf der (normalerweise) höhere Preis mit gesundheitsfördernden Eigenschaften gegeneinander abgewogen werden.

Das moralische Handeln kann insbesondere bei sogenannten **Niedrigkostensituationen**[71] beobachtet werden. Im Bereich des nachhaltigen Konsums können sie in Anlehnung an Diekmann (1996, S. 111) als eine Situation definiert werden, in der die Kosten der weniger nachhaltigen Konsumalternative nach Abzug der Kosten für eine nachhaltigere Alternative für möglichst viele Personen negativ, aber nahe Null sind. Als Beispiele sind Buykotte und Boykotte zu nennen, also ein bewusster Kauf oder Nicht-Kauf von bestimmten Produkten oder von Produkten eines bestimmten Unternehmens (vgl. Kapitel 3.3.1). Diese bringen dem Konsumenten außer einem psychologischen Nutzen keine weiteren Vorteile, sind aber in den meisten Fällen nur mit einem geringen Aufwand verbunden. Die Bedeutung der Niedrigkostensituationen für das nachhaltige Konsumverhalten kommt insbesondere im Zusammenhang mit dem Umweltbewusstsein zum Vorschein. In der Umweltkommunikation wurde lange Zeit davon ausgegangen, dass ein hohes Umweltbewusstsein zu einem entsprechenden Umweltverhalten führt (vgl. Lange 2005, S. 5). Deswegen haben sich die Maßnahmen zur Förderung des nachhaltigen Konsums auf die Erhöhung des Umweltbewusstseins der Bevölkerung konzentriert. Mit dem wachsenden Umweltbewusstsein in allen Milieus der Bevölkerung hat sich aber gezeigt, dass dies nur bedingt der Fall ist. Zahlreiche Untersuchungen, u. a. von Diekmann und Preisendörfer (1992) haben Inkonsistenzen zwischen den Umwelteinstellungen und dem -verhalten, auch Value-action-gap genannt

---

[71] Bei Kirchgässner (2008, S. 152) werden sie „Kleinkostensituationen" genannt.

(vgl. Blake 1999, S. 264), festgestellt. Auf den Ergebnissen der Untersuchungen aufbauend, haben die Autoren (Diekmann und Preisendörfer 1998; Diekmann und Preisendörfer 1992) eine **„High-Cost/Low-Cost-Hypothese"** aufgestellt, die besagt, dass das Umweltbewusstsein sich dann auf das Umweltverhalten auswirkt, wenn die Kosten des ökologischen Handelns gering sind:

> „Eine hohe Umweltmoral und/oder vorhandene Einsicht in die Probleme helfen offenbar nur über schwache Hürden in Richtung eines umweltorientierteren Verhaltensstils. Sie reichen vermutlich nicht aus, um tiefgreifende Verhaltensänderungen in Gang zu setzen." (ebd., S. 243)

Trotz der geringen Korrelation zwischen dem Umweltbewusstsein und -verhalten ist ein hohes Bewusstsein für die ökologischen Belange als positiv zu betrachten. Eine hohe Umweltmoral der Bevölkerung erhöht die Akzeptanz für politisch unbequeme Maßnahmen. Darüber hinaus kann es durch die Transformation der High-Cost-Situationen in Low-Cost-Situationen gelingen, die Lücke zwischen dem Umweltbewusstsein und dem -verhalten zu schließen (vgl. ebd., S. 248). Entsprechende Einstellungen in Verbindung mit individuellen Anreizen (inkl. Fehlen von Hindernissen) können verstärkt zu Verhaltensänderungen führen (vgl. ebd., S. 247). Dabei sind es nicht einzelne Motive, die eine Verhaltensänderung herbeiführen, sondern „das Zusammentreffen mehrerer Gründe oder Anstöße" (Schäfer 2002, S. 64). Ökologische und soziale Aspekte eines Produktes alleine reichen nicht aus, sie müssen durch Verknüpfung mit weiteren persönlichen Motiven zu Motivallianzen gebündelt werden, um so eine breite Akzeptanz zu finden.

7.2 Verfahren zur Messung von Präferenzen

7.2.1 Präferenzen in der neuen ökonomischen Verhaltenstheorie und in der Konsumforschung

Wie bereits im vorangegangenen Kapitel dargestellt, betrachtet die neue ökonomische Verhaltenstheorie die Präferenzen als **stabil**, so dass nicht sie, sondern sich verändernde Restriktionen zur Erklärung von Veränderungen im Verhalten der Menschen herangezogen werden. Die Präferenzen selber werden als geeignet zur Erklärung der Unterschiede zwischen den Menschen oder einzelnen Gruppen angesehen (vgl. Kirchgässner 2008, S. 41), allerdings steht weder deren Ursprung noch die tatsächliche Erfassung im Mittelpunkt der Theory of Rational Choice. Es wird angenommen, dass die Präferenzen aus dem **beobachteten Verhalten abgeleitet** werden können (indirekte Verfahren). Die direkten Verfahren mittels Befragungen spielen eine weniger wichtige Rolle (vgl. Pommerehne 1987, S. 10). Das Interesse gilt dabei vor allem den Präferenzen für **allgemeine Charakteristika** wie Einkommen oder Freizeit (vgl. Thapa 2010, S. 4).

Einen unterschiedlichen Ansatz verfolgt die **Konsumforschung**, die sich auf die Untersuchung von **Gütern** konzentriert und dabei über ein anderes Verständnis von Präferenzen verfügt. Eine Präferenz wird „als eindimensionaler Indikator für die subjektive Vorziehenswürdigkeit einer Alternative gegenüber anderen Produktalternativen zu einem bestimmten Zeitpunkt beschrieben" (Helm und Steiner 2008, S. 27, in Anlehnung an Böcker 1986, S. 27). Wie aus der obigen Definition sichtbar, betrifft der Unterschied vor allem die zeitliche Komponente. In der Konsumforschung wird angenommen, dass Präferenzen nicht stabil, sondern **dynamisch** sind (vgl. Gierl 1987, S. 459), das heißt, sich abhängig vom situativen Kontext verändern (vgl. Ratneshwar, Shocker und Stewart 1987, S. 520). Dieser wird wiederum von Produkteigenschaften und ihren Ausprägungen bestimmt. Bei der Erfassung von Präferenzen wird zwischen kompositionellen, dekompositionellen und hybriden Verfahren unterschieden (vgl. Helm und Steiner 2008, S. 208 ff).

Die Erfassung von **Reisepräferenzen**, insbesondere zur Feststellung von Unterschieden zwischen zwei oder mehreren Gruppen, kann demzufolge unterschiedlich erfolgen. Zum Einen können anhand der Beobachtung des Reiseverhaltens Rückschlüsse hinsichtlich der bevorzugten Reiseziele, -intensität, -dauer und -art, Verkehrsmittel, Organisationsformen und Unterkunftsarten gezogen werden. Zum anderen können die Verfahren der Konsumforschung angewandt werden, wo eine Reise als ein Produkt mit unterschiedlichen Eigenschaften und Eigenschaftsausprägungen definiert wird. Zu den bekanntesten und verbreitetsten Verfahren gehört hier die **Conjoint-Analyse** (vgl. Bradlow 2005, S. 319) – ein dekompositioneller Ansatz, bei dem Probanden sich zwischen verschiedenen Produktalternativen mit unterschiedlichen Eigenschaftsausprägungen, dargestellt in Form von Produktkarten, entscheiden müssen. Anhand ihrer Entscheidungen werden sogenannte metrische Teilnutzwerte für die einzelnen Eigenschaftsausprägungen geschätzt und zu einem Gesamtnutzwert summiert (vgl. Backhaus et al. 2011, S. 458). Im Tourismusbereich werden Conjoint-Analysen sowohl bei der Untersuchung der Reise als ein Gesamtprodukt (vgl. u. a. Österreich Werbung (Hrsg.) 2006; Hong, Kim und Kim 2003; Dellaert, Borgers und Timmermans 1997) als auch einzelner Bausteine wie Unterkunft (vgl. Wind et al. 1989), Reiseziele/Destinationen (vgl. Green und Desarbo 1978), Wanderwege (vgl. Lieber und Fesenmaier 1984), Aktivitäten (vgl. Dellaert, Borgers und Timmermans 1995), Bergbahnen (vgl. Harrer und Bengsch 2003), Skikurse (vgl. Hinterholzer 2008) und Nachhaltigkeitsaspekte (vgl. Wehrli et al. 2011) angewendet. Die Vielfalt der potentiellen Eigenschaften einer Reise und ihrer Ausprägungen stellt allerdings eine große Herausforderung für die Umsetzung von Conjoint-Analysen im Tourismusbereich dar. Deren Einsatz empfiehlt sich daher vor allem bei der Untersuchung von eindeutig definierten touristischen Produkten wie beispielsweise Pauschalreisen, wo die Wahl zwischen ähnlichen Produkten mit unterschiedlichen Eigenschaftsausprägungen getroffen wird.

Eine weitere, oft angewandte Methode der Konsumforschung zur Untersuchung von Reisepräferenzen, ist die direkte **Einschätzung der Wichtigkeit von Eigenschaften** eines touristischen Produkts. Dabei wird unterstellt, dass Produktmerkmale „an sich" eine bestimmte Rolle spielen, das heißt, sie beeinflussen die Präferenzen unabhängig von ihren Ausprägungen (vgl. Helm und Steiner 2008, S. 125). Bei Helm und Steiner (2008, S. 124) werden in diesem Zusammenhang folgende Methoden genannt: Rating Skala, Rangfolge, Ankerpunkt-Methode, dichotome Urteile, Paarvergleiche und Konstant-Summen Skalen. Im Tourismusbereich werden sie vor allem bei der Ermittlung der Wichtigkeit von Eigenschaften einer Unterkunft eingesetzt (vgl. Kapitel 5.2.5), die Untersuchungen von weiteren Produktbausteinen wie z. B. Wahl eines Reiseveranstalters bzw. eines Reisebüros (vgl. u. a. Goodwin und Francis 2003; Meidan 1979; GEO (Hrsg.) o.J.) sind deutlich seltener zu finden. Eine kritische Betrachtung der Studien zur Wichtigkeit der Eigenschaften einer Unterkunft von Jones und Chen (2011) liefert erste Hinweise auf Schwächen und Anwendungsfehler der oben genannten Methoden. Die Autoren kritisieren die fehlende Unterscheidung zwischen Bewertungskriterien (evaluative criteria) und Wahlkriterien (choice criteria) bzw. zwischen der Entscheidung vor (pre-purchase) und nach (post-purchase) dem Kauf. Sie bemängeln ebenfalls die Verwechslung zwischen Wahlattributen und Informationsquellen (wie z. B. Mundpropaganda oder Werbung) sowie die Berücksichtigung von sog. „cut-off"-Attributen wie Sauberkeit und Sicherheit. Diese werden von Hotelgästen zwar als sehr wichtig eingeschätzt, spielen aber bei der Unterkunftswahl keine Rolle, weil sie bei den meisten Unterkünften vorhanden sind. Bei Helm und Steiner (2008, S. 125) findet man eine generelle Kritik der Methoden zur direkten Einschätzung der Wichtigkeit von Eigenschaften, insbesondere hinsichtlich der Anwendung von Skalen, die von den Teilnehmern unterschiedlich interpretiert werden können: „Es ist völlig unklar, welche Assoziationen die Entscheidungsträger mit dem Begriff ‚wichtig' verbinden". Als weitere Schwächen können Schwierigkeiten bei der Rangzuordnung und Probleme bei der Verteilung einer konstanten Summe von Punkten bei mehreren Items genannt werden (vgl. Sawtooth Software (Hrsg.) 2007, S. 3).

7.2.2 Methode des Maximum Difference Scalings

Maximum Difference Scaling (MaxDiff) ist eine relativ neue Methode zur Untersuchung von Präferenzen bzw. zur Ermittlung der Wichtigkeit unterschiedlicher Eigenschaften. Sie wurde 1987 von Jordan Louviere an der Alberta Universität auf der Basis einer etablierten Methode der Paarvergleiche (Method of Paired Comparisons (MPC)) entwickelt (vgl. ebd., S. 4 f). Im Rahmen von MaxDiff werden die Respondenten gebeten, aus einem Itemset (mindestens drei Items) die besten und schlechtesten (bzw. die wichtigsten und die unwichtigsten) Items zu wählen. Bei der Auswertung werden unter Anwendung der HB-Methode die Ergebnisse für jeden Teilnehmer errechnet (vgl. ebd., S. 14). Sie werden entweder als auf den Mittelwert „0" oder als Gesamtsumme „100" normierte Scores bzw. Wichtigkeiten jeder abgefragten Eigenschaft angegeben (vgl. ebd., S. 12); im zweiten Fall können sie als Prozentwerte interpretiert werden. Die Berechnung der Scores für jeden Probanden ermöglicht den Vergleich der Ergebnisse – Mittelwerte der Wichtigkeit jeder Eigenschaft – für einzelne Segmente/Gruppen. Dabei soll die sog. Fit Statistic geprüft werden – eine Maßzahl für die Güte bzw. Konsistenz der Antwortqualität. Sie kann zwischen 0 und 1.000 liegen, eine niedrige Höhe der Fit Statistic deutet auf zufälliges Antwortverhalten hin (vgl. Sawtooth Software, Inc (Hrsg.) o.J.). Die Grenzwerte werden abhängig davon festgelegt, wie viele Items pro Set vorgesehen sind und wie oft jedes Item angezeigt wird (vgl. ebd.).

Bei der Festlegung des experimentellen Designs müssen folgende Entscheidungen getroffen werden (vgl. Orme 2011):
- Anzahl der Items (untersuchte Eigenschaften/Attribute), die theoretisch bis zu sogar 500 Items betragen kann;
- Anzahl der Items im Set: empfohlen werden vier bis fünf Items pro Set und nicht mehr als die Hälfte aller Items der Studie (d. h. bei z. B. insgesamt acht untersuchten Eigenschaften sollten nicht mehr als vier Items pro Set angezeigt werden);
- Anzahl der Sets pro Teilnehmer: diese kann unter Beachtung folgender Formel errechnet werden:

$$\frac{3 \times K}{k}$$ K: Anzahl aller Items in der Studie
k: Anzahl der Items im Set

Darüber hinaus müssen bei der Berechnung der Versionen des Fragebogens (voreingestellt sind 300 Versionen) einige Regeln beachtet werden. Zum einen wird darauf geachtet, dass jedes Items (fast) genauso oft angezeigt wird und ungefähr genauso oft in jeder Position erscheint. Darüber hinaus können eventuelle Kreuz-Verbote von Items untereinander berücksichtigt werden (vgl. ebd.).

Zu den **Vorteilen von MaxDiff** gehört ihre einfache Durchführbarkeit – das Wählen von extremen Alternativen erfordert geringere kognitive Fähigkeiten als die Beurteilung von allen Eigenschaften, als dies bei der Conjoint-Analyse der Fall ist. Des Weiteren können zum großen Teil die Schwächen der sonstigen Methoden zur Einschätzung der Wichtigkeit von Eigenschaften vermieden werden, wie zum Beispiel ein unterschiedliches Verständnis von einzelnen Skalenstufen (z. B. wichtig, weniger wichtig). Dies kann vor allem bei internationalen Studien vom Vorteil sein (vgl. Cohen und Orme 2004, S. 37). Darüber hinaus ermöglicht die MaxDiff eine bessere Trennung zwischen den einzelnen Items, was insbesondere bei der Untersuchung von Unterschieden zwischen den Probanden sowie deren Segmentierung bedeutend ist (vgl. ebd., S. 36). Als Nachteile sind längere Zeitdauer und leicht höherer Schwierigkeitsgrad als bei Ranking Skalen zu nennen (vgl. ebd., S. 35). Als negativ kann ebenfalls die Erfassung von relativen statt absoluten Präferenzen betrachtet werden, die dazu führt, dass die Ergebnisse von der Anzahl und Auswahl der abgefragten Items abhängig sind (vgl. ebd., S. 36).

Die MaxDiff wird des Öfteren als ein „Verwandter" (vgl. ebd., S. 34) der traditionellen Conjoint-Analyse bezeichnet. In der folgenden Tabelle werden die wichtigsten Unterschiede zwischen den beiden Methoden dargestellt.

Tab. 7: Wichtigste Unterschiede zwischen der Conjoint-Analyse und der MaxDiff-Methode

Conjoint-Analyse	MaxDiff
normalerweise zwei bis acht Eigenschaften mit jeweils zwei bis fünf Ausprägungen	normalerweise zehn bis 30 Items
konkret formulierte Eigenschaften, jede mit mindestens zwei Ausprägungen	sowohl konkret als auch allgemein formulierte Eigenschaften
Produktdesign, Preisbestimmung, Segmentierung	Vermarktung, Image, Segmentierung
Simulierung von Entscheidungen zwischen Produkten mit mehreren Eigenschaften	Messung der Bedeutung, die jedem Item zugesprochen wird
Wettbewerbsorientierung	Schwerpunkt liegt bei jeweiligem Produkt

Quelle: Orme (2006, S. 2)

Die bisherige Anwendung der MaxDiff-Methode in der Konsumforschung umfasst sehr unterschiedliche Bereiche, wie beispielsweise der Handel (Buros 2006), die Automobilbranche (Chrzan 2005) oder Elektronik/neue Technologien (Laptops: Orme 2006, Datenserver: Cohen und Orme 2004, Internetdienstleistungen für Mobilfunktelefone: Hendrix und Drucker 2008). Für das Tourismus- und Gastronomiegewerbe konnten nur wenige Arbeiten gefunden werden. Bei diesen handelte es sich um Angebote/Services des öffentlichen Verkehrs (Karash et al. 2008), Städtetourismus-Websites (Teichmann und Zins 2009), Wahl eines Weins beim Restaurantbesuch (Cohen, d'Hauteville und Sirieix 2009) bzw. innovative Technologien im Restaurantbereich (Dixon, Kimes und Verma 2009).

IV EMPIRISCHE UNTERSUCHUNG

Die im Rahmen der vorliegenden Arbeit durchgeführte Untersuchung wurde als eine quantitative Online-Primärerhebung mithilfe eines standardisierten Fragebogens konzipiert. Dieser bestand aus vier Modulen. Die Fragen des ersten Moduls dienten der Identifizierung des Probanden als LOHAS bzw. Nicht-LOHAS, die Items des zweiten, dritten und vierten Moduls bezogen sich auf seine Reisepräferenzen. Die Entwicklung des ersten Moduls und die Ausarbeitung des darauf basierenden Instruments zur Identifizierung der LOHAS werden im Kapitel 8 präsentiert. Im danach folgenden Kapitel 9 werden der Aufbau des zweiten, dritten und vierten Moduls erläutert sowie die darauf zurückgehenden Ergebnisse zu Reisepräferenzen der LOHAS dargestellt.

8 Instrument zur Identifizierung der LOHAS

> *„If values, more than income, demographics, geography or other factors, profoundly influence your choices at the cash register, whether you purchase fair trade coffee, solar panels or that new Honda hybrid, you're a Conscious Consumer."*
> (Patricia Aburdene 2005, S. 92)

Im Mittelpunkt dieses Kapitels steht die Erstellung eines Instruments zur Identifizierung der Lifestyles of Health and Sustainability. Der entsprechende Prozess kann in zwei Phasen aufgeteilt werden: die Entwicklung der vorläufigen Version des Instruments und anschließend die Prüfung seiner Funktionalität. Zum Abschluss erfolgt die Beschreibung der identifizierten LOHAS-Stichprobe.

8.1 Entwicklung der vorläufigen Version des Instruments

8.1.1 Einleitung

Die Untersuchung fokussiert auf zwei Grundgesamtheiten. Die erste Grundgesamtheit umfasst Lifestyles of Health and Sustainability, die dauerhaft in Deutschland wohnen. Die zweite Grundgesamtheit bezieht sich auf die ebenfalls dauerhaft in Deutschland ansässigen Bevölkerungsmitglieder, die allerdings im Hinblick auf vertretene Werte, Einstellungen, Überzeugungen, Persönlichkeitsmerkmale und das daraus resultierende Konsumverhalten als unterschiedlich zu den LOHAS und damit als Vergleichsgruppe betrachtet werden können.

Eine Vollerhebung, d. h. Befragung von allen Teilnehmern der beiden Grundgesamtheiten ist aufgrund von Zeit- und Kostengründen nicht möglich, so dass zwei Stichproben (samples) gezogen werden. Die **erste Stichprobe** besteht aus Nutzern der wichtigsten deutschen LOHAS-Internetportalen (im weiteren Text als Stichprobe der Portalnutzer bezeichnet): karmakonsum.de, lohas.de und utopia.de (zur Darstellung der Internetportale vgl. Kapitel 4.3.4). Diese Samplingstrategie kann nach der Systematik von Kumar (2011, S. 207) als gezieltes (purposive) Sampling extremer Fälle eingeordnet werden. Sie zeichnet sich durch eine bestimmte Auswahl von Gruppen/Personen aus, bei denen eine hohe Konzentration von Personen mit starker Ausprägung von entsprechenden Merkmalen zu vermuten ist. Die Untersuchung von Extremgruppen findet im Nachhaltigkeitsbereich eine häufige Anwendung (u. a. Degenhardt 2007; Nusser 2007; Shaw et al. 2005; Shaw und Shiu 2003; Shaw, Shiu und Clarke 2000; Russell 2000; Lob und Meier (Hrsg.) 1999; Kals 1993; Maloney und Ward 1973). An dieser Stelle soll insbesondere die Untersuchung von Maloney und Ward (1973) erwähnt werden, welche die Prüfung der externen Validität ihres Messinstruments zur Erfassung des Umweltbewusstseins anhand von drei Gruppen durchgeführt haben. Die Extremgruppe bestand aus den Mitgliedern der US-amerikanischen Freizeit- und Naturschutzorganisation Sierra Club im Raum von Los Angeles. Die Vergleichsgruppen bestanden aus Psychologiestudenten an der California State University in Los Angeles sowie aus Erwachsenen mit weniger als 13 Jahren Schulbildung im Raum von Los Angeles. Die Autoren betonten die Schwierigkeiten bei der Identifizierung einer entsprechenden Gruppe, die als Gegenpart zu den Naturschützern betrachtet werden könnte: „The Sierra Club members thus functioned to anchor the high end of the scale, but because of the social desirability related to the ecology issue, no suitable low-anchor group has yet been found." (ebd., S. 584 f) Ein ähnliches Problem kann in Bezug auf die vorliegende Arbeit und die Wahl der **zweiten Stichprobe** (Vergleichsstichprobe) konstatiert werden. Es existiert kein nach außen hin sichtbares Kriterium, mit dessen Hilfe eine Gruppe identifiziert werden könnte, die in ihren psychografischen Merkmalen als unterschiedlich zu den LOHAS betrachtet werden kann. Daher wird die Entscheidung getroffen, durch eine breite Streuung des Fragebogens möglichst unterschiedliche Teilnehmer für die Vergleichsstichprobe zu gewinnen. Dies wird nach dem Schneeballsystem erfolgen: durch die Multiplikatoren Freunde, Familie und Bekannte sowie mittels der sozialen Netzwerke wie Facebook, XING und StudiVZ. Darüber hinaus wird durch eine persönliche Ansprache der Verfasserin in öffentlichen Räumen wie wie Bibliotheken und Hochschulen auf die Umfrage aufmerksam gemacht.

Der Prozess der Erstellung des Instruments kann in zwei Phasen aufgeteilt werden, die aus mehreren Schritten bestehen. Diese werden in der folgenden Abb. 31 schematisch dargestellt.

Abb. 31: Einzelne Schritte zur Erstellung und praktischen Anwendung eines Instruments zur Identifizierung der LOHAS

	ENTWICKLUNG DER VORLÄUFIGEN VERSION DES INSTRUMENTS
1	Definition der LOHAS auf Basis der Literatur
2	Entwicklung der Items zur Identifizierung der LOHAS
3	Pretest
4	Befragung der Stichprobe der Portalnutzer
5	Statistische Vorauswertung der Stichprobe der Portalnutzer
	PRÜFUNG DER FUNKTIONALITÄT DES INSTRUMENTS
6	Befragung der Vergleichsstichprobe
7	Clusteranalyse
8	Festlegung der finalen Version des Instruments anhand der logistischen Regression
	PRAKTISCHE ANWENDUNG
9	Untersuchung der Reisepräferenzen der LOHAS

Quelle: Eigene Darstellung

In der **ersten Phase** wird die vorläufige Version des Instruments zur Identifizierung der LOHAS entwickelt. Dafür wird eine Definition der LOHAS ausgearbeitet (1. Schritt), der die Entwicklung der Items folgt, die das erste Modul des gesamten Fragebogens bilden (2. Schritt). Sie werden auf der Basis der in den vorherigen Kapiteln dargestellten theoretischen und wissenschaftlichen Grundlagen, insbesondere der Value-Belief-Norm Theory von Stern et al. (1999) und der im Kapitel 4.3.2 identifizierten psychografischen Merkmale der LOHAS entwickelt. Danach folgt ein Pretest zur Prüfung der Verständlichkeit des Fragebogens (3. Schritt), der nach eventuellen Korrekturen zur Befragung der Stichprobe der Portalnutzer eingesetzt wird (4. Schritt). Nach dem Vorliegen der Ergebnisse der Stichprobe der Portalnutzer wird eine statistische Vorauswertung vorgenommen, mit der die Gütekriterien der empirischen Forschung (Reliabilität, Validität und Objektivität) geprüft werden (5. Schritt). Die somit erarbeitete vorläufige Version des Instruments wird in der **zweiten Phase** auf ihre Funktionalität geprüft. Dafür wird zuerst die Befragung der Vergleichsstichprobe durchgeführt (6. Schritt). Danach werden die Daten der beiden Stichproben zusammengeführt und einer Clusteranalyse unterzogen (7. Schritt). Damit kann eine Zuordnung der Probanden zu den Gruppen der LOHAS und Nicht-LOHAS vorgenommen werden[72]. Abschließend wird anhand der logistischen Regression die finale Version des Instruments festgelegt. Dafür werden Variablen identifiziert, die maßgeblich zu der Unterscheidung der beiden Gruppen beitragen, sowie eine Funktion bestimmt, mit deren Hilfe die Zuordnung eines Probanden zu Gruppe der LOHAS bzw. Nicht-LOHAS vorausgesagt werden kann (8. Schritt).

Auf die zwei Phasen der Erstellung des Instruments zur Identifizierung der LOHAS folgt im Kapitel 9 die praktische Anwendung des soeben erstellten Instruments, welcher zur Untersuchung der Reisepräferenzen von LOHAS eingesetzt wird.

8.1.2 Definition der LOHAS auf Basis der Literatur

Für die Bildung eines Instruments zur Identifizierung der LOHAS ist deren Definition von entscheidender Bedeutung. Die im Kapitel 4.3.2 durchgeführte Analyse der LOHAS-Publikationen zeigt kein einheitliches Verständnis über eine Definition der nachhaltigkeitsbewussten Konsumenten. Sind Lifestyles of Health and Sustainaibility eine Subkultur/Wertegemeinschaft, eine Zielgruppe, ein Konsumstil oder sind sie mit politischen Konsumenten gleichzusetzen?

Der wörtlichen Übersetzung des englischen Akronyms Lifestyles of Health and Sustainability folgend, werden unter dem Begriff LOHAS nicht *ein* Lebensstil, sondern *unterschiedliche Lebensstile* erfasst, deren Gemeinsamkeit in der Ausrichtung der Lebensweise auf Gesundheit und Nachhaltigkeit besteht. Eine

---

[72] Dieser Schritt ist notwendig, da davon ausgegangen werden muss, dass sich auch in der Vergleichsstichprobe ein bestimmter Anteil an LOHAS befindet. Ebenso besteht umgekehrt die Möglichkeit – wenn auch wahrscheinlich eine deutlich geringere – dass unter den Teilnehmern der Stichprobe der Portalnutzer Nicht-LOHAS sind.

plakative Antwort nach der Zuordnung der LOHAS findet sich bei Kirig und Wenzel (2009, S. 56):

> „Von Marketingexperten sind wir in den letzten Jahren häufig gefragt worden, wie sich denn die LOHAS respektive die moralischen oder gesunden Hedonisten als Zielgruppe eingrenzen ließen. Die klare Antwort darauf lautet: gar nicht! Denn die LOHAS sind kein weiteres Käufersegment, das sich mal eben, schön ordentlich nach Alter, Schichtzugehörigkeit, Nettoeinkommen und Bildungsgrad in die Vermarktungsmaschine einspeisen ließe. LOHAS sind auch kein neues Milieu, das sich in die Schubladen der Sinus-Milieus verfrachten ließe. LOHAS sind eine gesellschaftliche Bewegung (und eine Macht auf den Konsummärkten), die in den nächsten rund 30 Jahren unser Leben verändern wird."

Demnach werden LOHAS als eine **gesellschaftliche Bewegung** verstanden und nicht als Lebensstil oder Milieu im Sinne der soziologischen Forschung. Diese Sichtweise deckt sich mit den Erkenntnissen der lebensstilbezogenen Umweltforschung zu Pluralisierung der ökologischen Orientierungen der unterschiedlichen Lebensstile (wie im Kapitel 4.2.2 dargestellt). Der von Kirig und Wenzel (2009, S. 56) verwendete Ausdruck „gesellschaftliche Bewegung" gehört zwar nicht zu den feststehenden, sozialwissenschaftlichen Begriffen wie das bei dem mit ihm verwandten Terminus „soziale Bewegung" (vgl. Kapitel 6.2.3) der Fall ist. Allerdings kann durch seine allgemeinere bzw. breitere Bedeutung das Phänomen der LOHAS treffender beschrieben werden. Vor diesem Hintergrund wird die Entscheidung getroffen, den Begriff „gesellschaftliche Bewegung" bei der Definition der Lifestyles of Health and Sustainability zu verwenden.

Durch die Analyse der bestehenden LOHAS-Publikationen (vgl. Kapitel 4.3.2) konnten fünf Dimensionen als konstituierend für die LOHAS identifiziert werden: Gesundheit, Nachhaltigkeit, Verantwortungsbewusstsein, wertebasiertes Konsumverständnis sowie Vereinbarkeit von Genuss und Lebensfreude mit hohen ethischen Ansprüchen. Somit kann die dieser Arbeit zugrunde liegende Definition der LOHAS, die gleichzeitig die Antwort auf die **Forschungsfrage 1.2** (vgl. Abb. 1) darstellt, wie folgt formuliert werden:

Abb. 32: Definition der LOHAS

> **Lifestyles of Health and Sustainability** werden als eine gesellschaftliche **Bewegung** von unterschiedlichen Lebensstilen verstanden, die die Werte **Nachhaltigkeit** und **Gesundheit** in den Mittelpunkt stellt, über ein ausgeprägtes **Verantwortungsbewusstsein** verfügt und sich durch den Versuch auszeichnet, **Genuss und Lebensfreude** mit nachhaltigem, **werteorientiertem Konsumverhalten** zu vereinen.

Quelle: Eigene Darstellung

8.1.3 Entwicklung des ersten Moduls des Fragebogens

Grundlegende Überlegungen

In Anlehnung an die Darstellung von notwendigen Prozessvorgängen bei der Erstellung eines Fragebogens bei Bühner (2011, S. 84) werden vorweg folgende Entscheidungen getroffen. Zuerst wird die Wahl von *subjektiven Indikatoren* für die Erfassung der untersuchten Eigenschaften beschlossen. Als *Zielgruppe* werden Personen ab 14 Jahre, die in Deutschland wohnhaft und der deutschen Sprache mächtig sind, betrachtet. Bei der Generierung von Indikatoren wird die Entscheidung für die *Sammlung und Analyse von Definitionen/Literaturrecherche* getroffen – einen Ansatz, der im Rahmen der *Top-Down-Technik* angewendet wird (vgl. ebd., S. 98). Zur Analyse werden dabei vor allem zwei Quellen herangezogen: die Value-Belief-Norm Theory von Stern et al. (1999) und die im Kapitel 4.3.2 identifizierten psychografischen Merkmale der LOHAS.

Hinsichtlich der Wahl des Itemformats wird die *gebundene Aufgabenbeantwortung* gewählt. Bei den Konstrukten Portraits Value Questionnaire (PVQ) und New Ecological Paradigm Scale (NEP-Skala) wird das vorhandene Antwortformat beibehalten. Bei sonstigen Konstrukten wird mehrheitlich folgende *bipolare siebenstufige Ratingskala* angewendet: „trifft überhaupt nicht zu (1)" bis „trifft voll und ganz zu (7)". Darüber hinaus wird bei allen Fragen die Antwortoption „weiß nicht/keine Angabe" berücksichtigt, die bei der Auswertung als „missing value" kodiert wird.

Bei der Entwicklung von Indikatoren wird auf die *Richtlinien zur Itemformulierung* geachtet. Hier sind unter anderem eine präzise und leicht verständliche Formulierung, Vermeidung von doppelten Verneinungen und Verallgemeinerungen, eindeutige Definition der Zeitspanne und Berücksichtigung von nur einem sachlichen Inhalt pro Item zu nennen (vgl. Bühner 2011, S. 133 ff). Darüber hinaus wird die Bedingung der ausreichenden Itemanzahl pro Variable berücksichtigt, die für die Berechnung einer Faktorenanalyse vorausgesetzt wird.[73] Es wird ebenfalls darauf geachtet, dass die Items nicht allgemein formuliert sind, sondern sich auf ein bestimmtes Handlungsfeld beziehen.

---

[73] Bühner (2011, S. 344) nennt vier Items als Mindestvoraussetzung für die Durchführung einer Faktorenanalyse.

Vergleich des Value-Belief-Norm-Modells von Stern et al. (1999) und der LOHAS-Merkmale

Eine nähere Betrachtung der bereits im Kapitel 6.2.3 dargestellten Variablen des Modells der Value-Belief-Norm Theory zeigt, dass eine Unterscheidung zwischen zwei Ebenen vorgenommen werden kann. Auf der übergeordneten Ebene (Dimensionen) führen die relativ stabilen *Wertorientierungen*[74] zu mehr spezifischen *Einstellungen* hinsichtlich der Beziehungen zwischen Menschen und ihrer Umwelt, der damit verbundenen Konsequenzen sowie der Verantwortung fürs Handeln. Die wiederum aktivieren das Gefühl der *moralischen Verpflichtung* und bringen somit die *Unterstützung der Ziele der Bewegung* hervor (vgl. ebd., S. 85 f). Auf der untergeordneten Ebene (Variablen) kommen dafür folgende Konstrukte zum Ansatz:

- Wertorientierungen: Schwartz Value Survey (SVS)
- Einstellungen: New Ecological Paradigm Scale (NEP-Skala), Bewusstsein von Handlungskonsequenzen (AC) und Verantwortungszuschreibung (AR)
- moralische Verpflichtung: personale Normen im Umweltbereich
- Unterstützung der Ziele der Bewegung: Umweltaktivismus, gesellschaftliches Engagement, Bereitschaft, Opfer zu bringen und Konsumverhalten

Folgende Abbildung stellt schematisch die beiden Betrachtungsebenen dar.

Abb. 33: Schematische Darstellung der beiden Ebenen der Value-Belief-Norm Theory

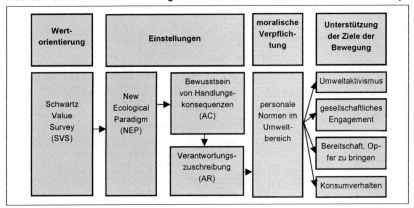

Quelle: Eigene Darstellung auf der Grundlage von Stern (2000, S. 412) und Stern et al. (1999, S. 84)

---

[74] Altruistische und biosphärische Werte wirken sich positiv, egoistische Werte negativ auf die Umwelteinstellungen aus.

Im weiteren Schritt wird ein tabellarischer Vergleich des Modells von Stern et al. (1999) und der Merkmale der LOHAS vorgenommen. Die einzelnen LOHAS-Merkmale werden den Dimensionen des Modells von Stern et al. (1999) zugeordnet, darüber hinaus wird die Eignung der vorhandenen Items geprüft und der Bedarf an weiteren Konstrukten bzw. Items ermittelt.

Tab. 8: Vergleich des Modells von Stern et al. (1999) und der Merkmale der LOHAS

Dimensionen Merkmale der LOHAS	Entsprechende Elemente im Value-Belief-Norm-Modell	Vergleich der LOHAS-Merkmale mit dem Value-Belief-Norm-Modell
Gesundheit		
ganzheitliche Betrachtung von Körper, Geist und Seele/Selbstkompetenz	Werte	keine entsprechenden Items vorhanden
Suche nach innerer Harmonie	Werte	als SVS vorhanden, muss als PVQ-Item entwickelt werden
Suche nach dem Sinn des Lebens	Werte	als SVS vorhanden, muss als PVQ-Item entwickelt werden
Nachhaltigkeit		
Gleichberechtigung	Werte	keine entsprechenden Items vorhanden
starke pro-ökologische Wertehaltung	Werte	als PVQ -Item vorhanden
ökologische Weltsicht (u. a. Sorge um den Zustand der globalen Umwelt, Streben nach Gleichgewicht der Natur)	Einstellungen	als Items der NEP vorhanden
Verantwortungsbewusstsein		
Verantwortungsgefühl für die Außenwelt	Einstellungen; moralische Verpflichtung	als Item der Einstellungen nicht vorhanden; die Items der personalen Norm müssen angepasst und ggf. um neue Items ergänzt werden.
Hilfsbereitschaft	Werte; moralische Verpflichtung	als PVQ-Item vorhanden; Item der personalen Norm muss entwickelt werden.
gesellschaftliches Engagement	Unterstützung der Ziele der Bewegung	als Items des gesellschaftlichen Engagements vorhanden; Anpassungsbedarf
Akzeptanz für umweltfreundliche Politik	Unterstützung der Ziele der Bewegung	als Items der „Bereitschaft, Opfer zu bringen" vorhanden; Anpassungsbedarf
wertebasiertes Konsumverständnis		
Berücksichtigung von soz., ethischen und ökolog. Kriterien beim Konsum	Unterstützung der Ziele der Bewegung	als Items des Konsumverhaltens vorhanden; Anpassungsbedarf

Dimensionen Merkmale der LOHAS	Entsprechende Elemente im Value-Belief-Norm-Modell	Vergleich der LOHAS-Merkmale mit dem Value-Belief-Norm-Modell
Konsum als Gestaltungsmittel	Einstellungen	Das Merkmal kann mit dem Konstrukt „Wirksamkeitserwartung" gemessen werden. Die Items werden entwickelt.
Mehrpreisbereitschaft	Unterstützung der Ziele der Bewegung	als Items der „Bereitschaft, Opfer zu bringen" vorhanden; Anpassungsbedarf
Vereinbarkeit von Genuss und Lebensfreude mit hohen ethischen Ansprüchen		
Vereinbarkeit von Konsum und Nachhaltigkeit	Einstellungen	keine entsprechenden Items vorhanden
Genuss/Lebensfreude	Werte	als PVQ-Item vorhanden

Quelle: Eigene Darstellung

Wie aus der obigen Darstellung ersichtlich, können mit dem Modell von Stern et al. (1999) die meisten Merkmale der LOHAS abgebildet werden. Darüber hinaus sind einige Ergänzungen bzw. Anpassungen notwendig. Diese werden im Folgenden erläutert.

Generierung von Indikatoren: Wertorientierung

In Bezug auf die Wertorientierungen wird zuerst die Entscheidung für die Verwendung von **Portraits Value Questionnaire (PVQ)** (vgl. Schmidt et al. 2007) und nicht der Schwartz Value Survey (SVS) (vgl. Schwartz 1994) getroffen, wie dies im ursprünglichen Value-Belief-Norm-Modell der Fall war. Die PVQ ist eine weiterentwickelte Version der SVS, in der zwar nicht alle von Schwartz erfassten Werte berücksichtigt wurden, die sich aber durch eine einfachere Handhabung als SVS auszeichnet (vgl. Schmidt et al. 2007, S. 264) (weiterführende Informationen zum PVQ vgl. Kapitel 6.1.1).

Von insgesamt sieben Werten, die als konstituierend für LOHAS identifiziert wurden, konnten für fünf Werte entsprechende Items in der von Schwartz (1994, S. 33) erfassten Werteliste wiedergefunden werden, wobei zwei davon (Suche nach innerer Harmonie und Sinn des Lebens) nur als SVS-Items vorlagen. Diese werden dementsprechend neu entwickelt, ebenfalls wie die bei Schwartz nicht berücksichtigten Werte „ganzheitliche Betrachtung von Körper, Geist und Seele/Selbstkompetenz" und „Gleichberechtigung". Der zuletzt genannte Wert wird anstelle vom Einzelwert „Gleichheit" aufgenommen und in der Anlehnung an dieses Item entwickelt. Darüber hinaus werden zwei Hedonismus-Items leicht verändert, um die Nutzung des zum Teil negativ belegten Begriffs „Spaß" (z. B. Spaßgesellschaft in den 1990er-Jahren) zu vermeiden und mehr an die originellen englischen Begriffe „pleasure" und „enjoying" anzuknüpfen.

Bei der Betrachtung der Wertorientierungen können folgende Erkenntnisse gemacht werden:
- es wird deutlich, dass die meisten der LOHAS-Werte in der Kategorie universalistische Werte zu finden sind und damit der altruistischen (Wertetyp Universalismus, Prosozialität) bzw. der biozentrischen (Wertetyp Universalismus) Wertorientierung zugeordnet werden können.
- Die ebenfalls zu der Kategorie universalistische Werte gehörenden Spiritualitätswerte können keiner der von Stern et al. (1995) angenommenen Wertorientierungen zugewiesen werden. Sie gehören zwar zu der von Schwartz ursprünglich entwickelten Werteliste, wurden allerdings als nicht universelle Werte im Wertekreis nicht berücksichtigt.
- Eine wichtige Rolle spielt der Wertetyp Hedonismus, der bei Schwartz als den Wertekategorien Selbstbestimmung und egozentrische Werte zugehörig erkannt wurde.
- Die Kategorie Traditionswerte ist für die Identifizierung der LOHAS irrelevant.

Insgesamt werden die Werte mit zehn Items abgebildet. Als Antwortformat wird die in der PVQ (Schmidt et al. 2007) verwendete bipolare sechsstufige Ratingskala übernommen. In der folgenden Tabelle werden die Werte-Items[75] und deren Zuordnung zu den einzelnen LOHAS-Dimensionen und Wertekategorien dargestellt.

---

[75] Die Items sind in der männlichen Fragebogenvariante dargestellt; bei weiblichen Respondenten werden die Items entsprechend umformuliert präsentiert.

Tab. 9: Die Werte-Items und deren Zuordnung zu einzelnen LOHAS-Dimensionen und Wertekategorien

Wertekategorie/Wertetyp Item	LOHAS-Merkmal	Dimension	Quelle	Name
Sagen Sie mir bitte, wie ähnlich Ihnen diese Person ist?				
universalistische Werte: Spiritualität				
Es ist ihm wichtig, die Balance von Seele, Körper und Geist herzustellen. Er betrachtet die Gesundheit als einen ganzheitlichen Prozess.	Ganzheitliche Betrachtung von Körper, Geist und Seele/Selbstkompetenz	Gesundheit	eigenes Item	PVQ1
Es ist ihm wichtig, eine innere Harmonie zu finden. Er strebt danach, im Frieden mit ihm selbst zu sein.	Suche nach innerer Harmonie	Gesundheit	eigenes Item	PVQ2
Er ist auf der Suche nach einem Sinn im Leben. Er denkt, dass es wichtig ist, einen Zweck im Leben zu haben.	Suche nach Sinn im Leben	Gesundheit	eigenes Item	PVQ3
universalistische Werte: Universalismus				
Er glaubt, dass es wichtig ist, dass Männer und Frauen gleich behandelt werden. Er denkt, dass jeder Mensch im Leben gleiche Chancen haben soll. *Originalitem: Er glaubt, dass es wichtig ist, dass alle Menschen in der Welt gleich behandelt werden. Er denkt, dass jeder Mensch im Leben gleiche Chancen haben soll.*	Gleichberechtigung	Nachhaltigkeit	Schmidt (2007, S. 273); leicht verändert	PVQ4
Es ist ihm wichtig, sich der Natur anzupassen und zu ihr zu passen. Er glaubt, dass die Menschen die Natur nicht verändern sollten.	ökologische Werte: Einheit mit der Natur	Nachhaltigkeit	Schmidt (2007, S. 274)	PVQ5
Er ist fest davon überzeugt, dass die Menschen sich für die Natur einsetzen sollten. Es ist ihm wichtig, sich um die Umwelt zu kümmern.	ökologische Werte: Umwelt schützen	Nachhaltigkeit	Schmidt (2007, S. 273)	PVQ6
universalistische Werte: Prosozialität				
Es ist ihm sehr wichtig, den Menschen in seinem Umfeld zu helfen. Er möchte sich um ihr Wohlbefinden kümmern.	Hilfsbereitschaft	Nachhaltigkeit	Schmidt (2007, S. 273)	PVQ7

Wertekategorie/Wertetyp Item	LOHAS-Merkmal	Dimension	Quelle	Name
Selbstbestimmungswerte/egozentrische Werte: Hedonismus				
Es ist ihm wichtig, die Freuden des Lebens zu genießen. Er „verwöhnt" sich gern selbst.	Genuss/ Lebens-freude	Vereinbarkeit von Genuss und Lebens-freude mit hohen ethischen Ansprüchen	Schmidt (2007, S. 273 f)	PVQ8
Er erfüllt sich gerne seine Wünsche. Es ist ihm wichtig, Dinge zu tun, die ihm Freude bereiten. *Originalitem: Er sucht nach jeder Möglichkeit, Spaß zu haben. Es ist ihm wichtig, Dinge zu tun, die ihm Freude bereiten.*	Genuss/ Lebens-freude	Vereinbarkeit von Genuss und Lebens-freude mit hohen ethischen Ansprüchen	Schmidt (2007, S. 273); leicht verändert	PVQ9
Er möchte das Leben richtig genießen. Die Annehmlichkeiten des Lebens wie gutes Essen oder spannende Unterhaltung sind ihm wichtig. *Originalitem: Er möchte das Leben richtig genießen. Es ist ihm wichtig, Spaß zu haben.*	Genuss/ Lebens-freude	Vereinbarkeit von Genuss und Lebens-freude mit hohen ethischen Ansprüchen	Schmidt (2007, S. 274); leicht verändert	PVQ10
Antwortformat: sehr unähnlich – unähnlich – eher unähnlich – eher ähnlich – ähnlich – sehr ähnlich – weiß nicht/keine Angabe				

Quelle: Eigene Darstellung, auf der Grundlage von Schmidt (2007)

Generierung von Indikatoren: Einstellungen

Innerhalb der Dimension Einstellungen wird das LOHAS-Merkmal „ökologische Weltsicht" mit der **New Ecological Paradigm Scale** (NEP-Skala) gemessen. Verwendet wird eine verkürzte Version mit fünf Items, die ebenfalls von Stern et al. (1999, S. 95) genutzt wurde, in der deutschsprachigen Version von Brügger, Kaiser und Roczen (vgl. Brügger, Kaiser und Roczen 2011; Brügger 2007, S. 8 f). Von insgesamt fünf Items sind zwei negativ formuliert. Als Antwortformat wird die in der NEP-Skala verwendete bipolare fünfstufige Ratingskala übernommen. In der folgenden Tabelle werden die Items der New Ecological Paradigm Scale dargestellt.

Tab. 10: Items der New Ecological Paradigm Scale

Bereich	Item	Name
Bitte geben Sie für jede dieser Aussagen an, ob Sie ihr zustimmen oder ob Sie sie ablehnen.		
Überzeugung der Existenz einer ökologischen Krise	Die Menschheit beutet ihre natürliche Umwelt aus.	NEP5_1
Gleichgewicht der Natur	Das Gleichgewicht der Natur ist stark genug, die Einflüsse moderner Industriegesellschaften zu bewältigen. (-)	NEP8_2
Überzeugung der Existenz einer ökologischen Krise	Die so genannte „ökologische Krise", mit der die Menschheit konfrontiert sei, ist massiv übertrieben. (-)	NEP10_3
Grenzen des Wachstums	Die Erde ist wie ein Raumschiff mit begrenztem Platz und begrenzten Ressourcen.	NEP11_4
Überzeugung der Existenz einer ökologischen Krise	Wenn sich auf absehbare Zeit nichts ändert, ist eine größere ökologische Katastrophe vorprogrammiert.	NEP15_5
Antwortformat: lehne ab – lehne eher ab – weder noch – stimme eher zu – stimme zu – weiß nicht/keine Angabe; (-): negativ formuliertes Item, das bei der späteren Datenaufbereitung umgepolt wird		

Quelle: Eigene Darstellung auf der Grundlage von Brügger (2007, S. 8 f), Dunlap et al. (2000, S. 433 f) und Stern et al. (1999, S. 95)

Von den Variablen der Value-Belief-Norm Theory, die aus dem Norm-Aktivations-Modell von Schwartz (1977) übernommen wurden, wird das Konstrukt Verantwortungszuschreibung (AR) berücksichtigt. Das Konstrukt Bewusstsein von Handlungskonsequenzen (AC) wird in den Fragebogen nicht aufgenommen. Zusätzlich wird der Fragebogen um das Konstrukt Wirksamkeitserwartung, ebenfalls aus dem Norm-Aktivations-Modell von Schwartz (1977), ergänzt.

Mit dem Konstrukt **Verantwortungszuschreibung** wird das LOHAS-Merkmal „Verantwortungsgefühl für die Außenwelt" gemessen. Es werden insgesamt vier Items verwendet, die sich auf die Handlungsfelder Ernährung, Mobilität und Energie sowie auf Konsum allgemein beziehen. Davon wird jeweils ein Item von Hunecke et al. (2010), Steg, Dreijerink und Abrahamse (2005, S. 419) und Gärling (2003, S. 4) mit Änderungen übernommen. Ein weiteres Item wird in Anlehnung an Steg, Dreijerink und Abrahamse (2005, S. 419) neu entwickelt. Als Antwortformat wird die bipolare siebenstufige Ratingskala verwendet.

Tab. 11: Items des Konstrukts Verantwortungszuschreibung (AR)

Item	Handlungsfeld	Quelle	Original-Skala	Name
Die folgenden Aussagen betreffen verschiedene Umweltaspekte. Sagen Sie mir bitte, inwieweit diese auf Sie zutreffen?				
Nicht nur die Regierung und Industrie, sondern auch ich bin dafür verantwortlich, dass Bio-Lebensmittel mehr Verbreitung finden. *Originalitem: Not only the government and industry are responsible for high energy consumption levels, but me too.*	Ernährung	eigenes Item; in Anlehnung an Steg, Dreijerink und Abrahamse (2005, S. 419)	1 (fully disagree) – 5 (fully agree)	AR1
Dem Einzelnen kommt eine große Bedeutung bei der Lösung der verkehrsbedingten Umweltprobleme zu. *Originalitem: Dem einzelnen kommt eine große Bedeutung bei der Lösung der verkehrsbedingten Umweltprobleme zu.*	Mobilität	Hunecke et al. (2010); leicht verändert	stimmt nicht – stimmt wenig – stimmt mittelmäßig – stimmt ziemlich – stimmt sehr	AR2
Meine Mitverantwortung für die Energieprobleme kann nicht geleugnet werden. *Originalitem: My contribution to the energy problems is negligible.*	Energie	Steg, Dreijerink und Abrahamse (2005, S. 419); übersetzt und verändert	1 (fully disagree) – 5 (fully agree)	AR3
Jeder Mensch sollte durch seine Kaufentscheidungen Verantwortung für die Umwelt übernehmen. *Originalitem: Every citizen must take responsibility for the environment.*	Konsum allgemein	Gärling et al. (2003, S. 4); übersetzt und verändert	1 (strongly disagree) – 9 (strongly agree)	AR4
Antwortformat: trifft überhaupt nicht zu (1) – trifft voll und ganz zu (7) – weiß nicht/keine Angabe				

Quelle: Eigene Darstellung

Mit dem Konstrukt **Wirksamkeitserwartung** wird das LOHAS-Merkmal „Konsum als Gestaltungsmittel" gemessen. Es werden insgesamt vier Items verwendet, eines davon negativ formuliert. Sie beziehen sich auf die Einstellungen in den Handlungsfeldern Ernährung, Mobilität und Energie sowie auf Konsum allgemein. Ein Item wurde aus der SPIEGEL-Dokumentation „Auto, Verkehr und Umwelt" (Rudolf Augstein GmbH & Co. KG (Hrsg.) 1993, S. 292) übernommen. Drei sonstige Items wurden neu entwickelt. Als Antwortformat wird die bipolare siebenstufige Ratingskala verwendet.

Tab. 12: Items des Konstrukts Wirksamkeitserwartung

Item	Handlungsfeld	Quelle	Originalskala	Name
Die folgenden Aussagen beziehen sich auf unterschiedliche Konsummöglichkeiten. Sagen Sie mir bitte, inwieweit diese auf Sie zutreffen?				
Ich kann durch meine Warenauswahl beim Einkaufen dazu beitragen, dass Bio-Lebensmittel stärkere Verbreitung finden.	Ernährung	eigenes Item	-	Wirk1
Durch den Wechsel zu einem Ökostromanbieter kann ich dazu beitragen, dass der Anteil der erneuerbaren Energien an der Stromproduktion steigt.	Energie	eigenes Item	-	Wirk2
Es nützt der Umwelt wenig, vom Auto auf öffentliche Verkehrsmittel umzusteigen. (-)	Mobilität	Rudolf Augstein GmbH & Co. KG (Hrsg.) (1993, S. 292)	trifft voll und ganz zu – trifft teilweise zu – trifft eher nicht zu – trifft überhaupt nicht zu	Wirk3
Ich als Kunde habe die Möglichkeit, durch meine Kaufentscheidungen den Markt zu beeinflussen.	Konsum allgemein	eigenes Item	–	Wirk4
Antwortformat: trifft überhaupt nicht zu (1) – trifft voll und ganz zu (7) – weiß nicht/keine Angabe				
(-): negativ formuliertes Item, das bei der späteren Datenaufbereitung umgepolt wird				

Quelle: Eigene Darstellung

Mit dem Konstrukt **Vereinbarkeit von Konsum und Nachhaltigkeit** wird das gleichnamige LOHAS-Merkmal gemessen. Es werden insgesamt vier Items verwendet, von welchen zwei negativ formuliert wurden. Alle Items beziehen sich auf allgemeine Einstellungen zum Konsum, Genuss, Verzicht und ökologisch bewussten Leben. Drei Items wurden neu entwickelt, ein Item wurde aus der LOHAS-Untersuchung der Schober Information Group Deutschland GmbH (2011, S. 5) nach einer Änderung übernommen. Die Änderung wurde zur Vermeidung mehrerer sachlicher Inhalte (*„auf Konsum, Genuss und moderne Technik"*) in einem Item vorgenommen (vgl. Richtlinien zur Itemformulierung bei Bühner 2011, S. 136). Als Antwortformat wird die bipolare siebenstufige Ratingskala verwendet.

Tab. 13: Items des Konstrukts Vereinbarkeit von Konsum und Nachhaltigkeit

Item	Quelle	Originalskala	Name
Im folgenden habe ich einige Aussagen in Bezug auf ökologisch bewusstes Leben aufgelistet. Geben Sie bitte an, inwieweit diese auf Sie zutreffen?			
Ökologisch bewusst leben heißt für mich sich einzuschränken. (-)	eigenes Item	-	VKN1
Umweltschutz und genussvolles Leben schließen sich nicht aus.	eigenes Item	-	VKN2
Ökologisch bewusst leben heißt für mich auf Genuss zu verzichten. (-) *Originalitem: Ökologisch bewusst leben heißt für mich nicht, auf Konsum, Genuss und moderne Technik zu verzichten.*	Schober Information Group Deutschland GmbH (2011, S. 5); verändert	stimme voll zu – stimme eher zu – stimme nicht zu – stimme überhaupt nicht zu	VKN3
Ökologisch bewusstes Leben und genussvolles Konsumieren sind vereinbar.	eigenes Item	–	VKN4
Antwortformat: trifft überhaupt nicht zu (1) – trifft voll und ganz zu (7) – weiß nicht/keine Angabe			
(-): negativ formuliertes Item, das bei der späteren Datenaufbereitung umgepolt wird			

Quelle: Eigene Darstellung

Generierung von Indikatoren: moralische Verpflichtung

Mit der Dimension „moralische Verpflichtung", die das Konstrukt **personale Norm** umfasst, werden die LOHAS-Merkmale „Verantwortungsgefühl für die Außenwelt" und „Hilfsbereitschaft" gemessen. Das Konstrukt wird durch vier Items abgebildet, die sich auf die Handlungsfelder Ernährung, Mobilität und Energie sowie auf die Hilfsbereitschaft beziehen. Zwei Items wurden neu entwickelt, ein Item wurde von Steg, Dreijerink und Abrahamse (2005, S. 419) und eins von Hunecke (2000, S. A8 (Anhang)) mit Änderungen übernommen. Die Änderungen betrafen unter anderem die Formulierung „Nahrungsmittel aus kontrolliert ökologischem Anbau", die durch einen einfacheren Begriff „Bio-Lebensmittel" ersetzt wurde. Als Antwortformat wird die bipolare siebenstufige Ratingskala verwendet.

Tab. 14: Items des Konstrukts personale Norm

Item	Handlungsfeld	Quelle	Originalskala	Name
Die folgenden Aussagen betreffen verschiedene Umweltaspekte. Sagen Sie mir bitte, inwieweit diese auf Sie zutreffen?				
Ich fühle mich aus Umweltschutzgründen verpflichtet, wenn immer es mir möglich ist, Bio-Lebensmittel zu kaufen. *Originalitem: Ich fühle mich aus Umweltschutzgründen verpflichtet, wenn immer es mir möglich ist, Nahrungsmittel aus kontrolliert ökologischem Anbau zu kaufen.*	Ernährung	Hunecke (2000, S. A8 (Anhang)); leicht verändert	nicht – wenig – mittelmäßig – ziemlich – sehr	PN1
Ich fühle mich schuldig, wenn ich auf meinen täglichen Wegen umweltschädliche Verkehrsmittel nutze.	Mobilität	eigenes Item	–	PN2
Ich halte es für meine Pflicht, Energie zu sparen. *Originalitem: I feel personally obliged to save as much energy as possible.*	Energie	Steg, Dreijerink und Abrahamse (2005, S. 419); übersetzt und verändert	1 (fully disagree) – 5 (fully agree)	PN3
Ich habe ein schlechtes Gewissen, wenn ich Waren kaufe, die ohne Berücksichtigung von sozialen und ökologischen Aspekten hergestellt wurden. *Originalitem: Ich habe ein schlechtes Gewissen, wenn ich den Schutz der biologischen Vielfalt auf der Welt/in unserer Region nicht unterstütze.*	Konsum allgemein	eigenes Item, in Anlehnung an Menzel (2007, S. 219)	stimme zu – stimme weitgehend zu – stimme teilweise zu – stimme nicht zu	PN4
Antwortformat: trifft überhaupt nicht zu (1) – trifft voll und ganz zu (7) – weiß nicht/keine Angabe				

Quelle: Eigene Darstellung

Generierung von Indikatoren: Unterstützung der Ziele der Bewegung

Innerhalb der Dimension „Unterstützung der Ziele der Bewegung" werden die passiven, weniger intensiven Formen der Unterstützung berücksichtigt: gesellschaftliches Engagement, Bereitschaft, Opfer zu bringen und Konsumverhalten. Nicht aufgenommen wird der Umweltaktivismus, der von Stern et al. (1999, S. 88 f) als eine vierte, intensivere Form der Unterstützung betrachtet wird.

Das **gesellschaftliche Engagement** entspricht dem gleichnamigen LOHAS-Merkmal und wird mit insgesamt vier Items gemessen. Alle Items wurden in Anlehnung an die Items in der Untersuchung von Stern et al. (1999, S. 96) erarbeitet. Die Änderungen wurden vorgenommen, um den Fokus der Fragen von der Ökologie auf das Konzept der Nachhaltigkeit zu erweitern. In der Formulierung der Fragen wurde allerdings auf die Vermeidung des Wortes Nachhaltigkeit geachtet (zu den Schwierigkeiten mit der Vermittlung des Nachhaltigkeitsbegriffs vgl. Kapitel 3.3.4), stattdessen wurden die Fragen um die soziale Dimension ergänzt. Das Antwortformat ist eine Richtig-Falsch-Aufgabe (vgl. Bühner 2011, S. 116 f).

Tab. 15: Items zur Darstellung des gesellschaftlichen Engagements

Item	Quelle	Originalskala	Name
Sind Sie Mitglied in einer Umweltschutzorganisation oder einer Organisation im sozialen Bereich? *Originalitem: Are you a member of any group whose main aim is to preserve or protect the environment?*	in Anlehnung an Stern et al. (1999, S. 96)	yes, no	EG1
In den letzten 12 Monaten...			
habe ich Geld für eine Umweltschutzorganisation oder eine Organisation im sozialen Bereich (z. B. Vorbeugung vor Armut oder Kinderarbeit) gespendet. *Originalitem: In the last twelve months, have you given money to an environmental group?*			EG2
habe ich eine Petition zur Unterstützung des Umweltschutzes oder zur Unterstützung sozialer Anliegen (z. B. Menschenrechte) unterschrieben. *Originalitem: In the last twelve months, have you signed a petition in support of protecting the environment?*			EG3
habe ich Produkte von Firmen boykottiert, die sich nachweislich umweltschädigend oder sozial bzw. ethisch nicht korrekt verhalten. *Originalitem: In the last twelve months, have you boycotted or avoided buying the products of a company because you felt that company was harming the environment?*			EG4
Antwortformat: ja – nein – weiß nicht/keine Angabe			

Quelle: Eigene Darstellung

Das Konstrukt **Bereitschaft, Opfer zu bringen,** mit der die LOHAS-Merkmale „Mehrpreisbereitschaft" und „Akzeptanz für umweltfreundliche Politik" gemessen werden, umfasst vier Items. Davon wurden drei Items vom Stern (1999) und ein Item von Rhein (2006, S. 255) zum Teil mit Änderungen übernommen (bei dem von Rhein 2006, S. 255 übernommenen Item wurde die Formulierung so angepasst, dass es eine Bereitschaft ausdrückt). Als Antwortformat wird die bipolare siebenstufige Ratingskala verwendet.

Tab. 16: Items des Konstrukts Bereitschaft, Opfer zu bringen

Item	Quelle	Originalskala	Name
Geben Sie bitte bei den folgenden Aussagen an, inwieweit sie auf Sie zutreffen?			
Für umweltfreundliche Produkte bin ich bereit, viel mehr auszugeben. Originalitem: I would be willing to pay much higher prices in order to protect the environment.	Stern et al. (1999, S. 96); übersetzt und verändert	strongly agree – somewhat agree –	BOB 1
Ich bin bereit, viel höhere Steuern zu zahlen, wenn sie für den Umweltschutz aufgewendet werden. Originalitem: I would be willing to pay much higher taxes in order to protect the environment.		somewhat disagree – strongly disagree	BOB 2
Ich bin bereit, Einschränkungen in meinem Lebensstandard zu akzeptieren, wenn ich dadurch die Umwelt schützen kann. Originalitem: I would be willing to accept cuts in my standard of living to protect the environment.	Stern et al. (1999, S. 96); übersetzt und verändert	strongly agree – somewhat agree – somewhat disagree – strongly disagree	BOB 3
Ich bin bereit, wegen des Umweltschutzes auf etwas zu verzichten, das mir wichtig ist. Originalitem: Ich möchte wegen des Umweltschutzes nicht auf etwas verzichten müssen, das mir wichtig ist.	Rhein (2006, S. 255); leicht verändert	1 (stimmt überhaupt nicht) – 7 (stimmt voll und ganz)	BOB 4
Antwortformat: trifft überhaupt nicht zu (1) – trifft voll und ganz zu (7) – weiß nicht/keine Angabe			

Quelle: Eigene Darstellung

Mit dem Konstrukt **Konsumverhalten** wird das LOHAS-Merkmal „Berücksichtigung von sozialen, ethischen und ökologischen Kriterien beim Konsum" mit insgesamt 14 Items gemessen. Drei Items wurden neu entwickelt, die sonstigen Items wurden aus folgenden Quellen zum Teil verändert übernommen:

- Untersuchung der Naturverbundenheit von Brügger (2007, S. 3). Das Original-item „Für Fahrten in die umliegende Gegend (bis 30 km) benütze ich öffentliche Nahverkehrsmittel oder das Fahrrad" wurde um den Begriff „bewusst aus ökologischen Gründen" ergänzt. Damit sollte die Aufmerksamkeit auf die Motivlage der Verhaltensweise gelenkt werden.
- Untersuchung der Nachhaltigkeitsrelevanz bei Jugendlichen und jungen Erwachsenen des Wuppertal Instituts für Klima, Umwelt, Energie GmbH (o.J.). Das Originalitem „Bei der Ernährung achte ich darauf, dass der

Preis der Produkte niedrig ist." wurde wie folgt umformuliert: „Bei der Ernährung achte ich darauf, vor allem Discount-Produkte einzukaufen."
- LOHAS-Untersuchung des Spiegel-Verlags (2009, S. 21)
- Untersuchung des Nachhaltigkeitsbewusstseins in Deutschland des Bundesministeriums für Umwelt, Naturschutz und Reaktorsicherheit (BMU) und des Umweltbundesamtes (UBA) (2010, S. 83). Das Originalitem „Geldanlagen in erneuerbare Energien, z. B. Anteile an Anlagen, Fonds" wurde wie folgt verändert: „nachhaltige Geldanlagen, d. h. Anlagen unter Berücksichtigung sozialer und ökologischer Kriterien". Damit wurden in dem Item weitere Anlagemöglichkeiten sowie beide Nachhaltigkeitsdimensionen berücksichtigt.

Bei den Items handelt es sich um die *Verhaltensweisen* Kauf (Bezug von Ökostrom, nachhaltige Geldanlagen, Bio-Qualität, fair gehandelte Produkte, Produkte aus der Region, artgerechte Tierhaltung, ökologisch hergestellte Textilien), Verzicht (Einschränkung von Fleischverzehr) und Konsumalternative (Nutzung der öffentlichen Verkehrsmittel)[76]. Die Verhaltensweise „Protestverhalten" wird bei den Items zur Darstellung des gesellschaftlichen Engagements berücksichtigt.

Tab. 17: Items des Konstrukts Konsumverhalten

Item	Handlungsfeld	Verhaltensweise	Quelle	Originalskala	Name
Geben Sie bitte bei den folgenden Aussagen an, inwieweit diese auf Sie zutreffen?					
Für Fahrten in die umliegende Gegend (bis 30 km) benutze ich bewusst aus ökologischen Gründen öffentliche Nahverkehrsmittel oder das Fahrrad. *Originalitem: Für Fahrten in die umliegende Gegend (bis 30 km) benütze ich öffentliche Nahverkehrsmittel oder das Fahrrad.*	Mobilität	Konsumalternative	Brügger (2007, S. 3); verändert	nie – selten – gelegentlich – oft – sehr oft	KV1
Ich achte bei der Verwendung von Körperpflegeprodukten darauf, dass sie auf natürlicher Basis und ohne chemische Zusätze hergestellt worden sind.	Hygiene/Gesundheit	Kauf	eigenes Item	–	KV2

---

[76] Zur Unterscheidung zwischen verschiedenen Verhaltensweisen vgl. Kapitel 3.3.3.

Item	Handlungsfeld	Verhaltensweise	Quelle	Originalskala	Name
Ich achte beim Kauf von Textilien darauf, dass sie ökologisch und unter Einhaltung von Sozialstandards hergestellt sind.	Textilien	Kauf	eigenes Item	–	KV3
Bei der Ernährung achte ich darauf, ...					
▪ vor allem Discount-Produkte einzukaufen. (-) *Originalitem: dass der Preis der Produkte niedrig ist.*	Ernährung	Kauf	Wuppertal Institut für Klima, Umwelt, Energie GmbH (o.J.)	trifft voll zu – trifft eher zu – trifft eher nicht zu – trifft gar nicht zu	KV4
▪ Bio-Qualität einzukaufen.		Kauf			KV5
▪ möglichst wenig Fleisch zu verzehren.		Verzicht			KV6
▪ fair gehandelte Produkte zu bevorzugen.		Kauf			KV7
▪ dass die Produkte aus der Region kommen.		Kauf			KV8
▪ dass Produkte, die ich kaufe, von Tieren aus artgerechter Haltung stammen. *Originalitem: Ich lege sehr viel Wert darauf, dass Produkte, die ich kaufe, von Tieren aus argerechter (sic!) Haltung stammen.*		Kauf	Spiegel-Verlag (2009, S. 21)	k.A.	KV9

Antwortformat: trifft überhaupt nicht zu (1) – trifft voll und ganz zu (7) – weiß nicht/keine Angabe
(-): negativ formuliertes Item, das bei der späteren Datenaufbereitung umgepolt wird

Item	Handlungsfeld	Verhaltensweise	Quelle	Originalskala	Name
Haben Sie sich bereits bewusst für folgende Maßnahmen entschieden?					
• Bezug von Ökostrom	Energie	Kauf	Bundesministerium für Umwelt, Naturschutz und Reaktorsicherheit (BMU) und Umweltbundesamt (UBA) (2010, S. 83); verändert	mache/habe ich bereits – werde ich künftig machen/ anschaffen – könnte ich mir evtl. vorstellen – kommt für mich nicht in Frage	KV10
• nachhaltige Geldanlagen, d. h. Anlagen unter Berücksichtigung sozialer und ökologischer Kriterien Originalitem: Geldanlagen in erneuerbare Energien, z. B Anteile an Anlagen, Fonds	Geldanlagen	Kauf			KV11
• finanzielle Kompensationen (Ausgleichszahlungen) leisten für die selbst verursachten Klimagase, z. B. bei Fliegen Originalitem: Finanzielle Kompensationen (Ausgleichszahlungen) leisten für die selbst verursachten Klimagase, z. B. im Verkehr	Konsum allgemein[77]	Kauf			KV12
• Bestellung eines Biokiste-Abos (Lieferung von Bioprodukten nach Hause, die entsprechend der Jahreszeit zusammengestellt werden)	Ernährung	Kauf	eigenes Item	–	KV13
Antwortformat: ja – nein, aber ich will das in naher Zukunft tun – nein, und ich will das nicht in naher Zukunft tun – weiß nicht/keine Angabe					

Quelle: Eigene Darstellung

Generierung von Indikatoren auf der Basis der Value-Belief-Norm Theory von Stern et al. (1999) und der LOHAS-Merkmale: Zusammenfassung

Basierend auf den zuvor dargestellten Überlegungen kann der erste Entwurf des Modells zur Identifizierung der LOHAS erstellt werden. Dabei wird auf die Darstellung der kausalen Zusammenhänge zwischen den einzelnen Konstrukten des Modells verzichtet. Deren Untersuchung spielt für das beabsichtigte Ziel einer Gruppentrennung eine untergeordnete Rolle.

---

[77] Betrifft vor allem Konsum im Handlungsfeld Mobilität.

Abb. 34: Erster Entwurf des Modells zur Identifizierung der LOHAS

Werte	Einstellungen		moralische Verpflichtung	Unterstützung der Ziele der Bewegung
Spiritualität	New Ecological Paradigm (NEP)	Verantwortungszuschreibung (AR)	personale Normen	gesellschaftliches Engagement
Universalismus				Bereitschaft, Opfer zu bringen
Prosozialität	Vereinbarkeit v. Konsum u. Nachhaltigkeit	Wirksamkeitserwartung		Konsumverhalten
Hedonismus				

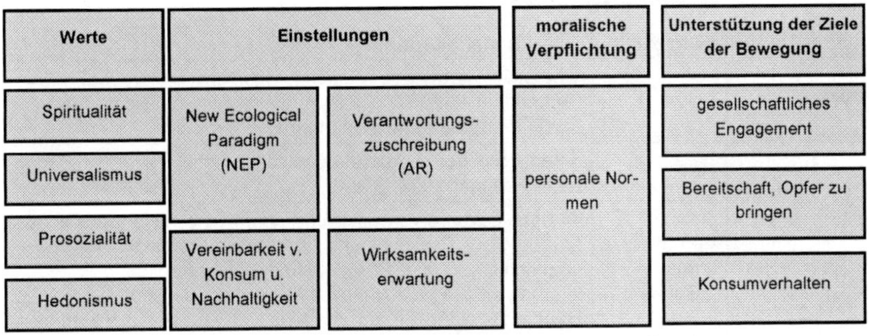

Quelle: Eigene Darstellung auf der Grundlage von Stern et al. (1999, S. 84)

Bei der Formulierung der Items wurde die Entscheidung getroffen, die in der Untersuchung von Stern et al. (1999) vorgenommene Wahl der Themen Klimawandel, Tropenwald sowie Wasser-, Luft- und Bodenverschmutzung augrund ihrer Irrelevanz für die Unterscheidung zwischen LOHAS und Nicht-LOHAS nicht zu übernehmen. Stattdessen wurden Ernährung und Mobilität als prioritäre Bedarfsfelder des nachhaltigen Konsums (vgl. Kapitel 3.3.1) und relevante LOHAS Handlungsfelder (vgl. Kapitel 4.4.1) gewählt. Das dritte prioritäre Bedarfsfeld Bauen/Wohnen wird als von äußeren Rahmenbedingungen (Wohnort, Einkommen, etc.) zu stark abhängig betrachtet, so dass es nur bedingt als Kriterium zur Identifizierung der LOHAS geeignet wäre. An seiner Stelle wurde das Handlungsfeld Energie sowie Konsum allgemein aufgenommen. Diese vier Handlungsfelder wurden bei allen Konstrukten, die einen Bezug zu Verhaltensweisen im Konsumbereich herstellen, berücksichtigt: Verantwortungszuschreibung, Wirksamkeitserwartung, personale Normen und Konsumverhalten. Darüber hinaus wurden im Konstrukt Konsumverhalten Fragen zu Verhaltensweisen in weiteren für die LOHAS relevanten Handlungsfeldern Geldanlagen, Hygiene/Gesundheit und Textilien (vgl. Kapitel 4.4.1) gestellt.

In der folgenden Tabelle wird die Operationalisierung der einzelnen Konstrukte des Modells zur Identifizierung der LOHAS zusammenfassend dargestellt.

Tab. 18: Operationalisierung der Elemente des ersten Entwurfs des Modells zur Identifizierung der LOHAS

Dimension	Konstrukt	Operationalisierung
Werte	PVQ	10 Items: 7 Items der deutschsprachigen Version der PVQ (Schmidt et al. 2007, S. 273 f) (davon 3 Items leicht verändert) und 3 neu entwickelte Items
Einstellungen	NEP	5 Items aus der verkürzten deutschsprachigen Version der NEP (Brügger 2007, S. 8 f)
	Verantwortungszuschreibung	4 Items, davon 3 verändert übernommen von Hunecke et al. (2010), Steg, Dreijerink und Abrahamse (2005, S. 419) und Gärling et al. (2003, S. 4), ein Item neu entwickelt in Anlehnung an Steg, Dreijerink und Abrahamse (2005, S. 419); Handlungsfelder: Ernährung, Mobilität, Energie, Konsum allgemein
	Wirksamkeitserwartung	4 Items: 1 Item übernommen aus der SPIEGEL-Dokumentation „Auto, Verkehr und Umwelt" (Rudolf Augstein GmbH & Co. KG (Hrsg.) 1993, S. 292), 3 neu entwickelte Items; Handlungsfelder: Ernährung, Mobilität, Energie, Konsum allgemein
	Vereinbarkeit von Konsum und Nachhaltigkeit	4 Items: 3 neu entwickelte Items, 1 verändertes Item übernommen aus der Untersuchung der Schober Information Group Deutschland GmbH (2011, S. 5)
moralische Verpflichtung	personale Normen	4 Items: 2 neu entwickelte Items, eins davon in Anlehnung an Menzel (2007, S. 219), ein Item übernommen von Steg, Dreijerink und Abrahamse (2005, S. 419) und ein von Hunecke (2000, S. A8 (Anhang)) (beide verändert); Handlungsfelder: Ernährung, Mobilität, Energie, Konsum allgemein
Unterstützung der Ziele der Bewegung	gesellschaftliches Engagement	4 Items erarbeitet in Anlehnung an die Untersuchung von Stern et al. (1999, S. 96)
	Bereitschaft, Opfer zu bringen	4 Items: 3 Items verändert übernommen von Stern et al. (1999, S. 96) und ein Item leicht verändert übernommen von Rhein (2006, S. 255)
	Konsumverhalten	13 Items: 3 neu entwickelte Fragen, die sonstigen Items (zum Teil verändert) aus folgenden Untersuchungen übernommen: Bundesministerium für Umwelt, Naturschutz und Reaktorsicherheit (BMU) und Umweltbundesamt (UBA) (2010, S. 83), Spiegel-Verlag (2009, S. 21), Brügger (2007, S. 3), Wuppertal Institut für Klima, Umwelt, Energie GmbH (o.J.); Handlungsfelder: Ernährung, Mobilität, Energie, Konsum allgemein, Hygiene/Gesundheit, Textilien, Geldanlagen

Quelle: Eigene Darstellung

Weitere Elemente des Fragebogens

Zur Sicherstellung, dass der Fragebogen durch die gewünschte Zielgruppe ausgefüllt wird, wurden entsprechende **Filterfragen** eingebaut. Diese bezogen sich auf den Wohnstandort in Deutschland (beide Stichproben) und auf die Nutzung eines LOHAS-Portals (Stichprobe der Portalnutzer). Darüber hinaus wurde in Anlehnung an die Untersuchung von Russell (2000, S. 90 f) eine Frage zur Zustimmung der Probanden für die Inhalte des Portals verwendet, die eine Selektion von „passiven" bzw. zufälligen Nutzern sicherstellen soll („Wie sehr stimmen Sie den Inhalten dieses Portals zu? Antwortformat: sehr wenig (1) – sehr stark (7)). Bei negativen Antworten auf die Filterfragen (kein Nutzer des Portals oder kein Hauptwohnsitz in Deutschland bzw. Zustimmungswert für die Inhalte des Portals gleich 1) wurden die Teilnehmer auf die Endseite des Fragebogens weitergeleitet.

Darüber hinaus wurden Fragen zu statistischen Merkmalen der Probanden wie Geschlecht, Geburtsjahr, Anzahl der Personen und Kinder unter 14 Jahren im Haushalt, PLZ, Bildungsabschluss und Haushalts-Netto-Einkommen gestellt.

Sowohl bei der Formulierung der Fragen als auch im Einführungstext zu der Umfrage wurde darauf geachtet, keine Hinweise auf den Untersuchungsgegenstand bzw. Forschungsfragen zu liefern. Insbesondere wurde vermieden, die Wörter LOHAS und Nachhaltigkeit[78] zu verwenden.

8.1.4 Pretest

Zur Prüfung der Praxistauglichkeit des Fragebogens wurde ein Pretest mit zwei Testläufen mit jeweils 15 Personen durchgeführt. Im ersten Testlauf sollte vor allem die Verständlichkeit der Fragen geprüft werden. Im zweiten Testlauf, der nach der Berücksichtigung der Anmerkungen und Korrekturen der Pretester erfolgte, stand die technische Durchführung im Vordergrund.

Nach dem Pretest wurde die Reihenfolge der Items der NEP-Skala aufgrund folgender Anmerkung einer Pretesterin verändert:

> „der Einstieg war schwer zu kapieren, ?lehne ich es ab,dass die Menschheit die Umwelt ausbeutet oder ?sitmme ich der Aussage zu, dass die Menschheit die Umwelt

---

[78] Eine Ausnahme wurde beim Item KV11 (nachhaltige Geldanlagen) gemacht, hierbei wurde jedoch eine Definition der nachhaltigen Geldanlagen mitberücksichtigt.

ausbeutet, ich mußte erst die anderen Fragen lesen, um zu verstehen, wie ich antworten soll, das kann zu Fehlantworten führen" (K. d. W.)

Durch die Änderung wurde das Item „Die Menschheit beutet ihre natürliche Umwelt aus." von der ersten auf die letzte Stelle in der NEP-Skala verschoben, die Nummerierung wurde dementsprechend angepasst.

Tab. 19: Items der New Ecological Paradigm Scale: veränderte Reihenfolge und Nummerierung nach dem Pretest

Bereich	Item	Name
Bitte geben Sie für jede dieser Aussagen an, ob Sie ihr zustimmen oder ob Sie sie ablehnen.		
Gleichgewicht der Natur	Das Gleichgewicht der Natur ist stark genug, die Einflüsse moderner Industriegesellschaften zu bewältigen. (-)	NEP8_1
Überzeugung der Existenz einer ökologischen Krise	Die so genannte „ökologische Krise", mit der die Menschheit konfrontiert sei, ist massiv übertrieben. (-)	NEP10_2
Grenzen des Wachstums	Die Erde ist wie ein Raumschiff mit begrenztem Platz und begrenzten Ressourcen.	NEP11_3
Überzeugung der Existenz einer ökologischen Krise	Wenn sich auf absehbare Zeit nichts ändert, ist eine größere ökologische Katastrophe vorprogrammiert.	NEP15_4
Überzeugung der Existenz einer ökologischen Krise	Die Menschheit beutet ihre natürliche Umwelt aus.	NEP5_5
Antwortformat: lehne ab – lehne eher ab – weder noch – stimme eher zu – stimme zu – weiß nicht/keine Angabe; (-): negativ formuliertes Item, das bei der späteren Datenaufbereitung umgepolt wird		

Quelle: Eigene Darstellung auf der Grundlage von Brügger (2007, S. 8 f), Dunlap et al. (2000, S. 433 f) und Stern et al. (1999, S. 95).

Weitere Änderungen betreffen vor allem sprachliche bzw. grammatikalische Korrekturen der Einleitungstexte bzw. der Fragen. Die endgültige Version des Fragebogens befindet sich im Anhang 9.

8.1.5 Befragung der Stichprobe der Portalnutzer

Datenerhebung

Nach der Ausarbeitung der Definition der LOHAS, der darauf basierenden Entwicklung der Items zu deren Identifizierung sowie der Durchführung eines Pretests, wurde die Befragung der Stichprobe der Portalnutzer vorgenommen. Die Erhebung fand als eine Online-Umfrage (CAWI) in einem Zeitraum vom

13.06.2012 bis 26.08.2012 statt. Die Teilnehmer wurden gebeten, einen standardisierten Fragebogen auszufüllen, der aus insgesamt vier Modulen bestand. Das erste Modul beinhaltete Fragen zur Identifizierung der Probanden als LOHAS (siehe Entwicklung des Fragebogens im vorherigen Kapitel), die sonstigen Module umfassten Fragen zum Reiseverhalten bzw. Reisepräferenzen der Befragten (die Darstellung der Entwicklung der touristischen Items sowie der entsprechenden Ergebnisse befindet sich im Kapitel 9). Dabei wurden die ersten drei Module mithilfe der Befragungssoftware EFS Survey des Unternehmens Questback erstellt. Das letzte Modul der Umfrage zur Wahl einer Unterkunft, der mit der MaxDiff-Methode ausgewertet wird, wurde mit der Sawtooth Software durch das Marktforschungsinstitut MAIX GmbH programmiert.

Die Umfrage richtete sich an die Nutzer der folgenden LOHAS-Internetportale: karmakonsum.de, lohas.de und utopia.de. Für jedes Portal wurde ein separater Link generiert, der zusammen mit einem kurzen Einführungstext auf den Internetseiten der Portale veröffentlicht sowie über deren Kommunikationskanäle wie Facebook, Newsletter und Twitter verstreut wurde. Auf die Umfrage verwies ebenfalls ein Eintrag im Profil der Verfasserin auf Utopia, darüber hinaus wurde ein Utopia-Blog erstellt, auf dem Informationen über die Umfrage selbst sowie über das Vorhaben allgemein veröffentlicht wurden. Um die Beteiligung an der Umfrage zu erhöhen, wurden zusätzlich Nachrichten mit einer kurzen Information über die Umfrage an die zufällig ausgewählten Nutzer des Portals utopia.de sowie Facebook-Nutzer von allen drei Portalen geschickt. Als weiterer Anreiz zur Teilnahme an der Befragung wurden vier Amazon-Gutscheine im Wert von je 15 EUR zur Verlosung an die Teilnehmer gesponsert[79].

---

[79] Die Gutscheine wurden unter den Teilnehmern beider Stichproben verlost.

Abb. 35: Kommunikationskanäle zur Gewinnung der Umfrageteilnehmer

Quelle: KarmaKonsum (2012); Lohaslifestyle (2012); Utopia AG (2012a)

Datenaufbereitung

Nach der Erhebung der Daten erfolgte deren Aufbereitung. Dazu gehörten folgende Schritte:
- Aussortierung der Teilnehmer, die folgende Bedingungen *nicht* erfüllen: Hauptwohnsitz in Deutschland; Nutzung des jeweiligen Portals und Zustimmungswerte mindestens zwei[80];
- Umkodierung der Altersangaben bei einem Teilnehmer als fehlender Wert (als Geburtsjahr wurde das Jahr 1900 genannt);
- Umpolung der negativ formulierten Items;
- Neuberechnung der demografischen Variablen (Alter, Anzahl der Kinder, PLZ);
- Ausschluss von Ausreißern mithilfe einer Clusteranalyse mit dem Single-Linkage-Verfahren und quadriertem euklidischem Abstand als Proximitätsmaß – diese Maßnahme folgt der Empfehlung von Backhaus et al. (2011, S. 436) zur Anwendung bei der Untersuchung einer Objektmenge.

Im weiteren Verlauf wurde eine Analyse der fehlenden Werte (missing values) durchgeführt, bei der nach unbeabsichtigten Konzentrationen, bestimmten Regelmäßigkeiten bzw. Variablen oder Teilnehmern mit besonders vielen fehlenden Werten gesucht wurde (vgl. Bankhofer und Praxmarer 1998, S. 110 ff). Sie hat gezeigt, dass bei fünf Teilnehmern ein auffälliges Antwortverhalten beobachtet werden konnte, das sich vor allem durch einen hohen Anteil an fehlenden Werten und/oder dem Auftreten von unplausiblen Werten manifestierte. Darüber hinaus konnte festgestellt werden, dass sich die meisten der fehlenden Antworten (weiß nicht/keine Angabe) auf die Items KV9, KV11-13, EG1 bzw. EG4 und – wie erwartet – Demografie_Einkommen beziehen.

Tab. 20: Variablen mit den meisten (5 % und mehr) fehlenden Werten

Variablenname	Item	fehlende Werte (Antwort: weiß nicht/keine Angabe) (n=277)	
		Anzahl	in %
KV12	• finanzielle Kompensationen (Ausgleichszahlungen) für die selbst verursachten Klimagase, z. B. bei Fliegen	73	26,4

---

[80] Auf der Skala sehr wenig (1) bis sehr stark (7). Damit soll die Selektion von „passiven" bzw. zufälligen Nutzern sichergestellt werden (vgl. Kapitel 8.1.3: Weitere Elemente des Fragebogens).

Varia-blenname	Item	fehlende Werte (Antwort: weiß nicht/keine Angabe) (n=277)	
		Anzahl	in %
KV11	• nachhaltige Geldanlagen, d. h. Anlagen unter Berücksichtigung sozialer und ökologischer Kriterien	50	18,1
Demografie_Einkommen	das Haushalts-Netto-Einkommen (nach Abzug der Steuern und Sozialversicherung)	49	17,7
KV13	• Bestellung eines Biokiste-Abos (Lieferung von Bioprodukten nach Hause, die entsprechend der Jahreszeit zusammengestellt werden)	49	17,7
KV9	Bei der Ernährung achte ich darauf, dass Produkte, die ich kaufe, von Tieren aus artgerechter Haltung stammen.	25	9,0
EG4	In den letzten 12 Monaten habe ich Produkte von Firmen boykottiert, die sich nachweislich umweltschädigend oder sozial bzw. ethisch nicht korrekt verhalten.	20	7,2
EG1	Sind Sie Mitglied in einer Umweltschutzorganisation oder einer Organisation im sozialen Bereich?	15	5,4

Quelle: Eigene Darstellung

Der Umfang mit fehlenden Werten ist von deren Ursache abhängig. Dabei wird zwischen systematisch bzw. nicht zufällig und unsystematisch bzw. zufällig fehlenden Daten unterschieden (vgl. ebd., S. 110). Bei den zufällig fehlenden Daten geht man von Einflussfaktoren aus, die sich nicht eindeutig auf bestimmte Merkmale konzentrieren, bei systematisch fehlenden Daten liegt deren Ursache in der Verweigerung von Antworten bei bestimmten Merkmalsausprägungen (vgl. ebd.).

Die Analyse der fehlenden Werte zeigt, dass bei den Variablen KV11-13, EG1-4 und Demografie_Einkommen von systematisch fehlenden Daten ausgegangen werden kann. Bei den Fragen zur Nutzung von Maßnahmen wie nachhaltige Geldanlagen (KV11), finanzielle Kompensationen (KV12) und Biokiste-Abo (KV13) wird der hohe Anteil der fehlenden Werte als Indiz für geringe Kenntnisse dieser relativ neuen Formen des nachhaltigen Konsums interpretiert. Bei den Variablen des gesellschaftlichen Engagements (EG1, EG4) kann dagegen angenommen werden, dass die Antwort „weiß nicht/keine Angabe" aufgrund der sozialen Erwünschtheit zur Vermeidung der Antwort „nein" gewählt wurde. Bei den sonstigen fehlenden Werten kann von zufälligen fehlenden Daten ausgegangen werden.

In Anlehnung an Bankhofer und Praxmarer (1998, S. 113 ff) sowie Klarmann (2008, S. 297 ff) wird nach der abschließenden Auswertung folgender Umgang mit den fehlenden Werten beschlossen:
- intervallskalierte Items mit zufällig fehlenden Daten (PVQ1-10, NEP1-5, AR1-4, Wirk1-4, VKN1-4, PN1-4, BOB1-4, KV1-9): Ersetzung der fehlenden Werte mit der Zeitreihen-Mittelwert-Methode;
- nominalskalierte Items KV10-13 mit systematisch fehlenden Daten[81]: Ausschluss aus den weiteren Analysen (Prüfung der Gütekriterien, Clusteranalyse und logistische Regressionsanalyse); Anwendung bei der Charakterisierung der LOHAS-Stichprobe bzw. bei der Untersuchung der Reisepräferenzen der LOHAS (KV12 – finanzielle Kompensationen);
- nominalskalierte Items EG1-4 mit systematisch fehlenden Daten: Umkodierung der Antwort „weiß nicht/keine Angabe" als Nein-Antwort;
- Demografie_Einkommen: die Vervollständigung der Daten ist nicht notwendig (keine Berücksichtigung in den multivariaten Analysen wie Faktoren- oder Clusterananalyse);
- Ausschluss der fünf Teilnehmer mit auffälligem Antwortverhalten.

Durch oben beschriebene Aufbereitung der Daten wurden insgesamt 94 Fragebögen aussortiert, so dass von den insgesamt 371 Teilnehmern 277 in der endgültigen Auswertung berücksichtigt wurden. Davon sind die Mitglieder von utopia.de in der deutlichen Mehrheit (64 %), gefolgt von Nutzern des Portals karmakonsum.de (26 %) und lohas.de (10 %). In der folgenden Tabelle werden die Teilnehmerzahlen dargestellt.[82]

---

[81] Das Item KV10 wird ebenfalls in den weiteren Analysen nicht berücksichtigt. In der Stichprobe der Portalnutzer haben zwar nur 4 % der Befragten die Antwort „weiß nicht/keine Angabe" gewählt, in der Vergleichsstichprobe waren es allerdings 13,4 % (vgl. Kapitel 8.2.1).
[82] Einige Teilnehmer wurden aus der Umfrage aufgrund von Mehrfachantworten bei Filterfragen ausgeschlossen (z. B. kein dauerhafter Wohnort in Deutschland *und* keine Nutzung eines LOHAS-Portals). Dies erklärt, warum die endgültige Anzahl der Teilnehmer nicht der Zahl entspricht, die aus der Differenz der gesamten Anzahl abzüglich der Teilnehmer, die einzelne Kriterien nicht erfüllt haben, entsteht.

Tab. 21: Zusammensetzung der Teilnehmerzahlen

Teilnehmer / Portal	Anzahl gesamt	davon utopia.de	davon karmakonsum.de	davon lohas.de
alle	371	227	100	44
• nicht wohnhaft in DE	32	17	9	6
• keine Portalnutzer	53	23	21	9
• Portalzustimmung=1	1	1	0	0
• auffälliges Antwortverhalten	5	5	0	0
• Ausreißer	6	4	2	0
davon berücksichtigt in der Auswertung	277	178	70	29

Quelle: Eigene Darstellung

8.1.6 Statistische Vorauswertung der Stichprobe der Portalnutzer

Die statistische Vorauswertung wird mit dem Ziel der Prüfung der Hauptgütekriterien der empirischen Untersuchung sowie der Itemanalyse vorgenommen. Als zentrale Kriterien der Testgüte werden nach Bortz und Döring (2006, S. 193) Objektivität, Validität und Reliabilität betrachtet.

Das Kriterium der **Objektivität** der Untersuchung, die als Unabhängigkeit der Testergebnisse vom Untersucher verstanden wird (vgl. Bühner 2011, S. 58), kann als erfüllt betrachtet werden. Durch die Realisierung der Untersuchung mittels einer Online-Umfrage wurde die Interaktion zwischen Probanden und dem Untersucher vermieden und somit die **Durchführungsobjektivität** gesichert. Dank der Vermeidung von offenen Fragen und Anwendung einer Ratingskala war eine eindeutige Zuordnung der Antworten der Probanden möglich, so dass von einer **hohen Auswertungsobjektivität** ausgegangen werden kann. Die **Interpretationsobjektivität**, also die Unabhängigkeit der Interpretation der Umfrageergebnisse von dem Untersucher (vgl. Moosbrugger und Kelava 2012, S. 10), wird durch die Anwendung der Funktion der logistischen Regression gewährleistet.

Die **Validität**, also die Genauigkeit, mit welcher „der Test das auch wirklich misst, was er zu messen beansprucht" (Bühner 2011, S. 61) gehört zu den wichtigsten Gütekriterien einer Untersuchung (vgl. Moosbrugger und Kelava 2012, S. 13). In der vorliegenden Arbeit wird die Konstruktvalidität untersucht, die nach Moosbrugger und Kelava (2012, S. 16 f) die konvergente und diskriminante Validität umfasst. Die **konvergende Validität** (Konvergenzvalidität) drückt aus, dass die Indikatoren, die zur Messung eines Konstruktes angewendet werden, eine starke Beziehung untereinander aufweisen. Die **diskriminante Validität** (Diskriminanzvalidität) setzt dagegen schwache Beziehungen zwischen Indikatoren verschiedener Konstrukte voraus (vgl. Bagozzi, Yi und Phillips 1991, S. 425).

Das dritte zentrale Kriterium der Testgüte ist die **Reliabilität** (Verlässlichkeit), die von Bühner (2011, S. 60) als „Grad der Messgenauigkeit eines Messwertes" definiert wird. Die Überprüfung der Reliabilität und Validität der Erhebung wird in Anlehnung an die Empfehlungen von Homburg und Giering (1996) durchgeführt. Die dafür notwendigen Untersuchungsschritte werden in der folgenden Abbildung dargestellt.

Abb. 36: Vorgehensweise bei der Überprüfung der zentralen Gütekriterien Validität und Reliabilität

	Untersuchungsstufe A (Betrachtung der Dimensionen, für die noch keine hypothetische Faktorenstruktur vorliegt)
	Exploratorische Faktorenanalyse

	Untersuchungsstufe B (Betrachtung der einzelnen Faktoren)
B.1	Cronbachs α und Item to Total-Korrelationen
B.2	Exploratorische Faktorenanalyse
B.3	Konfirmatorische Faktorenanalyse

	Untersuchungsstufe C (Betrachtung der einzelnen Dimensionen, die mehr als einen Faktor haben)
C.1	Exploratorische Faktorenanalyse
C.2	Konfirmatorische Faktorenanalyse

	Untersuchungsstufe D (Betrachtung des gesamten Messmodells)
D.1	Exploratorische Faktorenanalyse
D.2	Konfirmatorische Faktorenanalyse
D.3	Untersuchung der Dimensionalität

Quelle: Homburg und Giering (1996, S. 12) leicht verändert

Die Analyse bezieht sich auf die intervallskalierten Variablen des Modells zur Identifizierung der LOHAS, das folgende theoretisch angenommene Dimensionen umfasst: Werte (10 Items), Einstellungen (17 Items), moralische Verpflichtung (4 Items) und Unterstützung der Bewegung (13 Items). In der zuletzt genannten Dimension werden die Items zur Erfassung des gesellschaftlichen Engagements (EG1-4) nicht berücksichtigt. Sie beziehen sich auf konkrete Sachverhalte[83], die alle unabhängig voneinander zur Beurteilung des gesellschaftlichen Engagements eines Probanden notwendig sind (vgl. Backhaus et al. 2011, S. 370). Nicht berücksichtigt wird ebenfalls ein Teil der Fragen zum Konsumverhalten (KV10-13), die über einen hohen Anteil an fehlenden Werten verfügen.

Die Ausgangsbasis für die statistische Vorauswertung stellt der Datensatz mit 277 Teilnehmerm der Stichprobe der Portalnutzer dar.

Untersuchungsstufe A: exploratorische Faktorenanalyse

In diesem Schritt wird die exploratorische Faktorenanalyse der einzelnen Dimensionen durchgeführt. Die exploratorische Faktorenanalyse ist ein Verfahren der multivariaten Analyse zur Erkennung von Strukturen in großen Variablensets (vgl. ebd., S. 330). Zu ihrer Durchführung muss die Fallzahl minimum 50 betragen und mindestens der dreifachen Variablenzahl entsprechen (vgl. ebd., S. 389). Diese Voraussetzung kann bei 277 Teilnehmern der Stichprobe der Portalnutzer und zwischen 4 und 17 Variablen pro Dimension als erfüllt betrachtet werden. Darüber hinaus wird eine metrische Skalierung der Daten vorausgesetzt (vgl. ebd.). Diese wird bei den verwendeten Ratingskalen unterstellt. Zusätzlich werden zur Prüfung der Eignung der Ausgangsdaten folgende Kriterien herangezogen:
- Mit dem *Bartlett-Test auf Sphärizität* wird die Nullhypothese getestet, dass die Variablen in der Grundgesamtheit unkorreliert sind. Liegt der Signifikanzwert unter 0,05, kann mit hoher Wahrscheinlichkeit von korrelativen Zusammenhängen zwischen den Variablen ausgegangen werden. Dabei wird die Normalverteilung der untersuchten Variablen vorausgesetzt (vgl. ebd., S. 341).

---

[83] EG1: Mitgliedschaft in einer nachhaltigen Organisation, EG2: Geldspende für eine nachhaltige Organisation, EG3: Petition zur Unterstützung nachhaltiger Anliegen, EG4: Boykott der Produkten von nicht nachhaltigen Firmen.

- Auf der Basis der Anti-Image-Korrelationsmatrix wird die sog. „measure of sampling adequacy" berechnet, die ebenfalls als *Kaiser-Meyer-Olkin-Kriterium (KMO-Kriterium)* bezeichnet wird. Sie zeigt an, in welchem Umfang die Variablen zusammengehören, und kann sowohl für die Beurteilung des gesamten Modells (KMO-Modell) als auch der einzelnen Variablen (KMO-Variablen) angewendet werden. Der KMO-Wert von mindestens 0,5 wird als akzeptabel und von 0,8 als wünschenswert betrachtet (vgl. ebd., S. 342 f).

Die Prüfung der Z-standardisierten Ausgangsdaten hat deren Eignung für die Faktorenanalyse bestätigt. Eine Normalverteilung der Variablen konnte, wie erwartet, nicht nachgewiesen werden, womit die Aussage des Bartlett-Tests auf Sphärizität nur eingeschränkt aussagefähig ist. Eine Darstellung der Prüfung der Normalverteilung befindet sich im Anhang 10. Die folgende Tabelle gibt eine zusammenfassende Übersicht wieder.

Tab. 22: Überprüfung der zentralen Gütekriterien – Untersuchungsstufe A: Kriterien zur Eignung der Ausgangsdaten für die exploratorische Faktorenanalyse

Kriterium bzw. akzeptable Wertebereiche	Dimension	Werte	Einstellungen	moralische Verpflichtung	Unterstützung der Ziele der Bewegung	Fazit
Fallzahl	Zahl der Teilnehmer: mind. 50 und mind. dreimal so viele wie Items	277				erfüllt
Zahl der Items		10	17	14	13	
Skalierung	metrische Skalierung	Unterstellung der metrischen Skalierung bei der Ratingskala				erfüllt
Bartlett-Test auf Sphärizität	Signifikanz des Chi-Quadrat-Werts <0,05	0,000	0,000	0,000	0,000	erfüllt[84]
KMO-Modell	≥0,5	0,704	0,798	0,689	0,830	erfüllt
KMO-Variablen	≥0,5	alle Items ≥0,5	alle Items ≥0,5	alle Items ≥0,5	alle Items≥0,5	erfüllt

Quelle: Eigene Darstellung anhand von Backhaus (2011, S. 341 ff; 389)

---

[84] Die Aussage des Bartlett-Tests ist allerdings eingeschränkt, da keine Normalverteilung der Variablen vorliegt.

Nach der erfolgten Prüfung der Kriterien zur Eignung der Ausgangsdaten für die Faktorenanalyse konnte die eigentliche Faktorenanalyse mit der Statistiksoftware SPSS durchgeführt werden. Unter den dafür in Frage kommenden Faktorextraktionsverfahren wurde die Hauptkomponenten-Methode gewählt. Als Rotationsmethode wurde die Varimax-Rotation bestimmt. Die Zuordnung der Items zu einem Faktor erfolgte, wenn die Faktorladung in der rotierten Komponentenmatrix bei diesem Faktor am höchsten und gleichzeitig größer bzw. gleich 0,4 war.

In der **Dimension Werte** brachte die besten Ergebnisse die Extraktion mit einer dreifaktoriellen Lösung basierend auf dem Eigenwert. Sie erklärt insgesamt 60,34 % der Varianz. Die Faktorladung des Werteitems PVQ4 („Gleichberechtigung") lag unter dem Grenzwert von 0,4 und wurde aus der weiteren Analyse ausgeschlossen. Die durch die Extraktion ermittelte Faktorenlösung gibt zum größten Teil die theoretisch angenommene Struktur wieder. Einzig die universalistischen Werte haben sich in zwei Faktoren aufgespalten: Spiritualitätswerte und Universalismus-/Prosozialität-Werte.

In der **Dimension Einstellungen** wurde eine Entscheidung für eine vierfaktorielle Lösung basierend auf dem Eigenwert getroffen, die insgesamt 53,83 % der Varianz erklärt. Die Faktorladung des Items Wirk3_Umgepolt („kein Nutzen für die Umwelt beim Umstieg auf öffentliche Verkehrsmittel") lag unter dem Grenzwert von 0,4, dementsprechend wurde das Item aus der weiteren Analyse ausgeschlossen. Der eindimensionale Charakter der NEP-Skala konnte nicht bestätigt werden – die Variablen wurden in einen negativ[85] und einen positiv[86] formulierten Faktor geteilt. Die Items der Verantwortungszuschreibung und der Wirksamkeitserwartung wurden als ein Faktor gebündelt.

In der **Dimension moralische Verpflichtung** konnte die 1-Faktor-Lösung bestätigt werden. Sie erklärt insgesamt 56,65 % der Varianz. Die Faktorladungen aller Items lagen über dem Grenzwert von 0,4.

Die Extraktion der Items der **Dimension Unterstützung der Ziele der Bewegung** ergab die besten Ergebnisse bei einer zweifaktoriellen Lösung, die 48,11 % der Varianz erklärt. Die Items KV1 („Nutzung von öffentlichen Verkehrsmitteln für Fahrten bis 30 km") und KV6 („geringer Fleischverzehr") hat-

---

[85] NEP8_1_Umgepolt: Gleichgewicht der Natur, NEP10_2_Umgepolt: ökologische Krise ist übertrieben.
[86] NEP11_3: Erde wie ein Raumschiff, NEP15_4: ökologische Katastrophe ist vorprogrammiert, NEP5_5: Ausbeutung der natürlichen Umwelt.

ten Faktorladungen unter dem Grenzwert von 0,4 und wurden dementsprechend aus der weiteren Analyse ausgeschlossen. Die durch die Faktorenanalyse entstandene Struktur bestätigt zum großen Teil die theoretisch angenommenen Faktoren. Lediglich das Item BOB1 („Mehrpreisbereitschaft für umweltfreundliche Produkte") wurde, anders als vermutet, mit den Items des Konsumverhaltens zu einem Faktor gebündelt. Dieser wird im Folgenden als „nachhaltiger Konsum" benannt. Die sonstigen Items des Konstrukts „Bereitschaft, Opfer zu bringen" bilden einen separaten, gleichnamigen Faktor.

Die folgende Tabelle beinhaltet eine Zusammenfassung der Ergebnisse der exploratorischen Faktorenanalyse auf der Dimensionenebene, eine Darstellung der Berechnungsgrundlagen befindet sich im Anhang 11. Die grau hinterlegten Flächen markieren Items, die aus der weiteren Analyse ausgeschlossen wurden.

Tab. 23: Überprüfung der zentralen Gütekriterien – Untersuchungsstufe A: Ergebnisse der exploratorischen Faktorenanalyse auf der Ebene der Dimensionen

Dimension	Kriterium / Item	Erklärte Gesamtvarianz	Faktor	Höchste Faktorladung ≥0,4
Werte	PVQ1	60,34 %	Spiritualitätswerte	0,88
	PVQ2			0,89
	PVQ3			0,44
	PVQ4		Universalismus-/ Prosozialitätwerte	0,30
	PVQ5			0,71
	PVQ6			0,80
	PVQ7			0,59
	PVQ8		Hedonismuswerte	0,89
	PVQ9			0,87
	PVQ10			0,86
Einstellungen	NEP8_1_Umgepolt	53,83 %	NEP-negativ	0,77
	NEP10_2_Umgepolt			0,67
	Wirk3_Umgepolt			0,36
	NEP11_3		NEP-positiv	0,69
	NEP15_4			0,79
	NEP5_5			0,83
	AR1		Verantwortungszuschreibung und Wirksamkeitserwartung	0,73
	AR2			0,72
	AR3			0,59
	AR4			0,67
	Wirk1			0,74

Dimension	Item	Kriterium Erklärte Gesamtvarianz	Faktor	Höchste Faktorladung ≥0,4
	Wirk2			0,56
	Wirk4			0,72
	VKN1_Umgepolt		Vereinbarkeit von Konsum und Nachhaltigkeit	0,65
	VKN2			0,76
	VKN3_Umgepolt			0,79
	VKN4			0,81
moralische Verpflichtung	PN1	56,65 %	personale Norm	0,72
	PN2			0,84
	PN3			0,72
	PN4			0,73
Unterstützung der Ziele der Bewegung	KV2	48,11 %	nachhaltiger Konsum	0,73
	KV3			0,63
	K4_Umgepolt			0,61
	KV5			0,80
	KV6			0,39
	KV7			0,69
	KV8			0,64
	KV9			0,69
	BOB1			0,54
	KV1		Bereitschaft, Opfer zu bringen	0,33
	BOB2			0,67
	BOB3			0,88
	BOB4			0,86

Quelle: Eigene Darstellung

Untersuchungsstufe B.1: Cronbachs α und Item to Total-Korrelationen

Die Untersuchungsstufe B.1 befasst sich mit den einzelnen Faktoren des Modells (vgl. Homburg und Giering 1996, S. 12). Die hier vorgenommene Berechnung von Cronbachs α – eines Messwertes zur Schätzung der inneren Konsistenz – ist ein gängiges Verfahren zur Bestimmung der Reliabilität von Skalen (vgl. Bühner 2011, S. 166). Als grenzwertig wird der Reliabilitätswert von <0,7 (vgl. Homburg und Giering 1996, S. 12) betrachtet. Als weiteres Kriterium gelten die sog. Item to Total-Korrelationen – diese können bei geringen Reliabilitätswerten in Betracht gezogen werden. Die Items mit der niedrigsten Item to Total-Korrelation werden aus der weiteren Analyse ausgeschlossen (vgl. Churchill 1979, S. 68).

Die Berechnungen haben gezeigt, dass folgende sieben Items die oben genannten Kriterien nicht erfüllen: PVQ3 („Suche nach einem Sinn im Leben"), PVQ5 („Anpassung an die Natur"), PVQ6 („sich für die Natur einsetzen") und PVQ7 („den Menschen helfen") sowie die ersten drei NEP-Items („Ausbeutung der natürlichen Umwelt", „Gleichgewicht der Natur", „ökologische Krise ist übertrieben"). Demzufolge wurden diese Items aus der weiteren Auswertung eliminiert.

Die folgende Tabelle beinhaltet eine Zusammenfassung der Ergebnisse der Reliabilitätsanalyse auf der Ebene der einzelnen Faktoren, eine Darstellung der Berechnungsgrundlagen befindet sich im Anhang 12. Die grau hinterlegten Flächen markieren Items, die aus der weiteren Analyse ausgeschlossen wurden.

Tab. 24: Überprüfung der zentralen Gütekriterien – Untersuchungsstufe B.1: Prüfung der Reliabilität der einzelnen Faktoren

Dimension	Faktor	Kriterium / Item	Cronbachs α^{87} $\geq 0,7$	Item to Total-Korrelationen	Cronbachs α wenn Item weggelassen
Werte	Spiritualitätswerte	PVQ1	0,681	0,615	0,424
		PVQ2		0,602	0,441
		PVQ3		0,300	0,821
	Universalismus-/ Prosozialitätwerte	PVQ5	0,569	0,405	0,411
		PVQ6		0,463	0,336
		PVQ7		0,269	0,623
	Hedonismuswerte	PVQ8	0,857	0,765	0,765
		PVQ9		0,746	0,784
		PVQ10		0,679	0,846
Einstellungen	NEP-negativ	NEP8_1_Umgepolt	0,390	0,242	–
		NEP10_2_Umgepolt		0,242	–
	NEP-positiv	NEP11_3	0,696	0,423	0,713
		NEP15_4		0,533	0,578
		NEP5_5		0,587	0,503
	Verantwortungszuschreibung und Wirksamkeits-	AR1	0,817	0,613	0,782
		AR2		0,554	0,792
		AR3		0,470	0,806
		AR4		0,560	0,791

[87] Für standardisierte Items.

Dimension	Faktor	Item	Kriterium	Cronbachs α^{87} ≥0,7	Item to Total-Korrelationen	Cronbachs α wenn Item weggelassen
	erwartung	Wirk1			0,642	0,776
		Wirk2			0,477	0,805
		Wirk4			0,574	0,788
	Vereinbarkeit von Konsum und Nachhaltigkeit	VKN1_Umgepolt		0,758	0,422	0,770
		VKN2			0,571	0,691
		VKN3_Umgepolt			0,592	0,679
		VKN4			0,642	0,652
moralische Verpflichtung	personale Norm	PN1		0,743	0,503	0,703
		PN2			0,651	0,616
		PN3			0,494	0,708
		PN4			0,502	0,703
Unterstützung der Ziele der Bewegung	nachhaltiger Konsum	KV2		0,843	0,614	0,819
		KV3			0,573	0,825
		KV4_Umgepolt			0,462	0,839
		KV5			0,720	0,806
		KV7			0,649	0,815
		KV8			0,510	0,832
		KV9			0,545	0,828
	Bereitschaft, Opfer zu bringen	BOB1		0,765	0,540	0,829
		BOB2			0,441	0,850
		BOB3			0,711	0,552
		BOB4			0,661	0,612

Quelle: Eigene Darstellung

Untersuchungsstufe B.2: exploratorische Faktorenanalyse – Prüfung der 1-Faktor-Lösung

Zur Prüfung der konvergenten Validität wird erneut eine exploratorische Faktorenanalyse durchgeführt. Diese soll die angenommene Faktorenzahl überprüfen, indem bei jedem Faktor berechnet wird, ob tatsächlich eine 1-Faktor-Lösung extrahiert wird. Des Weiteren wird kontrolliert, ob der ermittelte Faktor mindestens 50 % der Varianz seiner Items erklären kann und die Faktorladungen größer bzw. gleich 0,4 sind (vgl. Homburg und Giering 1996, S. 12).

Die meisten Kriterien dieser Untersuchungsstufe konnten erfüllt werden. Die Faktoren „Verantwortungszuschreibung und Wirksamkeitserwartung" sowie „nachhaltiger Konsum" liegen mit jeweils rund 48 % erklärter Varianz nur leicht unter den geforderten 50 % und werden in die weitere Analyse mit aufgenommen.

In der folgenden Tabelle werden die Ergebnisse der exploratorischen Faktorenanalyse auf der Ebene der einzelnen Faktoren zusammengefasst; eine Darstellung der Berechnungsgrundlagen befindet sich im Anhang 13.

Tab. 25: Überprüfung der zentralen Gütekriterien – Untersuchungsstufe B.2: Ergebnisse der exploratorischen Faktorenanalyse auf der Ebene der Faktoren

Dimension	Faktor	Kriterium Item	Höchste Faktorladung ≥0,4	Faktor-Lösung 1-Faktor	Erklärte Varianz in % ≥50 %
Werte	Spiritualitätswerte	PVQ1	0,92	1-Faktor	84,83
		PVQ2	0,92		
	Hedonismuswerte	PVQ8	0,90	1-Faktor	77,75
		PVQ9	0,89		
		PVQ10	0,85		
Einstellungen	Umweltbewusstsein	NEP15_4	0,88	1-Faktor	77,77
		NEP5_5	0,88		
	Verantwortungszuschreibung und Wirksamkeitserwartung	AR1	0,75	1-Faktor	47,92
		AR2	0,69		
		AR3	0,60		
		AR4	0,70		
		Wirk1	0,77		
		Wirk2	0,61		
		Wirk4	0,71		
	Vereinbarkeit von Konsum und Nachhaltigkeit	VKN1_Umgepolt	0,63	1-Faktor	58,30
		VKN2	0,79		
		VKN3_Umgepolt	0,79		
		VKN4	0,83		
moralische Verpflichtung	personale Norm	PN1	0,72	1-Faktor	56,65
		PN2	0,84		
		PN3	0,72		
		PN4	0,73		
Unterstützung der Ziele der Bewegung	nachhaltiger Konsum	KV2	0,72	1-Faktor	48,10
		KV3	0,69		
		KV4_Umgepolt	0,58		
		KV5	0,82		
		KV7	0,76		
		KV8	0,63		

Dimension	Faktor	Kriterium / Item	Höchste Faktorladung ≥0,4	Faktor-Lösung 1-Faktor	Erklärte Varianz in % ≥50 %
		KV9	0,66		
		BOB1	0,66		
	Bereitschaft, Opfer zu bringen	BOB2	0,69		
		BOB3	0,90	1-Faktor	68,61
		BOB4	0,88		

Quelle: Eigene Darstellung

Untersuchungsstufe B.3: konfirmatorische Faktorenanalyse

Homburg und Giering (1996, S. 12) empfehlen für diesen Schritt die Durchführung einer konfirmatorischen Faktorenanalyse (KFA) auf der Ebene der einzelnen Faktoren. Eine konfirmatorische Faktorenanalyse gehört zu den strukturen-prüfenden Verfahren der multivariaten Analysemethoden. Sie wird zur Testung eines vom Forscher aufgestellten theoretischen Modells auf seine empirische Passung mit den Daten angewendet (vgl. Bühner 2011, S. 380). Das Modell besteht aus latenten Variablen (Faktoren) und sie darstellenden manifesten Variablen (Items) sowie der Fehlervariablen. Durch das Testen des Modells kann geprüft werden, inwieweit die geschätzten Parameter (Ladungen, Kovarianzen und Fehlervarianzen) die empirische Varianz-/Kovarianzmatrix reproduzieren (vgl. ebd., S. 381).

Zu der Durchführung einer KFA wird eine Stichprobe von mindestens 200 Probanden vorausgesetzt (vgl. ebd., S. 432) – diese Bedingung kann bei 277 Teilnehmern als erfüllt betrachtet werden.

Zur Durchführung der KFA wird das ULS-Verfahren (Unweighted Least Squares) angewendet[88]. Die Prüfung des Modells erfolgt mithilfe der lokalen Gütekriterien der zweiten Generation (vgl. Homburg und Giering 1996, S. 12). Dafür werden die Indikatorreliabilität, die Faktorreliabilität und die durchschnittlich erfasste Varianz (DEV) betrachtet. Die Indikatorreliabilität entspricht den Ladungsquadraten und wird im Programm AMOS, mithilfe dessen die KFA

---

[88] Die am gängigsten verwendete Maximum-Likelihood-Schätzmethode setzt die Normalverteilung der Ausgangsdaten voraus (vgl. Bühner 2011, S. 408). Diese ist bei den betrachteten Daten nicht vorhanden.

durchgeführt wird, unter der Bezeichnung „Squared Multiple Correlation" direkt ausgegeben. Homburg und Giering (1996, S. 13) gehen von einem Grenzwert von 0,4 für dieses Kriterium aus. Die Faktorreliabilitäten und DEV werden von AMOS nicht automatisch genannt, können jedoch mithilfe der Faktorladungen berechnet werden[89]. Die Werte ≥0,6 (Faktorreliabilität) bzw. ≥0,5 (DEV) sprechen nach Homburg und Giering (1996, S. 13) für eine reliable Konstruktmessung. Die Autoren betonen allerdings, dass eine Eliminierung der Items erst bei einer **deutlichen Verletzung mehrerer Kriterien** erfolgen soll (vgl. ebd., S. 12). In dieser Arbeit werden die Indikatorreliabilitätswerte unter 0,3 als deutlich unter dem Grenzwert liegend betrachtet.

Die Prüfung der oben genannten lokalen Gütekriterien zeigte, dass folgende drei Items eine niedrige DEV sowie eine deutlich unter dem Grenzwert liegende Indikatorreliablität aufweisen und somit aus der weiteren Untersuchung ausgeschlossen werden müssen: Wirk2 („Wechsel zum Ökostromanbieter"), VKN1_Umgepolt („Einschränkung durch ökologisch bewusstes Leben") und KV4_Umgepolt („Kauf von Discount-Produkten").

In der folgenden Tabelle werden die Ergebnisse der konfirmatorischen Faktorenanalyse auf der Ebene der einzelnen Faktoren zusammengefasst, eine Darstellung der Berechnungsgrundlagen befindet sich im Anhang 14. Die grau hinterlegten Flächen markieren Items, die aus der weiteren Analyse ausgeschlossen wurden.

Tab. 26: Überprüfung der zentralen Gütekriterien – Untersuchungsstufe B.3: Ergebnisse der konfirmatorischen Faktorenanalyse auf der Ebene der einzelnen Faktoren

Dimension	Faktor	Kriterium / Item	Indikatorreliabilität ≥0,4	Faktorreliabilität ≥0,6	DEV ≥0,5
Werte	Spiritualitätswerte	PVQ1	0,68	0,82	0,70
		PVQ2	0,71		
	Hedonismuswerte	PVQ8	0,62	0,86	0,67
		PVQ9	0,79		
		PVQ10	0,60		

---

[89] Zur Berechnung der Faktorreliabilität und der durchschnittlich extrahierten Varianz (DEV) vgl. Backhaus (2011, S. 141).

Dimension	Faktor	Kriterium Item	Indikatorreliabilität ≥0,4	Faktorreliabilität ≥0,6	DEV ≥0,5
Einstellungen	Umweltbewusstsein	NEP15_4	0,45	0,72	0,57
		NEP5_5	0,68		
	Verantwortungszuschreibung und Wirksamkeitserwartung	AR1	0,45	0,82	0,40
		AR2	0,41		
		AR3	0,31		
		AR4	0,55		
		Wirk1	0,40		
		Wirk2	0,29		
		Wirk4	0,37		
	Vereinbarkeit von Konsum und Nachhaltigkeit	VKN1_Umgepolt	0,20	0,78	0,48
		VKN2	0,55		
		VKN3_Umgepolt	0,44		
		VKN4	0,73		
moralische Verpflichtung	personale Norm	PN1	0,57	0,75	0,43
		PN2	0,38		
		PN3	0,36		
		PN4	0,42		
Unterstützung der Ziele der Bewegung	nachhaltiger Konsum	KV2	0,49	0,86	0,41
		KV3	0,43		
		KV4_Umgepolt	0,27		
		KV5	0,39		
		KV7	0,34		
		KV8	0,44		
		KV9	0,54		
	Bereitschaft, Opfer zu bringen	BOB1	0,37	0,77	0,53
		BOB2	0,33		
		BOB3	0,59		
		BOB4	0,66		

Quelle: Eigene Darstellung

Untersuchungsstufe C.1: exploratorische Faktorenanalyse

In diesem Schritt wird erneut eine exploratorische Faktorenanalyse auf der Ebene der Dimensionen zur Betrachtung der verbliebenen Items durchgeführt. Dabei wird für jede Dimension mit mehr als einem Faktor geprüft, ob die berechnete Faktorlösung mit der in den vorherigen Schritten entwickelten Faktorstruktur übereinstimmt[90](vgl. ebd., S. 13). Des Weiteren wird kontrolliert, ob der ermittelte Faktor mindestens 50 % der Varianz seiner Items erklären kann und die Faktorladungen ≥0,4 sind.

Durch die Analyse ergaben sich keine Änderungen in der Zuordnung der einzelnen Items. Ebenso wurden die Kriterien bezüglich der Höhe der Faktorladungen und der erklärten Varianz erfüllt.

In der folgenden Tabelle werden die Ergebnisse der exploratorischen Faktorenanalyse auf der Ebene der einzelnen Dimensionen zusammengefasst, eine Darstellung der Berechnungsgrundlagen befindet sich im Anhang 15.

Tab. 27: Überprüfung der zentralen Gütekriterien – Untersuchungsstufe C.1: Ergebnisse der exploratorischen Faktorenanalyse auf der Ebene der Dimensionen

Dimension	Faktor	Kriterium Item	Höchste Faktorladung ≥0,4	Faktor-Lösung	Erklärte Varianz in % ≥50 %
Werte	Spiritualitätswerte	PVQ1	0,91	2-Faktor-Lösung	81,05
		PVQ2	0,92		
		PVQ8	0,89		
	Hedonismuswerte	PVQ9	0,88		
		PVQ10	0,87		
Einstellungen	Umweltbewusstsein	NEP15_4	0,87	3-Faktor-Lösung	61,29
		NEP5_5	0,87		
	Verantwortungszuschreibung und Wirksamkeitserwartung	AR1	0,76		
		AR2	0,72		
		AR3	0,56		
		AR4	0,68		
		Wirk1	0,75		
		Wirk4	0,72		
	Vereinbarkeit von Konsum und Nachhaltigkeit	VKN2	0,81		
		VKN3_Umgepolt	0,79		
		VKN4	0,85		
Unterstützung der Ziele der Bewegung	nachhaltiger Konsum	KV2	0,71	2-Faktor-Lösung	57,34
		KV3	0,65		
		KV5	0,83		
		KV7	0,73		
		KV8	0,66		

---

[90] In die Analyse wird nicht die Dimension „moralische Verpflichtung" aufgenommen, da sie nur aus einem Faktor besteht.

Dimension	Faktor	Item	Kriterium Höchste Faktorladung ≥0,4	Faktor-Lösung	Erklärte Varianz in % ≥50 %
		KV9	0,69		
		BOB1	0,58		
	Bereitschaft, Opfer zu bringen	BOB2	0,68		
		BOB3	0,89		
		BOB4	0,86		

Quelle: Eigene Darstellung

Untersuchungsstufe C.2: konfirmatorische Faktorenanalyse und Beurteilung der Diskriminanzvalidität

Zur Bewertung der in der Stufe C.1 unterstellten Faktorenstruktur wird eine konfirmatorische Faktorenanalyse auf der Ebene der Dimensionen durchgeführt[91]. Neben den bereits in der Stufe B.2 angewendeten lokalen Gütekriterien Indikatorreliabilität, Faktorreliabilität und durchschnittlich erfasste Varianz (DEV) kommen hier ebenfalls die globalen Modell-Fit-Indizes Goodness-of-Fit-Index (GFI), Adjusted-Goodness-of-Fit-Index (AGFI), Standarized Root Mean Square Residual (SRMR) sowie das Fornell/Larcker Kriterium (FLK) zur Prüfung der Diskriminanzvalidiät zum Ansatz (vgl. ebd.)[92]. Es wird angenommen, dass ein Modell die Realität gut approximieren kann, wenn GFI und AGFI bei mindestens 0,9 liegen (vgl. ebd.) und SRMR gleich oder kleiner 0,10 ist (vgl. Backhaus, Erichson und Weiber (Hrsg.) 2011, S. 145). Nach dem Fornell/Larcker Kriterium liegt eine Diskriminanzvalidität vor, wenn die durchschnittlich erfasste Varianz eines Faktors (DEV) größer als die höchste quadrierte Korrelation mit jedem anderen Faktor im Modell (r^2) ist (vgl. ebd., S. 142).

Die Prüfung der oben genannten lokalen und globalen Gütekriterien zeigte, dass das Item KV8 („Kauf von Produkten aus der Region") aufgrund der deutlich unter dem Grenzwert liegenden Indikatorreliablität bei gleichzeitig niedrigem DEV-Wert aus der weiteren Untersuchung ausgeschlossen werden muss.

---

[91] In der Analyse wird erneut die nur aus einem Faktor bestehende Dimension moralische Verpflichtung nicht berücksichtigt.
[92] Die weiteren von Homburg und Giering (1996, S. 13) empfohlenen globalen Gütekriterien können aufgrund fehlender Normalverteilung der Ausgangsdaten nicht angewendet werden.

In der folgenden Tabelle werden die Ergebnisse der konfirmatorischen Faktorenanalyse auf der Ebene der Dimensionen zusammengefasst, eine Darstellung der Berechnungsgrundlagen (darunter eine Tabelle mit der Herleitung des Fornell/Larcker Kriteriums) befindet sich im Anhang 16. Die grau hinterlegten Flächen markieren Items, die aus der weiteren Analyse ausgeschlossen wurden.

Tab. 28: Überprüfung der zentralen Gütekriterien – Untersuchungsstufe C.2: Ergebnisse der konfirmatorischen Faktorenanalyse auf der Ebene der Dimensionen

Dimension	Faktor	Kriterium / Item	Indikatorreliabilität ≥0,4	Faktorreliabilität ≥0,6	GFI ≥0,9	AGFI ≥0,9	SRMR ≥0,10	DEV ≥0,5	FLK DEV>r^2
Werte	Spiritualitätswerte	PVQ1	0,68		0,91	0,99	0,98	0,05	0,68	erfüllt
		PVQ2	0,71							
	Hedonismuswerte	PVQ8	0,62							
		PVQ9	0,79							
		PVQ10	0,60							
Einstellungen	Umweltbewusstsein	NEP15_4	0,58		0,90	0,97	0,96	0,06	0,46	erfüllt
		NEP5_5	0,53							
	Verantwortungszuschreibung und Wirksamkeitserwartung	AR1	0,64							
		AR2	0,41							
		AR3	0,31							
		AR4	0,41							
		Wirk1	0,58							
		Wirk4	0,37							
	Vereinbarkeit von Konsum und Nachhaltigkeit	VKN2	0,39							
		VKN3_Um gepolt	0,31							
		VKN4	0,51							
Unterstützung der Ziele der Bewegung	nachhaltiger Konsum	KV2	0,40		0,89	0,98	0,97	0,06	0,46	erfüllt
		KV3	0,44							
		KV5	0,55							
		KV7	0,55							
		KV8	0,26							
		KV9	0,32							
	Bereitschaft,	BOB1	0,48							
		BOB2	0,34							
		BOB3	0,70							

Dimension	Faktor	Kriterium / Item	Indikatorreliabilität ≥0,4	Faktorreliabilität ≥0,6	GFI ≥0,9	AGFI ≥0,9	SRMR ≥0,10	DEV ≥0,5	FLK DEV>r²
	Opfer zu bringen	BOB4	0,55						

Quelle: Eigene Darstellung

Untersuchungsstufe D.1: exploratorische Faktorenanalyse

In der Untersuchungsstufe D.1 erfolgt die Betrachtung des gesamten Modells mit allen verbliebenen Items. Ähnlich wie in der Stufe B.2 und C.1 wird geprüft, ob die berechnete Faktorlösung mit der in den vorherigen Schritten entwickelten Faktorstruktur übereinstimmt (vgl. Homburg und Giering 1996, S. 13).

Die exploratorische Faktorenanalyse des gesamten Modells hat gezeigt, dass die angenommene Struktur zum größten Teil bestätigt werden konnte. Die durch das Modell erklärte Varianz betrug mit 66,59 % deutlich mehr als die als Minimum angesetzten 50 %. In dieser Untersuchungsstufe ergaben sich keine Änderungen in der Zuordnung der einzelnen Items bzw. Faktoren. Ebenso wurden die Kriterien bezüglich der Höhe der Faktorladungen und der erklärten Varianz erfüllt.

In der folgenden Tabelle werden die Ergebnisse der exploratorischen Faktorenanalyse des gesamten Messmodells zusammengefasst, eine Darstellung der Berechnungsgrundlagen befindet sich im Anhang 17.

Tab. 29: Überprüfung der zentralen Gütekriterien – Untersuchungsstufe D.1: Ergebnisse der exploratorischen Faktorenanalyse des gesamten Messmodells

Dimension	Faktor	Kriterium / Item	Höchste Faktorladung ≥0,4
Werte	Spiritualitätswerte	PVQ1	0,83
		PVQ2	0,88
	Hedonismuswerte	PVQ8	0,87
		PVQ9	0,87
		PVQ10	0,86
Einstellungen	Umweltbewusstsein	NEP15_4	0,84
		NEP5_5	0,87
	Verantwortungszuschreibung und Wirksamkeitserwartung	AR1	0,73
		AR2	0,67

Dimension	Faktor	Kriterium Item	Höchste Faktorladung ≥0,4
moralische Verpflichtung		AR3	0,51
		AR4	0,63
		Wirk1	0,71
		Wirk4	0,70
	Vereinbarkeit von Konsum und Nachhaltigkeit	VKN2	0,80
		VKN3_Umgepolt	0,76
		VKN4	0,83
	personale Norm	PN2	0,82
		PN3	0,44
		PN4	0,78
Unterstützung der Ziele der Bewegung	nachhaltiger Konsum	KV2	0,70
		KV3	0,67
		KV5	0,80
		KV7	0,69
		KV9	0,59
		PN1	0,65
		BOB1	0,65
	Bereitschaft, Opfer zu bringen	BOB2	0,66
		BOB3	0,79
		BOB4	0,84
Alle Items			
Faktor-Lösung		Erklärte Varianz in % ≥50 %	
8-Faktor-Lösung		66,59	

Quele: Eigene Darstellung

Untersuchungsstufe D.2: konfirmatorische Faktorenanalyse und Beurteilung der Diskriminanzvalidität

In diesem Schritt wird mithilfe der konfirmatorischen Faktorenanalyse das Gesamtmodell analysiert[93]. Dafür kommen die bereits oben spezifizierten lokalen und globalen Gütekriterien zur Anwendung (vgl. ebd.).

---

[93] Diese Untersuchungsstufe entspricht den Schritten D.2 und D.3 bei Homburg und Giering (1996, S. 12).

Die konfirmatorische Faktorenanalyse des Gesamtmodells hat die angenommene Faktorenstruktur bestätigt. Die Berechnung der Gütekriterien bescheinigt die gute Anpassung des Modells und seine Diskriminanzvalidität. In der folgenden Tabelle werden die Ergebnisse der konfirmatorischen Faktorenanalyse des gesamten Messmodells zusammengefasst, eine Darstellung der Berechnungsgrundlagen (darunter eine Tabelle mit der Herleitung des Fornell/Larcker Kriteriums) befindet sich im Anhang 18.

Tab. 30: Überprüfung der zentralen Gütekriterien – Untersuchungsstufe D.2: Ergebnisse der konfirmatorischen Faktorenanalyse des gesamten Messmodells

Dimension	Faktor	Kriterium / Item	Indikatorreliabilität ≥0,4
Werte	Spiritualitätswerte	PVQ1	0,51
		PVQ2	0,54
	Hedonismuswerte	PVQ8	0,47
		PVQ9	0,60
		PVQ10	0,45
Einstellungen	Umweltbewusstsein	NEP15_4	0,67
		NEP5_5	0,46
	Verantwortungszuschreibung und Wirksamkeitserwartung	AR1	0,50
		AR2	0,60
		AR3	0,45
		AR4	0,49
		Wirk1	0,55
		Wirk4	0,54
	Vereinbarkeit von Konsum und Nachhaltigkeit	VKN2	0,56
		VKN3_Umgepolt	0,44
		VKN4	0,66
moralische Verpflichtung	personale Norm	PN2	0,51
		PN3	0,63
		PN4	0,48
Unterstützung der Ziele der Bewegung	nachhaltiger Konsum	KV2	0,34
		KV3	0,33
		KV5	0,50
		KV7	0,62
		KV9	0,69
		PN1	0,35
		BOB1	0,45
	Bereitschaft, Opfer zu bringen	BOB2	0,35

Dimension	Faktor	Item	Kriterium	Indikatorreliabilität ≥0,4
		BOB3		0,63
		BOB4		0,39

Alle Items						
Kriterium	Faktorreliabilität	DEV	FLK	GFI	AGFI	SRMR
Grenzwert	≥0,6	≥0,5	DEV>r²	≥0,9	≥0,9	≤0,10
Ergebnis	0,967	0,508	erfüllt	0,938	0,926	0,080

Quelle: Eigene Darstellung

Untersuchungsstufe D.3: Prüfung der Dimensionalität

Im letzten Schritt wird geprüft, inwieweit die theoretisch angenommenen Dimensionen bestätigt werden können[94]. Dafür wird erneut die exploratorische und konfirmatorische Faktorenanalyse[95] durchgeführt, diesmal mit den Werten der einzelnen Faktoren, die jeweils als Mittelwert der zugehörigen Items berechnet werden (vgl. ebd., S. 17).

Die Berechnungen haben gezeigt, dass nur eine zweidimensionale Lösung im Hinblick auf Diskriminanzvalidität akzeptiert werden kann. Damit müssen die angenommenen Dimensionen Werte, Einstellungen, moralische Verpflichtung und Unterstützung der Ziele der Bewegung verworfen und durch die Dimensionen Genuss und Nachhaltigkeit bzw. Konsum und Nachhaltigkeit ersetzt werden. In der folgenden Tabelle werden die wichtigsten Ergebnisse der exploratorischen und konfirmatorischen Faktorenanalyse dargestellt, eine Darstellung der Berechnungsgrundlagen befindet sich im Anhang 19.

---

[94] Diese Untersuchungsstufe entspricht dem Schritt D.4 bei Homburg und Giering (1996, S. 12).
[95] Bei der konfirmatorischen Analyse werden nur die globalen Kriterien angewandt.

Tab. 31: Überprüfung der zentralen Gütekriterien – Untersuchungsstufe D.3: Ergebnisse der exploratorischen und konfirmatorischen Faktorenanalyse der Dimensionen des gesamten Messmodells

Exploratorische Faktorenanalyse			
Dimension	Faktor	Item	Höchste Faktorladung ≥0,4
Genuss und Nachhaltigkeit	Spiritualitätswerte	PVQ1	0,67
		PVQ2	
	Hedonismuswerte	PVQ8	0,66
		PVQ9	
		PVQ10	
	Vereinbarkeit von Konsum und Nachhaltigkeit	VKN2	0,64
		VKN3_Umgepolt	
		VKN4	
Konsum und Nachhaltigkeit	Umweltbewusstsein	NEP15_4	0,64
		NEP5_5	
	Verantwortungszuschreibung und Wirksamkeitserwartung	AR1	
		AR2	
		AR3	
		AR4	
		Wirk1	
		Wirk4	
	personale Norm	PN2	0,78
		PN3	
		PN4	
	nachhaltiger Konsum	KV2	0,63
		KV3	
		KV5	
		KV7	
		KV9	
		PN1	
	Bereitschaft, Opfer zu bringen	BOB1	0,74
		BOB2	
		BOB3	
		BOB4	
Konfirmatorische Faktorenanalyse						
Kriterium	DEV	r^2	FLK	GFI	AGFI	SRMR
Grenzwert			DEV>r^2	≥0,9	≥0,9	≤0,10
Ergebnis	0,289	0,08	erfüllt	0,95	0,93	0,09

Quelle: Eigene Darstellung

Überprüfung der zentralen Gütekriterien: Zusammenfassende Darstellung

Die Überprüfung der Validität und Reliabilität der Erhebung, die in Anlehnung an die Empfehlungen von Homburg und Giering (1996) durchgeführt wurde, hat zu einer erheblichen Itemreduktion sowie einer veränderten Struktur des Modells geführt. Somit besteht der erste Entwurf des Instruments zur Identifizierung der LOHAS aus vier Items, die das gesellschaftliche Engagements eines Probanden darstellen sowie weiteren 29 Variablen, die in acht Faktoren gebündelt sind, die wiederum zwei **Dimensionen** zugeordnet werden können:
- Die Dimension **Genuss und Nachhaltigkeit** besteht aus den Faktoren Spiritualitäts- und Hedonismuswerte sowie Vereinbarkeit von Konsum und Nachhaltigkeit. Sie beinhaltet somit Items, die den Zusammenhang zwischen Nachhaltigkeit und einem gesunden, genussvollen und harmonischen Leben herstellen.
- Die Dimension **Konsum und Nachhaltigkeit** beinhaltet Faktoren Umweltbewusstsein, Verantwortungszuschreibung und Wirksamkeitserwartung, personale Norm, nachhaltiger Konsum sowie Bereitschaft, Opfer zu bringen. In dieser Dimension werden Items gebündelt, die Einstellungen und Verhalten in Bezug auf Umwelt und Konsum in den Vordergrund stellen.

Auf der Ebene der einzelnen **Konstrukte** des Modells haben sich folgende Veränderungen ergeben:
- Von den Werte-Items wurden die **Spiritualitäts- und Hedonismuswerte** als jeweils ein Faktor in das neue Modell übernommen.
- Der eindimensionelle Charakter des Indikators **New Ecological Paradigm Scale** (NEP-Skala) konnte nicht bestätigt werden: Die exploratorische Faktorenanalyse hat eine zweifaktorielle Lösung mit den negativ[96] und positiv[97] formulierten NEP-Skala-Items gebracht, wobei im Laufe der weiteren Berechnungen nur die positiv formulierten Items NEP15_4 und NEP5_5 als ein Faktor geblieben sind.

---

[96] NEP8_1_Umgepolt: Gleichgewicht der Natur, NEP10_2_Umgepolt: ökologische Krise ist übertrieben.
[97] NEP11_3: Erde wie ein Raumschiff, NEP15_4: ökologische Katastrophe ist vorprogrammiert, NEP5_5: Ausbeutung der natürlichen Umwelt.

- Die Items der **Verantwortungszuschreibung (AR)** und der **Wirksamkeitserwartung** wurden zu einem Faktor gebündelt. Dieser besteht nach der Durchführung aller Berechnungsschritte aus sechs Items.
- Die **Vereinbarkeit von Nachhaltigkeit und Konsum** konnte als ein Faktor bestätigt werden. Dieser besteht nach dem Ausschluss einer Variablen aus drei Items.
- Das Konstrukt **personale Norm** konnte als ein Faktor bestätigt werden, wobei ein Item (PN1) dem Faktor nachhaltiger Konsum zugewiesen wurde.
- Die im Laufe der Analyse übriggebliebenen fünf Items des ursprünglichen Konstrukts **Konsumverhalten** (KV2: „Verwendung von Körperpflegeprodukten", KV3: „Kauf von Textilien", KV5: „Kauf in Bio-Qualität", KV7: „fair gehandelte Produkte", KV9: „artgerechte Tierhaltung") bilden zusammen mit den Items PN1 („Pflichtgefühl zum Kauf von Bio-Lebensmitteln") und BOB1 („Mehrpreisbereitschaft für umweltfreundliche Produkte") den Faktor nachhaltiger Konsum.
- Das Konstrukt **Bereitschaft, Opfer zu bringen** bildet mit drei (BOB2: „höhere Steuer", BOB3: „Einschränkungen im Lebensstandard", BOB4: „Verzicht auf etwas Wichtiges") von vier ursprünglichen Items den gleichnamigen Faktor. Ein Item (BOB1) wurde dem Faktor nachhaltiger Konsum zugewiesen.

Im Folgenden werden die nach der Prüfung der Gütekriterien verbliebenen Items dargestellt.

Tab. 32: Die nach der Prüfung der Gütekriterien verbliebenen Items zur Identifizierung der LOHAS

Dimension	Faktor	Name	Item
Genuss und Nachhaltigkeit	Spiritualitätswerte	PVQ1	Es ist ihm/ihr wichtig, die Balance von Seele, Körper und Geist herzustellen. Er/Sie betrachtet die Gesundheit als einen ganzheitlichen Prozess.
		PVQ2	Es ist ihm/ihr wichtig, eine innere Harmonie zu finden. Er/Sie strebt danach, im Frieden mit ihm/ihr selbst zu sein.
	Hedonismuswerte	PVQ8	Es ist ihm/ihr wichtig, die Freuden des Lebens zu genießen. Er/Sie "verwöhnt" sich gern selbst.
		PVQ9	Er/Sie erfüllt sich gerne seine/ihre Wünsche. Es ist ihm/ihr wichtig, Dinge zu tun, die ihm/ihr Freude bereiten.

Dimension	Faktor	Name	Item
Konsum und Nachhaltigkeit	Vereinbarkeit von Konsum und Nachhaltigkeit	PVQ10	Er/Sie möchte das Leben richtig genießen. Die Annehmlichkeiten des Lebens wie gutes Essen oder spannende Unterhaltung sind ihm/ihr wichtig.
		VKN2	Umweltschutz und genussvolles Leben schließen sich nicht aus.
		VKN3_Umgepolt	Ökologisch bewusst leben heißt für mich auf Genuss zu verzichten.
		VKN4	Ökologisch bewusstes Leben und genussvolles Konsumieren sind vereinbar.
	Umweltbewusstsein	NEP15_4	Wenn sich auf absehbare Zeit nichts ändert, ist eine größere ökologische Katastrophe vorprogrammiert.
		NEP5_5	Die Menschheit beutet ihre natürliche Umwelt aus.
	Verantwortungszuschreibung und Wirksamkeitserwartung	AR1	Nicht nur die Regierung und Industrie, sondern auch ich bin dafür verantwortlich, dass Bio-Lebensmittel mehr Verbreitung finden.
		AR2	Dem Einzelnen kommt eine große Bedeutung bei der Lösung der verkehrsbedingten Umweltprobleme zu.
		AR3	Meine Mitverantwortung für die Energieprobleme kann nicht geleugnet werden.
		AR4	Jeder Mensch sollte durch seine Kaufentscheidungen Verantwortung für die Umwelt übernehmen.
		Wirk1	Ich kann durch meine Warenauswahl beim Einkaufen dazu beitragen, dass Bio-Lebensmittel stärkere Verbreitung finden.
		Wirk4	Ich als Kunde habe die Möglichkeit, durch meine Kaufentscheidungen das Warenangebot zu beeinflussen.
	personale Norm	PN2	Ich fühle mich schuldig, wenn ich auf meinen täglichen Wegen umweltschädliche Verkehrsmittel nutze.
		PN3	Ich halte es für meine Pflicht, Energie zu sparen.
		PN4	Ich habe ein schlechtes Gewissen, wenn ich Waren kaufe, die ohne Berücksichtigung von sozialen und ökologischen Aspekten hergestellt wurden.
	nachhaltiger Konsum	KV2	Ich achte bei der Verwendung von Körperpflegeprodukten darauf, dass sie auf natürlicher Basis und ohne chemische Zusätze hergestellt worden sind.

Dimension	Faktor	Name	Item
		KV3	Ich achte beim Kauf von Textilien darauf, dass sie ökologisch und unter Einhaltung von Sozialstandards hergestellt sind.
		KV5	Bei der Ernährung achte ich darauf, Bio-Qualität einzukaufen.
		KV7	Bei der Ernährung achte ich darauf, fair gehandelte Produkte zu bevorzugen.
		KV9	Bei der Ernährung achte ich darauf, dass Produkte, die ich kaufe, von Tieren aus artgerechter Haltung stammen.
		PN1	Ich fühle mich aus Umweltschutzgründen verpflichtet, wenn immer es mir möglich ist, Bio-Lebensmittel zu kaufen.
	Bereitschaft, Opfer zu bringen	BOB1	Für umweltfreundliche Produkte bin ich bereit, viel mehr auszugeben.
		BOB2	Ich bin bereit, viel höhere Steuer zu zahlen, wenn sie für den Umweltschutz aufgewendet werden.
		BOB3	Ich bin bereit, Einschränkungen in meinem Lebensstandard zu akzeptieren, wenn ich dadurch die Umwelt schützen kann.
		BOB4	Ich bin bereit, wegen des Umweltschutzes auf etwas zu verzichten, das mir wichtig ist.

ITEMS ZUR BESCHREIBUNG DES GESELLSCHAFTLICHEN ENGAGEMENTS

Name	Item
EG1	Sind Sie Mitglied in einer Umweltschutzorganisation oder einer Organisation im sozialen Bereich?
EG2	In den letzten 12 Monaten habe ich Geld für eine Umweltschutzorganisation oder eine Organisation im sozialen Bereich (z. B. Vorbeugung vor Armut oder Kinderarbeit) gespendet.

Name	Item
EG3	In den letzten 12 Monaten habe ich eine Petition zur Unterstützung des Umweltschutzes oder zur Unterstützung sozialer Anliegen (z. B. Menschenrechte) unterschrieben.
EG4	In den letzten 12 Monaten habe ich Produkte von Firmen boykottiert, die sich nachweislich umweltschädigend oder sozial bzw. ethisch nicht korrekt verhalten.

Quelle: Eigene Darstellung

Die in der obigen Tabelle dargestellten Items bilden ein valides und reliables Instrument, mit dessen Hilfe psychografische Merkmale, das Konsumverhalten der LOHAS und deren gesellschaftliches Engagement abgebildet werden können. Im nächsten Schritt wird geprüft, inwieweit mithilfe dieser vorläufigen Version Entwurfs eine Unterscheidung zwischen LOHAS und Nicht-LOHAS vorgenommen werden kann. Die Prüfung der Funktionalität des Instruments –

und damit die Ausarbeitung seiner finalen Version – erfolgt unter Einbeziehung der Vergleichsstichprobe. Auf diese Weise kann sichergestellt werden, dass das Instrument zwischen LOHAS und Nicht-LOHAS diskriminiert.

8.2 Prüfung der Funktionalität des Instruments

8.2.1 Befragung der Vergleichsstichprobe

Datenerhebung

Die Erhebung fand parallel zu der Befragung der Nutzer der LOHAS-Portale ebenfalls als eine Online-Befragung im (fast) gleichen Zeitraum vom 11.06.2012 bis 26.08.2012 statt. Es wurde derselbe standardisierte Fragebogen genutzt, allerdings ohne die Filterfragen nach der Nutzung des jeweiligen Portals bzw. dem Zustimmungsgrad für die Inhalte des Portals.

Der für die Umfrage generierte Link wurde per E-Mail an Freunde, Familie und Bekannte verschickt, mit einem kurzen einleitenden Text und der Bitte um eine Verbreitung des Links. Darüber hinaus wurde die Information über die Umfrage über soziale Netzwerke wie Facebook, XING und StudiVZ gestreut. Ein kleiner Teil der Teilnehmer wurde auf die Umfrage durch eine persönliche Ansprache der Verfasserin in den Räumen der Bibliothek der Technischen Universität München und der Bayerischen Staatsbibliothek aufmerksam gemacht.

Datenaufbereitung

Vor der Auswertung wurden die Daten folgendermaßen aufbereitet:
- Aussortierung der Teilnehmer, die folgende Bedingung *nicht* erfüllen: Hauptwohnsitz in Deutschland;
- Ausschluss von Ausreißern mithilfe einer Clusteranalyse mit dem Single-Linkage-Verfahren und quadriertem euklidischem Abstand als Proximitätsmaß;
- Umkodierung der Altersangaben bei zwei Teilnehmern als fehlender Wert (als Geburtsjahr wurde das Jahr 1900 bzw. 1912 angegeben);
- Umpolung der negativ formulierten Items;
- Neuberechnung der demografischen Variablen (Alter, Anzahl der Kinder, PLZ).

Im weiteren Schritt wurde eine Analyse der fehlenden Werte (missing values) durchgeführt (zum Umgang mit fehlenden Werten vgl. Kapitel 8.1.5). Sie hat gezeigt, dass bei neun Teilnehmern ein auffälliges Antwortverhalten beobachtet werden konnte. Darüber hinaus konnte festgestellt werden, dass sich die meisten der fehlenden Antworten mit dem Anteil von über 5 % auf die gleichen Items beziehen, wie dies schon in der Stichprobe der Portalnutzer der Fall war: KV10-13, EG4 und Demografie_Einkommen. Die Unterschiede bestehen in Bezug auf folgende Variablen:

- KV9 (artgerechte Tierhaltung) und EG1 (Mitgliedschaft in einer nachhaltigen Organisation): der Anteil der fehlenden Werte in der Vergleichsstichprobe liegt jeweils unter 5 % (Stichprobe der Portalnutzer: 9,0 bzw. 5,4 %)
- KV10 (Bezug von Ökostrom): der Anteil der fehlenden Werte in der Höhe von 13,4 % ist deutlich höher als in der Stichprobe der Portalnutzer (4,0 %).

Tab. 33: Variablen mit den meisten (5 % und mehr) fehlenden Werten

Variablenname	Item	Fehlende Werte (Antwort: weiß nicht/keine Angabe) (n=754)	
		Anzahl	in %
KV11	• nachhaltige Geldanlagen, d. h. Anlagen unter Berücksichtigung sozialer und ökologischer Kriterien	231	30,6
KV12	• finanzielle Kompensationen (Ausgleichszahlungen) für die selbst verursachten Klimagase, z. B. bei Fliegen	217	28,8
Demografie_Einkommen	Das Haushalts-Netto-Einkommen (nach Abzug der Steuern und Sozialversicherung)	160	21,2
KV13	• Bestellung eines Biokiste-Abos (Lieferung von Bioprodukten nach Hause, die entsprechend der Jahreszeit zusammengestellt werden)	120	15,9
KV10	• Bezug von Ökostrom	101	13,4
EG4	In den letzten 12 Monaten habe ich Produkte von Firmen boykottiert, die sich nachweislich umweltschädigend oder sozial bzw. ethisch nicht korrekt verhalten.	56	7,4

Quelle: Eigene Darstellung

Die Analyse der fehlenden Werte (zur Vorgehensweise vgl. Kapitel 8.1.5) zeigt, dass – ähnlich wie in der Stichprobe der Portalnutzer – bei den Variablen KV11-13, EG1-EG4 und Demografie_Einkommen sowie bei der Variable

KV10 von systematisch fehlenden Daten ausgegangen werden kann. Bei den sonstigen fehlenden Werten werden zufällig fehlende Daten vorausgesetzt.

Nach der abschließenden Auswertung wurde folgender Umfang mit fehlenden Werten beschlossen:
- intervallskalierte Items mit zufällig fehlenden Daten (PVQ1-10, NEP1-5, AR1-4, Wirk1-4, VKN1-4, PN1-4, BOB1-4, KV1-9): Ersetzung der fehlenden Werte mit der Zeitreihen-Mittelwert-Methode;
- nominalskalierte Items KV10-13 mit systematisch fehlenden Daten: Ausschluss aus den weiteren Analysen (Clusteranalyse und logistische Regressionsanalyse); Anwendung bei der Untersuchung der Reisepräferenzen der Nicht-LOHAS (KV12 – finanzielle Kompensationen);
- nominalskalierte Items EG1-4 mit systematisch fehlenden Daten: Umkodierung der Antwort „weiß nicht/keine Angabe" als Nein-Antwort;
- Demografie_Einkommen: die Vervollständigung der Daten ist nicht notwendig (keine Berücksichtigung in den multiv. Analysen wie z. B. Clusterananalyse)
- Ausschluss von neun Teilnehmern mit auffälligem Antwortverhalten.

Durch die Aufbereitung der Daten wurden insgesamt 85 Fragebögen aussortiert, so dass von den insgesamt 839 Teilnehmern 754 in der endgültigen Auswertung berücksichtigt wurden. In der folgenden Tabelle werden die Teilnehmerzahlen dargestellt.

Tab. 34: Zusammensetzung der Teilnehmerzahlen

Teilnehmer	Portal Anzahl
alle	839
davon nicht wohnhaft in DE	68
davon auffälliges Antwortverhalten	9
davon Ausreißer	8
davon berücksichtigt in der Auswertung	**754**

Quelle: Eigene Darstellung

Durch das Vorliegen der aufbereiteten Daten der Vergleichsstichprobe können die Daten der beiden Stichproben zusammengeführt und einer Clusteranalyse unterzogen werden. Diese wird im kommenden Kapitel dargestellt.

8.2.2 Zuordnung der Probanden zu den Gruppen der LOHAS und Nicht-LOHAS mithilfe der Clusterananalyse

Durch die Anwendung der Clusteranalyse wird geprüft, ob sich die beiden Stichproben in ihrem Antwortverhalten so stark voneinander unterscheiden, dass sie als separate Cluster – und damit als LOHAS bzw. Nicht-LOHAS – identifiziert werden können. Die Grundlage für die Clusteranalyse stellen die Antworten der Probanden der Gesamtstichprobe: 277 Teilnehmer der Stichprobe der Portalnutzer und 754 Teilnehmer der Vergleichsstichprobe. Die dafür herangezogenen 33 Variablen sind die nach der Prüfung der Gütekriterien verbliebenen 29 intervallskalierten Items sowie vier dichotome Items zur Beschreibung des gesellschaftlichen Engagements (EG1-4).

Bei der Durchführung einer Clusteranalyse kann auf eine Vielzahl von unterschiedlichen Fusionierungsalgorithmen und Proximitätsmaßen zur Identifizierung von Clustern in der Erhebungsgesamtheit zurückgegriffen werden. Hier wird die Entscheidung für das Ward-Verfahren, das im Vergleich zu anderen Algorithmen die besten Ergebnisse aufweist (vgl. Bergs 1980, S. 96 f) mit Euklidischer Distanz – dem häufig in der empirischen Forschung angewandten Distanzmaß (vgl. Backhaus et al. 2011, S. 411) – getroffen. Bei der Anwendung des Verfahrens wurden die Daten Z-standardisiert. Zur Bestimmung der optimalen Clusterzahl wurde das sog. Elbow-Kriterium herangezogen, d. h. eine optische Betrachtung des Screeplots[98] der Koeefizienten mit der zugehörigen Clusterzahl und die Suche nach dem größten Sprung in der Heterogenitätsentwicklung (als ein „Knick" in der Linienführung zu erkennen)[99] (vgl. ebd., S. 436 ff). Wie dem folgenden Diagramm entnommen werden kann, ist der erste Sprung und damit deutlich zu erkennende „Knick" über der Zahl 3. Eine 3-Cluster-Lösung kann somit als optimal betrachtet werden.

---

[98] Scree bedeutet auf Englisch Geröll bzw. Geröllhang – diese Bezeichnung soll die typische Form der Grafik verdeutlichen (vgl. Brosius 2011, S. 800).
[99] Der Screeplot wird von SPSS nicht automatisch vorgegeben, sondern muss selber erstellt werden. Dafür können, beispielsweise im Excel, die Koeffizienten in der X-Achse und die zugehörige Clusterzahl in der Y-Achse abgetragen und als Diagramm angezeigt werden.

Abb. 37: Screeplot der Koeffizienten mit der zugehörigen Clusterzahl

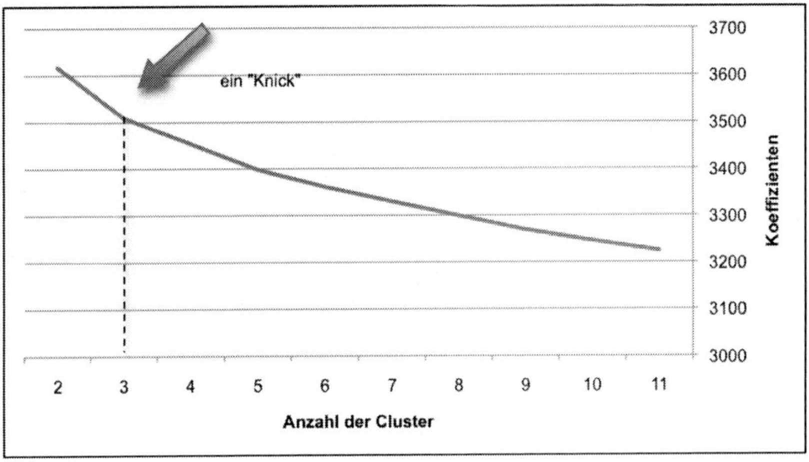

[Screeplot: Koeffizienten (y-Achse, 3000–3700) gegen Anzahl der Cluster (x-Achse, 2–11), mit Pfeil und Beschriftung "ein 'Knick'" bei Cluster 3]

Quelle: Eigene Darstellung

Als weiterer Schritt wird eine Charakterisierung der soeben bestimmten Cluster vorgenommen. Dafür werden zuerst die **Mittelwerte der Variablen** der einzelnen Cluster betrachtet und deren Unterschiede mithilfe eines t-Tests auf Signifikanz und Effektstärke geprüft (zur detaillierten Darstellung der Berechnungsgrundlagen vgl. Anhang 20 und Anhang 21). Danach folgt die Analyse der sogenannten **t-Werte**, welche die Häufigkeit der Ausprägung der Variablen im jeweiligen Cluster im Vergleich zur Gesamtstichprobe ausdrücken (vgl. Anhang 22). Positive t-Werte zeigen an, dass im jeweiligen Cluster eine Variable überrepräsentiert ist; negative t-Werte sind dagegen ein Anzeichen dafür, dass eine Variable unterrepräsentiert ist (vgl. ebd., S. 447). Zur Berechnung der t-Werte wird folgende Formel herangezogen.

Abb. 38: Formel zur Berechung des t-Wertes

$$t = \frac{\bar{X}(J,G) - \bar{X}(J)}{S(J)}$$

$\bar{X}(J,G)$ = Mittelwert der Variable J über die Objekte in Gruppe G
$\bar{X}(J)$ = Gesamtmittelwert der Variable in der Erhebungsgesamtheit
$S(J)$ = Standardabweichung der Variable J in der Erhebungsgesamtheit

Quelle: Backhaus et al. (2011, S. 446)

Des Weiteren wird die **Homogenität der identifizierten Cluster** eingeschätzt. Dies erfolgt durch die Analyse der sogenannten F-Werte des jeweiligen Clusters, welche die Streuung der jeweiligen Variablen in einem Cluster im Vergleich zur Erhebungsgesamtheit wiedergeben (vgl. ebd.) (vgl. Anhang 22). Die F-Werte werden nach folgender Formel berechnet.

Abb. 39: Formel zur Berechnung des F-Wertes

$$F = \frac{V(J,G)}{V(J)}$$

$V(J,G)$ = Varianz der Variablen J im Cluster G
$V(J)$ = Varianz der Variablen J in der Erhebungsgesamtheit

Quelle: Backhaus et al. (2011, S. 446)

Als letzter Aspekt wird die **Verteilung der Cluster in Bezug auf die beiden Stichproben** herangezogen, die der folgenden Tabelle entnommen werden kann.

Tab. 35: Verteilung der Cluster in den beiden Stichproben

Stichprobe \ Cluster	1		2		3		Gesamt
	Anzahl	in%	Anzahl	in %	Anzahl	in %	Anzahl
Stichprobe der Portalnutzer	238	85,92	39	14,08	0	0,00	277
Vergleichsstichprobe	219	29,05	406	53,85	129	17,11	754
Gesamtstichprobe	457	44,33	445	43,16	129	12,51	1031

Quelle: Eigene Darstellung

Unter Einbezugnahme der oben genannten Kriterien können der erste und der dritte Cluster als zwei Extreme auf gegensätzlichen Seiten einer Skala beschrieben werden. Der **erste Cluster** verfügt über die höchsten Mittelwerte bei fast allen Variablen (30 von insgesamt 33), wobei die Unterschiede zu den anderen Clustern signifikant und stark (im Vergleich zum zweiten Cluster) bzw. sehr stark (im Vergleich zum dritten Cluster) sind. Damit verbunden sind die positiven t-Werte bei fast allen Items (30 von insgesamt 33), die auf überdurchschnittliche Ausprägungen dieser Variablen schließen lassen. Der Cluster zeichnet sich durch eine homogene Struktur aus: Fast alle Variablen verfügen über F-Werte kleiner als 1 und weisen somit eine geringere Streuung als in der Erhebungsgesamtheit auf. In den ersten Cluster fließen die meisten Teilnehmer (85,97 %) der Stichprobe der Portalnutzer sowie fast ein Drittel (29,05 %) der Probanden der Vergleichsstichprobe ein. Dieser entspricht dem von vielen Untersuchungen angenommenen Anteil der LOHAS an der Gesamtbevölkerung (vgl. Tab. 3).

Der **dritte Cluster** bildet den Gegenpool zum ersten Cluster. Bei 30 von 33 Variablen sind die Mittelwerte signifikant niedriger als in den anderen Clustern, wobei die Unterschiede sehr stark (im Vergleich zum ersten Cluster) und stark (im Vergleich zum zweiten Cluster) ausfallen. Lediglich bei den Hedonismuswerten (PVQ8-10) liegen die Teilnehmer dieser Gruppe signifikant höher. Damit korrelieren die negativen t-Werte fast aller Variablen, d. h. die unterdurchschnittlichen Ausprägungen der Items. Dabei ist der Cluster deutlich heterogener – hier liegen 14 von insgesamt 33 Variablen über den F-Wert von 1. Ein weiteres wichtiges Merkmal ist seine Bildung ausschließlich aus den Teilnehmern der Vergleichsstichprobe.

Der **zweite Cluster** ist in der Mitte der Skala anzusiedeln. Die Betrachtung der Mittelwerte zeigt, dass sie bei fast allen Variablen im Vergleich zum ersten Cluster signifikant niedriger und im Vergleich zum dritten Cluster signifikant höher sind[100]. Dabei ist die Stärke des Unterschieds zum ersten Cluster bei den meisten Variablen höher. Dies wird durch die Vorzeichen der t-Werte bestätigt, die bei allen Items – mit Ausnahme von PVQ10 – negativ sind. Der Cluster verfügt über eine relativ homogene Struktur – nur drei Variablen (PVQ2, PVQ8 und EG4) weisen einen F-Wert größer als 1 auf. Von den Teilnehmern der Vergleichsstichprobe wird über die Hälfte (53,85 %) diesem Cluster zugeordnet, in der Stichprobe der Portalnutzer sind es lediglich 14,03 %.

Der obigen Darstellung folgend werden die Teilnehmer des ersten Clusters als LOHAS interpretiert. Die Probanden des zweiten Clusters werden als „Mainstream" betrachtet, d. h. als durchschnittliche, die Mehrheit der in Deutschland wohnhaften Bevölkerung bildende Bürger. Die Nachhaltigkeitsaspekte werden bei ihren Entscheidungen zwar mitberücksichtigt, spielen aber keine überragende Rolle. Die Respondenten des dritten Clusters werden dagegen als „Anti-LOHAS" gedeutet – Konsumenten, die überdurchschnittlich hohe Zustimmung für Hedonismuswerte aufweisen und gleichzeitig den sozialen und ökologischen Aspekten ihres Handelns eine geringe Bedeutung beimessen. Da das Ziel des Instruments die Identifizierung der LOHAS ist, ohne eine Unter-

---

[100] Dabei gibt es folgende Ausnahmen: Im Vergleich zum ersten Cluster ergeben sich keine signifikanten Unterschiede bei den Variablen PVQ8 und PVQ9, beim Item PVQ10 liegen die Mittelwerte signifikant höher (allerdings mit einer kleinen bis mittleren Stärke); im Vergleich zum dritten Cluster gibt es keine signifikanten Unterschiede in Bezug auf die Variablen PVQ2 und EG1. Bei den Items PVQ8-PVQ10 liegen die Mittelwerte signifikant niedriger.

scheidung bzw. Differenzierung der Vergleichsgruppe, wird die Entscheidung getroffen, das zweite und das dritte Cluster zusammenzufassen und als Nicht-LOHAS zu interpretieren.

8.2.3 Identifizierung der diskriminierenden Variablen mithilfe der logistischen Regression

Wahl des Verfahrens

Nach der Zuordnung der Probanden zu der Gruppe der LOHAS und Nicht-LOHAS wird im weiteren Verlauf untersucht, welche Variablen des Modells tatsächlich zu der Unterscheidung zwischen den beiden Gruppen beitragen und wie stark der Beitrag der einzelnen Variablen ist. Zur Beantwortung dieser Fragen werden strukturen-prüfende Verfahren angewandt. Sie werden zur Untersuchung der Kausalzusammenhänge zwischen abhängigen und unabhängigen Variablen eingesetzt – in diesem Fall zwischen der Gruppenzugehörigkeit und den Variablen des Modells zur Identifizierung der LOHAS. Unter den in Frage kommenden Verfahren wurde die logistische Regression als das geeigneteste Verfahren identifiziert. Zum einen ist sie – im Vergleich zu anderen mit ihr verwandten Verfahren wie beispielsweise der Diskriminanzanalyse – an weniger strenge Voraussetzungen geknüpft. Sie setzt keine Normalverteilung der unabhängigen Variablen und keine ähnliche Gruppenstreuungen voraus[101] (vgl. ebd., S. 194; 250). Zum anderen wird sie genau für Problemstellungen eingesetzt, die für das angestrebte Ziel dieser Untersuchung von Bedeutung sind: zur Feststellung, welche Variablen zur Unterscheidung zwischen Gruppen geeignet sind, sowie zur Bestimmung der Eintrittswahrscheinlichkeit eines Ereignisses (vgl. ebd., S. 250). Als Ereignis kann der Kauf bzw. Nicht-Kauf von Produkten, Kreditwürdigkeit oder Zugehörigkeit zu einer bestimmten Gruppe betrachtet werden. Mit der Hilfe der logistischen Regression wird der Zusammenhang zwischen der Veränderung der unabhängigen Variablen und der Wahrscheinlichkeit der Zugehörigkeit zu der gesuchten Kategorie der abhängigen Variablen ermittelt. Dafür wird eine logistische Regressionsfunktion geschätzt, die wie folgt definiert ist:

---

[101] Die Prüfung der Normalverteilung mithilfe des Kolmogorov-Smirnov-Tests und der Betrachtung der Histogramme der beiden Cluster (vgl. ebd., S. 403 ff) sowie der Gruppenstreuungen unter Anwendung des F-Tests auf die Gleichheit der Streuungen (Durchführung in SPSS durch die Auswahl der Option „Box' M") (vgl. Backhaus et al. 2011, S. 234) zeigte, dass die beiden Kriterien nicht erfüllt werden.

Abb. 40: Formel der logistischen Regressionsfunktion

$$p_k = \frac{e^{z_k}}{1+e^{z_k}} \quad \text{mit} \quad z_k = \beta_0 + \sum_{j=1}^{J} \beta_j * x_{jk}$$

p_k = Wahrscheinlichkeit der Zugehörigkeit eines k-Probanden zu der gesuchten Kategorie
e = 2,71828183 (Eulersche Zahl)
β_0 = konstanter Term
x_j = unabhängige Variablen
β_j = Regressionskoeffizient
z_k = aggregierte Einflussstärke der verschiedenen unabhängigen Variablen (sog. Logits)

Quelle: Backhaus et al. (2011, S. 255); leicht verändert

Wie aus der obigen Gleichung ersichtlich, spielen die **z-Werte** (Logits) eine zentrale Rolle bei der Berechnung der Wahrscheinlichkeit. Sie drücken eine Verbindung zwischen der abhängigen und den unabhängigen Variablen aus und werden mithilfe des sog. konstanten Terms sowie der Regressionskoeffizienten der einzelnen unabhängigen Variablen berechnet. Somit kann für jeden Befragten ein z-Wert und damit die Wahrscheinlichkeit für die Zugehörigkeit zu den LOHAS bzw. Nicht-LOHAS ermittelt werden. Es ist anzumerken, dass bei einer logistischen Regression eine lineare Interpretation der Regressionskoeffizienten nicht möglich ist. Das heißt, dass zum einen die Höhe der einzelnen Regressionskoeffizienten nicht miteinander verglichen werden kann und zum anderen, dass sich die Änderung der Ausprägungen der unabhängigen Variablen nicht konstant auswirkt (vgl. ebd., S. 262).

Die Durchführung der logistischen Regressionsanalyse besteht aus mehreren Schritten. Zuerst wird die Eignung der Ausgangsdaten geprüft und ggf. die Entscheidung für die aus dem Ergebnis der Prüfung resultierenden Maßnahmen getroffen. Danach wird die Ausreißerdiagnostik durchgeführt. Im nächsten Schritt folgt die Prüfung der Gütemaße und der Merkmalsvariablen. Anschließend werden die Regressionskoeffizienten und das Gesamtmodell interpretiert (vgl. ebd., S. 256 f).

Bei der Durchführung der logistischen Regressionsanalyse wird das nominal skalierte Merkmal Gruppenzugehörigkeit mit den Kategorien LOHAS und Nicht-LOHAS als abhängige Variable betrachtet. Die unabhängigen Variablen sind die nach der Prüfung der Gütekriterien 29 verbliebenen intervallskalierten Items sowie die vier dichotomen Items EG1-4 zur Beschreibung des gesellschaftlichen Engagements. Für eine bessere Vergleichbarkeit der berechneten Regressionskoeffizienten wurden die Daten Z-standardisiert.

Prüfung der Voraussetzungen an das Datenmaterial

Die Voraussetzung einer nicht extrem ungleichen Besetzung der beiden Kategorien der abhängigen Variablen (vgl. Diaz-Bone 2006, S. 232) kann als erfüllt betrachtet werden. Eingehalten wird ebenfalls die Empfehlung einer ausreichend großen Stichprobengröße (vgl. ebd.). Als problematisch stellt sich die Anforderung geringer Multikollinearität dar (vgl. ebd.). Erste Hinweise auf das Vorliegen der Multikollinearität liefern die „falschen" Vorzeichen einiger Regressionskoeffizienten (vgl. Klarmann 2008, S. 183). Die Prüfung der Korrelationskoeffizienten der unabhängigen Variablen sowie der Kollinearitätsmaße (hier vor allem Konditionsindex und Varianzanteile)[102] zeigt, dass mehrere Items stark voneinander abhängig sind. Die Lösung dieses Problems wird im weiteren Abschnitt vorgestellt.

Die folgende Tabelle stellt eine zusammenfassende Übersicht der Voraussetzungen der logistischen Regression an das Datenmaterial dar.

Tab. 36: Voraussetzungen der logistischen Regression an das Datenmaterial

Kriterium	Voraussetzung	Datenmaterial	Fazit
Besetzung der beiden Kategorien der abhängigen Variable	keine extreme Ungleichheit	LOHAS: 44 % Nicht-LOHAS: 56 %	erfüllt
Größe der Stichprobe	einige hundert Fälle pro Kategorie bei mehreren unabhängigen Variablen	1031 Fälle, davon LOHAS: 457, Nicht-LOHAS: 574; 33 unabhängige Variablen	erfüllt
Mulitkollinearität	geringe Kollinearität der Variablen untereinander	starke Korrelationen zwischen einzelnen Variablen	siehe Maßnahmen zum Umfang mit verdeckter Multikollinearität im folgenden Text

Quelle: Eigene Darstellung anhand von Diaz-Bone (2006, S. 232)

Maßnahmen zum Umgang mit verdeckter Multlikollinearität

Die Prüfung der Voraussetzungen an das Datenmaterial hat ergeben, dass starke Korrelationen zwischen den einzelnen Variablen vorliegen. Zur Lösung dieses Problems wurde die Entscheidung getroffen, die von Backhaus (2011,

---

[102] Zum Aufspüren von Kollinearität vgl. Brosius (2011, S. 582 ff).

S. 96) vorgeschlagene Ersetzung der Variablen durch sie zusammenfassende Faktoren anzuwenden. Dafür werden die Faktoren genutzt, die nach der Prüfung der Gütekriterien entstanden sind. Die Zusammenfassung erfolgt durch die Berechnung eines **Mittelwerts** aller Items eines Faktors. Somit wird die logistische Regression mit folgenden unabhängigen Variablen durchgeführt: Spiritualitätswerte, Hedonismuswerte, Umweltbewusstsein, Vereinbarkeit von Konsum und Nachhaltigkeit, Verantwortungszuschreibung und Wirksamkeitserwartung, nachhaltiger Konsum, Bereitschaft, Opfer zu bringen sowie gesellschaftliches Engagement. Sie sind gleichzeitig als latente Konstrukte zu verstehen, mit deren Hilfe die Zusammenhänge zwischen den einzelnen Items kausal erklärt werden können (vgl. Bühner 2011, S. 32). Eine Ausnahme bildet der Faktor gesellschaftliches Engagement. Dieser umfasst einzelne Items, die sich auf konkrete Sachverhalte beziehen[103], die alle unabhängig voneinander zur Beurteilung des gesellschaftlichen Engagements eines Probanden notwendig sind. Die Berechnung des Mittelwerts wird in diesem Fall lediglich als ein Vehikel zur Quantifizierung der Rolle der einzelnen Items für die Diskriminierung zwischen LOHAS und Nicht-LOHAS genutzt.

Durchführung der Ausreißerdiagnostik

Nach der Bündelung der Items zu einzelnen Faktoren wird eine Ausreißerdiagnostik mithilfe der Betrachtung der standardisierten Residuen durchgeführt. Dafür wird die in SPSS vorangestellte Option der Auswahl von Ausreißern außerhalb von zwei Standardabweichungen angewandt. Auf diese Weise können insgesamt 16 Ausreißer identifiziert werden; davon gehören 13 Befragte der LOHAS-Gruppe und drei der Nicht-LOHAS-Gruppe an. Der geringe Anteil von 1,6 % der Gesamtfallanzahl deutet auf ein atypisches Antwortverhalten, so dass die Fälle aus der Analyse ausgeschlossen werden (zur Ausreißerdiagnostik vgl. Backhaus et al. 2011, S. 277 f). Somit reduziert sich die Größe der Gesamtstichprobe auf 1015 Fälle, deren Zusammenstellung in der folgenden Tabelle dargestellt wird.

---

[103] EG1: Mitgliedschaft in einer nachhaltigen Organisation, EG2: Geldspende für eine nachhaltige Organisation, EG3: Petition zur Unterstützung nachhaltiger Anliegen, EG4: Boykott der Produkten von nicht nachhaltigen Firmen.

Tab. 37: Zusammensetzung der Gesamtstichprobe nach der Ausreißerdiagnostik

Stichprobe	Gruppe der LOHAS	Gruppe der Nicht-LOHAS	Beide Gruppen
Stichprobe der Portalnutzer	235	37	272
Vergleichsstichprobe	209	534	743
Gesamtstichprobe	444	571	**1015**

Quelle: Eigene Darstellung

Prüfung der Gütemaße

Nach dem Ausschluß der soeben identifizierten Ausreißer aus der Stichprobe wird die logistische Regression durchgeführt. Sie zeigt, dass der Faktor Spiritualitätswerte keinen signifikanten Einfluss auf die Unterscheidung zwischen den beiden Gruppen ausweist (Signifikanz des Wald-Wertes größer als 0,05), so dass er aus dem Modell ausgeschlossen wird.

Die endgültige Prüfung der Gütemaße[104] mit den verbliebenen acht Faktoren ergibt einen sehr guten Gesamtfit des Modells. Insbesondere ist hier die hohe Trefferquote von insgesamt 94,9 % der mit der Regressionsfunktion richtig klassifizierten Fälle hervorzuheben. Eine Darstellung der Berechnung einzelner Kriterien befindet sich im Anhang 23, die folgende Tabelle gibt eine zusammenfassende Übersicht wieder.

Tab. 38: Kriterien zur Prüfung der Gütemaße zur Beurteilung des Modellfits der logistischen Regression

Kriterium	Akzeptable Wertebereiche	Beschreibung	Ergebnis	Fazit
Gütekriterien auf Basis der LogLikelihood-Funktion (Güte der Anpassung)				
Likelihood-Ratio-Test	möglichst hoher Chi-Quadrat-Wert Signifikanzniveau <5 %	betrachtet Signifikanz des Modells; Übertragbarkeit der Ergebnisse auf Grundgesamtheit	Chi-Quadrat 1175,004 bei Signifikanz 0,000	erfüllt

---

[104] Bei der Prüfung der Gütemaße wurde das Kriterium der Devianz nicht berücksichtigt, da es bei Stichproben mit einer ähnlich großen Gruppenstärke zu verzerrten Ergebnissen führen kann (vgl. Backhaus et al. 2011, S. 268).

Kriterium	Akzeptable Wertebereiche	Beschreibung	Ergebnis	Fazit
Pseudo-R-Quadrat-Statistiken (Güte des Gesamtmodells)				
McFaddens-R^2	akzeptabel ab Werten größer 0,2; gut ab 0,4	Maß zur Quantifizierung der Trennkraft der unabhängigen Variablen; erreicht fast nie den Wert von 1	0,845	erfüllt
Cox und Snell-R^2	akzeptabel ab Werten größer 0,2; gut ab 0,4	Gegenüberstellung von Likelihood-Werten; Gewichtung über den Stichprobenumfang; erreicht nur Werte <1	0,686	erfüllt
Nagelkerke-R^2	akzeptabel ab Werten größer 0,2; gut ab 0,4; sehr gut ab 0,5	Anteil der Varianzerklärung der abhängigen Variablen durch die unabhängigen Variablen; kann den Maximalwert von 1 erreichen	0,919	erfüllt
Beurteilung der Klassifikationsergebnisse (Güte der Anpassung)				
Analyse der Klassifikationsergebnisse	höher als proportionale Zufallswahrscheinlichkeit	Vergleich der Trefferquote der log. Regression mit der bei rein zufälliger Zuordnung der Elemente	LOHAS und Nicht-LOHAS – Treffer und Zufallsquote: 94,6 %/43,7 % und 95,1 %/56,3 %	erfüllt
Hosmer-Lemeshow-Test	möglichst kleiner Chi-Quadrat-Wert Signifikanzniveau >70 %	prüft Differenz zwischen d. vorhergesagten u. den beobachteten Werten	Chi-Quadrat 2,372 bei Signifikanz 0,967	erfüllt

Quelle: Eigene Darstellung anhand von Backhaus (2011, S. 268 ff)

Prüfung der Faktoren und der Regressionskoeffizienten

Nach der Prüfung der Gütemaße können die einzelnen Faktoren betrachtet werden. Hier wird vor allem auf die sog. Wald-Statistik zurückgegriffen, die eine Null-Hypothese testet, dass einzelne Faktoren keinen Einfluss auf die Trennung der Gruppen haben. Wie aus der folgenden Tabelle ersichtlich, kann diese Hypothese mit einer Irrtumswahrscheinlichkeit von p<0,05 bei allen Faktoren abgelehnt werden.

Tab. 39: Logistische Regression: Ergebnisse der Wald-Statistik

Faktor	Regressions-koeffizient B	s	Wald	df	Signifikanz	Exp(B)
Hedonismuswerte	-1,362	0,263	26,765	1	0,000	0,256
Umweltbewusstsein	0,768	0,264	8,475	1	0,004	2,155
Verantwortungszuschreibung und Wirksamkeitserwartung	2,044	0,398	26,411	1	0,000	7,724
Vereinbarkeit von Konsum und Nachhaltigkeit	0,941	0,297	10,072	1	0,002	2,564
nachhaltiger Konsum	5,085	0,618	67,615	1	0,000	161,573
personale Norm	1,853	0,362	26,244	1	0,000	6,379
Bereitschaft, Opfer zu bringen	2,121	0,369	33,107	1	0,000	8,337
gesellschaftliches Engagement	3,094	0,416	55,244	1	0,000	22,062
β_0 (konstanter Term)	-2,586	0,305	71,703	1	0,000	0,075

Quelle: Eigene Darstellung; s = Standardfehler, df = Freiheitsgrade

Mit Hilfe der obigen Tabelle kann ebenfalls die Interpretation der Bedeutung der einzelnen Faktoren innerhalb des Modells vorgenommen werden. Dafür werden zuerst die **Regressionskoeffizienten** (2. Spalte) für die Betrachtung der Richtung des Einflusses der Variablen herangezogen. Es wird ersichtlich, dass nur Hedonismuswerte negative Regressionskoeffizienten ausweisen, das bedeutet, dass bei hoher Zustimmung für die Hedonismuswerte die Wahrscheinlichkeit für die Zugehörigkeit zu der LOHAS-Gruppe sinkt. Bei allen anderen Faktoren weisen positive Regressionskoeffizienten umgekehrt daraufhin, dass bei hohen Ausprägungen dieser Faktoren die Wahrscheinlichkeit für die Zugehörigkeit der Befragten zu der LOHAS-Gruppe höher ist[105]. Die Wichtigkeit der einzelnen Faktoren kann anhand der **Effekt-Koeffizienten** (letzte Spalte: Exp(B)) überprüft werden. Sie beziehen sich auf das Chancenverhältnis der beiden Gruppen LOHAS und Nicht-LOHAS, das bei konstanten Skalenwerten bei 1:1 liegt. Die Effekt-Koeffizienten drücken dementsprechend aus, um wie viel sich das Chancenverhältnis ändert, wenn die Merkmalausprägung um eine Einheit verändert wird. Hier wird sehr deutlich, dass den stärksten Einfluss mit Abstand der Faktor nachhaltiger Konsum hat – beim Anstieg der Ausprägung dieses Faktors um eine Einheit verändert sich das

---

[105] Das Vorzeichen des Regressionskoeffizienten bei β_0 (konstanter Term) wird in diesem Zusammenhang nicht interpretiert (vgl. Backhaus 2011, S. 263).

Chancenverhältnis um ca. 161,573:1 zugunsten der LOHAS-Gruppe. Den geringsten Einfluss hat der Faktor Hedonismuswerte – hier verursacht der Anstieg um einen Skalenwert die Senkung des Chancenverhältnisses um 0,256:1. In der folgenden Tabelle werden die einzelnen Faktoren in der Reihenfolge der absteigenden Effekt-Koeffizienten separat dargestellt.

Tab. 40: Logistische Regression: Wichtigkeit der einzelnen Faktoren auf die Zugehörigkeit zu der LOHAS-Gruppe anhand der Effekt-Koeffizienten

Nr.	Faktor	Exp(B)
1	nachhaltiger Konsum	161,573
2	gesellschaftliches Engagement	22,062
3	Bereitschaft, Opfer zu bringen	8,337
4	Verantwortungszuschreibung und Wirksamkeitserwartung	7,724
5	personale Norm	6,379
6	Vereinbarkeit von Konsum und Nachhaltigkeit	2,564
7	Umweltbewusstsein	2,155
8	Hedonismuswerte	0,256

Quelle: Eigene Darstellung

Es stellt sich die Frage, inwieweit die Faktoren mit niedrigen Effekt-Koeffizienten aus dem Modell ausgeschlossen werden können, ohne dass das Modellfit erheblich verringert wird. Die Alternativrechnungen mit einem schrittweisen Ausschluss von Variablen zeigen, dass nach der Eliminierung von vier Faktoren mit den niedrigsten Effekt-Koeffizienten weiterhin alle Gütemaße akzeptable Werte ausweisen und die Anzahl der richtig klassifizierten Fälle lediglich um 1,7 Prozentpunkte von 94,9 auf 93,2 % gesunken ist. Der Ausschluss von weiteren Konstrukten führt zu einer deutlich größeren Verschlechterung der Kriterien[106], so dass die verbliebenen vier Faktoren als endgültiges Modell zur Identifizierung der LOHAS betrachtet werden.

Tab. 41: Gütemaße des Modells der logistischen Regression bei unterschiedlicher Anzahl der Faktoren

Gütemaße	Anzahl der Faktoren im Modell							
	1-8	1-7	1-6	1-5	1-4	1-3	1-2	1
Signifikanz des Likelihood-Ratio-Tests	0,000	0,000	0,000	0,000	0,000	0,000	0,000	0,000
McFaddens-R^2	0,845	0,820	0,814	0,808	0,786	0,751	0,671	0,582

[106] Mit Ausnahme des Hosmer-Lemeshow-Tests.

Gütemaße	Anzahl der Faktoren im Modell							
	1-8	1-7	1-6	1-5	1-4	1-3	1-2	1
Cox und Snell-R^2	0,686	0,675	0,672	0,670	0,659	0,643	0,602	0,550
Nagelkerke-R^2	0,919	0,905	0,901	0,898	0,884	0,862	0,806	0,737
Gesamttrefferquote in %	94,9	94,1	94,0	93,9	93,2	91,9	89,3	86,7
Hosmer-Lemeshow-Test	0,967	0,999	0,894	0,980	0,995	0,224	0,842	0,968

Quelle: Eigene Darstellung

Der folgenden Tabelle können die endgültigen Regressionskoeffizienten der im Modell verbliebenen Faktoren entnommen werden, die zur Berechnung der Regressionsfunktion verwendet werden.

Tab. 42: Koeffizienten der logistischen Regression im endgültigen Modell zur Identifizierung der LOHAS

Faktor	Regressionskoeffizient B	s	Wald	df	Sig.	Exp(B)
nachhaltiger Konsum	4,155	0,437	90,220	1	0,000	63,750
Bereitschaft, Opfer zu bringen	2,454	0,312	61,738	1	0,000	11,633
gesellschaftliches Engagement	2,431	0,302	64,773	1	0,000	11,367
Verantwortungszuschreibung und Wirksamkeitserwartung	1,993	0,314	40,364	1	0,000	7,335
β_0 (konstanter Term)	-1,884	0,221	72,722	1	0,000	0,180

Quelle: Eigene Darstellung; s = Standardfehler, df = Freiheitsgrade

8.3 Diskussion des Vorgehens

Von den ursprünglich aus der Literatur abgeleiteten 54 Items (vgl. Kap. 8.1.3), die nach der Prüfung der Gütekriterien auf 33 reduziert wurden, konnten folgende **vier Faktoren/Elemente mit 16 Items** als relevant für die Unterscheidung zwischen LOHAS und Nicht-LOHAS bestätigt werden: „nachhaltiger Konsum", „gesellschaftliches Engagement", „Bereitschaft, Opfer zu bringen" und „Verantwortungszuschreibung und Wirksamkeitserwartung". Damit kann die dieser Arbeit zugrunde liegende **Forschungsfrage 1.3: Welche Variablen spielen für die Identifizierung der LOHAS die wichtigste Rolle?** (vgl. Abb. 1) beantwortet werden.

Die größte Bedeutung besitzt dabei das Konstrukt „nachhaltiger Konsum", das aus sieben Items besteht (vgl. Tab. 43). Es umfasst konsumbezogene Aktivitäten in den Handlungsfeldern Ernährung, Hygiene/Gesundheit und Textilien bzw. Konsum allgemein.

Tab. 43: Items des Konstrukts nachhaltiger Konsum

Name	Item	Handlungsfeld
KV2	Ich achte bei der Verwendung von Körperpflegeprodukten darauf, dass sie auf natürlicher Basis und ohne chemische Zusätze hergestellt worden sind.	Hygiene/ Gesundheit
KV3	Ich achte beim Kauf von Textilien darauf, dass sie ökologisch und unter Einhaltung von Sozialstandards hergestellt sind.	Textilien
KV5	Bei der Ernährung achte ich darauf, Bio-Qualität einzukaufen.	Ernährung
KV7	Bei der Ernährung achte ich darauf, fair gehandelte Produkte zu bevorzugen.	Ernährung
KV9	Bei der Ernährung achte ich darauf, dass Produkte, die ich kaufe, von Tieren aus artgerechter Haltung stammen.	Ernährung
PN1	Ich fühle mich aus Umweltschutzgründen verpflichtet, wenn immer es mir möglich ist, Bio-Lebensmittel zu kaufen.	Ernährung
BOB1	Für umweltfreundliche Produkte bin ich bereit, viel mehr auszugeben.	Konsum allgemein

Quelle: Eigene Darstellung

Über den zweithöchsten Effekt-Koeffizienten verfügen die vier zusammengebündelten Items zur Beschreibung der konkreten Möglichkeiten der gesellschaftlichen Mitwirkung wie Mitgliedschaft in einer Organisation, Spenden, Unterstützung einer Petition und Boykott von nicht nachhaltigen Unternehmen (vgl. Tab. 44).

Tab. 44: Items zur Beschreibung des gesellschaftliches Engagement

Nummer	Item
EG1	Sind Sie Mitglied in einer Umweltschutzorganisation oder einer Organisation im sozialen Bereich?
EG2	In den letzten 12 Monaten habe ich Geld für eine Umweltschutzorganisation oder eine Organisation im sozialen Bereich (z. B. Vorbeugung vor Armut oder Kinderarbeit) gespendet.
EG3	In den letzten 12 Monaten habe ich eine Petition zur Unterstützung des Umweltschutzes oder zur Unterstützung sozialer Anliegen (z. B. Menschenrechte) unterschrieben.
EG4	In den letzten 12 Monaten habe ich Produkte von Firmen boykottiert, die sich nachweislich umweltschädigend oder sozial bzw. ethisch nicht korrekt verhalten.

Quelle: Eigene Darstellung

Die vier Items des dritten Faktors „Bereitschaft, Opfer zu bringen" (vgl. Tab. 45) umfassen die Bereitschaft, Einschränkungen hinzunehmen bzw. Verzicht auszuüben. Die Items beziehen sich allgemein auf das Leben der betreffenden Person und nicht auf ein konkretes Handlungsfeld.

Tab. 45: Items des Faktors Bereitschaft, Opfer zu bringen

Nummer	Item	Handlungs-feld
BOB2	Ich bin bereit, viel höhere Steuer zu zahlen, wenn sie für den Umweltschutz aufgewendet werden.	–
BOB3	Ich bin bereit, Einschränkungen in meinem Lebensstandard zu akzeptieren, wenn ich dadurch die Umwelt schützen kann.	–
BOB4	Ich bin bereit, wegen des Umweltschutzes auf etwas zu verzichten, das mir wichtig ist.	–

Quelle: Eigene Darstellung

An vierter Stelle befindet sich der Faktor „Verantwortungszuschreibung und Wirksamkeitserwartung". Er besteht aus insgesamt sechs Items in den Handlungsfeldern Ernährung, Mobilität, Energie und Konsum allgemein, die das Gefühl der Verantwortung für die Umwelt sowie die Betrachtung des Konsums als Gestaltungsmittel ausdrücken.

Tab. 46: Items des Faktors Verantwortungszuschreibung und Wirksamkeitserwartung

Nummer	Item	Handlungs-feld
AR1	Nicht nur die Regierung und Industrie, sondern auch ich bin dafür verantwortlich, dass Bio-Lebensmittel mehr Verbreitung finden.	Ernährung
AR2	Dem Einzelnen kommt eine große Bedeutung bei der Lösung der verkehrsbedingten Umweltprobleme zu.	Mobilität
AR3	Meine Mitverantwortung für die Energieprobleme kann nicht geleugnet werden.	Energie
AR4	Jeder Mensch sollte durch seine Kaufentscheidungen Verantwortung für die Umwelt übernehmen.	Konsum allgemein
Wirk1	Ich kann durch meine Warenauswahl beim Einkaufen dazu beitragen, dass Bio-Lebensmittel stärkere Verbreitung finden.	Ernährung
Wirk4	Ich als Kunde habe die Möglichkeit, durch meine Kaufentscheidungen das Warenangebot zu beeinflussen.	Konsum allgemein

Quelle: Eigene Darstellung

Die im obigen dargestellten Faktoren werden zur Bildung einer Regressionsgleichung (vgl. Abb. 41) eingesetzt, mit deren Hilfe die Wahrscheinlichkeit der Zugehörigkeit eines Probanden zu der Bewegung der LOHAS berechnet werden kann.

Abb. 41: Regressionsgleichung zur Berechnung der Wahrscheinlichkeit der Zugehörigkeit zu der Bewegung der LOHAS

$$p_k = \frac{e^{z_k}}{1+e^{z_k}}$$

$z_k = -1{,}884 + 4{,}155 * NK + 2{,}454 * BOB + 2{,}431 * EG + 1{,}993 * AR/WE$

p_k = Wahrscheinlichkeit der Zugehörigkeit eines k-Probanden zu LOHAS
e = 2,71828183 (Eulersche Zahl)
z_k = aggregierte Einflussstärke der Faktoren (sog. Logits)
NK = nachhaltiger Konsum
BOB = Bereitschaft, Opfer zu bringen
EG = gesellschaftliches Engagement
AR/WE = Verantwortungszuschreibung und Wirksamkeitserwartung

Quelle: Eigene Darstellung

Das Verfahren zur Identifizierung der LOHAS, das im Vordergrund der **Forschungsfrage 1.4: „Welches Verfahren kann für die Identifizierung der LOHAS angewandt werden?"** steht, besteht damit aus folgenden Schritten:

- Erhebung der Antworten zu einzelnen Items der vier Faktoren des Instruments
- Bündelung der Items zu Faktoren durch die Ermittlung der Mittelwerte
- Berechnung der z-Werte (Logits) jedes Probanden mithilfe der Regressionsgleichung (vgl. Abb. 41)
- Berechnung der Wahrscheinlichkeit der Zugehörigkeit eines Probanden zu LOHAS
- Zuordnung der Probanden zu LOHAS bzw. Nicht-LOHAS unter Beachtung des Trennwerts von $p_k=0{,}5$ (vgl. Backhaus 2011, S. 271):
  LOHAS, wenn $p_k > 0{,}5$
  Nicht-LOHAS, wenn $p_k < 0{,}5$

8.4 Charakteristika der LOHAS-Stichprobe

Die LOHAS-Gruppe umfasst insgesamt 442 Fälle, davon gehören 235 Teilnehmer der Stichprobe der Portalnutzer und 207 der Vergleichsstichprobe an. In die weitere Analyse werden **lediglich die Probanden der LOHAS-Gruppe, die der Stichprobe der Portalnutzer gehören,** einbezogen und im weiteren Verlauf als LOHAS-Stichprobe bezeichnet. Damit sollten die Portale und deren Nutzerstruktur in den Vordergrund rücken.

Im Folgenden werden die wichtigsten demografischen Merkmale der LOHAS-Stichprobe wie Geschlecht, Alter, Bildung, Einkommen, Kinder unter 14 Jahren und Anzahl der Personen im Haushalt sowie Wohnort dargestellt. Sie werden um die Angaben zu den Elementen des Instruments zur Identifizierung der LOHAS („nachhaltiger Konsum", „gesellschaftliches Engagement", „Bereitschaft, Opfer zu bringen" und „Verantwortungszuschreibung und Wirksamkeitserwartung") ergänzt. Präsentiert werden ebenfalls die Zustimmungswerte für die Variablen des Konsumverhaltens (Bezug von Ökostrom, nachhaltige Geldanlagen, finanzielle Kompensationen, Biokiste-Abo), die aufgrund eines hohen Anteils fehlender Werte in der Bildung des Instruments nicht berücksichtigt wurden. Zum Vergleich werden (soweit vorliegend) Werte für die deutsche Gesamtbevölkerung sowie für alle Nutzer der Portale[107] herangezogen; der Unterschied wird auf statistische Signifikanz geprüft. Die Prüfung erfolgt vor allem mithilfe des Chi-Quadrat-Tests und des Z-Tests zum Vergleich von Anteilswerten. Bei den Variablen Anzahl der Kinder unter 14 Jahren im Haushalt und Anzahl der Personen im Haushalt kommt der t-Test zur Anwendung – ein Verfahren, das zur Prüfung von Mittelwertunterschieden von zwei unabhängigen Gruppen konstruiert wurde (vgl. Bortz und Döring 2006, S. 25). Getestet wird zum Signifikanzniveau von $\alpha = 5\,\%$, bei der Teststärke wird ein Niveau von $1-\beta = 80\,\%$ als Grenzwert betrachtet. Zur Beurteilung der Größe des ermittelten Unterschieds wird die sog. Effektstärke herangezogen, die mit dem Programm GPower berechnet wird. Beim t-Test wird die Effektstärke d (standardisierter Mittelwertunterschied) und bei dem Chi-Quadrat-Test bzw. Z-Test die Effektstärke w (standardisierte Größe der Abweichung zwischen den erwarteten und den beobachteten Häufigkeiten) verwendet. Für deren Interpretation werden nach Cohen (1988, S. 40; 227) folgende Richtwerte eingesetzt:

$d=0{,}20$ oder $w=0{,}10$ → kleiner (geringer) Effekt

$d=0{,}50$ oder $w=0{,}30$ → mittlerer (moderater) Effekt

$d=0{,}80$ oder $w=0{,}50$ → großer Effekt

Die Berücksichtigung der fehlenden Werte (Antwort weiß nicht/keine Angabe) als einer separaten Antwortkategorie variiert, abhängig davon, ob diese in den Vergleichsdaten der deutschen Bevölkerung dargestellt wurden. Damit verändert sich gleichzeitig die Größe der LOHAS-Stichprobe bei den einzelnen Merkmalen.

---

[107] Auf einen detaillierten Vergleich der Portale untereinander wird – mit einigen Ausnahmen – aufgrund zu unterschiedlicher, zum Teil relativ geringer Fallzahlen verzichtet.

Geschlecht

Rund zwei Drittel der 235 Befragten sind Frauen, ca. ein Drittel Männer (66,8 % bzw. 33,2 %), womit der Frauenanteil signifikant höher und der Männeranteil signifikant niedriger als der deutsche Durchschnitt ist (p=0,000 (exakter Test, einseitig), w=0,32, 1-β=1).

Abb. 42: Geschlechterverteilung der LOHAS-Stichprobe im Vergleich zum deutschlandweiten Durchschnitt

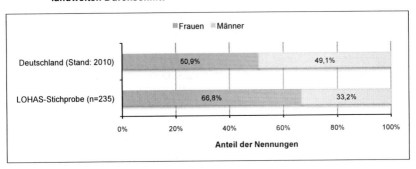

Quelle: Eigene Darstellung; Statistisches Bundesamt (2012b)

Diese Geschlechterverteilung korrespondiert mit den Angaben der untersuchten Portale, in der der Männeranteil zwischen niedrigen 33-37 % liegt und ist ebenfalls vergleichbar mit den Ergebnissen der ausgewerteten LOHAS-Untersuchungen (vgl. Kapitel 4.3.3). Bei einer für die Portale utopia.de und karmakonsum.de separat vorgenommenen Auswertung[108] konnte allerdings nur für das zuerst genannte Portal die Vergleichbarkeit der Geschlechterverteilung statistisch abgesichert werden (p=0,571 (exakter Test, zweiseitig)).

---

[108] Die Besucher des Portals lohas.de sind ebenfalls mehrheitlich weiblich, es liegen jedoch keine detaillierten Informationen zur prozentualen Aufteilung vor (vgl. Klein 28.06.2012).

Tab. 47: Geschlecht der Portalnutzer von karmakonsum.de und utopia.de: Vergleich der Verteilung in der LOHAS-Stichprobe mit allen Nutzern des jeweiligen Portals

	Anteil in %			
	LOHAS-Stichprobe: KarmaKonsum-Nutzer (n=54)	alle Nutzer von Karma-Konsum (Stand: Oktober 2010)	LOHAS-Stichprobe: utopia.de-Nutzer (n=161)	alle Nutzer von utopia.de (Stand: Ende 2011)
Frauen	87,0	67,0	59,0	59,0
Männer	13,0	33,0	41,0	37,0
keine Angabe	-	-	-	4,0

Quelle: Eigene Darstellung; Utopia AG (2012b); KarmaKonsum (2011, S. 12)

Alter

Rund vier von fünf Befragten (79,6 %) ist jünger als 50 Jahre, wobei die meisten Teilnehmer zwischen 20 und 29 Jahre alt sind (29,4 %), gefolgt von den 40 bis 49-jährigen (25,5 %) und den 30 bis 40-jährigen (23 %). Im Vergleich zum deutschlandweiten Durchschnitt ergeben sich folgende Unterschiede:
- die mittleren Altersklassen (20 bis 49 Jahre) kommen signifikant häufiger vor:
  - 20 bis 29: p=0,000 (exakter Test, einseitig), w=0,53, 1-β=1
  - 30 bis 39: p=0,000 (exakter Test, einseitig), w=0,34, 1-β=1
  - 40 bis 49: p=0,000 (exakter Test, einseitig), w=0,23, 1-β=0,97
- die Rand-Altersklassen 14 bis 19 sowie 60 Jahre und älter sind signifikant seltener vertreten:
  - 14 bis 19: p=0,006 (exakter Test, einseitig), w=0,34, 1-β=1
  - 60 Jahre und mehr: p=0,000 (exakter Test, einseitig), w=0,41, 1-β=1

Dabei kann vermutet werden, dass die geringe Vertretung der älteren Altersklassen in der LOHAS-Stichprobe mit dem Medium der Untersuchung – einer Online-Umfrage – zusammenhängt.

Abb. 43: Altersverteilung der LOHAS-Stichprobe im Vergleich zum deutschlandweiten Durchschnitt

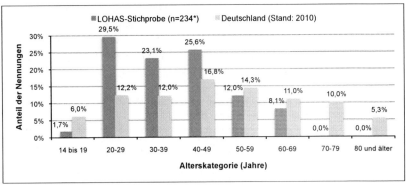

Quelle: Eigene Darstellung; Statistisches Bundesamt (2012a) * fehlende Antwort bei einem Teilnehmer

Ein Vergleich mit den Ergebnissen der anderen Untersuchungen der Portalnutzer ist lediglich im Fall von KarmaKonsum in Bezug auf ausgewählte Altersgruppen („bis 29 Jahre" und „30 bis 40 Jahre) möglich. Hier zeigt eine separat für KarmaKonsum-Nutzer vorgenommene Auswertung, dass keine signifikanten Unterschiede vorliegen, das heißt, die Vergleichbarkeit der Altersstruktur der an der Befragung teilnehmenden KarmaKonsum-Nutzer und der Altersstruktur aller Nutzer des Portals ist statistisch abgesichert (Alter bis 29 Jahre: $p=0{,}867$ (exakter Test, zweiseitig); Alter 30 bis 40 Jahre: $p=0{,}597$ (exakter Test, zweiseitig)).

Tab. 48: Ausgewählte Altersklassen der KarmaKonsum-Nutzer in der LOHAS-Stichprobe im Vergleich zu allen Nutzern des Portals karmakonsum.de

Alterskategorie	Anteil in %	
	LOHAS-Stichprobe: KarmaKonsum-Nutzer (n=54)	alle Nutzer von Karmakonsum (Stand: Oktober 2010)
bis 29 Jahre	18,5	20,0
30 bis 40 Jahre	44,4	40,0

Quelle: Eigene Darstellung; KarmaKonsum (2011, S. 12)

Bildung

Das **Bildungsniveau** der Befragten ist **sehr hoch** – die überwiegende Mehrheit verfügt über einen Hochschulabschluss (56,6 %) bzw. Abitur (26,0 %). Beim Vergleich mit dem **Gesellschaftsdurchschnitt** ergeben sich signifikante

Unterschiede hinsichtlich der meisten Antwortkategorien[109]. Die Teilnehmer der LOHAS-Stichprobe haben signifikant häufiger einen Fach-/Hochschulstudiumabschluss (p=0,000 (exakter Test, einseitig), w=1,25, 1-β=1) und machen signifikant seltener eine Ausbildung/Lehre als höchsten Bildungsabschluss (p=0,000 (exakter Test, einseitig), w=1,72, 1-β=1). Signifikant niedriger ist ebenfalls der Anteil der Teilnehmer der LOHAS-Stichprobe ohne Schulabschluss (p=0,003 (exakter Test, einseitig), w=0,18, 1-β=0,89).

Tab. 49: Höchster allgemeiner Bildungsabschluss der LOHAS-Stichprobe im Vergleich zum deutschlandweiten Durchschnitt

	Anteil in %	
	LOHAS-Stichprobe (n=235)	Deutschland (Stand: 2010)
Fach-/Hochschulstudium	56,6	13,6
Ausbildung/Lehre	6,8	50,2
Abitur	26,0	31,7
Realschulabschluss	6,4	
Hauptschulabschluss	0,4	
kein Schulabschluss	0,4	4,1
weiß nicht/keine Angabe	3,4	0,4

Quelle: Eigene Darstellung; Statistisches Bundesamt (o.J.)

Einkommen

Rund 40 % der Befragten verfügt über ein **Haushaltsnettoeinkommen** zwischen 1.000 bis 2.900 EUR. Die Haushaltsnettoeinkommensklassen bis 999 EUR und von 3.000 bis 3.999 EUR sind mit jeweils rund 15 % vertreten. Allerdings gehört – erwartungsgemäß – die Frage nach dem Einkommen zu den Items mit den höchsten fehlenden Werten: die Antwort „weiß nicht/keine Angabe" wurde von rund 17 % der Befragten gewählt.

---

[109] Aufgrund der unterschiedlichen Erhebungsmethodik müssen die Abschlüsse Abitur, Real- und Hauptschulabschluss zusammengefasst werden.

Abb. 44: Haushaltsnettoeinkommen der Teilnehmer der LOHAS-Stichprobe

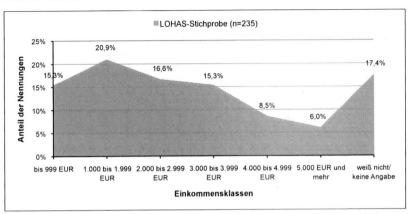

Quelle: Eigene Darstellung

Ein statistischer Vergleich mit dem deutschen Durchschnitt ist aufgrund der unterschiedlichen Erhebungsmethodik nur für die untere Haushaltsnettoeinkommensklasse bis zu 1.999 EUR möglich. Hier liegen die Teilnehmer der LOHAS-Stichprobe mit 36,2 % signifikant niedriger (p=0,000 (exakter Test, einseitig), w=0,27, 1-β=0,99) unter dem Gesellschaftsdurchschnitt von 49,3 %. Einen groben Bezugspunkt für die sonstigen Einkommensklassen liefern die Daten in der folgenden Tabelle.

Tab. 50: Monatliches Haushaltsnettoeinkommen der LOHAS-Stichprobe im Vergleich zum deutschlandweiten Durchschnitt

Einkommensklasse	LOHAS-Stichprobe Anteil in % (n=235)	Einkommensklasse	Deutschland Anteil in % (Stand: 2010)
bis 1.999 EUR	36,2	bis 2.000 EUR	49,3
2.000 bis 2.999 EUR	16,6	2.000 bis 3.200 EUR	24,3
3.000 bis 3.999 EUR	15,3	3.200 bis 5.500 EUR	15,1
4.000 bis 4.999 EUR	8,5		
5.000 EUR und mehr	6,0	5.500 EUR und mehr	3,7
weiß nicht/ keine Angabe	17,4	weiß nicht/ keine Angabe	7,5

Quelle: Eigene Darstellung; Statistisches Bundesamt (2010a, S. 18)

Kinder unter 14 Jahren im Haushalt

Die **überwiegende Mehrheit** (83,8 %) der Befragten hat **keine Kinder unter 14 Jahren** im Haushalt und liegt damit signifikant höher (p=0,000 (exakter Test, einseitig), w=0,30, 1-β=1) über dem landesweiten Durchschnitt von 70,16 % (Stand 2009; vgl. GESIS – Leibniz-Institut für Sozialwissenschaften e.V. (Hrsg.) 2012). Bei den übrigen 17 % der Respondenten sind es durchschnittlich 1,53 Kinder unter 14 Jahren (Standardabweichung (SD)=0,647), was statistisch dem deutschen Mittelwert (1,67) (Stand 2009; eigene Berechnung auf der Basis von GESIS – Leibniz-Institut für Sozialwissenschaften e.V. 2012) entspricht (t(37)=-1,37, p=0,179 (zweiseitig), d=0,22, 1-β=0,25).

Anzahl der Personen im Haushalt

Die durchschnittliche **Haushaltsgröße** der Befragten von 2,37 (SD=1,18) ist signifikant höher als der **bundesweite Durchschnitt** von 2,03 Personen pro Haushalt (p=0,000 (zweiseitig), w=0,29, 1-β=0,99). Signifikante Unterschiede ergeben sich auch bei der Betrachtung der Anteile einzelner Haushalte: Einpersonenhaushalte kommen in der LOHAS-Stichprobe seltener (p=0,000 (exakter Test, einseitig), w=0,35, 1-β=1) und Haushalte mit drei Personen häufiger (p=0,003 (exakter Test, einseitig), w=0,20, 1-β=0,85) als im deutschlandweiten Durchschnitt vor.

Tab. 51: Haushaltsgröße der Befragten der LOHAS-Stichprobe im Vergleich zu Deutschland

Haushaltsgröße	Anteil in %	
	LOHAS-Stichprobe (n=235)	Deutschland (Stand: 2010)
Einpersonenhaushalte	23,0	40,2
mit 2 Personen	41,7	34,2
mit 3 Personen	19,1	12,6
mit 4 Personen	9,8	9,5
mit 5 Personen und mehr	6,4	3,4
Mittelwert	2,37	2,03

Quelle: Eigene Darstellung; Statistisches Bundesamt (2011)

Wohnort

Über ein **Drittel** der Befragten der LOHAS-Stichprobe (35,6 %) wohnt in **großen Städten mit 500.000 Einwohnern und mehr** und liegt damit signifikant höher als der deutsche Durchschnitt von 16,2 % (vgl. Statistische Ämter des Bundes und der Länder (Hrsg.) 2011) (p=0,000 (exakter Test, einseitig), w=0,52, 1-β=1). Beim Vergleich der sonstigen Gemeindegrößen ergeben sich signifikante Unterschiede lediglich in Bezug auf Gemeinden mit 5.000 bis 20.000 Einwohnern, in welchen die Teilnehmer der LOHAS-Stichprobe seltener anzutreffen sind (p=0,000 (exakter Test, einseitig), w=0,25, 1-β=0,96). Allerdings könnten die Unterschiede erneut mit dem Medium der Untersuchung – einer Online-Umfrage – zusammenhängen – die Internetnutzung steigt mit der Ortsgröße an (vgl. Initiative D21 e.V. (Hrsg.) 2012, S. 6).

Abb. 45: Gemeinden nach Einwohnergrößenklassen: Verteilung der LOHAS-Stichprobe im Vergleich zum deutschlandweiten Durchschnitt

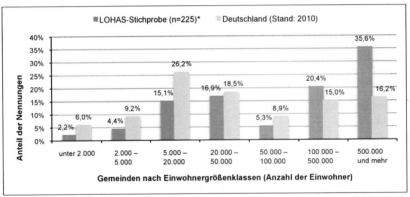

Quelle: Eigene Darstellung; Statistische Ämter des Bundes und der Länder (2011) * fehlende Werte bei zehn Befragten

Bei der Betrachtung der einzelnen Städte mit 500.000 Einwohnern und mehr sind vor allem München, Berlin, Hamburg, Frankfurt und Stuttgart zu nennen, aus denen insgesamt 27,1 % aller Befragten kommen (n=225). Signifikante Unterschiede ergeben sich allerdings nur für die bayerische Hauptstadt, wo überdurchschnittlich viele Teilnehmer wohnen.

Abb. 46: Top-Fünf Wohnorte der LOHAS-Stichprobe im Vergleich zum deutschen Durchschnitt

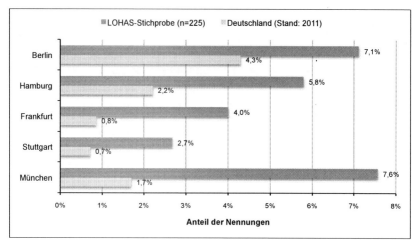

Quelle: Eigene Darstellung; eigene Berechnung anhand vom Statistischen Bundesamt (2013a); (2013b)

Die Bundesländer betrachtend, ergeben sich folgende signifikante Unterschiede:

- in **Bayern** (p=0,000 (exakter Test, einseitig), w=0,35, 1-β=1) und **Hamburg** (p=0,002 (exakter Test, einseitig), w=0,24, 1-β=0,96) wohnen **überdurchschnittlich** viele Befragten der LOHAS-Stichprobe;
- in **Sachsen** (p=0,000 (exakter Test, einseitig), w=0,23, 1-β=0,93) und **Niedersachsen** (p=0,001 (exakter Test, einseitig), w=0,19, 1-β=0,82) wohnen **unterdurchschnittlich** viele Befragten der LOHAS-Stichprobe.

Die bis jetzt dargestellten Merkmale der LOHAS-Stichprobe – Geschlecht, Alter, Bildung, Einkommen, Kinder unter 14 Jahren und Anzahl der Personen im Haushalt sowie Wohnort – umfassten demografische Charakteristika der Respondenten. In folgenden Abschnitten werden dagegen psychografische Merkmale der LOHAS-Stichprobe dargestellt – hierzu gehören die Items der einzelnen Elemente des Instruments zur Identifizierung der LOHAS[110]. Sie werden um Variablen des Konsumverhaltens ergänzt, die aufgrund eines ho-

---

[110] Das Instrument umfasst folgende Elemente: „nachhaltiger Konsum", „gesellschaftliches Engagement", „Bereitschaft, Opfer zu bringen" und „Verantwortungszuschreibung und Wirksamkeitserwartung".

hen Anteils der fehlenden Werte bei der Bildung des Instruments nicht berücksichtigt wurden[111].

Für die Analyse der Zustimmung für die Items der Faktoren „nachhaltiger Konsum", „Bereitschaft, Opfer zu bringen" und „Verantwortungszuschreibung und Wirksamkeitserwartung" sowie sonstige Items des Konsumverhaltens wurden die Zustimmungswerte von 5 bis 7 (auf der Skala 1: trifft überhaupt nicht zu – 7: trifft voll und ganz zu) zusammengefasst und als ein Indikator für eine hohe/starke Zustimmung angenommen (Tabellen mit detaillierten Angaben zu Anteilen der einzelnen Zustimmungswerte befinden sich im Anhang 24, Anhang 25, Anhang 26 und 0). Ein Vergleich mit dem Durchschnitt der deutschen Bevölkerung war nur für einen Teil der Items zur Beschreibung des gesellschaftlichen Engagements und einen Teil der sonstigen Items des Konsumverhaltens möglich.

Nachhaltiger Konsum

Die **höchste Priorität** bei verschiedenen Möglichkeiten des nachhaltigen Konsums nehmen **fair gehandelte Produkte** bzw. **Produkte in Bio-Qualität** ein, auf deren Kauf rund 95 bzw. 94 % der Befragten stark achtet; ca. 93 % fühlt sich zum Kauf von Bio-Lebensmitteln aus Umweltschutzgründen stark verpflichtet. Bei den Fragen zur Achtung auf artgerechte Tierhaltung und Verwendung von natürlichen Zutaten bei Körperpflegeprodukten liegen die summierten Zustimmungswerte (5 bis 7) bei hohen 88,5 bzw. 84,2 %. Eine hohe Mehrpreisbereitschaft für umweltfreundliche Produkte wird von rund 84 % der Respondenten deklariert. An letzter Stelle befinden sich Nachhaltigkeitsaspekte bei Textilien – darauf achten beim Kauf vergleichsweise niedrige 68 % der Befragten (Zustimmungswerte von 5 bis 7).

---

[111] Es sind folgende Variablen: KV10 (Bezug von Ökostrom), KV11 (nachhaltige Geldanlagen), KV12 (finanzielle Kompensationen), KV13 (Biokiste-Abo).

Abb. 47: Zustimmungswerte der LOHAS-Stichprobe für die Items des Faktors „nachhaltiger Konsum"

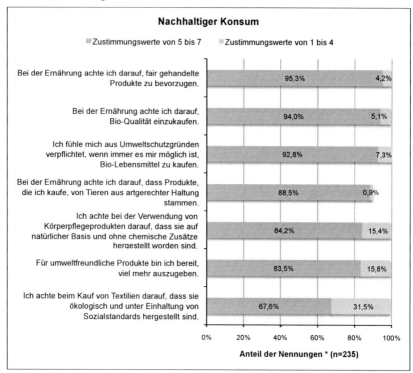

Quelle: Eigene Darstellung; * die zu 100 % der Gesamtsumme fehlenden Werte sind die Antworten „weiß nicht/keine Angabe"

Gesellschaftliches Engagement

Die überwiegende Mehrheit der Befragten zeichnet sich durch ein starkes gesellschaftliches Engagement aus, das deutlich über dem deutschen Durchschnitt liegt:

- In den letzten zwölf Monaten hat eine überwiegende Mehrheit der Befragten eine **Petition** zur Unterstützung des Umweltschutzes oder zur Unterstützung sozialer Anliegen **unterschrieben** (94,9 %) bzw. nicht nachhaltig agierende Unternehmen boykottiert (90,2 %).
- Im gleichen Zeitraum haben 80 % der Befragten **Geld** für eine Umwelt- bzw. soziale Organisation **gespendet**. Für Deutschland liegen Daten aus der Umweltbewusstseinsstudie 2010 (Bundesministerium für Umwelt, Na-

turschutz und Reaktorsicherheit (BMU) und Umweltbundesamt (UBA) (Hrsg.) 2010, S. 90) vor, in der jedoch nur nach Spenden für eine Umwelt- oder Naturschutzgruppe gefragt wurde, ohne Berücksichtigung der sozialen Organisationen[112]. Hier liegt der Wert bei 18 %, also deutlich niedriger als in der LOHAS-Stichprobe.

- Über zwei Drittel der Teilnehmer der LOHAS-Stichprobe (64,7 %) sind **Mitglied** in einer Umweltschutzorganisation bzw. Organisation im sozialen Bereich. Damit ergibt sich ein sehr starker, signifikanter Unterschied (p=0,000 (exakter Test, einseitig), w=1,05, 1-β=1) zum gesamtdeutschen Wert, der bei 14,7 % liegt (eigene Berechnung auf der Basis von GESIS – Leibniz-Institut für Sozialwissenschaften e.V. (Hrsg.) 2011)[113].

Abb. 48: Gesellschaftliches Engagement der Teilnehmer der LOHAS-Stichprobe im Vergleich zum deutschen Durchschnitt

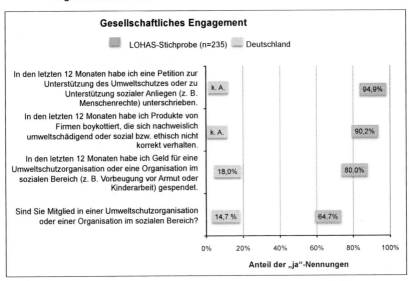

Quelle: Eigene Darstellung; Bundesministerium für Umwelt, Naturschutz und Reaktorsicherheit (BMU) und Umweltbundesamt (UBA) (2010); GESIS – Leibniz-Institut für Sozialwissenschaften e.V. (Hrsg.) (2011)

---

[112] Die Daten sind somit nur zum Teil vergleichbar, so dass keine Signifikanzprüfung durchgeführt wird.
[113] Als Vergleich wurde die Mitgliedschaft in folgenden Vereinen herangezogen: Wohltätigkeitsvereine, Menschenrechts- und Naturschutzorganisationen.

Bereitschaft, Opfer zu bringen

Die Antworten auf die Items des dritten Faktors zeugen von einem hohen Verantwortungsbewusstsein der Teilnehmer der LOHAS-Stichprobe. Die überwiegende Mehrheit der Befragten drückt eine starke Bereitschaft (Zustimmungswerte von 5 bis 7) zu Einschränkungen im Lebensstandard (86 %), zum Verzicht auf Wichtiges (78 %) und zur Zahlung von höheren Steuern (69 %) wegen des Umweltschutzes aus.

Abb. 49: Zustimmungswerte der Teilnehmer der LOHAS-Stichprobe für die Items des Faktors „Bereitschaft, Opfer zu bringen"

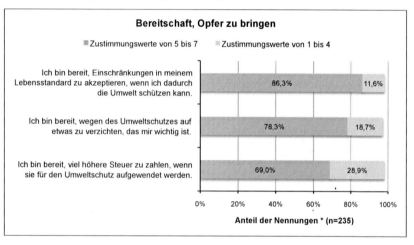

Quelle: Eigene Darstellung; * die zu 100 % der Gesamtsumme fehlenden Werte sind die Antworten „weiß nicht/keine Angabe"

Verantortungszuschreibung und Wirksamkeitserwartung

Sehr hohe Zustimmungswerte finden sich ebenfalls in Bezug auf die Items des Faktors „Verantwortungszuschreibung und Wirksamkeitserwartung". Die allermeisten Probanden sind der Überzeugung, dass sie selber Verantwortung für die Umwelt durch ihre Kaufentscheidungen (98,7 %), für die Verbreitung von Bio-Lebensmitteln (97,9 %), für Energieprobleme (94,8 %) bzw. verkehrsbedingte Umweltprobleme (92,7 %) tragen. Eine vergleichbar hohe Zustimmung erreichen Aussagen zur Betrachtung des Konsums als Gestaltungsmittel. Rund 97,9 % der Probanden sehen ihren Einkauf als Beitrag zur Verbreitung der Bio-Lebensmittel; 95,8 % sind der Meinung, dass sie durch ihre Kaufentscheidungen das Warenangebot beeinflussen können.

Abb. 50: Zustimmungswerte der Teilnehmer der LOHAS-Stichprobe für die Items des Faktors „Verantwortungszuschreibung und Wirksamkeitserwartung"

Quelle: Eigene Darstellung; * die zu 100 % der Gesamtsumme fehlenden Werte sind die Antworten „weiß nicht/keine Angabe"

Sonstige Items des Konsumverhaltens

Die Betrachtung der sonstigen, bei der Bildung des Instruments zur Identifizierung der LOHAS aufgrund eines hohen Anteils von fehlenden Werten nicht berücksichtigten Items des Konsumverhaltens, zeigt eine starke Inanspruchnahme von folgenden, relativ neuen Maßnahmen des nachhaltigen Konsums:
- Über zwei Drittel der Teilnehmer der LOHAS-Stichprobe (72,3 %) beziehen **Ökostrom** und liegen damit signifikant und deutlich höher ($p=0{,}000$ (exakter Test, einseitig), $w=1{,}17$, $1-\beta=1$) als der deutsche Durchschnitt

von 20 % (vgl. Bundesministerium für Umwelt, Naturschutz und Reaktorsicherheit (BMU) und Umweltbundesamt (UBA) (Hrsg.) 2013, S. 43).

- Mehr als ein Drittel der Befragten (36,6 %) investiert in **nachhaltige Geldanlagen**. Eine ungefähre Vergleichsgröße für die deutsche Bevölkerung liefern die Daten der Umweltbewusstseinsstudie 2012 (ebd.). Hier liegt der Anteil der Teilnehmer, die Geld in erneuerbare Energien anlegt, bei 12 %[114].
- Mehr als ein Viertel der nachhaltigkeitsbewussten Konsumenten (27,2 %) leistet **finanzielle Kompensationen** für die selbst verursachten Klimagase. Damit liegen sie signifikant höher (p=0,000 (exakter Test, einseitig), w=0,41, 1-β=1), als der deutsche Durchschnitt von 9 % (vgl. ebd.). Der Unterschied ist von mittlerer bis großer Stärke.
- Fast genauso viele der Teilnehmer der LOHAS-Stichprobe (26 %) haben sich für die Bestellung eines **Biokiste-Abos** entschieden. Hier konnten keine Vergleichsdaten für die Gesamtbevölkerung gefunden werden.

Abb. 51: Konsumverhalten der LOHAS-Stichprobe im Vergleich zum deutschen Durchschnitt

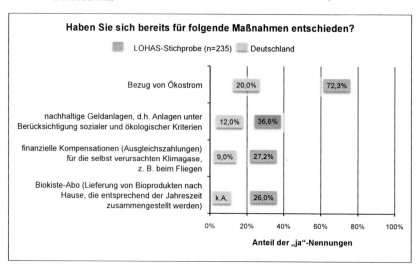

Quelle: Eigene Darstellung; Bundesministerium für Umwelt, Naturschutz und Reaktorsicherheit (BMU) und Umweltbundesamt (UBA) (2013, S. 43)

---

[114] Die Daten sind nur zum Teil vergleichbar, so dass keine Signifikanzprüfung durchgeführt wird.

9 Untersuchung von Reisepräferenzen der LOHAS

> *„CCs define the leading edge of vacation travel that is exotic, adventuresome without (too much) danger, educational, experiental, authentic, altruistic, and/or spiritual."*
> *(Paul H. Ray und Sherry Ruth Anderson 2000, S. 37)*

Die Untersuchung der Reisepräferenzen der LOHAS besteht aus den folgenden Schritten: Zuerst werden Fragen konzipiert und Hypothesen entwickelt. Nach der Erhebung der Daten erfolgt die Analyse des Reiseverhaltens in den Jahren 2010/2011, der Präferenzen hinsichtlich der Nachhaltigkeitsaspekte einer Reise sowie der Entscheidungskriterien bei der Suche nach einer Unterkunft.

9.1 Konzeption und Datenerhebung

9.1.1 Einleitung

Die Ausführungen im Kapitel 5.3 haben deutlich gemacht, dass das Wissen über die Reisepräferenzen der nachhaltigkeitsbewussten Konsumenten noch viele Lücken aufweist, die nicht innerhalb einer Untersuchung geschlossen werden können. Vor diesem Hintergrund werden, ausgehend von der Leitfrage zu Reisepräferenzen der LOHAS im Vergleich zu Nicht-LOHAS, folgende Bereiche in den Mittelpunkt gestellt: das Reiseverhalten, die Nachhaltigkeitsaspekte der einzelnen Verhaltensformen, Präferenzen sowie das Wissen der LOHAS über Angebote und Möglichkeiten des nachhaltigen Tourismus. Daraus abgeleitet können folgende Fragen formuliert werden:

Leitfrage: Welche Reisepräferenzen haben LOHAS im Vergleich zu Nicht-LOHAS bei einer vergleichbaren Ausprägung der demografischen Merkmale?

- 2.1. Wie gestaltet sich das Reiseverhalten der LOHAS im Vergleich zu Nicht-LOHAS (REISEVERHALTEN)
- 2.2. Welche Nachhaltigkeitsaspekte findet man im Reiseverhalten der LOHAS im Vergleich zu Nicht-LOHAS wieder? (NACHHALTIGKEITSASPEKTE)
- 2.3. Wie groß ist das Wissen der LOHAS über Angebote und Möglichkeiten des nachhaltigen Tourismus im Vergleich zu Nicht-LOHAS? (WISSEN)

2.4. Zeichnen sich LOHAS dadurch aus, dass stärkere Präferenzen für Nachhaltigkeitsaspekte einer Unterkunft gesetzt werden, als es bei Nicht-LOHAS der Fall ist? (UNTERKUNFT)

9.1.2 Entwicklung des zweiten, dritten und vierten Moduls des Fragebogens

Im Fragebogen widmen sich drei der insgesamt vier Module touristischen Fragestellungen, wobei bei der Auswertung ebenfalls die Frage zur Kompensation von Klimagasen (Item KV12) aus dem 1. Modul berücksichtigt wurde.

Das 2. Modul bezieht sich auf das konkrete **Reiseverhalten**. Hier werden zuerst die Reiseziele in den Jahren 2010/2011 abgefragt und dann Fragen zu einer zufällig ausgewählten Urlaubsreise[115] gestellt. Das 3. Modul beinhaltet allgemeinere Fragen zu verschiedenen **Aspekten des nachhaltigen Tourismus**. Das 4. Modul besteht aus einer MaxDiff-Umfrage zur Untersuchung der **Präferenzen bei der Wahl einer Unterkunft**. Um Ermüdungseffekte bei Probanden zu vermeiden und den Fragebogen möglichst kompakt zu gestalten, wurde darauf verzichtet, Informationen hinsichtlich der Informationsquellen, Kurzreisen (weniger als 4 Übernachtungen), Mehrpreisbereitschaft und des Stellenwertes der Nachhaltigkeitsaspekte bei der Wahl des Reiseveranstalters/Reisebüros zu erheben.

Die Antworten auf die **Forschungsfrage 2.1 (REISEVERHALTEN)** liefern die Items im 2. Modul des Fragebogens. Sie beziehen sich auf folgende Verhaltensformen bei Urlaubsreisen (mindestens 4 Übernachtungen):
- Reisehäufigkeit: durchschnittliche Anzahl der Reisen, oft und selten Reisende
- Organisationsform: Pauschalreise, Buchung im Voraus einzelner Bestandteile (Unterkunft, Ticket, Sonstiges), keine Buchung im Voraus
- Reiseziele:
    - Deutschland, europäisches Ausland, außereuropäisches Ausland
    - Top-Fünf Reiseziele

---

[115] Das Reiseziel wird durch die Software zufällig aus den zuvor genannten Reisezielen im Jahr 2011 gewählt. Falls keine Reise im Jahr 2011 stattgefunden hat, wird die Auswahl aus den Reisezielen im Jahr 2010 getroffen. Sollte der Respondent keine Reise in den beiden Jahren getätigt haben, wird er direkt zu dem 3. Modul des Fragebogens weitergeleitet.

- benachbarte Länder, Nord-, Süd-, Ost- und Westeuropa[116]
- Aufenthaltsdauer
- Verkehrsmittel bei der Anreise: Flugzeug, Auto mit herkömmlichem Antrieb (Benzin oder Diesel), Auto mit alternativem Antrieb (z. B. Elektro- oder Hybridauto), verbrauchsreduziertes Auto mit herkömmlichem Antrieb (weniger als 5 Liter Treibstoff pro 100 km), Wohnwagen/Wohnmobil, Zug, Reisebus, öffentliche Verkehrsmittel (S-Bahn, U-Bahn, Straßenbahn, Linienbus), Fähre/Schiff, Fahrrad, Motorrad/Motorroller
- Verkehrsmittel vor Ort: Auto mit herkömmlichem Antrieb (Benzin oder Diesel), Auto mit alternativem Antrieb (z. B. Elektro- oder Hybridauto), verbrauchsreduziertes Auto mit herkömmlichem Antrieb (weniger als 5 Liter Treibstoff pro 100 km), Wohnwagen/Wohnmobil, Taxi, Fähre/Linienschiff, Kreuzfahrtschiff, Segelboot/Boot, Fahrrad, Motorrad/Motorroller, Zug, Reisebus, öffentliche Verkehrsmittel (S-Bahn, U-Bahn, Straßenbahn, Linienbus), Fahrrad, zu Fuß
- Unterkunft: Hotel/Hotelanlage (inkl. Motel, Lodge), Gasthof, Pension, Clubanlage, Apartmentanlage, Ferienzentrum/Ferienpark/Center Park, gemietete Ferienwohnung/gemietetes Ferienhaus, eigenes Ferienhaus/Ferienwohnung, Schiff/Boot/Jacht, Zelt (Camping), Wohnwagen/Wohnmobil, Hostels/Jugendherbergen/Backpacker, Privatzimmer (gegen Bezahlung), Verwandte/Bekannte
- Reiseart: Aktiv-, Erlebnis-, Ausruh-, Sightseeing-, Natur-, Strand-/Bade-/Sonnen- und Spaß-/Fun-/Party-Urlaub, Studien-Bildungsreise, Kulturreise (Festspiele, Konzerte, Theater etc.), Rundreise, Familien-Ferien, Verwandten-/Bekannten-Besuch

Zur Beantwortung der **Forschungsfrage 2.2 (NACHHALTIGKEITSASPEKTE)** werden Items aus dem 2. und 3. Modul des Fragebogens hinzugezogen. Darüber hinaus werden Informationen zur Kompensation von Treibhausgasemissionen (Item KV12) aus dem 1. Modul analysiert.

---

[116] Westeuropa: Großbritannien, Irland, Frankreich, Niederlande, Belgien, Schweiz, Österreich; Nordeuropa: Dänemark, Norwegen, Schweden, Finnland, Island/Grönnland; Osteuropa: Ungarn, Tschechische Republik, Polen, Rusland, Ukraine, Weißrussland, Slowakische Republik, Bulgarien, Rumänien, Estland, Litauen, Letland, Moldawien; Südeuropa: Spanien, Italien, Kroatien, Griechenland, Bosnien-Herzegowina, Montenegro, Serbien, Portugal. Die Zuordnung der Reiseziele erfolgte in Anlehnung an die Invent-Studie (Götz und Seltmann 2005, S. 122 f).

Aus dem **2. Fragebogenmodul** werden folgende Nachhaltigkeitsaspekte der einzelnen Verhaltensformen untersucht:
- Wahl von Reisezielen im Inland bzw. im benachbarten Ausland
- Verhältnis des Reiseziels zur Aufenthaltsdauer bzw. Verkehrsmittel. Die Analyse dieses Aspektes orientiert sich an den Empfehlungen des forum anders reisen (forum anders reisen e.V. (Hrsg.) o.J.b) (vgl. Kapitel 5.2.3). Um detaillierte Fragen zur jeweiligen Reiseroute zu vermeiden und den Fragebogen möglichst kurz zu halten, wird eine pragmatische Vorgehensweise gewählt. Es wird angenommen, dass die Reisen innerhalb von Deutschland einen Radius bis zu 700 km haben (1. Zielgebiet), die Reisen innerhalb von Europa (mit Ausnahme von Russland, Portugal und Überseegebieten) das 2. Zielgebiet von 700 bis 2.000 km darstellen und die restlichen Reiseziele als 3. Zielgebiet von über 2.000 km zu betrachten sind.
- Nutzung von umweltfreundlichen Verkehrsmitteln bei der Anreise. Als solche werden folgende Verkehrsmittel betrachtet: Auto mit alternativem Antrieb (z. B. Elektro- oder Hybridauto), verbrauchsreduziertes Auto mit herkömmlichem Antrieb (weniger als 5 Liter Treibstoff pro 100 km), Zug, Reisebus, öffentliche Verkehrsmittel (S-Bahn, U-Bahn, Straßenbahn, Linienbus)
- Nutzung der umweltfreundlichen Verkehrsmittel vor Ort. Hier kommen noch zusätzlich das Fahrrad und die Fortbewegung zu Fuß in Betracht.

Aus dem **3. Fragebogenmodul** werden Fragen hinsichtlich der Suche nach nachhaltigen Tourismusangeboten, nach der Buchung bei nachhaltigen Reiseveranstaltern bzw. von nachhaltigen Reiseangeboten und nach dem Besitz einer BahnCard einbezogen. Hier wurde die Entscheidung getroffen, die Fragen allgemein zu formulieren und keine Hinweise auf konkrete CSR-Ansätze wie TourCert (vgl. Kapitel 5.2.1) zu berücksichtigen.

Die Antworten auf die **Forschungsfrage 2.3 (WISSEN)** liefern Items aus dem 3. Fragebogenmodul hinsichtlich dem Informationsgrad über das Thema nachhaltiger Tourismus und Kenntnisse der Gütesiegel. Hier wurden sowohl Label als auch Beispiele von nachhaltigen Produkten gewählt, bei denen angenommen wurde, dass sie im jeweiligen Bereich über den größten Bekanntheitsgrad verfügen: Blaue Flagge (Siegel für Strände und Sportboothäfen), Viabono (Umweltdachmarke), TUI Umweltchampion und BIO-Hotels (Unterkünfte), Fahrtziel Natur (umweltfreundliche Anreise).

Das **4. Fragebogenmodul** liefert Erkenntnisse hinsichtlich des Stellenwertes der Nachhaltigkeitsaspekte bei der Wahl einer Unterkunft und beantwortet damit die **Forschungsfrage 2.4 (UNTERKUNFT)**. Dieses Modul des Fragebogens wird als eine MaxDiff-Untersuchung mit folgendem Design konzipiert: fünf Items (Attribute) pro Frage, acht Frageseiten und insgesamt 400 Fragebogenversionen. Basierend auf den theoretischen Überlegungen im Kapitel 5.2.5 wurde bei der Auswahl von untersuchten Attributen darauf geachtet, nur *Wahlkriterien* zu berücksichtigen, d. h. solche Attribute, die maßgeblich für die Entscheidung vor dem Urlaub sind und nicht zur Beurteilung einer Unterkunft nach dem Urlaub. Das impliziert, dass keine Attribute aufgenommen werden konnten, die von einem Gast nur ex post beurteilt werden können, wie beispielsweise nette Bedienung oder bequeme Betten. Darüber hinaus wurden keine cut-off-Attribute berücksichtigt, wie Sauberkeit oder Sicherheit, die automatisch bei einer Unterkunft vorausgesetzt werden. Unter der Berücksichtigung der genannten Kriterien sowie auf der Basis der im Kapitel 5.2.5 dargestellten Untersuchungen und ausgearbeiteten Nachhaltigkeitsaspekten einer Unterkunft wurden elf „allgemeine" und drei „nachhaltige" Faktoren gewählt. Da das primäre Ziel der Arbeit nicht die Untersuchung der Wichtigkeit *aller* Attribute einer Unterkunft ist, sondern des Stellenwertes der Nachhaltigkeitsaspekte einer Unterkunft im Vergleich zu anderen „allgemeinen" Aspekten, wird die relativ geringe Anzahl der Attribute und damit das Risiko ihrer Unvollständigkeit als unproblematisch betrachtet. In der folgenden Tabelle werden die in der Arbeit berücksichtigten Attribute einer Unterkunft dargestellt, die Nachhaltigkeitsaspekte sind mit kursiver Schrift hervorgehoben.

Tab. 52: **Die in der Untersuchung berücksichtigten Attribute einer Unterkunft**

Attribute
Kennzeichnung mit einem Gütesiegel für ökologisch bzw. sozial verantwortlichen Tourismus
biologische Küche mit regionalen und saisonalen Gerichten
Erreichbarkeit mit öffentlichen Verkehrsmitteln
Wellnessangebote
Lage in der Nähe von touristischen Sehenswürdigkeiten
optischer Eindruck des Zimmers
niedriger Preis
bekannte Marke des Anbieters
Anzahl der Sterne
Familienfreundlichkeit
eigenes bzw. direkt angeschlossenes Restaurant

Attribute
Frühstück inklusive
Möglichkeit der Selbstverpflegung
Internetzugang/WLAN

Quelle: Eigene Darstellung

Die entsprechenden Fragen wurden zum Teil neu entwickelt und zum Teil aus bestehenden Untersuchungen übernommen, vor allem aus dem INVENT-Projekt zur Entwicklung von touristischen Zielgruppen (Götz und Seltmann 2005), aus der Reiseanalyse der Forschungsgemeinschaft für Urlaub und Reisen e.V. (Ipsos GmbH, F.U.R - Forschungsgemeinschaft Urlaub + Reisen e.V. und N.I.T. Institut für Tourismus- und Bäderforschung (Hrsg.) 2007) und aus der Untersuchung der Bewusst Konsumierenden von Nusser (2007). Die folgende Tabelle beinhaltet eine Übersicht der in den touristischen Modulen des Fragebogens berücksichtigten Items; der Originalfragebogen befindet sich im Anhang 9.

Tab. 53: Items des Fragebogens zur Untersuchung des Reiseverhaltens und der Reisepräferenzen der LOHAS

Verhaltensformen/ Nachhaltigkeits- aspekte	Forschungs- frage	Item	Quelle
2. MODUL: REISEVERHALTEN IN DEN JAHREN 2010/2011			
Reisehäufigkeit, Reiseziele			
Reisehäufigkeit	2.1 REISE-VERHALTEN	Haben Sie in den Jahren 2010 und 2011 eine oder mehrere Urlaubsreisen gemacht, die jeweils fünf Tage oder länger dauerten?	INVENT-Projekt (Götz und Seltmann 2005, S. 4 (Anhang II))
Reiseziel	2.1 REISE-VERHALTEN	Wo verbrachten Sie Ihre Urlaubsreisen im Jahr 2010 (2011)?	eigenes Item
Zielregionen: Inlandsreisen und Reisen in die benachbarten Länder	2.2 NACHHAL-TIGKEITS-ASPEKTE		
Fragen zu einer konkreten, zufällig ausgewählten Urlaubsreise			
Reisedauer	2.1 REISE-VERHALTEN	Wie lange dauerte diese Reise inklusive An- und Abreise?	eigenes Item
angemessenes Verhältnis zwischen der Reisedauer und dem Reiseziel	2.2 NACHHAL-TIGKEITS-ASPEKTE		

Verhaltensformen/ Nachhaltigkeitsaspekte	Forschungsfrage	Item	Quelle
Organisationsform	2.1 REISEVERHALTEN	Wie haben Sie diese Reise organisiert?	INVENT-Projekt (ebd., S. 19 (Anhang II)); IPSOS GmbH, F.U.R – Forschungsgemeinschaft Urlaub + Reisen e.V. und N.I.T. Institut für Tourismus- und Bäderforschung (2007, S. 6); verändert
Verkehrsmittel Anreise	2.1 REISEVERHALTEN	Welches Verkehrsmittel haben Sie bei dieser Reise **hauptsächlich** zur Anreise genutzt?	Nusser (2007, S. 130); IPSOS GmbH, F.U.R – Forschungsgemeinschaft Urlaub + Reisen e.V. und N.I.T. Institut für Tourismus- und Bäderforschung (2007, S. 6); verändert und ergänzt
Nutzung der umweltfreundlichen Verkehrsmittel	2.2 NACHHALTIGKEITSASPEKTE		
Verkehrsmittel am Urlaubsort	2.1 REISEVERHALTEN	Welches Fortbewegungsmittel haben Sie hauptsächlich **am Urlaubsort** genutzt?	INVENT-Projekt (Götz und Seltmann 2005, S. 14 (Anhang II)); verändert und ergänzt
Nutzung der umweltfreundlichen Verkehrsmittel	2.2 NACHHALTIGKEITSASPEKTE		
Unterkunftsart	2.1 REISEVERHALTEN	In welcher Art von Unterkunft haben Sie auf dieser Reise **hauptsächlich** übernachtet?	INVENT-Projekt (ebd., S. 15 (Anhang II)); leicht verändert und ergänzt
Reiseart	2.1 REISEVERHALTEN	Welche der folgenden Reisearten beschreibt diese Reise am besten?	Nusser (2007, S. 130); IPSOS GmbH, F.U.R – Forschungsgemeinschaft Urlaub + Reisen e.V. und N.I.T. Institut für Tourismus- und Bäderforschung (2007, S. 6); leicht verändert und ergänzt

Verhaltensformen/ Nachhaltigkeitsaspekte	Forschungsfrage	Item	Quelle
3. MODUL: NACHHALTIGER TOURISMUS			
Kenntnisse der Gütesiegel des nachhaltigen Tourismus	2.3 WISSEN	Welche Gütesiegel für ökologisch bzw. sozial verantwortlichen Tourismus sind Ihnen bekannt?	Nusser (2007, S. 132); leicht verändert und ergänzt
Buchung von nachhaltigen Reiseangeboten	2.2 NACHHALTIGKEITSASPEKTE	Seit 2010 habe ich Angebote (eine komplette Reise oder ihre Bestandteile) gebucht/gekauft, die bestimmte ökologische bzw. soziale Standards berücksichtigen.	FUR - Forschungsgemeinschaft Urlaub und Reisen (2009) zitiert nach: WWF Deutschland (2009, S. 7); leicht verändert
Buchung bei nachhaltigen Reiseveranstaltern	2.2 NACHHALTIGKEITSASPEKTE	Seit 2010 habe ich bei Reiseveranstaltern gebucht, die ökologisch bzw. sozial verträgliche Reisen im Programm haben.	FUR - Forschungsgemeinschaft Urlaub und Reisen (2009) zitiert nach: WWF Deutschland (2009, S. 7); leicht verändert
Informationsgrad über das Thema nachhaltiger Tourismus	2.3 WISSEN	Seit 2010 habe ich mich über ökologisch und sozial vertrantwortlichen Tourismus informiert.	eigenes Item
Suche nach nachhaltigen Tourismusangeboten	2.2 NACHHALTIGKEITSASPEKTE	Seit 2010 habe ich gezielt nach Angeboten des ökologisch und sozial verantwortlichen Tourismus gesucht.	eigenes Item
Besitz einer BahnCard	2.2 NACHHALTIGKEITSASPEKTE	Besitzen Sie eine BahnCard der Deutschen Bahn?	eigenes Item
4. MODUL: ENTSCHEIDUNGSKRITERIEN BEI DER SUCHE NACH EINER UNTERKUNFT			
Stellenwert der Nachhaltigkeitsaspekte bei der Wahl einer Unterkunft	2.4 UNTERKUNFT	Welche der folgenden fünf Eigenschaften ist für Sie persönlich die <u>wichtigste</u> und welche die <u>unwichtigste</u> bei der Entscheidung für eine Unterkunft auf einer Urlaubsreise?	eigenes Item

Quelle: Eigene Darstellung

9.1.3 Entwicklung von Hypothesen

Zur Beantwortung der Forschungsfragen 2.1 bis 2.4 (vgl. Kapitel 9.1.1) werden folgende wissenschaftliche Hypothesen (H) formuliert (vgl. Tab. 54).

Tab. 54: Wissenschaftliche Hypothesen der Arbeit

Hypothesen	
2. MODUL: REISEVERHALTEN IN DEN JAHREN 2010/2011	
Reisehäufigkeit	
H1.1.	LOHAS zeichnen sich durch eine höhere Reisetätigkeit als Nicht-LOHAS aus.
Reiseziele, Zielregionen	
H2.1.	LOHAS unternehmen häufiger Urlaubsreisen innerhalb von Deutschland als Nicht-LOHAS.
H2.2.	LOHAS unterscheiden sich von Nicht-LOHAS in Bezug auf Häufigkeit der Reisen in das europäische Ausland.
H2.3.	LOHAS unternehmen seltener Urlaubsreisen ins außereuropäische Ausland als Nicht-LOHAS.
H2.4.	LOHAS unterscheiden sich bei der Wahl der beliebtesten Reiseziele (Top-Fünf) von Nicht-LOHAS.
H2.5.	LOHAS reisen häufiger in die benachbarten Länder der Bundesrepublik als Nicht-LOHAS.
H2.6.	LOHAS besuchen seltener Reiseziele in Südeuropa (Spanien, Italien, Kroatien, Griechenland, Bosnien-Herzegowina, Montenegro, Serbien, Portugal) als Nicht-LOHAS.
H2.7.	LOHAS fahren häufiger zu Reisezielen in Westeuropa (Großbritannien, Irland, Frankreich, Niederlande, Belgien, Schweiz, Österreich) als Nicht-LOHAS.
Reisedauer	
H3.1.	LOHAS unternehmen Urlaubsreisen mit einer längeren Aufenthaltsdauer als Nicht-LOHAS.
H3.2.	LOHAS unternehmen Urlaubsreisen mit einer längeren Aufenthaltsdauer in das 1. Zielgebiet (Deutschland) als Nicht-LOHAS.
H3.3.	LOHAS unternehmen Urlaubsreisen mit einer längeren Aufenthaltsdauer in das 2. Zielgebiet (europäisches Ausland ohne Russland, Portugal und Überseegebiete) als Nicht-LOHAS.
H3.4.	LOHAS unternehmen Urlaubsreisen mit einer längeren Aufenthaltsdauer in das 3. Zielgebiet (außereuropäisches Ausland mit Russland, Portugal und Überseegebieten) als Nicht-LOHAS.
H3.5.	LOHAS reisen in das 2. Zielgebiet (europäisches Ausland ohne Russland, Portugal und Überseegebiete) mit einer Aufenthaltsdauer von mindestens 8 Tagen.
H3.6.	LOHAS reisen bei Flugreisen in das 3. Zielgebiet (außereuropäisches Ausland mit Russland, Portugal und Überseegebieten) mit einer Aufenthaltsdauer von mindestens 14 Tagen.
Organisationsform	
H4.1.	LOHAS buchen häufiger im Voraus eine Unterkunft als Nicht-LOHAS.
H4.2.	LOHAS buchen häufiger im Voraus ein Ticket als Nicht-LOHAS.
H4.3.	LOHAS buchen häufiger im Voraus andere Bestandteile der Urlaubsreise als eine Unterkunft und ein Ticket als Nicht-LOHAS.
H4.4.	LOHAS nehmen häufiger keine Buchung im Voraus vor als Nicht-LOHAS.
H4.5.	LOHAS buchen seltener eine Pauschalreise als Nicht-LOHAS.
Verkehrsmittel Anreise	
H5.1.	LOHAS unterscheiden sich bei der Wahl der Verkehrsmittel zur Anreise zum Urlaubsort von Nicht-LOHAS.
H5.2.	LOHAS nutzen stärker umweltfreundliche Verkehrsmittel (Auto mit alternativem Antrieb (z. B. Elektro- oder Hybridauto), verbrauchsreduziertes Auto mit herkömmlichem Antrieb (weniger als 5 Liter Treibstoff pro 100 km), Zug, Reisebus, öffentliche Verkehrsmittel (S-Bahn, U-Bahn, Straßenbahn, Linienbus) für die Anreise als Nicht-LOHAS.
H5.3.	LOHAS nutzen keine Flüge bei Urlaubsreisen innerhalb von Deutschland.

Hypothesen

Verkehrsmittel am Urlaubsort

H6.1.	LOHAS unterscheiden sich bei der Wahl der Verkehrsmittel am Urlaubsort von Nicht-LOHAS.
H6.2.	LOHAS nutzen stärker umweltfreundliche Verkehrsmittel vor Ort (Auto mit alternativem Antrieb (z. B. Elektro- oder Hybridauto), verbrauchsreduziertes Auto mit herkömmlichem Antrieb (weniger als 5 Liter Treibstoff pro 100 km), Zug, Reisebus, öffentliche Verkehrsmittel (S-Bahn, U-Bahn, Straßenbahn, Linienbus), Fortbewegung zu Fuß) als Nicht-LOHAS.

Unterkunft

H7.1.	LOHAS unterscheiden sich bei der Unterkunftswahl von Nicht-LOHAS.
H7.1.1.	LOHAS bevorzugen Übernachtungen in Ferienwohnungen stärker als Nicht-LOHAS.
H7.1.2.	LOHAS bevorzugen Übernachtungen auf Campingplätzen (im Zelt bzw. Wohnmobil/Wohnwagen) stärker als Nicht-LOHAS.

Reiseart

H8.1.	LOHAS unterscheiden sich bei Reisearten von Nicht-LOHAS.
H8.1.1.	LOHAS bevorzugen Aktiv-Urlaub stärker als Nicht-LOHAS.
H8.1.2.	LOHAS bevorzugen Natur-Urlaub stärker als Nicht-LOHAS.
H8.1.3.	LOHAS bevorzugen Studien-Bildungsreisen stärker als Nicht-LOHAS.
H8.1.4.	LOHAS bevorzugen Kulturreisen stärker als Nicht-LOHAS.
H8.1.5.	LOHAS bevorzugen Strand-/Bade-/Sonnen-Urlaub weniger stark als Nicht-LOHAS.
H8.1.6.	LOHAS bevorzugen Spaß-/Fun-/Party-Urlaub weniger stark als Nicht-LOHAS.

3. MODUL: NACHHALTIGER TOURISMUS

Kenntnisse der Gütesiegel des nachhaltigen Tourismus

H9.1.	LOHAS kennen das Gütesiegel „Blaue Flagge" besser als NICHT-LOHAS.
H9.2.	LOHAS kennen das Gütesiegel „Viabono" besser als NICHT-LOHAS.
H9.3.	LOHAS kennen die Produktkennzeichnung „TUI Umweltchampion" besser als NICHT-LOHAS.
H9.4.	LOHAS kennen die Produktkennzeichnung „BIO-Hotels" besser als NICHT-LOHAS.
H9.5.	LOHAS kennen die Produktkennzeichnung „Fahrtziel Natur" besser als NICHT-LOHAS.

Buchung von nachhaltigen Reiseangeboten

H10.1.	LOHAS buchen häufiger als Nicht-LOHAS Angebote, die bestimmte ökologische bzw. soziale Standards berücksichtigen.
H10.2.	LOHAS wollen in der Zukunft häufiger als Nicht-LOHAS Angebote buchen, die bestimmte ökologische bzw. soziale Standards berücksichtigen.
H10.3.	LOHAS lehnen seltener als Nicht-LOHAS die Buchung von Angeboten ab, die bestimmte ökologische bzw. soziale Standards berücksichtigen.

Buchung bei nachhaltigen Reiseveranstaltern

H11.1.	LOHAS buchen häufiger als Nicht-LOHAS bei Reiseveranstaltern, die ökologisch bzw. sozial verträgliche Reisen in Programm haben.
H11.2.	LOHAS wollen in der Zukunft häufiger als Nicht-LOHAS bei Reiseveranstaltern buchen, die ökologisch bzw. sozial verträgliche Reisen in Programm haben.
H11.3.	LOHAS lehnen seltener als Nicht-LOHAS die Buchung bei Reiseveranstaltern ab, die ökologisch bzw. sozial verträgliche Reisen in Programm haben.

Informationsgrad über das Thema nachhaltiger Tourismus

H12.1.	LOHAS informieren sich stärker über nachhaltigen Tourismus als Nicht-LOHAS.
H12.2.	LOHAS wollen sich in der Zukunft häufiger als Nicht-LOHAS über ökologisch und sozial verantwortlichen Tourismus informieren.
H12.3.	LOHAS lehnen es seltener als Nicht-LOHAS ab, sich über nachhaltigen Tourismus zu informieren.

Suche nach nachhaltigen Tourismusangeboten

H13.1.	LOHAS suchen häufiger als Nicht-LOHAS nach Angeboten des ökologisch und sozial verantwortlichen Tourismus.

Hypothesen	
H13.2.	LOHAS wollen in der Zukunft häufiger als Nicht-LOHAS nach Angeboten des ökologisch und sozial verantwortlichen Tourismus suchen.
H13.3.	LOHAS lehnen seltener als Nicht-LOHAS die Suche nach Angeboten des ökologisch und sozial verantwortlichen Tourismus ab.
Besitz einer BahnCard	
H14.1.	LOHAS besitzen häufiger eine BahnCard als Nicht-LOHAS.
Kompensation von Treibhausgasemissionen (Frage aus dem 1. Modul des Fragebogens)	
H15.1.	LOHAS führen seltener finanzielle Kompensationen für die selbst verursachten Klimagase durch als Nicht-LOHAS.
H15.2.	LOHAS wollen sich in der Zukunft seltener für finanzielle Kompensationen für die selbst verursachten Klimagase entscheiden als Nicht-LOHAS.
H15.3.	LOHAS lehnen häufiger finanzielle Kompensationen für die selbst verursachten Klimagase ab als Nicht-LOHAS.
4. MODUL: ENTSCHEIDUNGSKRITERIEN BEI DER SUCHE NACH EINER UNTERKUNFT	
Stellenwert der Nachhaltigkeitsaspekte bei der Wahl einer Unterkunft	
H16.1.	Bei der Entscheidung für eine Unterkunft während einer Urlaubsreise unterscheiden sich LOHAS von Nicht-LOHAS hinsichtlich der Wichtigkeit einzelner Eigenschaften.
H16.1.1.	Bei der Entscheidung für eine Unterkunft während einer Urlaubsreise ist die Kennzeichnung mit einem Gütesiegel für ökologisch bzw. sozial verantwortlichen Tourismus für LOHAS wichtiger als für Nicht-LOHAS.
H16.1.2.	Bei der Entscheidung für eine Unterkunft während einer Urlaubsreise ist die biologische Küche mit regionalen und saisonalen Gerichten für LOHAS wichtiger als für Nicht-LOHAS.
H16.1.3.	Bei der Entscheidung für eine Unterkunft während einer Urlaubsreise ist die Erreichbarkeit mit öffentlichen Verkehrsmitteln für LOHAS wichtiger als für Nicht-LOHAS.

Quelle: Eigene Darstellung

Die Prüfung der Hypothesen H1.1, H3.1-H3.6 und H16.1.1-H16.1.3 erfolgt mithilfe des t-Tests – eines Verfahrens, das zur Prüfung von Mittelwertunterschieden von zwei unabhängigen Gruppen konstruiert wurde (vgl. Bortz und Döring 2006, S. 25). Bei den sonstigen Hypothesen kommen der Chi-Quadrat-Test sowie der Z-Test zum Vergleich von Anteilswerten zur Anwendung. Getestet wird zum Signifikanzniveau von $\alpha = 5\ \%$, bei der Teststärke wird das Niveau von $1-\beta=80\ \%$ als Grenzwert betrachtet. Zur Beurteilung der Größe des gefunden Unterschieds wird die sog. Effektstärke herangezogen, die mit dem Programm GPower berechnet wird. Beim t-Test wird die Effektstärke d (standardisierter Mittelwertsunterschied) und bei dem Chi-Quadrat-Test bzw. Z-Test die Effekstärke w (standardisierte Größe der Abweichung zwischen den erwarteten und den beobachteten Häufigkeiten) verwendet. Für deren Interpretation werden nach Cohen (1988, S. 40; 227) folgende Richtwerte eingesetzt:

d=0,20 oder w=0,10 → kleiner (geringer) Effekt
d=0,50 oder w=0,30 → mittlerer (moderater) Effekt
d=0,80 oder w=0,50 → großer Effekt

9.1.4 Datenerhebung

Pretest

Die Fragen zum Reiseverhalten/Reisepräferenzen wurden zusammen mit den Items zur Identifizierung der LOHAS zuerst in einem Pretest geprüft und dann erhoben. Die Erhebung fand vom 11.06.2012 (Vergleichsstichprobe) bzw. vom 13.06.2012 (Stichprobe der Portalnutzer) bis 26.08.2012 statt (vgl. Kapitel 8.1.5).

Zu den wichtigsten Änderungen, die nach dem Pretest vorgenommen wurden, gehörte die Erhöhung der Anzahl der Eigenschaften bei der Entscheidung für eine Unterkunft von vier auf fünf Eigenschaften pro Frage. Damit konnte die gesamte Anzahl der MaxDiff-Fragen von zehn auf acht verringert werden. Mit dieser Änderung wurde den Anmerkungen einiger Pretest-Teilnehmer Rechnung getragen, die die zu hohe Anzahl der MaxDiff-Fragen moniert haben. Die sonstigen Änderungen bezogen sich auf die sprachlichen bzw. grammatikalischen Korrekturen der Einleitungstexte bzw. der Fragen sowie auf die Anpassung des Layouts.

Samplingverfahren

Die Auswertung der Ergebnisse wurde immer im Vergleich von zwei Gruppen vorgenommen. Die erste Gruppe besteht aus den Teilnehmern der Stichprobe der Portalnutzer, die als LOHAS identifiziert wurden, im Weiteren als LOHAS-Stichprobe bezeichnet. Die zweite gleich große Gruppe, im Folgenden als Nicht-LOHAS-Stichprobe bezeichnet, wurde nach dem Quotenverfahren (vgl. Atteslander 2008, S. 259) zufällig aus der Vergleichsstichprobe gezogen. Die Quotierung soll eine vergleichbare Ausprägung der demografischen Merkmale wie Geschlecht, Alter, Bildung, Einkommen und Kinder unter 14 Jahren im Haushalt sicherstellen. Aus der folgenden Tabelle wird sichtbar, dass die demografischen Unterschiede zwischen den beiden Gruppen nur geringfügig sind[117]:

---

[117] Aus der Analyse wurde in jeder Gruppe jeweils ein Teilnehmer mit auffälligem Antwortverhalten (30 Urlaubsreisen im Jahr und mehr) ausgeschlossen. Die in der Tabelle dargestellte Ausprägung der demografischen Merkmale bezieht sich auf die danach verbliebene Auswahl in der Stichprobe.

Tab. 55: Verteilung der demografischen Merkmale in der LOHAS- und Nicht-LOHAS-Stichprobe

Demografisches Merkmal	Merkmalausprägungen	Nicht-LOHAS-Stichprobe		LOHAS-Stichprobe	
		Anzahl	Anteil in %	Anzahl	Anteil in %
		234	100	234	100
Geschlecht	männlich	78	33,3	78	33,3
	weiblich	156	66,7	156	66,7
Kinder unter 14 Jahren im Haushalt	nein	196	83,8	196	83,8
	ja	38	16,2	38	16,2
Bildungsabschluss	kein Schulabschluss	0	0,0	1	0,4
	Realschulabschluss	15	6,4	15	6,4
	Hauptschulabschluss	2	0,9	1	0,4
	Ausbildung/Lehre	16	6,8	16	6,8
	Abitur	62	26,5	60	25,6
	Fach-/Hochschulstudium	133	56,8	133	56,8
	weiß nicht/keine Angabe	6	2,6	8	3,4
Alterskategorie	bis 19	3	1,3	3	1,3
	20 bis 29	69	29,5	69	29,5
	30 bis 39	54	23,1	54	23,1
	40 bis 49	60	25,6	60	25,6
	50 bis 59	32	13,7	28	12,0
	60 bis 69	12	5,1	19	8,1
	70 bis 79	1	0,4	0	0,0
	80 und älter	3	1,3	0	0,0
	weiß nicht/keine Angabe	0	0,0	1	0,4
Haushaltsnettoeinkommen	bis 999 EUR	36	15,4	36	15,4
	1.000 bis 1.999 EUR	49	20,9	49	20,9
	2.000 bis 2.999 EUR	39	16,7	39	16,7
	3.000 bis 3.999 EUR	35	15,0	35	15,0
	4.000 bis 4.999 EUR	21	9,0	20	8,5
	5.000 EUR und mehr	14	6,0	14	6,0
	weiß nicht/keine Angabe	40	17,1	41	17,5

Quelle: Eigene Darstellung

9.2 Analyse der Ergebnisse

9.2.1 Datenaufbereitung

Vor der Auswertung wurden die Daten folgendermaßen aufbereitet:
- Ausschluss von zwei Teilnehmern mit auffälligem Antwortverhalten (30 Urlaubsreisen und mehr im Jahr).
- Umkodierung der offenen Antworten bezüglich der Verkehrsmittel für die Anreise und vor Ort, bei Unterkunft und Reiseart (eine detaillierte Darstellung befindet sich im Anhang 28).

Durch die Aufbereitung der Daten wurden insgesamt zwei Fragebögen aussortiert, so dass von den insgesamt 470 berücksichtigten Umfragen 468 in die endgültige Auswertung eingegangen sind. Davon gehören 234 Teilnehmer der LOHAS-Stichprobe und 234 der Nicht-LOHAS-Stichprobe an.

Darüber hinaus wurde eine Analyse der fehlenden Werte (missing values) durchgeführt, bei der nach unbeabsichtigten Konzentrationen, bestimmten Regelmäßigkeiten bzw. Variablen oder Teilnehmern mit besonders vielen fehlenden Werten gesucht wurde. Sie hat gezeigt, dass sich die meisten der fehlenden Antworten (weiß nicht/keine Angabe) auf die Items NT_Angebote1-4 und KV12 beziehen.

Tab. 56: Variablen mit den fehlenden Werten

Variablenname	Item	fehlende Werte (weiß nicht/keine Angabe)			
		LOHAS-Stichprobe		Nicht-LOHAS-Stichprobe	
		Anzahl	Anteil in %	Anzahl	Anteil in %
NT_Angebote2	Seit 2010 habe ich bei Reiseveranstaltern gebucht, die ökologisch bzw. sozial verträgliche Reisen im Programm haben.	73	31,2	67	28,6
NT_Angebote1	Seit 2010 habe ich Angebote (eine komplette Reise oder ihre Bestandteile) gebucht/gekauft, die bestimmte ökologische bzw. soziale Standards berücksichtigen.	65	27,8	61	26,1
KV12	Haben Sie sich bereits bewusst entschieden bzw. werden Sie sich in naher Zukunft für finanzielle Kompensationen (Ausgleichszahlungen) für die selbst verursachten Klimagase, z. B. beim Fliegen entscheiden?	56	23,9	63	26,9

Variablenname	Item	fehlende Werte (weiß nicht/keine Angabe)			
		LOHAS-Stichprobe		Nicht-LOHAS-Stichprobe	
		Anzahl	Anteil in %	Anzahl	Anteil in %
NT_Angebote4	Seit 2010 habe ich gezielt nach Angeboten des ökologisch und sozial verantwortlichen Tourismus gesucht.	51	21,8	52	22,2
NT_Angebote3	Seit 2010 habe ich mich über ökologisch und sozial verantwortlichen Tourismus informiert.	38	16,2	39	16,7
Reiseorganisation*	Wie haben Sie diese Reise organisiert?	4	2,1	5	2,4
Reiseart*	Welche der folgenden Reisearten beschreibt Ihre Urlaubsreise am besten?	2	1,0	0	0,0
BC	Besitzen Sie eine BahnCard der Deutschen Bahn?	2	0,9	1	0,4
Unterkunft*	In welcher Art von Unterkunft haben Sie auf dieser Reise hauptsächlich übernachtet?	1	0,5	0	0,0
Verkehrsmittel Anreise*	Welches Verkehrsmittel haben Sie bei dieser Reise hauptsächlich zur Anreise genutzt?	1	0,5	0	0,0

Quelle: Eigene Darstellung; * Bei dieser Auswertung wurden diejenigen Teilnehmer nicht berücksichtigt, die in den Jahren 2010/2011 keine Urlaubsreise unternommen haben.

Es wurde die Entscheidung getroffen, bei den Variablen NT_Angebote1-4, BC und KV12 die Antworten „nein und ich will das nicht in Zukunft tun" sowie „weiß nicht/keine Angabe" als die Antwort „nein" zu kodieren.

9.2.2 Reiseverhalten in den Jahren 2010/2011

Die im folgenden dargestellten Ergebnisse stellen die Antwort auf **die Forschungsfrage 2.1 dar: Wie gestaltet sich das Reiseverhalten der LOHAS im Vergleich zu Nicht-LOHAS?** Darüber hinaus liefern sie einen Teil der Antworten auf die **Forschungsfrage 2.2: Welche Nachhaltigkeitsaspekte findet man im Reiseverhalten der LOHAS im Vergleich zu Nicht-LOHAS wieder?**

Generelle Fragen zu Reisehäufigkeit und Reisezielen

Reisehäufigkeit

Die Respondenten der LOHAS-Stichprobe haben in den Jahren 2010/2011 durchschnittlich 2,4 Reisen (SD=1,9) unternommen. Damit verreisten sie seltener als Teilnehmer der Nicht-LOHAS-Stichprobe, die im gleichen Zeitraum durchschnittlich 3,1 Reisen (SD=2,5) getätigt haben. Die Hypothese über die höhere Reisetätigkeit der LOHAS im Vergleich zu Nicht-LOHAS kann demzufolge nicht bestätigt werden. Es wird eine neue Hypothese aufgestellt:
H1.2. *LOHAS zeichnen sich durch eine niedrigere Reisetätigkeit als Nicht-LOHAS aus.*
Deren Prüfung ergibt einen signifikanten, kleinen bis mittleren Unterschied (t(439,001)=3,54 (einseitig), p≤0,001, d=0,32, 1-β=0,97).

Abb. 52: Reisehäufigkeit der Teilnehmer der LOHAS- und der Nicht-LOHAS-Stichprobe in den Jahren 2010/2011

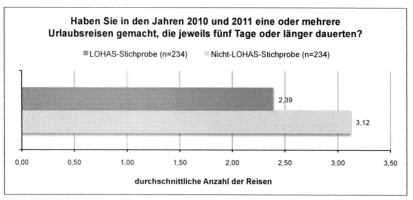

Quelle: Eigene Darstellung

Die meisten Teilnehmer der LOHAS-Stichprobe (29 %) haben zwei Reisen unternommen, gefolgt von selten Reisenden (18 %), die in den Jahren 2010/2011 keine Urlaubsreise getätigt haben und Respondenten, die eine Reise unternommen haben (16 %). Beim Vergleich mit der Nicht-LOHAS-Stichprobe kann festgestellt werden, dass die stark signifikanten Unterschiede sich auf selten bzw. oft Reisende beziehen. Der Anteil der Personen, die keine Urlaubsreise (mind. vier Übernachtungen) vorgenommen haben, ist in der LOHAS-Stichprobe signifikant höher (18 %) als in der Nicht-LOHAS-

Stichprobe (9 %), wobei der Unterschied nicht groß ist (p=0,007 (exakter Test, einseitig), w=0,12, 1-β=0,80). Umgekehrt gestaltet es sich in Bezug auf die Anzahl der Personen, die sechs Urlaubsreisen und mehr unternommen haben; sie ist in der LOHAS-Stichprobe signifikant niedriger (7 %) als in der Nicht-LOHAS-Stichprobe (17 %). Hier ist von einem geringem bis mittleren Unterschied auszugehen (p=0,001 (exakter Test, einseitig), w=0,16, 1-β=0,96).

Abb. 53: Reisenanzahl der Teilnehmer der LOHAS- und Nicht-LOHAS-Stichprobe in den Jahren 2010/2011

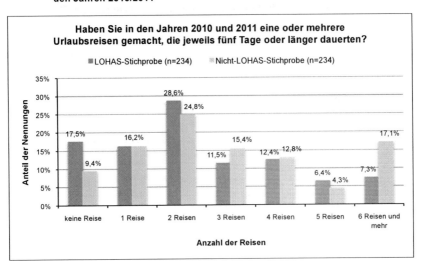

Quelle: Eigene Darstellung

Fazit:
Die Teilnehmer der LOHAS-Stichprobe verreisen weniger als die Teilnehmer der demografisch vergleichbaren Nicht-LOHAS-Stichprobe, wobei der Unterschied als gering bis mittel ausfällt. Die minimal geringere Reisehäufigkeit ist vor allem auf den leicht höheren Anteil der selten Reisenden (keine Reise innerhalb von 2 Jahren) und einen gering bis mittel niedrigeren Anteil der oft Reisenden (6 Urlaubsreisen und mehr) zurückzuführen.

Reiseziele, Zielregionen

Rund die Hälfte aller Urlaubsreisen der Teilnehmer der LOHAS-Stichprobe in den Jahren 2010/2011 fand im europäischen Ausland statt, ein Drittel in

Deutschland und die restlichen 14 % außerhalb von Europa. Signifikante Unterschiede zur Nicht-LOHAS-Stichprobe ergeben sich lediglich hinsichtlich der Urlaubsreisen im eigenen Land – die Teilnehmer der LOHAS-Stichprobe unternehmen häufiger Urlaubsreisen in Deutschland, wobei der Unterschied gering ist (p=0,000 (exakter Test, einseitig), w=0,10, 1-ß=0,97).

Abb. 54: Reisen der Teilnehmer der LOHAS- und Nicht-LOHAS-Stichprobe in Deutschland, im europäischen Ausland und außerhalb von Europa

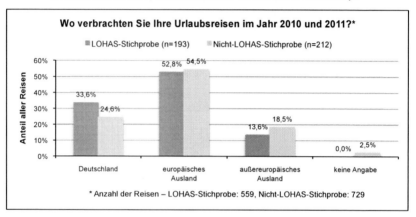

Quelle: Eigene Darstellung

Unter den beliebtesten Reisezielen der LOHAS-Stichprobe liegt Deutschland mit Abstand an erster Stelle (34 %), als weitere häufig besuchte Reiseziele werden Frankreich (8 %), Italien (7 %), Spanien (6 %) und Österreich (5 %) genannt. Der Vergleich mit der Nicht-LOHAS-Stichprobe zeigt, dass die Top 5 Reiseziele sich lediglich hinsichtlich der Anteile für die einzelnen Länder unterscheiden. Wie bereits erwähnt, unternehmen die Teilnehmer der LOHAS-Stichprobe signifikant häufiger Urlaubsreisen in Deutschland, darüber hinaus verreisen sie signifikant häufiger nach Frankreich (p=0,000 (exakter Test, einseitig), w=0,10, 1-ß=0,97) und seltener nach Spanien (p=0,001 (exakter Test, einseitig), w=0,09, 1-ß=0,92), wobei die niedrige Effektstärke bei allen drei Reisezielen auf einen geringen Unterschied deutet. Bei Urlaubsreisen nach Italien bzw. Österreich ergeben sich keine signifikanten Unterschiede.

Abb. 55: Top 5 Reiseziele der Teilnehmer der LOHAS- und Nicht-LOHAS-Stichprobe

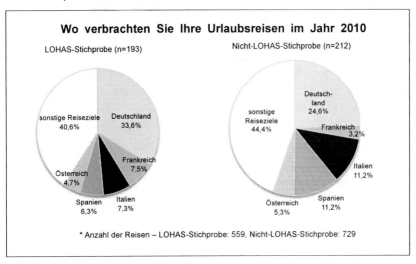

Quelle: Eigene Darstellung

Rund ein Fünftel (21,6 %) der Urlaubsreisen der Befragten der LOHAS-Stichprobe in den Jahren 2010/2011 hat in den Nachbarländern stattgefunden. Damit ergibt sich ein signifikanter, wenn auch nur geringer, Unterschied zur Nicht-LOHAS-Stichprobe (p=0,005 (exakter Test, einseitig), w=0,07, 1-ß=0,84).

Abb. 56: Reisen in benachbarte Länder: Vergleich zwischen der LOHAS- und Nicht-LOHAS-Stichprobe

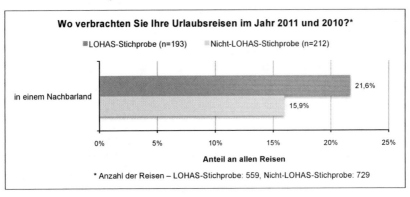

Quelle: Eigene Darstellung

259

Unter den Zielen im europäischen Ausland lagen Destinationen im Westeuropa[118] an erster Stelle – dorthin fand jede fünfte Reise (21,6 %) der LOHAS in den Jahren 2010/2011 statt. Danach folgten Ziele in Südeuropa mit 17,5 % und Nordeuropa mit 7 %. Die osteuropäischen Destinationen spielten mit 2,9 % eine eher unbedeutende Rolle. Die signifikanten Unterschiede, allerdings von geringer Effektstärke, ergaben sich in Bezug auf Reisen in Länder in Westeuropa (p=0,001 (exakter Test, einseitig), w=0,09, 1-ß=0,93), die von LOHAS stärker gewählt wurden als von Nicht-LOHAS, und in Südeuropa (p=0,000 (exakter Test, einseitig), w=0,11, 1-ß=0,99), die bei Nicht-LOHAS beliebter waren.

Abb. 57: Reisen ins europäische Ausland: Vergleich zwischen der LOHAS- und Nicht-LOHAS-Stichprobe

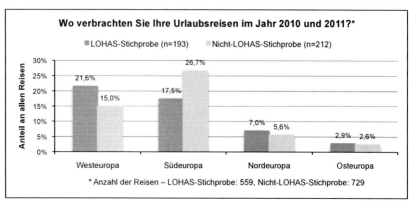

Quelle: Eigene Darstellung

---

[118] **Westeuropa:** Großbritannien, Irland, Frankreich, Niederlande, Belgien, Schweiz, Österreich; **Nordeuropa:** Dänemark, Norwegen, Schweden, Finnland, Island/Grönland; **Osteuropa:** Ungarn, Tschechische Republik, Polen, Russland, Ukraine, Weißrussland, Slowakische Republik, Bulgarien, Rumänien, Estland, Litauen, Lettland, Moldawien; **Südeuropa:** Spanien, Italien, Kroatien, Griechenland, Bosnien-Herzegowina, Montenegro, Serbien, Portugal. Die Zuordnung der Reiseziele erfolgte in Anlehnung an die Invent-Studie (Götz und Seltmann, S. 122 f).

Fazit:
Die Teilnehmer der LOHAS-Stichprobe verreisen signifikant häufiger als die Befragten der Nicht-LOHAS-Stichprobe innerhalb von Deutschland, nach Frankreich bzw. in die Nachbar- und westeuropäischen Länder. Sie unternehmen signifikant seltener Urlaubsreisen nach Spanien und insgesamt nach Südeuropa. Für alle Reiseziele kann allerdings nur eine geringe Effektstärke nachgewiesen werden.

Frage zu einer zufällig ausgewählten Urlaubsreise

Die Fragen hinsichtlich der Reisedauer, Organisationsform, Verkehrsmittel für die Anreise und am Urlaubsort, Reiseart und Unterkunft wurden in Bezug auf eine zufällig ausgewählte Reise im Jahr 2011 bzw. 2010 gestellt. Die dadurch erfragten Urlaubsreisen umfassen insgesamt 405 Reiseziele: 193 von Respondenten der LOHAS-Stichprobe und 212 von Teilnehmern der Nicht-LOHAS-Stichprobe. Die Verteilung der Reiseziele einer zufällig ausgewählten Urlaubsreise in drei Gruppen „Deutschland", „europäisches Ausland" und „außereuropäisches Ausland" ist vergleichbar mit der Verteilung aller Reiseziele der LOHAS- und Nicht-LOHAS-Stichprobe in den Jahren 2010/2011:

Tab. 57: Vergleich der Reiseziele einer zufällig ausgewählten Urlaubsreise mit allen Reisezielen der LOHAS- und Nicht-LOHAS-Stichprobe in den Jahren 2010/2011

Reiseziele	alle Reiseziele		Reiseziele einer zufällig ausgewählten Reise	
	Nicht-LOHAS-Stichprobe	LOHAS-Stichprobe	Nicht-LOHAS-Stichprobe	LOHAS-Stichprobe
	Anzahl der Reisen			
	729	559	212	193
	Anteil in %			
Deutschland	24,5	33,6	24,5	31,6
europäisches Ausland	54,5	52,8	54,7	52,3
außereuropäisches Ausland	18,5	13,6	20,8	16,1
keine Angabe	2,5	0,0	0,0	0,0

Quelle: Eigene Darstellung

Reisedauer

Die Teilnehmer der LOHAS-Stichprobe verreisen durchschnittlich für 11,4 Tage[119]. Die Aufenthaltsdauer steigt, wie erwartet, mit der wachsenden Entfernung: Urlaubsreisen innerhalb von Deutschland dauern im Durchschnitt 8,6 Tage, die Reisen in das 2. Zielgebiet[120] 10,7 Tage und die Reisen in das 3. Zielgebiet[121] 17,4 Tage. Bei der Aufenthaltsdauer – sowohl allgemein als auch in das jeweilige Zielgebiet – konnten keine signifikanten Unterschiede zwischen der LOHAS- und Nicht-LOHAS-Stichprobe festgestellt werden.

Abb. 58: Reisedauer der Urlaubsreisen der Teilnehmer der LOHAS- und Nicht-LOHAS-Stichprobe je nach Zielgebiet

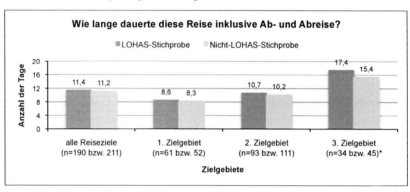

Quelle: Eigene Darstellung; * nur Flugreisen

---

[119] Aus der Analyse der Reisedauer wurden 4 Respondenten mit einer Reisedauer von 100 Tagen und länger ausgeschlossen.
[120] 2. Zielgebiet: europäisches Ausland mit Ausnahme von Russland, Portugal und Überseegebieten.
[121] 3. Zielgebiet: außereuropäisches Ausland mit Russland, Portugal und Überseegebieten.

Tab. 58: Reisedauer der Urlaubsreisen der von LOHAS- und Nicht-LOHAS-Stichprobe je nach Zielgebiet: Gruppenstatistiken

Zielgebiete Gruppen- statistiken	alle Reise- gebiete		1. Zielgebiet		2. Zielgebiet		3. Zielgebiet	
	L	NL	L	NL	L	NL	L	NL
n	190	211	61	52	93	111	34	45
Mittelwert	11,4	11,2	8,6	8,3	10,7	10,2	17,3	15,4
SD	7,8	7,8	4,8	3,8	7,2	4,5	9,7	11,3

Quelle: Eigene Darstellung; L = LOHAS, NL = Nicht-LOHAS, n = Stichprobenumfang, SD = Standardabweichung

Bei Urlaubsreisen in das 2. Zielgebiet kann die Hypothese bestätigt werden, dass die durchschnittliche Aufenthaltsdauer in der Grundgesamtheit der LOHAS signifikant höher als acht Tage ist ($t(92)=3{,}58$ (einseitig), $p \leq 0{,}001$, $d=0{,}37$, $1-ß=0{,}97$). Bei Urlaubsreisen in das 3. Zielgebiet liegt die Teststärke unter dem gewünschten Niveau von 0,80; diese Tatsache ist vermutlich auf die geringe Stichprobengröße (36 Probanden) zurückzuführen ($t(35)=2{,}35$ (einseitig), $p \leq 0{,}05$, $d=0{,}39$, $1-ß=0{,}75$). Die Hypothese über die Aufenthaltsdauer von mindestens 14 Tagen bei Flugreisen in das 3. Zielgebiet in der Grundgesamtheit der LOHAS kann nicht bestätigt werden.

> **Fazit:**
> Es ergeben sich keine signifikanten Unterschiede zwischen der LOHAS- und Nicht-LOHAS-Stichprobe hinsichtlich der Aufenthaltsdauer. Für Reisen in das 2. Zielgebiet (700 bis 2.000 km) liegt die Aufenthaltsdauer der LOHAS signifikant höher als 8 Tage.

Organisation der Reise

Die meisten Teilnehmer der LOHAS-Stichprobe buchen vor Reiseantritt eine Unterkunft (54,5 %) bzw. einen Fahrschein für die Hin- und Rückreise (45,5 %). An letzter Stelle befindet sich die Buchung von Pauschalreisen (8,5 %). Signifikante Unterschiede im Vergleich zur Nicht-LOHAS-Stichprobe ergeben sich hinsichtlich des vorherigen Kaufs eines Fahrscheins für Hin- und Rückreise (häufiger bei LOHAS ($p=0{,}007$ (exakter Test, einseitig), $w=0{,}14$, $1-ß=0{,}88$)) und in Bezug auf die Buchung von Pauschalreisen (von Nicht-LOHAS bevorzugt ($p=0{,}006$ (exakter Test, einseitig), $w=0{,}13$, $1-ß=0{,}83$)). Allerdings fällt die Stärke des Unterschieds in beiden Fällen gering aus.

Abb. 59: Organisation der Urlaubsreisen von den Teilnehmern der LOHAS- und Nicht-LOHAS-Stichprobe

Quelle: Eigene Darstellung

Fazit:
Die Teilnehmer der LOHAS-Stichprobe buchen häufiger einen Fahrschein für Hin- und Rückreise vor dem Reiseantritt und seltener eine Pauschalreise als die Befragten der Nicht-LOHAS-Stichprobe. Der Unterschied ist signifikant jedoch von geringer Effektstärke.

Verkehrsmittel für die Anreise

Die meisten Respondenten (rund 40 %) der LOHAS-Stichprobe sind zu ihrem Urlaubsort mit dem Flugzeug geflogen, an zweiter Stelle ist das Auto mit herkömmlichem Antrieb mit rund 30 % und an dritter Stelle der Zug mit rund 19 % zu nennen. Die sonstigen Verkehrsmittel spielen eine eher unbedeutende Rolle.

Abb. 60: Die wichtigsten Verkehrsmittel bei der Anreise zum Urlaubsort der Teilnehmer der LOHAS- und Nicht-LOHAS-Stichprobe

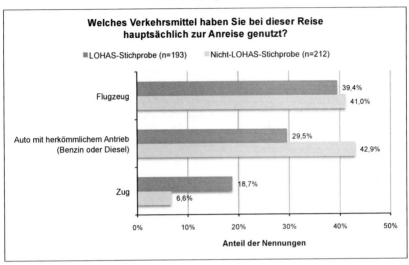

Quelle: Eigene Darstellung

Der Vergleich mit der Nicht-LOHAS-Stichprobe zeigt, dass signifikante Unterschiede bei der Nutzung von zwei Verkehrsmitteln bestätigt werden können: LOHAS reisen seltener mit einem Auto mit herkömmlichem Antrieb ($p=0{,}004$ (exakter Test, einseitig), $w=0{,}14$, $1-\text{ß}=0{,}88$) und häufiger mit dem Zug ($p=0{,}000$ (exakter Test, einseitig), $w=0{,}18$, $1-\text{ß}=0{,}98$) an, der Unterschied ist von kleiner bis mittlerer Effektstärke.

Tab. 59: Nutzung der Verkehrsmittel bei der Anreise zum Urlaubsort von den Teilnehmern der LOHAS- und Nicht-LOHAS-Stichprobe

Verkehrsmittel	Anteil in %	
	LOHAS-Stichprobe (n=193)	Nicht-LOHAS-Stichprobe (n=212)
Flugzeug	39,4	41,0
Auto mit herkömmlichem Antrieb (Benzin oder Diesel)	29,5	42,9
Zug	18,7	6,6
Wohnwagen, Wohnmobil	2,1	2,8
öffentliche Verkehrsmittel (S-Bahn, U-Bahn, Straßenbahn, Linienbus)	2,1	0,5
Auto mit alternativem Antrieb (z. B. Elektro- oder Hybridauto)	2,1	0,9

Verkehrsmittel	Anteil in %	
	LOHAS-Stichprobe (n=193)	Nicht-LOHAS-Stichprobe (n=212)
verbrauchsreduziertes Auto mit herkömmlichem Antrieb (weniger als 5 Liter Treibstoff pro 100 km)	2,1	0,9
Fahrrad	1,6	0,0
Reisebus	1,0	0,9
Fähre, Schiff	1,0	2,8
weiß nicht/keine Angabe	0,5	0,0
Motorrad, Motorroller	0,0	0,5

Quelle: Eigene Darstellung

Bei einer zusammenfassenden Betrachtung von umweltfreundlichen Verkehrsmitteln[122] kann festgestellt werden, dass über ein Viertel der Teilnehmer der LOHAS-Stichprobe umweltfreundlich zum Urlaubsort angereist ist. Im Vergleich zur Nicht-LOHAS-Stichprobe ergibt sich hier ein signifikanter Unterschied von einer kleinen bis mittleren Effektstärke (p=0,000 (exakter Test, einseitig), w=0,23, 1-ß=1).

Abb. 61: Nutzung von umweltfreundlichen Verkehrsmitteln bei Anreise zum Urlaubsort von den Teilnehmern der LOHAS- und Nicht-LOHAS-Stichprobe

Quelle: Eigene Darstellung

[122] Als umweltfreundliche Verkehrsmittel wurden im Zusammenhang mit dieser Frage folgende Verkehrsmittel zusammengefasst: Zug, Reisebus, öffentliche Verkehrsmittel (S-Bahn, U-Bahn, Straßenbahn, Linienbus), Auto mit alternativem Antrieb (z. B. Elektro- oder Hybridauto), verbrauchsreduziertes Auto mit herkömmlichem Antrieb (weniger als 5 Liter Treibstoff pro 100 km).

Die Analyse der Nutzung der Verkehrsmittel im ersten Zielgebiet zeigt, dass in der LOHAS-Stichprobe lediglich eine Person das Flugzeug zur Anreise beim Urlaub in Deutschland genutzt hat. Allerdings liegt die Wahrscheinlichkeit, dass in der Grundgesamtheit der Anteil der LOHAS, die mit einem Flugzeug zum Urlaub in Deutschland anreisen, nahe Null ist (0,00001), bei niedrigen 0,1 % ($p=0{,}001$ (exakt, einseitig), $w=5{,}18$, $1-\beta=1$). Somit kann die Hypothese „*H5.3. LOHAS nutzen keine Flüge bei Urlaubsreisen innerhalb von Deutschland.*" nicht verifiziert werden.

> **Fazit:**
> Die Teilnehmer der LOHAS-Stichprobe reisen signifikant seltener mit einem Auto mit herkömmlichem Antrieb und signifikant häufiger mit dem Zug bzw. mit umweltfreundlichen Verkehrsmitteln an. Der Unterschied zur Nicht-LOHAS-Stichprobe ist klein bis moderat. Die Hypothese, dass keine Flüge zum Erreichen der Urlaubsziele innerhalb von Deutschland genutzt werden, konnte nicht verifiziert werden.

Verkehrsmittel am Urlaubsort

Die von Teilnehmern der LOHAS-Stichprobe am häufigsten genannte Fortbewegungsart am Urlaubsort, ist die Fortbewegung zu Fuß – diese Antwort wurde von rund 29 % der Respondenten angekreuzt. An weiteren Stellen sind das Auto mit herkömmlichem Antrieb mit rund 25 %, öffentliche Verkehrsmittel mit ca. 18 % und das Fahrrad mit rund 12 % zu nennen.

Abb. 62: Die wichtigsten Verkehrsmittel am Urlaubsort der Teilnehmer der LOHAS- und Nicht-LOHAS-Stichprobe

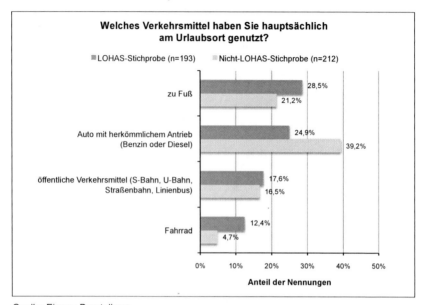

Quelle: Eigene Darstellung

Der Vergleich zur Nicht-LOHAS-Stichprobe zeigt, dass nachhaltigkeitsbewusste Konsumenten signifikant seltener das Auto mit herkömmlichem Antrieb (p=0,001 (exakter Test, einseitig), w=0,15, 1-ß=0,93) und signifikant häufiger das Fahrrad (p=0,004 (exakter Test, einseitig), w=0,14, 1-ß=0,88) nutzen, wobei der Unterschied von einer kleinen bis mittleren Bedeutung ist. Insgesamt ist in der LOHAS-Stichprobe die Nutzung der umweltfreundlichen Verkehrsmittel[123] am Urlaubsort signifikant häufiger als in der Nicht-LOHAS-Stichprobe (p=0,000 (exakter Test, einseitig), w=0,18, 1-ß=0,97). Der Unterschied ist als klein bis moderat zu bezeichnen.

---

[123] Als umweltfreundliche Verkehrsmittel wurden im Zusammenhang mit dieser Frage folgende Kategorien zusammengefasst: verbrauchsreduziertes Auto mit herkömmlichem Antrieb (weniger als 5 Liter Treibstoff pro 100 km), Auto mit alternativem Antrieb (z. B. Elektro- oder Hybridauto), öffentliche Verkehrsmittel (S-Bahn, U-Bahn, Straßenbahn, Linienbus), Zug, Reisebus, Fahrrad, zu Fuß. Dabei wurde die Kategorie „Segelboot, Boot" nicht berücksichtigt, da sie sowohl umweltfreundliche (z. B. Kanu) als auch sonstige (z. B. Motorboot) Verkehrsmittel umfasst.

Tab. 60: Nutzung von Verkehrsmitteln am Urlaubsort der Teilnehmer der LOHAS- und Nicht-LOHAS-Stichprobe

Verkehrsmittel	Anteil in %	
	LOHAS-Stichprobe (n=193)	Nicht-LOHAS-Stichprobe (n=212)
zu Fuß	28,5	21,2
Auto mit herkömmlichem Antrieb (Benzin oder Diesel)	24,9	39,2
öffentliche Verkehrsmittel (S-Bahn, U-Bahn, Straßenbahn, Linienbus)	17,6	16,5
Fahrrad	12,4	4,7
verbrauchsreduziertes Auto mit herkömmlichem Antrieb (weniger als 5 Liter Treibstoff pro 100 km)	3,1	0,9
Reisebus	3,1	5,2
Zug	2,6	2,4
Auto mit alternativem Antrieb (z.B. Elektro- oder Hybridauto)	2,1	0,9
Wohnmobil	1,6	1,9
Segelboot, Boot	1,6	2,4
Taxi	1,0	1,4
Motorrad, Motorroller	0,5	0,9
Kreuzfahrtschiff	0,5	1,9
weiß nicht/keine Angabe	0,5	0,0
Inlandsflüge	0,0	0,5

Quelle: Eigene Darstellung

Fazit:
Die Teilnehmer der LOHAS-Stichprobe fahren am Urlaubsort signifikant seltener mit einem Auto mit herkömmlichem Antrieb und signifikant häufiger mit dem Fahrrad bzw. mit umweltfreundlichen Verkehrsmitteln. Der Unterschied zur Nicht-LOHAS-Stichprobe ist klein bis moderat.

Unterkunft

Zu den bevorzugten Unterkunftsarten der Teilnehmer der LOHAS-Stichprobe gehören an erster Stelle gemietete Ferienwohnungen/Ferienhäuser und Hotels/Hotelanlagen mit jeweils 21 %. An den weiteren Stellen befinden sich Übernachtungen bei Verwandten/Bekannten mit 13 %, Zelt (Camping) mit 9 % und Hostels/Jugendherbergen/Backpackern mit 8 %. Erwähnenswert ist die Kategorie „sonstige preiswerte Unterkunftsarten", die durch die Auswertung der offenen Frage nach einer sonstigen Unterkunftsart entstanden ist. Hier wurden Antworten wie „Wohngemeinschaft", „Unterkunft in der Kirchen- und Partnergemeinde", „Berghütte" oder „Auto" zusammengefasst.

Abb. 63: Die wichtigsten Unterkunftsarten von Teilnehmern der LOHAS- und Nicht-LOHAS-Stichprobe

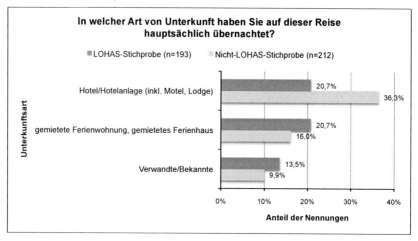

Quelle: Eigene Darstellung

Tab. 61: Nutzung unterschiedlicher Unterkunftsarten von Teilnehmern der LOHAS- und Nicht-LOHAS-Stichprobe

Unterkunftsart	Anteil in %	
	LOHAS-Stichprobe (n=193)	Nicht-LOHAS-Stichprobe (n=212)
Hotel/Hotelanlage (inkl. Motel, Lodge)	20,7	36,3
gemietete Ferienwohnung, gemietetes Ferienhaus	20,7	16,0
Verwandte/Bekannte	13,5	9,9
Zelt (Camping)	9,3	4,7
Hostels/Jugendherbergen/Backpackers	7,8	3,8
Pension	7,3	6,1
eigenes Ferienhaus, Ferienwohnung	4,1	3,8
Wohnwagen, Wohnmobil	4,1	3,3
sonstige preiswerte Unterkunftsarten	4,1	0,5
Privatzimmer (gegen Bezahlung)	3,6	1,9
Appartmentanlage	1,6	4,7

Unterkunftsart	Anteil in %	
	LOHAS-Stichprobe (n=193)	Nicht-LOHAS-Stichprobe (n=212)
Gasthof	1,0	1,9
Clubanlage	1,0	1,9
Schiff, Boot, Jacht	0,5	5,2
weiß nicht/keine Angabe	0,5	0,0

Quelle: Eigene Darstellung

Der Vergleich mit der Nicht-LOHAS-Stichprobe zeigt, dass die in der Hypothese H7.1.1 bzw. H7.1.2 angenommene stärkere Bevorzugung der Ferienwohnungen bzw. Übernachtungen auf einem Campingplatz (im Zelt bzw. im Wohnwagen/Wohnmobil) durch die LOHAS-Stichprobe nicht verifiziert werden kann. Zwar haben die Teilnehmer der LOHAS-Stichprobe höhere Zustimmungswerte für die oben genannten Unterkunftsarten als die Probanden der Nicht-LOHAS-Stichprobe, die statistische Signifikanz dieses Unterschieds ist allerdings nicht abgesichert. Hoch signifikante – leichte bis moderate – Unterschiede ergeben sich tatsächlich hinsichtlich der Übernachtung in Hotels/Hotelanlagen ($p=0{,}000$ (exakter Test, einseitig), $w=0{,}17$, $1-ß=0{,}97$) sowie auf Schiffen/Booten/Jachten (darunter fallen auch Kreuzschifffahrten) ($p=0{,}005$ (exakter Test, einseitig), $w=0{,}14$, $1-ß=0{,}87$), die von der LOHAS-Stichprobe seltener als von der Nicht-LOHAS-Stichprobe frequentiert werden. Ein weiterer signifikanter, allerdings kleiner Unterschied kann bei der häufigeren Nutzung durch die LOHAS-Stichprobe von bereits erwähnten, sonstigen preiswerten Unterkunftsarten festgestellt werden ($p=0{,}013$ (exakter Test, einseitig), $w=0{,}12$, $1-ß=0{,}81$). Bei der weiteren Analyse der Unterschiede zwischen den beiden Gruppen fällt auf, dass die Teilnehmer der LOHAS-Stichprobe höhere Anteile bei Unterkunftsarten ausweisen, die einerseits als preiswert betrachtet werden können, andererseits dem Bedürfnis nach individueller Urlaubsgestaltung entsprechen können. Dazu gehören die bereits angesprochenen Übernachtungen auf dem Campingplatz (im Zelt und Wohnwagen/Wohnmobil) und sonstige preiswerte Unterkunftsarten, aber auch Unterkünfte bei Verwandten/Bekannten, in Hostels/Jugendherbergen/Backpackern und in Privatzimmern. Hier ergibt sich ein signifikanter, kleiner bis moderater Unterschied im Vergleich zur Nicht-LOHAS-Stichprobe ($p=0{,}000$ (exakter Test, einseitig), $w=0{,}20$, $1-ß=0{,}99$).

> **Fazit:**
> Die Teilnehmer der LOHAS-Stichprobe übernachten signifikant seltener in Hotels/Hotelanlagen und auf Schiffen/Booten/Jachten. Sie bevorzugen signifikant stärker preiswerte Unterkunftsarten, die eine individuelle Urlaubsgestaltung ermöglichen (Campingplatz (im Zelt und Wohnwagen/Wohnmobil), Verwandte/Bekannte, Hostels/Jugendherbergen/Backpacker, Privatzimmer, sonstige Unterkunftsarten). Die Unterschiede zu den Teilnehmern der Nicht-LOHAS-Stichprobe sind als leicht bis moderat zu betrachten.

Reiseart

Zu den beliebtesten Reisearten der Respondenten der LOHAS-Stichprobe gehört der Natur-Urlaub mit 27 %, gefolgt vom Aktiv- und Ausruh-Urlaub mit 23 bzw. 20 %. Signifikante Unterschiede zur Nicht-LOHAS-Stichprobe ergeben sich lediglich bei der zuerst genannten Reiseart – LOHAS machen häufiger einen Natur-Urlaub als Nicht-LOHAS – der Unterschied ist klein bis mittel (p=0,001 (exakter Test, einseitig), w=0,17, 1-ß=0,97).

Abb. 64: Bevorzugte Reisearten der Teilnehmer der LOHAS- und Nicht-LOHAS-Stichprobe

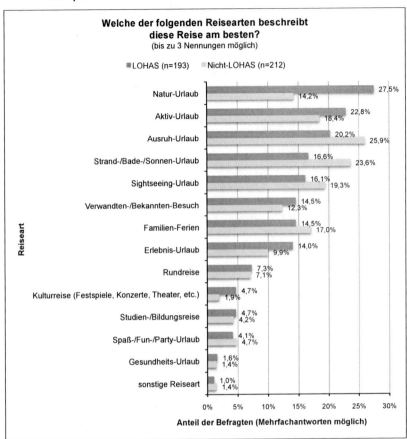

Quelle: Eigene Darstellung

Fazit:
Die Teilnehmer der LOHAS-Stichprobe machen signifikant häufiger einen Natur-Urlaub als die Befragten der Nicht-LOHAS-Stichprobe, der Unterschied ist klein bis mittel.

9.2.3 Nachhaltiger Tourismus

Die im folgenden dargestellten Ergebnisse liefern den zweiten Teil der Antwort auf die **Forschungsfrage 2.2: Welche Nachhaltigkeitsaspekte findet man im Reiseverhalten der LOHAS im Vergleich zu Nicht-LOHAS wieder?** Darüber hinaus werden sie zur Beantwortung der **Forschungsfrage 2.3: Wie groß ist das Wissen der LOHAS über Angebote und Möglichkeiten des nachhaltigen Tourismus im Vergleich zu Nicht-LOHAS?** herangezogen.

Kenntnisse der Gütesiegel des nachhaltigen Tourismus

Von den fünf im Fragebogen genannten Gütesiegeln des nachhaltigen Tourismus hat das Label BIO-Hotels den höchsten Bekanntheitsgrad von 69,7 % in der LOHAS-Stichprobe ereicht. Die anderen Gütesiegel sind der Mehrheit der LOHAS-Stichprobe weder inhaltlich noch vom Namen her bekannt: die seit 1987 vergebene Blaue Flagge wurde von lediglich 15,4 % der Teilnehmer der LOHAS-Stichprobe genannt. Auf den weiteren Plätzen folgen die Siegel Fahrtziel Natur und Viabono mit 13,7 bzw. 13,6 % Nennungen sowie TUI Umweltchampion mit niedrigen 9,8 %.

Abb. 65: Kenntnisse der Gütesiegel des nachhaltigen Tourismus unter den Teilnehmern der LOHAS- und Nicht-LOHAS-Stichprobe

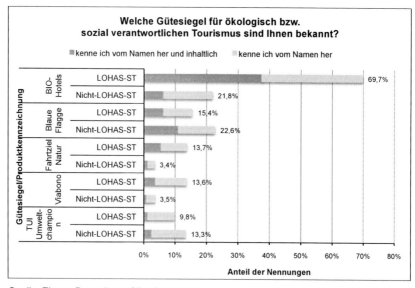

Quelle: Eigene Darstellung; ST = Stichprobe

Neben der gestützten Abfrage des Bekanntheitsgrades wurde den Teilnehmern die Möglichkeit eingeräumt, weitere Gütesiegel des nachhaltigen Tourismus zu nennen. Hier wurden 13 Nennungen von 12 Personen getätigt (9 in der LOHAS-Stichprobe, 3 in der Nicht-LOHAS-Stichprobe). Neben den Produktkennzeichnungen beinhalten sie auch Namen der touristischen Leistungsträger bzw. weitere Möglichkeiten des nachhaltigen Tourismus; eine Nennung bezieht sich allgemein auf den Tourismusbereich:

- LOHAS-Stichprobe: forum anders reisen (3x), CSR Tourism, Blaue Schwalbe, Klimahotels, Bio-Bauernhöfe, www.dachgeber.de, Reisen mit Ökostrom bei der Deutschen Bahn, ReNatur
- Nicht-LOHAS-Stichprobe: forum anders reisen, atmosfair, Last Minute

Der Vergleich der Kenntnisse der Gütesiegel des nachhaltigen Tourismus[124] zwischen der LOHAS- und Nicht-LOHAS-Stichprobe zeigt, dass die BIO-Hotels über einen stark höheren (p=0,000 (exakter Test, einseitig), w=0,48, 1-ß=1) und Viabono bzw. Fahrtziel Natur über einen leicht höheren (p=0,000 (exakter Test, einseitig), w=0,19, 1-ß=0,99) Bekanntheitsgrad bei LOHAS verfügen. Bei den Gütesiegeln Blaue Flagge und TUI Umweltchampion konnten keine signifikanten Unterschiede hinsichtlich des Bekanntheitsgrades festgestellt werden.

Fazit:
Es ergeben sich signifikante Unterschiede zwischen den beiden Stichproben hinsichtlich des Bekanntheitsgrads von folgenden Produktkennzeichnungen: die BIO-Hotels haben einen stark höheren und Viabono bzw. Fahrtziel Natur einen leicht höheren Bekanntheitsgrad bei den Teilnehmern der LOHAS-Stichprobe.

Buchung von nachhaltigen Reiseangeboten

Der Anteil der Teilnehmer der LOHAS-Stichprobe, die seit 2010 nachhaltige Reiseangebote (komplette Reise oder ihre Bestandteile) gebucht haben, liegt bei 16,2 %. Deutlich höher ist der Anteil der nachhaltigkeitsbewussten Konsumenten, die die Bereitschaft äußern, sich entsprechend in der Zukunft zu verhalten (44,4 %). Insgesamt liegt der Anteil der Respondenten der LOHAS-

---

[124] Die nicht gestützten Antworten der Respondenten werden hier aufgrund der geringen Anzahl der Antworten nicht berücksichtigt.

Stichprobe, die nachhaltige Reiseangebote bereits gebucht haben bzw. es in der Zukunft tun wollen, bei rund 60 %.

Der Vergleich mit der Nicht-LOHAS-Stichprobe zeigt signifikante Unterschiede hinsichtlich aller Kategorien der untersuchten Variablen. Die Teilnehmer der LOHAS-Stichprobe buchen häufiger nachhaltige Reiseangebote (p=0,000 (exakter Test, einseitig), w=0,20, 1-ß=1) bzw. wollen es häufiger in der Zukunft tun (p=0,000 (exakter Test, einseitig), w=0,23, 1-ß=1), wobei die Effektstärken auf einen kleinen bis mittleren Unterschied hindeuten. Ein mittelstarker Unterschied kann bei der Ablehnung des entsprechenden Verhaltens (Kategorie: „nein und ich will das nicht in Zukunft tun/weiß nicht") beobachtet werden (p=0,000 (exakter Test, einseitig), w=0,34, 1-ß=1).

Abb. 66: Buchung von nachhaltigen Reiseangeboten durch die Teilnehmer der LOHAS- und Nicht-LOHAS-Stichprobe

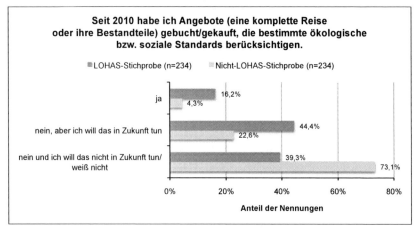

Quelle: Eigene Darstellung

Fazit:
Rund 60 % der Teilnehmer der LOHAS-Stichprobe hat seit 2010 nachhaltige Reiseangebote gebucht bzw. will es in der Zukunft tun. Im Vergleich zu Nicht-LOHAS buchen LOHAS signifikant häufiger nachhaltige Reiseangebote bzw. wollen es häufiger in der Zukunft tun, wobei der Unterschied von kleiner bis mittlerer Bedeutung ist. Sie lehnen ebenfalls signifikant seltener das entsprechende Verhalten ab, mit einem Unterschied von moderater Stärke.

Buchung bei nachhaltigen Reiseveranstaltern

Der Anteil der Teilnehmer der LOHAS-Stichprobe, die seit 2010 bei nachhaltigen Reiseveranstaltern Buchungen vorgenommen haben, liegt bei rund 10 %. Die Antworten auf die sonstigen zwei Kategorien verteilen sich mit 45 % („nein, aber ich will das in Zukunft tun") bzw. 46 % („nein und ich will das in Zukunft nicht tun/weiß nicht") fast identisch.

Im Vergleich zur Nicht-LOHAS-Stichprobe können signifikante Unterschiede hinsichtlich der zukünftigen Buchungen beobachtet werden: LOHAS äußern häufiger die Bereitschaft, in der Zukunft bei nachhaltigen Reiseveranstaltern zu buchen (44,4 % vs. 16,7 %) (p=0,000 (exakter Test, einseitig), w=0,31, 1-ß=1) bzw. lehnen diese Bereitschaft seltener ab (45,7 % vs. 76,9 %) (p=0,000 (exakter Test, einseitig), w=0,31, 1-ß=1). Der Unterschied ist in beiden Fällen von einer mittleren Stärke. Die Anteile der beiden Gruppen hinsichtlich der seit 2010 vorgenommenen Buchungen bei nachhaltigen Reiseveranstaltern unterscheiden sich nicht signifikant voneinander. Zwar haben die Teilnehmer der LOHAS-Stichprobe häufiger eine Buchung bei nachhaltigen Reiseveranstaltern vorgenommen, die statistische Signifikanz dieses Unterschieds konnte allerdings nicht abgesichert werden – dafür wäre vermutlich eine größere Stichprobe notwendig.

Abb. 67: **Buchung bei nachhaltigen Reiseveranstaltern durch die Teilnehmer der LOHAS- und Nicht-LOHAS-Stichprobe**

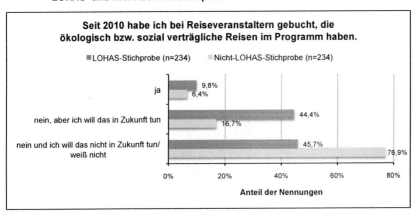

Quelle: Eigene Darstellung

Fazit:
Es ergeben sich keine signifikanten Unterschiede zwischen der LOHAS- und Nicht-LOHAS-Stichprobe hinsichtlich der Buchung bei nachhaltigen Reiseveranstaltern. LOHAS äußern allerdings signifikant häufiger die Bereitschaft, in der Zukunft bei nachhaltigen Reiseveranstaltern zu buchen. Der diesbezügliche Unterschied zu Nicht-LOHAS ist von mittlerer Bedeutung.

Informationsgrad über das Thema des nachhaltigen Tourismus

Wie der folgenden Grafik entnommen werden kann, hat sich seit 2010 die Mehrheit (56,8 %) der Teilnehmer der LOHAS-Stichprobe über den nachhaltigen Tourismus informiert. Das entspricht fast genau dem Anteil (57,3 %) der Befragten der Nicht-LOHAS-Stichprobe, die die entgegengesetzte Kategorie gewählt haben. Der hier sichtbare Unterschied ist statistisch signifikant, mit einer moderaten bis starken Effektstärke (Kategorie „ja": p=0,000 (exakter Test, einseitig), w=0,44, 1-ß=1; Kategorie „nein und ich will das nicht in Zukunft tun/weiß nicht": p=0,000 (exakter Test, einseitig), w=0,39, 1-ß=1). Die Anteile der Personen, die sich noch nicht informiert haben, es aber in der Zukunft tun wollen, unterscheiden sich nicht signifikant voneinander.

Abb. 68: Informationsgrad über das Thema des nachhaltigen Tourismus durch die Teilnehmer der LOHAS- und Nicht-LOHAS-Stichprobe

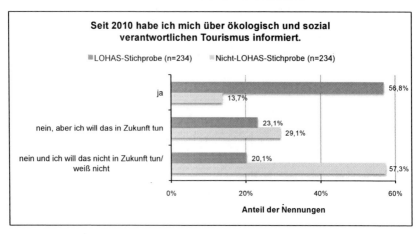

Quelle: Eigene Darstellung

Fazit:
Die Teilnehmer der LOHAS-Stichprobe informieren sich signifikant häufiger über den nachhaltigen Tourismus als die Befragten der Nicht-LOHAS-Stichprobe, wobei die Größe des Unterschieds mittel bis stark ausfällt.

Suche nach nachhaltigen Tourismusangeboten

Die Mehrheit (71 %) der Teilnehmer der LOHAS-Stichprobe hat seit 2010 nach Angeboten des ökologisch und sozial verantwortlichen Tourismus gesucht bzw. will das in Zukunft tun. Beim Vergleich mit den Respondenten der Nicht-LOHAS-Stichprobe ergeben sich signifikante Unterschiede zwischen den beiden Gruppen hinsichtlich aller Kategorien der untersuchten Variablen. Ein mittlerer bis starker Unterschied ist bei der Kategorie „nein und ich will das nicht in Zukunft tun/weiß nicht" festzustellen ($p=0,000$ (exakter Test, einseitig), $w=0,44$, $1-ß=1$) – dieser Aussage haben fast drei Viertel (73 %) der untersuchten Nicht-LOHAS und nicht mal ein Drittel (29 %) der LOHAS zugestimmt. Ein mittelstarker Unterschied kann bei der bereits erfolgten Suche (Kategorie: „ja") beobachtet werden ($p=0,000$ (exakter Test, einseitig), $w=0,35$, $1-ß=1$) – hier liegen die Anteile der LOHAS-Stichprobe bei rund 34 % und der Nicht-LOHAS-Stichprobe bei lediglich 6 %. Ein geringer bis mittlerer Unterschied besteht in der Bereitschaft, in der Zukunft nach nachhaltigen Tourismusangeboten zu suchen (Kategorie „nein, aber ich will das in Zukunft tun") ($p=0,000$ (exakter Test, einseitig), $w=0,18$, $1-ß=0,99$) – die Zustimmung für diese Kategorie liegt bei rund 37 % (LOHAS-Stichprobe) bzw. 21 % (Nicht-LOHAS-Stichprobe).

Abb. 69: Suche nach nachhaltigen Tourismusangeboten bei den Teilnehmern der LOHAS- und Nicht-LOHAS-Stichprobe

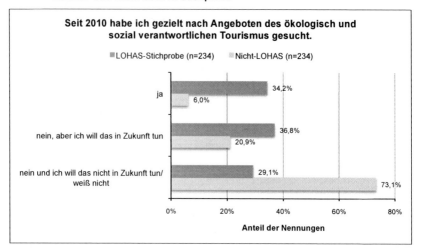

Quelle: Eigene Darstellung

Fazit:
Die Teilnehmer der LOHAS- und Nicht-LOHAS-Stichprobe unterscheiden sich hoch signifikant bei der Suche nach nachhaltigen Tourismusangeboten. LOHAS suchen häufiger nach Angeboten des nachhaltigen Tourismus als Nicht-LOHAS (mittlere Effektstärke), der Unterschied hinsichtlich der geäußerten Suchbereitschaft ist zwar signifikant, aber nicht hoch.

Besitz einer BahnCard

Rund 40 % der Teilnehmer der LOHAS-Stichprobe befindet sich im Besitz einer BahnCard. Hier ergibt sich kein signifikanter Unterschied zu den Respondenten der Nicht-LOHAS-Stichprobe. Somit kann die Hypothese H14.1. (vgl. Kapitel 9.1.3) nicht verifiziert werden.

Abb. 70: Besitz einer BahnCard bei den Teilnehmern der LOHAS- und Nicht-LOHAS-Stichprobe

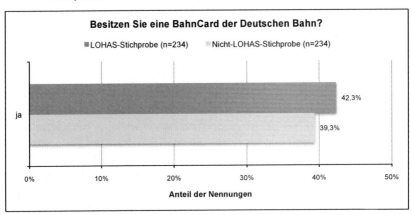

Quelle: Eigene Darstellung

Fazit:
Die Teilnehmer der LOHAS- und Nicht-LOHAS-Stichprobe unterscheiden sich nicht signifikant in Bezug auf den Besitz einer BahnCard.

Kompensation von Klimagasen

Knapp über die Hälfte der Teilnehmer der LOHAS-Stichprobe steht den finanziellen Kompensationen für die selbst verursachten Klimagase (z. B. bei Fliegen) offen gegenüber: 27 % haben sich bereits bewusst dafür entschieden und 24 % wollen es in naher Zukunft tun. Allerdings ist die Gruppe derjenigen, die es noch nicht gemacht und es auch nicht in naher Zukunft machen will bzw. noch keine Entscheidung diesbezüglich getroffen hat, fast genauso groß (49 %).

Im Vergleich zu Nicht-LOHAS haben die nachhaltigkeitsbewussten Konsumenten höhere Zustimmungswerte (Antwortkategorie „ja" und „nein, aber ich will es in der Zukunft tun") bzw. niedrigere Ablehnungswerte (Antwortkategorie „nein und ich will das nicht in Zukunft tun/weiß nicht"), so dass die ursprünglich formulierten Hypothesen nicht bestätigt werden können. Demzufolge werden folgende neue Hypothesen aufgestellt:

H15.4. LOHAS führen häufiger finanzielle Kompensationen für die selbst verursachten Klimagase durch als Nicht-LOHAS.
H15.5. LOHAS wollen sich in der Zukunft häufiger für finanzielle Kompensationen für die selbst verursachten Klimagase entscheiden als Nicht-LOHAS.
H15.6. LOHAS lehnen seltener finanzielle Kompensationen für die selbst verursachten Klimagase ab als Nicht-LOHAS.

Bei der Hypothesenprüfung ergeben sich signifikante Unterschiede hinsichtlich aller Antwortkategorien. Deutlich weniger Teilnehmer der LOHAS-Stichprobe (ein mittlerer bis starker Unterschied) lehnen die finanziellen Kompensationen für die selbstverursachten Klimagase ab (p=0,000 (exakter Test, einseitig), w=0,36, 1-ß=1). Dementsprechend haben mehr Befragten der LOHAS-Stichprobe sich bereits bewusst für die Ausgleichszahlungen entschieden (p=0,000 (exakter Test, einseitig), w=0,26, 1-ß=1) bzw. wollen es in naher Zukunft tun (p=0,000 (exakter Test, einseitig), w=0,19, 1-ß=0,99). Hier ist der Unterschied von einer kleinen bis mittleren Effektstärke.

Abb. 71: Akzeptanz für Klimagase-Kompensation durch die Teilnehmer der LOHAS- und Nicht-LOHAS-Stichprobe

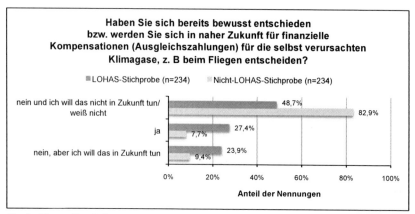

Quelle: Eigene Darstellung

Fazit:
Die Teilnehmer der LOHAS-Stichprobe entscheiden sich signifikant häufiger für die Kompensation von Klimagasemissionen. Sie äußern ebenfalls häufiger die Bereitschaft, in der Zukunft die Ausgleichszahlungen vorzunehmen. Der Unterschied ist von einer kleinen bis mittleren Effektstärke.

9.2.4 Entscheidungskriterien bei der Suche nach einer Unterkunft

Die im folgenden dargestellten Ergebnisse stellen die Antwort auf die **Forschungsfrage 2.4 dar: Zeichnen sich LOHAS dadurch aus, dass stärkere Präferenzen für Nachhaltigkeitsaspekte einer Unterkunft gesetzt werden, als es bei Nicht-LOHAS der Fall ist?**

Vor der Auswertung der Ergebnisse des vierten Fragebogenmoduls erfolgte die Prüfung des sog. Fit Statistic-Wertes (vgl. Kapitel 7.2.2). Der Grenzwert von 237[125] wurde von einem Teilnehmer nicht eingehalten, so dass er dementsprechend aus der weiteren Analyse ausgeschlossen wurde.

Die Anwendung der HB-Methode zur Auswertung der Ergebnisse (vgl. Sawtooth Software (Hrsg.) 2007, S. 14) ermöglicht die Berechnung der Wichtigkeit jeder erfragten Eigenschaft. Sie wird als ein Prozentwert dargestellt (Summe der Wichtigkeiten normiert auf 100) und ermöglicht somit den Vergleich der Eigenschaften untereinander. Demzufolge wird im folgenden Abschnitt dargestellt, welche Wichtigkeit die einzelnen Eigenschaften einer Unterkunft während einer Urlaubsreise haben und wie die Unterschiede zwischen LOHAS und Nicht-LOHAS ausfallen.

Es zeigt sich, dass in der LOHAS-Stichprobe die Nachhaltigkeitsaspekte unter den ersten fünf wichtigsten Eigenschaften zu finden sind und insgesamt rund 40 % des gesamten Scores ausmachen. Das wichtigste Kriterium stellt hier mit 14 % die biologische Küche mit regionalen und saisonalen Gerichten dar, ganz knapp gefolgt von der Erreichbarkeit mit öffentlichen Verkehrsmitteln mit rund 13 % und der Kennzeichnung mit einem Gütesiegel für nachhaltigen Tourismus mit einem ebenfalls hohen Anteil von 11 %.

---

[125] Laut den Empfehlungen von Sawtooth Software (o.J.) soll bei fünf Items pro Frage die Fit Statistic mindestens 227 (wenn jedes Item 4x gezeigt wurde) bzw. 247 (wenn jedes Item 2x gezeigt wurde) betragen. In der vorliegenden Untersuchung wurde jedes Item durchschnittlich 2,9x gezeigt, so dass die Entscheidung getroffen wurde, den Grenzwert auf 237 festzulegen.

Abb. 72: Wichtigkeit der Eigenschaften bei der Wahl einer Unterkunft während einer Urlaubsreise für die Respondenten der LOHAS-Stichprobe

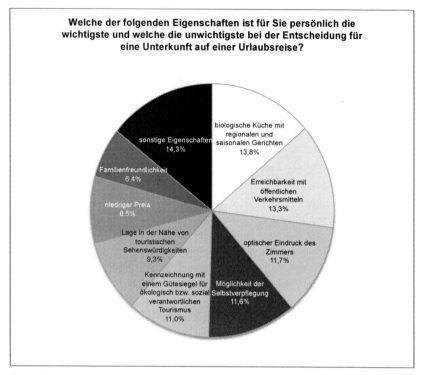

Quelle: Eigene Darstellung

Der Vergleich mit der Nicht-LOHAS-Stichprobe zeigt signifikante Unterschiede in fast allen Kategorien. Sie beziehen sich vor allem auf folgende Nachhaltigkeitsaspekte, die für **LOHAS deutlich wichtiger sind als für Nicht-LOHAS**:
- **Kennzeichnung mit einem Gütesiegel für nachhaltigen Tourismus** ($t(391,861)=16,515$ (einseitig), $p \leq 0,001$, $d=1,53$, $1-\beta=1$),
- **biologische Küche mit regionalen und saisonalen Gerichten** ($t(461,236)=11,815$ (einseitig), $p \leq 0,001$, $d=1,09$, $1-\beta=1$).

Weitere, für die Teilnehmer der LOHAS-Stichprobe besonders wichtige Kriterien, mit mittlerer bis starker Stärke des Unterschieds zu den Befragten der Nicht-LOHAS-Stichprobe, sind:
- die Erreichbarkeit mit öffentlichen Verkehrsmitteln ($t(433,755)=6,783$ (einseitig), $p \leq 0,001$, $d=0,63$, $1-\beta=1$),

- Möglichkeit der Selbstverpflegung (t(463,188)=7,435 (einseitig), p≤0,001, d=0,69, 1-β=1).

Darüber hinaus gibt es eine ganze Reihe von Eigenschaften einer Unterkunft, die für die Teilnehmer der **LOHAS-Stichprobe weniger wichtig sind als für die Befragten der Nicht-LOHAS-Stichprobe**. Hier sind zu nennen:
- Eigenschaften mit einem starken Unterschied:
  - Anzahl der Sterne (t(382,770)=-8,670 (einseitig), p≤,001, d=0,80, 1-β=1)
  - Frühstück inklusive (t(426,711)=-8,189 (einseitig), p≤0,001, d=0,76, 1-β=1)
- Eigenschaften mit einem mittleren bis starken Unterschied:
  - Lage in der Nähe von touristischen Sehenswürdigkeiten (t(465)=6,010, (einseitig), p≤0,001, d=0,56, 1-β=1)
  - eigenes bzw. direkt angeschlossenes Restaurant (t(349,354)=-5,166 (einseitig), p≤0,001, d=0,48, 1-β=1)
  - optischer Eindruck des Zimmers (t(458,455)=-7,450 (einseitig), p≤0,001, d=0,69, 1-β=1)
- Eigenschaften mit einem kleinen bis mittleren Unterschied:
  - Wellnessangebote (t(420,603)=-4,578 (einseitig), p≤0,001, d=0,42, 1-β=1)
  - niedriger Preis (t(463,633)=-4,484 (einseitig), p≤0,001, d=0,42, 1-β=1)
  - bekannte Marke des Anbieters (t(395,898)=-3,040 (einseitig), p≤0,005, d=0,29, 1-β=0,92)

Keine signifikanten Unterschiede ergeben sich lediglich hinsichtlich der Wichtigkeit der Familienfreundlichkeit und des Internetzugangs.

Abb. 73: **Wichtigkeit der Eigenschaften bei der Wahl einer Unterkunft während einer Urlaubsreise im Vergleich der LOHAS- und Nicht-LOHAS-Stichprobe**

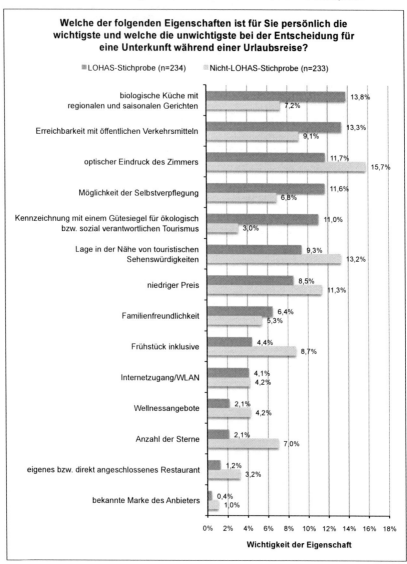

Quelle: Eigene Darstellung

Tab. 62: Wichtigkeit der Eigenschaften bei der Wahl einer Unterkunft während einer Urlaubsreise im Vergleich der LOHAS- und Nicht-LOHAS-Stichprobe: Gruppenstatistiken

Eigenschaft	Gruppe	n	Mittelwert	SD
biologische Küche mit regionalen und saisonalen Gerichten	LOHAS-ST	234	13,75	5,71
	Nicht-LOHAS-ST	233	7,22	6,22
Erreichbarkeit mit öffentlichen Verkehrsmitteln	LOHAS-ST	234	13,33	5,83
	Nicht-LOHAS-ST	233	9,06	7,65
optischer Eindruck des Zimmers	LOHAS-ST	234	11,69	6,20
	Nicht-LOHAS-ST	233	15,72	5,47
Möglichkeit der Selbstverpflegung	LOHAS-ST	234	11,65	6,80
	Nicht-LOHAS-ST	233	6,83	7,21
Kennzeichnung mit einem Gütesiegel für ökologisch bzw. sozial verantwortlichen Tourismus	LOHAS-ST	234	11,02	6,26
	Nicht-LOHAS-ST	233	3,04	3,93
Lage in der Nähe von touristischen Sehenswürdigkeiten	LOHAS-ST	234	9,33	7,05
	Nicht-LOHAS-ST	233	13,23	7,00
niedriger Preis	LOHAS-ST	234	8,53	6,57
	Nicht-LOHAS-ST	233	11,32	6,91
Familienfreundlichkeit	LOHAS-ST	234	6,44	6,86
	Nicht-LOHAS-ST	233	5,35	7,18
Frühstück inklusive	LOHAS-ST	234	4,37	4,81
	Nicht-LOHAS-ST	233	8,72	6,52
Internetzugang/WLAN	LOHAS-ST	234	4,07	5,82
	Nicht-LOHAS-ST	233	4,16	5,70
Wellnessangebote	LOHAS-ST	234	2,14	4,03
	Nicht-LOHAS-ST	233	4,21	5,61
Anzahl der Sterne	LOHAS-ST	234	2,08	4,46
	Nicht-LOHAS-ST	233	6,96	7,34
eigenes bzw. direkt angeschlossenes Restaurant	LOHAS-ST	234	1,22	2,65
	Nicht-LOHAS-ST	233	3,16	5,08
bekannte Marke des Anbieters	LOHAS-ST	234	0,37	1,79
	Nicht-LOHAS-ST	233	1,02	2,78

Quelle: Eigene Darstellung; n = Stichprobenumfang, SD = Standardabweichung, ST = Stichprobe

Fazit:

Die Nachhaltigkeitsaspekte einer Unterkunft sind für die Teilnehmer der LOHAS-Stichprobe signifikant wichtiger als für die Befragten der Nicht-LOHAS-Stichprobe. Bei der Kennzeichnung mit einem Gütesiegel für nachhaltigen Tourismus und der biologischen Küche mit regionalen und saisonalen Gerichten handelt es sich um einen sehr großen und bei der Erreichbarkeit mit öffentlichen Verkehrsmitteln um einen mittleren bis großen Unterschied.

V ABSCHLUSSBETRACHTUNG

10 Wissenschaftliche Aussagen

> *„Wissenschaftliche Kenntnisse sollten angewandt werden, um mit Hilfe wissenschaftlicher Bewertungen der gegenwärtigen Bedingungen und der künftigen Aussichten für das Erdsystem Ziele der nachhaltigen Entwicklung zu artikulieren und zu unterstützen."*
> *(Vereinte Nationen (Hrsg.) 1992, S. 320)*

10.1 Beitrag zur Nachhaltigkeitsforschung

Mit der vorliegenden Arbeit wurde das Ziel verfolgt, den Mangel an theoretisch abgesicherter und öffentlich zugänglicher Methodik zur Identifizierung der LOHAS zu beheben. Mit dem auf der Basis der VBN-Theorie von Stern et al. (1999) entwickelten Modell ist es gelungen, ein Instrument auszuarbeiten, das als Grundlage zur Durchführung von weiteren Untersuchungen der nachhaltigkeitsbewussten Konsumenten eingesetzt werden kann. Darüber hinaus konnten wertvolle Erkenntnisse hinsichtlich der Bedeutung einzelner psychografischer Merkmale bei der Beschreibung der LOHAS gewonnen werden. Es ist somit die erste umfassende und öffentlich zugängliche empirische Untersuchung, die sich auf einer wissenschaftlichen Basis mit dem Thema Lifestyles of Health and Sustainability auseinandergesetzt hat.

10.1.1 Einordnung der Erkenntnisse in den Kontext der Nachhaltigkeitsforschung

Im Modell von Stern et al. (1999) wurden Werte, Umweltbewusstsein, Bewusstsein von Handlungskonsequenzen, Verantwortungszuschreibung, personale Normen im Umweltbereich, gesellschaftliches Engagement, Bereitschaft, Opfer zu bringen und Konsumverhalten als Elemente genannt, die entscheidend bei der Identifizierung der Anhänger von sozialen Bewegungen sind. In der vorliegenden Arbeit konnte gezeigt werden, dass nicht alle dieser Elemente für die Identifizierung der Lifestyles of Health and Sustainability als gleich bedeutend zu betrachten sind.

Die wichtigste Rolle spielen Variablen, die bei Stern et al. (1999, S. 82; 85 f; 96) unter dem Begriff „Unterstützung der Ziele der Bewegung" (support of movement goals) zusammengefasst sind – wenn auch in abgewandelter Form. Die Items, die darin enthalten sind, beziehen sich auf konkrete Verhaltensweisen im Konsumbereich und im gesellschaftlichen Miteinander und betreffen die Bereitschaft, auf etwas zu verzichten und Einschränkungen hinzunehmen. Eine wichtige Rolle spielen ebenfalls Items, die bei Stern (2000, S. 412) zum Teil unter Einstellungen zu finden sind und die das Gefühl der Verantwortung für die Umwelt sowie die Betrachtung des Konsums als Gestaltungsmittel ausdrücken. Die deutlichen Unterschiede zwischen LOHAS und Nicht-LOHAS können als die Konsequenz der LOHAS verstanden werden, die Werte und Einstellungen in ein konkretes Handeln umzusetzen. Somit wäre der Value-action-gap (vgl. Kapitel 7.1.3), also die Kluft zwischen Werten und Einstellungen auf der einen Seite und dem tatsächlichen Handeln auf der anderen Seite bei LOHAS weniger stark ausgeprägt als bei Nicht-LOHAS.

Die Elemente, die keine bzw. nur eine sehr geringe Rolle als Unterscheidungsmerkmal zwischen den LOHAS und Nicht-LOHAS spielen, sind vor allem Werte und Umweltbewusstsein. Damit stützen die Ergebnisse der Arbeit die bisherigen Erkenntnisse der Nachhaltigkeitsforschung, in der Werte und Umweltbewusstsein zwar als wichtige Faktoren gelten, die aber keinen unmittelbaren Einfluss und somit eine geringe Vorhersagekraft für das nachhaltige Konsumverhalten haben (vgl. Pepper, Jackson und Uzzell 2009, S. 127; Preisendörfer und Franzen 1996, S. 233). Das kann auf die ausgeprägte Sensibilisierung der deutschen Bevölkerung für die Themen des Umweltschutzes zurückgeführt bzw. als genereller Konsens hinsichtlich der gesellschaftlichen Leitwerte gedeutet werden.

Im Folgenden werden die wichtigsten Erkenntnisse der Untersuchung hinsichtlich einzelner Elemente des in der vorliegenden Arbeit entwickelten Modells dargestellt. Die Reihenfolge orientiert sich an ihrer Relevanz für die Unterscheidung zwischen LOHAS und Nicht-LOHAS.

Nachhaltiger Konsum

Die mit Abstand **wichtigste Rolle** im Modell zur Identifizierung der LOHAS spielt der Faktor nachhaltiger Konsum. Dieser bezieht sich auf konsumbezogene Aktivitäten in den Handlungsfeldern Ernährung, Hygiene/Gesundheit, Mobilität, Energie, Textil und Konsum allgemein. Die Zusammensetzung dieses Konstrukts unterscheidet sich zum Teil von der ursprünglich angenommenen Struktur. Zum einen wurden hier die Fragen zur Nutzung von Maßnahmen wie Bezug von Ökostrom (PN1), nachhaltige Geldanlagen (KV11), finanzielle

Kompensationen (KV12) und Biokiste-Abo (KV13) aufgrund des hohen Anteils der Antworten weiß nicht/keine Angabe nicht berücksichtigt. Zum anderen wurden im Laufe der Prüfung der Gütekriterien vier Items eliminiert. Darüber hinaus umfasst das Konstrukt zwei neue Items, die sich ursprünglich in anderen Konstrukten befanden. Hier handelt es sich um Fragen zum Pflichtgefühl beim Kauf von Bio-Lebensmitteln (PN1) und Mehrpreisbereitschaft bei umweltfreundlichen Produkten (BOB1).

Gesellschaftliches Engagement

Dieses **zweitwichtigste Element** des Modells umfasst dichotome Fragen zu konkretem Verhalten in der Vergangenheit wie Mitgliedschaft in – bzw. Spende für – eine nachhaltige Organisation, Petitionen zur Unterstützung nachhaltiger Anliegen und dem Boykott der Produkten von nicht nachhaltigen Firmen. Sie sind alle unabhängig voneinander zur Beurteilung des gesellschaftlichen Engagements eines Probanden notwendig. Somit sind sie nicht als ein latentes Konstrukt zu verstehen, mit deren Hilfe die Zusammenhänge zwischen den einzelnen Items kausal erklärt werden können (vgl. Bühner 2011, S. 32).

Bereitschaft, Opfer zu bringen

Ursprünglich bestand dieses Konstrukt aus vier intervallskalierten Items, nach der Prüfung der Gütekriterien wurde eine Frage zur Mehrpreisbereitschaft bei umweltfreundlichen Produkten (BOB1) dem Konstrukt nachhaltiger Konsum zugewiesen. Damit umfasst diese latente Variable drei Items, die auf die Bereitschaft, Einschränkungen hinzunehmen bzw. Verzicht auszuüben, verweisen, ohne dabei einen Konsumbezug herzustellen.

Verantwortungszuschreibung (AR) und Wirksamkeitserwartung

Die **letzte latente Variable**, die in das endgültige Modell zur Identifizierung der LOHAS eingegangen ist, vereinigt Items, die ursprünglich zwei separate Konstrukte bildeten. Sie wurden in der Befragung mit jeweils vier Items in den Handlungsfeldern Ernährung, Mobilität, Energie und Konsum allgemein berücksichtigt. Nach der Prüfung der Gütekriterien konnten alle Items des ursprünglichen Konstrukts Verantwortungszuschreibung und zwei Items des ursprünglichen Konstrukts Wirksamkeitserwartung als valide und reliabel bestätigt werden und wurden zu einem Faktor unter dem Namen „**Verantwortungszuschreibung und Wirksamkeitserwartung**" zusammengefasst.

Personale Norm

In der Befragung wurde dieses Konstrukt mit vier intervallskalierten Items berücksichtigt. Nach der Prüfung der Gütekriterien wurde ein Item (PN1: „Pflichtgefühl zum Kauf von Bio-Lebensmitteln") dem Faktor nachhaltiger Konsum zugewiesen. Die verbliebenen drei Items wurden als ein valides und reliables Konstrukt bestätigt, dessen Bedeutung allerdings deutlich kleiner ist als der vorher genannten Elemente des Modells, so dass nach dem Ausschluss dieses Kontrukts das Gesamtmodell weiterhin akzeptable Werte der Gütemaße ausweist. Damit wurde die latente Variable „personale Norm" in dem endgültigen Modell zur Identifizierung der LOHAS nicht berücksichtigt.

Vereinbarkeit von Konsum und Nachhaltigkeit

Dieses Konstrukt umfasste ursprünglich vier selbstentwickelte Items, von welchen nach der Prüfung der Gütekriterien drei als valide und reliabel bestätigt werden konnten. Die logistische Regressionsanalyse hat einen positiven, wenn auch **kleinen Zusammenhang** zwischen hohen Zustimmungswerten für die **Vereinbarkeit von Konsum und Nachhaltigkeit** und der Wahrscheinlichkeit der LOHAS-Zugehörigkeit gezeigt, so dass dieses Element nicht im endgültigen Modell berücksichtigt wurde.

Umweltbewusstsein

In der Befragung wurde, der Untersuchung von Stern et al. (1999) folgend, eine verkürzte Version der New Ecological Paradigm Scale (vgl. Dunlap et al. 2000) in der deutschsprachigen Version von Brügger, Kaiser und Roczen (vgl. Brügger, Kaiser und Roczen 2011; Brügger 2007) angewendet. Von fünf Items wurden nach der Prüfung der Gütekriterien drei Fragen aus der weiteren Analyse eliminiert, so dass in die logistische Regressionsanalyse lediglich zwei Items der Skala eingegangen sind. Die Analyse hat zwar einen positiven Zusammenhang zwischen hohem **Umweltbewusstsein** und der Wahrscheinlichkeit der LOHAS-Zugehörigkeit gezeigt, allerdings war dessen **Beitrag relativ klein**. Dieses Ergebnis kann auf der einen Seite als ein generell hohes Umweltbewusstsein der deutschen Bevölkerung und somit ein homogenes Antwortverhalten gedeutet werden. Auf der anderen Seite könnte dies auf die Nutzung der verkürzten Skala zurückgeführt werden, die nach Hawcroft (2010, S. 151) zur Verschlechterung der Validität der Ergebnisse führen kann.

Der geringe Beitrag dieses Konstrukts zur Unterscheidung zwischen LOHAS und Nicht-LOHAS führte zu seinem Ausschluß aus dem endgültigen Modell.

Werte

Im Vordergrund der Befragung stand nicht die Untersuchung des Zusammenhangs zwischen den Wertorientierungen und dem Umweltverhalten (wie dies bei Stern et al. 1999 der Fall war), so dass nicht alle Wertekategorien bzw. -typen berücksichtigt wurden, sondern nur diejenigen, die als entscheidend für die Identifizierung der LOHAS betrachtet wurden. Demzufolge beinhaltete die Umfrage sieben Items in der Kategorie universalistische Werte (Spiritualität: drei Items, Universalismus: drei Items, Prosozialität: ein Item) und drei Items in der Kategorie Selbstbestimmung-/egozentrische Werte (Hedonismus). Nach der Prüfung der Gütekriterien konnten lediglich die Spiritualitäts- und Hedonismus-Items als valide und reliabel bestätigt werden.

Die logistische Regressionsanalyse hat gezeigt, dass die **Spiritualitätswerte keine** und die **Hedonismuswerte eine sehr kleine** Aussagekraft für die Unterscheidung zwischen LOHAS und Nicht-LOHAS besitzen, so dass beide Elemente aus dem endgütigen Modell eliminiert wurden. Interessant in diesem Zusammenhang ist die Erkenntnis, dass entgegen der angenommenen Wirkungsrichtung, bei hoher Zustimmung für die Hedonismuswerte die Wahrscheinlichkeit für die Zugehörigkeit zu der LOHAS-Gruppe sinkt (wobei der Effekt, wie bereits im Kapitel 8.2.3 dargestellt, sehr gering ist).

Instrument zur Identifizierung der LOHAS

Den bisherigen Erläuterungen folgend, besteht das Vorgehen zur Identifizierung der LOHAS aus folgenden Schritten. Zuerst werden Antworten auf die Items der folgenden Elemente des Modells erhoben: „nachhaltiger Konsum", „gesellschaftliches Engagement, „Bereitschaft, Opfer zu bringen" sowie „Verantwortungszuschreibung und Wirksamkeitserwartung". Danach werden die Items durch die Berechnung der Mittelwerte zu einzelnen Elementen gebündelt. Anschließend wird mithilfe der logistischen Regressionsgleichung (vgl Abb. 41) bei jedem Probanden die Wahrscheinlichkeit der Zugehörigkeit zur Gruppe der LOHAS berechnet. Die Probanden mit einer Wahrscheinlichkeit größer als 50 % ($p_k > 0{,}5$) werden den LOHAS und mit einer Wahrscheinlichkeit geringer als 50 % ($p_k < 0{,}5$) den Nicht-LOHAS zugeordnet. In der folgenden

Abbildung werden die einzelnen Elemente des Instruments zur Identifizierung der LOHAS sowie weitere Einflussgrößen schematisch dargestellt.

Abb. 74: Identifizierung von Lifestyles of Health and Sustainability: wichtigste Einflussgrößen

Instrument zur Identifizierung der LOHAS

Regressionsgleichung zur Berechnung der Wahrscheinlichkeit der Zugehörigkeit zu der Bewegung der LOHAS

$$p_k = \frac{e^{z_k}}{1+e^{z_k}}$$

p = Wahrscheinlichkeit der Zugehörigkeit eines k-Probanden zu LOHAS
e = 2,71828183 (Eulersche Zahl)
z_k = aggregierte Einflussstärke der Faktoren (sog. Logits)

z_k = -1,884 + 4,155 * NK + 2,454 * BOB + 2,431 * EG + 1,993 * AR/WE

nachhaltiger Konsum (NK)
konsumbezogene Aktivitäten in den Handlungsfeldern: Ernährung, Hygiene/Gesundheit, Textilien, Konsum allgemein

gesellschaftliches Engagement (EG)
Möglichkeiten der gesellschaftlichen Mitwirkung

Bereitschaft, Opfer zu bringen (BOB)
Bereitschaft zum Verzicht bzw. Einschränkung

Verantwortungszuschreibung und Wirksamkeitserwartung (AR/WE)
Wahrnehmung der Eigenverantwortung und Betrachtung des Konsums als Gestaltungsmittel

- -

Weitere Einflussgrößen

Ein positiver, aber kleiner Zusammenhang zwischen hohen Zustimmungswerten und LOHAS-Zugehörigkeit:

personale Norm
das Gefühl der moralischen Verpflichtung

Vereinbarkeit von Konsum und Nachhaltigkeit
Einstellungen zum Konsum, Genuss, Verzicht und ökologisch bewussten Leben

Umweltbewusstsein
New Ecological Paradigm Scale (NEP-Skala)

Ein negativer, aber kleiner Zusammenhang zwischen hohen Zustimmungswerten und LOHAS-Zugehörigkeit:

Hedonismuswerte
Genuss und Lebensfreude

Quelle: Eigene Darstellung

10.1.2 Empfehlungen für weiterführende Forschungen

Die Untersuchung der Relevanz einzelner psychografischer Merkmale für die Identifizierung der nachhaltigkeitsbewussten Konsumenten stellt insbesondere im Kontext der **internationalen Studien** eine spannende Herausforderung dar. Als eine Voraussetzung kann hier die Berücksichtigung der Rahmenbedingungen des jeweiligen Landes betrachtet werden (z. B. rechtlicher Rahmen bzw. Verfügbarkeit von bestimmten Angeboten), bei gleichzeitiger Sicherstellung der Vergleichbarkeit der Ergebnisse.

10.2 Beitrag zur Tourismusforschung

Die vorliegende Untersuchung liefert umfassende Informationen über die Reisepräferenzen der Lifestyles of Health and Sustainability. Sie trifft fundierte Aussagen hinsichtlich einzelner Bausteine der touristischen Leistungskette, von der Vorbereitung der Reise über die An- und Abreise, das Reiseziel, die Unterkunft bis hin zu Verkehrsmitteln und Aktivitäten vor Ort. Besondere Aufmerksamkeit gilt dabei den Nachhaltigkeitsaspekten einer Reise, die immer im Kontext des jeweiligen Reisebausteins dargelegt werden.

10.2.1 Einordnung der Ergebnisse in den tourismuswissenschaftlichen Kontext

Im Folgenden wird der Bezug zwischen den Ergebnissen der vorliegenden Arbeit und bisherigen Forschungserkenntnissen hergestellt. Dieser konzentriert sich auf die Leitforschungsfrage der Arbeit – unterscheiden sich die Reisepräferenzen der LOHAS von Nicht-LOHAS bei einer vergleichbaren Ausprägung der demografischen Merkmale – und somit auf die generellen Aussagen hinsichtlich der Trendrichtung. Ein quantitativer Vergleich der Ergebnisse wird nicht vorgenommen.

Die Untersuchung hat gezeigt, dass die bisher angenommene starke Reisehäufigkeit der LOHAS (vgl. Klade et al. 2010; Nusser 2007, S. 77; Götz und Seltmann 2005, S. 65) nicht auf deren psychografische, sondern demografische Merkmale zurückzuführen ist. Der Vergleich der Befragten der LOHAS-Stichprobe mit der Stichprobe der demografisch parallelisierten Nicht-LOHAS zeigt, dass **LOHAS signifikant seltener** als Nicht-LOHAS **verreisen**, mit einer kleinen bis mittleren Stärke des Unterschieds. Der Unterschied betrifft sowohl die Anteile der selten und oft Reisenden, als auch die durchschnittliche Anzahl der Reisen (vgl. Abb. 52 und Abb. 53).

In Bezug auf Reisen innerhalb von Deutschland wurden in den bisherigen Studien widersprüchliche Ergebnisse zu Tage gefördert. Die vorliegende Arbeit schließt sich den Untersuchungen an, die von **höheren Präferenzen der LOHAS für die Urlaubsreisen im eigenen Land** ausgehen (vgl. Schober Information Group Deutschland GmbH (Hrsg.) 2010, S. 9; Häusler und Kerns 2008, S. 20): der Vergleich zwischen den beiden untersuchten Gruppen zeigte, dass die nachhaltigkeitsbewussten Konsumenten häufiger Deutschland als Reiseziel wählten und einen vergleichbar hohen Anteil an Reisen ins europäische und außereuropäische Ausland aufwiesen als Nicht-LOHAS (vgl. Abb. 54).

Hinsichtlich der Wahl des Reiseziels im europäischen Ausland kann die in der INVENT-Studie (Götz und Seltmann 2005, S. 65 ff) bzw. von GfK (Adlwarth 2009b, S. 6) festgestellte **Bevorzugung der Reiseziele in Westeuropa** und **Zurückhaltung hinsichtlich Destinationen in Südeuropa** bestätigt werden. Die **höheren Präferenzen** beziehen sich ebenfalls auf **Reisen** in deutsche **Nachbarländer**. Beim Vergleich der Top-Fünf Reiseziele von LOHAS und Nicht-LOHAS fällt auf, dass die Länder identisch sind (Deutschland, Frankreich, Spanien, Italien, Österreich) und die Unterschiede lediglich die prozentualen Anteile der einzelnen Länder betreffen (mit Ausnahme von Italien und Österreich, die über vergleichbare Anteile verfügen) (vgl. Abb. 55). Nicht unerwähnt bleiben soll jedoch die Tatsache, dass die Unterschiede bei allen hier genannten Reisezielen bzw. Zielregionen von einer kleinen Effektstärke sind.

Es lagen bis jetzt keine Forschungserkenntnisse hinsichtlich der **Reisedauer** der nachhaltigkeitsbewussten Konsumenten vor. Die vorliegende Studie hat gezeigt, dass diesbezüglich **keine signifikanten Unterschiede** zwischen LOHAS und einer demografisch parallelisierten Gruppe festgestellt werden konnten. Dies betrifft Reisen ohne Betrachtung des Zielgebiets, aber auch mit Einbeziehung der jeweiligen Zielgebiete[126] (vgl. Abb. 58).

Die angenommene Bevorzugung der individuellen Organisation einer Reise (vgl. Klade et al. 2010; Adlwarth 2009b, S. 7; Götz und Seltmann 2005, S. 72; 85 f) konnte in Bezug auf das *leicht* **geringere Interesse für Pauschalreisen**

---

[126] 1. Zielgebiet: innerhalb von Deutschland; 2. Zielgebiet: europäisches Ausland mit Ausnahme von Russland, Portugal und Überseegebieten; 3. Zielgebiet: außereuropäisches Ausland sowie Russland, Portugal und Überseegebiete.

und eine *leicht* höhere Bevorzugung des Kauf eines Fahrscheins vor dem Reiseantritt bestätigt werden. In Bezug auf die vorherige Buchung einer Unterkunft bzw. anderer Bestandteile einer Reise war der Unterschied nicht signifikant (vgl. Abb. 59).

Im Hinblick auf die Auswahl der Verkehrsmittel hat sich gezeigt, dass das Nachhaltigkeitsbewusstsein der LOHAS zu einer **signifikant stärkeren Nutzung der öffentlichen Verkehrsmittel bei der An- und Abreise bzw. vor Ort** führt (vgl. Abb. 60, Abb. 61, Abb. 62, Tab. 59 und Tab. 60). Hier ergibt sich ein leichter bis mittlerer Unterschied zu der Gruppe der Nicht-LOHAS mit einer vergleichbaren Ausprägung der demografischen Merkmale. Damit können die Ergebnisse der Studien der IFZ Graz (Klade et al. 2010), Gfk (Adlwarth 2009b, S. 5) und Nusser (2007, S. 84) bestätigt werden. Neue Erkenntnisse konnten im Hinblick auf den **Besitz der BahnCard** gewonnen werden – hier ergaben sich **keine signifikanten Unterschiede** zwischen LOHAS und Nicht-LOHAS (vgl. Abb. 70).

Bei Reisearten konnte bestätigt werden (vgl. u. a. Klade et al. 2010), dass LOHAS **signifikant häufiger** einen **Natur-Urlaub machen** (ein Unterschied von kleiner bis mittlerer Effektstärke). Bei sonstigen Reisearten wurden keine signifikanten Unterschiede festgestellt (vgl. Abb. 64).

Im Hinblick auf die Wahl der Unterkunft zeigt sich, dass LOHAS **signifikant seltener in Hotels/Hotelanlagen übernachten** (leichter bis moderater Unterschied), womit die Annahmen der bisherigen Untersuchungen (vgl. Dolnicar und Leisch 2008, S. 389; Götz und Seltmann 2005, S. 76) bestätigt werden können. Eine interessante Erkenntnis ergibt sich bei der gemeinsamen Betrachtung von **preiswerten Unterkunftsarten**, die eine individuelle Urlaubsgestaltung ermöglichen – darunter werden Campingplätze, Übernachtungen bei Verwandten/Bekannten, in Hostels/Jugendherbergen/Backpac-kern und in Privatzimmern sowie sonstige preiswerte Unterkunftsarten wie Wohngemeinschaft oder Unterkunft in den Kirchen- und Partnergemeinden zusammengefasst (vgl. Tab. 61). Die **signifikant stärkere Bevorzugung** dieser Unterkunftsarten (mit einem leichten bis moderaten Unterschied) steht im Widerspruch zu den in der Untersuchung des Zukunftsinstituts (Kirig, Rauch und Wenzel 2007, S. 76) angenommenen hohen Komfortansprüchen und bestätigt die Annahmen der Studie der IFZ Graz (Klade et al. 2010).

Trotz geringerer Ansprüche an den Komfort einer Unterkunft werden höhere Ansprüche hinsichtlich der **Nachhaltigkeitsaspekte einer Unterkunft** gestellt: Biologische Küche mit regionalen und saisonalen Gerichten, Erreichbarkeit mit öffentlichen Verkehrsmitteln und eine Kennzeichnung mit einem Gütesiegel für nachhaltigen Tourismus sind für LOHAS **viel wichtiger** als für Nicht-LOHAS (vgl. Abb. 72, Abb. 73 und Tab. 62). Damit werden die Ergebnisse der Untersuchung von IFZ Graz (Klade et al. 2010) und des Zukunftsinstituts (Kirig, Rauch und Wenzel 2007, S. 76) bestätigt bzw. ergänzt.

In Bezug auf eine explizite Nachfrage nach nachhaltigen Tourismusangeboten, der Nutzung von Nachhaltigkeitslabeln und Wissen über Möglichkeiten und Angebote des nachhaltigen Tourismus existierten bis jetzt widersprüchliche Informationen (vgl. Wehrli et al. 2011, S. 35; Klade et al. 2010; Nusser 2007, S. 99 ff; Epler Wood und Corvetto 2003, S. 22 f). Die vorliegende Arbeit zeigt eindeutig, dass **BIO-Hotels einen viel stärkeren** und **Viabono bzw. Fahrtziel Natur einen leicht höheren Bekanntheitsgrad** bei LOHAS als bei Nicht-LOHAS haben (vgl. Abb. 65). Signifikante Unterschiede ergeben sich ebenfalls im Hinblick auf folgende Aspekte:

- **häufigere Buchung** von **nachhaltigen Reiseangeboten** (Unterschied von kleiner bis mittlerer Bedeutung) (vgl. Abb. 66)
- **häufigere Buchung** bei **nachhaltigen Reiseveranstaltern** (Unterschied von mittlerer Bedeutung) (vgl. Abb. 67)
- **höherer Informationsgrad** über den **nachhaltigen Tourismus** (Unterschied von mittlerer bis starker Bedeutung) (vgl. Abb. 68)
- **häufigere Suche** nach **Angeboten des nachhaltigen Tourismus** (kleiner Unterschied) (vgl. Abb. 69)

Die bis jetzt in den meisten Studien (vgl. Bundesministerium für Umwelt, Naturschutz und Reaktorsicherheit (BMU) und Umweltbundesamt (UBA) (Hrsg.) 2010, S. 38; Klade et al. 2010; Adlwarth 2009b, S. 8) angenommene Ablehnung gegenüber einer Kompensation von Klimagasen konnte nicht bestätigt werden – die Befragten der LOHAS-Stichprobe haben sich **signifikant häufiger** für die **Kompensationen entschieden** und äußerten **signifikant häufiger die Bereitschaft**, in der Zukunft die Ausgleichszahlungen vorzunehmen (vgl. Abb. 71).

10.2.2 Empfehlungen für weiterführende Forschungen

Die Betrachtung der Ergebnisse macht deutlich, dass es im Rahmen der vorliegenden Arbeit gelungen ist, viele Forschungslücken zu schließen und ein detailliertes bzw. präzises Bild der nachhaltigkeitsbewussten Konsumenten zu zeichnen. Nichtsdestotrotz gibt es weiterhin einige offene Fragen, deren Beantwortung im Rahmen weiterführender Untersuchungen erfolgen könnte. Sie werden an dieser Stelle kurz benannt.

Zu einer interessanten Fragestellung zählt die Untersuchung der Präferenzen der LOHAS bei **der Wahl eines Reiseveranstalters/Reisebüros** und der **Verkehrsmittel**, die beispielsweise – ähnlich wie die Untersuchung der Präferenzen bei der Wahl einer Unterkunft – unter Anwendung der MaxDiff-Methode erfolgen könnte.

Es liegen weiterhin keine Erkenntnisse hinsichtlich der **Entscheidungsfindung bei der Planung einer Reise** durch die nachhaltigkeitsbewussten Konsumenten vor. Hier stehen vor allem die Informationsquellen (wo?), Entscheidungsgründe (warum?) und die Entscheidungsträger (wer?) im Vordergrund.

Von Interesse wäre ebenfalls ein **Entwurf eines „perfekten LOHAS-Hotels"**, der mithilfe einer qualitativen Untersuchung (Panelgespräche, Tiefeninterviews) erfolgen könnte. Mittels einer qualitativen Studie könnte ebenso die **Frage nach den Aktivitäten** der Lifestyles of Health and Sustainability **vor Ort** beantwortet werden. Die in der vorliegenden Arbeit gestellte Frage nach der Reiseart konnte nur einen kleinen Hinweis auf die Urlaubsgestaltung geben.

Unbeantwortet bleibt weiterhin die Frage nach der **Mehrpreisbereitschaft** der LOHAS, sowohl in Bezug auf einzelne Reisebausteine als auch auf die Reise als ein Gesamtprodukt (Pauschalreise).

Abschließend soll der Bereich der **Kurzreisen** der LOHAS erwähnt werden, der in der vorliegenden Arbeit nicht berücksichtigt wurde – hier erstreckt sich das Spektrum der Fragen entlang der gesamten Reisekette, von der Vorbereitung der Reise über die An- und Abreise, das Reiseziel, die Unterkunft bis hin zu Verkehrsmitteln und Aktivitäten vor Ort.

11 Praxisbezogene Implikationen

> „Denn im Geschäft mit dem traumhaften Sandstrand, dem glasklaren Wasser, der faszinierenden Gletscherwelt, dem jungfräulichen Schneehang, der gesunden Luft, der erholsamen Ruhe und der intakten Natur zahlen sich Anstrengungen zur Bewahrung dieser touristischen Traumbilder auch ökonomisch aus."
> (Hansruedi Müller 2007, S. 155)

11.1 Konsequenzen für die Marketing- und Marktforschungsbranche

Das im Rahmen der vorliegenden Arbeit erarbeitete Instrument zur Identifizierung der LOHAS stellt die bis jetzt einzige, öffentlich zugängliche Methode dar, die auf der Basis theoretisch abgesicherter Annahmen entwickelt und anschließend empirisch geprüft wurde. Sie kann für die Untersuchung der nachhaltigkeitsbewussten Konsumenten in vielen verschiedenen Bereichen eingesetzt werden – neben dem Tourismusbereich wären beispielsweise Untersuchungen über das Medienverhalten der LOHAS oder über ihre Freizeitgestaltung zu nennen.

Der innovative Charakter der Untersuchung zeigt sich vor allem in der Anwendung der Maximum Difference Scaling – einer relativ neuen Methode zur Untersuchung von Präferenzen für bzw. Wichtigkeiten von Eigenschaften. Sie fand bis jetzt kaum Anwendung im Tourismus- bzw. Gastronomiebereich und ihr Einsatz zur Untersuchung der Bedeutung von Eigenschaften einer Unterkunft fand – den eigenen Recherchen nach – zum ersten Mal statt.

Hervorzuheben ist ebenfalls die Art der Durchführung als eine Vergleichsstudie von zwei Gruppen mit einer ähnlichen Ausprägung der demografischen Merkmale. Damit konnte sichergestellt werden, dass die Unterschiede bei Reisepräferenzen nicht auf Geschlecht, Alter, Bildung, Einkommen bzw. Familienstatus zurückzuführen sind, sondern auf die Zugehörigkeit zu der LOHAS-Stichprobe. Dies stellt ein Alleinstellungsmerkmal dieser Studie dar: Ein in den bisherigen Untersuchungen vorgenommener Vergleich bezog sich immer auf die Durchschnittsbevölkerung, so dass nicht ausgeschlossen werden konnte, dass die festgestellten Unterschiede soziodemografisch bedingt sind.

Im Laufe der Untersuchung konnten praktische Erfahrungen in Bezug auf Konzeption und Durchführung einer LOHAS-Befragung gesammelt werden. Diese werden im Folgenden kurz dargestellt.

- Die Realisierung der Untersuchung mittels einer Online-Umfrage kann als sehr positiv bewertet werden. Zum einen konnten innerhalb von kurzer Zeit (rund 2,5 Monate) relativ viele (über 1.200) Teilnehmer gewonnen werden, zum anderen wurde die Quote von falsch bzw. unvollständig ausgefüllten Fragebögen durch eine entsprechende Programmierung niedrig gehalten (weitere Vorteile einer Online-Befragung vgl. Kapitel 2.1).
- Hervorzuheben ist die wichtige Rolle der sozialen Netzwerke wie Facebook und XING, über die ein großer Teil der Befragten an der Umfrage teilgenommen hat. Hier sind insbesondere die XING-Gruppen zu nennen, auf deren Foren die Information über die Umfrage gestreut wurde.
- Die Länge des Fragebogens mit der durchschnittlichen Dauer von rund 14 Minuten (Nutzer des Portals KarmaKonsum) bis rund 16 Minuten (Teilnehmer der Vergleichsstichprobe) kann als akzeptabel betrachtet werden. Die Statistikseite der Umfrage zeigt, dass nur ein geringer Anteil der Teilnehmer die Umfrage nach ihrem Beginn abgebrochen hat.
- Empfehlenswert ist die Durchführung eines Pretests unter den Teilnehmern der geplanten Zielgruppe – in dem Fall der Nutzer der LOHAS-Portale. Damit hätte der – vermutlich ausgesprochene Hinweis auf die unpassende Wahl der Gewinnergutscheine (vgl. Feedback und Kritik der Teilnehmer im Kapitel 11.1.1) – noch rechtzeitig berücksichtigt werden können. Damit verbunden ist die gebotene Vorsicht bei der Wahl der Gutscheinanbieter, die die Interessen, aber auch mögliche Empfindlichkeiten der potentiellen Umfrageteilnehmer berücksichtigen soll.

11.1.1 Feedback und Kritik der Teilnehmer

Während der Durchführung der Umfrage wurden seitens der Teilnehmer zahlreiche Kommentare und Anmerkungen verfasst – entweder per E-Mail oder über die sozialen Netzwerke, auf welchen der Link zur Umfrage gepostet wurde. Das Feedback ist **zum allergrößten Teil positiv** und zeigt ein **großes Interesse** an dem untersuchten Thema und an den Ergebnissen der Arbeit. Die Fragen wurden als interessant, aber zum Teil schwierig und zum Nachdenken anregend empfunden. Es wurden auch konkrete Hinweise auf Schwierigkeiten bei der Beantwortung von einzelnen Fragen gegeben:

- In Bezug auf die **Werte-Items** wurde moniert, dass in der jeweiligen Frage der von Schmidt (2007) übernommenen bzw. angepassten PVQ-Skala zwei verschiedene Aspekte enthalten sind.
- Hinsichtlich der Items des Konstrukts **personale Norm** wurden Konflikte angesprochen, die mit der angestrebten Gleichwertigkeit der Dimensionen des nachhaltigen Konsums verbunden sind und vor welche ein nachhaltigkeitsbewusster Konsument gestellt wird (vgl. Kapitel 3.3.4).
- Ein weiterer Kommentar bezog sich auf die Konstrukte **personale Norm und Bereitschaft, Opfer zu bringen**. Hier wurde die innere Überzeugung und nicht das Pflichtgefühl bzw. schlechte Gewissen als Motive eines nachhaltigen Konsums dargestellt. Dies führe dazu, dass entsprechendes Handeln nicht als Einschränkung wahrgenommen wird.
- Hinsichtlich der Items zum **Konsumverhalten** kamen die höheren Kosten von nachhaltigen Waren zur Sprache.

Kritische Anmerkungen kamen vor allem seitens der Nutzer des Utopia-Portals und bezogen sich auf die Verlosung der **Amazon-Gutscheine**. Die Wahl des Unternehmens, das von Utopisten als unethisch betrachtet wird, in einer Umfrage, die sich mit dem nachhaltigen Konsum beschäftigt, wurde von einigen Befragten als inkongruent empfunden. In Reaktion auf die im Verlauf der Umfrage geäußerte Kritik wurde ein Beitrag der Verfasserin auf dem Utopia-Blog veröffentlicht, in dem eine Auswahl von weiteren – nachhaltigeren Unternehmen – bei der späteren Verlosung in Aussicht gestellt wurde. Dies erfolgte dann nach dem Abschluss der Umfrage. Sonstige **Kritik an der Umfrage** kam nur vereinzelt vor und bezog sich auf die Dauer der Umfrage, Formulierung der Fragen bzw. Abfrage vom sensiblen/persönlichen Daten im Internet.

Eine detaillierte Darstellung der Kommentare der Nutzer befindet sich im Anhang 30.

11.2 Konsequenzen für die Tourismusbranche

Aus den Ergebnissen der vorliegenden Arbeit können zahlreiche Empfehlungen für die Tourismusbranche abgeleitet werden. An erster Stelle sind die Implikationen für die **Beherbergungsbetriebe** zu nennen. Es wird des Öfteren das Bild eines Reisenden, der in luxuriösen (und teuren) Öko-Lodges mit zahlreichen Wellnessangeboten übernachtet, gezeichnet (vgl. u. a. Kirig, Rauch und Wenzel 2007, S. 76 f). Die Ergebnisse der vorliegenden Arbeit zeigen, dass dieses Bild nicht bestätigt werden kann. Der wichtigste „Luxus", den LO-

HAS sich in ihrer Unterkunft leisten wollen, ist die Verpflegung mit regionalen Nahrungsmitteln in Bio-Qualität – unter den bevorzugten Eigenschaften einer Unterkunft steht die biologische Küche mit regionalen und saisonalen Gerichten an erster Stelle (14 % des Anteils an der Entscheidung). Diese Erkenntnis steht im Einklang mit dem insgesamt hohen Stellenwert der Lebensmittel in Bio-Qualität, die für 94 % der LOHAS sehr wichtig sind (vgl. Abb. 47) und wird durch den hohen Bekanntheitsgrad der BIO-Hotels-Kette von rund 70 % (vgl. Abb. 65) noch zusätzlich unterstrichen.

Die große Bedeutung der Verpflegung in Bio-Qualität steht auf den ersten Blick im Widerspruch zu dem hohen Stellenwert der Möglichkeit der Selbstverpflegung (dritter Platz mit einem Score von 12 %) und geringerer – im Vergleich zu Nicht-LOHAS – Nachfrage nach Hotels/Hotelanlagen bzw. Schiffen/Booten/Jachten (darunter fallen auch Kreuzfahrtschiffe) (vgl. Abb. 72). Dieser Widerspruch kann zum einen darauf zurückgeführt werden, dass diese Unterkunftsarten vermutlich weniger mit einer individuellen Gestaltung des Urlaubs bzw. einem Kontakt mit der lokalen Kultur und den Einwohnern assoziiert werden als andere – meistens auch preiswertere – Unterkunftsarten wie z. B. Ferienwohnungen/-häuser oder Zelt-/Campingplätze. Darüber hinaus kann diese Unstimmigkeit als ein Fehlen von entsprechenden Angeboten in einer unteren bzw. mittleren Preiskategorie in den Hotels/Hotelanlagen interpretiert werden. Darunter ist nicht nur Berücksichtigung von regionalen und saisonalen Produkten in Bio-Qualität zu verstehen, sondern auch von Produkten, die von Tieren aus artgerechter Haltung stammen bzw. von fair gehandelten Waren. Diese Schlussfolgerung ist auf die Antworten auf die Fragen im ersten Modul des Fragebogens zurückzuführen, bei welchen rund 89 bzw. 95 % der LOHAS den jeweiligen Aspekt für wichtig bewertet haben (vgl. Abb. 47). Einen weiteren Hinweis liefert folgende Anmerkung eines Umfrageteilnehmers[127]:

> „Bisher habe ich mich bzgl. ökologischer Aspekte, z. B. Biokost am Urlaubsort noch nicht konkret informiert, jedoch ärgert es mich, daß das Essen am Urlaubsort fast immer konventionell ist, habe es aber immer so hingenommen. Da ich meist eine Gruppenradreise über den ADFC (Allgemeiner Deutscher Fahrrad Club) buche, bei der den Teilnehmern/-innen der Preis wichtig ist, fallen Biohotels leider raus.
> Erfreulich war meine Erfahrung in der Jugendherberge Greifswald: Es gab fast nichts Verpacktes und sogar Bioessen für Vegetarier und Veganer. Dagegen in der Pension Lachmöve in Zinnowitz (Insel Usedom) das Negativbeispiel: Alle Aufstriche beim Frühstücksbuffett waren in Miniportionen extra verpackt. Das ergab jeden Morgen einen

---

[127] Weitere Kommentare der Teilnehmer in Bezug auf touristische Aspekte der Umfrage befinden sich im Anhang 31.

großen Müllberg. Dazu gab's gekaufte und aufgebackene Brötchen. Vermutlich ist nur so der Preis von zu halten (Einzelzimmer: 35 Euro)" (T. M., per E-Mail)

Eine „LOHAS-Unterkunft" zeichnet sich – den weiteren Ergebnissen der Max-Diff-Umfrage folgend – nicht nur durch die Verpflegung mit biologischer Küche mit regionalen und saisonalen Gerichten bzw. der Möglichkeit einer Selbstverpflegung aus, sondern auch durch die Erreichbarkeit mit öffentlichen Verkehrsmitteln. Diese Eigenschaft nimmt mit rund 13 % den zweiten Platz ein (vgl. Abb. 65). Dies in Verbindung mit der Betrachtung der von LOHAS genutzten Verkehrsmitteln führt zu einer weiteren Empfehlung für Beherbergungsbetriebe: Die Bereithaltung von speziellen Mietwagenangeboten von verbrauchsreduzierten Autos bzw. Autos mit alternativem Antrieb und entsprechenden Stromladesäulen – für eigene Autos oder Fahrräder mit Elektroantrieb. Zwar konnte die im Vergleich zu Nicht-LOHAS höhere Nutzung solcher Fortbewegungsmittel nicht statistisch abgesichert werden. Allerdings liegt die Vermutung nahe, dass das auf die bisher insgesamt geringe Verbreitung von Elektro- bzw. Hybridautos zurückzuführen ist und dass diese Verkehrsmittel mittel- bis langfristig[128] stark an Bedeutung gewinnen werden.

Als ein weiterer wichtiger Aspekt einer „LOHAS-Unterkunft" ist die Kennzeichnung mit einem Nachhaltigkeitsgütesiegel zu nennen, die sich mit rund 11,7 % an vierter Stelle befindet (vgl. Abb. 65). Diese könnte vor allem für die von LOHAS bevorzugten Unterkunftsarten wie Ferienwohnungen/-häuser oder Zelt/-Campingplätze einen Wettbewerbsvorteil verschaffen. Dagegen spielen die Wellnessangebote eine untergeordnete Rolle. Sie nehmen den elften Platz unter den Eigenschaften für die Wahl einer Unterkunft während einer Urlaubsreise ein und haben mit rund 2 % nur eine geringe Bedeutung (vgl. Abb. 65).

Die **Reisebüros** bzw. **Reiseveranstalter**, die ihre Angebote an die Präferenzen der LOHAS anpassen wollen, können unter den europäischen Reisezielen verstärkt Reisen innerhalb von Deutschland sowie in die Nachbar- und westeuropäischen Länder[129] berücksichtigen (vgl. Abb. 54, Abb. 56 und Abb. 57).

---

[128] Im Zweiten Bericht der Nationalen Plattform Elektromobilität – eines Beratungsgremiums der Bundesregierung zur Elektromobilität – wurden eine Million Elektrofahrzeuge in Deutschland als Ziel vorgegeben (vgl. Gemeinsame Geschäftsstelle Elektromobilität der Bundesregierung (GGEMO) 2011, S. 7).
[129] Unter westeuropäischen Ländern werden folgende Länder zusammengefasst: Großbritannien, Irland, Frankreich, Niederlande, Belgien, Schweiz, Österreich.

Angeboten werden können aber auch außereuropäische Ziele, die von LOHAS genauso häufig nachgefragt werden wie von Nicht-LOHAS. Hier empfiehlt sich allerdings – genauso wie bei Flugreisen innerhalb von Europa – das Anbieten der Kompensation von Klimagasemissionen. Einer Möglichkeit zur Kompensation stehen rund die Hälfte der LOHAS positiv gegenüber (27 % haben sich bereits bewusst dafür entschieden und 24 % wollen es in naher Zukunft tun – vgl. Abb. 71). Des Weiteren wird die Auszeichnung mit einem touristischen Nachhaltigkeitsgütesiegel angeraten – damit gekennzeichnete Tourismusangebote werden von LOHAS signifikant stärker nachgefragt als von Nicht-LOHAS (vgl. Abb. 66).

Die Betrachtung der Anteile der nachhaltigkeitsbewussten Konsumenten, die eine Pauschalreise unternehmen (8,3 %) und die bei nachhaltigen Reiseveranstaltern buchen (9,8 %) zeigt, dass sie auf einem vergleichbaren Niveau liegen (vgl. Abb. 59 und Abb. 67). Daraus kann geschlussfolgert werden, dass ein großer Teil der LOHAS, der eine Pauschalreise unternimmt, diese Reise bei einem nachhaltigen Reiseveranstalter bucht. Im Umkehrschluss bedeutet diese Tatsache, dass nachhaltigkeitsbewusste Konsumenten sowohl eine wichtige Kundengruppe für nachhaltige Reiseveranstalter sind (was ohnehin anzunehmen wäre), als auch, dass bei der Ausrichtung der Reiseangebote auf die LOHAS die Berücksichtigung der Nachhaltigkeitsprinzipien in der gesamten Unternehmensführung (dokumentiert beispielsweise durch die Kennzeichnung mit dem Siegel CSR-Tourism-certified) eine wichtige Voraussetzung darstellt.

Das starke Interesse an Natur-Urlaub (vgl. Abb. 64) macht LOHAS zu gefragten **Besuchern von Großschutzgebieten**. Ein perfektes LOHAS-Produkt hätte folgende Merkmale: eine unkomplizierte Erreichbarkeit mit öffentlichen Verkehrsmitteln, die Sicherstellung von umweltfreundlichen Fortbewegungsmitteln vor Ort und ein entsprechendes kulinarisches und kulturelles Angebot vor Ort.

Für alle touristischen Akteure gilt – **sei nachhaltig und rede darüber**! LOHAS informieren sich stärker über den nachhaltigen Tourismus (vgl. Abb. 68) bzw. suchen häufiger nach nachhaltigen Tourismusangeboten als Nicht-LOHAS (vgl. Abb. 69). Hier kann insbesondere der Hinweis auf die Verpflegung in Bio-Qualität (bei Unterkünften) bzw. das breite Angebot an regionalen, saisonal angeboten, biologischen Produkten in der Reisedestination einen Wettbewerbsvorteil verschaffen.

Anhang

Anhang 1 Übersicht ausgewählter Indikatorensysteme und -indizes in Bezug auf Nachhaltigkeit

Bezeichnung, Institution; Anmerkung			
Datum	Indikatorenanzahl	Bezug zum nachhaltigen Konsum (NK)
Indikatoren der nachhaltigen Entwicklung der Kommission der Vereinten Nationen für Nachhaltige Entwicklung (UNCSD); Orientierung an der Agenda 21; die ursprüngliche Zahl von 134 Indikatoren wurde erheblich reduziert		
1996/ 2001/ 2007	50 Kernindikatoren gegliedert in 14 Themen	NK als separates Thema („Konsum- und Produktionsmuster") mit sechs Indikatoren: Stoffverbrauch der Wirtschaft, jährlicher Energieverbrauch, Intensität des Energieverbrauchs, Produktion von Schadstoffen, Müllentsorgung, Personenbeförderungssysteme
Indikatorenbericht des Statistischen Amtes im Auftrag der Bundesregierung als begleitende Dokumentation zur Nachhaltigkeitsstrategie: Festlegung der Zielwerte, Anzeige des Indikatorenstatus im Zieljahr durch Wettersymbole		
seit 2006 alle 2 Jahre	35 Indikatoren gegliedert in vier Bereiche und 21 Themen	Bezug zum NK in sieben verschiedenen Themen mit 14 Indikatoren: Ressourcenschonung, erneuerbare Energien, Flächeninanspruchnahme, Mobilität, Landbewirtschaftung, Luftqualität, Märkte öffnen
Indikatoren für nachhaltige Entwicklung des Eurostats (das Statistische Amt der Europäischen Union); Veröffentlichung des Eurostat Monitoringberichts als Unterstützung der EU Strategie für nachhaltige Entwicklung: Festlegung der Zielwerte, Anzeige des Indikatorenstatus im Zieljahr durch Wettersymbole		
seit 2005 alle 2 Jahre	100 Indikatoren gegliedert in zehn Themen und elf Leitindikatoren	NK als separates Thema mit vier Indikatoren, Bezug zum NK in drei weiteren Themen mit 13 Indikatoren: nachhaltige Produktions- und Konsumstrukturen, Klimawandel und Energie, nachhaltiger Verkehr, natürliche Ressourcen
Indikatoren des nachhaltigen Konsums der Organisation für wirtschaftliche Zusammenarbeit und Entwicklung (OECD): Entwicklung in enger Zusammenarbeit mit der UNCSD		
1999/ 2002	52 Indikatoren gegliedert in fünf Themen	NK im Mittelpunkt der Betrachtung; Themen: generelle Trends, wichtigste Haushaltskonsumaktivitäten (Transport und Kommunikation, Konsum von kurz- und langlebigen Gütern, Freizeit und Tourismus, Energie- und Wasserverbrauch der Haushalte)
Ethical Consumerism Report (bis 2004 als Ethical Purchasing Index (EPI)) der englischen Co-operative Bank: Beobachtung des nachhaltigen Verbraucherverhaltens, gemessen u. a. am Marktanteil der nachhaltigen Produkte und Dienstleistungen in England		
jährlich seit 2000	38 Indikatoren gegliedert in sechs Themen	NK im Mittelpunkt der Betrachtung; Themen: Bio- und Fair Trade Lebensmittel, Green Home, nachhaltiger Tourismus und Transport, nachhaltige Waren des persönlichen Gebrauchs, Community, ethische Geldanlagen

Quelle: Eigene Darstellung anhand von: Statistisches Bundesamt (2010b); Eurostat (Hrsg.) (2009); United Nations (2007); Organisation for Economic Co-operation and Development (Hrsg.) (2002); The Co-operative Bank (Hrsg.) (o.J.)

Anhang 2 Ausgewählte soziologische Lebensstilkonzepte

Lebensstilkonzept	Dimensionen (aktive/passive Variablen)	Empirische Grundlagen
Lebensstilkonzept von Georg (1998, S. 92): Lebensstile als „relativ stabile, ganzheitliche und routinisierte Muster der Organisation von expressiv-ästhetischen Wahlprozessen"	**aktive Variablen** • ästhetisch-expressives Verhalten: Kulturkonsum, Freizeitverhalten, Wohnungsausstatt., Ernährungsgewohnheiten, Kleidung, Interaktionsverhalten und Mitgliedschaften **passive Variablen** • soziale Lage: Ressourcen und Restriktionen (ökonomische und kulturelle Ressourcen, soziale Netzwerke, sozio-ökonomischer Status) sowie horizontale Merkmale (Geschlecht, Alter, Stellung im Lebenszyklus, Kohortenzugehörigkeit, Region, Wohnumgebung) • mentale Ebene: Lebensziele, Wertorientierungen, bereichsspezif. Einstellungen	Life Style 1990: repräsentative Beragung von rund 2.000 Personen; Einteilung der deutschen Bevölkerung in sechs Lebensstiltypen
Lebensstilansatz von Lüdtke (1989, S. 42): Lebensstile als „auf Expression angelegtes Muster von Präferenzen und Verhaltensweisen einer Person bzw. eines privaten Haushalts, das unter der Bedingung gegebener Motivation und sozioökonomischer Umstände sowie der Anwendung erworbener Handlungskompetenz entstanden ist"	**aktive Variablen** • Performanz – expressives Verhalten, ausgedrückt u. a. durch: Wohnungsausstattung, Freizeitverhalten und Hobbies, Lese- und Hörpräferenzen, Speisegewohnheiten, Kleidungspräferenzen und Äußeres **passive Variablen** • Geschlecht, Alter, Haushaltsstruktur, Kapitalausstattung, Statusinkonsistenz	Befragung von rund 100 Personen in klein- und mittelgroßen westdeutschen Städten mithilfe eines standardisierten Fragebogens, durchgeführt 1986/87; Einteilung der deutschen Bevölkerung in zwölf Lebensstile
Lebensstilansatz von Müller (1989, S. 66): „Lebensstile als raum-zeitlich strukturierte Muster der Lebensführung [...], die von Ressourcen (materiell und kulturell), der Familien- und Haushaltsform und den Werthaltungen abhängen"	**aktive Variablen** • expressives Verhalten: Freizeitaktivitäten, Konsummuster • interaktives Verhalten (Tätigk. in Anwes, von anderen Personen u. Mediennutzung) • evaluatives Verhalten (Wertorientierungen, Einstellungen) • kognitives Verhalten (Selbstidentifikation, Zugehörigkeit und Wahrnehmung der sozialen Welt) **passive Variablen** • Familie und Haushaltsform	repräsentative Befragung im Rahmen des Wohlfahrtssurveys 1993 in 1.564 Personen im Westen und 776 Personen im Osten von Deutschland; Einteilung der west- und ostdeutschen Bevölkerung in jeweils neun Lebensstile
Lebensstilkonzept von Richter (2006, S. 117 f): Lebensstile als „soziales Handeln [...], als inneres oder äußeres Tun oder Erdulden, das sich an anderen orientiert und stabilisierend oder mobilisierend an Vergangenheit oder Zukunft orientiert ist"	**aktive Variablen** • Bewegen-Beharren • Aktiv-Passiv • aussengerichtet-innengerichtet	Austrian Life-Style 1988: repräsentative Befragung von rund 4.000 Personen in Österreich, Einteilung der österreichischen Bevölkerung in zehn Lebensstiltypen
Konzept der sozialen Milieus nach Schulze (1990, S. 410): soziale Milieus als „Personengruppen, die sich durch gruppenspezifische Existenzformen und erhöhte Binnenkommunikation voneinander abheben"	**aktive Variablen** • Alltagsästhetik (Hochkulturschema, Trivial-, Spannungsschema) • Lebensalter (40 Jahre als Altersgrenze) • Bildung (hoch, mittel und niedrig) **passive Variablen** • situative und subjektive Aspekte, u. a. Wertorientierungen, Persönlichkeitsmerkmale und Sprache	repräsent. Befragung von rund 1.000 Personen im Raum Nürnberg, durchgeführt 1985; Einteilung der westdeutschen Bevölkerung in 5 Erlebnismilieus

Anhang 3 Übersicht der ausgewählten Lebensstilansätze in der Markt- und Konsumforschung

Lebensstilansatz	Dimensionen (aktive/passive Variablen)	Empirische Grundlagen	Anmerkungen
Sinus-Modell: Milieu als eine Gruppe von Menschen, „die sich in ihrer Lebensauffassung und Lebensweise ähneln. Grundlegende Wertorientierungen gehen dabei ebenso in die Analyse ein wie Alltagseinstellungen – zur Arbeit, zur Familie, zur Freizeit, zu Geld und Konsum" (Sinus-Institut (Hrsg.) o.J.).	• **fünf horizontale Dimensionen** (Wertachse): Einstellungs- und Verhaltensmerkmale von traditionell zu postmodern • **fünf vertikale Dimensionen** (Schichtachse): Bildung, Einkommen, Berufsprestige	Grundlage des Konzeptes: Ende der 1970er-Jahre systematisch durchgeführte 1.700 zwei- bis dreistündige narrative Interviews, auf deren Basis eine Fragebatterie von 40 Items (Milieuindikatoren) erarbeitet wurde (Koschnick 2011); aktuell Ausweisung von zehn Milieus in Deutschland, verortet in einer „Kartoffel-Grafik"	die genaue methodische Vorgehensweise des Sinus-Instituts bei der Zuordnung eines Befragten zu einem Milieu sowie die Zusammenstellung der Fragebatterie nicht öffentlich zugänglich (vgl. Scheffler 2011)
AIO-Ansatz: Lebensstil als „Beziehungssystem aus situativen Faktoren und beobachtbaren Handlungen (Activities), emotional bedingtem Verhalten (Interests) und kognitiven Orientierungen und Wertvorstellungen (Opinions) der betreffenden Person bzw. Personengruppe" (Meffert, Burmann und Kirchgeorg 2008, S. 200)	**aktive Variablen** • activities • interests • opinions **passive Variablen** • demografische Merkmale • Mediennutzung • Konsum von Produkten und Dienstleistungen	u. a. Untersuchung der Konsumpräferenzen von Hausfrauen in einer repräsentativen Befragung von 1.000 Probandinnen in den USA; Durchführung durch Leo Burnett Company unter dem Einsatz des Consumer Mail Panel (CMP) von Market Facts (Madden 1979, S. 3); unterschiedliche Typologien, je nach Auftrag	u. a. Arbeiten von Wells und Tigert (1971): Je nach Untersuchungsschwerpunkt wurden die Variablen Mediennutzung sowie Konsum von Produkten und Dienstleistungen ggf. als aktive Variablen eingesetzt.
Semiometrie-Modell von TNS Infratest: Erfassung der Wertvorstellungen des Menschen als entscheidender Aspekt für das Konsumentenverhalten „mittels eines semantischen Bedeutungsraums" (Petras und Bazil 2008, S. 18); Beschreibung eines Wertprofils einer Person durch Kombination von Wertefeldern „die jeweils durch ganz typische Lebensstile, Einstellungen, Konsum- und Medienpräferenzen geprägt sind" (ebd., S. 33)	**aktive Variablen** • Basismapping mit zwei Hauptachsen Sozialität-Individualität und Pflicht-Lebensfreude, gebildet aus 210 Begriffen **passive Variablen** • demografische Merkmale • Konsumverhalten • Mediennutzung	Anwendung von TNS Infratest seit 1998 in einem kontinuierlichen Panel mit 4.300 Teilnehmern zur Erfassung des Wertesystems der deutschen Bevölkerung. 14 Wertefelder definiert über jeweils zehn Begriffe; Bewertung der Begriffe durch die Probanden anhand einer bipolaren Skala mit den Ausprägungen „angenehm – unangenehm"	Entwicklung Mitte der 1980er-Jahre vom Statistiker Jean-Francois Steiner zusammen mit dem Markt- und Meinungsforschungsinstitut Sofres (vgl. ebd., S. 18)

Anhang 4 Wichtigste Untersuchungen der nachhaltigkeitsbezogenen Typologien im Konsumbereich

Untersuchung	Hintergrundinformationen	Dimensionen (aktive/ passive Variablen)	Typologie
B1 Dialoge 4 (Stern Anzeigenabteilung (Hrsg.) 1995)	Schwerpunkte: gesellschaftspolitische Trends, Markendreiklang für ausgewählte Unternehmen, Medien; repräsentative Befragung von 5.493 Probanden mithilfe eines mündlichen Interviews anhand eines voll strukturierten Fragebogens und Verteilung eines Ausfüllheftes, das nach vier Tagen abgeholt wurde	**aktive Variablen** – fünf Dimensionen des Konsumverhaltens • Markttransparenz • Preisvorteil • Umweltfreundlichkeit, Natur • Konsumlust versus Einschränkung • zeitlicher Stress **passive Variablen** • Ost-/Westdeutschland	**sieben Konsumtypen:** • Bio- und umweltbewusste Konsumenten (11 %) • umwelt- und preisbewusste Normalverbraucher (21 %) • Preis-Leistungs-Käufer (18 %) • unreflektierte Konsumenten (10 %) • Billig-Käufer (12 %) • generell Konsumfreudige (15 %) • großzügige Prestige-Käufer (13 %)
B.1 Demonstrationsvorhaben zur Fundierung und Evaluierung nachhaltiger Konsummuster und Verhaltensstile (Empacher, Götz und Schultz 2002): umweltbezogene Haushaltskonsumstile	Interviews (offene Exploration) mit 100 Probanden aus ganz Deutschland; keine Angaben zur prozentualen Verteilung der einzelnen Konsumstile	**aktive Variablen** • Konsumleitbildelemente und Grundorientierungen der Lebensführung • soziale Situation • Konsumausstattung • Konsumverhalten	**zehn Konsumstile:** • die durchorganisierten Ökofamilien • die kinderlosen Berufsorientierten • die jungen Desinteressierten • die Alltagskreativen • die Konsumgenervten • die Ländlich-Traditionellen • die schlecht gestellten Überforderten • die unauffälligen Familien • die aktiven Senioren • die statusorientierten Privilegierten
B.2 Studie der TU Berlin „Nachhaltigkeit und Corporate Responsibility – Identifikation zukunftsrelevanter Themen für das Marketing" (Trommsdorff und Drüner o.J.)	Untersuchung der individuellen Nachhaltigkeitsbedürfnisse als Anhaltspunkt für eine segmentspezifische Entwicklung von Corporate Responsibility Maßnahmen und deren Kommunikation; Online-Befragung von rund 1.100 Respondenten	**aktive Variablen** • Nachhaltigkeitsanspruch und Nachhaltigkeitsengagement **passive Variablen** • Bildung • Einkommen	**fünf Konsumentensegmente:** • skeptische Desinteressierte (22 %) • passive Zuschauer (18 %) • Gelegenheits-Nachhaltige (18 %) • aktive Enthusiasten (23 %) • bewusste Realisten (19 %)
B.2 Forschungsprojekt „Postmaterielle Lebensstile" der Universität Hohenheim: Ökologische Wertetypologie in Bezug auf Konsumenten (Scherhorn 1993)	eine Reihe von empirischen Erhebungen, u. a. repräsentative Bevölkerungsumfrage mithilfe eines standardisierten Fragebogens mit 1.527 Befragten in ganz Deutschland	**aktive Variablen** • Güterorientierung • Positionalität • Naturverträglichkeit • Sozialverträglichkeit **passive Variablen** • Kausalitätsorientierung • Bildung	**vier Wertetypen in Bezug auf Konsum:** • Postmaterialisten (19 %) • Pluralisten (32 %) • Promaterielle (25 %) • Resignative (24 %)

Untersuchung	Hintergrundinformationen	Dimensionen (aktive/passive Variablen)	Typologie

B.2 Sondierungsstudie zu strategischen Konsumentscheidungen der Universität Duisburg (Bodenstein, Spiller und Elbers 1997): Umweltbewusstsein und Umweltverhalten im Konsumbereich	Ermittlung von Einstellungen und Verhalten der deutschen Bevölkerung zum Umweltschutz mit Schwerpunkt auf der Erfassung des nachhaltigen Konsums; Durchführung mittels eines standardisierten Fragebogens mit zum Teil offenen Fragen (mündliche Befragung) mit 287 Probanden aus dem Ruhrgebiet	• **Einstellung zur Umweltproblematik** (kognitive, emotionale und intentionale Komponenten)
		• **Umweltverhalten in fünf Verhaltensbereichen**: Mobilität, Ernährung, Wohnsituation/Energieverbrauch, Bekleidung, Abfall
			drei Umwelttypen in Bezug auf Konsum:
			• Umweltorientierte (8 %)
			  - hochinformierte Aktive
			  - Umweltschützer
			• Mitläufer (56 %)
			  - uninformierte Aktive
			  - unengagierte Informierte
			  - typische Mitläufer
			  - skeptische Mitläufer
			• Ablehner (36 %)
			  - informierte Ablehner
			  - vorsichtige Gegner
			  - manifeste Gegner

Anhang 5 Übersicht der LOHAS-Publikationen

Autor/Herausgeber	Schwerpunkt der Publikation	Vorgehensweise bei der Identifizierung der LOHAS
GfK (Adlwarth 2010)	Entwicklung des Anteils der LOHAS an der Gesamtbevölkerung 2007-2009	keine Informationen verfügbar
Glöckner, Balderjahn und Peyer (2010)	Verortung des LOHAS innerhalb der Sinus-Milieus	keine eigene empirische Untersuchung der LOHAS
Schober Information Group Deutschland GmbH (2011); (2010)	Urlaubsziele, Ausgabenbereiche, Automobilbranche, Wohnen, Lesen	fünf Items zu Themen: Mehrpreisbereitschaft, Wohlbefinden, ökologisches Bewusstsein vs. Konsum, Genuss bzw. moderne Technik, Persönlichkeitsentwicklung und Kreativität, CO_2-Bilanz bei Wahl von Verkehrsmitteln und Energieprodukten
KarmaKonsum und Sinus Sociovision (Müller-Friemauth, Klein-Reesink und Harrach (Hrsg.) 2009)	Verortung der LOHAS in den Sinus Milieus	zentrale Wertedimensionen: Individualität, Gesundheit, Technik, Verantwortung, Community, Nachhaltigkeit, Design, Genuss, Lebensqualität, erarbeitet auf der Basis qualitativer Forschung Kern-Charakteristika: Soziodemografie, ausgeprägtes Verantwortungsbewusstsein, Umweltbewusstsein, explizit artikulierte Vereinbarkeit von Umweltbewusstsein und Genussorientierung als anti-asketischer Lebensstil keine Items zugänglich
Kirig und Wenzel (2009)	Vorstellung der LOHAS als einer gesellschaftlichen Bewegung	keine Informationen verfügbar
SevenOne Media (Ranalli, Reitbauer und Ziegler 2009)	Bereiche: Handel, Lebensmittel, Körperpflege, Reinigung, Finanzen, Tourismus, Technik und Energie	Übernahme des Fragebogens der Verbraucheranalyse (VA) (2009)
Spiegel-Verlag (2011); (2009)	Medienverhalten; LOHAS-Anteil auf der Grundlage von Typologie der Wünsche (TdW) 2011 und 2009 (Institut für Medien- und Konsumentenforschung IMUK GmbH & Co. KG (Hrsg.) 2011; 2009)	drei Bestimmungsmerkmale: • Fortschrittlichkeit, Innovation (mind. vier von acht Kriterien) • Umwelt-, Gesundheits-, Konsumbewusstsein (mind. sieben von 13 Kriterien) • gesellschaftliches Engagement (mind. drei von sieben Kriterien) Die meisten Items sind verfügbar.
VerbraucherAnalyse (VA) (2009)	Einstellungen, Interessen, Konsumverhalten, Mediennutzung	zehn Statements zum Thema Nachhaltigkeit, soziale Verantwortung, Gesundheit, Ernährung und Konsum
A.C. Nielsen GmbH und KarmaKonsum (2008)	Konsumtypologie, Bedeutung der Geschäftstypen sowie von Bioprodukten und Marken nach Warengruppen	elf Dimensionen basierend auf 57 Einzelstatements: Umweltbewusstsein, soziale Verantwortung, Qualität, gesunde Ernährung, Bio-Lebensmittel, natürliche Körperpflege, Wellness, Sport/Aktivität, Hedonismus, Technikglaube, Innovation/Trends; nur ein Teil der Items zugänglich
Bilharz und Belz (2008)	Ansatzpunkte für Nachhaltigkeitsmarketing unter Berücksichtigung der LOHAS	gesunder Egoismus (individuelle Kosten-Nutzen-Abwägungen), Berücksichtigung in den Konsumentscheidungen von sowohl „konventionellen" als auch nachhaltigen Entscheidungskriterien; nachhaltiger Konsum nicht als politisches Projekt, sondern als individuelle Lebenseinstellung
Kreeb, Motzer und Schulz (2008)	LOHAS als Trendsetter für das Nachhaltigkeitsmarketing	keine eigene empirische Untersuchung der LOHAS

Autor/Herausgeber	Schwerpunkt der Publikation	Vorgehensweise bei der Identifizierung der LOHAS
Meinungsforschungsinstitut Ipsos im Auftrag der Allianz Deutschland AG (Allianz Deutschland AG (Hrsg.) 2008)	Vorsätze der Deutschen für das neue Jahr und deren Einhaltung	Selbsteinschätzung der Probanden
Porter Novelli (PN) und Natural Marketing Institute (NMI) (2007) zitiert nach: Schulz (2008, S. 16)	Einstellung und Kaufverhalten; Vergleich zwischen Europa und Amerika	keine Informationen verfügbar
Häusler und Kern (2008)	Werbung für die LOHAS: Claims, Begriffe, Symbole, Bilder	keine Informationen verfügbar
Schulz (2008)	Schätzung der Marktanteile der LOHAS-Produkte	keine eigene empirische Untersuchung der LOHAS
Touchpoint (2008)	Mediennutzungsverhalten und LOHAS Präferenzen bezogen auf 70 bekannte Marken	keine Informationen verfügbar
Wenzel, Kirig und Rauch (2008)	die Auswirkungen der LOHAS-Bewegung auf die Wirtschaft	keine Informationen verfügbar
Ernst & Young (Schommer, Harms und Gottschlich 2007)	Potenziale/Chancen für den Einzelhandel; drei Szenarien basierend auf dem Anteil der Bioprodukte: Nische, Mainstream, Boom	keine eigene empirische Untersuchung der LOHAS
Hubert Burda Media Research & Development (Schmidt, Littek und Nickl 2007)	Mediennutzung; auf der Grundlage der Typologie der Wünsche 2006/2007 (Institut für Medien- und Konsumentenforschung IMUK GmbH & Co. KG (Hrsg.) 2007)	vier Items zu Themen: Sinn des Lebens, Qualität, umweltfreundliche Produkte, Wohlbefinden
Zukunftsinstitut (Kirig, Rauch und Wenzel 2007)	Vorstellung der LOHAS-Bewegung	keine Informationen verfügbar
Ray und Anderson (2000)	LOHAS als eine neue Wertegemeinschaft neben den beiden Gruppen der Modernen und der Traditionellen	70 Items in Bezug auf Werte; Auszug von 18 Items verfügbar

Anhang 6   Items zur Identifizierung der LOHAS in ausgewählten Untersuchungen

Schober Information Group Deutschland GmbH (2011)
5 Items, allerdings keine Information darüber, wie anhand der Antworten die Identifizierung der Respondenten als LOHAS erfolgte. „Inwieweit treffen folgende Aussagen auf Sie zu? Für umweltverträgliche, nachhaltige Produkte bin ich bereit, mehr Geld auszugeben. Es ist mir sehr wichtig, etwas für mein körperliches und seelisches Wohlbefinden zu tun. Ökologisch bewusst leben heißt für mich nicht, auf Kosum, Genuss und moderne Technik zu verzichten. Persönlichkeitsentwicklung und Kreativität sind mir sehr wichtig im Leben. Eine gute CO_2-Bilanz ist mir bei der Wahl von Verkehrsmitteln und Energieprodukten sehr wichtig." [im Original zum Teil fett] (ebd., S. 5)
Spiegel-Verlag (2009)
„**LOHAS – Bestimmungsmerkmale: Baustein 1** **Fortschrittlichkeit, Innovation (mindestens 4 von 8 Kriterien):** **Innovatoren ODER Frühadopter jew. Ausprägung 5+6**
• Bei Einkäufen gebe ich meinen Bekannten häufig Tipps und Anregungen • Ich probiere gern neue Produkte aus • Ich lege Wert darauf, die Dinge lösungsorientiert und positiv zu sehen • Ich glaube, ich bin kreativer als andere • Etwas Neues zu schaffen, macht mir Spaß • Ich bin anderen oft einen Schritt voraus • In manchen Lebensbereichen merke ich, dass sich andere nach mir richten
LOHAS – Bestimmungsmerkmale: Baustein 2 **Umwelt-, Gesundheits-, Konsumbewusstsein (mind. 7 von 13 Kriterien):** **Verdichtete Einstellungszielgruppen: Umweltbewusstsein.**
• Würde Produkte, die für den Klimaschutz förderlich sind, anderen vorziehen: Auf jeden Fall jew. Ausprägung 5+6 • Für die Qualität einer Ware gehört für mich auch, dass die Marke einen guten Ruf hat • Es ist mir sehr wichtig, etwas für mein körperliches und seelisches Wohlbefinden zu tun • Ich achte ganz bewusst auf gesunde, ausgewogene Ernährung • Man sollte sich nur solche Haushaltsgeräte anschaffen, die sparsam im Verbrauch sind, auch wenn sie zunächst teurer sind • Für umweltfreundliche Produkte bin ich bereit mehr auszugeben • Ich kaufe sehr häufig ökologische Produkte, die mit anerkannten Prüfsiegeln (z. B. Bioland, Bio-Siegel, Demeter) gekennzeichnet sind • Ich lege sehr viel Wert darauf, dass Produkte, die ich kaufe, von Tieren aus argerechter Haltung stammen • Ich bevorzuge schadstoffarme und naturnah hergestellte Produkte • Beim Einkauf von Produkten achte ich darauf, dass bei deren Herstellung weder Menschen noch Tiere ausgebeutet werden • Von Unternehmen, die gegen Umweltschutz verstoßen, kaufe ich keine Produkte
LOHAS – Bestimmungsmerkmale: Baustein 3 **Gesellschaftliches Engagement (mind. 3 von 7 Kriterien):** **Motivationsindex: Überdurchschnittlich Motivierte**
• Verdichtete Einstellungszielgruppen: Gesellschaftliches Engagement jew. Ausprägung 5+6: • Ich übernehme gern Verantwortung • Ich bin politisch aktiv • Ich setze mich aktiv ein für Hilfsbedürftige, Benachteiligte • Es kommt bei mir häufig vor, dass ich mich in wichtigen Fragen der Gesellschaft stark engagiere • Bei Aktivitäten übernehme ich gern die Führung" [Hervorhebung im Original] (Spiegel-Verlag 2009, S. 21)
Als LOHAS werden Respondenten identifiziert, die mindestens zwei dieser Kriterien (Bestimmungsmerkmale erfüllt haben.

VerbraucherAnalyse (2009) und SevenOne Media (Ranalli, Reitbauer und Ziegler 2009)
„Die Basis für die Beschreibung der LOHAS bilden 10 Statements zum Thema Nachhaltigkeit, soziale Verantwortung, Gesundheit, Ernährung und Konsum, die in der VA abgefragt wurden. [Hervorhebung durch den Verfasser] • Bei Anschaffungen ist für mich die Nachhaltigkeit von Produkten (Umweltverträglichkeit, Langlebigkeit, etc.) ganz besonders von Bedeutung. • Wenn ich mein Geld anlege, möchte ich, dass es erkennbar nach gewissen moralischen Grundsätzen eingesetzt wird. • Wenn möglich kaufe ich Produkte, die aus "fairem Handel" stammen. • Ich kaufe gezielt Natur- und Bioprodukte, auch wenn sie teurer sind. • Ich achte sehr auf gesunde Ernährung. • Beim Kauf von Lebensmitteln achte ich auf ökologische Produkte. • Ich kaufe möglichst Fleisch aus artgerechter Tierhaltung, auch wenn es etwas teurer ist. • Ich verwende bevorzugt umweltschonende Haushaltsreiniger und Waschmittel. • Bei der Körperpflege schätze ich Produkte auf natürlicher Basis und ohne chemische Zusätze. • Es ist mir wichtig, Körper und Seele in Einklang zu bringen. [im Original Nummerierung von 1 bis 10]
Befragte, die einer bestimmten Anzahl dieser Statements voll und ganz oder zumindest teilweise zustimmen, wurden in drei Gruppen eingeteilt: • **Die Kernziel-Gruppe LOHAS**, die mindestens 5 dieser 10 Statements voll und ganz zustimmen – das sind 7,3 % bzw. 4,7 Mio. der Befragten. • **Die Basis-Zielgruppe LOHAS**, die 9 von 10 dieser Statements wenigstens teilweise zustimmen – das sind 17,3 % bzw. 11,2 Mio. (incl. der Kernziel-LOHAS). • **Die weite Zielgruppe LOHAS**, die 7 von 10 der Statements wenigstens teilweise zustimmen – 36 % der Befragten bzw. 23,4 Mio [Hervorhebung im Original]."
A.C. Nielsen GmbH und Karma Konsum (2008, S. 13; 15 f)
57 Einzelstatements, die Einstellungen in folgenden elf Dimensionen messen: Umweltbewusstsein, soziale Verantwortung, Qualität, gesunde Ernährung, Bio-Lebensmittel, natürliche Körperpflege, Wellness, Sport/Aktivität, Hedonismus, Technikglaube, Innovation/Trends. Nur ein Teil der Items zugänglich. Keine Information darüber, wie anhand der Antworten die Identifizierung der Respondenten als LOHAS erfolgte.
Gesundheit: • „Bezogen auf die Ernährung sind viele Zusatzprodukte für mich eher Luxusprodukte, die ich bei meiner ausgewogenen und gesunden Ernährung einfach nicht brauche. • Beim Kochen benutze ich so oft wie möglich Zutaten aus biologischem Anbau und frische Kräuter. • Ich achte sehr auf gesunde Ernährung. • Ich versuche, wenig Zucker zu mir zu nehmen. • Ich versuche, bei meiner Ernährung auf Fleisch zu verzichten. • Ich versuche, mit möglichst wenig tierischem Fett auszukommen. • Lebensmittel mit gesundheitsförderndem Zusatznutzen halte ich für eine gute Sache. • Ich achte sehr auf meine Gesundheit."
Körperpflege • „Wenn ich ein Gesichtspflegeprodukt kaufe, sehe ich als erstes nach, ob natürliche Inhaltsstoffe enthalten sind. • Ich kaufe manchmal Beauty-Produkte (Haut-, Haarpflege und Kosmetik), um mir etwas Gutes zu tun. • Ich nutze nur Kosmetik, die auf natürlicher Basis und ohne chemische Zusätze hergestellt wird. • Ich achte bei der Verwendung von Körperpflegeprodukten darauf, dass diese nicht in Tierversuchen getestet wurden. • Bei vielen Kosmetikprodukten befürchte ich, dass sie für die Haut schädlich sind. • Ich verwende zu Hause zeitintensive Gesichtspflegeprodukte wie Gesichtsmasken, Augenpads etc. • Ich verwende gerne Produkte, die die Sinne ansprechen (Farben, Düfte, Wohlfühlen). • Ich nehme mir regelmäßig Zeit dafür, meinen Körper zu pflegen. Ich verbinde damit Entspannung und Verwöhnung. • Um mich zu verwöhnen bin ich bereit, mehr für ein Produkt zu bezahlen."
Einkaufsverhalten • „Beim Einkauf von Frischware (z. B. Fleisch, Käse) lege ich großen Wert auf fachkundige Beratung. • Für das Einkaufen nehme ich mir gerne viel Zeit. • Ich kaufe oft gezielt Dinge, die mir Freunde empfohlen haben oder die ich bei Freunden gesehen habe.

- Ich kaufe oft Produkte, die andere noch gar nicht kennen.
- Am Regal nehme ich mir häufig die Zeit, verschiedene Produkte sorgfältig miteinander zu vergleichen.
- Ich achte beim Einkauf auf den gesundheitsfördernden Zusatznutzen der Produkte.
- Ich kaufe bewusst wenig Produkte, die Konservierungsstoffe enthalten.
- Ich achte darauf, möglichst viele Produkte aus meiner Region zu kaufen."

HUBERT BURDA MEDIA (Schmidt, Littek und Nickl 2007, S. 4)

„Zur Definition der LOHAS innerhalb der TdW wurden folgende Aussagen miteinander verknüpft (jeweils Antwortmöglichkeiten von 1 = ‚trifft überhaupt nicht zu' bis 6 = ‚trifft voll und ganz zu'. Zu Grunde gelegt wurden Top-Two-Boxes 5 + 6): [Hervorhebung durch die Verfasserin]

- Es ist wichtig, ein Ziel zu haben, das dem Leben **Sinn** gibt
- Manchmal leiste ich mir bewusst die **allerbeste Qualität**
- Für **umweltfreundliche** Produkte bin ich bereit, mehr auszugeben
- Es ist mir sehr wichtig, etwas für mein **körperliches und seelisches Wohlbefinden** zu tun [Hervorhebung im Original]"

Ray und Anderson (2000, S. xiv)

"are you a cultural creative?

Check the boxes of statements you agree with. If you agree with 10 or more, you probably are one—and a higher score increases the odds. You are likely to be a Cultural Creative if you...

- love nature and are deeply concerned about its destruction
- are strongly aware of the problems of the whole planet (global warming, destruction of rain forests, overpopulation, lack of ecological sustainability, exploitation of people in poorer countries) and want to see more action on them, such as limiting economic growth
- would pay more taxes or pay more for consumer goods if you knew the money would go to clean up the environment and to stop global warming
- give a lot of importance to developing and maintaining your relationships
- give a lot of importance to helping other people and bringing out their unique gifts
- volunteer for one or more good causes
- care intensely about both psychological and spiritual development
- see spirituality or religion as important in your life but are also concerned about the role of the Religious Right in politics
- want more equality for women at work, and more women leaders in business and politics
- are concerned about violence and the abuse of women and children around the world
- want our politics and government spending to put more emphasis on children's education and well-being, on rebuilding our neighborhoods and communities, and on creating an ecologically sustainable future
- are unhappy with both the left and the right in politics and want to find a new way that is not in the mushy middle
- tend to be rather optimistic about our future and distrust the cynical and pessimistic view that is given by the media
- want to be involved in creating a new and better way of life in our country
- are concerned about what the big corporations are doing in the name of making more profits: downsizing, creating environmental problems, and exploiting poorer countries
- have your finances and spending under control and are not concerned about overspending
- dislike all the emphasis in modern culture on success and ‚making it', on getting and spending, on wealth and luxury goods
- like people and places that are exotic and foreign, and like experiencing and learning about other ways of life.

Anhang 7 Übersicht ausgewählter Operationalisierungsansätze des nachhaltigen Tourismus[130]

Dimension	Ökologie	Ökonomie	Soziales	Kultur
United Nations Environment Programme und World Tourism Organization UNWTO (2005, S. 11)	Make optimal use of environmental resources that constitute a key element in tourism development, maintaining essential ecological processes and helping to conserve natural resources and biodiversity.	Ensure viable, long-term economic operations, providing socio-economic benefits to all stakeholders that are fairly distributed, including stable employment and income-earning opportunities and social services to host communities, and contributing to poverty alleviation.	Respect the socio-cultural authenticity of host communities, conserve their built and living cultural heritage and traditional values, and contribute to inter-cultural understanding and tolerance.	
Verband Deutscher Naturparke e.V. (VDN) (2002, S. 14)	Der Schutz und die Entwicklung des natürlichen und kulturellen Erbes	Die wirtschaftliche Stärkung der jeweiligen Region	Die Gewährleistung hoher Gästezufriedenheit; Die Verbesserung der Lebensqualität der einheimischen Bevölkerung	
Baumgartner (2008, S. 31)[131]	Intakte Natur- und Lebensräume sowie Umweltmanagement-Systeme sind die Voraussetzung für den Tourismus der Zukunft sowohl in ländlich-peripheren Räumen wie in intensiv genutzten touristische Zielgebiete (sic!).	Tourismus ist integrierter Teil einer nachhaltigen, regionsspezifisch vernetzten Wirtschaft.	Gute Arbeitsbedingungen und soziale Zufriedenheit der Bevölkerung schaffen Qualität im Tourismus; Mitdenkende Tourismusregionen berücksichtigen Bedürfnisse spezieller Gästegruppen	Das Image von Urlaubsregionen wird geprägt von selbstbestimmter kultureller Dynamik.
Priskin (2009, S. 8)	conserving and managing natural resources and the efficient use of and/or reduction of those that are non-renewable. It requires minimization of all waste output and emphasizes biodiversity protection	generating positive outcomes from tourism at different levels of society. It adresses the cost effectiveness and viability of enterprises and tourism activities so that they can be maintained in the long term.	respecting human rights and equal opportunities for all in society and the protection of cultural diversity. It requires an equitable distribution of benefits from tourism development and positive outcomes, empowerment and poverty alleviation for local communities.	

---

[130] Die folgende Tabelle enthält ausschließlich wörtliche Zitate, deren Quellenangaben in der Spalte Dimension benannt werden. Die Ausnahme stellen die Publikationen von Lichtenberg (2005, S. 67) und Pils (2004, S. 108 f) dar, wo kleinere Änderungen bzw. Anpassungen der Texte vorgenommen wurden.

[131] Bei Baumgartner (2008, S. 31) wird darüber hinaus die intergenerative und institutionelle Dimension berücksichtigt.

Dimension	Ökologie	Ökonomie	Soziales	Kultur
Müller (2007, S. 28)	Natur- und Ressourcenschutz: Biodiversität, Ressourcenschutz, landschaftliche Vielfalt etc.	Materieller Wohlstand: Einkommen, Wertschöpfung, Abbau von Disparitäten etc.	Subjektives Wohlbefinden: Eigenständigkeit, Freiheit, Selbstverwirklichung, kulturelle Identität, Anpassungsfähigkeit etc.; Gästezufriedenheit: optimale Befriedigung der vielfältigen Gästeerwartungen etc.	Kulturelle Vielfalt: kulturelles Schaffen, Pflege einheimischer Kultur, Kulturgüterschutz, Gastfreundlichkeit etc.
Lichtenberg (2005, S. 7)	Erhalt einer intakten und vielfältigen Natur; möglichst sparsame Nutzung der genutzten Ressourcen; Bemühungen, um den Einsatz alternativer Hilfsmittel und ein möglichst geringes Aufkommen an Abfallstoffen und um eine ökologisch verträgliche Entsorgung bzw. Aufbereitung eben dieser Stoffe	Anstreben einer wirtschaftlichen Rentabilität, mit dem Ziel einer langfristigen Lebensperspektive der touristischen Betriebe; Erzeugung eines breiten Einkommenseffekts in den touristischen Destinationen; vorrangige Anwendung von regionalen Produkten, Beschäftigung in den touristischen Unternehmen von Arbeitskräften aus der Region	angemessene Entlohnung der Arbeitskräfte in den Unternehmen, Möglichkeit zur weiteren Qualifizierung; Mitspracherecht sowohl der Mitarbeiter in Unternehmen als auch der lokalen Bevölkerung in den Destinationen bei der Gestaltung und Planung der Region; Bewahrung bzw. angemessener Umgang mit kultureller Identität, kulturelle Verständigung und Vorurteilsüberwindung	
Pils (2004, S. 108 f)	Im Mittelpunkt steht der schonende Umgang mit Naturressourcen, der letztendlich die Regeneration von Natur und nachwachsenden Rohstoffen erlaubt. Dies schließt die Vermeidung von schädlichen Emissionen und die Reduktion des Verbrauchs von nichtnachwachsenden Rohstoffen ein.	Tourismus als Wirtschaftssektor	Territoriale Dimension: Nachhaltigkeit ist ein globales Konzept und bezieht sich auf die Gesamtheit aller globalen Ressourcen und Menschen. Das Konzept lässt sich nicht direkt auf kleinere Räume umlegen, da nicht nur Rohstoffe und Waren transportiert werden, sondern auch Menschen sich bewegen können.	Zeitliche Dimension: Nachhaltigkeit bezieht sich per Definition auf Gegenwart und Zukunft des Wirtschaftens, auch wenn diese Zukunft sehr schwierig vorherzusehen ist.

Anhang 8 Nachhaltigkeit und Reisen – zusammenfassende Übersicht der Untersuchungen

Autor/ Herausgeber	was wurde untersucht	Erhebungsmethodik	nachhaltigkeitsbewusste Konsumenten
Wehrli et al. (2011)	Verständnis der Reisenden vom nachhaltigen Tourismus, Preisbereitschaft für nachhaltige Reiseprodukte	repräsentative Online-Umfrage in 8 Ländern unter reiseaktiver Bevölkerung mit insg. 6.113 Respondenten und Choice Experiment mit 4.800 Respondenten in der Schweiz	sustainability aware tourists (Nachhaltigkeit befindet sich unter den drei wichtigsten Faktoren einer Reiseentscheidung: 22 % aller Respondenten, 16,8 % in DE)
Adlwarth (2010); (2009a); (2009b)	Konsumenteneinstellung und -erwartungen hinsichtlich CSR im Tourismus	CSR Nachbefragung (n = 1.100) im Rahmen von GfK TravelScope (n = 20.000)	CSR interessierte Haushalte (überdurch. hohe Zustimmung für die Werte wie Umwelt und Klimaschutz, Entwicklungshilfe, Einhaltung von ethischen Standards): 22 % aller Haushalte bzw. 33 % reiseaktiver Haushalte in 2009; Anstieg 2010 auf 35 % reiseaktiver Haushalte
Dolnicar (2010)	Festlegung der individuellen Indikatoren, die genutzt werden, um voraussagen zu können, ob ein Tourist sich im Urlaub umweltfreundlich verhalten wird	permission-based internet panel mit 1.000 Respondenten in Australien	Die „environmental friendly respondents" zeichnen sich insbesondere durch ein hohes Level der moralischen Verpflichtung (moral obligation) sowie ein hohes Einkommen aus.
Dolnicar und Leisch (2008)	Zusammenhang zwischen umweltbewusstem Konsumverhalten zu Hause und im Urlaub	permission-based internet panel mit 1.000 Respondenten in Australien	nature lovers with high moral obligation levels: Interesse an lokaler Kultur und Naturerlebnis verbunden mit den höchsten Zustimmungswerten für moralische Verpflichtung
Klade et al. (2010)	Untersuchung der LOHAS in Österreich in den Konsumbereichen Ökotextilien und nachhaltiger Tourismus (Reiseverhalten, Urlaubsstile)	quantitative Fragenbogenerhebung mit 975 Respondenten in Österreich (80 % mit LOHAS-Werten); eine qualitative Phase mit zehn Teilnehmern: Q-Methode, Interviews, Fokusgruppen	zwei Subtypen in Bezug auf Urlaubspräferenzen: naturverbundene Wanderer und Wanderinnen, familiäre LandschaftsgenießerInnen; keine Angaben zum prozentualen Anteil
Schober Information Group Deutschland GmbH (2011); (2010)	Untersuchung von LOHAS in den Bereichen: Interessengebiete und sportliche Aktivitäten, Auto, Wohnen, Prioritäten beim Produktkauf, Leseinteressen, Reisen (Urlaubsziele und -typen)	Schober Lifestyle Marktanalyse und Konsumentenbefragung in Deutschland; keine Angaben zur Zahl der Respondenten	LOHAS: 20 % der Bevölkerung
Bergin-Seers und Mair (2009)	Anwendung der „Green Consumer Scorecard" zur Identifizierung von nachhaltigkeitsbewussten Touristen	Pilotstudie mit 166 Interviews mit Besuchern der Visitor Information Centres in Australien	Green tourist: häufigere Nutzung des Internets als einer Informationsquelle, umweltfreundlicheres Verhalten zu Hause, Mehrpreisbereitschaft für Angebote der nachhaltigen Reiseveranstalter

Autor/ Herausgeber	was wurde untersucht	Erhebungsmethodik	nachhaltigkeitsbewusste Konsumenten
Rheem (2009)	Lebensstiltypologie auf der Basis des Energiesparverhaltens; Zusammenhang zwischen umweltbewusstem Lebensstil und umweltbewusstem Reiseverhalten; Mehrpreisbereitschaft	Online-Umfrage mit 1.334 Respondenten in den USA	Green travelers (Umweltfaktoren bei der Planung einer Reise – sehr wichtig oder z.T. wichtig): 44 % der Respondenten
Häusler und Kern (2008)	Werbung für die LOHAS: Claims, Begriffe, Symbole, Bilder	qualitative Untersuchung unter Awendung der APIA (Analyse Projektiver Inter-Aktion) mit 10 Befragten; quantitative Befragung mithilfe der CAPO (Computer Psychological Observation) mit 246 Teilnehmern	LOHAS bevorzugen Nahziele wie Rügen, Dänemark und Nordalpen
Nusser (2007)	Typologisierung und Reiseverhalten der bewusst Konsumierenden	Online-Umfrage mit 262 Respondenten auf Internetseiten der Verbraucher Initiative	Unterscheidung zwischen intensiv (15,6 %), gelegentlich (56,4 %) und selten (28 %) bewusst Konsumierenden
Wenzel, Kirig und Rauch (2007)	Vorstellung der LOHAS-Bewegung	qualitative Interviews	wichtig für LOHAS im Urlaub: Ursprünglichkeit und Authentizität
Wurzinger und Johansson (2006)	Vergleich von Ökotouristen mit Natur- und Städtetouristen	Befragung von 245 schwedischen Touristen in Schweden	Öko- und Naturtouristen zeichnen sich durch höheres Umweltbewusstsein bzw. -verhalten als Städtetouristen aus.
Götz und Seltmann (2005)	Urlaubsverhalten deutscher Reisenden, Erarbeitung eines Zielgruppenmodels, Entwicklung des zielgerichteten Marketings und nachhaltiger Reiseangebote für konkrete Destinationen	repräsentative Befragung von 2.000 deutschen Reisenden	von sieben Urlaubs- und Reisestilen wurden zwei als direkt auf Nachhaltigkeit ansprechbar identifiziert: die anspruchsvollen Kulturreisenden (15 %) und die Natur- und Outdoor-Urlauber (14 %)
Kösterke und Laßberg (2005)	Ansprechbarkeit der deutschen Bevölkerung auf Natur- und Umweltaspekte in Zusammenhang mit Urlaubsreisen	repräsentative Datenerhebung im Rahmen der Reiseanalyse 2004 mit 7.858 Respondenten (Exklusivfrage „Urlaubsreisen und Umwelt")	Von den vier Ansprechbarkeits-Typen sind drei auf unterschiedliche Weise für das Thema Umwelt ansprechbar: der Umweltbewusste ohne Interesse an Naturerlebnissen (26 %), der an unmittelbaren Naturerlebnissen Interessierte (28 %), der umweltbewusste Anspruchsvolle (22 %).
Epler Wood und Corvetto (2003)	Untersuchung von Öko-Lodges: potenzielle Nachfrage, Investmentpotenzial, Typologie	Ecotourism Market Expert Panel and Experteninterviews mit Betreibern der Öko-Lodges	Besucher von Öko-Lodges
Miller (2003)	Interesse an der Nutzung von unterschiedlichen Informationsquellen beim Kauf von Reiseprodukten	Umfrage während der Reisemesse Destinations 2000 Travel Market in Großbritannien mit 411 Respondenten	keine Typologiebildung
Ray und Anderson (2000)	LOHAS als eine neue Wertegemeinschaft neben den beiden Gruppen der Modernen und der Traditionellen	quantitative Befragungen von über 100.000 Amerikanern, über 100 Fokusgruppen und rund 60 Tiefeninterviews	LOHAS bevorzugen exotische, authentische, altruistische, spirituelle, abendeuerliche Reisen ohne (zu viel) Gefahr.

Anhang 9   Online-Fragebogen

Die kursiv hervorgehobenen Anmerkungen wurden in der Original-Umfrage nicht angezeigt.

UNIVERSITÄT HOHENHEIM
2012 - GEMEINSAM WACHSEN

Konsum- und Reiseumfrage

Sehr geehrte Damen und Herren,

vielen Dank für Ihre Teilnahme an der Umfrage, die ich im Rahmen meiner Doktorarbeit an der Universität Hohenheim in Stuttgart durchführe.

Im Hinblick auf die folgenden Fragen gilt:

- Es gibt keine richtigen oder falschen Antworten
- Es ist wichtig alle Fragen zu beantworten
- Bei Antwortunsicherheiten, geben Sie lediglich Ihre Einschätzung an
- Was zählt ist Ihre persönliche Meinung

Ihre Angaben werden absolut vertraulich behandelt. Die Ergebnisse des Fragebogens werden anonym verwendet. Das Ausfüllen des Fragebogens dauert ungefähr 20 Minuten.

Unter allen Teilnehmern, die den Fragebogen beenden, möchte ich als Dankeschön 4 Amazon-Gutscheine im Wert von je 15 Euro verlosen.

Ihre Hilfe ist gefragt!

Vielen Dank!

Anna Klein von der Universität Hohenheim

[Weiter]

Zuerst möchte ich Ihnen ein paar allgemeine Fragen stellen.

Haben Sie Ihren Hauptwohnsitz in Deutschland?

○ Ja   ○ Nein

Ihr Geschlecht:

○ männlich   ○ weiblich

Diese Frage wurde nur den Teilnehmern der Teilstichprobe der Portalnutzer gezeigt. Sie wurde - je nach Portal - entsprechend angepasst.

Sind Sie Nutzer des Internetportals www.utopia.de? *(bzw. www.karmakonsum.de, www.lohas.de)*

○ Ja   ○ Nein

[Zurück] [Weiter]

Diese Frage wurde nur den Teilnehmern der Teilstichprobe der Portalnutzer gezeigt.

Wie sehr stimmen Sie den Inhalten dieses Portals zu?

sehr wenig 1	2	3	4	5	6	sehr stark 7
○	○	○	○	○	○	○

[Zurück] [Weiter]

Diese Version wurde den männlichen Teilnehmern der Umfrage gezeigt.

In dieser Frage geht es darum, Sie näher kennen zu lernen. Ich habe für Sie kurze, unterschiedliche Beschreibungen einer Person zusammengestellt. Sagen Sie mir bitte, wie ähnlich Ihnen diese Person ist?

Kreuzen Sie hierzu bitte jeweils eine der sechs vorgegebenen Antwortmöglichkeiten an. Wenn Sie die Frage nicht beantworten können oder wollen, kreuzen Sie bitte die Antwort "weiß nicht/keine Angabe" an.

	sehr unähnlich	unähnlich	eher unähnlich	eher ähnlich	ähnlich	sehr ähnlich	weiß nicht/keine Angabe
Es ist ihm wichtig, die Balance von Seele, Körper und Geist herzustellen. Er betrachtet die Gesundheit als einen ganzheitlichen Prozess.	○	○	○	○	○	○	○
Es ist ihm wichtig, eine innere Harmonie zu finden. Er strebt danach, im Frieden mit ihm selbst zu sein.	○	○	○	○	○	○	○
Er ist auf der Suche nach einem Sinn im Leben. Er denkt, dass es wichtig ist, einen Zweck im Leben zu haben.	○	○	○	○	○	○	○
Er glaubt, dass es wichtig ist, dass Männer und Frauen gleich behandelt werden. Er denkt, dass jeder Mensch im Leben gleiche Chancen haben soll.	○	○	○	○	○	○	○
Es ist ihm wichtig, sich der Natur anzupassen und zu ihr zu passen. Er glaubt, dass die Menschen die Natur nicht verändern sollten.	○	○	○	○	○	○	○
Er ist fest davon überzeugt, dass die Menschen sich für die Natur einsetzen sollten. Es ist ihm wichtig, sich um die Umwelt zu kümmern.	○	○	○	○	○	○	○
Es ist ihm sehr wichtig, den Menschen in seinem Umfeld zu helfen. Er möchte sich um ihr Wohlbefinden kümmern.	○	○	○	○	○	○	○
Es ist ihm wichtig, die Freuden des Lebens zu genießen. Er "verwöhnt" sich gern selbst.	○	○	○	○	○	○	○
Er erfüllt sich gerne seine Wünsche. Es ist ihm wichtig, Dinge zu tun, die ihm Freude bereiten.	○	○	○	○	○	○	○
Er möchte das Leben richtig genießen. Die Annehmlichkeiten des Lebens wie gutes Essen oder spannende Unterhaltung sind ihm wichtig.	○	○	○	○	○	○	○

Zurück   Weiter

Es folgt nun eine Liste von Aussagen, welche die Beziehung des Menschen zu seiner natürlichen Umwelt näher beschreiben. Bitte geben Sie für jede dieser Aussagen an, ob Sie ihr zustimmen oder ob Sie sie ablehnen.

Kreuzen Sie hierzu bitte jeweils eine der fünf vorgegebenen Antwortmöglichkeiten an. Wenn Sie die Frage nicht beantworten können oder wollen, kreuzen Sie bitte die Antwort "weiß nicht/keine Angabe" an.

	lehne ab	lehne eher ab	weder noch	stimme eher zu	stimme zu	weiß nicht/keine Angabe
Das Gleichgewicht der Natur ist stark genug, die Einflüsse moderner Industriegesellschaften zu bewältigen.	○	○	○	○	○	○
Die so genannte „ökologische Krise", mit der die Menschheit konfrontiert sei, ist massiv übertrieben.	○	○	○	○	○	○
Die Erde ist wie ein Raumschiff mit begrenztem Platz und begrenzten Ressourcen.	○	○	○	○	○	○
Wenn sich auf absehbare Zeit nichts ändert, ist eine größere ökologische Katastrophe vorprogrammiert.	○	○	○	○	○	○
Die Menschheit beutet ihre natürliche Umwelt aus.	○	○	○	○	○	○

Zurück   Weiter

Die folgenden Aussagen betreffen verschiedene Umweltaspekte. Sagen Sie mir bitte, inwieweit diese auf Sie zutreffen?

Kreuzen Sie hierzu bitte jeweils eine der sieben vorgegebenen Antwortmöglichkeiten an. Wenn Sie die Frage nicht beantworten können oder wollen, kreuzen Sie bitte die Antwort "weiß nicht/keine Angabe" an.

	trifft überhaupt nicht zu 1	2	3	4	5	6	trifft voll und ganz zu 7	weiß nicht/keine Angabe
Nicht nur die Regierung und Industrie sondern auch ich bin dafür verantwortlich, dass Bio-Lebensmittel mehr Verbreitung finden.	○	○	○	○	○	○	○	○
Dem Einzelnen kommt eine große Bedeutung bei der Lösung der verkehrsbedingten Umweltprobleme zu.	○	○	○	○	○	○	○	○
Meine Mitverantwortung für die Energieprobleme kann nicht geleugnet werden.	○	○	○	○	○	○	○	○
Jeder Mensch sollte durch seine Kaufentscheidungen Verantwortung für die Umwelt übernehmen.	○	○	○	○	○	○	○	○
Ich fühle mich aus Umweltschutzgründen verpflichtet, wenn immer es mir möglich ist, Bio-Lebensmittel zu kaufen.	○	○	○	○	○	○	○	○
Ich fühle mich schuldig, wenn ich auf meinen täglichen Wegen umweltschädliche Verkehrsmittel nutze.	○	○	○	○	○	○	○	○
Ich halte es für meine Pflicht, Energie zu sparen.	○	○	○	○	○	○	○	○
Ich habe ein schlechtes Gewissen, wenn ich Waren kaufe, die ohne Berücksichtigung von sozialen und ökologischen Aspekten hergestellt wurden.	○	○	○	○	○	○	○	○

[Zurück] [Weiter]

Die folgenden Aussagen beziehen sich auf unterschiedliche Konsummöglichkeiten. Geben Sie bitte an, inwieweit diese auf Sie zutreffen?

Kreuzen Sie hierzu bitte jeweils eine der sieben vorgegebenen Antwortmöglichkeiten an. Wenn Sie die Frage nicht beantworten können oder wollen, kreuzen Sie bitte die Antwort "weiß nicht/keine Angabe" an.

	trifft überhaupt nicht zu 1	2	3	4	5	6	trifft voll und ganz zu 7	weiß nicht/keine Angabe
Ich kann durch meine Warenauswahl beim Einkaufen dazu beitragen, dass Bio-Lebensmittel stärkere Verbreitung finden.	○	○	○	○	○	○	○	○
Durch den Wechsel zu einem Ökostromanbieter kann ich dazu beitragen, dass der Anteil der erneuerbaren Energien an der Stromproduktion steigt.	○	○	○	○	○	○	○	○
Es nützt der Umwelt wenig, vom Auto auf öffentliche Verkehrsmittel umzusteigen.	○	○	○	○	○	○	○	○
Ich als Kunde habe die Möglichkeit, durch meine Kaufentscheidungen das Warenangebot zu beeinflussen.	○	○	○	○	○	○	○	○

[Zurück] [Weiter]

Im folgenden habe ich einige Aussagen in Bezug auf ökologisch bewusstes Leben aufgelistet. Geben Sie bitte an, inwieweit diese auf Sie zutreffen?

Kreuzen Sie hierzu bitte jeweils eine der sieben vorgegebenen Antwortmöglichkeiten an. Wenn Sie die Frage nicht beantworten können oder wollen, kreuzen Sie bitte die Antwort "weiß nicht/keine Angabe" an.

	trifft überhaupt nicht zu 1	2	3	4	5	6	trifft voll und ganz zu 7	weiß nicht/keine Angabe
Ökologisch bewusst leben heißt für mich sich einzuschränken.	○	○	○	○	○	○	○	○
Umweltschutz und genussvolles Leben schließen sich nicht aus.	○	○	○	○	○	○	○	○
Ökologisch bewusst leben heißt für mich auf Genuss zu verzichten.	○	○	○	○	○	○	○	○
Ökologisch bewusstes Leben und genussvolles Konsumieren sind vereinbar.	○	○	○	○	○	○	○	○

[Zurück] [Weiter]

Auf dieser Seite geht es um Ihr Konsumverhalten und Einstellungen gegenüber bestimmten Maßnahmen. Geben Sie bitte bei den folgenden Aussagen an, inwieweit diese auf Sie zutreffen?

Kreuzen Sie hierzu bitte jeweils eine der sieben vorgegebenen Antwortmöglichkeiten an. Wenn Sie die Frage nicht beantworten können oder wollen, kreuzen Sie bitte die Antwort "weiß nicht/keine Angabe" an.

	trifft überhaupt nicht zu 1	2	3	4	5	6	trifft voll und ganz zu 7	weiß nicht/keine Angabe
Für Fahrten in die umliegende Gegend (bis 30 km) benutze ich bewusst aus ökologischen Gründen öffentliche Nahverkehrsmittel oder das Fahrrad.	○	○	○	○	○	○	○	○
Ich achte bei der Verwendung von Körperpflegeprodukten darauf, dass sie auf natürlicher Basis und ohne chemische Zusätze hergestellt worden sind..	○	○	○	○	○	○	○	○
Ich achte beim Kauf von Textilien darauf, dass sie ökologisch und unter Einhaltung von Sozialstandards hergestellt sind.	○	○	○	○	○	○	○	○
Für umweltfreundliche Produkte bin ich bereit, viel mehr auszugeben.	○	○	○	○	○	○	○	○
Ich bin bereit, viel höhere Steuer zu zahlen, wenn sie für den Umweltschutz aufgewendet werden.	○	○	○	○	○	○	○	○
Ich bin bereit, Einschränkungen in meinem Lebensstandard zu akzeptieren, wenn ich dadurch die Umwelt schützen kann.	○	○	○	○	○	○	○	○
Ich bin bereit, wegen des Umweltschutzes auf etwas zu verzichten, das mir wichtig ist.	○	○	○	○	○	○	○	○

[Zurück] [Weiter]

Bei der Ernährung achte ich darauf, ...

Kreuzen Sie bitte jeweils eine der sieben vorgegebenen Antwortmöglichkeiten an. Wenn Sie die Frage nicht beantworten können oder wollen, kreuzen Sie bitte die Antwort "weiß nicht/keine Angabe" an.

	trifft überhaupt nicht zu 1	2	3	4	5	6	trifft voll und ganz zu 7	weiß nicht/keine Angabe
• vor allem Discount-Produkte einzukaufen.	O	O	O	O	O	O	O	O
• Bio-Qualität einzukaufen.	O	O	O	O	O	O	O	O
• möglichst wenig Fleisch zu verzehren.	O	O	O	O	O	O	O	O
• fair gehandelte Produkte zu bevorzugen.	O	O	O	O	O	O	O	O
• dass die Produkte aus der Region kommen.	O	O	O	O	O	O	O	O
• dass Produkte, die ich kaufe, von Tieren aus artgerechter Haltung stammen.	O	O	O	O	O	O	O	O

[Zurück] [Weiter]

Haben Sie sich bereits bewusst für folgende Maßnahmen entschieden?

	Ja	Nein, aber ich will das in naher Zukunft tun.	Nein, und ich will das nicht in naher Zukunft tun.	weiß nicht/keine Angabe
• Bezug von Ökostrom	O	O	O	O
• nachhaltige Geldanlagen, d.h. Anlagen unter Berücksichtigung sozialer und ökologischer Kriterien	O	O	O	O
• finanzielle Kompensationen (Ausgleichszahlungen) für die selbst verursachten Klimagase, z.B. bei Fliegen	O	O	O	O
• Bestellung eines Biokiste-Abos (Lieferung von Bioprodukten nach Hause, die entsprechend der Jahreszeit zusammengestellt werden)	O	O	O	O

[Zurück] [Weiter]

Sind Sie Mitglied in einer Umweltschutzorganisation oder einer Organisation im sozialen Bereich?

O ja   O nein   O weiß nicht/keine Angabe

In den letzten 12 Monaten...

	ja	nein	weiß nicht/keine Angabe
• habe ich Geld für eine Umweltschutzorganisation oder eine Organisation im sozialen Bereich (z. B. Vorbeugung vor Armut oder Kinderarbeit) gespendet.	O	O	O
• habe ich eine Petition zur Unterstützung des Umweltschutzes oder zur Unterstützung sozialer Anliegen (z.B. Menschenrechte) unterschrieben.	O	O	O
• habe ich Produkte von Firmen boykottiert, die sich nachweislich umweltschädigend oder sozial bzw. ethisch nicht korrekt verhalten.	O	O	O

[Zurück] [Weiter]

Auf folgenden Seiten möchten wir Ihnen einige Fragen zu Ihren Reiseaktivitäten stellen.

Haben Sie in den Jahren 2010 und 2011 eine oder mehrere Urlaubsreisen gemacht, die jeweils fünf Tage oder länger dauerten?

Bitte nennen Sie die Anzahl der Reisen für das jeweilige Jahr. Geschäftsreisen gehören nicht dazu, Verwandten- und Freundesbesuche gehören nur dann dazu, wenn sie Urlaubscharakter hatten.
Wenn Sie keine Reise unternommen haben, fügen Sie bitte eine „0" in das Textfeld ein.

	2011	2010
Anzahl der Urlaubsreisen (5 Tage oder länger, mindestens 4 Übernachtungen)		

Wo verbrachten Sie Ihre Urlaubsreisen im Jahr 2011?

Wählen Sie bitte die Reiseziele entsprechend der Anzahl Ihrer Reisen aus. Wenn Sie mehr als 5 Urlaubsreisen gemacht haben, wählen Sie die wichtigsten 5 Reisen aus. Bei mehreren Reisezielen einer Reise wählen Sie bitte das weiteste Ziel aus.

1. Urlaubsreise	2. Urlaubsreise	3. Urlaubsreise	4. Urlaubsreise	5. Urlaubsreise
Bitte auswählen	Bitte auswählen	Bitte auswählen	Bitte auswählen	Bitte auswählen

Wo verbrachten Sie Ihre Urlaubsreisen im Jahr 2010?

Wählen Sie bitte die Reiseziele entsprechend der Anzahl Ihrer Reisen aus. Wenn Sie mehr als 5 Urlaubsreisen gemacht haben, wählen Sie die wichtigsten 5 Reisen aus. Bei mehreren Reisezielen einer Reise wählen Sie bitte das weiteste Ziel aus.

1. Urlaubsreise	2. Urlaubsreise	3. Urlaubsreise	4. Urlaubsreise	5. Urlaubsreise
Bitte auswählen	Bitte auswählen	Bitte auswählen	Bitte auswählen	Bitte auswählen

[Zurück] [Weiter]

Das Reiseziel wird vom Programm zufällig aus den zuvor genannten Reisezielen im Jahr 2011 gewählt und anstelle von „..." angezeigt.

Die folgenden Fragen beziehen sich auf Ihre Reise nach ... im Jahr 2011.

Wie lange dauerte diese Reise inklusive An- und Abreise?
Bitte geben Sie eine Zahl an.

[   ] Tage

[Weiter]

Wie haben Sie Ihre Reise organisiert?
Mehrfachnennungen sind möglich.

☐ Die Reise war eine Pauschalreise, bei der die Hin- und Rückreise und Unterkunft als Paket zu einem Komplettpreis gebucht wurde.
☐ Für die Reise wurde das Ticket bzw. der Fahrschein für Hin- und Rückreise, also das Verkehrsmittel, vorher gekauft.
☐ Für diese Reise wurde die Unterkunft vorher gebucht.
☐ Für diese Reise wurden andere Bestandteile vorher gebucht.
☐ Es wurde nichts im voraus gebucht.
☐ weiß nicht / keine Antwort

[Zurück] [Weiter]

Welches Verkehrsmittel haben Sie bei Ihrer Reise hauptsächlich zur Anreise genutzt?
Kreuzen Sie bitte nur eine Antwort an.

- ○ Flugzeug
- ○ Auto mit herkömmlichem Antrieb (Benzin oder Diesel)
- ○ Verbrauchreduziertes Auto mit herkömmlichem Antrieb (weniger als 5 Liter Treibstoff pro 100 km)
- ○ Auto mit alternativem Antrieb (z. B. Elektro- oder Hybridauto)
- ○ Wohnwagen, Wohnmobil
- ○ Zug
- ○ Reisebus
- ○ Fähre, Schiff
- ○ Fahrrad
- ○ Öffentliche Verkehrsmittel (S-Bahn, U-Bahn, Straßenbahn, Linienbus)
- ○ Motorrad, Motorroller
- ○ Sonstiges und zwar [   ]
- ○ Weiß nicht / keine Antwort

[Zurück] [Weiter]

Welches Fortbewegungsmittel haben Sie hauptsächlich am Urlaubsort genutzt?

Kreuzen Sie bitte nur eine Antwort an.

- ○ Auto mit herkömmlichen Antrieb (Benzin oder Diesel)
- ○ Verbrauchreduziertes Auto mit herkömmlichem Antrieb (weniger als 5 Liter Treibstoff pro 100 km)
- ○ Auto mit alternativem Antrieb (z. B. Elektro- oder Hybridauto)
- ○ Wohnmobil
- ○ Öffentliche Verkehrsmittel (S-Bahn, U-Bahn, Straßenbahn, Linienbus)
- ○ Taxi
- ○ Zug
- ○ Reisebus
- ○ Motorrad, Motorroller
- ○ Fähre, Linienschiff
- ○ Kreuzfahrtschiff
- ○ Segelboot, Boot
- ○ Fahrrad
- ○ Zu Fuß
- ○ Sonstiges und zwar [   ]

[Zurück] [Weiter]

In welcher Art von Unterkunft haben Sie auf dieser Reise hauptsächlich übernachtet?
Kreuzen Sie bitte nur eine Antwort an.

- ○ Hotel/Hotelanlage (inkl. Motel, Lodge)
- ○ Gasthof
- ○ Pension
- ○ Clubanlage
- ○ Apartmentanlage
- ○ Ferienzentrum, Ferienpark, Center Park
- ○ Gemietete Ferienwohnung, gemietetes Ferienhaus
- ○ Eigenes Ferienhaus, Ferienwohnung
- ○ Schiff, Boot, Jacht
- ○ Zelt (Camping)
- ○ Wohnwagen, Wohnmobil
- ○ Hostel/Jugendherberge/Backpackers
- ○ Privatzimmer (gegen Bezahlung)
- ○ Verwandte/Bekannte
- ○ Sonstiges und zwar _____
- ○ weiß nicht / keine Antwort

[Zurück] [Weiter]

Welche der folgenden Reisearten beschreibt diese Reise am besten?
Kreuzen Sie bitte maximal drei Reisearten an.

- ☐ Aktiv-Urlaub
- ☐ Erlebnis-Urlaub
- ☐ Ausruh-Urlaub
- ☐ Sightseeing-Urlaub
- ☐ Natur-Urlaub
- ☐ Strand-/Bade-/Sonnen-Urlaub
- ☐ Gesundheits-Urlaub
- ☐ Studien-/Bildungsreise
- ☐ Kulturreise (Festspiele, Konzerte, Theater, etc.)
- ☐ Rundreise
- ☐ Familien-Ferien
- ☐ Verwandten-/Bekannten-Besuch
- ☐ Spaß-/Fun-/Party-Urlaub
- ☐ Sonstiges und zwar _____
- ☐ weiß nicht / keine Antwort

[Zurück] [Weiter]

Diese Fragen beziehen sich **allgemein** auf Ihre Reiseaktivitäten.

Welche Gütesiegel für ökologisch bzw. sozial verantwortlichen Tourismus sind Ihnen bekannt?

	kenne ich vom Namen her und inhaltlich	kenne ich vom Namen her	kenne ich nicht
Blaue Flagge	○	○	○
Viabono	○	○	○
TUI Umweltchampion	○	○	○
Biohotels	○	○	○
Fahrtziel Natur	○	○	○
Sonstige und zwar _____	○	○	○

Inwieweit treffen folgende Aussagen auf Sie zu:

Seit 2010 habe ich

	ja	nein, aber ich will das in Zukunft tun	nein und ich will das nicht in Zukunft tun	weiß nicht / keine Antwort
Angebote (eine komplette Reise oder ihre Bestandteile) gebucht/gekauft, die bestimmte ökologische bzw. soziale Standards berücksichtigen.	○	○	○	○
bei Reiseveranstaltern gebucht, die ökologisch bzw. sozial verträgliche Reisen im Programm haben.	○	○	○	○
mich über ökologisch und sozial verantwortlichem Tourismus informiert.	○	○	○	○
gezielt nach Angeboten des ökologisch und sozial verantwortlichen Tourismus gesucht.	○	○	○	○

Besitzen Sie eine BahnCard der Deutschen Bahn?

○ ja   ○ nein   ○ weiß nicht / keine Antwort

[Zurück] [Weiter]

Zuletzt möchten wir Ihnen einige Fragen zu Ihren Entscheidungskriterien bei der Suche nach einer Unterkunft stellen. Dazu zeigen wir Ihnen im Folgenden jeweils fünf Eigenschaften einer Unterkunft und möchten Sie bitten, jeweils die wichtigste und die unwichtigste Eigenschaft auszuwählen.

Es sind noch ca. 3 Minuten bis zum Ende der Befragung!

[Zurück] [Weiter]

Welche der folgenden fünf Eigenschaften ist für Sie persönlich die wichtigste und welche die unwichtigste bei der Entscheidung für eine Unterkunft auf einer Urlaubsreise?

Am wichtigsten		Am unwichtigsten
○	Frühstück inklusive	○
○	Erreichbarkeit mit öffentlichen Verkehrsmitteln	○
○	niedriger Preis	○
○	Möglichkeit der Selbstverpflegung	○
○	Familienfreundlichkeit	○

[Zurück] [Weiter]

Welche der folgenden fünf Eigenschaften ist für Sie persönlich die wichtigste und welche die unwichtigste bei der Entscheidung für eine Unterkunft auf einer Urlaubsreise?

Am wichtigsten		Am unwichtigsten
O	Internetzugang/WLAN	O
O	eigenes bzw. direkt angeschlossenes Restaurant	O
O	biologische Küche mit regionalen und saisonalen Gerichten	O
O	Kennzeichnung mit einem Gütesiegel für ökologisch bzw. sozial verantwortlichen Tourismus	O
O	optischer Eindruck des Zimmers	O

[Zurück] [Weiter]

Welche der folgenden fünf Eigenschaften ist für Sie persönlich die wichtigste und welche die unwichtigste bei der Entscheidung für eine Unterkunft auf einer Urlaubsreise?

Am wichtigsten		Am unwichtigsten
O	Kennzeichnung mit einem Gütesiegel für ökologisch bzw. sozial verantwortlichen Tourismus	O
O	Anzahl der Sterne	O
O	bekannte Marke des Anbieters	O
O	Wellnessangebote	O
O	Lage in der Nähe von touristischen Sehenswürdigkeiten	O

[Zurück] [Weiter]

Welche der folgenden fünf Eigenschaften ist für Sie persönlich die wichtigste und welche die unwichtigste bei der Entscheidung für eine Unterkunft auf einer Urlaubsreise?

Am wichtigsten		Am unwichtigsten
O	bekannte Marke des Anbieters	O
O	Kennzeichnung mit einem Gütesiegel für ökologisch bzw. sozial verantwortlichen Tourismus	O
O	Internetzugang/WLAN	O
O	Frühstück inklusive	O
O	niedriger Preis	O

[Weiter]

Welche der folgenden fünf Eigenschaften ist für Sie persönlich die wichtigste und welche die unwichtigste bei der Entscheidung für eine Unterkunft auf einer Urlaubsreise?

Am wichtigsten		Am unwichtigsten
○	Lage in der Nähe von touristischen Sehenswürdigkeiten	○
○	biologische Küche mit regionalen und saisonalen Gerichten	○
○	eigenes bzw. direkt angeschlossenes Restaurant	○
○	Anzahl der Sterne	○
○	Möglichkeit der Selbstverpflegung	○

[Zurück] [Weiter]

Welche der folgenden fünf Eigenschaften ist für Sie persönlich die wichtigste und welche die unwichtigste bei der Entscheidung für eine Unterkunft auf einer Urlaubsreise?

Am wichtigsten		Am unwichtigsten
○	bekannte Marke des Anbieters	○
○	Möglichkeit der Selbstverpflegung	○
○	optischer Eindruck des Zimmers	○
○	Erreichbarkeit mit öffentlichen Verkehrsmitteln	○
○	Wellnessangebote	○

[Zurück] [Weiter]

Welche der folgenden fünf Eigenschaften ist für Sie persönlich die wichtigste und welche die unwichtigste bei der Entscheidung für eine Unterkunft auf einer Urlaubsreise?

Am wichtigsten		Am unwichtigsten
○	Familienfreundlichkeit	○
○	Lage in der Nähe von touristischen Sehenswürdigkeiten	○
○	Wellnessangebote	○
○	biologische Küche mit regionalen und saisonalen Gerichten	○
○	Internetzugang/WLAN	○

[Zurück] [Weiter]

Welche der folgenden fünf Eigenschaften ist für Sie persönlich die wichtigste und welche die unwichtigste bei der Entscheidung für eine Unterkunft auf einer Urlaubsreise?

Am wichtigsten		Am unwichtigsten
○	eigenes bzw. direkt angeschlossenes Restaurant	○
○	Frühstück inklusive	○
○	Anzahl der Sterne	○
○	niedriger Preis	○
○	optischer Eindruck des Zimmers	○

[Zurück] [Weiter]

Sie haben es fast geschafft! Ich möchte Sie nur noch um einige wichtige statistische Angaben bitten.

Anzahl der Personen, die ständig in ihrem Haushalt leben (Sie selbst mit eingeschlossen):

Anzahl der Kinder unter 14 Jahren in Ihrem Haushalt:

Ihr höchster allgemeiner Bildungsabschluss:
- ○ kein Schulabschluss
- ○ Realschulabschluss
- ○ Hauptschulabschluss
- ○ Ausbildung/Lehre
- ○ Abitur
- ○ Fach-/Hochschulstudium
- ○ weiß nicht/keine Angabe

Das Haushalts-Netto-Einkommen (nach Abzug der Steuern und Sozialversicherung):
- ○ bis 999 EUR
- ○ 1.000 bis 1.999 EUR
- ○ 2.000 bis 2.999 EUR
- ○ 3.000 bis 3.999 EUR
- ○ 4.000 bis 4.999 EUR
- ○ 5.000 EUR und mehr
- ○ weiß nicht/keine Angabe

Ihr Geburtsjahr
Bitte vierstellig angeben, z. B. 1978

Ihre Postleitzahl:

[Weiter]

Vielen Dank für Ihre Teilnahme und Unterstützung!

Die Umfrage ist nun beendet und Sie können das Fenster schließen.

Falls Sie Fragen zu der Untersuchung bzw. ihrer Ergebnisse haben sollten, können Sie mich gerne per Email unter der Adresse

Anna_Klein@uni-hohenheim.de

kontaktieren!

Wenn Sie an dem Gewinnspiel teilnehmen möchten, klicken Sie bitte auf unten stehenden Link und tragen Ihre E-Mail-Adresse in das Textfeld ein. Diese wird aus Gründen des Datenschutzes separat gespeichert. Ich versichere Ihnen, dass alle eingetragenen Adressen nach der Gewinnverlosung und der Benachrichtigung der Gewinner von mir gelöscht und zu keinem Zeitpunkt an Dritte weitergeleitet werden.

Freundliche Grüße,

Anna Klein, Doktorandin des Instituts für Marketing und Management an der Universität Hohenheim

[Weiter zum Gewinnspiel]

Anhang 10 Prüfung der Gütekriterien – Untersuchungsstufe A: Untersuchung der Normalverteilung

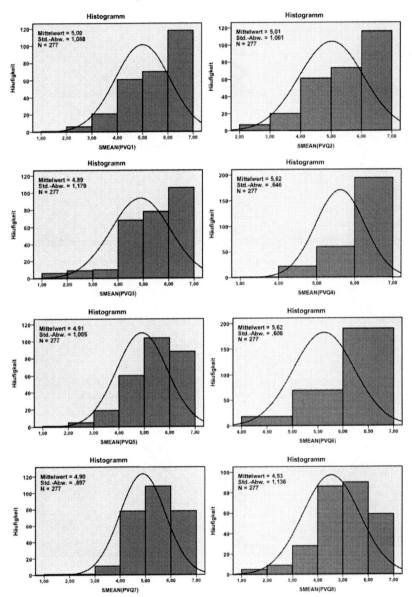

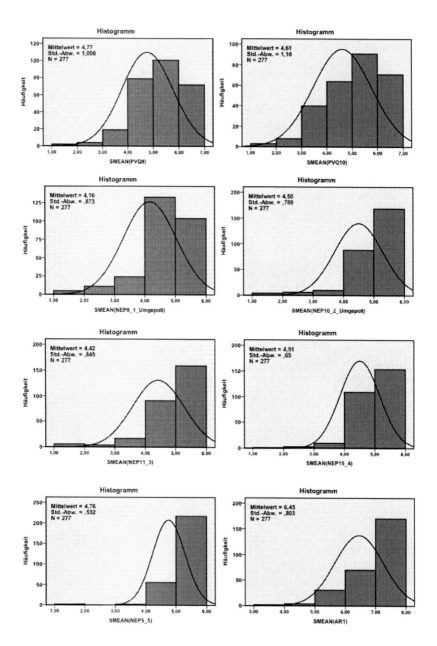

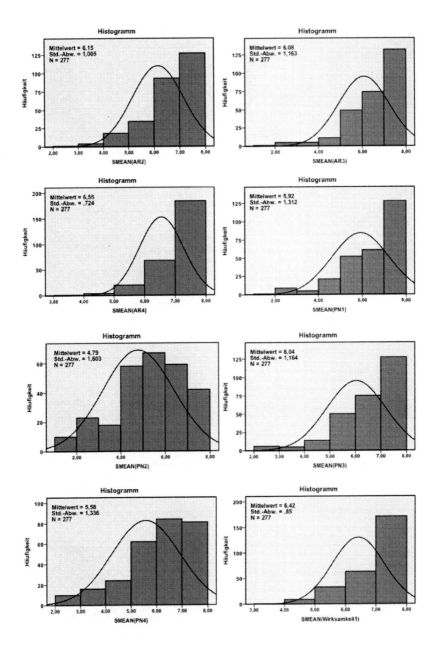

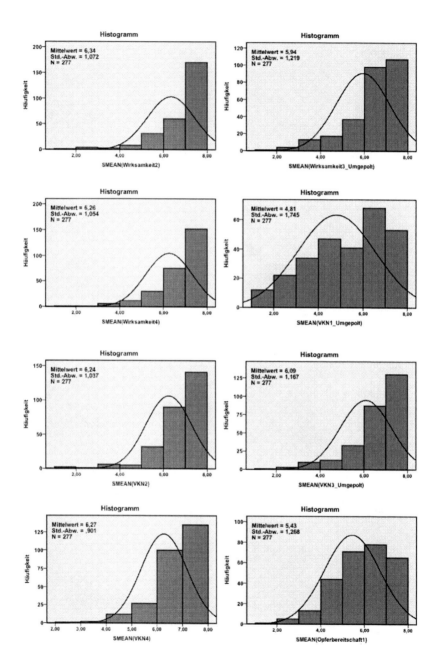

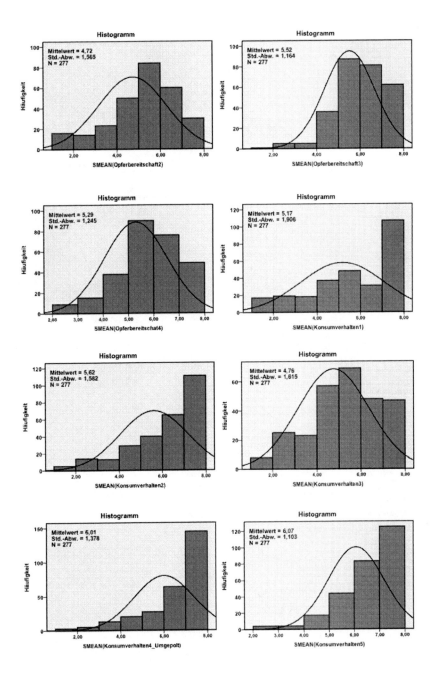

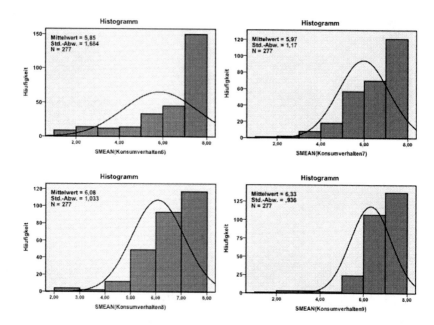

Tests auf Normalverteilung						
Variablenname	Kolmogorov-Smirnov[a]			Shapiro-Wilk		
	Statistik	df	Signifikanz	Statistik	df	Signifikanz
SMEAN(PVQ1)	0,248	277	0,000	0,0825	277	0,000
SMEAN(PVQ2)	0,243	277	0,000	0,824	277	0,000
SMEAN(PVQ3)	0,209	277	0,000	,0818	277	0,000
SMEAN(PVQ4)	0,424	277	0,000	0,625	277	0,000
SMEAN(PVQ5)	0,229	277	0,000	0,853	277	0,000
SMEAN(PVQ6)	0,420	277	0,000	0,635	277	0,000
SMEAN(PVQ7)	0,218	277	0,000	0,856	277	0,000
SMEAN(PVQ8)	0,197	277	0,000	0,891	277	0,000
SMEAN(PVQ9)	0,216	277	0,000	0,872	277	0,000
SMEAN(PVQ10)	0,216	277	0,000	0,888	277	0,000
SMEAN(NEP8_1_Umgepolt)	0,284	277	0,000	0,775	277	0,000
SMEAN(NEP10_2_Umgepolt)	0,348	277	0,000	0,648	277	0,000
SMEAN(NEP11_3)	0,327	277	0,000	0,679	277	0,000
SMEAN(NEP15_4)	0,332	277	0,000	0,702	277	0,000
SMEAN(NEP5_5)	0,457	277	0,000	0,476	277	0,000
SMEAN(AR1)	0,365	277	0,000	0,697	277	0,000
SMEAN(AR2)	0,260	277	0,000	0,787	277	0,000
SMEAN(AR3)	0,263	277	0,000	0,767	277	0,000
SMEAN(AR4)	0,396	277	0,000	0,651	277	0,000
SMEAN(PN1)	0,256	277	0,000	0,789	277	0,000

Tests auf Normalverteilung

Variablenname	Kolmogorov-Smirnov[a]			Shapiro-Wilk		
	Statistik	df	Signifikanz	Statistik	df	Signifikanz
SMEAN(PN2)	0,158	277	0,000	0,923	277	0,000
SMEAN(PN3)	0,255	277	0,000	0,784	277	0,000
SMEAN(PN4)	0,218	277	0,000	0,863	277	0,000
SMEAN(Wirk)	0,369	277	0,000	0,700	277	0,000
SMEAN(Wirk2)	0,345	277	0,000	0,662	277	0,000
SMEAN(Wirk3_Umgepolt)	0,263	277	0,000	0,789	277	0,000
SMEAN(Wirk4)	0,308	277	0,000	0,721	277	0,000
SMEAN(VKN1_Umgepolt)	0,190	277	0,000	0,913	277	0,000
SMEAN(VKN2)	0,277	277	0,000	0,713	277	0,000
SMEAN(VKN3_Umgepolt)	0,254	277	0,000	,0759	277	0,000
SMEAN(VKN4)	0,279	277	0,000	0,758	277	0,000
SMEAN(BOB1)	0,189	277	0,000	0,903	277	0,000
SMEAN(BOB2)	0,199	277	0,000	0,912	277	0,000
SMEAN(BOB3)	0,177	277	0,000	0,894	277	0,000
SMEAN(BOB4)	0,183	277	0,000	0,910	277	0,000
SMEAN(KV1)	0,218	277	0,000	0,847	277	0,000
SMEAN(KV2)	0,231	277	0,000	0,818	277	0,000
SMEAN(KV)	0,151	277	0,000	0,929	277	0,000
SMEAN(KV_Umgepolt)	0,286	277	0,000	0,738	277	0,000
SMEAN(KV5)	0,252	277	0,000	0,790	277	0,000
SMEAN(KV6)	0,295	277	0,000	0,716	277	0,000
SMEAN(KV7)	0,247	277	0,000	0,812	277	0,000
SMEAN(KV8)	0,236	277	0,000	0,795	277	0,000
SMEAN(KV9)	0,259	277	0,000	0,688	277	0,000

a. Signifikanzkorrektur nach Lilliefors

SMEAN = Variablen, bei welchen die fehlenden Werte mit der Zeitreihen-Mittelwert-Methode ersetzt wurden

Anhang 11 Prüfung der Gütekriterien – Untersuchungsstufe A: exploratorische Faktorenanalyse auf der Ebene der Dimensionen

Dimension Werte

KMO- und Bartlett-Test

Maß der Stichprobeneignung nach Kaiser-Meyer-Olkin		,704
Bartlett-Test auf Sphärizität	Ungefähres Chi-Quadrat	794,885
	df	45
	Signifikanz nach Bartlett	,000

Rotierte Komponentenmatrix[a]

Standardisierte Items	Komponente		
	1	2	3
Z-Wert: SMEAN(PVQ1)	,128	,170	,880
Z-Wert: SMEAN(PVQ2)	,042	,165	,893
Z-Wert: SMEAN(PVQ3)	,065	,435	,347
Z-Wert: SMEAN(PVQ4)	,059	,296	,103
Z-Wert: SMEAN(PVQ5)	-,119	,712	,247
Z-Wert: SMEAN(PVQ6)	-,047	,803	-,039
Z-Wert: SMEAN(PVQ7)	,249	,590	,065
Z-Wert: SMEAN(PVQ8)	,887	,126	,130
Z-Wert: SMEAN(PVQ9)	,868	,093	,103
Z-Wert: SMEAN(PVQ10)	,857	-,034	-,014

Extraktionsmethode: Hauptkomponentenanalyse
Rotationsmethode: Varimax mit Kaiser-Normalisierung

a. Die Rotation ist in 4 Iterationen konvergiert.

Kommunalitäten

Standardisierte Items	Anfänglich	Extraktion
Z-Wert: SMEAN(PVQ1)	1,000	,820
Z-Wert: SMEAN(PVQ2)	1,000	,826
Z-Wert: SMEAN(PVQ3)	1,000	,314
Z-Wert: SMEAN(PVQ4)	1,000	,102
Z-Wert: SMEAN(PVQ5)	1,000	,583
Z-Wert: SMEAN(PVQ6)	1,000	,649
Z-Wert: SMEAN(PVQ7)	1,000	,414
Z-Wert: SMEAN(PVQ8)	1,000	,819
Z-Wert: SMEAN(PVQ9)	1,000	,773
Z-Wert: SMEAN(PVQ10)	1,000	,735

Extraktionsmethode: Hauptkomponentenanalyse

Dimension Einstellungen

KMO- und Bartlett-Test

Maß der Stichprobeneignung nach Kaiser-Meyer-Olkin		,798
Bartlett-Test auf Sphärizität	Ungefähres Chi-Quadrat	1193,189
	df	136
	Signifikanz nach Bartlett	,000

Kommunalitäten

Standardisierte Items	Anfänglich	Extraktion
Z-Wert: SMEAN(NEP8_1_Umgepolt)	1,000	,621
Z-Wert: SMEAN(NEP10_2_Umgepolt)	1,000	,528
Z-Wert: SMEAN(NEP11_3)	1,000	,503
Z-Wert: SMEAN(NEP15_4)	1,000	,655
Z-Wert: SMEAN(NEP5_5)	1,000	,715
Z-Wert: SMEAN(AR1)	1,000	,562
Z-Wert: SMEAN(AR2)	1,000	,551
Z-Wert: SMEAN(AR3)	1,000	,374
Z-Wert: SMEAN(AR4)	1,000	,489
Z-Wert: SMEAN(Wirk1)	1,000	,583
Z-Wert: SMEAN(Wirk2)	1,000	,396
Z-Wert: SMEAN(Wirk3_Umgepolt)	1,000	,221
Z-Wert: SMEAN(Wirk4)	1,000	,518
Z-Wert: SMEAN(VKN1_Umgepolt)	1,000	,473
Z-Wert: SMEAN(VKN2)	1,000	,643
Z-Wert: SMEAN(VKN3_Umgepolt)	1,000	,628
Z-Wert: SMEAN(VKN4)	1,000	,690

Extraktionsmethode: Hauptkomponentenanalyse

Rotierte Komponentenmatrix[a]

Standardisierte Items	Komponente			
	1	2	3	4
Z-Wert: SMEAN(NEP8_1_Umgepolt)	-,094	-,052	,131	,769
Z-Wert: SMEAN(NEP10_2_Umgepolt)	,228	,059	,155	,670
Z-Wert: SMEAN(NEP11_3)	,032	-,099	,694	,104
Z-Wert: SMEAN(NEP15_4)	,138	,030	,793	,085
Z-Wert: SMEAN(NEP5_5)	,117	,066	,832	,071
Z-Wert: SMEAN(AR1)	,729	,095	-,022	,148
Z-Wert: SMEAN(AR2)	,722	-,007	,076	-,155
Z-Wert: SMEAN(AR3)	,590	-,011	,151	,058
Z-Wert: SMEAN(AR4)	,670	,170	,087	,057
Z-Wert: SMEAN(Wirk1)	,735	,114	,044	,169
Z-Wert: SMEAN(Wirk2)	,559	,117	,122	,233
Z-Wert: SMEAN(Wirk3_Umgepolt)	,303	,038	-,019	,357
Z-Wert: SMEAN(Wirk4)	,719	,023	,017	,005
Z-Wert: SMEAN(VKN1_Umgepolt)	,001	,654	-,046	-,208
Z-Wert: SMEAN(VKN2)	,156	,756	,119	,180
Z-Wert: SMEAN(VKN3_Umgepolt)	,040	,789	-,053	,020
Z-Wert: SMEAN(VKN4)	,158	,811	-,016	,083

Extraktionsmethode: Hauptkomponentenanalyse. Rotationsmethode: Varimax mit Kaiser-Normalisierung
a. Die Rotation ist in 5 Iterationen konvergiert.

Dimension moralische Verpflichtung

KMO- und Bartlett-Test

Maß der Stichprobeneignung nach Kaiser-Meyer-Olkin.		,689
Bartlett-Test auf Sphärizität	Ungefähres Chi-Quadrat	265,497
	df	6
	Signifikanz nach Bartlett	,000

Komponentenmatrix[a]

Standardisierte Items	Komponente
	1
Z-Wert: SMEAN(PN1)	,719
Z-Wert: SMEAN(PN2)	,838
Z-Wert: SMEAN(PN3)	,716
Z-Wert: SMEAN(PN4)	,731

Extraktionsmethode: Hauptkomponentenanalyse
a. 1 Komponente extrahiert

Kommunalitäten

Standardisierte Items	Anfänglich	Extraktion
Z-Wert: SMEAN(PN1)	1,000	,516
Z-Wert: SMEAN(PN2)	1,000	,703
Z-Wert: SMEAN(PN3)	1,000	,512
Z-Wert: SMEAN(PN4)	1,000	,534

Extraktionsmethode: Hauptkomponentenanalyse

Rotierte Komponentenmatrix[a]

a. Es wurde nur eine Komponente extrahiert. Die Lösung kann nicht rotiert werden.

Dimension Unterstützung der Ziele der Bewegung

KMO- und Bartlett-Test		
Maß der Stichprobeneignung nach Kaiser-Meyer-Olkin.		,830
Bartlett-Test auf Sphärizität	Ungefähres Chi-Quadrat	1162,513
	df	78
	Signifikanz nach Bartlett	,000

Kommunalitäten		
Standardisierte Items	Anfänglich	Extraktion
Z-Wert: SMEAN(KV1)	1,000	,127
Z-Wert: SMEAN(KV2)	1,000	,535
Z-Wert: SMEAN(KV3)	1,000	,461
Z-Wert: SMEAN(KV4_Umgepolt)	1,000	,369
Z-Wert: SMEAN(KV5)	1,000	,657
Z-Wert: SMEAN(KV6)	1,000	,175
Z-Wert: SMEAN(KV7)	1,000	,581
Z-Wert: SMEAN(KV8)	1,000	,414
Z-Wert: SMEAN(KV9)	1,000	,475
Z-Wert: SMEAN(BOB1)	1,000	,481
Z-Wert: SMEAN(BOB2)	1,000	,465
Z-Wert: SMEAN(BOB3)	1,000	,773
Z-Wert: SMEAN(BOB4)	1,000	,741
Extraktionsmethode: Hauptkomponentenanalyse		

Rotierte Komponentenmatrix[a]		
Standardisierte Items	Komponente	
	1	2
Z-Wert: SMEAN(KV1)	,137	,330
Z-Wert: SMEAN(KV2)	,726	,088
Z-Wert: SMEAN(KV3)	,633	,245
Z-Wert: SMEAN(KV4_Umgepolt)	,606	-,039
Z-Wert: SMEAN(KV5)	,801	,125
Z-Wert: SMEAN(KV6)	,393	,143
Z-Wert: SMEAN(KV7)	,694	,315
Z-Wert: SMEAN(KV8)	,635	,102
Z-Wert: SMEAN(KV9)	,686	,068
Z-Wert: SMEAN(BOB1)	,541	,433
Z-Wert: SMEAN(BOB2)	,122	,671
Z-Wert: SMEAN(BOB3)	,071	,876
Z-Wert: SMEAN(BOB4)	,053	,859
Extraktionsmethode: Hauptkomponentenanalyse		
Rotationsmethode: Varimax mit Kaiser-Normalisierung		
a. Die Rotation ist in 3 Iterationen konvergiert.		

Z-Wert = standardisierte Variable

SMEAN = Variablen, bei welchen die fehlenden Werte mit der Zeitreihen-Mittelwert-Methode ersetzt wurden

Anhang 12 Prüfung der Gütekriterien – Untersuchungsstufe B.1: Reliabilitätsanalyse

Faktor Spiritualitätswerte

Reliabilitätsstatistiken

Cronbachs Alpha	Cronbachs Alpha für standardisierte Items	Anzahl der Items
,681	,681	3

Item-Skala-Statistiken

Standardisierte Items	Skalenmittelwert, wenn Item weggelassen	Skalenvarianz, wenn Item weggelassen	Korrigierte Item-Skala-Korrelation	Quadrierte multiple Korrelation	Cronbachs Alpha, wenn Item weggelassen
Z-Wert: SMEAN(PVQ1)	,0451182	2,489	,615	,495	,424
Z-Wert: SMEAN(PVQ2)	,0440920	2,497	,602	,491	,441
Z-Wert: SMEAN(PVQ3)	,0455399	3,303	,300	,090	,821

Faktor Universalismus-/Prosozialitätwerte

Reliabilitätsstatistiken

Cronbachs Alpha	Cronbachs Alpha für standardisierte Items	Anzahl der Items
,564	,569	3

Item-Skala-Statistiken

Standardisierte Items	Skalenmittelwert, wenn Item weggelassen	Skalenvarianz, wenn Item weggelassen	Korrigierte Item-Skala-Korrelation	Quadrierte multiple Korrelation	Cronbachs Alpha, wenn Item weggelassen
Z-Wert: SMEAN(PVQ5)	,0622943	2,218	,405	,215	,411
Z-Wert: SMEAN(PVQ6)	,0220643	2,368	,463	,237	,336
Z-Wert: SMEAN(PVQ7)	,0504349	2,605	,269	,076	,623

Faktor Hedonismuswerte

Reliabilitätsstatistiken

Cronbachs Alpha	Cronbachs Alpha für standardisierte Items	Anzahl der Items
,857	,857	3

Item-Skala-Statistiken

Standardisierte Items	Skalenmittelwert, wenn Item weggelassen	Skalenvarianz, wenn Item weggelassen	Korrigierte Item-Skala-Korrelation	Quadrierte multiple Korrelation	Cronbachs Alpha, wenn Item weggelassen
Z-Wert: SMEAN(PVQ8)	,0141700	3,216	,765	,596	,765
Z-Wert: SMEAN(PVQ9)	,0057209	3,301	,746	,574	,784
Z-Wert: SMEAN(PVQ10)	,0097419	3,450	,679	,462	,846

Faktor NEP-negativ

Reliabilitätsstatistiken

Cronbachs Alpha	Cronbachs Alpha für standardisierte Items	Anzahl der Items
,390	,390	2

Item-Skala-Statistiken

Standardisierte Items	Skalenmittelwert, wenn Item weggelassen	Skalenvarianz, wenn Item weggelassen	Korrigierte Item-Skala-Korrelation	Quadrierte multiple Korrelation	Cronbachs Alpha, wenn Item weggelassen
Z-Wert: SMEAN(NEP8_1_Umgepolt)	,0216300	,938	,242	,059	.
Z-Wert: SMEAN(NEP10_2_Umgepolt)	-,0083781	1,011	,242	,059	.

Faktor NEP-positiv

Reliabilitätsstatistiken

Cronbachs Alpha	Cronbachs Alpha für standardisierte Items	Anzahl der Items
,696	,696	3

Item-Skala-Statistiken

Standardisierte Items	Skalenmittelwert, wenn Item weggelassen	Skalenvarianz, wenn Item weggelassen	Korrigierte Item-Skala-Korrelation	Quadrierte multiple Korrelation	Cronbachs Alpha, wenn Item weggelassen
Z-Wert: SMEAN(NEP11_3)	,0464388	2,932	,423	,183	,713
Z-Wert: SMEAN(NEP15_4)	,0288609	2,741	,533	,323	,578
Z-Wert: SMEAN(NEP5_5)	,0546113	2,458	,587	,363	,503

Faktor Verantwortungszuschreibung und Wirksamkeitserwartung

Reliabilitätsstatistiken

Cronbachs Alpha	Cronbachs Alpha für standardisierte Items	Anzahl der Items
,816	,817	7

Item-Skala-Statistiken

Standardisierte Items	Skalenmittelwert, wenn Item weggelassen	Skalenvarianz, wenn Item weggelassen	Korrigierte Item-Skala-Korrelation	Quadrierte multiple Korrelation	Cronbachs Alpha, wenn Item weggelassen
Z-Wert: SMEAN(AR1)	,1848350	15,668	,613	,430	,782
Z-Wert: SMEAN(AR2)	,1968212	15,932	,554	,351	,792
Z-Wert: SMEAN(AR3)	,2105780	16,234	,470	,292	,806
Z-Wert: SMEAN(AR4)	,1994059	16,097	,560	,325	,791
Z-Wert: SMEAN(Wirk1)	,2103892	15,008	,642	,488	,776
Z-Wert: SMEAN(Wirk2)	,2127343	16,155	,477	,261	,805
Z-Wert: SMEAN(Wirk4)	,1983658	15,604	,574	,359	,788

Faktor Vereinbarkeit von Konsum und Nachhaltigkeit

Reliabilitätsstatistiken

Cronbachs Alpha	Cronbachs Alpha für standardisierte Items	Anzahl der Items
,757	,758	4

Item-Skala-Statistiken

Standardisierte Items	Skalenmittelwert, wenn Item weggelassen	Skalenvarianz, wenn Item weggelassen	Korrigierte Item-Skala-Korrelation	Quadrierte multiple Korrelation	Cronbachs Alpha, wenn Item weggelassen
Z-Wert: SMEAN(VKN1_Umgepolt)	,0159842	6,039	,422	,205	,770
Z-Wert: SMEAN(VKN2)	,0369863	5,396	,571	,414	,691
Z-Wert: SMEAN(VKN3_Umgepolt)	,0391863	5,336	,592	,352	,679
Z-Wert: SMEAN(VKN4)	,0029026	5,284	,642	,459	,652

Faktor personale Norm

Reliabilitätsstatistiken

Cronbachs Alpha	Cronbachs Alpha für standardisierte Items	Anzahl der Items
,743	,743	4

Item-Skala-Statistiken

Standardisierte Items	Skalenmittelwert, wenn Item weggelassen	Skalenvarianz, wenn Item weggelassen	Korrigierte Item-Skala-Korrelation	Quadrierte multiple Korrelation	Cronbachs Alpha, wenn Item weggelassen
Z-Wert: SMEAN(PN1)	,0989635	5,305	,503	,262	,703
Z-Wert: SMEAN(PN2)	,1147827	4,662	,651	,459	,616
Z-Wert: SMEAN(PN3)	,1291595	5,165	,494	,295	,708
Z-Wert: SMEAN(PN4)	,1093827	5,268	,502	,352	,703

Faktor nachhaltiger Konsum

Reliabilitätsstatistiken		
Cronbachs Alpha	Cronbachs Alpha für standardisierte Items	Anzahl der Items
,843	,843	8

Item-Skala-Statistiken					
Standardisierte Items	Skalenmittelwert, wenn Item weggelassen	Skalenvarianz, wenn Item weggelassen	Korrigierte Item-Skala-Korrelation	Quadrierte multiple Korrelation	Cronbachs Alpha, wenn Item weggelassen
Z-Wert: SMEAN(KV2)	,1750909	22,446	,614	,417	,819
Z-Wert: SMEAN(KV3)	,1886349	22,691	,573	,386	,825
Z-Wert: SMEAN(KV4_Umgepolt)	,2044463	23,607	,462	,262	,839
Z-Wert: SMEAN(BOB1)	,1757981	23,099	,540	,335	,829
Z-Wert: SMEAN(KV5)	,1720181	21,706	,720	,550	,806
Z-Wert: SMEAN(KV7)	,1810507	22,131	,649	,470	,815
Z-Wert: SMEAN(KV8)	,1855858	23,328	,510	,295	,832
Z-Wert: SMEAN(KV9)	,1680266	23,221	,545	,349	,828

Faktor Bereitschaft, Opfer zu bringen

Reliabilitätsstatistiken		
Cronbachs Alpha	Cronbachs Alpha für standardisierte Items	Anzahl der Items
,766	,765	3

Item-Skala-Statistiken					
Standardisierte Items	Skalenmittelwert, wenn Item weggelassen	Skalenvarianz, wenn Item weggelassen	Korrigierte Item-Skala-Korrelation	Quadrierte multiple Korrelation	Cronbachs Alpha, wenn Item weggelassen
Z-Wert: SMEAN(BOB2)	,0313741	3,340	,441	,201	,850
Z-Wert: SMEAN(BOB3)	,0511088	2,626	,711	,575	,552
Z-Wert: SMEAN(BOB4)	,0559465	2,727	,661	,549	,612

Z-Wert = standardisierte Variable

SMEAN = Variablen, bei welchen die fehlenden Werte mit der Zeitreihen-Mittelwert-Methode ersetzt wurden

Anhang 13 Prüfung der Gütekriterien – Untersuchungsstufe B.2: exploratorische Faktorenanalyse auf der Ebene der Faktoren

Faktor Spiritualitätswerte

Komponentenmatrix[a]

Standardisierte Items	Komponente 1
Z-Wert: SMEAN(PVQ1)	,921
Z-Wert: SMEAN(PVQ2)	,921

Extraktionsmethode: Hauptkomponentenanalyse
a. 1 Komponente extrahiert

Kommunalitäten

Standardisierte Items	Extraktion
Z-Wert: SMEAN(PVQ1)	,848
Z-Wert: SMEAN(PVQ2)	,848

Extraktionsmethode: Hauptkomponentenanalyse

Faktor Hedonismuswerte

Komponentenmatrix[a]

Standardisierte Items	Komponente 1
Z-Wert: SMEAN(PVQ8)	,902
Z-Wert: SMEAN(PVQ9)	,892
Z-Wert: SMEAN(PVQ10)	,851

Extraktionsmethode: Hauptkomponentenanalyse.
a. 1 Komponenten extrahiert

Kommunalitäten

Standardisierte Items	Extraktion
Z-Wert: SMEAN(PVQ1)	,813
Z-Wert: SMEAN(PVQ2)	,795
Z-Wert: SMEAN(PVQ10)	,724

Extraktionsmethode: Hauptkomponentenanalyse.

Faktor Umweltbewusstsein

Komponentenmatrix[a]

Standardisierte Items	Komponente 1
Z-Wert: SMEAN(NEP15_4)	,882
Z-Wert: SMEAN(NEP5_5)	,882

Extraktionsmethode: Hauptkomponentenanalyse.
a. 1 Komponenten extrahiert

Kommunalitäten

Standardisierte Items	Extraktion
Z-Wert: SMEAN(NEP15_4)	,778
Z-Wert: SMEAN(NEP5_5)	,778

Extraktionsmethode: Hauptkomponentenanalyse.

Faktor Verantwortungszuschreibung und Wirksamkeitserwartung

Komponentenmatrix[a]

Standardisierte Items	Komponente 1
Z-Wert: SMEAN(AR1)	,749
Z-Wert: SMEAN(AR2)	,686
Z-Wert: SMEAN(AR3)	,600
Z-Wert: SMEAN(AR4)	,697
Z-Wert: SMEAN(Wirk1)	,773
Z-Wert: SMEAN(Wirk2)	,609
Z-Wert: SMEAN(Wirk4)	,713

Extraktionsmethode: Hauptkomponentenanalyse.
a. 1 Komponenten extrahiert

Kommunalitäten

Standardisierte Items	Extraktion
Z-Wert: SMEAN(AR1)	,562
Z-Wert: SMEAN(AR2)	,470
Z-Wert: SMEAN(AR3)	,359
Z-Wert: SMEAN(AR4)	,486
Z-Wert: SMEAN(Wirk1)	,598
Z-Wert: SMEAN(Wirk2)	,371
Z-Wert: SMEAN(Wirk4)	,508

Extraktionsmethode: Hauptkomponentenanalyse.

Faktor Vereinbarkeit von Konsum und Nachhaltigkeit

Komponentenmatrix[a]	
Standardisierte Items	Komponente 1
Z-Wert: SMEAN(VKN1_Umgepolt)	,631
Z-Wert: SMEAN(VKN2)	,788
Z-Wert: SMEAN(VKN3_Umgepolt)	,787
Z-Wert: SMEAN(VKN4)	,832
Extraktionsmethode: Hauptkomponentenanalyse	
a. 1 Komponente extrahiert	

Kommunalitäten	
Standardisierte Items	Extraktion
Z-Wert: SMEAN(VKN1_Umgepolt)	,399
Z-Wert: SMEAN(VKN2)	,620
Z-Wert: SMEAN(VKN3_Umgepolt)	,620
Z-Wert: SMEAN(VKN4)	,693
Extraktionsmethode: Hauptkomponentenanalyse	

Faktor personale Norm

Komponentenmatrix[a]	
Standardisierte Items	Komponente 1
Z-Wert: SMEAN(PN1)	,719
Z-Wert: SMEAN(PN2)	,838
Z-Wert: SMEAN(PN3)	,716
Z-Wert: SMEAN(PN4)	,731
Extraktionsmethode: Hauptkomponentenanalyse.	
a. 1 Komponente extrahiert	

Kommunalitäten	
Standardisierte Items	Extraktion
Z-Wert: SMEAN(PN1)	,516
Z-Wert: SMEAN(PN2)	,703
Z-Wert: SMEAN(PN3)	,512
Z-Wert: SMEAN(PN4)	,534
Extraktionsmethode: Hauptkomponentenanalyse	

Faktor nachhaltiger Konsum

Komponentenmatrix[a]	
Standardisierte Items	Komponente 1
Z-Wert: SMEAN(KV2)	,722
Z-Wert: SMEAN(KV3)	,68
Z-Wert: SMEAN(KV4_Umgepolt)	,578
Z-Wert: SMEAN(KV5)	,817
Z-Wert: SMEAN(KV7)	,761
Z-Wert: SMEAN(KV8)	,631
Z-Wert: SMEAN(KV9)	,662
Z-Wert: SMEAN(BOB1)	,662
Extraktionsmethode: Hauptkomponentenanalyse.	
a. 1 Komponente extrahiert	

Kommunalitäten	
Standardisierte Items	Extraktion
Z-Wert: SMEAN(KV2)	,521
Z-Wert: SMEAN(KV3)	,473
Z-Wert: SMEAN(KV4_Umgepolt)	,334
Z-Wert: SMEAN(KV5)	,667
Z-Wert: SMEAN(KV7)	,578
Z-Wert: SMEAN(KV8)	,398
Z-Wert: SMEAN(KV9)	,439
Z-Wert: SMEAN(BOB1)	,438
Extraktionsmethode: Hauptkomponentenanalyse	

Faktor Bereitschaft, Opfer zu bringen

Komponentenmatrix[a]	
Standardisierte Items	Komponente
	1
Z-Wert: SMEAN(BOB2)	,691
Z-Wert: SMEAN(BOB3)	,900
Z-Wert: SMEAN(BOB4)	,877
Extraktionsmethode: Hauptkomponentenanalyse.	
a. 1 Komponente extrahiert	

Kommunalitäten	
Standardisierte Items	Extraktion
Z-Wert: SMEAN(PVQ1)	,478
Z-Wert: SMEAN(PVQ2)	,811
Z-Wert: SMEAN(PVQ10)	,770
Extraktionsmethode: Hauptkomponentenanalyse	

Z-Wert = standardisierte Variable

SMEAN = Variablen, bei welchen die fehlenden Werte mit der Zeitreihen-Mittelwert-Methode ersetzt wurden

Anhang 14 Prüfung der Gütekriterien – Untersuchungsstufe B.3: konfirmatorische Faktorenanalyse auf der Ebene der einzelnen Faktoren

Faktor Spiritualitätswerte

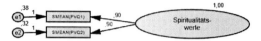

Faktor Hedonismuswerte

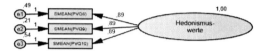

Faktor Umweltbewusstsein

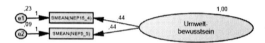

Faktor Verantwortungszuschreibung und Wirksamkeitserwartung

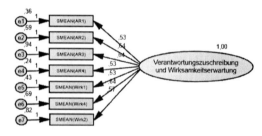

Faktor personale Norm

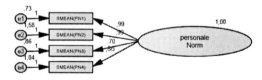

Faktor Vereinbarkeit von Konsum und Nachhaltigkeit

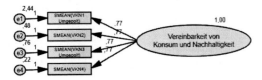

Faktor nachhaltiger Konsum

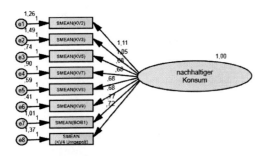

Faktor Bereitschaft, Opfer zu bringen

SMEAN = Variablen, bei welchen die fehlenden Werte mit der Zeitreihen-Mittelwert-Methode ersetzt wurden

Anhang 15   Prüfung der Gütekriterien – Untersuchungsstufe C.1: exploratorische Faktorenanalyse auf der Ebene der Dimensionen

Dimension Werte

KMO- und Bartlett-Test

Maß der Stichprobeneignung nach Kaiser-Meyer-Olkin.		,658
Bartlett-Test auf Sphärizität	Ungefähres Chi-Quadrat	589,202
	df	10
	Signifikanz nach Bartlett	,000

Kommunalitäten

Standardisierte Items	Anfänglich	Extraktion
Z-Wert: SMEAN(PVQ1)	1,000	,844
Z-Wert: SMEAN(PVQ2)	1,000	,850
Z-Wert: SMEAN(PVQ8)	1,000	,816
Z-Wert: SMEAN(PVQ9)	1,000	,792
Z-Wert: SMEAN(PVQ10)	1,000	,750

Extraktionsmethode: Hauptkomponentenanalyse.

Rotierte Komponentenmatrix

Standardisierte Items	Komponente 1	Komponente 2
Z-Wert: SMEAN(PVQ1)	,123	,911
Z-Wert: SMEAN(PVQ2)	,040	,921
Z-Wert: SMEAN(PVQ8)	,889	,163
Z-Wert: SMEAN(PVQ9)	,879	,137
Z-Wert: SMEAN(PVQ10)	,865	-,050

Extraktionsmethode: Hauptkomponentenanalyse.
Rotationsmethode: Varimax mit Kaiser-Normalisierung.
a. Die Rotation ist in 3 Iterationen konvergiert.

Dimension Einstellungen

KMO- und Bartlett-Test

Maß der Stichprobeneignung nach Kaiser-Meyer-Olkin.		,766
Bartlett-Test auf Sphärizität	Ungefähres Chi-Quadrat	869,470
	df	55
	Signifikanz nach Bartlett	,000

Kommunalitäten

Standardisierte Items	Anfänglich	Extraktion
Z-Wert: SMEAN(NEP15_4)	1,000	,766
Z-Wert: SMEAN(NEP5_5)	1,000	,775
Z-Wert: SMEAN(AR1)	1,000	,597
Z-Wert: SMEAN(AR2)	1,000	,523
Z-Wert: SMEAN(AR3)	1,000	,368
Z-Wert: SMEAN(AR4)	1,000	,515
Z-Wert: SMEAN(Wirk1)	1,000	,587
Z-Wert: SMEAN(Wirk4)	1,000	,525
Z-Wert: SMEAN(VKN2)	1,000	,713
Z-Wert: SMEAN(VKN3_Umgepolt)	1,000	,629
Z-Wert: SMEAN(VKN4)	1,000	,746

Extraktionsmethode: Hauptkomponentenanalyse.

Rotierte Komponentenmatrix

Standardisierte Items	Komponente 1	Komponente 2	Komponente 3
Z-Wert: SMEAN(NEP15_4)	,121	,001	,867
Z-Wert: SMEAN(NEP5_5)	,096	,059	,873
Z-Wert: SMEAN(AR1)	,761	,132	,008
Z-Wert: SMEAN(AR2)	,723	-,015	,021
Z-Wert: SMEAN(AR3)	,586	,009	,156
Z-Wert: SMEAN(AR4)	,684	,198	,088
Z-Wert: SMEAN(Wirk1)	,746	,146	,098
Z-Wert: SMEAN(Wirk4)	,723	,028	,039

Rotierte Komponentenmatrix			
Standardisierte Items	Komponente		
	1	2	3
Z-Wert: SMEAN(VKN2)	,133	,814	,181
Z-Wert: SMEAN(VKN3_Umgepolt)	,031	,789	-,072
Z-Wert: SMEAN(VKN4)	,136	,853	-,009
Extraktionsmethode: Hauptkomponentenanalyse. Rotationsmethode: Varimax mit Kaiser-Normalisierung			
a. Die Rotation ist in 4 Iterationen konvergiert.			

Dimension Unterstützung der Ziele der Bewegung

KMO- und Bartlett-Test		
Maß der Stichprobeneignung nach Kaiser-Meyer-Olkin.		,821
Bartlett-Test auf Sphärizität	Ungefähres Chi-Quadrat	997,724
	df	45
	Signifikanz nach Bartlett	,000

Kommunalitäten		
Standardisierte Items	Anfänglich	Extraktion
Z-Wert: SMEAN(KV2)	1,000	,511
Z-Wert: SMEAN(KV3)	1,000	,472
Z-Wert: SMEAN(K5)	1,000	,689
Z-Wert: SMEAN(KV7)	1,000	,611
Z-Wert: SMEAN(KV8)	1,000	,441
Z-Wert: SMEAN(KV9)	1,000	,470
Z-Wert: SMEAN(BOB1)	1,000	,516
Z-Wert: SMEAN(BOB2)	1,000	,482
Z-Wert: SMEAN(BOB)	1,000	,797
Z-Wert: SMEAN(BOB4)	1,000	,745
Extraktionsmethode: Hauptkomponentenanalyse.		

Rotierte Komponentenmatrix		
Standardisierte Items	Komponente	
	1	2
Z-Wert: SMEAN(KV2)	,712	,067
Z-Wert: SMEAN(KV3)	,654	,212
Z-Wert: SMEAN(KV5)	,825	,089
Z-Wert: SMEAN(KV7)	,734	,268
Z-Wert: SMEAN(KV8)	,663	,048
Z-Wert: SMEAN(KV9)	,685	,028
Z-Wert: SMEAN(BOB1)	,583	,420
Z-Wert: SMEAN(BOB2)	,145	,679
Z-Wert: SMEAN(BOB3)	,108	,886
Z-Wert: SMEAN(BOB4)	,085	,859
Extraktionsmethode: Hauptkomponentenanalyse. Rotationsmethode: Varimax mit Kaiser-Normalisierung		
a. Die Rotation ist in 3 Iterationen konvergiert.		

Z-Wert = standardisierte Variable

SMEAN = Variablen, bei welchen die fehlenden Werte mit der Zeitreihen-Mittelwert-Methode ersetzt wurden

Anhang 16   Prüfung der Gütekriterien – Untersuchungsstufe C.2: konfirmatorische Faktorenanalyse auf der Ebene der Dimensionen

Dimension Werte

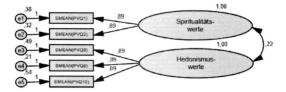

Dimension Einstellungen

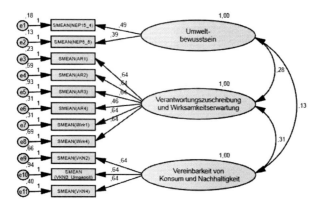

Dimension Unterstützung der Ziele der Bewegung

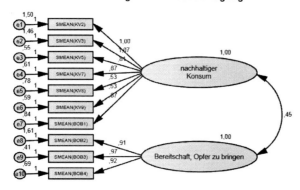

SMEAN = Variablen, bei welchen die fehlenden Werte mit der Zeitreihen-Mittelwert-Methode ersetzt wurden

Fornell/Larcker Kriterium

r^2	SW	HW	UB	AR/WE	VKN	NK	BOB	DEV	FLK DEV>r^2
SW	–	0,046						0,68	erfüllt
HW		–							
UB			–	0,077	0,016			0,46	erfüllt
AR/WE				–	0,098				
VKN					–				
NK						–	0,205	0,46	erfüllt
BOB							–		

SW = Spiritualitätswerte, HW = Hedonismuswerte, UB = Umweltbewusstsein, AR/WE = Verantwortungszuschreibung und Wirksamkeitserwartung, VKN = Vereinbarkeit von Konsum und Nachhaltigkeit, NK = nachhaltiger Konsum, BOB = Bereitschaft, Opfer zu bringen; DEV = durchschnittlich erfasste Varianz; FLK = Fornell/Larcker Kriterium; r = Korrelationen zwischen den Faktoren

Anhang 17 Prüfung der Gütekriterien – Untersuchungsstufe D.1: exploratorische Faktorenanalyse des gesamten Modells

KMO- und Bartlett-Test		
Maß der Stichprobeneignung nach Kaiser-Meyer-Olkin.		,830
Bartlett-Test auf Sphärizität	Ungefähres Chi-Quadrat	3370,717
	df	406
	Signifikanz nach Bartlett	,000

Kommunalitäten		
Standardisierte Items	Anfänglich	Extraktion
Z-Wert: SMEAN(PVQ1)	1,000	,799
Z-Wert: SMEAN(PVQ2)	1,000	,818
Z-Wert: SMEAN(PVQ8)	1,000	,816
Z-Wert: SMEAN(PVQ9)	1,000	,791
Z-Wert: SMEAN(PVQ10)	1,000	,770
Z-Wert: SMEAN(NEP15_4)	1,000	,760
Z-Wert: SMEAN(NEP5_5)	1,000	,791
Z-Wert: SMEAN(AR1)	1,000	,624
Z-Wert: SMEAN(AR2)	1,000	,587
Z-Wert: SMEAN(AR3)	1,000	,493
Z-Wert: SMEAN(AR4)	1,000	,544
Z-Wert: SMEAN(Wirk1)	1,000	,671
Z-Wert: SMEAN(Wirk4)	1,000	,555
Z-Wert: SMEAN(VKN2)	1,000	,711
Z-Wert: SMEAN(VKN3_Umgepolt)	1,000	,620
Z-Wert: SMEAN(VKN4)	1,000	,755
Z-Wert: SMEAN(PN1)	1,000	,654
Z-Wert: SMEAN(PN2)	1,000	,780
Z-Wert: SMEAN(PN3)	1,000	,471
Z-Wert: SMEAN(PN4)	1,000	,713
Z-Wert: SMEAN(KV2)	1,000	,605
Z-Wert: SMEAN(KV3)	1,000	,529
Z-Wert: SMEAN(KV5)	1,000	,713
Z-Wert: SMEAN(KV7)	1,000	,572
Z-Wert: SMEAN(KV9)	1,000	,428
Z-Wert: SMEAN(BOB1)	1,000	,585
Z-Wert: SMEAN(BOB2)	1,000	,611
Z-Wert: SMEAN(BOB3)	1,000	,760
Z-Wert: SMEAN(BOB4)	1,000	,785
Extraktionsmethode: Hauptkomponentenanalyse		

Rotierte Komponentenmatrix[a]

Standardisierte Items	Komponente							
	1	2	3	4	5	6	7	8
Z-Wert: SMEAN(PVQ1)	,261	,131	,107	-,020	,110	-,036	,827	-,066
Z-Wert: SMEAN(PVQ2)	,084	,058	,050	-,046	,146	,029	,884	,015
Z-Wert: SMEAN(PVQ8)	,119	,135	,865	-,015	,125	-,066	,124	-,017
Z-Wert: SMEAN(PVQ9)	,118	,086	,869	-,019	,063	-,017	,098	-,014
Z-Wert: SMEAN(PVQ10)	,015	-,070	,860	-,094	,074	,011	-,053	-,092
Z-Wert: SMEAN(NEP15_4)	,063	,096	-,134	,155	,011	,078	-,020	,835
Z-Wert: SMEAN(NEP5_5)	,099	,084	,009	,054	,053	,068	-,009	,874
Z-Wert: SMEAN(AR1)	,253	,733	,027	,076	,108	,064	-,027	-,009
Z-Wert: SMEAN(AR2)	-,039	,671	-,010	,231	-,006	,175	,226	-,010
Z-Wert: SMEAN(AR3)	-,034	,512	,073	,275	,009	,198	,308	,121
Z-Wert: SMEAN(AR4)	,209	,627	-,003	,011	,197	,256	,007	,059
Z-Wert: SMEAN(Wirk1)	,369	,711	,055	,057	,094	-,061	-,028	,098
Z-Wert: SMEAN(Wirk4)	,225	,701	,074	-,023	-,027	,014	,033	,073
Z-Wert: SMEAN(VKN2)	,095	,105	,061	,098	,795	,037	,120	,170
Z-Wert: SMEAN(VKN3_Umgepolt)	,114	,013	,036	-,102	,764	,029	,081	-,068
Z-Wert: SMEAN(VKN4)	,113	,121	,163	,046	,834	-,020	,050	-,010
Z-Wert: SMEAN(PN1)	,649	,347	-,014	,054	,127	,284	,045	,100
Z-Wert: SMEAN(PN2)	,128	,165	-,119	,225	,025	,815	,016	,077
Z-Wert: SMEAN(PN3)	,155	,313	-,029	,343	,104	,440	-,146	,070
Z-Wert: SMEAN(PN4)	,283	,118	,049	,080	-,035	,776	,054	,062
Z-Wert: SMEAN(KV2)	,699	,086	,058	,001	,032	,084	,305	,074
Z-Wert: SMEAN(KV3)	,665	,035	,030	,049	,056	,272	,060	,035
Z-Wert: SMEAN(KV5)	,804	,204	,036	,020	,127	,007	,066	,041
Z-Wert: SMEAN(KV7)	,694	,171	,039	,199	,023	,127	,056	,011
Z-Wert: SMEAN(KV9)	,585	,138	,090	,091	,209	-,046	,039	,052
Z-Wert: SMEAN(BOB1)	,651	,159	,107	,324	-,060	,083	-,094	-,020
Z-Wert: SMEAN(BOB2)	,282	-,067	,046	,660	-,157	,072	-,217	,113
Z-Wert: SMEAN(BOB3)	,158	,186	-,117	,793	,048	,219	,022	,086
Z-Wert: SMEAN(BOB4)	,094	,183	-,087	,836	,098	,101	,107	,067
Extraktionsmethode: Hauptkomponentenanalyse. Rotationsmethode: Varimax mit Kaiser-Normalisierung								
a. Die Rotation ist in 6 Iterationen konvergiert.								

Z-Wert = standardisierte Variable

SMEAN = Variablen, bei welchen die fehlenden Werte mit der Zeitreihen-Mittelwert-Methode ersetzt wurden

Anhang 18 Prüfung der Gütekriterien – Untersuchungsstufe D.2: konfirmatorische Faktorenanalyse des gesamten Modells

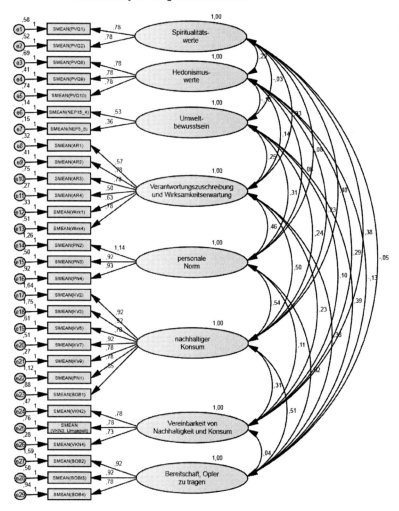

SMEAN = Variablen, bei welchen die fehlenden Werte mit der Zeitreihen-Mittelwert-Methode ersetzt wurden

Fornell/Larcker Kriterium

DEV	r²	SW	HW	UB	AR/WE	VKN	PN	NK	BOB	DEV
0,508	SW	–	0,082	0,001	0,107	0,141	0,006	0,159	0,002	0,508
	HW		–	0,033	0,020	0,085	0,007	0,052	0,017	
	UB			–	0,062	0,011	0,094	0,056	0,153	
	AR/WE				–	0,055	0,212	0,249	0,143	
	VKN					–	0,013	0,096	0,001	
	PN						–	0,286	0,383	
	NK							–	0,256	
	BOB								–	

SW = Spiritualitätswerte, HW = Hedonismuswerte, UB = Umweltbewusstsein, AR/WE = Verantwortungszuschreibung und Wirksamkeitserwartung, VKN = Vereinbarkeit von Konsum und Nachhaltigkeit, PN = personale Norm; NK = nachhaltiger Konsum, BOB = Bereitschaft, Opfer zu bringen; DEV = durchschnittlich erfasste Varianz; FLK = Fornell/Larcker Kriterium; r = Korrelationen zwischen den Faktoren

Anhang 19 Prüfung der Gütekriterien – Untersuchungsstufe D.3: exploratorische und konfirmatorische Faktorenanalyse der Dimensionen des gesamten Messmodells

Exploratorische Faktorenanalyse

KMO- und Bartlett-Test		
Maß der Stichprobeneignung nach Kaiser-Meyer-Olkin		,763
Bartlett-Test auf Sphärizität	Ungefähres Chi-Quadrat	370,484
	df	28
	Signifikanz nach Bartlett	,000

Kommunalitäten		
Faktoren	Anfänglich	Extraktion
Spiritualitätswerte	1,000	,483
Hedonismuswerte	1,000	,524
Umweltbewusstsein	1,000	,795
Verantwortungszuschreibung und Wirksamkeitserwartung	1,000	,590
Vereinbarkeit von Konsum und Nachhaltigkeit	1,000	,624
personale Norm	1,000	,672
nachhaltiger Konsum	1,000	,649
Bereitschaft, Opfer zu tragen	1,000	,614
Extraktionsmethode: Hauptkomponentenanalyse		

Rotierte Komponentenmatrix[a]			
Faktoren	Komponente		
	1	2	3
Spiritualitätswerte	,095	,683	-,088
Hedonismuswerte	,026	,554	-,464
Umweltbewusstsein	,215	,086	,861
Verantwortungszuschreibung und Wirksamkeitserwartung	,676	,359	,065
Vereinbarkeit von Konsum und Nachhaltigkeit	,036	,746	,258
personale Norm	,813	-,045	,096
nachhaltiger Konsum	,709	,382	-,019
Bereitschaft, Opfer zu bringen	,744	-,161	,187

Extraktionsmethode: Hauptkomponentenanalyse.
Rotationsmethode: Varimax mit Kaiser-Normalisierung.
a. Die Rotation ist in 5 Iterationen konvergiert.

Konfirmatorische Faktorenanalyse

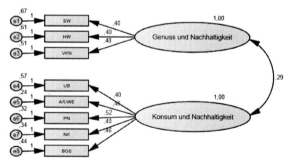

SW = Spiritualitätswerte,
HW = Hedonismuswerte,
UB = Umweltbewusstsein,
AR/WE = Verantwortungszuschreibung und Wirksamkeitserwartung,
PN = personale Norm,
VKN = Vereinbarkeit von Konsum und Nachhaltigkeit,
NK = nachhaltiger Konsum,
BOB = Bereitschaft, Opfer zu bringen
SMEAN = Variablen, bei welchen die fehlenden Werte mit der Zeitreihen-Mittelwert-Methode ersetzt wurden

Anhang 20   Mittelwerte und Standardabweichung der ermittelten Cluster

Cluster	1. Cluster		2. Cluster		3. Cluster	
n	457		445		129	
Variablenname	Mittelwert	SD	Mittelwert	SD	Mittelwert	SD
SMEAN(PVQ1)	4,952	1,109	4,145	1,279	3,828	1,350
SMEAN(PVQ2)	4,994	1,041	4,390	1,215	4,229	1,281
SMEAN(PVQ8)	4,541	1,125	4,601	1,135	5,124	0,866
SMEAN(PVQ9)	4,764	1,022	4,878	0,944	5,341	0,619
SMEAN(PVQ10)	4,695	1,148	4,907	1,039	5,364	0,838
SMEAN(NEP15_4)	4,493	0,695	4,094	0,789	3,501	1,034
SMEAN(NEP5_5)	4,743	0,536	4,389	0,620	3,983	0,881
SMEAN(AR1)	6,414	0,863	5,107	1,493	3,328	1,652
SMEAN(AR2)	6,071	1,067	5,029	1,329	3,853	1,306
SMEAN(AR3)	6,186	0,958	5,180	1,361	4,291	1,493
SMEAN(AR4)	6,534	0,763	5,528	1,091	4,252	1,390
SMEAN(PN1)	5,848	1,291	3,631	1,594	1,961	1,221
SMEAN(PN2)	4,790	1,555	3,039	1,428	1,715	1,027
SMEAN(PN3)	6,125	1,028	5,248	1,302	4,000	1,768
SMEAN(PN4)	5,545	1,349	3,734	1,520	2,124	1,269
SMEAN(Wirk1)	6,403	0,847	5,142	1,426	3,711	1,791
SMEAN(Wirk4)	6,259	0,975	5,281	1,316	4,331	1,740
SMEAN(VKN2)	6,098	1,305	5,443	1,285	4,530	1,646
SMEAN(VKN3_Umgepolt)	6,104	1,167	5,419	1,375	4,673	1,962
SMEAN(VKN4)	6,206	0,976	5,430	1,278	4,591	1,733
SMEAN(BOB1)	5,496	1,114	3,954	1,408	2,450	1,403
SMEAN(BOB2)	4,692	1,490	3,145	1,475	1,878	1,221
SMEAN(BOB3)	5,567	1,061	4,118	1,241	2,349	1,130
SMEAN(BOB4)	5,277	1,202	3,876	1,296	2,240	1,266
SMEAN(KV2)	5,353	1,693	3,163	1,873	1,767	1,234
SMEAN(KV3)	4,739	1,517	3,006	1,565	1,713	1,105
SMEAN(KV5)	6,010	1,049	4,077	1,472	2,622	1,378
SMEAN(KV7)	5,960	1,067	4,215	1,541	2,675	1,346
SMEAN(KV9)	6,410	0,754	5,209	1,468	4,114	1,653
EG1	0,589	0,493	0,155	0,362	0,147	0,356
EG2	0,753	0,432	0,360	0,480	0,217	0,414
EG3	0,783	0,412	0,335	0,472	0,116	0,322
EG4	0,845	0,363	0,564	0,496	0,217	0,414

SD = Standardabweichung

SMEAN = Variablen, bei welchen die fehlenden Werte mit der Zeitreihen-Mittelwert-Methode ersetzt wurden

Anhang 21 Prüfung der Signifikanz der Unterschiede zwischen den ermittelten Clustern

Variablenname	1. und 2. Cluster			2. und 3. Cluster			1. und 3. Cluster		
	Sig.	d	1-β	Sig.	d	1-β	Sig.	d	1-β
SMEAN(PVQ1)	0,000	0,675	1,000	0,019	0,241	0,776	0,000	0,910	1,000
SMEAN(PVQ2)	0,000	0,534	1,000	0,205	-	-	0,000	0,656	1,000
SMEAN(PVQ8)	0,425	-	-	0,000	0,518	1,000	0,000	0,581	1,000
SMEAN(PVQ9)	0,082	-	-	0,000	0,581	1,000	0,000	0,683	1,000
SMEAN(PVQ10)	0,004	0,193	0,896	0,000	0,485	0,999	0,000	0,666	1,000
SMEAN(NEP15_4)	0,000	0,538	1,000	0,000	0,642	1,000	0,000	1,124	1,000
SMEAN(NEP5_5)	0,000	0,604	1,000	0,000	0,538	1,000	0,000	1,042	1,000
SMEAN(AR1)	0,000	1,066	1,000	0,000	1,131	1,000	0,000	2,337	1,000
SMEAN(AR2)	0,000	0,863	1,000	0,000	0,896	1,000	0,000	1,862	1,000
SMEAN(AR3)	0,000	0,858	1,000	0,000	0,623	1,000	0,000	1,515	1,000
SMEAN(AR4)	0,000	1,062	1,000	0,000	1,024	1,000	0,000	2,033	1,000
SMEAN(PN1)	0,000	1,531	1,000	0,000	1,176	1,000	0,000	2,033	1,000
SMEAN(PN2)	0,000	1,172	1,000	0,000	1,069	1,000	0,000	2,337	1,000
SMEAN(PN3)	0,000	0,742	1,000	0,000	0,805	1,000	0,000	1,466	1,000
SMEAN(PN4)	0,000	1,260	1,000	0,000	1,150	1,000	0,000	2,611	1,000
SMEAN(Wirk1)	0,000	1,074	1,000	0,000	0,883	1,000	0,000	1,920	1,000
SMEAN(Wirk4)	0,000	0,846	1,000	0,000	0,616	1,000	0,000	1,368	1,000
SMEAN(VKN2)	0,000	0,510	1,000	0,000	0,616	1,000	0,000	1,057	1,000
SMEAN(VKN3_Umgepolt)	0,000	0,537	1,000	0,000	0,440	0,997	0,000	0,887	1,000
SMEAN(VKN4)	0,000	0,686	1,000	0,000	0,552	1,000	0,000	1,152	1,000
SMEAN(BOB1)	0,000	1,221	1,000	0,000	1,067	1,000	0,000	2,408	1,000
SMEAN(BOB2)	0,000	1,046	1,000	0,000	0,931	1,000	0,000	2,063	1,000
SMEAN(BOB3)	0,000	1,256	1,000	0,000	1,491	1,000	0,000	2,938	1,000
SMEAN(BOB4)	0,000	1,120	1,000	0,000	1,280	1,000	0,000	2,463	1,000
SMEAN(KV2)	0,000	1,227	1,000	0,000	0,876	1,000	0,000	2,417	1,000
SMEAN(KV3)	0,000	1,123	1,000	0,000	0,960	1,000	0,000	2,283	1,000
SMEAN(KV5)	0,000	1,510	1,000	0,000	1,024	1,000	0,000	2,768	1,000
SMEAN(KV7)	0,000	1,313	1,000	0,000	1,071	1,000	0,000	2,709	1,000
SMEAN(KV9)	0,000	1,028	1,000	0,000	0,704	1,000	0,000	1,790	1,000
EG1	0,000	1,002	1,000	0,828	-	-	0,000	1,027	1,000
EG2	0,000	0,861	1,000	0,001	0,318	0,937	0,000	1,266	1,000
EG3	0,000	1,012	1,000	0,000	0,541	1,000	0,000	1,804	1,000
EG4	0,000	0,645	1,000	0,000	0,759	1,000	0,000	1,613	1,000

Sig. = Signifikanz, d = Effektstärke, 1-β = Teststärke

SMEAN = Variablen, bei welchen die fehlenden Werte mit der Zeitreihen-Mittelwert-Methode ersetzt wurden

Anhang 22   F- und t-Werte der ermittelten Cluster

Variablenname	F-Werte			t-Werte		
	1. Cluster	2. Cluster	3. Cluster	1. Cluster	2. Cluster	3. Cluster
SMEAN (PVQ1)	0,732	0,970	**1,083**	0,444	-0,247	-0,468
SMEAN (PVQ2)	0,761	**1,042**	**1,155**	0,340	-0,206	-0,321
SMEAN (PVQ8)	**1,024**	**1,040**	0,605	-0,088	-0,035	**0,559**
SMEAN (PVQ9)	**1,118**	0,957	0,409	-0,124	-0,013	**0,729**
SMEAN (PVQ10)	**1,119**	0,915	0,593	-0,153	0,035	**0,589**
SMEAN(NEP15_4)	0,667	0,861	**1,486**	0,421	-0,134	-0,676
SMEAN (NEP5_5)	0,644	0,844	**1,733**	0,472	-0,164	-0,576
SMEAN(AR1)	0,278	0,838	**1,026**	1,106	-0,236	-1,290
SMEAN(AR2)	0,562	0,872	0,842	0,685	-0,234	-1,138
SMEAN(AR3)	0,479	0,964	**1,161**	0,705	-0,242	-0,816
SMEAN(AR4)	0,367	0,753	**1,222**	0,948	-0,258	-1,121
SMEAN(PN1)	0,423	0,643	0,377	1,121	-0,482	-1,997
SMEAN(PN2)	0,736	0,620	0,319	0,734	-0,428	-1,885
SMEAN(PN3)	0,512	0,821	**1,507**	0,627	-0,178	-0,837
SMEAN(PN4)	0,532	0,675	0,471	0,900	-0,392	-1,739
SMEAN (Wirk1)	0,299	0,842	**1,332**	1,043	-0,265	-1,010
SMEAN (Wirk4)	0,480	0,874	**1,530**	0,676	-0,242	-0,729
SMEAN (VKN2)	0,821	0,797	**1,309**	0,367	-0,138	-0,662
SMEAN(VK3_Umgepolt)	0,638	0,887	**1,808**	0,406	-0,154	-0,488
SMEAN (VKN4)	0,528	0,906	**1,667**	0,549	-0,188	-0,622
SMEAN (BOB1)	0,453	0,723	0,719	0,939	-0,353	-1,426
SMEAN (BOB2)	0,718	0,706	0,482	0,686	-0,356	-1,468
SMEAN (BOB3)	0,457	0,623	0,518	0,967	-0,340	-1,940
SMEAN (BOB4)	0,558	0,646	0,615	0,821	-0,320	-1,619
SMEAN(KV2)	0,609	0,745	0,323	0,823	-0,426	-1,776
SMEAN(KV3)	0,676	0,721	0,359	0,744	-0,386	-1,716
SMEAN(KV5)	0,353	0,696	0,609	1,201	-0,457	-1,544
SMEAN(KV7)	0,373	0,778	0,592	1,087	-0,380	-1,579
SMEAN(KV9)	0,265	1,000	**1,270**	1,074	-0,266	-0,899
EG1	**1,043**	0,565	0,565	0,484	-0,538	-0,570
EG2	0,760	0,920	0,680	0,539	-0,334	-0,732
EG3	0,680	0,880	0,400	0,663	-0,371	-1,223
EG4	0,565	**1,087**	0,739	0,537	-0,173	-1,046

SMEAN = Variablen, bei welchen die fehlenden Werte mit der Zeitreihen-Mittelwert-Methode ersetzt wurden

Anhang 23 Berechnung der Kriterien zur Prüfung der Gütemaße zur Beurteilung des Modellfits der logistischen Regression

Hosmer-Lemeshow-Test			
Schritt	Chi-Quadrat	df	Sig.
1	2,372	8	,967

Pseudo-R-Quadrat	
Cox und Snell	,686
Nagelkerke	,919
McFadden	,845

Kontingenztabelle für Hosmer-Lemeshow-Test						
		Gruppe = Nicht-LOHAS		Gruppe = LOHAS		Gesamt
		Beobachtet	Erwartet	Beobachtet	Erwartet	
Schritt 1	1	102	102,000	0	,000	102
	2	102	102,000	0	,000	102
	3	102	101,991	0	,009	102
	4	102	101,817	0	,183	102
	5	99	97,343	3	4,657	102
	6	54	57,424	48	44,576	102
	7	10	7,922	92	94,078	102
	8	0	,478	102	101,522	102
	9	0	,024	102	101,976	102
	10	0	,001	97	96,999	97

Klassifizierungstabelle[a]					
	Beobachtet		Vorhergesagt		
			Gruppe		Prozentsatz der Richtigen
			Nicht-LOHAS	LOHAS	
Schritt 1	Gruppe	Nicht-LOHAS	543	28	95,1
		LOHAS	24	420	94,6
	Gesamtprozentsatz				94,9
a. Der Trennwert lautet ,500					

Informationen zur Modellanpassung				
Modell	Kriterien für die Modellanpassung	Likelihood-Quotienten-Tests		
	-2 Log-Likelihood	Chi-Quadrat	Freiheitsgrade	Signifikanz
Nur konstanter Term	1391,156			
Endgültig	216,152	1175,004	8	,000

Anhang 24 Häufigkeitsverteilung der Antworten auf die Items des Faktors „nachhaltiger Konsum"

Variablenname	Item	Anteil der Nennungen in %							
		k.A.	1	2	3	4	5	6	7
KV2	Ich achte bei der Verwendung von Körperpflegeprodukten darauf, dass sie auf natürlicher Basis und ohne chemische Zusätze hergestellt worden sind.	0,4	1,3	2,6	3,4	8,1	14,0	24,7	45,5
KV3	Ich achte beim Kauf von Textilien darauf, dass sie ökologisch und unter Einhaltung von Sozialstandards hergestellt sind.	0,9	2,1	6,0	6,0	17,4	28,5	19,1	20,0
KV5	Bei der Ernährung achte ich darauf, Bio-Qualität einzukaufen.	0,9	0,0	0,4	0,9	3,8	10,6	31,5	51,9
KV7	Bei der Ernährung achte ich darauf, fair gehandelte Produkte zu bevorzugen.	0,4	0,0	0,0	0,4	3,8	19,1	26,0	50,2
KV9	Bei der Ernährung achte ich darauf, dass Produkte, die ich kaufe, von Tieren aus artgerechter Haltung stammen.	10,6	0,0	0,0	0,9	0,0	6,4	26,4	55,7
PN1	Ich fühle mich aus Umweltschutzgründen verpflichtet, wenn immer es mir möglich ist, Bio-Lebensmittel zu kaufen.	0,0	0,0	1,3	1,3	4,7	16,2	24,3	52,3
BOB 1	Für umweltfreundliche Produkte bin ich bereit, viel mehr auszugeben.	0,9	0,0	0,9	2,6	12,3	26,4	29,4	27,7

Anhang 25 Häufigkeitsverteilung der Antworten auf die Items des Faktors „Bereitschaft, Opfer zu bringen"

Variablenname	Item	Anteil der Nennungen in %							
		k.A.	1	2	3	4	5	6	7
BOB2	Ich bin bereit, viel höhere Steuer zu zahlen, wenn sie für den Umweltschutz aufgewendet werden.	2,1	4,3	3,8	6,8	14,0	32,8	23,4	12,8
BOB3	Ich bin bereit, Einschränkungen in meinem Lebensstandard zu akzeptieren, wenn ich dadurch die Umwelt schützen kann.	2,1	0,4	0,9	0,9	9,4	28,9	31,9	25,5
BOB4	Ich bin bereit, wegen des Umweltschutzes auf etwas zu verzichten, das mir wichtig ist.	3,0	0,0	1,3	5,5	11,9	27,7	30,2	20,4

Anhang 26 Häufigkeitsverteilung der Antworten auf die Items des Faktors „Verantwortungszuschreibung und Wirksamkeitserwartung"

Variablenname	Item	Anteil der Nennungen in %							
		k.A.	1	2	3	4	5	6	7
AR1	Nicht nur die Regierung und Industrie, sondern auch ich bin dafür verantwortlich, dass Bio-Lebensmittel mehr Verbreitung finden.	0,9	0,0	0,0	0,0	0,9	8,5	23,0	66,8
AR2	Dem Einzelnen kommt eine große Bedeutung bei der Lösung der verkehrsbedingten Umweltprobleme zu.	1,3	0,0	0,4	0,0	5,5	10,2	33,6	48,9
AR3	Meine Mitverantwortung für die Energieprobleme kann nicht geleugnet werden.	0,4	0,4	0,4	0,9	3,0	17,0	27,2	50,6
AR4	Jeder Mensch sollte durch seine Kaufentscheidungen Verantwortung für die Umwelt übernehmen	0,0	0,0	0,0	0,0	1,3	4,7	21,7	72,3
Wirk1	Ich kann durch meine Warenauswahl beim Einkaufen dazu beitragen, dass Bio-Lebensmittel stärkere Verbreitung finden.	0,0	0,0	0,0	0,0	0,4	1,7	8,5	21,3	68,1
Wirk4	Ich als Kunde habe die Möglichkeit, durch meine Kaufentscheidungen das Warenangebot zu beeinflussen.	0,4	0,0	0,4	1,7	1,7	8,5	26,4	60,9

Anhang 27 Häufigkeitsverteilung der Antworten auf die ausgewählten Items des Konsumverhaltens

Variablenname	Item	Anteil der Nennungen in %			
		k.A.	nein, und ich will das nicht in naher Zukunft tun	nein, aber ich will das in naher Zukunft tun	ja
Haben Sie sich bereits bewusst für folgende Maßnahmen entschieden?					
KV10	• Bezug von Ökostrom	2,6	1,3	23,8	72,3
KV11	• nachhaltige Geldanlagen, d. h. Anlagen unter Berücksichtigung sozialer und ökologischer Kriterien	16,6	7,2	39,6	36,6
KV12	• finanzielle Kompensationen (Ausgleichszahlungen) leisten für die selbst verursachten Klimagase, z. B. bei Fliegen	24,3	24,7	23,8	27,2
KV13	• Bestellung eines Biokiste-Abos (Lieferung von Bioprodukten nach Hause, die entsprechend der Jahreszeit zusammengestellt werden)	15,7	31,1	27,2	26,0

Anhang 28 Umkodierung der offenen Antworten

- Verkehrsmittel für die Anreise :
  - „Aufgrund einer Geschäftsreise reiste ich mit dem Flugzeug an und verbrachte anschließend noch 10 Tage privat in Finnland." als „Flugzeug"
  - „Auto mit Pflanzenöl" als „Auto mit alternativem Antrieb (z. B. Elektro- oder Hybridauto)"
  - „Mitfahrgelegenheit" (2 Nennungen) und „per Anhalter" als „Öffentliche Verkehrsmittel (S-Bahn, U-Bahn, Straßenbahn, Linienbus)"
  - „PKW+Caravan, Fähre" als „Wohnwagen, Wohnmobil"
- Verkehrsmittel vor Ort:
  - „Auto (herkömmlich) wenn es sein musste, weil das Ziel mitten im Wald liegt. Ansonsten zu Fuß." als „Auto mit herkömmlichem Antrieb (Benzin oder Diesel)"
  - „Inlandflüge" als neue Kategorie „Inlandsflüge"
  - „Kanu" als „Segelboot, Boot"
  - „Keins" als „Zu Fuß"
  - „Mitfahrgelegenheit" als „Öffentliche Verkehrsmittel (S-Bahn, U-Bahn, Straßenbahn, Linienbus)"
  - Segelyacht als „Segelboot, Boot"
- Unterkunft:
  - „Auto", „Bergbauernhof", „Berghütte", „Berghütten", „isomatte und schlafsack in einem raum mit 10 freunden", „Unterkunft in der Kirchen- und Partnergemeinde" „VW-Bus", „Wohngemeinschaft" und „Wohnheim" als „sonstige preiswerte Unterkunftsarten"
  - „bed and breakfast" als „Pension"
  - „Bio-Hotel" als „Hotel/Hotelanlage (inkl. Motel, Lodge)"
  - „Bungalows" als „Gemietete Ferienwohnung, gemietetes Ferienhaus"
  - „eigenes Appartment" als „Eigenes Ferienhaus, Ferienwohnung"
  - „freies schlafen in der Natur" als „Zelt (Camping)"
  - „Freunde in Ihrem Haus besucht" als „Verwandte/Bekannte"
  - „Kreuzfahrt" als „Schiff, Boot, Jacht"
  - „Resort , Bungalow" als „Gemietete Ferienwohnung, gemietetes Ferienhaus"
- Reiseart:
  - „aurveda kur" als „Gesundheits-Urlaub"
  - „Champagner-Tour" und „Lesereise" als Studien-/Bildungsreise
  - „eine Mischung aus allem o.g.", „Sightseeing- und Bade-Aktiv-Urlaub" und „von allem etwas" als „sonstige Reiseart"
  - „Freund auf Wangerooge besuchen und Seeschwimmen", „Freunde wieder sehen" als „Verwandten-/Bekannten-Besuch"
  - „Reise zu einem Sportturnier (eigene sportliche Aktivität)" und „Skiurlaub" als „Aktiv-Urlaub"
  - „Schnorchelurlaub" als „Strand-/Bade-Sonnen-Urlaub"
  - „Stadturlaub" als „Sightseeing-Urlaub"

Anhang 29 Ergebnisse der Prüfung der wissenschaftlichen Hypothesen: zusammenfassende Darstellung

HYPOTHESE		Befund	Ergebnis	Bedeutung
2. MODUL				
Reisehäufigkeit				
H1.1.	LOHAS zeichnen sich durch eine höhere Reisetätigkeit als Nicht-LOHAS aus.	-	nicht bestätigt	-
H1.2.	LOHAS zeichnen sich durch eine niedrigere Reisetätigkeit als Nicht-LOHAS aus.	t(439,001)=3,54 (einseitig), p≤0,001, d=0,32, 1-β=0,97	bestätigt	höchst signifikanter, kleiner bis mittlerer Unterschied
H1.3.	Der Anteil der selten Reisenden (keine Reise innerhalb von 2 Jahren) ist bei LOHAS höher als bei Nicht-LOHAS.	p=0,007 (exakter Test, einseitig), w=0,12, 1-β=0,80	bestätigt	hoch signifikanter, kleiner Unterschied
H1.4.	Der Anteil der oft Reisenden (6 Urlaubsreisen und mehr) ist bei LOHAS niedriger als bei Nicht-LOHAS.	p=0,001 (exakter Test, einseitig), w=0,16, 1-β=0,96	bestätigt	höchst signifikanter, kleiner bis mittlerer Unterschied
Reiseziele, Zielregionen				
H2.1.	LOHAS unternehmen häufiger Urlaubsreisen innerhalb von Deutschland als Nicht-LOHAS.	p=0,000 (exakter Test, einseitig), w=0,10, 1-β=0,97	bestätigt	höchst signifikanter, kleiner Unterschied
H2.2.	LOHAS unterscheiden sich von Nicht-LOHAS in Bezug auf Häufigkeit der Reisen in das europäische Ausland.	-	nicht bestätigt	
H2.3.	LOHAS unternehmen seltener Urlaubsreisen ins außereuropäische Ausland als Nicht-LOHAS.	-	nicht bestätigt	
H2.4.	LOHAS unterscheiden sich bei der Wahl der beliebtesten Reiseziele (Top-Fünf) von Nicht-LOHAS.	-	nicht bestätigt	
H2.5.	LOHAS besuchen seltener Reiseziele in Südeuropa (Spanien, Italien, Kroatien, Griechenland, Bosnien-Herzegowina, Montenegro, Serbien, Portugal) als Nicht-LOHAS.	p=0,000 (exakter Test, einseitig), w=0,11, 1-β=0,99	bestätigt	höchst signifikanter, kleiner Unterschied
H2.6.	LOHAS reisen häufiger in die benachbarten Länder der Bundesrepublik als Nicht-LOHAS.	p=0,005 (exakter Test, einseitig), w=0,07, 1-β=0,84	bestätigt	hoch signifikanter, kleiner Unterschied
H2.7.	LOHAS fahren häufiger zu Reisezielen in Westeuropa (Großbritannien, Irland, Frankreich, Niederlande, Belgien, Schweiz, Österreich) als Nicht-LOHAS.	p=0,001 (exakter Test, einseitig), w=0,09, 1-β=0,93	bestätigt	höchst signifikanter, kleiner Unterschied
H2.8.	LOHAS verreisen signifikant häufiger nach Frankreich als Nicht-LOHAS.	p=0,000 (exakter Test, einseitig), w=0,10, 1-β=0,97	bestätigt	höchst signifikanter, kleiner Unterschied
H2.9.	LOHAS verreisen signifikant seltener nach Italien als Nicht-LOHAS.	-	nicht bestätigt	
H2.10.	LOHAS verreisen signifikant seltener nach Spanien als Nicht-LOHAS.	p=0,001 (exakter Test, einseitig), w=0,09, 1-β=0,92	bestätigt	höchst signifikanter, kleiner Unterschied
H2.11.	LOHAS verreisen signifikant seltener nach Österreich als Nicht-LOHAS.	-	nicht bestätigt	-

HYPOTHESE	Befund	Ergebnis	Bedeutung
Reisedauer			
H3.1. LOHAS unternehmen Urlaubsreisen mit einer längeren Aufenthaltsdauer als Nicht-LOHAS.	–	nicht bestätigt	–
H3.2. LOHAS unternehmen Urlaubsreisen mit einer längeren Aufenthaltsdauer in das 1. Zielgebiet (Deutschland) als Nicht-LOHAS.	–	nicht bestätigt	–
H3.3. LOHAS unternehmen Urlaubsreisen mit einer längeren Aufenthaltsdauer in das 2. Zielgebiet (europäisches Ausland ohne Russland, Portugal und Überseegebiete) als Nicht-LOHAS.	–	nicht bestätigt	–
H3.4. LOHAS unternehmen Urlaubsreisen mit einer längeren Aufenthaltsdauer in das 3. Zielgebiet (außereuropäisches Ausland mit Russland, Portugal und Überseegebieten) als Nicht-LOHAS.	–	nicht bestätigt	–
H3.5. LOHAS reisen in das 2. Zielgebiet (europäisches Ausland ohne Russland, Portugal und Überseegebiete) mit einer Aufenthaltsdauer von mindestens 8 Tagen.	$t(92)=3{,}58$ (einseitig), $p\leq0{,}001$, $d=0{,}37$, $1-\beta=0{,}97$	bestätigt	hoch signifikantes Ergebnis
H3.6. LOHAS reisen bei Flugreisen in das 3. Zielgebiet (außereuropäisches Ausland mit Russland, Portugal und Überseegebieten) mit einer Aufenthaltsdauer von mindestens 14 Tagen.	–	nicht bestätigt	–
Organisationsform			
H4.1. LOHAS buchen häufiger im Voraus eine Unterkunft als Nicht-LOHAS.	–	nicht bestätigt	–
H4.2. LOHAS buchen häufiger im Voraus ein Ticket als Nicht-LOHAS.	$p=0{,}007$ (exakter Test, einseitig), $w=0{,}14$, $1-\beta=0{,}88$	bestätigt	hoch signifikanter, kleiner Unterschied
H4.3. LOHAS buchen häufiger im Voraus andere Bestandteile der Urlaubsreise als eine Unterkunft und ein Ticket als Nicht-LOHAS.	–	nicht bestätigt	–
H4.4. LOHAS nehmen häufiger keine Buchung im Voraus vor als Nicht-LOHAS.	–	nicht bestätigt	–
H4.5. LOHAS buchen seltener eine Pauschalreise als Nicht-LOHAS.	$p=0{,}006$ (exakter Test, einseitig), $w=0{,}13$, $1-\beta=0{,}83$	bestätigt	hoch signifikanter, kleiner Unterschied
Verkehrsmittel Anreise			
H5.1. LOHAS unterscheiden sich bei der Wahl der Verkehrsmittel zur Anreise zum Urlaubsort von Nicht-LOHAS.	Siehe H5.1.1 und H5.1.2		
H5.1.1. *LOHAS nutzen seltener ein Auto mit herkömmlichem Antrieb bei Urlaubsreisen als Nicht-LOHAS.*	$p=0{,}004$ (exakter Test, einseitig), $w=0{,}14$, $1-\beta=0{,}88$	bestätigt	hoch signifikanter, kleiner bis mittlerer Unterschied
H5.1.2. *LOHAS nutzen häufiger einen Zug bei Urlaubsreisen als Nicht-LOHAS.*	$p=0{,}000$ (exakter Test, einseitig), $w=0{,}18$, $1-\beta=0{,}98$	bestätigt	höchst signifikanter, kleiner bis mittlerer Unterschied

HYPOTHESE		Befund	Ergebnis	Bedeutung
H5.2.	LOHAS nutzen stärker umweltfreundliche Verkehrsmittel (Auto mit alternativem Antrieb (z. B. Elektro- oder Hybridauto), verbrauchsreduziertes Auto mit herkömmlichem Antrieb (weniger als 5 Liter Treibstoff pro 100 km), Zug, Reisebus, öffentliche Verkehrsmittel (S-Bahn, U-Bahn, Straßenbahn, Linienbus) für die Anreise als Nicht-LOHAS.	p=0,000 (exakter Test, einseitig), w=0,23, 1-ß=1	bestätigt	höchst signifikanter, kleiner bis mittlerer Unterschied
H5.3.	LOHAS nutzen keine Flüge bei Urlaubsreisen innerhalb von Deutschland.	-	nicht bestätigt	-
Verkehrsmittel am Urlaubsort				
H6.1.	LOHAS unterscheiden sich bei der Wahl der Verkehrsmittel am Urlaubsort von Nicht-LOHAS.	Siehe H6.1.1 und H6.1.2		
H6.1.1.	*LOHAS nutzen seltener ein Auto mit herkömmlichem Antrieb am Urlaubsort als Nicht-LOHAS.*	p=0,001 (exakter Test, einseitig), w=0,15, 1-ß=0,93	bestätigt	höchst signifikanter, kleiner bis mittlerer Unterschied
H6.1.2.	*LOHAS nutzen häufiger ein Fahrrad am Urlaubsort als Nicht-LOHAS.*	p=0,004 (exakter Test, einseitig), w=0,14, 1-ß=0,88	bestätigt	hoch signifikanter, kleiner bis mittlerer Unterschied
H6.2.	LOHAS nutzen stärker umweltfreundliche Verkehrsmittel vor Ort (Auto mit alternativem Antrieb (z. B. Elektro- oder Hybridauto), verbrauchsreduziertes Auto mit herkömmlichem Antrieb (weniger als 5 Liter Treibstoff pro 100 km), Zug, Reisebus, öffentliche Verkehrsmittel (S-Bahn, U-Bahn, Straßenbahn, Linienbus), Fortbewegung zu Fuß) als Nicht-LOHAS.	p=0,000 (exakter Test, einseitig), w=0,18, 1-ß=0,97	bestätigt	höchst signifikanter, kleiner bis mittlerer Unterschied
Unterkunft				
H7.1.	LOHAS unterscheiden sich bei der Unterkunftswahl von Nicht-LOHAS	Siehe H7.1.1 bis H7.1.6		
H7.1.1.	LOHAS bevorzugen Übernachtungen in Ferienwohnungen stärker als Nicht-LOHAS.	-	nicht bestätigt	-
H7.1.2.	LOHAS bevorzugen Übernachtungen auf Campingplätzen (im Zelt bzw. Wohnmobil/ Wohnwagen) stärker als Nicht-LOHAS.	-	nicht bestätigt	-
H7.1.3.	*LOHAS bevorzugen Übernachtungen in Hotels/Hotelanlagen weniger als Nicht-LOHAS.*	p=0,000 (exakter Test, einseitig), w=0,17, 1-ß=0,97	bestätigt	höchst signifikanter, kleiner bis mittlerer Unterschied
H7.1.4.	*LOHAS bevorzugen Übernachtungen auf Schiffen/Booten/ Jachten weniger als Nicht-LOHAS.*	p=0,005 (exakter Test, einseitig), w=0,14, 1-ß=0,87	bestätigt	hoch signifikanter, kleiner bis mittlerer Unterschied
H7.1.5.	*LOHAS bevorzugen sonstige preiswerte Unterkunftsarten stärker als Nicht-LOHAS.*	p=0,013 (exakter Test, einseitig), w=0,12, 1-ß=0,81	bestätigt	signifikanter, kleiner Unterschied
H7.1.6.	LOHAS bevorzugen preiswerte Unterkunftsarten stärker als Nicht-LOHAS.	p=0,000 (exakter Test, einseitig), w=0,20, 1-ß=0,99	bestätigt	höchst signifikanter, kleiner bis mittlerer Unterschied

HYPOTHESE		Befund	Ergebnis	Bedeutung
Reiseart				
H8.1.	LOHAS unterscheiden sich bei Reisearten von Nicht-LOHAS.	Siehe H8.1.1 bis H8.1.6		
H8.1.1.	LOHAS bevorzugen Aktiv-Urlaub stärker als Nicht-LOHAS.	-	nicht bestätigt	-
H8.1.2.	LOHAS bevorzugen Natur-Urlaub stärker als Nicht-LOHAS.	$p=0{,}001$ (exakter Test, einseitig), $w=0{,}17$, $1-\beta=0{,}97$	bestätigt	höchst signifikanter, kleiner bis mittlerer Unterschied
H8.1.3.	LOHAS bevorzugen Studien-Bildungsreisen stärker als Nicht-LOHAS.	-	nicht bestätigt	-
H8.1.4.	LOHAS bevorzugen Kulturreisen stärker als Nicht-LOHAS.	-	nicht bestätigt	-
H8.1.5.	LOHAS bevorzugen Strand-/Bade-/Sonnen-Urlaub weniger stark als Nicht-LOHAS.	-	nicht bestätigt	-
H8.1.6.	LOHAS bevorzugen Spaß-/Fun-/Party-Urlaub weniger stark als Nicht-LOHAS.	-	nicht bestätigt	-
3. MODUL				
Kenntnisse der Gütesiegel des nachhaltigen Tourismus				
H9.1.	LOHAS kennen das Gütesiegel „Blaue Flagge" besser als NICHT-LOHAS.	-	nicht bestätigt	-
H9.2.	LOHAS kennen das Gütesiegel „Viabono" besser als NICHT-LOHAS.	$p=0{,}000$ (exakter Test, einseitig), $w=0{,}19$, $1-\beta=0{,}99$	bestätigt	höchst signifikanter, kleiner bis mittlerer Unterschied
H9.3.	LOHAS kennen die Produktkennzeichnung „TUI Umweltchampion" besser als NICHT-LOHAS.	-	nicht bestätigt	-
H9.4.	LOHAS kennen die Produktkennzeichnung „BIO-Hotels" besser als NICHT-LOHAS.	$p=0{,}000$ (exakter Test, einseitig), $w=0{,}48$, $1-\beta=1$	bestätigt	höchst signifikanter, starker Unterschied
H9.5.	LOHAS kennen die Produktkennzeichnung „Fahrtziel Natur" besser als NICHT-LOHAS.	$p=0{,}000$ (exakter Test, einseitig), $w=0{,}19$, $1-\beta=0{,}99$	bestätigt	höchst signifikanter, kleiner bis mittlerer Unterschied
Buchung von nachhaltigen Reiseangeboten				
H10.1.	LOHAS buchen häufiger als Nicht-LOHAS Angebote, die bestimmte ökologische bzw. soziale Standards berücksichtigen.	$p=0{,}000$ (exakter Test, einseitig), $w=0{,}20$, $1-\beta=1$	bestätigt	höchst signifikanter, kleiner bis mittlerer Unterschied
H10.2.	LOHAS wollen in der Zukunft häufiger als Nicht-LOHAS Angebote buchen, die bestimmte ökologische bzw. soziale Standards berücksichtigen.	$p=0{,}000$ (exakter Test, einseitig), $w=0{,}23$, $1-\beta=1$	bestätigt	höchst signifikanter, kleiner bis mittlerer Unterschied
H10.3.	LOHAS lehnen seltener als Nicht-LOHAS die Buchung von Angeboten ab, die bestimmte ökologische bzw. soziale Standards berücksichtigen.	$p=0{,}000$ (exakter Test, einseitig), $w=0{,}34$, $1-\beta=1$	bestätigt	höchst signifikanter, mittlerer Unterschied
Buchung bei nachhaltigen Reiseveranstaltern				
H11.1.	LOHAS buchen häufiger als Nicht-LOHAS bei Reiseveranstaltern, die ökologisch bzw. sozial verträgliche Reisen in Programm haben.	-	nicht bestätigt	-

HYPOTHESE		Befund	Ergebnis	Bedeutung
H11.2.	LOHAS wollen in der Zukunft häufiger als Nicht-LOHAS bei Reiseveranstaltern buchen, die ökologisch bzw. sozial verträgliche Reisen in Programm haben.	p=0,000 (exakter Test, einseitig), w=0,31, 1-ß=1	bestätigt	höchst signifikanter, mittlerer Unterschied
H11.3.	LOHAS lehnen seltener als Nicht-LOHAS die Buchung bei Reiseveranstaltern ab, die ökologisch bzw. sozial verträgliche Reisen in Programm haben.	p=0,000 (exakter Test, einseitig), w=0,31, 1-ß=1	bestätigt	höchst signifikanter, mittlerer Unterschied
Informationsgrad über das Thema nachhaltiger Tourismus				
H12.1.	LOHAS informieren sich stärker über nachhaltigen Tourismus als Nicht-LOHAS.	p=0,000 (exakter Test, einseitig), w=0,44, 1-ß=1	bestätigt	höchst signifikanter, mittlerer bis starker Unterschied
H12.2.	LOHAS wollen sich in der Zukunft häufiger als Nicht-LOHAS über ökologisch und sozial verantwortlichen Tourismus informieren.	-	nicht bestätigt	
H12.3.	LOHAS lehnen es seltener als Nicht-LOHAS ab, sich über nachhaltigen Tourismus zu informieren.	p=0,000 (exakter Test, einseitig), w=0,39, 1-ß=1	bestätigt	höchst signifikanter, mittlerer bis starker Unterschied
Suche nach nachhaltigen Tourismusangeboten				
H13.1.	LOHAS suchen häufiger als Nicht-LOHAS nach Angeboten des ökologisch und sozial verantwortlichen Tourismus.	p=0,000 (exakter Test, einseitig), w=0,35, 1-ß=1	bestätigt	höchst signifikanter, mittlerer bis starker Unterschied
H13.2.	LOHAS wollen in der Zukunft häufiger als Nicht-LOHAS nach Angeboten des ökologisch und sozial verantwortlichen Tourismus suchen.	p=0,000 (exakter Test, einseitig), w=0,18, 1-ß=0,99	bestätigt	höchst signifikanter, kleiner bis mittlerer Unterschied
H13.3.	LOHAS lehnen seltener als Nicht-LOHAS die Suche nach Angeboten des ökologisch und sozial verantwortlichen Tourismus ab.	p=0,000 (exakter Test, einseitig), w=0,44, 1-ß=1	bestätigt	höchst signifikanter, mittlerer bis starker Unterschied
Besitz einer BahnCard				
H14.1.	LOHAS besitzen häufiger eine BahnCard als Nicht-LOHAS.	-	nicht bestätigt	
Kompensation von Treibhausgasemissionen (Teil der Fragen zur Identifizierung der LOHAS)				
H15.1.	LOHAS führen seltener finanzielle Kompensationen für die selbst verursachten Klimagase durch als Nicht-LOHAS.	-	nicht bestätigt	-
H15.2.	LOHAS wollen sich in der Zukunft seltener für finanzielle Kompensationen für die selbst verursachten Klimagase entscheiden als Nicht-LOHAS.	-	nicht bestätigt	-
H15.3.	LOHAS lehnen häufiger finanzielle Kompensationen für die selbst verursachten Klimagase ab als Nicht-LOHAS.	-	nicht bestätigt	-
H15.4.	*LOHAS führen häufiger finanzielle Kompensationen für die selbst verursachten Klimagase durch als Nicht-LOHAS.*	p=0,000 (exakter Test, einseitig), w=0,26, 1-ß=1	bestätigt	höchst signifikanter, kleiner bis mittlerer Unterschied

HYPOTHESE		Befund	Ergebnis	Bedeutung
H15.5.	LOHAS wollen sich in der Zukunft häufiger für finanzielle Kompensationen für die selbst verursachten Klimagase entscheiden als Nicht-LOHAS.	p=0,000 (exakter Test, einseitig), w=0,19, 1-ß=0,99	bestätigt	höchst signifikanter, kleiner bis mittlerer Unterschied
H15.6.	LOHAS lehnen seltener finanzielle Kompensationen für die selbst verursachten Klimagase ab als Nicht-LOHAS.	p=0,000 (exakter Test, einseitig), w=0,36, 1-ß=1	bestätigt	höchst signifikanter, mittlerer bis starker Unterschied
4. MODUL				
Stellenwert der Nachhaltigkeitsaspekte bei der Wahl einer Unterkunft				
H16.1.	Bei der Entscheidung für eine Unterkunft während einer Urlaubsreise unterscheiden sich LOHAS von Nicht-LOHAS hinsichtlich der Wichtigkeit einzelner Eigenschaften.	Siehe H16.1.1 bis H16.1.12		
H16.1.1.	Bei der Entscheidung für eine Unterkunft während einer Urlaubsreise ist die Kennzeichnung mit einem Gütesiegel für ökologisch bzw. sozial verantwortlichen Tourismus für LOHAS wichtiger als für Nicht-LOHAS.	t(391,861)=16,515 (einseitig), p≤0,001, d=1,53, 1-β=1	bestätigt	höchst signifikanter, sehr starker Unterschied
H16.1.2.	Bei der Entscheidung für eine Unterkunft während einer Urlaubsreise ist die biologische Küche mit regionalen und saisonalen Gerichten für LOHAS wichtiger als für Nicht-LOHAS.	t(461,236)=11,815 (einseitig), p≤0,001, d=1,09, 1-β=1	bestätigt	höchst signifikanter, sehr starker Unterschied
H16.1.3.	Bei der Entscheidung für eine Unterkunft während einer Urlaubsreise ist die Erreichbarkeit mit öffentlichen Verkehrsmitteln für LOHAS wichtiger als für Nicht-LOHAS.	t(433,755)=6,783 (einseitig), p≤0,001, d=0,63, 1-β=1	bestätigt	höchst signifikanter, starker Unterschied
H16.1.4.	*Bei der Entscheidung für eine Unterkunft während einer Urlaubsreise ist die Möglichkeit der Selbstverpflegung für LOHAS wichtiger als für Nicht-LOHAS.*	t(463,188)=7,435 (einseitig), p≤0,001, d=0,69, 1-β=1	bestätigt	höchst signifikanter, mittlerer bis starker Unterschied
H16.1.5.	Bei der Entscheidung für eine Unterkunft während einer Urlaubsreise ist die Anzahl der Sterne für LOHAS weniger wichtig als für Nicht-LOHAS.	t(382,770)=-8,670 (einseitig), p≤0,001, d=0,80, 1-β=1	bestätigt	höchst signifikanter, starker Unterschied
H16.1.6.	Bei der Entscheidung für eine Unterkunft während einer Urlaubsreise ist das inklusive Frühstück weniger wichtig als für Nicht-LOHAS.	t(426,711)=-8,189 (einseitig), p≤0,001, d=0,76, 1-β=1	bestätigt	höchst signifikanter, starker Unterschied
H16.1.7.	Bei der Entscheidung für eine Unterkunft während einer Urlaubsreise ist die Lage in der Nähe von touristischen Sehenswürdigkeiten für LOHAS weniger wichtig als für Nicht-LOHAS.	t(465)=6,010, (einseitig), p≤0,001, d=0,56, 1-β=1	bestätigt	höchst signifikanter, mittlerer bis starker Unterschied
H16.1.8.	Bei der Entscheidung für eine Unterkunft während einer Urlaubsreise ist eigenes bzw. direkt angeschlossenes Restaurant für LOHAS weniger wichtig als für Nicht-LOHAS.	t(349,354)=-5,166 (einseitig), p≤0,001, d=0,48, 1-β=1	bestätigt	höchst signifikanter, mittlerer Unterschied

HYPOTHESE	Befund	Ergebnis	Bedeutung
H16.1.9. Bei der Entscheidung für eine Unterkunft während einer Urlaubsreise ist optischer Eindruck des Zimmers für LOHAS weniger wichtig als für Nicht-LOHAS.	$t(458,455)=-7,450$ (einseitig), $p \leq 0,001$, $d=0,69$, $1-\beta=1$	bestätigt	höchst signifikanter, mittlerer bis starker Unterschied
H16.1.10. Bei der Entscheidung für eine Unterkunft während einer Urlaubsreise sind die Wellnessangebote für LOHAS weniger wichtig als für Nicht-LOHAS.	$t(420,603)=-4,578$ (einseitig), $p \leq ,001$, $d=0,42$, $1-\beta=1$	bestätigt	höchst signifikanter, kleiner bis mittlerer Unterschied
H16.1.11. Bei der Entscheidung für eine Unterkunft während einer Urlaubsreise ist niedriger Preis für LOHAS weniger wichtig als für Nicht-LOHAS.	$t(463,633)=-4,484$ (einseitig), $p \leq 0,001$, $d=0,42$, $1-\beta=1$	bestätigt	höchst signifikanter, kleiner bis mittlerer Unterschied
H16.1.12. Bei der Entscheidung für eine Unterkunft während einer Urlaubsreise ist bekannte Marke des Anbieters für LOHAS weniger wichtig als für Nicht-LOHAS.	$t(395,898)=-3,040$ (einseitig), $p \leq 0,005$, $d=0,29$, $1-\beta=0,92$	bestätigt	signifikanter, kleiner bis mittlerer Unterschied

Anhang 30 Das Feedback und Kritik der Teilnehmer allgemein und in Bezug auf das erste Modul des Fragebogens

Positives Feedback: spannende Umfrage mit interessanten Fragen (die im Folgenden zitierte Aussage steht vertretend für viele andere ähnliche Kommentare):
> „Bin gespannt auf die Ergebnisse! War echt interessant die Fragen zu beantworten!!! War übrigens die erste Umfrage, die ich auch ohne „Gewinn-Anreiz" mirgemacht hätte!! Weils einfach ein spannendes und wichtiges Thema ist!!" (E.-M. K., Facebook)

Umfrage als Anlass zum Nachdenken:
> „Bei der Beantwortung der Fragen wurde ich mit der Diskrepanz zwischen Anspruch und meinem eigenen Handeln konfrontiert, zumindest teilweise. Sehr interessant!" (D. K., XING Forumbeitrag)

> „Hatte angefangen, aber abgebrochen, weil mir die Fragen gerade zu viel Nachdenken bereitet haben. Vllt. mach ich in ein paar Tagen noch einen Anlauf." (W. S., Utopia)

> „gerne habe ich mitgemacht, ist ja interessant deine Umfrage und hat mich auch ein bisschen zum nachdenken angeregt...." (A. K., Facebook)

Items des Fragebogens: interessant, aber auch gleichzeitig schwierig:
> „Na da waren ja ein paar ganz schön schwierige Fragen dabei. Bin gespannt was du herausfindest." (emmaradio, Utopia)

> „Fragen waren sehr interessant und nicht unbedingt einfach zu beantworten." (P. H., Facebook)

> „geschafft! Die Fragen sind ja ziemlich trickreich." (R. S., per E-Mail)

> „Puuuh, ganz schön Anstrengend, aber was tut man nicht alles für die Wissenschaft :-)" (F. W., XING)

> „Ich hoffe, dass Sie bei allen Teilnehmern die richtigen Schlüsse aus den Antworten ziehen können. Es gäbe zu manch einer Frage etwas zu kommentieren, denn manchmal ist weder die eine noch die andere Antwortmöglichkeit genau richtig für das, was einen persönlich betrifft. Da geht dann nur "weiß nicht", und auch das stimmt nicht... Das ist etwas schade. Meistens findet man in der Marktforschung eher zwischen den Zeilen das, was man als Forscher wirklich sucht..." (H. A., XING)

Kommentare zu Werte-Items:
> „Finds aber bei manchen Fragen echt schwierig..z. B. bei: ‚Sie ist auf der Suche nach einem Sinn im Leben. Sie denkt, dass es wichtig ist, einen Zweck im Leben zu haben' -> Was, wenn man nicht mehr auf der Suche ist, aber Ja, es ist wichtig einen Zweck im Leben zu haben...?" (E.-M. K., Utopia)

> „‚Sie glaubt, dass es wichtig ist, dass Männer und Frauen gleich behandelt werden. Sie denkt, dass jeder Mensch im Leben gleiche Chancen haben soll.' das sind zwei verschiedene aspekte! ich habe das so beantwortet, wie du es wahrscheinlich meinst, nämlich dass männer und frauen gleichBERECHTIGT sein sollen." (annedore, per E-Mail)

> „Meine Beantwortung ethischer Fragen am Anfang der Umfrage mag einen anderen Eindruck vermitteln, als mein "ethisches" Empfinden. Der Grund lag darin, dass einige

Werte implizit als absolut gültig dargestellt waren. Das heißt, ich sehe keine allgemeingültigen Pflichten, ich tue mir mit dem Schuldbegriff schwer und erkenne allgemein keine Anhaltspunkte für die Existenz einer übergeordneten Moral. Vielmehr sehe ich ethische Leitlinien als gesellschaftliche Vereinbarung, die nur in diesem Kontext gilt. Ferner gibt es für mich die nicht so einfach wissenschaftlich zu klärende Frage, in welcher Form sich "ethisches" oder "unethisches" Verhalten auf die Psyche oder/und die Seele auswirkt. Als Handlungsmotivation dienen mir eher individuelle Gewichtungen verschiedener Handlungsmöglichkeiten und verschiedener Werte und keine allgemeingültigen Pflichten oder der Schuldbegriff (siehe auch http://de.wikipedia.org/wiki/Humes_Gesetz)." (U. S., per E-Mail)

Kommentar zu NEP-Items:

„Finds aber bei manchen Fragen echt schwierig..z. B. bei: ‚Das Gleichgewicht der Natur ist stark genug, die Einflüsse moderner Industriegesellschaften zu bewältigen.‘ -> Die Natur wird sicher bewältigen, obs der Mensch miterlebt, ist die andere Frage..." (E.-M. K., Utopia)

Kommentare zu Items der personalen Norm bzw. Bereitschaft, Opfer zu Bringen:

„Finds aber bei manchen Fragen echt schwierig..z. B. bei: ‚Ich fühle mich aus Umweltschutzgründen verpflichtet, wenn immer es mir möglich ist, Bio-Lebensmittel zu kaufen.‘
generell ja! Aber wenn „Bio" und dann aber aus –was weiß ich woher- eingeflogen, lieber nicht Bio, dafür regional..." (E.-M. K., Utopia)

„- ich handle nicht aus einer pflicht oder einem schlechten gewissen heraus, sondern weil ich davon überzeugt bin, dass dieser weg ("umweltschutz", "nachhaltigkeit") der beste ist. das bedeutet auch:
-- "Ich bin bereit, Einschränkungen in meinem Lebensstandard zu akzeptieren, wenn ich dadurch die Umwelt schützen kann."
-- "Ich bin bereit, wegen des Umweltschutzes auf etwas zu verzichten, das mir wichtig ist."
es ist für mich kein verzicht und keine einschränkung! natürlich bin ich bereit, mein leben zu ändern, wenn ich damit gutes tun kann. das ist aber aus meiner überzeugung heraus selbstverständlich und eben keine einschränkung sondern eine eigene entscheidung über mein leben. du fragst allerdings gar nicht nach dieser einstellung, sondern setzt eine bestimmte einstellung voraus, die nicht die meine ist!
-- "Ich bin bereit, viel höhere Steuer zu zahlen, wenn sie für den Umweltschutz aufgewendet werden."
nein! (ich habe irgendsowas wie "eher nicht" angekreuzt.) denn umweltschutz bedeutet erst einmal auch die steuereinnahmequellen und -ausgaben zu überdenken. da kommt am ende bestimmt total viel geld bei raus, wenn man nur die "umweltsünder" stärker zur kasse bitten würde. wieso sollte ich mehr zahlen, wenn ich sowieso kein auto habe und keine inlandsflüge mache und eh kein fleisch esse und keinen atomstrom beziehe? wenn man die ganze steuergeschichte überdenken würde, wäre sicher genug geld für kitas und umweltschutz da!" (annedore, per E-Mail)

Kommentar zu Items des Konsumverhaltens:

„Ich bin Erwerbsminderungsrentner und arbeite in einer Werkastt für psychisch behinderte Menschen. Dementsprechend ist mein Einkommen und Konsum... So hatte ich halt Probleme damit, zu antworten, wenn es um Bio ging o.ä. - was ja meist nicht so billig ist. Um einigermaßen klar zu kommen, muss ich die Tafel in Anspruch nehmen. Urlaub kann ich nicht ökologisch-sinnvoll gestalten, da bin ich auf Einladungen und Unternehmungen bei Freunden angewiesen - auch zum Beispiel wie und womit wir fahren... Kleidung: Muss ich von der Stange kaufen... und so wieter und so fort." (C. S., Facebook)

Kommentare zur Wahl von Amazon als Gutschein-Anbieter (eine Auswahl):
„du willst amazon-gutscheine verlosen? und das beim thema ökologie und nachhaltigkeit!? das ist doch etwas scheinheilig... schade." (annedore, per E-Mail)

„prinzipiell bin ich ein Freund der unkomplizierten Hilfe. Ich würde mich aber gern aus der Verlosung ausklinken. Denn Amazon entspricht mit ihren Arbeitsbedingungen nicht meinen Vorstellungen einer gerechten Welt." (Z. F., Facebook)

„Und auch an dem Gewinnspiel will ich nicht teilnehmen, denn ich unterstütze keine Unternehmen, die die schlimmsten Tierqualprodukte wie Pelz, Haifischflossen oder Stopfleber verkaufen. Soviel zu deiner Frage bzgl. des Boykotts von Unternehmen. Bitte entschuldige, wenn meine Mail etwas spitz formuliert ist, aber ich bin grad ziemlich geladen!" (eMatt, Utopia)

sonstige Kritik an der Umfrage:
„ bei Ihrer Umfrage stoppte ich nach 20 Min!! Ihre Fragen sind mE recht tendenziös in Richtung "Bio" und haben wenig mit Reisen und Konsum im Forum Schuhliebhaber zu tun." (H.-U. K., XING Forumbeitrag)

„- es gibt nicht nur Menschen, die auf biologische Produkte achten, um „Gutmenschen" zu sein oder die Welt zu retten, sondern jede Menge solche, die das aus reinen Ego-Gründen tun, z. B. um nichts Vergiftetes zu essen, sich ins Gesicht zu schmieren usw. Diese Typen sind absolut nicht berücksichtigt in Ihrer Umfrage. Bei Ihnen gibt es nur Weltretter oder rücksichtslose Weltverschmutzer.
- unheimlich viele Punkte in Ihrer Umfrage sind auf den Genuss ausgerichtet. Fakt ist aber, dass die meisten Menschen überhaupt keine Genussmenschen sind.
Insgesamt denke ich, dass diese Umfrage keinerlei wirklich wertvolle Aussagen bringt, weil bestimmt mind. 90 Prozent der Befragten ähnliche Schwierigkeiten haben dürften." (K. S., per E-Mail)

„Die Frage nach den Urlauben geht mit persönlich jedoch etwas zu weit. Das haben Sie bestimmt nicht bezweckt, aber persönliche Themen und Daten breite ich weder im Internet noch in Umfragen aus - auch wenn ich die Uni Hohenheim sehr schätze und Lohas auch. Leider kann man die Seite im Fragebogen nicht einfach überspringen - daher werde ich wohl abbrechen müssen." (M. S., Facebook-Eintrag)

Anhang 31   Das Feedback und Kritik der Teilnehmer in Bezug auf touristische Aspekte des Fragebogens

MaxDiff-Fragen zu wichtigen/unwichtigen Eigenschaften einer Unterkunft:
„Ich fand die Fragen interessant, kann mir aber bei manchen den Sinn dahinter nicht erschließen:
z. B. Was ist bei einer Unterkunft am wichtigsten und was am unwichtigsten? Dann kamen immer wieder 5 verschiedene Kategorien." (S. H., Utopia)

„Deine Umfrage fand ich sehr interessant, war aber etwas irritiert über die letzten, in immer wieder anderen Zusammenstellungen auftauchenden Fragen.
Wolltest du damit die "wirklich" wichtigen und unwichtigen Kriterien herausfinden?" (elise, Utopia)

„ich habe Ihren - doch sehr umfassenden - Fragebogen beantwortet (viele spannende Fragen, zuim Ende hin wurde es für mich ein bißchen mühsam)" (S. R., per E-Mail)

„Insobesondere bei den letzten Fragen zur Unterkunft ist mir aufgefallen, dass für mich wichtige Antwortalternativen gefehlt haben, so wurde ich "gezwungen" Antworten zu wählen, die nicht dem entsprechen, was mir bei der Auswahl einer Unterkunft für einen Urlaub wirklich wichtig ist. Je nach Urlaub lege ich andere Prioritäten. Wenn ich einen ruhigen Urlaub verbringen möchte, in dem ich mich erholen will und ein bischen was von Land und Leuten sehen möchte, ist für mich am allerwichtigsten, dass die Unterkunft abseits von touristischen Zentren in natürlicher Umgebung liegt, dementsprechend ist ein Mietwagen notwendig um dorthin zu kommen..." (K. S.-H., XING)

„also, nochmal kurz zu den unterkünften: ich mache meinen urlaub ziemlich grundsätzlich nicht in hotels oder ähnlichen unterkünften. meine urlaube bestreite ich in privatunterkünften (unterschiedlichster art: couchsurfing oder freunde-besuch z. b.), im eigenen zelt oder im eigenen bzw. privat geliehenen boot. da gibts eben keine ökosiegel, also kann und muss ich darauf nicht achten. du setzt allerdings voraus, dass man ja eben hotels o.ä. bucht. das ist das, was ich meinte
- du gehst von gebuchten bzw. pauschalreisen aus. sowas mache ich nie! deshalb interessiere ich mich auch nicht für hotels oder unterkünfte mit öko-siegeln oder so." (annedore, per E-Mail)

Fragen nach einem Urlaub zu persönlich:
„Die Frage nach den Urlauben geht mit persönlich jedoch etwas zu weit. Das haben Sie bestimmt nicht bezweckt, aber persönliche Themen und Daten breite ich weder im Internet noch in Umfragen aus - auch wenn ich die Uni Hohenheim sehr schätze und Lohas auch. Leider kann man die Seite im Fragebogen nicht einfach überspringen - daher werde ich wohl abbrechen müssen." (M. S., Facebook)

keine Berücksichtigung der speziellen Bedürfnisse der Urlauber mit Behinderungen:
„Interessante Fragen. Nur leider wurden die Bedürfnisse von Urlaubern mit Behinderungen komplett unterschlagen. Diese unterscheiden sich teilweise erheblich." (H. J., XING)

zusammenfassende Darstellung der Verkehrsmittel für die An- und Abreise:
„bei der urlaubsreise hast du nur nach der anreise gefragt. aber nicht nach der abreise. bei meinem urlaub waren das unterschiedliche verkehrsmittel!." (annedore, per E-Mail)

die Teilnahme an der Befragung als Anstoß zum Nachdenken über nachhaltiges Verhalten im Tourismusbereich:

„Leider ist mir wieder mal bewusst geworden, dass es mir, was das Reisen/Urlaub machen betrifft, am schwersten fällt ökologisch zu sein..aber ich glaube, da bin ich nicht alleine.. Bin gespannt auf die Ergebnisse!" (E.-M. K., Facebook)

„Ehrlich gesagt, fand ich es nicht ganz einfach, speziell zum Thema Urlaub auf die Nachhaltigkeit einzugehen - die Angebote dafür sind mir wohl bisher entgangen - viele Reisen unternehmen wir aber mit der Bahn - aber unter den 5 Tagen ;-)" (H. S. Utopia)

„Ich bin Erwerbsminderungsrentner und arbeite in einer Werkastt für psychisch behinderte Menschen. Dementsprechend ist mein Einkommen und Konsum... [...] Urlaub kann ich nicht ökologisch-sinnvoll gestalten, da bin ich auf Einladungen und Unternehmungen bei Freunden angewiesen - auch zum Beispiel wie und womit wir fahren..." (C. S., Facebook)

„Bisher habe ich mich bzgl. ökologischer Aspekte, z. B. Biokost am Urlaubsort noch nicht konkret informiert, jedoch ärgert es mich, daß das Essen am Urlaubsort fast immer konventionell ist, habe es aber immer so hingenommen. Da ich meist eine Gruppenradreise über den ADFC (Allgemeiner Deutscher Fahrrad Club) buche, bei der den Teilnehmern/-innen der Preis wichtig ist, fallen Biohotels leider raus.
Erfreulich war meine Erfahrung in der Jugendherberge Greifswald: Es gab fast nichts Verpacktes und sogar Bioessen für Vegetarier und Veganer. Dagegen in der Pension Lachmöve in Zinnowitz (Insel Usedom) das Negativbeispiel: Alle Aufstriche beim Frühstücksbuffett waren in Miniportionen extra verpackt. Das ergab jeden Morgen einen großen Müllberg. Dazu gab's gekaufte und aufgebackene Brötchen. Vermutlich ist nur so der Preis von zu halten (Einzelzimmer: 35 Euro).
Unseren nächsten Wanderurlaub in der Rhön wollen wir evtl. in einem Biohotel buchen. Dann muß man im Urlaub nicht schlechter als zu Hause essen." (T. M., per E-Mail)

„habe gerade den FGragebogen ausgefüllt... sehr interessantes Thema, zumal Öko-Tourismus Siegel sehr schlecht oder wenig kommuniziert werden, zumindest meiner Meinung nach." (Christoph1410, Utopia)

Literaturverzeichnis

1822direkt (2011): Für viele Anleger ein wichtiges Thema: Nachhaltigkeit. Frankfurt am Main. September 2011. Brief an Anna Klein.

A.C. Nielsen GmbH; KarmaKonsum (Hrsg.) (2008): Was LOHAS wirklich kaufen. Lifestyle Of Health And Sustainability - Imaginärer Trend oder reale Differenzierung im Einkaufsverhalten? Eine Nielsen-Studie. Frankfurt am Main.

ABSOLUT! PR & Consulting (Hrsg.) (2010): Null-Energie-Bilanz-Hotel feiert 1. Geburtstag, in BOUTIQUEHOTEL stadthalle WIEN (Pressemitteilung, Stand: 01.12.2010) Zugriff: 28.01.2013, 10:42 MEZ.
http://www.hotelstadthalle.at/pressetexte.

Aburdene, Patricia (2005): Megatrends 2010. The rise of conscious capitalism. Charlottesville, VA: Hampton Roads Publishing Company, Inc.

Accept Reisen (Hrsg.) (o.J.): Accept-Reisen - individuell, fair und nachhaltig!, in Accept Reisen (WWW-Seite) Zugriff: 23.11.2011, 11:33 MEZ.
http://www.accept-reisen.de/.

Adelt, Peter; Müller, Horst; Zitzmann, Axel (1990): *Umweltbewußtsein und Konsumverhalten - Befunde und Zukunftsperspektiven*. In: R. Szallies; G. Wiswede (Hrsg.): Wertewandel und Konsum. Fakten, Perspektiven und Szenarien für Markt und Marketing. Landsberg/Lech: Verlag Moderne Industrie, S. 155-184.

Aderhold, Peter (2011): Die Urlaubsreisen der Deutschen. Kurzfassung der Reiseanalyse 2011. Kiel.

Adlwarth, Wolfgang (2009a): Corporate Social Responsibility. Consumer Expectations and Behaviour in the Tourism Sector. 12 March 2009 ITB, in Messe Berlin (Pdf-Dokument, Stand: 12.03.2009) Zugriff: 10.11.2009, 15:57 MEZ.
http://www1.messe-berlin.de/vip8_1/website/MesseBerlin/htdocs/Bilder_upload/Event-Datenbank/9367.PDF.

Adlwarth, Wolfgang (2009b): Corporate Social Responsibility. Kundenerwartungen und -Verhalten Im Bereich Tourismus. 12 März 2009 ITB Berlin, in Naturfreunde Internationale (Pdf-Dokument, Stand: 12.03.2009) Zugriff: 01.12.2012, 12:22 MEZ.
http://www.nfi.at/dmdocuments/GfK_Handout_CSR_ITB_09.pdf.

Adlwarth, Wolfgang (2010): Corporate Social Responsibility in Tourism. Consumer demands and image of suppliers. ITB Berlin - 11th March 2010, in Messe Berlin (Pdf-Dokument, Stand: 11.03.2010) Zugriff: 10.11.2011, 15:55 MEZ.
http://www1.messe-berlin.de/vip8_1/website/Internet/Internet/www.itb-kongress/pdf/Praesentationen_ITB_Kongress_2010/11_03_CSR_Day_Wolfgang_Adlwarth_en.pdf.

Ahaus, Björn; Heidbrink, Ludger; Schmidt, Imke (2009): Chancen und Grenzen der Konsumentenverantwortung. Eine Bestandsaufnahme (Working Papers des CRR. Nr. 6/2009).

Ahlheim, Michael (2002): Umweltkapital in Theorie und politischer Praxis. In: Institut für Volkswirtschaftslehre (Hrsg.): Hohenheimer Diskussionsbeiträge Nr. 207/2002. Stuttgart: Universität Hohenheim.

Allianz Deutschland AG (Hrsg.) (2008): Gute Vorsätze 2009. Ipsos Omnibusbefragung im Express™.

Ananth, Mangala et al. (1992): Marketplace Lodging Needs of Mature Travelers. *Cornell Hotel and Restaurant Administration Quarterly, 33. Jg.* (4), S. 12-24.

Arbeitskreis für Freizeit und Tourismus an der Universität Innsbruck (1988): Wege zu einem intelligenten Tourismus. Erste Ergebnisse des Symposiums in Kastelruth vom 9. bis 13. Mai 1988. Innsbruck: Arbeitskreis für Freizeit und Tourismus an der Universität Innsbruck.

Aschenbeck, Arndt; Hildebrandt, Klaus (2011): Gutes Gelingen garantiert. fvw magazin, 22, S. 14-18.

atmosfair GmbH (Hrsg.) (o.J.): Wer steckt hinter atmosfair?, in atmosfair (WWW-Seite) Zugriff: 27.11.2011, 18:30 MEZ. https://www.atmosfair.de/ueber-uns/wir-ueber-uns/.

atmosfair GmbH (Hrsg.) (2011): Emissionsrechner, in atmosfair (WWW-Seite, Stand: 28.11.2011) Zugriff: 28.11.2011, 16:21 MEZ. https://www.atmosfair.de/index.php?id=30&L=0&start=m%FCnchen&ziel=mallorca&submit.x=15&submit.y=11.

Atteslander, Peter (2008): Methoden der empirischen Sozialforschung. 12., durchgesehene Auflage. Berlin: Erich Schmidt Verlag.

Backhaus, Klaus et al. (2011): Multivariate Analysemethoden. Eine anwendungsorientierte Einführung. 13., überarbeitete Auflage. Berlin: Springer-Verlag (Springer-Lehrbuch).

Backhaus, Klaus; Erichson, Bernd; Weiber, Rolf (Hrsg.) (2011): Fortgeschrittene Multivariate Analysemethoden. Eine anwendungsorientiere Einführung. Berlin: Springer-Verlag (Springer-Lehrbuch).

Bader, Elana E. (2005): Sustainable hotel business practices. *Journal of Retail & Leisure Property, 5. Jg.* (1), S. 70-77.

Baedeker, Carolin et al. (2005): Analyse vorhandener Konzepte zur Messung des nachhaltigen Konsums in Deutschland einschließlich der Grundzüge eines Entwicklungskonzeptes. Endbericht zum 30.06.2005. Aktenzeichen: 514-33.70/04HSO46.

Bagozzi, Richard P.; Yi, Youjae; Phillips, Lynn W. (1991): Assessing Construct Validity in Organizational Research. *Administrative Science Quarterly, 36. Jg.* (3), S. 421-458.

Balderjahn, Ingo (1986): Das umweltbewußte Konsumentenverhalten. Eine empirische Studie. Berlin: Duncker & Humblot (Betriebswirtschaftliche Schriften, 123).

Bankhofer, Udo; Praxmarer, Sandra (1998): Zur Behandlung fehlender Daten in der Marktforschungspraxis. *Marketing ZFP, 20. Jg.* (2), S. 109-118.

Bardi, Anat; Schwartz, Shalom H. (2003): Values and Behavior: Strength and Structure of Relations. *Personality and Social Psychology Bulletin, 29. Jg.* (10), S. 1207-1220.

Baudrillard, Jean ([1970] 1998): The Consumer Society. Myths & Structures. London: SAGE Publications Ltd.

Baumgartner, Christian (2008): Nachhaltigkeit im Tourismus. Von 10 Jahren Umsetzungsversuchen zu einem Bewertungssystem. Innsbruck: StudienVerlag (Tourismus: transkulturell & transdisziplinär, 7).

Becker, Christoph; Job, Hubert; Witzel, Anke (1996): Tourismus und nachhaltige Entwicklung. Grundlagen und praktische Ansätze für den mitteleuropäischen Raum. Darmstadt: Wissenschaftliche Buchgesellschaft.

Beck, Ulrich (2010): gegenmacht-ressource nicht-kaufen. Pro: Politisch bewusster Konsum, in prager frühling * Magazin für Freiheit und Sozialismus (Online-Artikel, Stand: Februar 2010) Zugriff: 06.10.2011, 20:27 MEZ. http://www.prager-fruehling-magazin.de/article/405.gegenmacht-ressource-nicht-kaufen.html.

Belz, Frank-Martin (2001): Integratives Öko-Marketing. Erfolgreiche Vermarktung ökologischer Produkte und Leistungen. Wiesbaden: Deutscher Universitäts-Verlag (Neue betriebswirtschaftliche Forschung, 271); zugleich: St. Gallen, Univ., Habil.-Schr., 2000.

Belz, Frank-Martin; Bilharz, Michael (2005): *Einführung in das Nachhaltigkeits-Marketing*. In: F.-M. Belz; M. Bilharz (Hrsg.): Nachhaltigkeits-Marketing in Theorie und Praxis. Wiesbaden: Deutscher Universitäts-Verlag (Wirtschaftswissenschaft), S. 3-15.

Belz, Frank-Martin; Bilharz, Michael (2008): *Nachhaltiger Konsum, geteilte Verantwortung und Verbraucherpolitik: Grundlagen*. In: F.-M. Belz; G. Karg; D. Witt (Hrsg.): Nachhaltiger Konsum und Verbraucherpolitik im 21. Jahrhundert. Marburg: Metropolis-Verlag (Wirtschaftswissenschaftliche Nachhaltigkeitsforschung, 1), S. 21-52.

Bergin-Seers, Suzanne; Mair, Judith (2009): Emerging Green Tourists in Australia: Their Behaviours and attitudes. *Tourism and Hospitality Research, 9. Jg.* (2), S. 109-119.

Bergs, Siegfried (1980): Optimalität bei Clusteranalysen. Experimente zur Bewertung numerischer Klassifikationsverfahren. Münster; zugleich: Inauguraldissertation zur Erlangung des akademischen Grades eines Doktors der Wirtschaftswissenschaft durch den Fachbereich Wirtschafts- und Sozialwissenschaften der Westfälischen Wilhelms-Universität Münster.

bfp Analyse (2000): *Brent Spar: eine Falschmeldung und ihre Karriere. Über den Bau von Geschichtsbildern durch kognitive Ignoranz und kommunikative Penetranz.* In: C. Krüger; M. Müller-Hennig (Hrsg.): Greenpeace auf dem Wahrnehmungsmarkt. Studien zur Kommunikationspolitik und Medienresonanz. Münster: LIT VERLAG (Medien & Politik, 14), S. 205-222.

Bilanzrechtsreformgesetz - BilReG (2004): Gesetz zur Einführung internationaler Rechnungslegungsstandards und zur Sicherung der Qualität der Abschlussprüfung vom 04.12.2004. In: Bundesgesetzblatt Jahrgang 2004 Teil I Nr. 65, ausgegeben zu Bonn am 9. 12.2004.

Bilharz, Michael (2009): „Key Points" nachhaltigen Konsums. Ein strukturpolitisch fundierter Strategieansatz für die Nachhaltigkeitskommunikation im Kontext aktivierender Verbraucherpolitik. Marburg: Metropolis-Verlag (Wirtschaftswissenschaftliche Nachhaltigkeitsforschung, 4).

Bilharz, Michael; Belz, Frank-Martin (2008): Öko als Luxus-Trend: Rosige Zeiten für die Vermarktung „grüner" Produkte? *Marketing Review St. Gallen* (4), S. 6-10.

Billig, Axel (1995): *Umweltbewußtsein und Wertorientierung.* In: G. de Haan (Hrsg.): Umweltbewußtsein und Massenmedien. Perspektiven ökologischer Kommunikation. Berlin: Akademie Verlag, S. 87-101.

BIO-Markt.Info (Hrsg.) (2012): Statistik Bio-Fachmärkte, in BIO-Markt.Info (WWW-Seite, Stand: 03.01.2012) Zugriff: 22.01.2013, 17:43 MEZ. http://www.bio-markt.info/web/Statistik_Bio-Fachmaerkte/323/0/0/0.html.

Björk, Peter (2007): *Definition Paradoxes: From concept to definition.* In: J. Higham (Hrsg.): Critical Issues in Ecotourism: Understanding a complex tourism phenomenon. Oxford: Elsevier Ltd., S. 23-45.

Blake, James (1999): Overcoming the 'value-action gap' in environmental policy: Tensions between national policy and local experience. *Local Environment, 4. Jg.* (3), S. 257-278.

Böcker, Franz (1986): Präferenzforschung als Mittel marktorientierter Unternehmensführung. *Schmalenbachs Zeitschrift für betriebswirtschaftliche Forschung, 38. Jg.* (7/8), S. 543-574.

Bodenstein, Gerhard; Spiller, Achim; Elbers, Helmut (1997): Strategische Konsumentscheidungen. Langfristige Weichenstellungen für das Umwelthandeln - Ergebnisse einer empirischen Studie -. Duisburg: Gerhard-Mercator-Universität GH-, Fachbereich Wirtschaftswissenschaften, Fachgebiet Marketing & Konsum (Diskussionsbeiträge des Fachbereichs Wirtschaftswissenschaft der Gerhard-Mercator-Universität - Gesamthochschule - Duisburg, 234).

Bohdanowicz, Paulina (2005): European Hoteliers' Environmental Attitudes: Greening the Business. *Cornell Hotel and Restaurant Administration Quarterly, 46. Jg.* (2), S. 188-204.

BÖLW Bund Ökologische Lebensmittelwirtschaft e.V. (Hrsg.) (2011): Zahlen, Daten, Fakten: Die Bio-Branche 2011, in BÖLW Bund Ökologische Lebensmittelwirtschaft (Pdf-Dokument, Stand: Februar 2011) Zugriff: 02.09.2011, 15:00 MEZ. http://www.boelw.de/uploads/media/pdf/Dokumentation/Zahlen__Daten__Fakten/ZDF2011.pdf.

BÖLW Bund Ökologische Lebensmittelwirtschaft e.V. (Hrsg.) (2012): Zahlen • Daten • Fakten. Die Bio-Branche 2012, in BÖLW Bund Ökologische Lebensmittelwirtschaft (Pdf-Dokument, Stand: Februar 2012) Zugriff: 16.01.2013, 17:46 MEZ. http://www.boelw.de/uploads/pics/ZDF/ZDF_Endversion_120110.pdf.

Bortz, Jürgen; Döring, Nicola (2006): Forschungsmethoden und Evaluation für Human- und Sozialwissenschaftler. 4., überarbeitete Auflage. Heidelberg: Springer Medizin Verlag.

Bourdieu, Pierre ([1979] 1987): Die feinen Unterschiede. Kritik der gesellschaftlichen Urteilskraft. Übersetzt von Bernd Schwibs und Achim Russer. Frankfurt am Main: Suhrkamp Verlag (suhrkamp taschenbuch wissenschaft, 658).

Bradlow, Eric T. (2005): Current issues and a 'wish list' for conjoint analysis. *Applied Stochastic Models in Business and Industry, 21. Jg.* (4-5), S. 319-323.

Brand, Karl-Werner (2002a): *Gesellschaftliche Zukunftstrends und nachhaltiger Konsum.* In: Umweltbundesamt (Hrsg.): Nachhaltige Konsummuster. Ein neues umweltpolitisches Handlungsfeld als Herausforderung für die Umweltkommunikation. Mit einer Zielgruppenanalyse des Frankfurter Instituts für sozial-ökologische Forschung. Berlin: Erich Schmidt Verlag (Berichte/Umweltbundesamt, 6/02), S. 221-260.

Brand, Karl-Werner (2002b): *Nachhaltig leben! Zur Problematik der Veränderung von Lebensstilen.* In: D. Rink (Hrsg.): Lebensstile und Nachhaltigkeit. Konzepte, Befunde und Potentiale. Opladen: Leske + Budrich (Reihe „Soziologie und Ökologie", 7), S. 183-204.

Brand, Karl-Werner (2002c): *Strukturelle Trends und nachhaltiger Konsum: Konzeptioneller Rahmen*. In: UNESCO-Verbindungsstelle im Umweltbundesamt (Hrsg.): Sozialwissenschaftliche Analysen zu Veränderungsmöglichkeiten nachhaltiger Konsummuster. Im Auftrag des Umweltbundesamtes. Berlin (Umweltforschungsplan des Bundesministeriums für Umwelt, Naturschutz und Reaktorsicherheit. Wirtschafts- und sozialwissenschaftliche Umweltfragen, Forschungsbericht 200 17 155, UBA-FB 00330), S. 6-17.

Briassoulis, Helen (2002): Sustainable tourism and the question of the commons. *Annals of Tourism Research, 29. Jg.* (4), S. 1065-1085.

Brosius, Felix (2011): SPSS 19. Heidelberg: mitp.

Brügger, Adrian (2007): Einstellung und Verhalten gegenüber der Umwelt. Eine wissenschaftliche Befragung zu verschiedenen Aspekten der Umwelteinstellung und des Umweltverhaltens. Zürich.

Brügger, Adrian; Kaiser, Florian G.; Roczen, Nina (2011): One for All? Connectedness to Nature, Inclusion of Nature, Environmental Identity, and Implicit Association with Nature. *European Psychologist, 16. Jg.* (4), S. 324-333.

Bühner, Markus (2011): Einführung in die Test- und Fragebogenkonstruktion. 3., aktualisierte und erweiterte Auflage. München: Pearson Studium.

Bundesministerium für Ernährung, Landwirtschaft und Verbraucherschutz (Hrsg.) (o.J.): Gibt es einen Unterschied der Begriffe "bio" und "öko"?, in Bio-Siegel (WWW-Seite) Zugriff: 26.03.2012, 14:21 MEZ. http://www.bio-siegel.de/infos-fuer-verbraucher/haeufig-gestellte-fragen/uebersicht/gibt-es-einen-unterschied-der-begriffe-bio-und-oeko/.

Bundesministerium für Ernährung, Landwirtschaft und Verbraucherschutz (Hrsg.) (2008): Ökobarometer 2008. Repräsentative Bevölkerungsbefragung im Auftrag des Bundesministeriums für Ernährung, Landwirtschaft und Verbraucherschutz, in ökolandbau.de Das Informationsportal (Pdf-Dokument, Stand: 28.10.2008) Zugriff: 18.01.2013, 17:39 MEZ. http://www.oekolandbau.de/fileadmin/redaktion/dokumente/journalisten/publikationen/2008_Studienergebnisse.pdf.

Bundesministerium für Ernährung, Landwirtschaft und Verbraucherschutz (Hrsg.) (2012): Ökobarometer 2012. Repräsentative Bevölkerungsbefragung im Auftrag des Bundesministeriums für Ernährung, Landwirtschaft und Verbraucherschutz (BMELV), in ökolandbau.de Das Informationsportal (Pdf-Dokument, Stand: 09.02.2012) Zugriff: 18.01.2013, 17:03 MEZ.
http://www.oekolandbau.de/fileadmin/redaktion/dokumente/journalisten/Oekobarometer2012_Sheets_BA.pdf.

Bundesministerium für Land und Forstwirtschaft, Umwelt und Wasserwirtschaft; VKI, Verein für Konsumenteninformation (Hrsg.) (2010): Österreichisches Umweltzeichen. UZ TB. Tourismusbetriebe. "Beherberbungsbetriebe" "Gastronomiebetriebe" "Schutzhütten", in Das Österreichische Umweltzeichen (Pdf-Dokument, Stand: 01.07.2010) Zugriff: 06.12.2011, 17:59 MEZ.
http://www.umweltzeichen.at/cms/upload/20%20docs/richtlinien-lf/uztb_r5a2_tourismusbetriebe_2010_gesamt.pdf.

Bundesministerium für Umwelt, Naturschutz und Reaktorsicherheit (BMU); Umweltbundesamt (UBA) (Hrsg.) (2010): Umweltbewusstsein in Deutschland 2010. Ergebnisse einer repräsentativen Bevölkerungsumfrage, in Umweltbundesamt (Pdf-Dokument, Stand: November 2010) Zugriff: 30.01.2013, 10:40 MEZ.
http://www.umweltdaten.de/publikationen/fpdf-l/4045.pdf.

Bundesministerium für Umwelt, Naturschutz und Reaktorsicherheit (BMU); Umweltbundesamt (UBA) (Hrsg.) (2013): Umweltbewusstsein in Deutschland 2012. Ergebnisse einer repräsentativen Bevölkerungsumfrage, in Umweltbundesamt (Pdf-Dokument, Stand: Januar 2013) Zugriff: 29.01.2013, 18:20 MEZ.
http://www.umweltdaten.de/publikationen/fpdf-l/4396.pdf.

Bundesnetzagentur; Bundeskartellamt (Hrsg.) (2012): Monitoringbericht 2012. 2. Auflage, in Bundesnetzagentur (Pdf-Dokument, Stand: 04.12.2012) Zugriff: 18.01.2013, 19:51 MEZ.
http://www.bundesnetzagentur.de/SharedDocs/Downloads/DE/BNetzA/Presse/Berichte/2012/MonitoringBericht2012.pdf?__blob=publicationFile.

BUND; Misereor (Hrsg.) (1996): Zukunftsfähiges Deutschland: Ein Beitrag zu einer global nachhaltigen Entwicklung. Studie des Wuppertal Instituts für Klima, Umwelt, Energie. Basel: Birkhäuser Verlag.

Burgess, Jacquie (2003): Sustainable consumption: is it really achievable? *Consumer Policy Review, 13. Jg.* (3), S. 78-84.

Bürglen, Kathrin (2009): Fahrtziel Natur, in Bundesamt für Naturschutz BfN (Pdf-Dokument, Stand: 14.07.2009) Zugriff: 28.11.2011, 21:18 MEZ.
http://www.bfn.de/fileadmin/MDB/documents/ina/vortraege/2009_Sommerakad_Buerglen_Fahrtziel%20Natur.pdf.

Buros, Karen (2006): *Product line optimization through Maximum Difference Scaling.* In: Sawtooth Software (Hrsg.): Proceedings of the Sawtooth Software Conference. 2006 Sawtooth Software Conference. Delray Beach, 29.-31.03.2006, S. 69-77.

Busse, Tanja (2006): Die Einkaufsrevolution: Konsumenten entdecken ihre Macht. München: Karl Blessing Verlag.

Caplan, Jeremy (2009): Going Green. Shoppers, Unite! Carrotmobs Are Cooler than Boycotts, in TIME (Online-Artikel, Stand: 15.05.2009) Zugriff: 29.09.2011, 14:29 MEZ. http://www.time.com/time/magazine/article/0,9171,1901467,00.html.

Carius, Florian (2008): Destination Naturlandschaft - Wo geht die Reise hin? Empirische Erhebungen in deutschen Reisebüros, in Bundesamt für Naturschutz BfN (Pdf-Dokument, Stand: April 2008) Zugriff: 26.11.2011, 11:25 MEZ. http://www.bfn.de/fileadmin/MDB/images/themen/sportundtourismus/Destination_Naturlandschaft.pdf.

Chaldek, Karin (2008): Fair & öko: Wird LOHAS zum Reisetrend? Bewusster Reisen. Biobauern besuchen, Umweltzeichen setzen., in DiePresse.com (Presseartikel, Stand: 15.08.2008) Zugriff: 10.06.2011, 11:11 MEZ. http://diepresse.com/home/leben/reise/406489/Fair-oeko_Wird-LOHAS-zum-Reisetrend.

checkitmobile GmbH (Hrsg.) (2011), in barcoo (WWW-Seite, Stand: 28.06.2011) Zugriff: 28.06.2011, 14:17 MEZ. www.barcoo.com.

Chrzan, Keith (2005): The Options Pricing Model: An Application of Best-Worst Measurement. Sequim, WA (Sawtooth Software Research Paper Series).

Churchill, Gilbert A., Jr. (1979): A Paradigm for Developing Better Measures of Marketing Constructs. *Journal of Marketing Research, 16. Jg.* (1), S. 64-73.

Clark, Christopher F.; Kotchen, Matthew J.; Moore, Michael R. (2003): Internal and external influences on pro-environmental behavior: Participation in a green electricity program. *Journal of Environmental Psychology, 23. Jg.* (3), S. 237-246.

Cleveland, Mark; Kalamas, Maria; Laroche, Michel (2005): Shades of green: linking environmental locus of control and pro-environmental behaviors. *Journal of Consumer Marketing, 22. Jg.* (4), S. 198-212.

Cohen, Eli; d'Hauteville, Francois; Sirieix, Lucie (2009): A cross-cultural comparison of choice criteria for wine in restaurants. *International Journal of Wine Business Research, 21. Jg.* (1), S. 50-63.

Cohen, Jacob (1988): Statistical power analysis for the Behavioral Sciences. 2 Auflage. Hillsdale, New Jersey: Lawrence Erlbaum Associates, Inc.

Cohen, Steve; Orme, Bryan (2004): What's your preference? *Marketing Research, 16. Jg.* (2), S. 32-37.

Corbett, Julia B. (2005): Altruism, Self-Interest, and the Reasonable Person Model of Environmentally Responsible Behavior. *Science Communication, 26. Jg.* (4), S. 368-389.

Daly, Herman E. (1990): Toward some operational principles of sustainable development. *Ecological Economics, 2. Jg.* (1), S. 1-6.

DB Mobility Logistics AG (Hrsg.) (o.J.a): Fahrtziel Natur, in DB BAHN DEUTSCHLAND ERLEBEN (WWW-Seite) Zugriff: 30.04.2013, 12:58 MEZ. http://www.fahrtziel-natur.de/regional/view/fzn/ueb_fzn.shtml.

DB Mobility Logistics AG (Hrsg.) (o.J.b): Fahrtziel Natur. Erholen. Erleben. Erhalten, in homburg.de (Jpg-Datei) Zugriff: 30.04.2013, 12:49 MEZ. http://www.homburg.de/media/images/32172.jpg.

DB Mobility Logistics AG (Hrsg.) (2012): Naturschätze entspannt und umweltfreundlich erleben, in DB BAHN DEUTSCHLAND ERLEBEN (Pdf-Dokument, Stand: Dezember 2012) Zugriff: 09.04.2013, 13:33 MEZ. http://www.fahrtziel-natur.de/regional/view/mdb/pv/deutschland_erleben/ fahrtziel_natur/2013/mdb_103651_fahrtziel_natur-broschuere_2013.pdf.

Degenhardt, Lars (2007): Pioniere Nachhaltiger Lebensstile. Analyse einer positiven Extremgruppe mit bereichsübergreifender Kongruenz zwischen hohem nachhaltigen Problembewusstsein und ausgeprägtem nachhaltigen Handeln. Kassel: kassel university press GmbH; zugleich: Lüneburg, Univ., Diss. 2006.

Dellaert, Benedict G. C.; Borgers, Aloys W. J.; Timmermans, Harry J. P. (1997): Conjoint Models of Tourist Portfolio Choice: Theory and Illustration. *Leisure Sciences, 19. Jg.* (1), S. 31-58.

Dellaert, Benedict; Borgers, Aloys; Timmermans, Harry (1995): A day in the city. Using conjoint choice experiments to model urban tourists' choice of activity packages. *Tourism Management. Research, Policies, Practice, 16. Jg.* (5), S. 347-353.

Derag Livinghotels AG + Co. KG (Hrsg.) (o.J.): Hotel Campo dei Fiori, in DERAG LIVINGHOTELS (WWW-Seite) Zugriff: 08.12.2011, 21:06 MEZ. http://www.deraghotels.de/hotels-muenchen/hotel-campo-dei-fiori-muen chen.html.

Deutscher Bundestag (Hrsg.) (2011): Neue Enquete-Kommission nimmt Arbeit auf, in Deutscher Bundestag (Online-Artikel, Stand: 19.04.2011) Zugriff: 19.04.2011, 19:00 MEZ. http://www.bundestag.de/dokumente/textarchiv/2011/33008739_kw02_ pa_wachstumsenquete/.

Diamantis, Dimitrios; Westlake, John (2001): *Ecolabelling in the Context of Sustainable Tourism and Ecotourism*. In: X. Font; R. C. Buckley (Hrsg.): Tourism ecolabelling. Certification and Promotion of Sustainable Management. Wallingford, Oxon: CABI Publishing, S. 27-40.

Diaz-Bone, Rainer (2004): Milieumodelle und Milieuinstrumente in der Marktforschung [26 Absätze]. Forum Qualitative Sozialforschung/Forum Qualitatve Social Research [On-line Journal], 5. Jg., 2.

Diaz-Bone, Rainer (2006): Statistik für Soziologen. Konstanz: UVK Verlagsgesellschaft mbH.

Dichter, Ernest (1961): Strategie im Reich der Wünsche. Düsseldorf: Econ-Verlag.

Die BIO-Hotels - Verein für Angebotsentwicklung & Marketing (Hrsg.) (o.J.a): Bioland Verband, in BIOHOTELS mit Sicherheit genießen (WWW-Seite) Zugriff: 09.04.2013, 14:31 MEZ.
http://www.biohotels.info/de/ueber-uns/bioland/.

Die BIO-Hotels - Verein für Angebotsentwicklung & Marketing (Hrsg.) (o.J.b): Der Verein "Die BIO-Hotels", in BIOHOTELS mit Sicherheit genießen (WWW-Seite) Zugriff: 09.04.2013, 14:31 MEZ.
http://www.biohotels.info/de/ueber-uns/verein-fakten-richtlinien/.

Die VERBRAUCHER INITIATIVE e.V. (Hrsg.) (o.J.): Nachhaltig reisen, in ökofair (WWW-Seite) Zugriff: 07.12.2011, 20:35 MEZ.
http://www.oeko-fair.de/clever-konsumieren/bewegen-reisen/andersreisen/nachhaltig-reisen/nachhaltig-reisen2.

Die VERBRAUCHER INITIATIVE e.V. (Bundesverband) (Hrsg.) (o.J.): Willkommen bei label-online.de, in Label ONLINE (WWW-Seite) Zugriff: 03.05.2011, 15:47 MEZ.
http://www.label-online.de/ueber-uns/willkommen-auf-wwwlabel-onlinede.

Dief, Mohammed El; Font, Xavier (2010): The determinants of hotels' marketing managers' green marketing behaviour. *Journal of Sustainable Tourism, 18. Jg.* (2), S. 157-174.

Diekmann, Andreas (1996): *Homo ÖKOnomicus. Anwendungen und Probleme der Theorie rationalen Handelns im Umweltbereich.* In: A. Diekmann; C. C. Jaeger (Hrsg.): Umweltsoziologie. Opladen: Westdeutscher Verlag (Kölner Zeitschrift für Soziologie und Sozialpsychologie, Sonderheft 36), S. 89-118.

Diekmann, Andreas; Preisendörfer, Peter (1992): Persönliches Umweltverhalten. Diskrepanzen zwischen Anspruch und Wirklichkeit. *Kölner Zeitschrift für Soziologie und Sozialpsychologie, 44. Jg.* (2), S. 226-251.

Diekmann, Andreas; Preisendörfer, Peter (1998): Umweltbewußtsein und Umweltverhalten in Low- und High-Cost-Situationen. Eine empirische Überprüfung der Low-Cost-Hypothese. *Zeitschrift für Soziologie, 27. Jg.* (6), S. 438-453.

Dixon, Michael; Kimes, Sheryl E.; Verma, Rohit (2009): Customer Preferences for Restaurant Technology Innovations. *Cornell Hospitality Report, 9. Jg.* (7), S. 6-16.

Dolnicar, Sara (2010): Identifying tourists with smaller environmental footprints. *Journal of Sustainable Tourism, 18. Jg.* (6), S. 717-734.

Dolnicar, Sara; Leisch, Friedrich (2008): An Investigation of Tourists' Patterns of Obligation to Protect the Environment. *Journal of Travel Research, 46. Jg.* (4), S. 381-391.

Dolnicar, Sara; Otter, Thomas (2003): *Which Hotel Attributes Matter? A Review of Previous and a Framework for Future Research.* In: T. Griffin; R. Harris (Hrsg.): Proceedings of the 9th Annual Conference of the Asia Pacific Tourism Association (APTA). Sydney: University of Technology, S. 176-188.

Dubiel, Helmut (1994): *Der entfesselte Riese? Die „zivile Gesellschaft" und die liberale Demokratie nach 1989.* In: C. Leggewie (Hrsg.): Wozu Politikwissenschaft? Über das Neue in der Politik. Darmstadt: Wissenschaftliche Buchgesellschaft, S. 49-60.

Dunlap, Riley E. et al. (2000): Measuring Endorsement of the New Ecological Paradigm: A Revised NEP Scale. *Journal of Social Issues, 56. Jg.* (3), S. 425-442.

Dunlap, Riley E.; Van Liere, Kent D. (1978): The "new environmental paradigm". A Proposed Measuring Instrument and Preliminary Results. *The Journal of Environmental Education, 9. Jg.* (4), S. 10-19.

Eberle, Ulrike (2001): Das Nachhaltigkeitszeichen: ein Instrument zur Umsetzung einer nachhaltigen Entwicklung? Freiburg: Öko-Institut e.V (Werkstattreihe, 127); zugleich: Gießen, Univ., Diss. 2000.

ECEAT; ECOTRANS (Hrsg.) (2004): Die Visit Initiative. Umweltzeichen für Tourismus in Europa - Veränderung des Marktes in Richtung Nachhaltigkeit, in ECOTRANS European Network for Sustainable Tourism Development (Pdf-Dokument, Stand: Juni 2004) Zugriff: 23.11.2011, 16:00 MEZ.
http://www.ecotrans.org/visit/docs/pdf/visit_de.pdf.

Empacher, Claudia; Götz, Konrad; Schultz, Irmgard (2002): *Haushaltsexploration der Bedingungen, Möglichkeiten und Grenzen nachhaltigen Konsumverhaltens. Die Zielgruppenanalyse des Instituts für sozialökologische Forschung.* In: Umweltbundesamt (Hrsg.): Nachhaltige Konsummuster. Ein neues umweltpolitisches Handlungsfeld als Herausforderung für die Umweltkommunikation. Mit einer Zielgruppenanalyse des Frankfurter Instituts für sozial-ökologische Forschung. Berlin: Erich Schmidt Verlag (Berichte/Umweltbundesamt, 6/02), S. 87-181.

Engelkamp, Paul; Sell, Friedrich L. (2011): Einführung in die Volkswirtschaftslehre. 5 Auflage. Heidelberg: Springer-Verlag.

Engels, Barbara; Job-Hoben, Beate (2009): *Nachhaltiger Tourismus in Deutschland - Eine aktuelle Bestandsaufnahme.* In: Bundesamt für Naturschutz (BfN) (Hrsg.): Nachhaltiger und naturverträglicher Tourismus - Strategien, Erfolgsfaktoren und Beispiele zur Umsetzung. Bonn: Bundesamt für Naturschutz (BfN) (Naturschutz und Biologische Vielfalt, Heft 79), S. 7-25.

Enquete-Kommission (Hrsg.) (1993): Zwischenbericht der Enquete-Kommission „Schutz des Menschen und der Umwelt - Bewertungskriterien und Perspektiven für umweltverträgliche Stoffkreisläufe in der Industriegesellschaft". Verantwortung für die Zukunft - Wege zum nachhaltigen Umgang mit Stoff- und Materialströmen. gemäß Beschluß des Deutschen Bundestages vom 14. Februar 192 - Drucksache 12/1951. Bonn.

Enquete-Kommission (Hrsg.) (1998): Abschlußbericht der Enquete-Kommission „Schutz des Menschen und der Umwelt - Ziele und Rahmenbedingungen einer nachhaltig zukunfsverträglichen Entwicklung". Konzept Nachhaltigkeit. Vom Leitbild zur Umsetzung. Deutscher Bundestag 13. Wahlperiode. Drucksache 13/11200. Bonn.

Enquete-Kommission (Hrsg.) (2002): Schlussbericht der Enquete-Kommission. Globalisierung der Weltwirtschaft - Herausforderungen und Antworten. Deutscher Bundestag 14. Wahlperiode. Drucksache 14/9200. Berlin.

Epler Wood, Megan; Corvetto, Jeanine (2003): Final Report. A Review of International Markets, Business, Finance & Technical Assistance Models for Ecolodges in Developing Countries for International Finance Corporation (IFC)/GEF Small and Medium Enterprise Program, in IFC International Finance Corporation World Bank Group (Pdf-Dokument, Stand: Januar 2003) Zugriff: 13.12.2011, 14:35 MEZ. http://www.ifc.org/ifcext/enviro.nsf/AttachmentsByTitle/fly_EBFP_EcolodgeEplerwood/$FILE/Ecolodges-EplerWood.pdf.

Ermlich, Günter (2009): Corporate Social Responsibility. ITB Berlin 2009 vom 11. bis 15. März, in ITB Kongress (Pdf-Dokument, Stand: 15.03.2009) Zugriff: 10.11.2011, 16:06 MEZ.
http://www.itb-kongress.de/media/itbk/itbk_media/itbk_image/itbk_apps/itbk_dlc/itbk_dlc_itb_corporate_social_responsibilty.pdf.

Etzioni, Amitai (1997): Die faire Gesellschaft. Jenseits von Sozialismus und Kapitalismus. Aus dem Englischen von Patricia Blaas. Frankfurt am Main: Fischer Taschenbuch Verlag GmbH (Fischer Wirtschaft).

Etzioni, Amitai (1998): The methodology of Economics. Rede zur 9. SASE International Conference on Scio-Economics. The Journal of Socio-Economics, 27. Jg., 5, S. 540-549.

Europäische Kommission (Hrsg.) (2011): Mitteilung der Kommission an das Europäische Parlament, den Rat, den Europäischen Wirtschafts- und Sozialausschuss und den Ausschuss der Regionen. Eine neue EU-Strategie (2011-14) für die soziale Verantwortung der Unternehmen (CSR), in EUR-Lex Der Zugang zum EU-Recht (Pdf-Dokument, Stand: 25.10.2011) Zugriff: 15.01.2013, 16:25 MEZ.
http://eur-lex.europa.eu/LexUriServ/LexUriServ.do?uri=COM:2011:0681: FIN:DE:PDF.

Europäische Kommission (Hrsg.) (2012): EU-Bio-Logo ab 1. Juli 2012 voll gültig, in Europäische Kommission, LANDWIRTSCHAFT UND LÄNDLICHE ENTWICKLUNG (Pressemitteilung, Stand: 28.06.2012) Zugriff: 16.01.2013, 17:40MEZ.
http://ec.europa.eu/agriculture/organic/files/news/press-releases/IP-12-706_DE.pdf.

EU-Modernisierungsrichtlinie (2003): Richtlinie 2003/51/EG des Europäischen Parlaments und des Rates vom 18. Juni 2003 zur Änderung der Richtlinien 78/660/EWG, 83/349/EWG, 86/635/EWG und 91/674/EWG über den Jahresabschluss und den konsolidierten Abschluss von Gesellschaften bestimmter Rechtsformen, von Banken und anderen Finanzinstituten sowie von Versicherungsunternehmen. In: Amtsblatt der Europäischen Union L 178/16.

Eurostat (Hrsg.) (2009): Sustainable development in the European Union. 2009 monitoring report of the EU sustainable development strategy. Luxembourg: Office for Official Publications of the European Communities (eurostat Statistical books).

Failla, Chuck (o.J.): Scuppie Defined, in The Scuppie Handbook (WWW-Seite) Zugriff: 22.09.2011, 15:00 MEZ.
http://www.scuppie.com/scuppiedefined.html.

Fédération des Experts-comptables Européens - Federation of European Accountants (Hrsg.) (2011): Environmental, Social and Governance (ESG) indicators in annual reports. An introduction to current frameworks, in Fédération des Experts-comptables Européens - Federation of European Accountants (Pdf-Dokument, Stand: Mai 2011) Zugriff: 17.01.2013, 14:57 MEZ.
http://www.fee.be/fileupload/upload/ESG%20indicators%20in%20annual%20reports%20An%20introduction%20to%20current%20frameworks%201105%20Colour88201149942.pdf.

Fichtner, Nikolai (2007): Klimakompensation. Ablasshandel mit Ökosünden blüht, in taz.de (Online-Artikel, Stand: 15.10.2007) Zugriff: 09.04.2013, 12:27 MEZ.
http://www.taz.de/!6069/.

Fietkau, Hans-Joachim; Kessel, Hans (Hrsg.) (1981): Umweltlernen: Veränderungsmöglichkeiten des Umweltbewußtseins. Modelle - Erfahrungen. Königstein/Ts.: Verlag Anton Hain (Schriften des Wissenschaftszentrums Berlin. Sozialwissenschaft und Praxis, 18).

Fischer, Daniel E. (1985): Qualitativer Fremdenverkehr. Neuorientierung der Tourismuspolitik auf der Grundlage einer Synthese von Tourismus und Landschaftsschutz. Bern: Verlag Paul Haupt (St. Galler Beiträge zum Fremdenverkehr und zur Verkehrswirtschaft/Reihe Fremdenverkehr, 17).

Fishbein, Martin; Ajzen, Icek (1975): Belief, Attitude, Intention and Behavior: An Introduction to Theory and Research. Reading, Massachusetts: Addison-Wesley Publishing Company (Addison-Wesley Series in Social Psychology).

Flaig, Berthold B.; Meyer, Thomas; Ueltzhöffer, Jörg (1993): Alltagsästhetik und politische Kultur. Zur ästhetischen Dimension politischer Bildung und politischer Kommunikation. Bonn: Verlag J. H. W. Dietz Nachf. (Reihe Praktische Demokratie).

Flotow, Paschen von (2012): Marktentwicklung Nachhaltiges Investment 2011, in SUSTAINABLE INVESTMENT (Online-Artikel, Stand: 31.01.2012) Zugriff: 18.01.2013, 20:00 MEZ.
http://www.nachhaltiges-investment.org/News/Marktberichte-(Archiv)/Marktentwicklung-nachhaltiges-Investment-2011.aspx.

Font, Xavier et al. (2001): *Directory of Tourism Ecolabels.* In: X. Font; R. C. Buckley (Hrsg.): Tourism ecolabelling. Certification and Promotion of Sustainable Management. Wallingford, Oxon: CABI Publishing, S. 271-348.

Font, Xavier (2011): Ranking CSR policies and practices from international hotel groups, in The International Centre for Responsible Tourism (PowerPoint-Präsentation, Stand: 10.03.2011) Zugriff: 09.11.2011, 14:03 MEZ.
http://blog.icrtourism.org/?attachment_id=423.

Forschungsgemeinschaft für Urlaub und Reisen e.V. (Hrsg.) (2009): FUR-Newsletter September 2009. Das Internet auf dem Weg zur wichtigsten Urlaubs-Informationsquelle, in RA Reiseanalyse (Pdf-Dokument, Stand: September 2009) Zugriff: 22.11.2011, 12:09 MEZ.
http://www.fur.de/fileadmin/user_upload/Newsletter/Newsletter_Sept._09_Informationsquellen.pdf.

forum anders reisen e.V. (Hrsg.) (o.J.a): forum anders reisen, in forumandersreisen ReisenmitZukunft (WWW-Seite) Zugriff: 23.11.2011, 12:48 MEZ.
www.forumandersreisen.de.

forum anders reisen e.V. (Hrsg.) (o.J.b): Kriterienkatalog, in forumandersreisen ReisenmitZukunft (WWW-Seite) Zugriff: 26.11.2011, 18:04 MEZ.
http://forumandersreisen.de/mitglieder_kriterienkatalog.php.

forum anders reisen e.V. (Hrsg.) (2012a): Firmenporträt forum anders reisen e.V. Unternehmensverband für nachhaltigen Tourismus, in forumandersreisen ReisenmitZukunft (Pdf-Dokument, Stand: Dezember 2012) Zugriff: 23.01.2012, 12:16 MEZ. http://www.forumandersreisen.de/content/dokumente/Portrait_forum_anders_reisen.pdf.

forum anders reisen e.V. (Hrsg.) (2012b): Grüne Veranstalter ausgezeichnet, in forumandersreisen ReisenmitZukunft (Pressemitteilung, Stand: 12.03.2012) Zugriff: 23.01.2013, 12:11 MEZ. http://forumandersreisen.de/presseartikel.php?id=6334.

Freedman, Jonathan L. (1978): Happy people. What Happiness Is, Who Has It, and Why. New York: Harcourt Brace Jovanovich.

Freyer, Walter (2011): Tourismus. Einführung in die Fremdenverkehrsökonomie. 10., überarbeitete und aktualisierte Auflage. München: Oldenbourg Verlag (Lehr- und Handbücher zu Tourismus, Verkehr und Freizeit).

FUR - Forschungsgemeinschaft Urlaub und Reisen (Hrsg.) (2009): Reiseanalyse 2009, Erste Ergebnisse, ITB 2009. Kiel.

Galbraith, John K. ([1959] 1973): Gesellschaft im Überfluß. vom Autor erweiterte, vollständige Taschenbuchausgabe. München: Droemer Knaur.

Gallastegui, Ibon Galarraga (2002): The use of eco-labels: a review of the literature. *European Environment, 12.* Jg. (6), S. 316-331.

Gärling, Tommy et al. (2003): Moderating effects of social value orientation on determinants of proenvironmental behavior intention. *Journal of Environmental Psychology, 23.* Jg. (1), S. 1-9.

Gasteiger, Nepomuk (2010): Der Konsument. Verbraucherbilder in Werbung, Konsumkritik und Verbraucherschutz 1945 - 1989. Frankfurt am Main: Campus-Verlag; zugleich: München, Univ., Diss., 2009.

Gemeinsame Geschäftsstelle Elektromobilität der Bundesregierung (GGEMO) (Hrsg.) (2011): Zweiter Bericht der Nationalen Plattform Elektromobilität, in Bundesministerium für Wirtschaft und Technologie (BMWi) (Pdf-Dokument, Stand: Mai 2011) Zugriff: 22.02.2013, 18:56 MEZ. http://www.bmwi.de/Dateien/Energieportal/PDF/zweiter-bericht-nationale-plattform-elektromobilitaet,property=pdf,bereich=bmwi2012,sprache=de,rwb=true.pdf.

GEO (Hrsg.) (o.J.): "GEO-Exklusivfragen". ... eine Reisetypologie. GEO-Exklusivfragen in der Reiseanalyse 2005, in Deutsches Seminar für Tourismus Berlin (Pdf-Dokument) Zugriff: 06.05.2012, 20:44 MEZ. http://www.wissen.dsft-berlin.de/medien/MAR/mar_mafo_ra_2005_geo_exkl._fragen.pdf.

Georg, Werner (1998): Soziale Lage und Lebensstil. Eine Typologie. Opladen: Leske + Budrich (Fragen der Gesellschaft).

Geschäftsstelle Bundesprogramm Ökologischer Landbau in der Bundesanstalt für Landwirtschaft und Ernährung (BLE) (2011): Eine Erfolgsgeschichte seit 2001. Schrittmacher Bio-Siegel. bio-siegel report, Bonn, 01, S. 1-3.

GESIS – Leibniz-Institut für Sozialwissenschaften e.V. (Hrsg.) (2011): ALLBUS Allgemeine Bevölkerungsumfrage der Sozialwissenschaften. ALLBUS 2010 - Variable Report. Bonn.

GESIS – Leibniz-Institut für Sozialwissenschaften e.V. (Hrsg.) (2012): Kinder (unter 14 Jahren): Anzahl im Haushalt. Erhebungszeitraum 2009, in gesis Leibniz-Institut für Sozialwissenschaften (Datenbankabfrage, Stand: 28.09.2012) Zugriff: 28.11.2012, 14:05 MEZ.
http://www.gesis.org/missy/variablen/variablenliste/?ext=NONE&periodlist&order=nname&chunk=1&slice=0&selcat=2009%3E%3E&selres=10117#10117.

GfK Gruppe (Hrsg.) (2011): GfK Global Green Index. Wie grün ist der Verbraucher wirklich?, in Plattform Nachhaltig Wirtschaften (Online-Artikel, Stand: 22.11.2011) Zugriff: 23.11.2011, 23:11 MEZ.
http://www.nachhaltigwirtschaften.net/scripts/basics/eco-world/wirtschaft/basics.prg?session=55b5057d4ecd7cc9_690996&a_no=5203&main=drucken.

GfK Marktforschung (Hrsg.) (2007): Klimawandel belebt Binnennachfrage. Ergebnisse der GfK-Studie "Einfluss des Klimawandels auf den Konsum", in GfK (Pressemitteilung, Stand: 02.04.2007) Zugriff: 06.04.2013, 12:41 MEZ.
http://www.gfk.com/imperia/md/content/businessgrafics/pd_klimawandel_dfin.pdf.

GfK Marktforschung (Hrsg.) (2008): Mehr Moral im Markt der Mode. Ergebnisse einer aktuellen Studie der GfK Textilmarktforschung zur Bedeutung von umwelt- und sozialgerechten Produkten, in GfK (Pdf-Dokument, Stand: 10.02.2008) Zugriff: 21.01.2013, 19:50 MEZ.
http://www.gfk.com/imperia/md/content/presse/pd_igedo_dfin.pdf.

Gierl, Heribert (1987): Von der Präferenz zum Kauf eines Markenartikels. *Markenartikel, 49. Jg.* (10), S. 458-467.

Gilg, Andrew; Barr, Stewart; Ford, Nicholas (2005): Green consumption or sustainable lifestyles? Identifying the sustainable consumer. *Futures, 37. Jg.* (6), S. 481-504.

Giljum, Stefan et al. (2007): Wissenschaftliche Untersuchung und Bewertung des Indikators „Ökologischer Fußabdruck". Endbericht, in Umweltbundesamt (Pdf-Dokument, Stand: Dezember 2007) Zugriff: 08.02.2011, 22:10 MEZ.
http://seri.at/wp-content/uploads/2009/08/3486.pdf.

Gillwald, Katrin (1996): *Umweltverträgliche Lebensstile - Chancen und Hindernisse.* In: G. Altner et al. (Hrsg.): Jahrbuch Ökologie 1997. Stuttgart: Verlag C. H. Beck (Beck'sche Reihe, 1178), S. 83-92.

Giraldo, Angela (2009): TourCert – ein neues CSR Label für den Tourismus. Nachhaltigkeit auf der ganzen Linie? – CSR in touristischen Zuliefererketten. 21./22. November 2009, in GATE e.V. (Pdf-Dokument, Stand: 22.11.2009) Zugriff: 08.04.2013, 16:48 MEZ.
http://www.gate-tourismus.de/downloads/gate_zlk_praesentation_giraldo.pdf.

Global Footprint Network (2011): Häufig gestellte Fragen. Was misst der Ecological Footprint?, in Global Footprint Network (WWW-Seite, Stand: 24.10.2011) Zugriff: 03.04.2013, 12:41 MEZ.
http://www.footprintnetwork.org/de/index.php/GFN/page/frequently_asked_questions/#gen2.

Global Footprint Network (2012): Footprint Basics - Overview, in Global Footprint Network (WWW-Seite, Stand: 18.07.2012) Zugriff: 03.04.2013, 12:36 MEZ.
http://www.footprintnetwork.org/en/index.php/GFN/page/footprint_basics_overview/.

Global Reporting Initiative (Hrsg.) (o.J.): Sustainability Disclosure Database, in Global Reporting Initiative (Datenbankabfrage) Zugriff: 17.01.2013, 14:51 MEZ.
http://database.globalreporting.org/search.

Global Reporting Initiative (Hrsg.) (2006): AL. GRI-Anwendungsebenen. Version 3.0, in Global Reporting Initiative (Pdf-Dokument, Stand: 2006) Zugriff: 17.01.2013, 17:02 MEZ.
https://www.globalreporting.org/resourcelibrary/German-G3-Application-Levels.pdf.

Global Reporting Initiative (Hrsg.) (2011): RG. Sustainability Reporting Guidelines. Version 3.1, in Global Reporting Initiative (Pdf-Dokument, Stand: 2011) Zugriff: 7.01.2013, 15:08 MEZ.
https://www.globalreporting.org/resourcelibrary/G3.1-Guidelines-Incl-Technical-Protocol.pdf.

Global Sustainable Tourism Council (Hrsg.) (o.J.): The Global Sustainable Tourism Criteria, in Global Sustainable Tourism Council (WWW-Seite) Zugriff: 28.11.2012, 20:52 MEZ.
http://www.gstcouncil.org/sustainable-tourism-gstc-criteria.html.

Glöckner, Alexandra; Balderjahn, Ingo; Peyer, Mathias (2010): Die LOHAS im Kontext der Sinus-Milieus. *Marketing Review St. Gallen, 27. Jg.* (5), S. 36-41.

Glöckner-Rist, Angelika (2010): *Der Schwartz Value Survey (SVS).* In: A. Glöckner-Rist (Hrsg.): Zusammenstellung sozialwissenschaftlicher Items und Skalen. ZIS Version 14.00. Bonn: GESIS.

Goodwin, Harold; Francis, Justin (2003): Ethical and responsible tourism: Consumer trends in the UK. *Journal of Vacation Marketing, 9. Jg.* (3), S. 271-284.

Gosling, Samuel D. et al. (2004): Should We Trust Web-Based Studies? A Comparative Analysis of Six Preconceptions About Internet Questionnaires. *American Psychologist, 59. Jg.* (2), S. 93-104.

Gössling, Stefan et al. (2007): Voluntary Carbon Offsetting Schemes for Aviation: Efficiency, Credibility and Sustainable Tourism. *Journal of Sustainable Tourism, 15. Jg.* (3), S. 223-248.

Gössling, Stefan (2009): Tourismus, Entwicklung, Klima, in taz.de (Online-Artikel, Stand: 21.02.2009) Zugriff: 21.09.2011, 13:22 MEZ. http://www.taz.de/1/archiv/print-archiv/printressorts/digi-artikel/?ressort= re&dig=2009%2F02%2F21%2Fa0012&cHash=3578cf6a15.

Götz, Konrad (2009): *Zielgruppenorientierung im nachhaltigen Tourismus - Das INVENT-Zielgruppenmodell Urlaubs- und Reisestile.* In: Bundesamt für Naturschutz (BfN) (Hrsg.): Nachhaltiger und naturverträglicher Tourismus - Strategien, Erfolgsfaktoren und Beispiele zur Umsetzung. Bonn: Bundesamt für Naturschutz (BfN) (Naturschutz und Biologische Vielfalt, Heft 79), S. 137-162.

Götz, Konrad; Seltmann, Gudrun (2005): Urlaubs- und Reisestile - ein Zielgruppenmodell für nachhaltige Tourismusangebote. Ergebnisse einer Repräsentativbefragung zu Urlaubsorientierungen und Reiseverhalten im Rahmen des Forschungsprojekts INVENT (Innovative Vermarktungskonzepte nachhaltiger Reiseangebote). Frankfurt am Main (ISOE-Studientexte, 12).

Gräf, Anja (2011): Re: atmosfair - Hauptindikatoren. Berlin. 28.11.2011. E-Mail an Anna Klein.

Green, Paul E.; Desarbo, Wayne S. (1978): Additive Decomposition of Perceptions Data Via Conjoint Analysis. *Journal of Consumer Research, 5. Jg.* (1), S. 58-65.

Grießhammer, Rainer (2001): *TopTen-Innovationen für einen nachhaltigen Konsum.* In: U. Schrader; U. Hansen (Hrsg.): Nachhaltiger Konsum. Forschung und Praxis im Dialog. Frankfurt am Main, New York: Campus Verlag (Campus Forschung, 831), S. 103-115.

Grimm, Fred (2006): Shopping hilft die Welt verbessern. Der andere Einkaufsführer. Ernährung. Mode. Wohnen. Reisen. Geldanlage. München: Wilhelm Goldmann Verlag.

Grimm, Fred (2008): Packen wir's ein. Auch Konsumkinder können die Welt verbessern, in Heinrich Böll Stiftung (WWW-Seite, Stand: 27.10.2008) Zugriff: 04.09.2011, 17:04 MEZ. http://www.boell.de/oekologie/klima/klima-energie-5231.html.

Grob, Alexander (1991): Meinung, Verhalten, Umwelt. Ein psychologisches Ursachennetz-Modell umweltgerechten Verhaltens. Bern: Peter Lang AG, Europäischer Verlag der Wissenschaften; zugleich: Bern, Univ., Diss., 1990.

Groot, Judith I. M. de; Steg, Linda (2008): Value Orientations to Explain Beliefs Related to Environmental Significant Behavior: How to Measure Egoistic, Altruistic, and Biospheric Value Orientations. *Environment and Behavior, 40. Jg.* (3), S. 330-354.

Groot, Judith I.M de; Steg, Linda (2007): Value Orientations and Environmental Beliefs in Five Countries: Validity of an Instrument to Measure Egoistic, Altruistic and Biospheric Value Orientations. *Journal of Cross-Cultural Psychology, 38. Jg.* (3), S. 318-332.

Group Marketing TUI Travel International Consumer Research (Hrsg.) (2010): TUI Travel Sustainability Survey 2010, in TUI Travel PLC (Pdf-Dokument, Stand: 15.03.2010) Zugriff: 08.04.2013, 15:53 MEZ. http://www.tuitravelplc.com/system/files/susrep/TUITravelSustainability Survey.pdf.

Grunenberg, Heiko; Kuckartz, Udo (2003): Umweltbewusstein im Wandel. Ergebnisse der UBA-Studie Umweltbewusstsein in Deutschland 2002. Opladen: Leske + Budrich.

Grunwald, Armin (2002): *Die Realisierung eines Nachhaltigen Konsums - Aufgabe der Konsumenten?* In: G. Scherhorn; C. Weber (Hrsg.): Nachhaltiger Konsum. Auf dem Weg zur gesellschaftlichen Verankerung. München: ökom verlag, Gesellschaft für ökologische Kommunikation mbH, S. 433-442.

Grunwald, Armin; Kopfmüller, Jürgen (2006): Nachhaltigkeit. 2., aktualisierte Auflage. Frankfurt am Main: Campus Verlag (Campus Einführungen).

Hamele, Herbert (2002): Urlaub 2002: Deutsche Urlauber erwarten Umweltqualität!, in KERNEL (Pressemitteilung, Stand: 27.03.2002) Zugriff: 23.11.2011, 13:35 MEZ.
http://www.eco-tip.org/Umweltaz/presse-270302-de.pdf.

Hamele, Herbert; Eckardt, Sven (2006): Umweltleistungen europäischer Tourismusbetriebe. Instrumente, Kennzahlen und Praxisbeispiele. Ein Beitrag zur nachhaltigen Tourismusentwicklung in Europa, in SUTOUR (Pdf-Dokument, Stand: Dezember 2006) Zugriff: 09.12.2011, 11:33 MEZ.
http://sutour.ier.uni-stuttgart.de/downloads/Umweltleistungen%20euro paeischer%20Tourismusbetriebe.pdf.

Hansen, Peter (2001): *Die soziale Komponente des Nachhaltigkeitsleitbildes im Bereich Wohnen*. In: U. Schrader; U. Hansen (Hrsg.): Nachhaltiger Konsum. Forschung und Praxis im Dialog. Frankfurt am Main, New York: Campus Verlag (Campus Forschung, 831), S. 161-167.

Hansen, Ursula; Schrader, Ulf (2001): *Nachhaltiger Konsum - Leerformel oder Leitprinzip?* In: U. Schrader; U. Hansen (Hrsg.): Nachhaltiger Konsum. Forschung und Praxis im Dialog. Frankfurt am Main, New York: Campus Verlag (Campus Forschung, 831), S. 17-45.

Hansla, André (2011): Value Orientation, Awareness of Consequences, and Environmental Concern. Doctoral Dissertation in Psychology, in Göteborgs Universitet, Göteborgs Universitetsbibliotek (Pdf-Dokument, Stand: 2011) Zugriff: 26.02.2012, 20:48 MEZ.
http://gupea.ub.gu.se/bitstream/2077/25447/1/gupea_2077_25447_1.pdf.

Hapag-Lloyd Kreuzfahrten (Hrsg.) (o.J.): Fair zu Umwelt, in Hapag-Lloyd Kreuzfahrten (WWW-Seite) Zugriff: 28.11.2011, 13:25 MEZ. http://www.hlkf.de/redwork/do.php?layoutid=100&node=332765&language=1.

Harland, Paul; Staats, Henk; Wilke, Henk A. M. (2007): Situational and Personality Factors as Direct or Personal Norm Mediated Predictors of Proenvironmental Behavior: Questions Derived From Norm-activation Theory. *Basic and Applied Social Psychology, 29. Jg.* (4), S. 323-334.

Harrer, Bernhard; Bengsch, Lars (2003): Wintertourismus in Bayern und die Wertschöpfung durch Bergbahnen - am Beispiel von vier Orten. Methodik und Eckdaten. München.

Hartmann, Kathrin (o.J.): Es gibt kein nachhaltiges Einkaufen, in nachhaltigleben (Interview) Zugriff: 07.04.2013, 20:08 MEZ.
http://www.nachhaltigleben.ch/article.php?articleid=322.

Häusler, Richard; Kerns, Claudia (2008): LOHAS - Mythos und Wirklichkeit. Berlin.

Hawcroft, Lucy J.; Milfont, Taciano L. (2010): The use (and abuse) of the new environmental paradigm scale over the last 30 years: A meta-analysis. *Journal of Environmental Psychology, 30. Jg.* (2), S. 143-158.

Hebeisen, Walter (1999): F. W. Taylor und der Taylorismus. Über das Wirken und die Lehre Taylors und die Kritik am Taylorismus. Zürich: vdf Hochschulverlag an der ETH Zürich (Mensch, Technik, Organisation, 24).

Heiler, Florian et al. (2008): Sustainable Lifestyles. Nachhaltige Produkte, Dienstleistungen und Lebensstile hervorbringen: Analyse von Lebensstiltypologien, Gestaltungsmöglichkeiten für Unternehmen, Einbindung von KonsumentInnen und Stakeholdern. Wien (Berichte aus Energie- und Umweltforschung, 1/2009).

Helm, Roland; Steiner, Michael (2008): Präferenzmessung. Methodengestützte Entwicklung zielgruppenspezifischer Produktinnovationen. Stuttgart: Verlag W. Kohlhammer.

Hendrix, Phil; Drucker, Stuart (2008): *Alternative Approaches to MaxDiff with Lage Sets of Disparate Items - Augmented and Tailored MaxDiff.* In: Sawtooth Software (Hrsg.): Proceedings of the Sawtooth Software Conference. 2007 Sawtooth Software Conference. Santa Rosa, 17.-19.10.2007, S. 169-187.

Herbert, Willi; Hippler, Hans-Jürgen (1991): *Der Stand der Wertwandelsforschung am Ende der achtziger Jahre. "State-of-the-art" und Analyse der dokumentierten Forschungsergebnisse.* In: Informationszentrum Sozialwissenschaften der Arbeitsgemeinschaft Sozialwissenschaftlicher Institute e.V. (Hrsg.): Wertwandel und Werteforschung in den 80er Jahren. Forschungs- und Literaturdokumentation. Bonn: Eigenverlag Informationszentrum Sozialwissenschaften, S. VII-XLIX.

Herker, Armin (1993): Eine Erklärung des umweltbewußten Konsumentenverhaltens. Eine internationale Studie. Frankfurt am Main: Verlag Peter Lang GmbH (Reihe V Volks- und Betriebswirtschaft, 1358).

Heubach, Friedrich Wolfram (1992): *Produkte als Bedeutungsträger: Die heraldische Funktion von Waren. Psychologische Bemerkungen über den kommunikativen und imaginativen Gebrauchswert industrieller Produkte.* In: R. Eisendle; E. Miklautz (Hrsg.): Produktkulturen. Dynamik und Bedeutungswandel des Konsums. Frankfurt am Main: Campus Verlag, S. 177-197.

Hiesel, Erich (1976): Wertorientierungen als Gegenstand einer Testentwicklung. Köln: Peter Hanstein Verlag GmbH (Kölner Wirtschafts- und Sozialwissenschaftliche Abhandlungen, 17).

Hildebrandt, Alexandra (2008): Arcandor - Nachhaltigkeit verankern. Nachhaltigkeitsmanagement beim Arcandor Konzern, in forum Nachhaltig Wirtschaften (Online-Artikel, Stand: 02.12.2008) Zugriff: 28.11.2011, 13:58 MEZ. http://www.nachhaltigwirtschaften.net/scripts/basics/eco-world/wirtschaft/basics.prg?a_no=2203.

Hinterholzer, Thomas (2008): Adaptive Conjoint-Analyse zur Erforschung von Preis- und Produktpräferenzen im Rahmen der Zielkostenrechnung. Die Dienstleistung Skikurs als Beispiel. Marburg: Tectum Verlag.

Hirsch, Fred (1977): Social limits to growth. 2 Auflage. Cambridge: Harvard University Press (A Twentieth Century Fund study).

Hoffhaus, Martina; Lubjuhn, Sarah (2009): Wie kommen nachhaltige Themen verstärkt in die Medien?Tools für politische Institutionen. Nachhaltigkeit und Medien - Integration von Nachhaltigkeitsthemen in Medienkooperationen in NRW. Ein Projekt im Auftrag des und gefördert vom Ministerium für Umwelt und Naturschutz, Landwirtschaft und Verbraucherschutz (MUNLV) des Landes Nordrhein-Westfalen, in cscp Collaborating Centre on Sustainable Consumption and Production (Pdf-Dokument, Stand: 2009) Zugriff: 20.03.2013, 10:51 MEZ. http://www.scp-centre.org/fileadmin/content/files/project/media_and_scp/CSCP_MediaReport_German_2010.pdf.

Holden, Andrew (2005): Tourism, CPRs and Environmental Ethics. *Annals of Tourism Research, 32. Jg.* (3), S. 805-807.

Holthoff-Stenger, Monika (2008): Grün ist lecker! Mit Spaß statt Verzicht wollen grüne Konsumportale Verbraucher und Industrie zur Bio-Wende bewegen. FOCUS, 14, S. 120-122.

Homburg, Christian; Giering, Annette (1996): Konzeptualisierung und Operationalisierung komplexer Konstrukte. Ein Leitfaden für die Marketingforschung. *Marketing ZFP, 18. Jg.* (1), S. 5-24.

Hong, Sung-kwon; Kim, Jae-hyun; Kim, Seong-il (2003): Implications of potential green tourism development. *Annals of Tourism Research, 30. Jg.* (2), S. 323-341.

Horne, Ralph E. (2009): Limits to labels: The role of eco-labels in the assessment of product sustainability and routes to sustainable consumption. *International Journal of Consumer Studies, 33. Jg.* (2), S. 175-182.

Hörning, Karl H.; Michailow, Matthias (1990): *Lebensstil als Vergesellschaftungsorm. Zum Wandel von Sozialstruktr und sozialer Integration.* In: P. A. Berger; S. Hradil (Hrsg.): Lebenslagen, Lebensläufe, Lebensstile. Göttingen: Schwartz (Soziale Welt Sonderband, 7), S. 501-521.

Horst, Ulrike (2011a): AW: Bekanntheitsgrad von Viabono. Rösrath-Hoffnungsthal. 24.11.2011. E-Mail an Anna Klein.

Horst, Ulrike (2011b): AW: AW: Kompensation der Flugemissionen. Rösrath-Hoffnungsthal. 28.11.2011. E-Mail an Anna Klein.

Hradil, Stefan (1987): Sozialstrukturanalyse in einer fortgeschrittenen Gesellschaft. Von Klassen und Schichten zu Lagen und Milieus. Opladen: Leske + Budrich.

Hunecke, Marcel (2000): Ökologische Verantwortung, Lebensstile und Umweltverhalten. Heidelberg: Asanger Verlag (Umweltbewusstsein - Umwelthandeln); zugleich: Bochum, Univ., Diss., 2000.

Hunecke, Marcel et al. (2010): *Verantwortungszuschreibung intern: spezifisch.* In: A. Glöckner-Rist (Hrsg.): Zusammenstellung sozialwissenschaftlicher Items und Skalen. ZIS Version 14.00. Bonn: GESIS.

Hunter, Colin (2002): Sustainable Tourism and the Touristic Ecological Footprint. Environment, Development and Sustainability, 4. Jg. (1), S. 7-20.

Infratest dimap (Hrsg.) (2007): ARD - DeutschlandTrend März 2007. Umfrage zur politischen Stimmung im Auftrag der ARD-Tagesthemen und acht Tageszeitungen. Untersuchungsanlage, in Infratest dimap (Pdf-Dokument, Stand: März 2007) Zugriff: 06.04.2013, 12:46 MEZ.
http://www.infratest-dimap.de/uploads/media/dt0703.pdf.

Initiative D21 e.V. (Hrsg.) (2012): (N)Onliner Atlas 2012. Basiszahlen für Deutschland. Eine Topographie des digitalen Grabens durch Deutschland, in (N)ONLINER Atlas Deutschlands größte Studie zur Internetnutzung (Pdf-Dokument, Stand: Juni 2012) Zugriff: 10.03.2012, 18:34 MEZ.
http://www.nonliner-atlas.de.

Institut für angewandte Verbraucherforschung (IFAV) e.V. (Hrsg.) (2000): Förderung des nachhaltigen Konsums. Prozess zur nationalen Verständigung in Deutschland, in CSR GERMANY (Word-Dokument, Stand: April 2000) Zugriff: 07.05.2013, 09:43 MEZ.
http://www.csrgermany.de/www/csr_cms_relaunch.nsf/res/Tutzinger%20Erklärung%20zum%20nachhaltigen%20Konsum.doc/$file/Tutzinger%20Erklärung%20zum%20nachhaltigen%20Konsum.doc.

Institut für Medien- und Konsumentenforschung IMUK GmbH & Co. KG (Hrsg.) (2007): Typologie der Wünsche 2006/2007.

Institut für Medien- und Konsumentenforschung IMUK GmbH & Co. KG (Hrsg.) (2009): Typologie der Wünsche 2009.

Institut für Medien- und Konsumentenforschung IMUK GmbH & Co. KG (Hrsg.) (2011): Typologie der Wünsche 2011.

Internationale Umweltminister-Konferenz "Biologische Vielfalt und Tourismus" (Hrsg.) (1997): Berliner Erklärung. Biologische Vielfalt und nachhaltiger Tourismus, in TUI Group (Pdf-Dokument, Stand: 08.03.1997) Zugriff: 14.10.2011, 11:07 MEZ.
http://www.tui-group.com/uuid/5491fcda92acefaffba26b9b70d2c7b8.

Ipsos GmbH; F.U.R - Forschungsgemeinschaft Urlaub + Reisen e.V.; N.I.T. Institut für Tourismus- und Bäderforschung (Hrsg.) (2007): Reiseanalyse 2007. - Fragebogen -. ZA5239, in gesis Leibniz-Institut für Sozialwissenschaften (Pdf-Dokument, Stand: 06.01.2007) Zugriff: 22.03.2012, 10:07 MEZ.
http://info1.gesis.org/dbksearch18/download.asp?id=37715.

iTunes (Hrsg.) (o.J.), in iTunes Store (WWW-Seite) Zugriff: 10.10.2011, 19:15 MEZ.
http://itunes.apple.com/de/app/barcoo/id339525465?mt=8.

Iwand, Wolf Michael (2001): *Ferntourismus – Risiko oder Chance für eine nachhaltige Entwicklung?* In: U. Schrader; U. Hansen (Hrsg.): Nachhaltiger Konsum. Forschung und Praxis im Dialog. Frankfurt am Main, New York: Campus Verlag (Campus Forschung, 831), S. 309-319.

Jäckel, Michael; Kochhan, Christoph (2000): *Notwendigkeit und Luxus. Ein Beitrag zur Geschichte des Konsums.* In: D. Rosenkranz; N. F. Schneider (Hrsg.): Konsum. Soziologische, ökonomische und psychologische Perspektiven. Opladen: Leske + Budrich (Lehrtexte Soziologie), S. 73-93.

Jackson, Tim (2005a): Live better by Consuming Less? Is There a "Double Dividend" in Sustainable Consumption? *Journal of Industrial Ecology, 9.* Jg. (1-2), S. 19-36.

Jackson, Tim (2005b): Motivating Sustainable Consumption. a review of evidence on consumer behaviour and behavioural change. a report to the Sustainable Development Research Network, in SDRN Sustainable Development Research Network (Pdf-Dokument, Stand: Januar 2005) Zugriff: 25.01.2012, 10:15MEZ. http://www.sd-research.org.uk/wp-content/uploads/motivatingscfinal_000.pdf.

Jackson, Tim (2009): Beyond the Growth Economy. *Journal of Industrial Ecology, 13.* Jg. (4), S. 487-490.

Jafari, Jafar (1982): *The Tourism Market Basket of Goods and Services: The Components and Nature of Tourism.* In: T. V. Singh; J. Kaur; D. P. Singh (Hrsg.): Studies in tourism wildlife parks conservation. New Delhi: Metropolitan, S. 1-12.

Jain, Angela (2006): Nachhaltige Mobilitätskonzepte im Tourismus. Stuttgart: Franz Steiner Verlag (Blickwechsel. Schriftenreihe des Zentrum Technik und Gesellschaft der TU Berlin, 5).

Jasch, Christine (2012): *CSR und Berichterstattung.* In: A. Schneider; R. Schmidpeter (Hrsg.): Corporate Social Responsibility. Verantwortungsvolle Unternehmensführung in Theorie und Praxis. Berlin: Springer Gabler, S. 501-558.

Jones, Nick (2008): Sustainable Competetive Advantage: What do you really know about what your customers need? Consumers who Cares and The Sustainability Priorities Monitor. Presented to Heart of the City and SBN Forum 29th July 2008, in Sustainable Business Network (Pdf-Dokument, Stand: 29.07.2008) Zugriff: 22.09.2011, 10:30 MEZ. http://sustainable.org.nz/uploads/Nick_Jones_Presentation.pdf.

Jones, Peter; Chen, Meng-Mei (2011): Factors Determining Hotel Selection: Online Behaviour by Leisure Travellers. *Tourism and Hospitality Research, 11.* Jg. (1), S. 83-95.

Kaenzig, Josef; Wüstenhagen, Rolf (2008): Understanding the Green Energy Consumer. *Marketing Review St. Gallen, 25. Jg.* (4), S. 12-16.

Kals, Elisabeth (1993): Ökologisch relevante Verbotsforderungen, Engagement- und Verzichtbereitschaften am Beispiel der Luftqualität. Dissertation. Universität Trier.

Karash, Karla H. et al. (2008): Understanding How Individuals Make Travel and Location Decisions: Implications for Public Transportation. Washington, D.C: Transportation Research Board (TCRP report, 123).

KarmaKonsum (Hrsg.) (o.J.): 7. KarmaKonsum Konferenz, in KarmaKonsum A NEW SPIRIT IN BUSINESS (WWW-Seite) Zugriff: 08.03.2013, 11:10 MEZ.
http://www.karmakonsum.de/konferenz/.

KarmaKonsum (Hrsg.) (2010): Portrait KarmaKonsum, in KarmaKonsum A NEW SPIRIT IN BUSINESS (Pdf-Dokument, Stand: 2010) Zugriff: 07.03.2013, 16:47 MEZ.
http://www.karmakonsum.de/info/downloads/portrait_karmakonsum_2010.pdf.

KarmaKonsum (Hrsg.) (2011): Empfehlungsmarketing mit KarmaKonsum. Ihre Marke im Kontakt mit Multiplikatoren und hochinvolvierte Endkunden/den/LOHAS., in SlideShare (Pdf-Dokument, Stand: Juli 2011) Zugriff: 26.06.2012, 12:29 MEZ.
http://www.slideshare.net/karmakonsum/empfehlungsmarketing-mit-karmakonsum-6014831.

KarmaKonsum (Hrsg.) (2012): Deine Hilfe ist gefragt: Umfrage zum Konsum und Reisen, in KarmaKonsum A NEW SPIRIT IN BUSINESS (WWW-Seite, Stand: 13.06.2012) Zugriff: 25.06.2012, 18:06 MEZ.
http://www.karmakonsum.de/2012/06/13/deine-hilfe-ist-gefragt-umfrage-zum-konsum-und-reisen/.

KarmaKonsum (Hrsg.) (2013a): Christoph Harrach, in Twitter (WWW-Seite, Stand: 06.03.2013) Zugriff: 08.03.2013, 11:57 MEZ.
https://twitter.com/intent/user?screen_name=KarmaKonsum.

KarmaKonsum (Hrsg.) (2013b): KarmaKonsum, in Facebook (WWW-Seite, Stand: 07.03.2013) Zugriff: 08.03.2013, 11:48 MEZ.
http://www.facebook.com/KarmaKonsum.

Kilimann, Susanne (2011): Erst Autofahrt, dann Ablasshandel, in ZEIT ONLINE (Online-Artikel, Stand: 15.04.2011) Zugriff: 09.04.2013, 12:23 MEZ.
http://www.zeit.de/auto/2011-04/co2-kompensation-autofahren.

Kim, Yunhi; Han, Heesup (2010): Intention to pay conventional-hotel prices at a green hotel – a modification of the theory of planned behavior. *Journal of Sustainable Tourism, 18. Jg.* (8), S. 997-1014.

Kirchgässner, Gebhard (1991): Homo oeconomicus. Das ökonomische Modell individuellen Verhaltens und seine Anwendung in den Wirtschafts- und Sozialwissenschaften. Tübingen: J.C.B. Mohr (Die Einheit der Gesellschaftswissenschaften, 74).

Kirchgässner, Gebhard (2000): Die Bedeutung moralischen Handelns für die Umweltpolitik. GAIA, 9. Jg. (1), S. 41-49.

Kirchgässner, Gebhard (2008): Homo Oeconomicus. Das ökonomische Modell individuellen Verhaltens und seine Anwendung in den Wirtschafts- und Sozialwissenschaften. 3., ergänzte und erweiterte Auflage. Tübingen: Mohr Siebeck (Die Einheit der Gesellschaftswissenschaften, 74).

Kirig, Anja; Rauch, Christian; Wenzel, Eike (2007): Zielgruppe Lohas. Wie der grüne Lifestyle die Märkte erobert. Kelkheim: Zukunftsinstitut.

Kirig, Anja; Wenzel, Eike (2009): LOHAS. Bewusst grün - alles über die neuen Lebenswelten. München: REDLINE Verlag.

Klade, Manfred et al. (2010): LOHAS in Österreich. Ergebnisse der ersten österreichischen Studie zu LOHAS und nachhaltigem Tourismus, in ifz (WWW-Seite, Stand: 2010) Zugriff: 06.12.2011, 14:56 MEZ. http://www.ifz.tugraz.at/Projekte/Oekologische-Produktpolitik/Abgeschlossene-Projekte/Nachhaltige-Trendsetter/CD-Rom-LOHAS-in-Oesterreich-und-Berichte2.

Klarmann, Martin (2008): Methodische Problemfelder der Erfolgsfaktorenforschung. Bestandsaufnahme und empirische Analysen. Wiesbaden: Gabler (Gabler Edition Wissenschaft: Schriftenreihe des Instituts für Marktorientierte Unternehmensführung, Universität Mannheim); zugleich: Mannheim, Univ., Diss., 2008.

Klein, Anna (28.06.2012): Struktur der Nutzer von lohas.de. Telefongespräch. Interview mit Peter Parwan. München.

Kleinhückelkotten, Silke (2005): Suffizienz und Lebensstile. Ansätze für eine milieuorientierte Nachhaltigkeitskommunikation. Berlin: BWV Berliner Wissenschafts-Verlag (Umweltkommunikation, 2); zugleich: Lüneburg, Univ., Diss., 2004.

Kolb, Felix (2002): Soziale Bewegungen und politischer Wandel, in stiftung bridge Bürgerrechte in der digitalen Gesellschaft (Pdf-Dokument, Stand: Mai 2002) Zugriff: 18.01.2013, 14:38 MEZ. http://www.stiftung-bridge.de/fileadmin/user_upload/bridge/dokumente/mass_studienbrief.pdf.

Kollmuss, Anja; Agyeman, Julian (2002): Mind the Gap: Why do people act environmentally and what are the barriers to pro-environmental behavior? *Environmental Education Research, 8. Jg.* (3), S. 239-260.

Kolodziej, Andrea (2009): Daten zum Verkehr. Ausgabe 2009. Berlin.

Konzept & Analyse AG (Hrsg.) (2008): Das staatliche Biosiegel ist das bekannteste Ökosiegel in Deutschland, in Konzept & Analyse (Pressemitteilung, Stand: 24.10.2008) Zugriff: 06.05.2011, 11:11 MEZ. http://konzept-se.de/download/CY406a8f07X11d3ca2e027X29a2/PMI_Biosiegel_241008.pdf.

Kopfmüller, Jürgen et al. (2001): Nachhaltige Entwicklung integrativ betrachtet. Konstitutive Elemente, Regeln, Indikatoren. Berlin: Edition Sigma (Global zukunftsfähige Entwicklung - Perspektiven für Deutschland, 1).

Koschnick, Wolfgang J. (2011): Sinus-Milieus, in BURDA NEWS GROUP (WWW-Seite, Stand: 20.05.2011) Zugriff: 10.06.2011, 17:10 MEZ. http://www.medialine.de/deutsch/wissen/medialexikon.php?snr=5094.

Kösterke, Astrid; Laßberg, Dietlind von (2005): Urlaubsreisen und Umwelt. Eine Untersuchung über die Ansprechbarkeit der Bundesbürger auf Natur- und Umweltaspekte in Zusammenhang mit Urlaubsreisen durchgeführt vom Studienkreis für Tourismus und Entwicklung e.V. im Auftrag des Umweltbundesamtes. Umweltforschungsplan des Bundesministeriums für Umwelt, Naturschutz und Reaktorsicherheit - FuE-Vorhaben 203 17 132/02 - Repräsentativumfrage zum Umweltbewusstsein und Umweltverhalten einschließlich sozialwissenschaftlicher Analysen: Ergänzungsstudie. Ammerland: Studienkreis für Tourismus und Entwicklung e.V.

Kraemer, Klaus (2002): *Konsum als Teilhabe an der materiellen Kultur.* In: G. Scherhorn; C. Weber (Hrsg.): Nachhaltiger Konsum. Auf dem Weg zur gesellschaftlichen Verankerung. München: ökom verlag, Gesellschaft für ökologische Kommunikation mbH, S. 55-62.

Kreeb, Martin; Motzer, Melanie; Schulz, Werner F. (2008): *LOHAS als Trendsetter für das Nachhaltigkeitsmarketing.* In: C. Schwender; W. F. Schulz; M. Kreeb (Hrsg.): Medialisierung der Nachhaltigkeit. Das Forschungsprojekt balance[f]: Emotionen und Ecotainment in den Massenmedien. Marburg: Metropolis-Verlag, S. 303-314.

Kreilkamp, Edgar (2010): *Wenn LOHAS reisen. "Lifestyle of Health and Sustainability" - eine Chance fürs Klima?* In: EED-Tourism Watch (Hrsg.): Tourismus - Sehnsucht trifft Wirklichkeit. Beiträge für zukunftsfähige Entwicklung durch Tourismus. Ein Dossier von EED-Tourism Watch in Zusammenarbeit mit der Redaktion WELT-SICHTEN. WELT-SICHTEN (11). Frankfurt am Main, S. 12-13.

Kroeber-Riel, Werner; Weinberg, Peter (2003): Konsumentenverhalten. 8., aktualisierte und ergänzte Auflage. München: Verlag Franz Vahlen.

Krol, Gerd-Jan (1992): *Ökonomische Verhaltenstheorie.* In: H. May (Hrsg.): Handbuch zur ökonomischen Bildung. München: R. Oldenbourg Verlag (Oldenbourgs Lehr- und Handbücher der Wirtschafts- und Sozialwissenschaften), S. 17-32.

Krol, Gerd-Jan (2008): *Ökonomische Verhaltenstheorie.* In: H. May (Hrsg.): Handbuch zur ökonomischen Bildung. 9., völlig überarbeitete und aktualisierte Auflage. München: Oldenbourg Wissenschaftsverlag GmbH, S. 15-32.

Krol, Gerd-Jan; Karpe, Jan; Zoerner, Andreas (2005): Die Stellung der Privaten Haushalte im Wirtschaftsgeschehen. Braunschweig: Westermann (Ökonomische Bildung kompakt, 2).

Kuckartz, Udo (1998): Umweltbewußtsein und Umweltverhalten. Mit 11 Abbildungen und 4 Tabellen. Berlin: Springer Verlag (Konzept Nachhaltigkeit).

Kumar, Ranjit (2011): Research methodology. A step-by-step guide for beginners. 3 Auflage. Los Angeles: SAGE.

Kuoni Reisen AG (Hrsg.) (o.J.): TourCert Report. "CSR-Tourism-certified" die Auszeichnung für Nachhaltigkeit und Unternehmensverantwortung im Tourismus, in KUONI (Pdf-Dokument) Zugriff: 25.11.2011, 11:38 MEZ. http://valtech.ipapercms.dk/Kuoni/KuoniCH/Communications/KuoniTourCertReport/.

LaCombe, Ilyta; Monshausen, Antje (2011): Ich bin dann mal weg. CSR als Voraussetzung für einen nachhaltigen Tourismus. *forum Nachhaltig Wirtschaften* (03), S. 12-16.

Lamla, Jörn (2005): Kontexte der Politisierung des Konsums. Die Zivilgesellschaft in der gegenwärtigen Krisenkonstellation von Politik, Ökonomie und Kultur. (Online-Paper zur Tagung „Politisierter Konsum - konsumierte Politik, Gießen, 3.-4.6.2005), in Tagung "Politik und Konsum" (Pdf-Dokument, Stand: 04.06.2005) Zugriff: 04.09.2011, 10:47 MEZ. http://www.politik-konsum.de/pdf/lamla_kontexte.pdf.

Lange, Hellmuth (2005): Lebensstile. Der sanfte Weg zu mehr Nachhaltigkeit? artec-paper Nr. 122. Bremen.

Laroche, Michel; Bergeron, Jasmin; Barbaro-Forleo, Guido (2001): Targeting consumers who are willing to pay more for environmentally friendly products. *Journal of Consumer Marketing, 18. Jg.* (6), S. 503-520.

Lee, Jin-Soo et al. (2010): Understanding how consumers view green hotels: how a hotel's green image can influence behavioural intentions. *Journal of Sustainable Tourism, 18. Jg.* (7), S. 901-914.

Lenz, Thomas (2007): Konsum und Großstadt. Anmerkungen zu den antimodernen Wurzeln der Konsumkritik. In: M. Jäckel (Hrsg.): Ambivalenzen des Konsums und der werblichen Kommunikation. Wiesbaden: VS Verlag für Sozialwissenschaften (Konsumsoziologie und Massenkultur), S. 41-52.

Lewis, Robert C. (1984): The Basis of Hotel Selection. Cornell Hotel and Restaurant Administration Quarterly, 25. Jg. (1), S. 54-69.

Lichtenberg, Thomas J. (2005): Was ist nachhaltiger Tourismus? - Eine Definition. In: T. J. Lichtenberg (Hrsg.): Beiträge zum Nachhaltigen Tourismus. Nummer 1 (Schriftenreihe der Fachhochschule Eberswalde, 1), S. 6-8.

Lieber, Stanley R.; Fesenmaier, Daniel R. (1984): Modelling recreation choice: A case study of management alternatives in Chicago. Regional Studies, 18. Jg. (1), S. 31-43.

Lietsch, Fritz (2013): ECO-World. Das alternative Branchenbuch 2013. München: ECO-World by Altop.

Linsbauer, Ute (2011): Re: Kompensation von Treibhausgasemissionen. Freiburg. 28.11.2011. E-Mail an Anna Klein.

Littig, Beate (1995): Die Bedeutung von Umweltbewußtsein im Altag oder: Was tun wir eigentlich, wenn wir umweltbewußt sind? Frankfurt am Main: Peter Lang AG, Europäischer Verlag der Wissenschaften (Europäische Hochschulschriften : Reihe 22, Soziologie, 270); zugleich: Hagen, Fernuniv., Diss., 1995.

Lob, Reinhold E.; Meier, Uta (Hrsg.) (1999): Die umweltfreundlichen Haushalte 1997. Ergebnisse der wissenschaftlichen Begleitforschung der Kampagne „Umwelt gewinnt". Baltmannsweiler: Schneider Verlag Hohengehren GmbH.

Lockyer, Tim (2002): Business guests' accommodation selection: the view from both sides. International Journal of Contemporary Hospitality Management, 14. Jg. (6), S. 294-300.

LOHAS Lifestyle (Hrsg.) (o.J.a): Aktivitäten bei LOHAS, in LOHAS.de Lifestyles of Health and Sustainability (WWW-Seite) Zugriff: 07.03.2013, 11:16 MEZ.
http://www.lohas.de/content/view/7/87/.

LOHAS Lifestyle (Hrsg.) (o.J.b): Produktübersicht, in Ethical Lifestyle Produkte lohasguide.de (WWW-Seite) Zugriff: 20.03.2013, 12:19 MEZ.
www.lohasguide.de.

LOHAS Lifestyle (Hrsg.) (2012): Deine Hilfe ist gefragt: Umfrage zum Konsum und Reisen, in Facebook (WWW-Seite, Stand: 15.06.2012) Zugriff: 25.06.2012, 18:10 MEZ.
http://www.facebook.com/Lohaslifestyle.

LOHAS Lifestyle (Hrsg.) (2013a): LOHAS Lifestyle. Gemeinschaftsseite über LOHAS, in Facebook (WWW-Seite, Stand: 08.03.2013) Zugriff: 08.03.2013, 12:03 MEZ. http://www.facebook.com/Lohaslifestyle.

LOHAS Lifestyle (Hrsg.) (2013b): LOHAS.de. Lifestyles of Health and Sustainability, in LOHAS.de Lifestyles of Health and Sustainability (WWW-Seite, Stand: 11.03.2013) Zugriff: 20.03.2013, 12:05 MEZ. www.lohas.de.

LOHAS Lifestyle (Hrsg.) (2013c): Lohas_de, in Twitter (WWW-Seite, Stand: 08.03.2013) Zugriff: 08.03.2013, 11:52 MEZ. https://twitter.com/Lohas_de.

Lohmann, Martin (2006): Aktuelle Urlaubsreisetrends - Reisen wie die Weltmeister? -, in Deutsches Seminar für Tourismus Berlin (Pdf-Dokument, Stand: 13.01.2006) Zugriff: 26.11.2011, 14:10 MEZ. http://www.wissen.dsft-berlin.de/medien/MAR/mar_mafo_aktuelle_urlaubsreisetrends_fur.pdf.

Lorek, Sylvia; Spangenberg, Joachim H.; Felten, Christoph (1999): Prioritäten, Tendenzen und Indikatoren umweltrelevanten Konsumverhaltens. Teilprojekt 3 des Demonstrationsvorhabens zur Fundierung und Evaluierung nachhaltiger Konsummuster und Verhaltensstile. Wuppertal.

Lüdtke, Hartmut (1989): Expressive Ungleichheit. Zur Soziologie der Lebensstile. Opladen: Leske und Budrich.

Lüdtke, Hartmut (2000): *Konsum und Lebensstile.* In: D. Rosenkranz; N. F. Schneider (Hrsg.): Konsum. Soziologische, ökonomische und psychologische Perspektiven. Opladen: Leske + Budrich (Lehrtexte Soziologie), S. 117-132.

Lüdtke, Hartmut (2004): *Lebensstile als Rahmen von Konsum. Eine generalisierte Form des demonstrativen Verbrauchs.* In: K.-U. Hellmann; D. Schrage (Hrsg.): Konsum der Werbung. Zur Produktion und Rezeption von Sinn in der kommerziellen Kultur. Wiesbaden: VS Verlag für Sozialwissenschaften (Konsumsoziologie und Massenkultur), S. 103-124.

Lütters, Holger; Strasdas, Wolfgang (2010): Kompensation von Treibhausgasen. Verbraucherbefragung der Hochschule für nachhaltige Entwicklung (HNE). Befragung im Auftrag des Verbraucherzentrale Bundesverbandes e.V. (vzbv) im Rahmen der Verbraucherallianz „fürs klima"; gefördert vom Bundesministerium für Umwelt, Naturschutz und Reaktorsicherheit. Eberswalde.

Madden, Michael (1979): Lifestyles of Library Users and Nonusers (University of Illinois Graduate School of Library Science. Occasional Papers, 137).

Maloney, Michael P.; Ward, Michael P. (1973): Ecology: Let's Hear from the People. An Objective Scale for the Measurement of Ecological Attitudes and Knowledge. *American Psychologist, 28. Jg.* (7), S. 583-586.

Martineau, Pierre (1959): Kaufmotive. Neue Weichenstellung für Werbung und Kundenpflege. Düsseldorf: Econ-Verlag.

Maslow, Abraham Harold (1943): A theory of human motivation. *Psychological Review, 50. Jg.* (4), S. 370-396.

Matzig, Gerhard (2006): Hab' Sonne im Vorhang. Der Boom der New Ökonomy: Warum die Klimadebatte Architektur, Design und Mode beflügelt. Süddeutsche Zeitung, München. 06.11.2006, S. 11.

Mccleary, Ken W.; Weaver, Pamela A.; Hutchinson, Joe C. (1993): Hotel Selection Factors as They Relate to Business Travel Situations. *Journal of Travel Research, 32. Jg.* (2), S. 42-48.

McKendrick, Neil (1982): *Introduction.* In: N. McKendrick; J. Brewer; J. H. Plumb (Hrsg.): The Birth of a Consumer Society. The Commercialization of Eighteenth-Century England. Bloomington: Indiana University Press, S. 1-6.

Meadows, Dennis L. (1972): Die Grenzen des Wachstums. Bericht des Club of Rome zur Lage der Menschheit. Stuttgart: Deutsche Verlags-Anstalt (Dva informativ).

Meffert, Heribert (1999): *Umweltbewußtes Konsumentenverhalten.* In: H. Meffert (Hrsg.): Marktorientierte Unternehmensführung im Wandel. Retrospektive und Perspektiven des Marketing. Wiesbaden: Betriebswirtschaftlicher Verlag Dr. Th. Gabler, S. 135-142.

Meffert, Heribert; Burmann, Christoph; Kirchgeorg, Manfred (2008): Marketing. Grundlagen marktorientierter Unternehmensführung. Konzepte - Instrumente - Praxisbeispiele. 10., vollständig überarbeitete und erweiterte Auflage. Wiesbaden: Betriebswirtschaftlicher Verlag Dr. Th. Gabler.

Meidan, Arthur (1979): Travel Agency Selection Criteria. *Journal of Travel Research, 18. Jg.* (1), S. 26-32.

Menzel, Susanne (2007): Learning Prerequisites for Biodiversity Education – Chilean and German Pupils' Cognitive Frameworks and Their Commitment to Protect Biodiversity. Dissertation. Georg-August-Universität zu Göttingen.

Mert, Wilma; Klade, Manfred; Seebacher, Ulrike (2008): Nachhaltige Trendsetter - LOHAS auf dem Weg in eine zukunftsfähige Gesellschaft. Recherchebericht. LOHAS - EINEM PHANTOM AUF DER SPUR. Graz.

Micheletti, Michele; Follesdal, Andreas; Stolle, Dietlind (2004): *Introduction.* In: M. Micheletti; A. Follesdal; D. Stolle (Hrsg.): Politics, products, and markets. Exploring Political Consumerism Past and Present. New Brunswick: Transaction Publishers, S. ix-xxvi.

Middleton, Victor T. C.; Hawkins, Rebecca (1998): Sustainable Tourism: A Marketing Perspective. Oxford: Butterworth-Heinemann.

Miller, Graham A. (2003): Consumerism in Sustainable Tourism: A Survey of UK Consumers. *Journal of Sustainable Tourism, 11.* Jg. (1), S. 17-39.

Mobium Group (Hrsg.) (o.J.): Living LOHAS Research, in LOHAS.com.au (WWW-Seite) Zugriff: 22.09.2011, 10:17 MEZ. http://lohas.com.au/living-lohas-research.

Moosbrugger, Helfried; Kelava, Augustin (2012): *Qualitätsanforderungen an einen psychologischen Test (Testgütekriterien).* In: H. Moosbrugger; A. Kelava (Hrsg.): Testtheorie und Fragebogenkonstruktion. Mit 66 Abbildungen und 41 Tabellen. 2., aktualisierte und überarbeitete Auflage. Berlin: Springer-Verlag (Springer-Lehrbuch), S. 7-26.

Moritz, Rebecca (2013): aktuelle Zahlen BIO-Hotels. Nassereith. 23.01.2013. E-Mail an Anna Klein.

Moxie Design Group (Hrsg.) (o.J.): Solution seekers - A new market opportunity. Introducing new research into a growing global market trend in sustainable consumer behaviour. Wellington.

Müller-Friemauth, Friederike; Klein-Reesink, Noel; Harrach, Christoph (Hrsg.) (2009): LOHAS: Mehr als Green-Glamour. Eine soziokulturelle Segmentierung. Eine Studie von Sinus Sociovision und KarmaKonsum. Sinus Sociovision, KarmaKonsum. Frankfurt am Main.

Müller, Hans-Peter (1989): Lebensstile. Ein neues Paradigma der Differenzierungs- und Ungleichheitsforschung? *Kölner Zeitschrift für Soziologie und Sozialpsychologie, 41.* Jg. (1), S. 53-71.

Müller, Hans-Peter (1992): Sozialstruktur und Lebensstile. Der neuere theoretische Diskurs über soziale Ungleichheit. Frankfurt am Main: Suhrkamp (Suhrkamp-Taschenbuch Wissenschaft, 982).

Müller, Hansruedi (1993): Nachhaltigkeit im Tourismus - auf der Suche nach einer neuen Tourismusethik. Vortragsmanuskript. Bern.

Müller, Hansruedi (2007): Tourismus und Ökologie. Wechselwirkungen und Handlungsfelder. 3., überarbeitete Auflage. München: R. Oldenbourg Verlag (Lehr- und Handbücher zu Tourismus, Verkehr und Freizeit).

National Consumer Council; Sustainable Development Commission (Hrsg.) (2006): I will If you will. Towards sustainable consumption, in Sustainable Development Commission (Pdf-Dokument, Stand: Mai 2006) Zugriff: 08.02.2013, 11:45 MEZ. http://www.sd-commission.org.uk/data/files/publications/I_Will_If_You_Will.pdf.

Natural Marketing Institute (Hrsg.) (2007): New LOHAS Market-Size Data Released: A $209 Billion Opportunity, in PRLOG Press Release Distribution (Pressemitteilung, Stand: 31.01.2007) Zugriff: 22.01.2013, 13:59 MEZ. http://www.prlog.org/10006954-new-lohas-market-size-data-released-209-billion-opportunity.html.

Naturfreunde Internationale (NFI) (Hrsg.) (o.J.): Hintergrundwissen, in Naturfreunde Internationale (WWW-Seite) Zugriff: 21.11.2011, 15:34 MEZ. http://www.sanftes-reisen.org/de/php/background.php#a12.

Naturfreunde Internationale (NFI) (Hrsg.) (2011): Was ist Nachhaltiger Tourismus? Ein Erklärungsansatz der Naturfreunde Internationale. Basierend auf: Baumgartner, C (2008): Nachhaltigkeit im Tourismus: Von 10 Jahren Umsetzungsversuchen zu einem Bewertungssystem. Studienverlag: Wien., in Naturfreunde Internationale (Pdf-Dokument, Stand: 05.09.2011) Zugriff: 27.10.2011, 09:37 MEZ. http://www.nfi.at/dmdocuments/NachhaltigerTourismus.pdf.

naturkosmetikverlag e.dambacher UG (haftungsbeschränkt) (Hrsg.) (2009): Naturkosmetik Jahrbuch 2009. Leseprobe, in naturkosmetikverlag e.dambacher (Pdf-Dokument, Stand: April 2009) Zugriff: 18.01.2013, 18:54 MEZ. http://www.naturkosmetik-konzepte.de/downloads/Leseprobe_jahrbuch.pdf.

naturkosmetikverlag e.dambacher UG (haftungsbeschränkt) (Hrsg.) (2012): Naturkosmetik Jahrbuch 2012. Leseprobe, in naturkosmetikverlag e.dambacher (Pdf-Dokument, Stand: März 2012) Zugriff: 28.11.2012, 22:05 MEZ. http://www.naturkosmetik-verlag.de/brcms/pdf/11.pdf.

NMI Natural Marketing Institute (Hrsg.) (o.J.): Research Reports, in NMI Natural Marketing Institute (WWW-Seite) Zugriff: 22.09.2011, 10:46 MEZ. http://www.nmisolutions.com/reports.html.

Nordlund, Annika M.; Garvill, Jörgen (2002): Value Structures behind Proenvironmental Behavior. *Environment and Behavior, 34. Jg.* (6), S. 740-756.

Nordlund, Annika M.; Garvill, Jörgen (2003): Effects of values, problem awareness, and personal norm on willingness to reduce personal car use. *Journal of Environmental Psychology, 23. Jg.* (4), S. 339-347.

Nusser, Barbara (2007): Nachhaltiger Tourismus. Bewusst Konsumierende als vielversprechende Zielgruppe. Saarbrücken: VDM Verlag Dr. Müller.

o.V. (2002a): Ausblick: *Nachhaltigkeit als kulturelles Reformprogramm.* In: Umweltbundesamt (Hrsg.): Nachhaltige Konsummuster. Ein neues umweltpolitisches Handlungsfeld als Herausforderung für die Umweltkommunikation. Mit einer Zielgruppenanalyse des Frankfurter Instituts für sozial-ökologische Forschung. Berlin: Erich Schmidt Verlag (Berichte/Umweltbundesamt, 6/02), S. 261-284.

o.V. (2002b): *Nachhaltige Konsummuster als umweltpolitische Aufgabenstellung.* In: Umweltbundesamt (Hrsg.): Nachhaltige Konsummuster. Ein neues umweltpolitisches Handlungsfeld als Herausforderung für die Umweltkommunikation. Mit einer Zielgruppenanalyse des Frankfurter Instituts für sozial-ökologische Forschung. Berlin: Erich Schmidt Verlag (Berichte/Umweltbundesamt, 6/02), S. 11-86.

Oberhofer, Petra (2011): LOHAS. Eine Zielgruppe mit hohen Ansprüchen, in business-wissen.de Werkzeuge für Organisation und Management (WWW-Seite, Stand: 15.03.2011) Zugriff: 10.06.2011, 10:57 MEZ. http://www.business-wissen.de/marketing/lohas-eine-zielgruppe-mit-hohen-anspruechen/.

oe-plus (Hrsg.) (2005): Nachhaltig geführte Hotels: Das Steinbock-Label, in oe-plus (Pdf-Dokument, Stand: 02.06.2005) Zugriff: 06.12.2011, 15:04 MEZ. http://www.oe-plus.ch/user_files/Medientext%20Label%2004.06.05.pdf.

Öko-Institut e.V. (2013): EcoTopTen – mehr Überblick für Verbraucher, in EcoTopTen (WWW-Seite, Stand: 13.05.2013) Zugriff: 13.05.2013, 11:50 MEZ. www.ecotopten.de.

ÖKO-TEST Verlag GmbH (Hrsg.) (2013): Startseite, in ÖKO-TEST RICHTIG GUT LEBEN (WWW-Seite, Stand: April 2013) Zugriff: 13.05.2013, 11:56 MEZ. www.oekotest.de.

Opp, Karl-Dieter (1983): Die Entstehung sozialer Normen. Ein Integrationsversuch soziologischer, sozialpsychologischer und ökonomischer Erklärungen. Tübingen: J.C.B. Mohr (Die Einheit der Gesellschaftswissenschaften, 33).

Oreg, Shaul; Katz-Gerro, Tally (2006): Predicting Proenvironmental Behavior Cross-Nationally. Values, the Theory of Planned Behavior, and Value-Belief-Norm Theory. *Environment and Behavior, 38. Jg.* (4), S. 462-483.

Organisation for Economic Co-operation and Development (Hrsg.) (2002): Towards Sustainable Household Consumption? Trends and policies in OECD countries. Paris: OECD.

Orme, Bryan (2006): Adaptive Maximum Difference Scaling (Research Paper Series).

Orme, Bryan (2011): SSI Web v7.0 Documentation (Unveröffentlichte Programmhilfe für die Sawtooth Software).

Österreich Werbung (Hrsg.) (2006): Lenkungskräfte im Tourismus. Modell für die Analyse und strategische Anwendung von touristischen Lenkungskräften. Summary ohne Anhang, in Touristik-Portal der Österreich Werbung (Pdf-Dokument, Stand: 2006) Zugriff: 16.05.2011, 17:33 MEZ. http://www.austriatourism.com/scms/media.php/8998/Lenkungskr%C3%A4fte_summary_ohne%20Anhang.pdf.

Otto (GmbH & Co KG) (Hrsg.) (2011): Verbrauchervertrauen. Auf dem Weg zu einer neuen Wertekultur. Otto Group Trendstudie 2011. 3. Studie zum ethischen Konsum. Hamburg.

Parwan, Peter (2007): Lohas Einkaufsführer bietet ökologische Reisen mit ca. 100 Reiseveranstaltern auf Lohasguide.de, in openPR Das offene PR-Portal (Pressemitteilung, Stand: 08.08.2007) Zugriff: 10.06.2011, 11:17 MEZ.
http://www.openpr.de/news/150973/Lohas-Einkaufsfuehrer-bietet-oekologische-Reisen-mit-ca-100-Reiseveranstalter-auf-Lohasguide-de.html.

Paterson, Kimberley (2008): A new level of consciousness. *NZ Business, 22.* Jg. (2), S. 28-29.

Pearce, David W.; Turner, R. K. (1990): Economics of natural resources and the environment. Baltimore: The Johns Hopkins University Press.

Pepper, Miriam; Jackson, Tim; Uzzell, David (2009): An examination of the values that motivate socially conscious and frugal consumer behaviours. *International Journal of Consumer Studies, 33.* Jg. (2), S. 126-136.

Petras, André; Bazil, Vazrik (2008): Wie die Marke zur Zielgruppe kommt. Optimale Kundenansprache mit Semiometrie. Wiesbaden: Gabler Verlag.

Pils, Manfred (2004): *Auf dem Weg zu einer nachhaltigen Tourismuspolitik in Europa.* In: K. Luger; C. Baumgartner; K. Wöhler (Hrsg.): Ferntourismus wohin? Der globale Tourismus erobert den Horizont. Innsbruck: StudienVerlag (Tourismus: transkulturell & transdisziplinär, 8), S. 107-121.

Piorkowsky, Michael-Burkhard (2001): *Sub-Paradigmen des Nachhaltigkeitsparadigmas.* In: U. Schrader; U. Hansen (Hrsg.): Nachhaltiger Konsum. Forschung und Praxis im Dialog. Frankfurt am Main, New York: Campus Verlag (Campus Forschung, 831), S. 49-61.

Planersocietät (Hrsg.) (2004): Mobilität in Freizeit- und Tourismusregionen, in Planersocietät (Pdf-Dokument, Stand: 2004) Zugriff: 05.12.2011, 09:34 MEZ.
http://www.planersocietaet.de/fileadmin/user_upload/PS/download/mobiharz/leitfaden.pdf.

Pommerehne, Werner W. (1987): Präferenzen für öffentliche Güter. Ansätze zu ihrer Erfassung. Tübingen: J.C.B. Mohr (Die Einheit der Gesellschaftswissenschaften. Studien in den Grenzbereichen der Wirtschafts- und Sozialwissenschaften, 50).

Porter Novelli (PN); Natural Marketing Institute (NMI) (Hrsg.) (2007): LOHAS-Studie.

Pötter, Bernhard (2006): König Kunde ruiniert sein Land. Wie der Verbraucherschutz am Verbraucher scheitert. Und was dagegen zu tun ist. Mit einem Vorwort von Klaus Töpfer. München: oekom verlag.

Preisendörfer, Peter (1999): Umwelteinstellungen und Umweltverhalten in Deutschland. Empirische Befunde und Analysen auf der Grundlage der Bevölkerungsumfragen „Umweltbewußtsein in Deutschland 1991-1998". Opladen: Leske + Budrich.

Preisendörfer, Peter; Franzen, Axel (1996): *Der schöne Schein des Umweltbewußtseins. Zu den Ursachen und Konsequenzen von Umwelteinstellungen in der Bevölkerung.* In: A. Diekmann; C. C. Jaeger (Hrsg.): Umweltsoziologie. Opladen: Westdeutscher Verlag (Kölner Zeitschrift für Soziologie und Sozialpsychologie, Sonderheft 36), S. 219-244.

Priddat, Birger P. (2000): moral hybrids. Skizze zu einer Theorie moralischen Konsums. *Zeitschrift für Wirtschafts- und Unternehmensethik, 1. Jg.* (2), S. 128-151.

Priskin, Julianna (2009): An International Portrait of Sustainability in the Tourism Sector. A Report written as part of a Participant Booklet for the International Symposium on the Sustainable Development of Tourism produced by the Transat Chair in Tourism for the ministère du Tourisme du Québec. Quebec: Ministere du Tourisme du Quebec.

Querschnittsgruppe Arbeit und Ökologie (2000): Arbeit und Ökologie. Perspektiven einer nachhaltigen Arbeitsgesellschaft. *WZB Mitteilungen* (89), S. 20-23.

Ranalli, Silva; Reitbauer, Simone; Ziegler, Dagmar (2009): TrendReport Grün, in SevenOne Media (Pdf-Dokument, Stand: 30.11.2009) Zugriff: 05.09.2011, 13:54 MEZ. http://sevenonemedia.de/c/document_library/get_file?p_l_i_d=586803&folderId=55710&name=DLFE-941.pdf.

Rat für Nachhaltige Entwicklung (Hrsg.) (2012): Der Nachhaltige Warenkorb. Einfach besser einkaufen. Ein Ratgeber. 4. komplett überarbeitete Auflage, in Rat für Nachhaltige Entwicklung (Pdf-Dokument, Stand: Oktober 2012) Zugriff: 03.04.2013, 13:43 MEZ. http://www.nachhaltigkeitsrat.de/fileadmin/user_upload/dokumente/publikationen/broschueren/Broschuere_Nachhaltiger_Warenkorb.pdf.

Ratneshwar, Srinivasan; Shocker, Allan D.; Stewart, David W. (1987): Toward Understanding the Attraction Effect: The Implications of Product Stimulus Meaningfulness and Familiarity. *Journal of Consumer Research*, 13. Jg., 4, S. 520-533.

Rauner, Max (2008): Konsum mit gutem Gewissen, in Magazin Deutschland (WWW-Seite, Stand: 01.09.2008) Zugriff: 13.06.2011, 10:57 MEZ. http:///www.magazin-deutschland.de/de/artikel/artikelansicht/nbp/75/article/konsum-mit-gutem-gewissen/mdissue/84.html?tx_ttnews[issue]=84&cHash=91bd25c12252c9bad8a112c8fee42978&type=98.

Ray, Paul H.; Anderson, Sherry R. (2000): *The cultural creatives. How 50 million people are changing the world.* New York: Three Rivers Press.

Ray, Paul H.; Anderson, Sherry Ruth (o.J.): Cultural Creatives. The Leading Edge of Cultural Change, in Cultural Creatives and the Emerging Planetary Wisdom Culture (WWW-Seite) Zugriff: 07.04.2013, 13:25 MEZ. http://culturalcreatives.org/cultural-creatives/.

Reusswig, Fritz (1994): Lebensstile und Ökologie. Gesellschaftliche Pluralisierung und alltagsökologische Entwicklung unter besonderer Berücksichtigung des Energiebereichs. Frankfurt am Main: IKO-Verlag für interkulturelle Kommunikation (Sozial-ökologische Arbeitspapiere, 43).

Reusswig, Fritz (1999): *Umweltgerechtes Handeln in verschiedenen Lebensstil-Kontexten.* In: V. Linneweber; E. Kals (Hrsg.): Umweltgerechtes Handeln. Barrieren und Brücken. Berlin: Springer Verlag (Umweltnatur- & Umweltsozialwissenschaften), S. 49-69.

Rheem, Carroll (2009): PhoCusWright's Going Green: The Business Impact of Environmental Awareness on Travel, in TravelGreen PROTECTING THE ENVIRONMENT THROUGH SUSTAINABLE TRAVEL (Pdf-Dokument, Stand: Februar 2009) Zugriff: 12.12.2011, 09:22 MEZ. http://travelgreen.org/files/PhocusWright.pdf.

Rhein, Stefanie (2006): Lebensstil und Umgehen mit Umwelt. Empirisch-kultursoziologische Untersuchung zur Ästhetisierung des Alltags. Mit einem Geleitwort von Prof. Dr. Werner Heinrichs. Wiesbaden: Deutscher Universitäts-Verlag (Sozialwissenschaft); zugleich: Ludwigsburg, Pädag. Hochsch., Diss., 2005.

Richter, Rudolf (2006): Österreichische Lebensstile. Wien: LIT VERLAG GmbH (Austria: Forschung und Wissenschaft. Soziologie, 1).

Richter, Rudolf; Furubotn, Eirik G. (2003): Neue Institutionenökonomik. Eine Einführung und kritische Würdigung. 3., überarbeitete und erweiterte Auflage. Tübingen: Mohr Siebeck (Neue ökonomische Grundrisse).

Rink, Dieter (2002): *Nachhaltige Lebensstile zwischen Ökorevisionismus und neuem Fundamentalismus, „grünem Luxus" und „einfacher leben". Zur Einführung.* In: D. Rink (Hrsg.): Lebensstile und Nachhaltigkeit. Konzepte, Befunde und Potentiale. Opladen: Leske + Budrich (Reihe „Soziologie und Ökologie", 7), S. 7-23.

Rokeach, Milton (1968): Beliefs, Attitudes and Values. A Theory of Organization and Change. San Francisco: Jossey-Bass, Inc. (The Jossey-Bass Behavioral Science Series).

Rokeach, Milton (1973): The Nature of Human Values. New York: The Free Press.

Rosenberger, Günther (2001): *Denkanstöße zu den Zukunftsperspektiven des nachhaltigen Konsums.* In: U. Schrader; U. Hansen (Hrsg.): Nachhaltiger Konsum. Forschung und Praxis im Dialog. Frankfurt am Main, New York: Campus Verlag (Campus Forschung, 831), S. 437-444.

Rosenberg, Milton J.; Hovland, Carl I. (1960): *Cognitive, Affective, and Behavioral Components of Attitudes*. In: M. J. Rosenberg et al. (Hrsg.): Attitude organization and change. An analysis of consistency among attitude components. New Haven: Yale University Press (Yale Studies in Attitude and Communication, 3), S. 1-14.

Rudolf Augstein GmbH & Co. KG (Hrsg.) (1993): Auto, Verkehr und Umwelt = Cars, traffic and environment. Hamburg: Spiegel-Verlag Augstein (SPIEGEL-Dokumentation).

Russell, Yvonne (2000): Intergenerationelle Verantwortlichkeit und Gerechtigkeit im globalen Umweltschutz. Inauguraldissertation zur Erlangung des akademischen Grades Doktor der Naturwissenschaften (Dr. rer. nat.) im Fachbereich I - Psychologie an der Universität Trier, in Universitätsbibliothek Trier (Pdf-Dokument, Stand: Dezember 2000) Zugriff: 29.02.2012, 18:22 MEZ.
http://ub-dok.uni-trier.de/diss/diss11/20010208/20010208.pdf.

Samuelson, Paul A. (1983): Foundations of economic analysis. Erweiterte Auflage. Cambridge: Harvard University Press (Harvard Economic Studies, 80).

Sawtooth Software (Hrsg.) (2007): The MaxDiff/Web v6.0. Technical Paper, in SKIM (Pdf-Dokument, Stand: August 2007) Zugriff: 11.05.2012, 15:15 MEZ.
http://www.skimgroup.com/images/stories/technicalpapers/Sawtooth%20 products/maxdifftech.pdf.

Sawtooth Software, Inc (Hrsg.) (o.J.): Identifying "Bad" Respondents. Fit Statistic and Indentifying Random Responders, in Sawtooth Software (WWW-Seite) Zugriff: 25.10.2012, 14:31 MEZ.
https://sawtoothsoftware.com/support/issues/ssiweb/online_help/index.html?hid_web_maxdiff_badrespondents.htm.

Schäfer, Martina (2002): *Die täglichen Mühen der Ebene - von Ansprüchen und Widersprüchen nachhaltigen Konsumverhaltens*. In: G. Scherhorn; C. Weber (Hrsg.): Nachhaltiger Konsum. Auf dem Weg zur gesellschaftlichen Verankerung. München: ökom verlag, Gesellschaft für ökologische Kommunikation mbH, S. 63-71.

Schahn, Joachim; Holzer, Erwin (1990): Konstruktion, Validierung und Anwendung von Skalen zur Erfassung des individuellen Umweltbewußtseins. *Zeitschrift für Differentielle und Diagnostische Psychologie, 11. Jg.* (3), S. 185-204.

Scheffler, Christina (2011): AW: SINUS Milieuindikator. Heidelberg. 26.07.2011. E-Mail an Anna Klein.

Schemel, Hans Joachim et al. (2001): Kommunikation und Umwelt im Tourismus. Empirische Grundlagen und Konzeptbausteine für ein nachhaltiges Verbraucherverhalten im Urlaub; Umweltforschungsplan des Bundesministeriums für Umwelt, Naturschutz und Reaktorsicherheit - Sport und Freizeit, Tourismus - Forschungsbericht 298 87 103/01 UBA-FB 000147 - im Auftrag des Umweltbundesamtes. Berlin (Berichte/Umweltbundesamt, 2/01).

Scherhorn, Gerhard et al. (1990): Konzepte und Indikatoren der Untersuchung über Promaterielle und postmaterielle Lebensstile. Arbeitspapier 56. Stuttgart: Universität Hohenheim, Lehrstuhl für Konsumtheorie und Verbraucherpolitik.

Scherhorn, Gerhard (1993): Die Notwendigkeit der Selbstbestimmung. Über Konsumverhalten und Wertewandel. *Politische Ökologie SPECIAL* (33), S. 24-29.

Scherhorn, Gerhard (1994): *Die Wachstumsillusion im Konsumverhalten.* In: H. C. Binswanger; P. von Flotow (Hrsg.): Geld & Wachstum. Zur Philosophie und Praxis des Geldes. Stuttgart: Weitbrecht Verlag, S. 213-230.

Scherhorn, Gerhard (2000): *Umwelt, Arbeit und Konsum.* In: D. Rosenkranz; N. F. Schneider (Hrsg.): Konsum. Soziologische, ökonomische und psychologische Perspektiven. Opladen: Leske + Budrich (Lehrtexte Soziologie), S. 283-304.

Scherhorn, Gerhard; Reisch, Lucia A.; Raab, Gerhard (1994): Kaufsucht. Bericht über eine empirische Untersuchung. 7., durchgesehene Fassung. Stuttgart: Universität Hohenheim, Lehrstuhl für Konsumtheorie und Verbraucherpolitik (Arbeitspapier, 50).

Scherke, Felix (1964): Der Verbrauchercharakter - ein Beitrag zur Konsum-Motiv-Forschung. Nürnberg: Lorenz Spindler Verlag (Marktwirtschaft und Verbrauch. Schriftenreihe der GfK-Gesellschaft für Konsumforschung e.V., 20).

Schmidt, Artur; Littek, Manon; Nickl, Eva (2007): Greenstyle Report. Die Zielgruppe der LOHAS verstehen, in tier-im-fokus.ch (Pdf-Dokument, Stand: August 2007) Zugriff: 16.05.2013, 11:28 MEZ. http://tier-im-fokus.ch/wp-content/uploads/2009/09/burda07.pdf.

Schmidt, Peter et al. (2007): Die Messung von Werten mit dem "Portraits Value Questionnaire". *Zeitschrift für Sozialpsychologie, 38.* Jg. (4), S. 261-275.

Schmied, Martin et al. (2002): Umwelt und Tourismus. Daten, Fakten, Perspektiven. Umweltforschungsplan des Bundesministeriums für Umwelt, Naturschutz und Reaktorsicherheit - Umweltwirkungen - Forschungsbericht 200 87 112 UBA-FB 000270 - im Auftrag des Umweltbundesamtes. Berlin: Erich Schmidt Verlag (Berichte/Umweltbundesamt, 4/02).

Schmied, Martin; Götz, Konrad (2006): *Die Rolle der KonsumentInnen bei Nachfrage und Angebot sanft-mobiler Tourismusangebote*. In: U. u. W. (Bundesministerium für Land und Forstwirtschaft (Hrsg.): Europäische Fachkonferenz und europäischer Wettbewerb: „Umweltfreundlich Reisen in Europa. Herausforderungen und Innovationen für Umwelt, Verkehr und Tourismus". Konferenzbroschüre. Hofburg Wien, 30.-31.01.2006, S. 56-66.

Schmücker, Dirk J. et al. (2010): MarktCheck Kompensationsanbieter Flugreisen. Wesentliche Ergebnisse. Erstellt für Verbraucherzentrale Bundesverband e.V. Kiel.

Schneider, Norbert F. (2000): *Konsum und Gesellschaft*. In: D. Rosenkranz; N. F. Schneider (Hrsg.): Konsum. Soziologische, ökonomische und psychologische Perspektiven. Opladen: Leske + Budrich (Lehrtexte Soziologie), S. 9-22.

Schnierer, Thomas (1999): Soziologie der Werbung. Ein Überblick zum Forschungsstand einschließlich zentraler Aspekte der Werbepsychologie. Opladen: Leske + Budrich.

Schober Information Group Deutschland GmbH (Hrsg.) (2010): Schober Lifestyle-Report. LOHAS – Lifestyle of Health and Sustainability: neue Einblicke in den neo-ökologischen Lifestyle.

Schober Information Group Deutschland GmbH (Hrsg.) (2011): LIFESTYLE. Marktanalyse und Konsumentenbefragung. Einladung zur Teilnahme an einer Verbraucherbefragung in Deutschland und einer Gewinnziehung.

Schoenheit, Ingo (2004): Neue Politikfelder, nachhaltiger Konsum und Produktion. State-of-the-Art und Vorschläge zum Vorgehen bei der Festlegung von Indikatoren für nachhaltige Konsum- und Produktionsmuster, in imug (Pdf-Dokument, Stand: 2004) Zugriff: 02.04.2013, 15:32 MEZ. http://www.imug.de/pdfs/verbraucher/hp_imug_Schoenheit_Indikatoren_Naha_Konsum_2004.pdf.

Schoenheit, Ingo (2007): *Politischer Konsum. Ein Beitrag zum faustischen Konsumentenverhalten*. In: M. Jäckel (Hrsg.): Ambivalenzen des Konsums und der werblichen Kommunikation. Wiesbaden: VS Verlag für Sozialwissenschaften (Konsumsoziologie und Massenkultur), S. 211-235.

Scholl, Gerd (1999): Label für nachhaltige Produkte. Bewertung von Produktkennzeichnungen. 2. aktualisierte Fassung. Bremen: Bundesverband für Umweltberatung e.V. (Vom Wissen zum Handeln).

Scholl, Gerd (2004): Label für nachhaltige Produkte. Bewertung von Produktkennzeichnungen. 3. aktualisierte Fassung. Bremen: Bundesverband für Umweltberatung e.V. (Vom Wissen zum Handeln).

Scholl, Gerd (2009): Marketing nachhaltiger Dienstleistungen. Bedingungen der Übernahme und Empfehlungen zur Vermarktung von eigentumsersetzenden Konsumpraktiken. Marburg: Metropolis-Verlag (Wirtschaftswissenschaftliche Nachhaltigkeitsforschung, 7); zugleich: Oldenburg, Univ., Diss., 2008.

Scholl, Gerd; Hage, Maria (2004): Lebensstile, Lebensführung und Nachhaltigkeit. Berlin: Institut für ökologische Wirtschaftsforschung (IÖW) gGmbH (Schriftenreihe des IÖW, 176/04).

Scholl, Gerd; Hinterding, Angela (1996): Darstellung und Bewertung umwelt- und sozialbezogener Kennzeichen für Produkte und Dienstleistungen. Heidelberg: Bundesverband für Umweltberatung e.V.

Schommer, Peter; Harms, Thomas; Gottschlich, Hendrik (2007): LOHAS. Lifestyle of Health and Sustainability. Ernst & Young (Consumer Products Retail & Wholesale).

Schubert, Karoline (2000): Ökologische Lebensstile. Versuch einer allgemeinen Typologie. Frankfurt am Main: Peter Lang AG, Europäischer Verlag der Wissenschaften (Europäische Hochschulschriften: Reihe 22, Soziologie, 342); zugleich: Halle, Univ., Diss., 1999.

Schulze, Gerhard (1990): *Die Transformation sozialer Milieus in der Bundesrepublik Deutschland.* In: P. A. Berger; S. Hradil (Hrsg.): Lebenslagen, Lebensläufe, Lebensstile. Göttingen: Schwartz (Soziale Welt Sonderband, 7), S. 409-432.

Schulz, Werner F. (2008): Megatrend Nachhaltigkeit. Marktpotenziale von LOHAS & Co. Vortrag im Rahmen der Jahrestagung des Umweltausschusses des Vereins für Socialpolitik am 25. April 2008 an der Universität Hohenheim, in Universität Hohenheim (Pdf-Dokument, Stand: 25.04.2008) Zugriff: 25.01.2013, 16:08 MEZ. https://umho.uni-hohenheim.de/fileadmin/einrichtungen/umho/Aktuelle_ Publikationen/Megatrend_Nachhaltigkeit_-_Marktpotenziale_von_LOHAS ___Co._-25._April_2008.pdf.

Schulz, Werner F.; Kreeb, Martin (2002): *Unsichtbares sichtbar machen - Die Bedeutung der Umweltzeichen in der Nachhaltigkeitsdiskussion.* In: G. Scherhorn; C. Weber (Hrsg.): Nachhaltiger Konsum. Auf dem Weg zur gesellschaftlichen Verankerung. München: ökom verlag, Gesellschaft für ökologische Kommunikation mbH, S. 159-170.

Schuppe, Matthias (1988): Im Spiegel der Medien: Wertewandel in der Bundesrepublik Deutschland. Eine empirische Analyse anhand von STERN, ZDF MAGAZIN und MONITOR im Zeitraum 1965 bis 1983. Frankfurt am Main: Verlag Peter Lang GmbH (Europäische Hochschulschriften: Reihe 40 Kommunikationswissenschaft und Publizistik, 12).

Schuster, Kai (2003): Lebensstil und Akzeptanz von Naturschutz. Wege zu einer lebensstilbezogenen Naturschutzkommunikation. Heidelberg: Asanger Verlag (Umweltbewusstsein - Umwelthandeln); zugleich: Kassel, Univ., Diss., 2002.

Schwartz, Shalom H. (1968a): Awareness of Consequences and the Influence of Moral Norms on Interpersonal Behavior. *Sociometry, 31. Jg.* (4), S. 355-369.

Schwartz, Shalom H. (1968b): Word, deeds, and the perception of consequences and responsibility in action situations. *Journal of Personality and Social Psychology, 10. Jg.* (3), S. 232-242.

Schwartz, Shalom H. (1977): Normative Influences on Altruism. *Advances in Experimental Social Psychology* (10), S. 221-279.

Schwartz, Shalom H. (1992): *Universals in the Content and Structure of Values: Theoretical Advances and Empirical Tests in 20 Countries.* In: M. P. Zanna (Hrsg.): Advances in Experimental Social Psychology. Volume 25. San Diego: Academic Press, Inc., S. 1-65.

Schwartz, Shalom H. (1994): Are There Universal Aspects in the Structure and Contents of Human Values? *Journal of Social Issues, 50. Jg.* (4), S. 19-45.

Schwartz, Shalom H.; Howard, Judith A. (1984): *Internalized Values as Motivators of Altruism.* In: E. Staub et al. (Hrsg.): Development and Maintenance of Prosocial Behavior. International Perspectives on Positive Morality. New York: Plenum Press (Critical issues in social justice), S. 229-255.

Secretariat of the Convention on Biological Diversity (Hrsg.) (2004): Guidelines on biodiversity and tourism development. International guidelines for activities related to sustainable tourism development in vulnerable terrestrial, marine, and coastal ecosystems and habitats of major importance for biological diversity and protected areas, including fragile riparian and mountain ecosystems. Montreal (CBD guidelines).

Sehrer, Walter (2004): *Konsum und Nachhaltigkeit. Zur Kommunikation der Integrationsfigur „Nachhaltigkeit".* In: K.-U. Hellmann; D. Schrage (Hrsg.): Konsum der Werbung. Zur Produktion und Rezeption von Sinn in der kommerziellen Kultur. Wiesbaden: VS Verlag für Sozialwissenschaften (Konsumsoziologie und Massenkultur), S. 183-202.

Seitz, Erwin; Meyer, Wolfgang (2006): Tourismusmarktforschung. Ein praxisorientierter Leitfaden für Touristik und Fremdenverkehr. 2., vollständig überarbeitete Auflage. München: Verlag Franz Vahlen.

Shanahan, Kevin J. (2003): The degree of congruency between roadside billboard advertisements and sought attributes of motels by US drive tourists. *Journal of Vacation Marketing, 9. Jg.* (4), S. 381-395.

Shanahan, Kevin J.; Hyman, Michael R. (2007): An exploratory study of desired hotel attributes for American tourists vacationing in China and Ireland. *Journal of Vacation Marketing, 13.* Jg. (2), S. 107-118.

Shaw, Deirdre et al. (2005): An exploration of values in ethical consumer decision making. *Journal of Consumer Behaviour, 4.* Jg. (3), S. 185-200.

Shaw, Deirdre; Shiu, Edward (2003): Ethics in consumer choice: a multivariate modelling approach. *European Journal of Marketing, 37.* Jg. (10), S. 1485-1498.

Shaw, Deirdre; Shiu, Edward; Clarke, Ian (2000): The Contribution of Ethical Obligation and Self-identity to the Theory of Planned Behaviour: An Exploration of Ethical Consumers. *Journal of Marketing Management, 16.* Jg. (8), S. 879-894.

Simmel, Georg ([1900] 2009): Philosophie des Geldes. Nachdruck. Köln: Anaconda Verlag.

Sinus-Institut (Hrsg.) (o.J.): Die Sinus-Milieus, in Sinus Partner von INTEGRAL Wien (Pdf-Dokument) Zugriff: 12.06.2011, 19:03 MEZ. http://www.sinus-institut.de/fileadmin/dokumente/Infobereich_fuer_Studie rende/Infoblatt_Studentenversion_2010.pdf.

Sohmer, Vera (2007): Auszeichnung mit Vorbehalt. Umwelt-Gütesiegel im Tourismus: Nur wenige garantieren "grüne" Ferien. K-Tipp, 5, S. 31.

Spangenberg, Joachim H. (2003): *Vision 2020: Arbeit, Umwelt, Gerechtigkeit - Strategien für ein zukunftsfähiges Deutschland.* In: J. H. Spangenberg (Hrsg.): Vision 2020. Arbeit, Umwelt, Gerechtigkeit: Strategien für ein zukunftsfähiges Deutschland. München: ökom verlag, Gesellschaft für ökologische Kommunikation mbH, S. 19-144.

Spangenberg, Joachim H. (2004): *The society, its products and the environmental role of consumption.* In: L. A. Reisch; I. Ropke (Hrsg.): The Ecological Economics of Consumption. Cheltenham: Edward Elgar Publishing Ltd (Current Issues in Ecological Economics), S. 32-59.

Spellerberg, Annette (1996): Soziale Differenzierung durch Lebensstile. Eine empirische Untersuchung zur Lebensqualität in West- und Ostdeutschland. Berlin: Edition Sigma; zugleich: Berlin, Univ., Diss., 1995.

Spiegel-Verlag (Hrsg.) (2009): LOHAS. Lifestyle of Health and Sustainability, in Umgebungsgedanken (Pdf-Dokument, Stand: Januar 2009) Zugriff: 01.12.2012, 15:51 MEZ. http://umgebungsgedanken.momocat.de/wp-content/uploads/2009/01/ spiegel_broschuere_lohas.pdf.

Spiegel-Verlag (Hrsg.) (2011): LOHAS. Lifestyle of Health and Sustainability, in SPIEGEL QC Der Premium-Vermarkter. (Pdf-Dokument, Stand: Juni 2011) Zugriff: 01.12.2012, 15:45 MEZ.
http://www.spiegel-qc.de/uploads/PDFS/RoteGruppePrint/SP_Broschuere_LOHAS.pdf.

Spiller, Kathrin (2011): AW: Kriterienkatalog Steinbock-Label. Chur. 07.12.2011. E-Mail an Anna Klein.

Statistische Ämter des Bundes und der Länder (Hrsg.) (2011): Daten aus dem Gemeindeverzeichnis. Gemeinden in den Ländern nach Einwohnergrößenklassen. Gebietsstand: 31.12.2010, in DESTATIS Statistisches Bundesamt (Excel-Datei, Stand: Oktober 2011) Zugriff: 03.07.2012, 17:24 MEZ.
https://www.destatis.de/DE/ZahlenFakten/LaenderRegionen/Regionales/Gemeindeverzeichnis/Administrativ/Aktuell/08GemeindenEinwohnergroessen.html.

Statistisches Bundesamt (Hrsg.) (o.J.): Bildungsstand. Bevölkerung nach Bildungsabschluss in Deutschland, in DESTATIS Statistisches Bundesamt (WWW-Seite) Zugriff: 27.06.2012, 17:53 MEZ.
https://www.destatis.de/DE/ZahlenFakten/GesellschaftStaat/Bildung ForschungKultur/Bildungsstand/Tabellen/Bildungsabschluss.html.

Statistisches Bundesamt (Hrsg.) (2010a): Mikrozensus 2010. Privathaushalte am Haupt- und Nebenwohnsitz, Haushaltsgröße sowie monatlichem Nettoeinkommen des Haushalts.

Statistisches Bundesamt (Hrsg.) (2010b): Nachhaltige Entwicklung in Deutschland. Indikatorenbericht 2010. Wiesbaden.

Statistisches Bundesamt (Hrsg.) (2011): Bevölkerung und Erwerbstätigkeit. Haushalte und Familien - Ergebnisse des Mikrozensus. Fachserie 1 Reihe 3 - 2010, in DESTATIS Statistisches Bundesamt (Excel-Datei, Stand: 03.08.2011) Zugriff: 04.07.2012, 11:25 MEZ.
https://www.destatis.de/DE/ZahlenFakten/GesellschaftStaat/Bevoelkerung/HaushalteFamilien/HaushalteFamilien.html.

Statistisches Bundesamt (Hrsg.) (2012a): Bevölkerung: Deutschland, Stichtag, Altersjahre, in DESTATIS Statistisches Bundesamt GENESIS-Online Datenbank (Excel-Datei, Stand: 27.06.2012) Zugriff: 27.06.2012, 16:28 MEZ.
https://www-genesis.destatis.de/genesis/online/data/12411-0005.xls;jsessionid=45B5F27CDDCA6A52AF4273AAD46E98B1.tomcat_GO_1_2?operation=ergebnistabelleDownload&levelindex=3&levelid=136870178 2550&option=xls&doDownload=xls&contenttype='xls'.

Statistisches Bundesamt (Hrsg.) (2012b): Bevölkerung: Deutschland, Stichtag, Geschlecht. Fortschreibung des Bevölkerungsstandes, in DESTATIS Statistisches Bundesamt GENESIS-Online Datenbank (Excel-Datei, Stand: 27.06.2012) Zugriff: 18.10.2012, 15:30 MEZ. https://www.genesis.destatis.de/genesis/online/data;jsessionid=3629C89 5428F1F320728217056854D40.tomcat_GO_2_1?operation=abruftabelle Bearbeiten&levelindex=2&levelid=1350644894054&auswahloperation= abruftabelleAuspraegungAuswaelen/auswahlverzeichnis=ordnungsstruk tur&auswahlziel=werteabruf&selectionname=12411-0003&auswahltext= %23Z31.12.2010&werteabruf=Wertabruf.

Statistisches Bundesamt (Hrsg.) (2013a): Bevölkerung: Deutschland, Stichtag, in DESTATIS Statistisches Bundesamt GENESIS-Online Datenbank (Excel-Datei, Stand: 24.01.2013) Zugriff: 24.01.2013, 15:15 MEZ. https://www-genesis.destatis.de/genesis/online/data;jsessionid=7AA9C3 E79CCCCD60D4781348081CBEBA.tomcat_GO_1_1?operation=abruf tabelleBearbeiten&levelindex=2&levelid=1359036816402&auswahlopera tion=abruftabelleAuspraegungAuswaehlen&auswahlverzeichnis=ordnungs struktur&auswahlziel=werteabruf&selectionname=12411-0001&auswahl text=&werteabruf=starten.

Statistisches Bundesamt (Hrsg.) (2013b): Bevölkerung: Kreise, Stichtag, in DESTATIS Statistisches Bundesamt GENESIS-Online Datenbank (Excel-Datei, Stand: 24.01.2013) Zugriff: 24.01.2013, 15:27 MEZ. https://www-genesis.destatis.de/genesis/online/data;jsessionid=7AA9C3 E79CCCCDCCD60D4781348081CBEBA.tomcat_GO_1_1?operation= abruftabelleBearbeiten&levelindex=2&levelid=135903768631&auswahl operation=abruftabelleAuspraegungAuswaehlen&auswahlverzeichnis= ordnungsstruktur&auswahlziel=werteabruf&selectionname=12411-0014& auswahltext=&werteabruf=starten.

Statistisches Bundesamt; Bundesministerium für Umwelt, Naturschutz und Reaktorensicherheit (Hrsg.) (1999): Glossar zu Umwelt- und Nachhaltigkeitsindikatoren. Entwurf. Dieser Entwurf eines Glossars hat den Status einer Diskussionsgrundlage, in Bundesministerium für Umwelt, Naturschutz und Reaktorensicherheit (Pdf-Dokument, Stand: August 1999) Zugriff: 19.03.2011, 15:30 MEZ. http://www.bmu.de/files/pdfs/allgemein/application/pdf/csd_04.pdf.

Steg, Linda; Dreijerink, Lieke; Abrahamse, Wokje (2005): Factors influencing the acceptability of energy policies: A test of VBN theory. *Journal of Environmental Psychology, 25. Jg.* (4), S. 415-425.

Stern Anzeigenabteilung (Hrsg.) (1995): Dialoge 4. Gesellschaft - Wirtschaft - Konsumenten. Zukunftsgerichtete Unternehmensführung durch werteorientiertes Marketing. Hamburg: Gruner + Jahr-Verlag (Die Stern-Bibliothek).

Stern, Paul C. et al. (1995): Values, Beliefs, and Proenvironmental Action: Attitude Formation Toward Emergent Attitude Objects. *Journal of Applied Social Psychology, 25. Jg.* (18), S. 1611-1636.

Stern, Paul C. et al. (1999): A Value-Belief-Norm Theory of Support for Social Movements: The Case of Environmentalism. *Human Ecology Review, 6. Jg.* (2), S. 81-97.

Stern, Paul C. (2000): Toward a Coherent Theory of Environmentally Significant Behavior. *Journal of Social Issues, 56. Jg.* (3), S. 407-424.

Stern, Paul C.; Dietz, Thomas; Kalof, Linda (1993): Value Orientations, Gender, and Environmental Concern. *Environment and Behavior, 25. Jg.* (3), S. 322-348.

Stihler, Ariane (2000): *Ausgewählte Konzepte der Sozialpsychologie zur Erklärung des modernen Konsumverhaltens.* In: D. Rosenkranz; N. F. Schneider (Hrsg.): Konsum. Soziologische, ökonomische und psychologische Perspektiven. Opladen: Leske + Budrich (Lehrtexte Soziologie), S. 169-186.

Stolle, Dietlind; Hooghe, Marc (2004): *Consumers as Political Participants? Shifts in Political Action Repertoires in Western Societies.* In: M. Micheletti; A. Follesdal; D. Stolle (Hrsg.): Politics, products, and markets. Exploring Political Consumerism Past and Present. New Brunswick: Transaction Publishers, S. 265-288.

Strack, Micha (2004): Sozialperspektivität. Theoretische Bezüge, Forschungsmethodik und wirtschaftspsychologische Praktikabilität eines beziehungsdiagnostischen Konstrukts. Göttingen: Universitätsverlag Göttingen.

Strasdas, Wolfgang (2001): Ökotourismus in der Praxis. Zur Umsetzung der sozio-ökonomischen und naturschutzpolitischen Ziele eines anspruchsvollen Tourismuskonzeptes in Entwicklungsländern. Ammerland: Studienkreis für Tourismus und Entwicklung (Schriftenreihe für Tourismus und Entwicklung); zugleich: Berlin, Technische Univ., Diss., 2000.

Strasdas, Wolfgang (2008): sanft - öko - fair. Zur Entwicklung des Nachhaltigen Tourismus, in Gesellschaft für Internationale Zusammenarbeit (Pdf-Dokument, Stand: 17.01.2008) Zugriff: 08.04.2013, 12:39 MEZ. http://www.giz.de/Themen/de/dokumente/de-tourismus-sanft-oeko-fair.pdf.

Strasdas, Wolfgang (2009): *Sanft, öko und fair - Nachhaltiger Tourismus vom gesellschaftlichen Gegenentwurf bis zur gegenwärtigen Klimakrise.* In: Bundesamt für Naturschutz (BfN) (Hrsg.): Nachhaltiger und naturverträglicher Tourismus - Strategien, Erfolgsfaktoren und Beispiele zur Umsetzung. Bonn: Bundesamt für Naturschutz (BfN) (Naturschutz und Biologische Vielfalt, Heft 79), S. 27-41.

Strasdas, Wolfgang; Gössling, Stefan; Dickhut, Heike (2010): Treibhausgas-Kompensationsanbieter in Deutschland. Abschlussbericht. Diese Studie wurde erstellt im Auftrag des Verbraucherzentrale Bundesverbandes e.v. (vzbv) im Rahmen des vom Bundesministerium für Umwelt, Naturschutz und Reaktorsicherheit geförderten Projektes „Starke Verbraucher für ein gutes Klima".

stratum GmbH (Hrsg.) (2009): Kritik der grünen Vernunft. Eine empirische Untersuchung zur Nachhaltigkeitskommunikation und einige Konsequenzen für das Marketing, in Sächsisches Staatsministerium für Umwelt und Landwirtschaft (Pdf-Dokument, Stand: 2009) Zugriff: 20.03.2013, 10:21 MEZ.
http://www.landwirtschaft.sachsen.de/landwirtschaft/download/LOHAS-Infotour-dresden200809-stratum.pdf.

Studiosus Reisen München GmbH (Hrsg.) (o.J.): Umweltschutz auf Reisen, in Studiosus (WWW-Seite) Zugriff: 09.04.2013, 11:38 MEZ.
http://www.studiosus.com/Ueber-Studiosus/Nachhaltigkeit/Umweltschutz-auf-Reisen#Klimaneutral.

Sustainable Business Institute (SBI) (Hrsg.) (2009): Nachhaltige Publikumsfonds 2008, in SUSTAINABLE INVESTMENT (Online-Artikel, Stand: 01.02.2009) Zugriff: 18.01.2013, 20:02 MEZ.
http://www.nachhaltiges-investment.org/News/Marktberichte-(Archiv)/Nachhaltige-Publikumsfonds-2008.aspx.

Teichmann, Karin; Zins, Andreas H. (2009): Vergleich von Städtetourismus-Websites auf Basis deren Nutzenbeiträge für die Informationssuche. *Zeitschrift für Tourismuswissenschaft, 1. Jg.* (2), S. 179-184.

Teufel, Jennifer et al. (2009): Untersuchung zur möglichen Ausgestaltung und Marktimplementierung eines Nachhaltigkeitslabels zur Verbraucherinformation. Endbericht. Forschungsvorhaben Nr.: 514-02.05-2808HS031. Freiburg.

TextileExchange (Hrsg.) (2012): 2011. Organic Cotton Market Report, in TextileExchange (Pdf-Dokument, Stand: Oktober 2012) Zugriff: 18.01.2013, 19:15 MEZ.
http://textileexchange.org/sites/default/files/te_pdfs/2011_Organic_Cotton_Market_Report_websize.pdf.

Thapa, Basanta E. P. (2010): Ökonomischer Imperialismus - oder: Kann die ökonomische Verhaltenstheorie alles erklären? Eine Bewertung der ökonomischen Verhaltenstheorie anhand ihrer Anomalien und neueren Ansätze und eine versöhnliche Perspektive auf den ökonomischen Imperialismus, in Basanta Thapa - Digital Hub (Pdf-Dokument, Stand: Januar 2010) Zugriff: 26.10.2012, 16:11 MEZ.
http://www.basantathapa.de/wp-content/uploads/THAPA-Ökonomischer-Imperialismus.pdf.

The Co-operative Bank (Hrsg.) (o.J.): Ethical Consumerism Report 2010. Ethical shopping through the downturn, in The co-operative bank good with money (Pdf-Dokument) Zugriff: 20.03.2011, 19:01 MEZ.
http://www.goodwithmoney.co.uk/ethicalconsumerismreport.

The Gold Standard Foundation (Hrsg.) (o.J.): About Us. Who we are, in The Gold Standard Premium quality carbon credits (WWW-Seite) Zugriff: 28.11.2012, 16:13 MEZ.
http://www.cdmgoldstandard.org/about-us/who-we-are.

The International Ecotourism Society (TIES) (Hrsg.) (1990): What is Ecotourism?, in The International Ecotourism Society (TIES) (WWW-Seite, Stand: 1990) Zugriff: 26.10.2011, 10:52 MEZ.
http://www.ecotourism.org/site/c.orLQKXPCLmF/b.4835303/k.BEB9/What_is_Ecotourism__The_International_Ecotourism_Society.htm.

The International Organization for Standardization (Hrsg.) (o.J.): ISO 26000 - Social responsibility, in ISO (WWW-Seite) Zugriff: 17.01.2013, 16:44 MEZ.
http://www.iso.org/iso/iso26000.

The World Conference on Sustainable Tourism (Hrsg.) (1995): Charter for Sustainable Tourism, in Projekt "Nachhaltigen Tourismus als Zukunftsperspektive fördern", 2005-2009. (Pdf-Dokument, Stand: 1995) Zugriff: 26.10.2011, 12:17 MEZ.
http://www.zukunft-reisen.de/uploads/media/charter_lanzarote.pdf.

Thøgersen, John; Ölander, Folke (2002): Human values and the emergence of a sustainable consumption pattern: A panel study. *Journal of Economic Psychology, 23. Jg.* (5), S. 605-630.

Thurm, Mathias (2008): Öko wird zum Kriterium. Deloitte: Umweltfreundliche Produkte und Marken stehen bei Hotelauswahl hoch im Kurs, in AHGZ ONLINE (Online-Artikel, Stand: 21.06.2008) Zugriff: 10.06.2011, 18:30 MEZ.
http://www.ahgz.de/maerkte-und-unternehmen/oeko-wird-zum-kriterium,200012154718.html.

Touchpoint GmbH (Hrsg.) (2008): Nachhaltigkeit statt Hype - Touchpoint legt ersten Deutschland-Monitor zum LOHAS Phänomen vor, in touchpoint Beratung für Marktdifferenzierung (Pressemitteilung, Stand: 09.05.2008) Zugriff: 07.04.2013, 16:52 MEZ.
http://www.touchpoint-communications.com/presse.php?item=11.

TourCert (Hrsg.) (o.J.a): Gesellschafter - gemeinnützige Institutionen, in TourCert Corporate Social Responsibility in Tourism (WWW-Seite) Zugriff: 08.04.2013, 16:53 MEZ.
http://www.tourcert.org/index.php?id=gesellschafter&L=0.

TourCert (Hrsg.) (o.J.b): TourCert - die Zertifizierungsgesellschaft, in TourCert Corporate Social Responsibility in Tourism (WWW-Seite) Zugriff: 22.11.2011, 17:52 MEZ.
www.tourcert.org.

TourCert (Hrsg.) (o.J.c): TourCert Zertifizierung, in TourCert Corporate Social Responsibility in Tourism (WWW-Seite) Zugriff: 08.04.2013, 17:39 MEZ.
http://www.tourcert.org/index.php?id=csr-zertifizierung&L=C.

TourCert (Hrsg.) (2012): TourCert - Zertifizierungsrichtlinie, in TourCert Corporate Social Responsibility in Tourism (Pdf-Dokument, Stand: Oktober 2012) Zugriff: 08.04.2013, 17:42 MEZ.
http://www.tourcert.org/fileadmin/tourcert/Medien/Downloads/TourCert-Zertifizierungsrichtlinie_10-2012.pdf.

TourCert (Hrsg.) (2013a): Zertifizierte Reisebüros, in TourCert Corporate Social Responsibility in Tourism (WWW-Seite, Stand: März 2013) Zugriff: 08.04.2013, 18:03 MEZ.
http://www.tourcert.org/index.php?id=86&L=.

TourCert (Hrsg.) (2013b): Zertifizierte Reiseveranstalter, in TourCert Corporate Social Responsibility in Tourism (WWW-Seite, Stand: März 2013) Zugriff: 08.04.2013, 18:03MEZ.
http://www.tourcert.org/index.php?id=zertifizierte-unternehmen1&L=.

TourCert (Hrsg.) (2013c): Zertifizierte Unterkünfte, in TourCert Corporate Social Responsibility in Tourism (WWW-Seite, Stand: März 2013) Zugriff: 08.04.2013, 18:03 MEZ.
http://www.tourcert.org/index.php?id=99&L=.

TourCert (Hrsg.) (2013d): Zertifizierte Unternehmen, in TourCert Corporate Social Responsibility in Tourism (WWW-Seite, Stand: März 2013) Zugriff: 08.04.2013, 18:02 MEZ.
http://www.tourcert.org/index.php?id=zertifizierte-unternehmen&L=.

TransFair e.V. (Hrsg.) (2012): TransFair. Jahresbericht 2011/2012, in FAIRTRADE DEUTSCHLAND (Pdf-Dokument, Stand: April 2012) Zugriff: 16.01.2013, 17:55 MEZ.
http://www.fairtrade-deutschland.de/fileadmin/user_upload/materialien/download/2012_Jahresbericht_2011_2012.pdf.

TransFair e.V.; RugMark (Hrsg.) (2009): TransFair e.V. I RugMark. Jahresbericht 2008 - Ausblick 2009, in FAIRTRADE DEUTSCHLAND (Pdf-Dokument, Stand: April 2009) Zugriff: 18.01.2013, 18:16 MEZ.
http://www.fairtrade-deutschland.de/fileadmin/user_upload/materialien/download/download_jahresbericht0809.pdf.

Trendbüro GmbH (Hrsg.) (2007): OTTO-Trendstudie. Konsum-Ethik 2007, in Trendbüro Beratungsunternehmen für gesellschaftlichen Wandel (Pdf-Dokument, Stand: 14.03.2007) Zugriff: 06.04.2013, 12:56 MEZ.
http://www.trendbuero.de/index.php?f_categoryId=166.

Trommsdorff, Volker (2009): Konsumentenverhalten. 7., vollständig überarbeitete und erweiterte Auflage. Stuttgart: Verlag W. Kohlhammer (Kohlhammer Edition Marketing).

Trommsdorff, Volker; Drüner, Marc (o.J.): Nachhaltigkeit und Corporate Responsibility. Identifikation zukunftsrelevanter Themen für das Marketing, in trommsdorff + drüner (Pdf-Dokument) Zugriff: 04.09.2011, 12:33 MEZ. http://www.td-berlin.com/fileadmin/files/CSR_Studie_Final_td.pdf.

TUI Deutschland GmbH (Hrsg.) (2008): TUI erster deutscher Großverstanstalter mit Grünem Katalog - Klimainitiative startet mit Beginn des Winterprogramms, in TUI Deutschland (Pressemitteilung, Stand: 06.07.2008) Zugriff: 09.04.2013, 11:46 MEZ.
http://www.tui-deutschland.de/td/de/pressemedien/proprae/proprae_archiv/programmpraes_winter_08_09/pressemeldungen/Umwelt.html.

TUIfly Vermarktungs GmbH (Hrsg.) (2011): Internetabfrage Flug München - Mallorca - München, in TUIfly.com (WWW-Seite, Stand: 28.11.2011) Zugriff: 28.11.2011, 16:11 MEZ.
http://www.tuifly.com/Extras.aspx.

U.S. Census Bureau (Hrsg.) (2010): Annual Estimates of the Resident Population by Sex and Selected Age Groups for the United States: April 1, 2000 to July 1, 2009 (NC-EST2009-02), in U.S. Census Bureau (Excel-Datei, Stand: Juni 2010) Zugriff: 19.09.2011, 16:15 MEZ.
http://www.census.gov/popest/national/asrh/NC-EST2009-sa.html.

Umweltbundesamt (1997): Nachhaltiges Deutschland - Wege zu einer dauerhaft umweltgerechten Entwicklung. Berlin: Erich Schmidt Verlag.

Umweltbundesamt (2002): Nachhaltige Entwicklung in Deutschland. Die Zukunft dauerhaft umweltgerecht gestalten. Berlin: Erich Schmidt Verlag (Beiträge zur nachhaltigen Entwicklung).

Unfried, Peter (2007): Wunderbare Welt der Lohas. Kann ein neues Öko-Milieu namens Lohas mittels bewussten Konsums tatsächlich die Welt und die Rendite retten? Wer sind diese Lohas überhaupt? taz. die Tageszeitung, Berlin. 22.09.2007.

Unfried, Peter (2008): Die Öko-Egoisten. Wollen nur Win-Win-Situationen, in taz.de (Online-Artikel, Stand: 06.11.2008) Zugriff: 22.09.2011, 12:19 MEZ.
http://taz.de/Wollen-nur-Win-Win-Situationen/!25402/.

United Nations (Hrsg.) (2007): Indicators of Sustainable Development: Guidelines and Methodologies. 3. Auflage. New York.

United Nations Environment Programme; World Tourism Organization UNWTO (Hrsg.) (2005): Making Tourism More Sustainable. A Guide for Policy Makers.

United Nations; World Tourism Organisation UNWTO (Hrsg.) (2001): Global Code of Ethics for Tourism. For Responsible Tourism, in World Tourism Organization UNWTO (Pdf-Dokument, Stand: 21.12.2001) Zugriff: 26.10.2011, 15:41 MEZ.
http://www.unwto.org/ethics/full_text/en/pdf/Codigo_Etico_Ing.pdf.

Utopia AG (Hrsg.) (o.J.a): Aktionen, in Utopia: Die Verbrauchermacht - Unser Konsum verändert die Welt (WWW-Seite) Zugriff: 07.04.2013, 17:41 MEZ.
http://www.utopia.de/aktionen.

Utopia AG (Hrsg.) (o.J.b): Gute Adressen aus ganz Deutschland, in Utopia: Die Verbrauchermacht - Unser Konsum verändert die Welt (WWW-Seite) Zugriff: 07.03.2013, 13:07 MEZ.
http://city.utopia.de.

Utopia AG (Hrsg.) (o.J.c): Über Utopia, in Utopia: Die Verbrauchermacht - Unser Konsum verändert die Welt (WWW-Seite) Zugriff: 07.03.2013, 14:43 MEZ.
http://www.utopia.de/ueber-utopia.

Utopia AG (Hrsg.) (o.J.d): Utopia Forum Archiv, in Utopia: Die Verbrauchermacht - Unser Konsum verändert die Welt (WWW-Seite) Zugriff: 07.03.2013, 14:14 MEZ.
http://www.utopia.de/forum-archiv.

Utopia AG (Hrsg.) (2009): Gute Fragen an Utopia. Wieviele Utopisten sind wir jetzt eigentlich?, in Utopia: Die Verbrauchermacht - Unser Konsum verändert die Welt (WWW-Seite, Stand: 29.09.2009) Zugriff: 26.06.2012, 16:08 MEZ.
http://www.utopia.de/gutefragen/fragen/wieviele-utopisten-sind-wir-jetzt.

Utopia AG (Hrsg.) (2010): Die Welt verändern? Na klar - mit strategischem Konsum. Die Onlineplattform Utopia ruft Verbraucher zu ökologischem Kaufverhalten auf, in Utopia: Die Verbrauchermacht - Unser Konsum verändert die Welt (Pressemitteilung, Stand: Juni 2010) Zugriff: 07.03.2013, 11:28 MEZ.
http://www.utopia.de/userfiles/download/redaktion/utopia-portrait.pdf.

Utopia AG (Hrsg.) (2012a): meine Umfrage zum Reisen und Konsum, in Utopia: Die Verbrauchermacht - Unser Konsum verändert die Welt (WWW-Seite, Stand: 25.06.2012) Zugriff: 25.06.2012, 18:13 MEZ.
http://www.utopia.de/profil/postfach/lesen/454809.

Utopia AG (Hrsg.) (2012b): Utopia Nutzerbefragung - die Ergebnisse, in Utopia: Die Verbrauchermacht - Unser Konsum verändert die Welt (WWW-Seite, Stand: 17.02.2012) Zugriff: 20.03.2013, 15:28 MEZ.
http://www.utopia.de/magazin/ergebnis-utopia-nutzerbefragung-2011-zufriedenheit-themen-vertrauen-wuensche?all#comment-367877.

Utopia AG (Hrsg.) (2012c): Werben auf Utopia, in Utopia: Die Verbrauchermacht - Unser Konsum verändert die Welt (WWW-Seite, Stand: Januar 2012) Zugriff: 26.06.2012, 17:01 MEZ.
http://www.utopia.de/werben-auf-utopia.

Utopia AG (Hrsg.) (2013a): Utopia, in Twitter (WWW-Seite, Stand: 08.03.2013) Zugriff: 08.03.2013, 11:55 MEZ.
https://twitter.com/utopia.

Utopia AG (Hrsg.) (2013b): Utopia, in Facebook (WWW-Seite, Stand: 08.03.2013) Zugriff: 08.03.2013, 11:42 MEZ.
https://www.facebook.com/utopia.de.

Veblen, Thorstein ([1899] 1997): Theorie der feinen Leute. Eine ökonomische Untersuchung der Institutionen. Aus dem Amerikanischen von Suzanne Heintz und Peter von Haselberg. Frankfurt am Main: Fischer Taschenbuch Verlag (Fischer Wissenschaft).

Verband Deutscher Naturparke e.V. (VDN) (Hrsg.) (2002): Nachhaltiger Tourismus in Naturparken. Ein Leitfaden für die Praxis, in Bundesamt für Naturschutz BfN (Pdf-Dokument, Stand: Mai 2002) Zugriff: 28.10.2011, 18:39 MEZ.
http://www.bfn.de/fileadmin/MDB/documents/tourismus_leitfaden.pdf.

VerbraucherAnalyse (Hrsg.) (2009): LOHAS (Lifestyle of Health and Sustainability), in VerbraucherAnalyse (Pdf-Dokument, Stand: 17.02.2009) Zugriff: 19.09.2011, 13:19 MEZ.
http://www.verbraucheranalyse.de/downloads/10/VA_LOHAS.pdf.

Vereinte Nationen (Hrsg.) (1992): Agenda 21. Konferenz der Vereinten Nationen für Umwelt und Entwicklung. Rio de Janeiro.

Vershofen, Wilhelm (1959): Die Marktentnahme als Kernstück der Wirtschaftsforschung. Neuasgabe des ersten Bandes des Handbuchs der Verbrauchsforschung. Berlin: Carl Heymanns Verlag KG.

Viabono GmbH (Hrsg.) (o.J.a): Antragsunterlagen für Ferienwohnungen und Privatzimmer. Fünfzehn Fragen auf dem Weg zu Viabono - Reisen natürlich genießen, in Viabono Auszeichnung umwelt- und klimafreundlich Reisen (Pdf-Dokument) Zugriff: 06.12.2011, 17:01 MEZ.
http://www.viabono.de/Portals/0/01_Downloads/Ferienwohnungen_Pensionen.pdf.

Viabono GmbH (Hrsg.) (o.J.b): Viabono. Reisen natürlich genießen, in Viabono Auszeichnung umwelt- und klimafreundlich Reisen (WWW-Seite) Zugriff: 23.11.2011, 19:25 MEZ.
www.viabono.de.

Viabono GmbH (Hrsg.) (o.J.c): Viabono - DIE Kompetenz für Nachhaltigkeits-Zertifizierungen, in Viabono Auszeichnung umwelt- und klimafreundlich Reisen (WWW-Seite) Zugriff: 08.04.2013, 19:14 MEZ.
http://www.viabono.de/PhilosophieService/Infothek.aspx.

Viabono GmbH (Hrsg.) (o.J.d): Viabono-Qualitätskonzept. Kategorie: Hotel. Ausgabe: 2010/2011, in Viabono Auszeichnung umwelt- und klimafreundlich Reisen (Pdf-Dokument) Zugriff: 06.12.2011, 16:55 MEZ. http://www.viabono.de/Portals/0/01_Downloads/Viabono_Qualitaetskonzept_Hotel.pdf.

Viabono GmbH (Hrsg.) (2012): 10-jähriges Jubiläum Viabono. Ausgezeichnete Zukunftsaussichten für umwelt- und klimafreundliches Reisen, in Viabono Auszeichnung umwelt- und klimafreundlich Reisen (Pressemitteilung, Stand: 06.02.2012) Zugriff: 08.04.2013, 19:07 MEZ. http://www.viabono.de/Portals/0/01_Downloads/PM10JahreViabono_inkl Zert.pdf.

Vieregge, Michael et al. (2007): Mature travelers to Thailand; A study of preferences and attributes. *Journal of Vacation Marketing, 13. Jg.* (2), S. 165-179.

Visschers, Vivianne et al. (2009): Konsumverhalten und Förderung des umweltverträglichen Konsums. Bericht im Auftrag des Bundesamtes für Umwelt BAFU. Zürich: Consumer Behavior, ETH Zürich.

Wackernagel, Mathis; Rees, William (1997): Unser ökologischer Fußabdruck. Wie der Mensch Einfluß auf die Umwelt nimmt. Basel: Birkhäuser.

Weaver, Pamela A.; Oh, Heung Chul (1993): Do American Business Travellers Have Different Hotel Service Requirements? *International Journal of Contemporary Hospitality Management, 5. Jg.* (3), S. 16-21.

Weber, Christoph (2001): *Nachhaltiger Konsum - Versuch einer Einordnung und Operationalisierung.* In: U. Schrader; U. Hansen (Hrsg.): Nachhaltiger Konsum. Forschung und Praxis im Dialog. Frankfurt am Main, New York: Campus Verlag (Campus Forschung, 831), S. 63-76.

WeGreen UG (o.J.), in wegreen (WWW-Seite) Zugriff: 28.06.2011, 14:15 MEZ. www.wegreen.de.

Wehrli, Roger et al. (2011): Is there Demand for Sustainable Tourism? Study for the World Tourism Forum Lucerne 2011. First draft of the long version, April, 5, 2011. Luzern (ITW Working Paper Series, 01/2011).

Wells, William D.; Tigert, Douglas J. (1971): Activities, Interests and Opinions. *Journal of Advertising Research, 11. Jg.* (4), S. 27-35.

Weltkommission für Umwelt und Entwicklung (Hrsg.) (1987): Unsere gemeinsame Zukunft. Der Brundtland-Bericht der Weltkommission für Umwelt und Entwicklung. Aus dem Englischen von Barbara von Bechtolsheim. World Commission on Environment and Development. Ungekürzte Ausgabe mit einem neuen Vorwort zur deutschen Ausgabe. Greven: Eggenkamp Verlag.

Wenzel, Eike; Kirig, Anja; Rauch, Christian (2008): Greenomics. Wie der grüne Lifestyle Märkte und Konsumenten verändert. München: Redline Wirtschaft, Finanzbuch Verlag GmbH.

Werner-Lobo, Klaus (2009): Zum Beispiel Konsum: Lohas werden die Welt nicht retten, in jetzt.de Süddeutsche Zeitung (Online-Artikel, Stand: 22.04.2009) Zugriff: 07.04.2013, 20:22 MEZ. http://jetzt.sueddeutsche.de/texte/anzeigen/473115.

Wilk, Richard (2004): *Questionable assumptions about sustainable consumption*. In: L. A. Reisch; I. Ropke (Hrsg.): The Ecological Economics of Consumption. Cheltenham: Edward Elgar Publishing Ltd (Current Issues in Ecological Economics), S. 17-31.

Wind, Jerry et al. (1989): Courtyard by Marriott: Designing a Hotel Facility with Consumer-Based Marketing Models. *Interfaces, 19.* Jg. (1), S. 25-47.

Wiswede, Günter (2000): *Konsumsoziologie - Eine vergessene Disziplin.* In: D. Rosenkranz; N. F. Schneider (Hrsg.): Konsum. Soziologische, ökonomische und psychologische Perspektiven. Opladen: Leske + Budrich (Lehrtexte Soziologie), S. 23-72.

Wolters, Jürgen (1998): *Tourismus - passt er in das Leitbild einer nachhaltigen Entwicklung?* In: B. Rauschelbach (Hrsg.): (Öko-) Tourismus - Instrument für eine nachhaltige Entwicklung? Heidelberg: Max Kasparek Verlag (Tourismus und Entwicklungszusammenarbeit), S. 19-24.

World Resources Institute (Hrsg.) (1992): World resources 1992-93. A guide to the global environment. Toward sustainable development. New York: Oxford University Press.

World Tourism Organisation UNWTO (Hrsg.) (2011): UNWTO World Tourism Barometer. Volume 9; Interim Update August 2011, in World Tourism Organisation UNWTO (Pdf-Dokument, Stand: August 2011) Zugriff: 09.02.2013, 18:20 MEZ. http://dtxtq4w60xqpw.cloudfront.net/sites/all/files/pdf/unwto_barom11_iu _aug_en.pdf.

World Tourism Organization (1999): Sustainable development of tourism. An annotated bibliography. Madrid: WTO (A tourism and environment publication).

World Tourism Organization UNWTO (Hrsg.) (2006): Tourism Market Trends, 2006 Edition – Annex, in World Tourism Organization UNWTO (Pdf-Dokument, Stand: November 2006) Zugriff: 24.10.2011, 13:17 MEZ. http://www.unwto.org/facts/eng/pdf/historical/ITA_1950_2005.pdf.

World Tourism Organization UNWTO; United Nations Environment Programme (Hrsg.) (2008): Climate Change and Tourism. Responding to Global Challenges. Madrid: World Tourism Organization.

World Travel & Tourism Council WTTC (Hrsg.) (o.J.): Economic Data Search Tool. Results for: Countries/Regions: World. Concepts: Travel & Tourism Direct Contribution to GDP,Travel & Tourism Total Contribution to GDP,Travel & Tourism Direct Contribution to Employment,Travel & Tourism Total Contribution to Employment,Visitor Exports. Units: US$ bn,% share. Date range: From 2010 - 2011, in World Travel &Tourism Council WTTC (WWW-Seite) Zugriff: 24.10.2011, 15:53 MEZ. http://www.wttc.org/eng/Tourism_Research/Economic_Data_Search_Tool/index.php.

World Travel & Tourism Council WTTC (Hrsg.) (1996): Agenda 21 for the Travel & Tourism Industry. Towards Environmentally Sustainable Development. Madrid: World Tourism Organization.

Wuppertal Institut für Klima, Umwelt, Energie GmbH (Hrsg.) (o.J.): Lifestyle und Nachhaltigkeitsrelevanz bei Jugendlichen und jungen Erwachsenen. Befragung des Wuppertal Instituts im Auftrag von ProSieben Television GmbH, in ProSieben (Online-Umfrage) Zugriff: 04.02.2011, 22:00 MEZ. http://www.prosieben.de/tv/greenseven-day/.

Wurzinger, Silvia; Johansson, Maria (2006): Environmental Concern and Knowledge of Ecotourism among Three Groups of Swedish Tourists. *Journal of Travel Research, 45. Jg.* (2), S. 217-226.

WWF Deutschland (Hrsg.) (2009): Der touristische Klima-Fußabdruck. Neuauflage 2009. Frankfurt am Main.

WWF Deutschland; Verkehrsclub Deutschland e.V. (VCD); Die VERBRAUCHER INITIATIVE e.V. (Hrsg.) (o.J.): Einkaufsführer. Bewusst reisen, in Bewusst reisen (Pdf-Dokument) Zugriff: 11.07.2009, 00:54 MEZ. http://www.reisekompass-online.de/pdf/1.pdf.

Aus unserem Verlagsprogramm:

Alexander Schuler
Management der Bildung und Veränderung von Destinationen
Ein prozessorientierter Ansatz im Tourismus
Hamburg 2014 / 312 Seiten / ISBN 978-3-8300-7720-6

Larissa Kirmair
Der Klimawandel und die Veränderung der Touristenströme
Das Beispiel Spanien
Hamburg 2013 / 396 Seiten / ISBN 978-3-8300-7414-4

Katrin Bünten
Medizintourismus als touristische Positionierungsstrategie der neuen EU-Beitrittsländer
Angebot und Nachfrage im Markt des Medizintourismus in Polen
Hamburg 2011 / 302 Seiten / ISBN 978-3-8300-5894-6

Birgit Zotz
Destination Tibet – Touristisches Image zwischen Politik und Klischee
Hamburg 2010 / 130 Seiten / ISBN 978-3-8300-4948-7

Daniela Schulz
E-Commerce im Tourismus
Die rechtliche Einordnung von Reiseportalen in das Haftungssystem des deutschen Reiserechts
Hamburg 2010 / 266 Seiten / ISBN 978-3-8300-4817-6

Hagen Wäsche
Management in regionalen Sporttourismus-Netzwerken
Rahmenbedingungen, Struktur und Steuerung
Hamburg 2010 / 450 Seiten / ISBN 978-3-8300-4970-8

Michael Rausch
Entwicklung einer Market Intelligence (MINT)-Datenbank für das betriebliche Wissensmanagement
Dargestellt am Praxisbeispiel einer nationalen Tourismusorganisation (NTO)
Hamburg 2010 / 270 Seiten / ISBN 978-3-8300-5102-2

Katharina Maak
Der Jakobsweg als Faktor touristischer Entwicklung in ländlichen Regionen
Castilla y León und Brandenburg im Vergleich
Hamburg 2010 / 378 Seiten / ISBN 978-3-8300-5115-2

Ueli Schneider
Destinationenmarketing im Kontext der Nachhaltigkeit
Eine Fallstudie auf den Seychellen
Hamburg 2009 / 398 Seiten / ISBN 978-3-8300-4318-8

Frank Balmes
Wissensvorsprung für Nationale Tourismusorganisationen
Die Einführung von Wissensmanagement zum Aufbau von Market Intelligence für die Erzielung von Wettbewerbsvorteilen
Hamburg 2009 / 318 Seiten / ISBN 978-3-8300-4294-5

Postfach 57 01 42 · 22770 Hamburg · www.verlagdrkovac.de · info@verlagdrkovac.de